북한의 경제개혁과 관료정치

^{도서}^{출판} **북한연구소**

북한의 경제개혁과 관료정치

초 판 2쇄 발행 2020년 7월 03일

저 자 한기범
펴낸이 양운철
편 집 (주)대원문화사
표 지 (주)대원문화사
펴낸곳 도서출판 북한연구소
인 쇄 (주)천광인쇄사
제 본 (주)천광인쇄사
등 록 제2002-000021호(2002. 4. 9)
주 소 서울시 동대문구 장한로 21
전 화 02) 2248-2397
팩 스 02) 2249-9571
이메일 nkorea@nkorea.or.kr
정 가 23,000원
ISBN 979-11-966881-0-3

■ 저자와의 협의에 따라 인지 생략

목 차

제1장 서 론
1. 문제의 제기 ··· 16
2. 구성, 개념 및 분석의 틀 ······························· 23
   가. 이 책의 구성 ··· 23
   나. '경제개혁'의 의미 ···································· 26
   다. 분석의 틀: 앨리슨 모델 ··························· 28

제2장 김일성 시대 경제개혁 의제 설정의 역사적 경험
1. 1950-60년대 탈(脫)스탈린주의 조류에 대한 대응 ············· 41
2. 1970년대 후반 중국의 개혁·개방에 대한 대응 ················· 52
3. 1980년대 후반 구소련·동구 사회주의 변화에 대한 대응 ··· 60

제3장 김정일의 경제개혁과 후퇴(2000-2009)

제1절 개혁모색: '주체'에서 '실용'으로(1998-2000) 68
1. 김정일의 권력승계와 경제관리에 대한 부담 ············· 68
2. 경제재건의 한계와 새로운 회생전략 모색 ··············· 73
3. 실리·실적 강조와 경제개혁 분위기 조성 ················ 78

제2절 개혁시동: 7.1조치와 시장장려(2000-2003) 82
1. 7.1조치 결정과 시행이전 내부논란 ·························· 82
   가. '6.3 그루빠'의 개혁입안과 김정일의 관여 ··········· 82

                나. 경제관리개선 조치 내용 및 하달과정 ·················· 90
                다. 시행이전 내부논란 및 졸속시행 징후 ················ 93
            2. 집행초기 시행착오 및 내부 반발 ························ 96
                가. 7.1조치에 대한 내부반응 ······························· 96
                나. 7.1조치의 시행착오와 성과 ··························· 101
                다. 7.1조치의 경제적 평가 ································ 105
            3. 종합시장 장려와 시장물가 통제 실패 ·················· 109
                가. 시장 장려와 시장의 유통망 독점 ··················· 109
                나. 종합시장 이용 확산 및 가격안정화 실패 ········· 117
                다. 시장의 범람과 불법거래의 확산 ····················· 124
            4. 7.1조치와 '선군경제건설로선'의 병행 ·················· 128
                가. 김정일의 '선군경제건설로선' 표방 ················ 128
                나. 선군노선과 7.1조치의 관계: 분절경제의 심화 ·········· 134
                다. 특구개방과 공급부족 해결의 추진 ··················· 136

    제3절 개혁확대: 박봉주 총리의 개혁과 시장경제 모색(2004) 140
            1. 박봉주 총리 등용과 재량권 부여 ······················· 140
            2. 박봉주 내각의 개혁조치: 농업, 기업관리, 노동행정 ·········· 147
                가. 포전담당제 시범 도입 ··································· 148
                나. 기업소 부업농 제도 실시 ······························ 150
                다. 기업 경영자율화 시범 도입 ··························· 151
                라. 노동행정체계 개선과 독립채산제 확대 ············ 153
            3. 박봉주 내각의 7.1조치 비판과 급진개혁 모색 ······· 156
                가. 내각 상무조의 7.1조치 비판 ·························· 158
                나. 경제관리구조 개혁과 시장경제 타진 ················ 162
                다. 유통체계 개혁과 시장가격 영역 확대 ·············· 164
                라. 금융구조 개혁 구상 ······································ 167
                마. 곡물가격 안정화 대책 ··································· 169

제4절 개혁후퇴: 당의 견제와 역(逆)개혁 조치(2005-2009) 176
  1. 경제개혁과 '당의 영도' 간의 조화 문제 부상 ·················· 177
    가. 당의 '사회주의 원칙' 강조 ································ 177
    나. 당 계획재정부 신설과 박남기의 등장 ···················· 181
    다. 박봉주 총리의 실권(失權) ································ 186
  2. 당의 경제개혁 속도 조절 ···································· 189
    가. 국가 양곡전매제 실시(2005.8) ···························· 189
    나. 전국 부동산 실사 사업(2006.4-8월) ······················ 193
    다. 개인 수공업·서비스업 통제(2007.2) ······················ 195
  3. 시장에 대한 반격과 역개혁 조치 ····························· 196
    가. 김정일의 '시장=비사회주의 서식장' 규정(2007.8) ···· 196
    나. 김정일의 '경제개혁 후퇴' 선언(2008. 6.18 담화) ······· 200
    다. 김정일의 '6.18 담화' 이후 역개혁 조치(2009년) ········ 202
  4. 김정일의 경제개혁 실험 10년(2000-2009) 종결 ·············· 205

제4장 김정은의 경제개혁과 정치적 절충(2010-2018)

제1절 화폐개혁 후유증과 경제개혁 의제의 부활(2010-2012) 214
  1. 김정은 후계시절 화폐개혁 실패 경험 ························ 214
  2. 김정은의 집권과 인민대중제일주의 ·························· 220
  3. 김정은의 '12.28 담화'와 개혁의제 개방 ······················ 226
  4. 김정은의 내각책임제·중심제 강조 ···························· 231

제2절 김정은 시기 경제개혁 재시동(2012-2013) 238
  1. 개혁 상무조 구성과 개혁 추진(2012.1) ······················· 238
    가. 김정은 집권초기 경제 간부들 ···························· 238
    나. 개혁팀 '내각 상무조' 구성 ································ 240

다. 경제개혁 과정 개관 ································· 241
　2. 8대 시범 개혁안 발표(2012.9) ························ 244
　　가. 기업관리 및 가격·재정·노동 부문 ················ 245
　　나. 화폐유통·상업유통·통계·농업부문 ··············· 247
　　다. 시범 개혁안 평가 ··································· 249
　3. 농업개혁: 포전담당제 및 현물분배 실시(2012.10) ········· 251
　　가. 김정은의 '식량해결' 강조와 '6.13방침' ············ 251
　　나. 농업개혁 '성과'에 대한 내부 선전 ················· 254
　　다. 농업개혁의 한계 ···································· 256
　4. 내각 상무조의 경제개혁 확대(2013년 3, 8월) ············· 258
　　가. 기업에 수입분배권·보수결정권 부여(2013.3) ······ 258
　　나. 변동가격제 실시 및 급양·편의부문 개혁(2013.8) ···· 259
　5. 당 전문기구의 경제개혁 연구(2013.8) ··················· 261
　　가. 농업경영방법 연구 ·································· 261
　　나. 사회주의기업책임관리제 연구 ······················· 264
　　다. 경제적 공간의 합리적 이용방안 연구 ················ 269

제3절 김정은의 '경제개혁' 결론(2014)　271
　1. 김정은의 '우리식경제관리방법' 발표(2014.5.30 담화) ···· 271
　　가. 경제개혁 원칙 및 기본요구 ························· 272
　　나. 경제에 대한 국가의 통일적 지도와 전략적 관리 ······ 273
　　다. 사회주의기업관리책임제 실시 ························ 276
　2. 경제법령 정비와 후속 경제관리(2015-16) ················ 278
　　가. 경제법령 정비 ······································· 278
　　나. 우리식경제관리방법 평가 ···························· 280
　　다. 후속 경제관리 ······································· 284

제4절 김정은의 정치·경제 절충(2012-2018) 290

1. 경제개혁 요구분출 통제(2012.9) ················ 291
   - 가. 김정은의 '개혁의제 개방' 철회 ················ 291
   - 나. 김정은의 입장변화 배경 ···················· 295
2. 병진노선 선포와 민생유예 정당화(2013.3) ········ 297
   - 가. 2013년 3월 당 전원회의: "핵개발 집중" 선언 ········ 297
   - 나. 병진노선 선포 이후 핵개발 정당화(2014-2018.3) ····· 299
   - 다. 병진노선 선포에 따른 경제적 파급영향 ············ 300
3. 숙청과 당행사 빈번에 따른 정치논리의 지배(2014-2016) 303
   - 가. 장성택 숙청과 정치논리의 급부상(2014년) ·········· 303
   - 나. 당행사 계기 동원체제 심화(2015-2016) ············ 304
   - 다. 동원체제 심화와 경제관리의 왜곡 ··············· 307
4. 핵개발 집중과 경제제재 자초(2016-2017) ·········· 311
   - 가. 김정은의 집중적인 핵·미사일 개발 ·············· 311
   - 나. 가중되는 UN안보리 대북제재 ·················· 313
   - 다. 대북제재에 따른 북한경제 위축 ················· 315
5. '경제건설 우선'으로의 회귀와 한계(2018년) ········ 318
   - 가. 2018년 4월 당 전원회의: "경제건설 총력" 표방 ······ 318
   - 나. "새로운 전략노선" 이후 내부 경제관리 ············ 321

제5장 경제개혁 과정에서의 조직행태와 관료정치

제1절 지도자 역할과 수령제 작동 밖 328

1. 경제개혁 추진과정에서 지도자의 역할 ············ 328
   - 가. 지도자의 '주도적 역할' 개관 ··················· 328
   - 나. 경제개혁 의제·방법론 개방 ··················· 330
   - 다. 내각 총리에 경제개혁 권한 위임 ··············· 336

라. 김정일의 '개혁후퇴' 선언과 김정은의 개혁담론 후퇴 ·· 341
　2. 지도자의 '적극적 정책관여 밖'의 공간 ················· 343
　　　가. 지도자 권위 침투의 한계 ························· 343
　　　나. 지도자 방침의 절충주의적 성격과 지체현상 ········· 345
　　　다. 지도자 '말씀' 과잉과 그 무시현상 ················ 356
　3. 경제개혁 추진과정에서 지도자 역할과 한계 ············ 359

제2절 조직행태: 경험범위 내 개혁과 본위주의　362
　1. 과거 개혁경험 활용과 개혁의제 설정의 한계 ·········· 362
　　　가. 7.1조치와 과거 경제개혁 경험 응용 ·············· 362
　　　나. 7.1조치와 '시장이 아닌 시장' 구조론 ············· 364
　　　다. 지도자의 '정책결정' 행위의 본질 ················ 366
　　　라. 김정은 시기 조직행태 ·························· 367
　2. 집행과정에서의 정책변형과 본위주의 현상 ············ 368
　　　가. 표준행동절차의 급변과 정책혼선 ················ 368
　　　나. 유형동상(類型同狀) 현상: 지도자와의 타협 ········ 370
　　　다. 분권과 조정의 조화에 대한 시각차 ··············· 372
　　　라. 상·하부 본위주의 현상의 고착 ·················· 375
　3. 조직간 이해관계 조정 실패와 개혁후퇴 ··············· 380
　　　가. 국가목표와 조직이익 간의 괴리 ·················· 380
　　　나. 당·군의 경제개혁 후퇴 유도 과정 ················ 384
　4. 조직행태 모델을 통해 본 경제개혁 과정 ·············· 387

제3절 김정일 시기 관료정치: 내각의 개혁 확대와 당의 반격　391
　1. 내각의 '특수부문 축소'를 위한 초기 정치 실패 ········ 392
　　　가. 내각의 '책임과 권한의 불일치' 극복 노력 ········· 392
　　　나. 내각의 '특수부문 축소' 필요성 인식과 접근전략 ···· 395
　2. 박봉주의 개혁 확대와 김정일과의 대담한 타협 시도 ···· 399

가. 추가 개혁 의제의 성격: '시장경제' 추진 여부 ············ 400
       나. 정책게임의 경기자들과 내각의 협상자산 ·················· 403
       다. 박봉주의 대담한 승부수: '시장경제' 건의 ················ 404
    3. 내각의 정치화에 대한 당의 반격과 개혁후퇴 ·················· 406
       가. 관료정치의 정점: 개혁 확대에서 후퇴로의 변곡점 ······ 406
       나. 당의 내각 반격: 경제정책권 회수→내각간부 숙청 ······ 408
       다. 내각과 당의 공방 과정에서 김정일의 입장변화 ·········· 410
    4. 권력층내 이권결탁 구조와 분파적 요소 ························ 413
       가. '돈벌이의 폐해'를 부각시킨 사건들 ·························· 413
       나. '힘 센' 권력기관의 이권흥정 요구 유형 ···················· 417
       다. 권력층 내 분파적 요소 ·· 420
       라. 김정일 권력승계 이후 숙청 사건들의 특징 ················ 426
    5. 관료정치 모델을 통해 본 김정일 시기 경제개혁 과정 ········ 429

제4절 김정은 시기 관료정치: 정책흥정, 이권갈등, 권력암투 435
    1. 권력암투와 관료정치 ·· 435
       가. 권력승계 과정의 권력암투 ······································ 435
       나. 권력기관들 간 파워게임 ·· 438
       다. 정책급변에 따른 불협화음 ······································ 442
    2. 경제개혁과 관료정치 ·· 444
       가. 개혁분위기 확산에 대한 당의 대응 ························· 445
       나. 이권 재조정 과정에서의 권력암투 ··························· 448
       다. 내각의 '국가경제 통일적 장악' 투쟁 ························ 453
    3. 장성택 숙청과 관료정치 ·· 458
       가. 김정은의 공포통치 배경 ·· 458
       나. 김정은 집권이후 숙청사건 ······································ 459
       다. 장성택 숙청 사건: 배경, 과정 및 파급영향 ··············· 462

제6장 결 론

1. 북한의 개혁·개방에 대한 완고성 ·· 472
2. 북한의 경제개혁 의제 설정의 특징 ·· 475
3. 세습 정권별로 변화하는 경제개혁의제 설정의 특징 ·········· 479
4. 북한 경제개혁 추진 과정에서의 관료정치 ························· 483
5. 북한의 개혁·개방과 관료정치 ·· 489

참고문헌 493

찾아보기 511

표 목차

〈표 1-1〉 앨리슨의 세 가지 정책결정 모델과 그 특징 ·················· 31
〈표 3-1〉 북한의 시장 쌀가격 및 환율 변화(2000-2009) ·················· 108
〈표 3-2〉 김정일의 '시장 상품가격 안정화' 지시(2004) ·················· 120
〈표 3-3〉 '시장관리운영규정세칙'의 한도가격 규정(2004.8.12) ·················· 121
〈표 3-4〉 국가가격제정국 제정 시장 한도가격(2004.4.1) ·················· 121
〈표 3-5〉 북한의 대표적인 종합시장(2007년 기준) ·················· 125
〈표 3-6〉 '선군경제건설로선'과 자원배분 우선순위 변화 ·················· 135
〈표 3-7〉 2002년과 2004년의 기업경영 자율화 조치 비교 ·················· 153
〈표 3-8〉 2004년 하반기 북한 내부 쌀값 조정안 ·················· 170
〈표 3-9〉 박봉주 내각의 경제개혁안(2004) 종합 ·················· 174
〈표 3-10〉 박봉주와 박남기의 주요 경력비교 ·················· 185
〈표 3-11〉 박봉주 총리의 실권(2006.6) 직후 활동 ·················· 186
〈표 3-12〉 박봉주와 박남기의 김정일 현지지도 수행 빈도 ·················· 187
〈표 3-13〉 김정일의 경제개혁 선택과 후퇴 과정 ·················· 206
〈표 4-1〉 김정은 집권이후 주요 경제법령 개정 ·················· 279
〈표 4-2〉 7차 당 대회 이후 '당·국가·경제·무력기관 간부 연석회의' 개최 사례 ·· 286
〈표 4-3〉 2016년 이후 UN안보리 대북제재 결의안 내용 ·················· 314
〈표 5-1〉 북한 경제개혁 정책 결정 과정에서 앨리슨 모델별 분석 포인트 ·· 327
〈표 5-2〉 사회주의 경제관리의 '과도기적' 특징 ·················· 333
〈표 5-3〉 김정일의 경제관리개선 관련 담화 ·················· 341
〈표 5-4〉 7.1 조치를 입안한 '6.3 그루빠' 구성원 ·················· 362
〈표 5-5〉 7.1 조치와 과거 경제개혁 사례 ·················· 363
〈표 5-6〉 수령제의 '국가목표·국가이익' 추정 ·················· 381
〈표 5-7〉 당·정·군별 주요 임무 ·················· 382
〈표 5-8〉 박봉주의 경제개혁 조치와 특징점 ·················· 401
〈표 5-9〉 내각 상무조의 추가 경제개혁안(2004) ·················· 402
〈표 5-10〉 당의 반격 1: 당의 '경제주도권' 탈환과정 ·················· 409

〈표 5-11〉 당의 반격 2: 총리와 내각간부들 퇴진유도 과정 ·············· 410
〈표 5-12〉 내각의 '당·군 산하 특수 경제단위 활동 규제' 규정 ············ 457
〈표 5-13〉 김정은 집권이후 5년간(2012-16년) 간부들 숙청 규모 ·········· 461
〈표 6-1〉 사회주의 경제체제 변화 단계 ··· 474
〈표 6-2〉 김일성·김정일·김정은 시기의 경제개혁 의제 설정 경험의 특징 ··· 483

그림 목차

【그림 2-1】 김일성 시대 경제개혁 의제설정 경험의 4가지 특징 ··············· 65
【그림 3-1】 '6.3 그루빠'의 7.1조치 입안과정 ····································· 84
【그림 3-2】 물가·임금 개정 및 하달 과정 ······································· 93
【그림 3-3】 북한의 종합시장 제도화 과정(2003.3-5) ··························· 113
【그림 3-4】 내각 상무조의 은행구조 개혁안 ···································· 168
【그림 4-1】 김정은의 경제개혁 의제 개방 ······································ 231
【그림 4-2】 김정은의 경제관리에서 '내각책임제/당적지도' 강조점 변화 ·· 237
【그림 4-3】 김정은의 경제개혁 추진 과정 ······································ 243
【그림 4-4】 '사회주의기업책임관리제'의 특징과 한계 ······················· 284
【그림 4-5】 김정은 집권이후 경제개혁 의제의 후퇴와 절충 ··············· 291
【그림 4-6】 김정은의 '경제개혁의제 개방' 철회(2012.9) ····················· 296
【그림 5-1】 경제개혁 과정에서 김정일·내각·당의 주도적 역할 ········· 330
【그림 5-2】 김정일의 '개혁의제 개방' 담론 구조 ······························ 335
【그림 5-3】 김정일의 실리·가격·시장에 대한 입장 변화 ·················· 342
【그림 5-4】 지도자의 '유일 영도'의 작동 범위 ································· 345
【그림 5-5】 박봉주 내각의 7.1조치 평가 ·· 365
【그림 5-6】 북한 지도자와 黨·政·軍의 이해관계 중첩정도 ··············· 383
【그림 5-7】 경제개혁 추진과정별 당·군의 입장 변화 ······················· 385
【그림 5-8】 김정은 시기 경제개혁 추진 과정에의 조직행태 ··············· 386
【그림 5-9】 공세·타협·흥정, 북한의 관료정치 場 ···························· 391

【그림 5-10】 내각의 '김정일 권위' 차용 사례 ················· 394
【그림 5-11】 내각 상무조의 집단사고 결과: 시장경제 건의 ················· 406
【그림 5-12】 김정일의 '시장개혁 건의' 처리과정 ················· 411
【그림 5-13】 '돈벌이 폐해' 부각 사건과 경제개혁 후퇴 ················· 414
【그림 5-14】 내각의 개혁논리와 당의 상황논리의 순환 ················· 430
【그림 5-15】 김정일 시기 경제개혁과 조직행태 및 관료정치 ················· 434
【그림 5-16】 김정은 시기 관료정치의 장 ················· 437
【그림 5-17】 당 조직지도부의 주도권 강화 과정 ················· 439
【그림 5-18】 김정은의 경제개혁의제 개방 및 철회 과정의 관료정치 ········· 447
【그림 5-19】 김정일·김정은 시기 권력기관들의 이권다툼 ················· 452
【그림 6-1】 '경제개혁과 주체강화' 상호관계 흐름도 ················· 479

1장

서 론

북한의 경제개혁과 관료정치

제1장 서 론

| 01 | 문제의 제기

흔히 북한의 정책결정 과정은 비정상적이고, '안개 속'에 가려져 실체 파악이 어려우며, 예측이 곤란하다고 한다. 그 동안 외부 관찰자들의 노력으로 북한의 대내외 정책결정에서 정형화된 패턴을 찾아내는 성과도 있었다. 그러나 겉으로 드러난 정책 산물, 일련의 정책 흐름을 분석하는 데서 나아가 이면의 정책결정 과정의 실상을 추적할 필요가 있다. 장기판의 행마(行馬)를 분석하고 나아가 장기를 두는 경기자들 자체를 연구해야 한다는 것이다. 정책결정 과정의 연구는 광범위한 미시적 자료를 필요로 한다. 특정한 정책이 언제, 누가, 어떤 과정을 거쳐, 무슨 동기와 이해관계로 선택되었는지 전모를 파악하기란 쉽지 않다. 케네디(J. F. Kennedy)는 "궁극적인 결정의 엣센스를 제3자는 알 수 없다. 때로는 결정하는 사람 자신도 모를 때가 있다 … 의사결정 과정에는 늘 어둡고 꼬인 부분이 있게 마련이다. 그 부분은 결정과정에 가장 깊숙이 관여한 사람조차도 알 수 없다"고 말하였다.[1]

북한의 정책결정 과정에 대한 연구는 북한의 '비밀주의'로 인해 더욱 어렵다. 다만 이제 북한의 정책사가 70년을 경과한 시점에서 겉으

---

[1] Graham Allison and Philip Zelikow 저, 김태현 역, 『결정의 엣센스: 쿠바 미사일 사태와 세계핵전쟁의 위기』(서울: 모음북스, 2005), p. 32.

로 드러난 흐름은 물론 이면의 배경도 어느 정도 추론할 수는 있게 되었다. 앞으로 북한 이슈가 더욱 극적으로 전개될 수 있다. '장기를 두는 사람'이 바뀌었으며, '체스'를 두자고 할 수도 있다. 분야에 따라서는 분석 자료가 밑그림 그릴 수 있을 정도로 충분히 쌓였다고 본다. 구체적인 사례 연구를 통하여 북한의 정책결정 과정의 패턴화된 특징, 김일성·김정일·김정은 시기의 공통적인 특징과 세습정권이 바뀔 때마다의 독자적인 특성에 대한 이해의 폭을 넓힐 필요가 있다.

　이 책은 북한의 정책결정과정에 대한 탐색을 목표로 한다. 연구 소재로는 김정일과 김정은의 경제개혁 추진과정을 분석한다. 이 책은 북한 경제관리구조의 심각한 모순 누적으로 2000년 들어 개혁을 추진했다가 결국은 2005년부터 후퇴하게 된 김정일 경제개혁의 진퇴 과정(2000-2009), 시장화 진전에 따라 변화된 경제현실을 추인하여 개별 기업소·농장에 경영권한을 확대해준 김정은의 경제개혁과 이후 정치적 절충과정(2010-2018)을 분석하면서 그 배경에 대한 정치적 해석을 하는데 주안을 두었다.

　김정일·김정은 시기의 경제개혁 진퇴과정에 앞서, 김일성시기 경제개혁 의제 설정 경험의 개략적인 흐름을 기술하여 세습정권 초기에 고착된 특성요인을 이해할 수 있도록 했다. 그런데 북한의 정책결정과정을 연구하기 위해 왜 '경제개혁 문제'를 소재로 선택했는가? 두 가지 이유다. 하나는 현실적으로 내부정치나 핵개발 정책은 보안상 자료접근이 어렵다는 점, 경제개혁은 시행을 위해 공개가 불가피하며 북한의 개혁·개방은 당위론적으로 중요한 문제라는 점을 고려했다.

　2000년대의 시작과 더불어 모색된 북한의 경제개혁은 2002년 7.1조치와 2003년 시장장려로 분권화와 시장화의 길로 나서며, 박봉주 내각 때는 '땜 때우기 식'으로 하지 말라는 김정일 주문대로 2004년 준(準) 시장경제 개혁까지 추진되나, 2005년에는 당의 간섭으로 제동이 걸려 개혁속도가 둔화된다. 급기야는 당의 잇단 사주로 '시장은 비사회주의 서식장'으로 규정(2007.8)되고, 김정일이 공식적으로 '경제개혁의 전면 철회'를 선언(2008.6)하며, 2009년에는 시장통제와 화폐개혁 단행으로 개혁실험은 종결된다.

한 동안 시도되지 않을 것 같았던 북한의 경제개혁이 2011년 12월 북한의 지도자 교체로 다시 시도된다. 김정은은 권력세습 직후 '세상에서 제일 좋은 것으로 소문내는 경제개혁 방법을 연구하라'고 지시하면서 '무엇을 어떻게 해보자는 의견에 색안경을 끼고 보거나 자본주의 방법이라고 걸각질마라'고 사상해방에 준하는 발언까지 한다. 내각에는 즉시 김정은의 '12.28 담화' 이행을 위한 상무조가 구성되어, 2012년 9월에는 기업에 임금결정권 부여, 포전담당제 확대 등의 시범개혁안을 내놓고, 2013년 8월에는 공장·기업소에 상품 가격 제정권을 부여한다. 2014년에는 김정은이 '사회주의기업책임관리제'를 발표(5.30 담화)하여 개별 기업의 경영권을 확대해 준다.

이 책은 위에서와 같은 경제개혁 추진 과정에서 나타난 일련의 정책결정 양태 분석을 목표로 한다. 일반적으로 정책은 당국의 공식결정으로 한 번에 끝나지 않으며, 공식결정은 행동으로 나아가는 길목에 있는 한 정거장에 불과하여 실행과정에서 끊임없는 누수(漏水)와 변형이 생긴다.[2] 왜 그 같은 조치가 선택되고 변형이 생겼는지, 경제적 요인도 일부 밝힐 것이나 그 역할은 경제학자의 몫에 의지하고, 여기서는 주로 정치적 배경 분석에 주안을 둘 것이다.

연구 소재로 북한의 경제개혁 과정을 선택한 것은 앞에서도 밝혔지만 경제정책은 '비밀주의'에도 불구하고 시행상의 필요로 자료가 많이 드러난 점을 고려했다.[3] 북한의 경제개혁은 착수 당시에는 불가피한

---

[2] 위의 책, pp. 372-373.
[3] 우리 학계에서는 이미 1990년대 초반에 북한의 경제 정책에 대한 사례연구를 통

생존전략으로 인식하고 큰 의미를 부여하나 시행과정에는 개혁조치의 한계가 드러나고 추가 조치 여부로 논란이 제기되는 등 장기간 우여곡절을 겪기 때문에 개혁을 추진하는 종·단면에는 분석할 소재가 비교적 풍부하게 쌓인다. 무엇보다도 실패한 실험으로 끝나거나(김정일 시기), 일정한 한계가 있어도(김정은 시기) 개혁경험은 남게 마련이다. 언젠가 북한의 개혁·개방은 불가피할 것이고, 미래의 북한 당국이 반면교사로 다시 과거경험을 활용할 것이라는 점을 고려한다면, 북한의 경제개혁 과정에 대한 치밀한 재구성은 의미 있는 작업일 것이다.

이 책은 '수령결정론'의 한계를 극복하는데도 목표를 두었다. 북한의 정책결정구조에서 상위(上位)의 '수령'이라는 뚜껑을 벗기면, 그 암상자 이면에는 다양한 역학관계가 작용하고 있다는 점을 검증한다. 북한체제에서 이른바 '수령의 유일적 영도체계' 즉, 수령제가 확립된 지 50여년이 지났다. 북한은 여전히 '수령의 유일적 결론의 절대성, 무오류성'을 강조하고 있다. 최고지도자의 권력은 안정적이며, 특정 정치집단이 대안적 정치세력으로 부상하고 있다는 징후는 아직 찾아보기 어렵다. 중요한 정책은 '위대한 대원수님들'의 유훈으로, '경애하는 원수님'의 방침과 명령으로 하달되고 있다. 이러한 현상에 근거하여 일부 외부 관찰자들은 북한의 정책이 수령에 의해 전일적으로, 합리적으로 결정되는 것으로 파악한다.

그러나 책에 밑줄을 다 그으면 긋지 않은 것이나 마찬가지다. 범람하는 '말씀'을 전부 '장군님이나 원수님의 말씀'으로 보기는 어렵다. 지도자의 시간·정보·관심사의 제약이 아니더라도 수령제의 이면을 분해해 보면 지도자의 영향력이 미치지 않는 공간은 충분히 넓다. 지

하여 김정일 체제의 정책결정 과정을 이해하는 실마리를 찾을 필요가 있음을 제기하고 있다. 장달중, "북한의 정책결정구조와 과정," 『사회과학과 정책연구』, 제15권 제2호(1993.6), p. 18.

도자가 할 수 있는 일이란 자신이 가지고 있는 정치적 자산을 활용하여 부하들에게 한편으로는 탐욕을, 다른 한편으로는 두려움을 불러일으켜 자신의 의도대로 움직이도록 하는 일이다. 그렇지만 부하(조직)는 항상 주인에게만 충실할 수가 없다. 자기 조직의 이익과 건강을 챙겨야 하고, 환경에서 살아남기 위해서 때로는 다른 부하(조직)들과 흥정이나 타협을 해야 한다.

이 같은 문제 인식에 기초하여, 이 책에서는 북한의 경제개혁 추진 과정에서 수령제 '안'의 기제가 어떻게 작동하는지를 규명하고자 한다. 수령제란, 분화된 의사결정 구조 속에 다양한 부속품으로 구성되어 있는 복잡한 결정체계를 덮고 있는 '외피'이다. 정책 결정이란, 여러 단계에서 국가·조직 또는 개인이 각자의 목적을 위해 행하는 모순되는 행동들의 합계이다.[4] 경제개혁 추진 과정을 재구성하여 수령제의 외피를 벗기고 그 '안'을 관찰해 보면 김정일과 김정은의 역할은 경제개혁의 입구와 출구를 관리하는 일에 그칠 뿐 지도자가 경제개혁 과정 전반을 세밀하게 관리하지 못하고 있음이 확인된다. 수령제 안팎을 동시에 관찰할 때 경제개혁 결정 과정은 지도자의 경제개혁 의제 개방, 내각의 제한된 능력과 경험에 기초한 개혁안 구상, 개혁안을 둘러싼 내각과 당 혹은 군과의 밀고 당기기 게임, 그 게임에서 지도자의 선택으로 구성된다.

이 책은 북한의 정책결정과정을 앨리슨(G. Allison) 모델을 빌어 분석한다. 수령제 자체가 갖고 있는 합리적 행위자 모델(rational actor model)의 특성과, 수령제 내부의 조직행태 모델(organizational behavior model) 혹은 관료정치 모델(bureaucratic politics model)의 적용 가능성을 탐색한다. 특히 북한 권력층 내 관료정치 현상을 분별해 내는데 초점을 둔다. 사회적으로 파장이 큰 중요한 정책이 선택

---

[4] Allison 외, 『결정의 엣센스』, p. 44.

되는 과정에는 이해관계를 달리하는 조직·계층들 간 다툼이 있기 마련이다. 독재자의 장악력이 느슨해 진 시기도 마찬가지다. 예컨대, 장성택 숙청은 김정은이 자신의 권력을 굳히기 위해 2인자를 제거한 사건이지만, 숙청 배경을 좀 더 추적해 보면 권력기관들 간의 치열한 이권다툼 즉, 관료정치의 산물로도 판명된다. 그리고 세습정권이 바뀌어 가면서 북한 내 관료정치 현상은 점증한다.

 이 책을 쓰게 된 또 다른 문제의식은 김정은의 권력누수가 현저해질 경우 북한 정책결정체계에 대한 시사점 도출이다. 북한체제를 결속시키고 있는 수령제는 얼마나 오래 작동할 것인가, 북한 엘리트들은 '수령의 유일적 결론'을 차용하여 자신의 이해관계를 실현할 필요가 없게 되었을 때 그들은 어떤 방법으로 정책을 선택을 할 것인가, 북한의 권력집단들이 각각의 이해관계를 공통의 분모로 하는 새로운 정책결정의 틀을 만든다면 그 때 정책의 색깔은 어떻게 조정될 것인가. 이상의 질문에 대해 이 책이 직접적인 답은 하지 않을지라도 시사점은 제공될 수 있다고 본다.

 북한의 일원적 통치구조의 균열은 북한 정책결정 과정에 대한 연구에서 수령결정론 과다 현상을 극복해야 하는 또 다른 이유가 된다. 어떤 전체주의 국가일지라도 독재자의 정책결정은 진공상태에서 이루어지지 않는다. 수령결정론으로는 북한 내부의 동태를 설명하는데 한계가 있다. 과거 중국의 정책결정과정 연구에서 '마오쩌둥 총사론(毛澤東總司論)'의 한계[5])에 대한 경험은 북한의 정책결정과정 연구에서 '수령

---

5) 한 때 마오쩌둥 체제하에서 중요한 정책은 마오쩌둥이 직접 결정하며, 중국의 정치엘리트나 관료기구는 마오쩌둥의 결정을 보좌하거나 집행하는 것으로 이해하면서, 권력층 내의 정책경쟁이나 권력투쟁을 과소평가했다. 그러나 문화혁명과정에서 나타난 정책갈등과 권력대립은 마오쩌둥 총사론의 한계를 노출시켰으며, 마오쩌둥 사후 파벌정치는 마오쩌둥 생존시 엘리트들 간의 분열이 없었던 것이 아니라 드러나지 못했을 뿐이라는 사실을 실증했다. 이홍영, "북한의 정책결정 과정속의 지방과 중앙의 역할," 『사회과학과 정책연구』, 제15권 제2호(1993.6), p. 195;

결정론'의 모자를 벗겨 보아야 한다는데 당위성을 더해 주고 있다.

끝으로 이 책의 작성에는 북한 정책결정체계 구조와 과정상의 '특징적 현상'들을 체계적으로 분별해 낼 필요가 있다는 점도 고려되었다. 정보와 권력 자산의 지도자 집중, 엄격한 수직적 위계구조, 감시·통제기제의 치밀한 분포, 정치체제의 폐쇄성 등과 같은 권력구조의 특성이 정책결정체계에 어떤 영향을 미치는지, 공식적으로 제도화된 정책결정기구와 실제 운용 양상은 어떻게 다른지, 지도자의 관행화된 리더십의 특성은 정책결정체계에 어떤 영향을 미치는지, 김정일과 김정은 시기의 정책결정체계는 어떻게 다른지. 이상에서 제기된 북한 정책결정체계의 특성에 집중한 일반론적 기술을 이 책은 담고 있지는 않았으며, 과제로 남겨놓았다.6)

그러나 그 특성의 일부는 경제개혁 정책 결정과정에서 발현되는 구체적인 현상들을 중심으로 소개했다. 예컨대, 북한의 지도자는 자신이 내린 결론의 규정력을 의식하여 '절충주의' 언술을 자주 구사하고, 각급 기관들이 집행하는 과정에는 '본위주의'가 팽배하며, 이들 정책 가담자들 사이에는 위계적·일방적 소통구조로 '정보왜곡'이 심각한 점 등이다. 정책순환 과정에서도 '주체의 강화'(자주, 체제결속)라는 정치논리의 지배로 문제점 시정이나 정책전환의 적기를 놓치고, 환류의

김홍규, 『중국의 정책결정과 중앙-지방관계』(서울: 폴리테이아, 2007), pp. 18-22; 중국 정책결정 연구에 대한 시기별 흐름에 대해서는 정재호, "중국의 정책과정 연구," 정재호 편, 『중국정치연구론: 영역, 쟁점, 방법 및 교류』(서울: 나남, 2000), pp. 134-135.

6) 이 책의 기초자료인 필자의 박사논문에서는 "제2장 북한의 수령제와 정책결정구조" 단원을 편성하여 북한의 수령제 정착과정과 보장장치, 김정일 리더십의 특성과 정책관여 행태, 수령제 조직의 제도화와 정책결정기구 등을 담았다. 한기범, "북한 정책결정과정의 조직행태와 관료정치: 경제개혁 확대 및 후퇴를 중심으로 (2000-09)"(경남대학교 대학원, 2009.12), pp. 27-79. 그러나 이 책에서는, 논문을 쓴지 10년이 지났고 지도자가 김정은으로 바뀌어, 북한정책결정체계에 대한 일반론을 재작성하기 위해서는 또 다른 많은 노력이 요구되어 제외시켰다.

'지체·지각현상'이 누적되어 때로는 극단적인 처방이 불가피한 상황에 직면하기도 한다. 주체의 강화와 경제 활성화, 사회주의 원칙과 실리·실용 강조, 정치논리와 경제논리의 갈등은 북한체제의 변화를 규제하는 가장 큰 요인이다. 이 책의 결론은 북한의 개혁·개방은 정치와 경제의 절충이 아닌, 경제가 정치의 속박에서 벗어날 때 가능하다는 것이다.

| 02 | 구성, 개념 및 분석의 틀

가. 이 책의 구성

이 책의 연구 방법은, ①먼저 북한의 경제개혁 추진과정을 전반적으로 살펴보고 ②그 과정에서 지도자의 결론이나 입장이 적극적으로 반영된 영역과 그렇지 않은 영역을 분별해 내며 ③다시 수령제가 적극 작동하지 않은 조치들이 결정되는 과정에는 조직행태 또는 관료정치 현상의 발현 가능성을 검증하는 방식으로 진행된다. 그중 북한 정치체계 내부에서 수령제의 작동 여부, 조직행태 또는 관료정치 현상의 발현 여부는 앨리슨(Graham Allison)의 정책결정모델이 제시한 렌즈로 분석된다.

이 책은 6개장(章)으로 구성되었다. 전체적인 구성을 보면, 제1장은 서론(연구목적, 분석의 틀), 제6장은 결론(요약, 평가, 전망)이다. 제2-4장은 김일성, 김정일, 김정은 집권시기 경제개혁 추진 과정을 각각 정리했다. 제5장은 김정일·김정은 시기 경제개혁 추진과정에서 수령제, 조직행태, 관료정치의 작동 양상을 기술했다.

'제2장 김일성 시대 경제개혁의 역사적 경험'에서는 1950-60년대 사회주의권의 탈(脫) 스탈린 조류, 1970년대 중국의 개혁·개방, 1990

년대 구소련·동구 사회주의 체제전환 등 3차례 경제개혁 계기가 주어졌을 때 북한은 어떻게 대응했는지를 개략적으로 정리했다. 그 대응 방식은 변화의 파장이 밀려오면 개혁논란을 차단하는 대신 '주체의 강화(체제결속)'를 강조하다가, 어느 정도 정치적 안정을 도모할 시간이 흐르고 난 뒤에 개혁조치들을 적당히 받아들이는 방식이었다. 초기 변화 물결에 대한 잠금장치, 경제개혁의 뒤늦은·적당한 추진이라는 지체효과와 절충주의, 그리고 결정적으로 경제개혁 의제의 정치적 민감성에 대한 각성 등이 김일성 시대 경제개혁 추진의 '역사적 경험'이었다. 세 번의 개혁 계기 때마다 같은 현상들이 반복적으로 나타나는 유형동상(類型同狀)이 확인되며, 권력 세습과 더불어 그 '역사적 경험'도 승계된다.

'제3장 김정일의 경제개혁과 후퇴(2000-2009)'에서는 김정일 집권 시기 경제개혁의 진퇴를 개혁 모색 → 시동 → 확대 → 후퇴 과정으로 나누어 살펴보았다. 1990년대 사회주의 체제전환의 여파로 총체적 체제위기에 봉착했던 북한은 2000년 들어 뒤늦게 경제개혁을 모색한다. 그러나 철저한 경제 붕괴를 경험했음에도 개혁조치는 부분적인 분권화와 시장화로 적당히 절충된다. 2004년에는 '땜 때우기 식'으로 하지 말라는 김정일의 주문에 의해 박봉주 내각의 개혁구상은 '준(準) 시장경제'로 확대되나, 급기야 2005년 들어 당의 간섭으로 제동이 걸린다. 이후 당의 공세가 강화되면서 김정일도 정치논리에 동조하여 2009년에는 시장통제와 화폐개혁이 단행되면서 김정일 시기 경제개혁 실험 10년 과정이 종결된다. 개혁 후퇴과정에서 많은 경제 간부들이 숙청되는 등 개혁과제의 정치적 민감성도 드러난다.

'제4장 김정은의 경제개혁과 정치적 절충(2010-2018)'에서는, 먼저 북한의 경제개혁이 2011년 12월 지도자 교체로 다시 재개되는 과정을 기술하였다. 김정은은 권력세습 직후 '세상에서 제일 좋은 것으로 소문내는 경제개혁 방법을 연구하라'고 지시한다(12.28 담화). 즉시 김정은의 '12.28 담화' 이행을 위한 '내각 상무조'가 구성되어 경제개혁은 2012년 9월 기업(임금결정권 부여) 및 농업(포전담당제 실시) 시범개혁 → 2013년 8월 추가 개혁(공장·기업소에 가격 제정권 부여) → 2014년 5월 김정은의 '우리식경제관리방법' 발표(5.30 담화) 순서로 추진된다.

한 동안 시도되지 않을 것 같았던 경제개혁 의제를 김정은이 부활시킨 것은 권력승계 초기 '민생향상'에 대한 책임감, 후계시절 화폐개혁 실패에 따른 후유증 목격 등이 작용했다. 김정일의 개혁실험과 비교할 때 김정은 시기 경제개혁 추진과정은 개혁의제가 집권초기에만 '반짝' 부상한 점, 이미 확산된 시장화 현상에 대한 사후 추인 성격이 강한 점, 경제 관리에서 정치논리와의 절충주의가 빈번한 점이 특징이다. 따라서 이 장에서는 병진노선 선포, 장성택 숙청 등 공포통치, 핵개발과 경제제재 자초 등 경제개혁 혹은 경제문제에 영향을 미친 정치·군사 부분 주요 동향도 살펴본다.

'제5장 경제개혁 과정에서의 조직행태와 관료정치'에서는 김정일·김정은 시기 경제개혁 결정과정에서 수령제의 작동 여부, 조직행태 또는 관료정치 현상의 발현 여부를 앨리슨(Graham Allison) 모델이 제시한 렌즈를 끼고 관찰한다. 우선, '지도자의 유일적 결론이 북한의 정책결정과정 전반을 규정하지 않는다'는 가정에서 출발하여 '수령제의 규정력이 적극 작동하는 공간과 그렇지 않은 공간'을 구분한다. 다음으로, 앨리슨의 3개 모델 적용 요령[7]에 따라 수령제 모델 → 합리적

---

[7] 앨리슨은 각 모델은 상호 보완적이며, 서로 다른 렌즈를 통하여 찾아낸 요소들을 종합할 때 설명력이 높아진다면서 다음과 같은 적용순서를 제시한다. 먼저 제1모델의 핵심논리에서 출발하여 분석의 큰 틀을 그리고, 제2 모델에서 문제해결의 대안을 선택하는 특정 조직의 논리와 절차를 그리며, 제3 모델은 의사결정구조 속에 있는 서로 다른 입장을 찾아내고 이들이 최종적으로 종합·선택되는 과정을 묘사한다. 위의 책, pp. 474-475.

행위 모델 → 관료정치 모델의 시각에서 경제개혁 진퇴 과정을 분석한다. 정책결정의 입구와 출구는 수령제 모델이 작동한다고 가정하여 경제개혁 결정 과정의 큰 그림을 그리다. 이어 정책대안 제시 및 집행 과정에는 조직행태 모델의 작동 가능성을 탐색하고, 개혁 정책이 심화·확대되면서 판돈이 커지고 참여자가 늘어나 관료정치 모델이 작동한다고 가정한다. 이 같은 큰 줄기 외에도 집행과정의 여러 구석에 흩어져 있는 단편적인 조직행태 및 관료정치 현상도 찾아본다.

수령제와 조직행태 작동양상은 지도자의 교체에도 불구하고 유사하여 같은 단원에서 주로 김정일 시기의 사례를 중심으로 서술된다. 그러나 관료정치 현상은 김정일 집권 시기와 김정은 시기로 단원을 나누어 살펴본다. 김정은 시기 관료정치 현상은 발현 배경·빈도 및 양상에서 김정일 시기와 큰 차이를 보이기 때문이다. 한편 이 책의 구성상 문제점의 하나는 경제개혁 추진 과정에서 나타난 사례들이 반복적으로 기술된다는 점이다. 이 책의 구성이 먼저 경제개혁 추진 과정을 전반적으로 살펴보고, 그 과정에서 나타난 사례들을 소재로 정책결정 모델의 적용 가능성을 탐색하는 방법을 취했기 때문에 다소 중언부언은 불가피함을 미리 밝혀둔다.

나. '경제개혁'의 의미

이 책의 탐색 소재인 북한의 '경제개혁'은 북한의 표현대로 하자면 '경제관리 개선'을 의미한다. 북한은 공식적으로는 '개혁·개방'에 대해 부정적 관념을 갖고 대외적으로 '개혁'할 것이 없다고 하면서, 내부적으로 '개선'을 추구한다. 다음은 북한의 '경제관리' 개념 설명이다.[8] '경제관리'란 "사회적생산과정에 대한 지휘기능을 실현하여 경제를 발전시켜나가는 것이다 … 현대적대규모생산은 복잡한 기술에 토대하여

---

8) 북한 사회과학원 경제연구소, 『경제사전 1』(평양: 사회과학출판사, 1970), p. 74.

서로 밀접히 련결되어있는 수많은 생산단위들과 공정들로 이루어지고 있다. 이러한 조건에서 생산의 성과는 생산에 요구되는 생산수단과 로동력을 제때에 보장하며 생산의 전반적과정을 다그치기 위한 지휘, 경제관리에 더욱더 의존하게 된다 … 경제관리는 그 포괄대상의 범위에 따라 공업관리·농업관리 등으로, 관리대상의 단위에 따라 부문관리·공장관리·기업관리로, 관리대상의 경제적 내용에 따라 기계설비관리·자재관리·로동관리·재정관리 등으로 갈라진다"고 한다. 김일성은 "사회주의경제관리문제에 대하여"라는 제목의 시리즈로 된 책에서 경제 관리의 구체적인 방법을 제시하고 있다. 김일성의 거론한 '경제관리'는 미시적인 생산관리 즉, 개별 생산단위의 관리라는 의미가 강하다.

북한 당국은 사회주의 계획경제의 문제점이 누적되어 발전이 정체되자 경제관리방식 '개선' 문제를 논의하기 시작했다. 1990년대 북한에 우호적인 사회주의 시장이 없어지고 북한 경제가 반 토막 난 '고난의 행군' 시기를 거치면서 경제개혁을 통한 생산정상화 문제는 북한당국의 절실한 과제로 대두되었다. '개선' 대상도 단순한 생산현장 관리방식 개혁을 넘어 경제전반에 대한 지휘·관리 방법의 개혁 즉, 거시적인 분권화와 시장화문제로 변화했다. 이와 관련한 북한 지도자들의 대표적인 문헌이 2001년 10월 김정일의 "강성대국건설의 요구에 맞게 사회주의경제관리를 개선 강화할 데 대하여"(10.3 담화)와 2011년 12월 김정은의 '12.28 담화'이다.

특히 김정은의 다음과 같은 발언에서 '경제개혁'을 제대로 해보자는 입장이 명확히 드러났다.[9] "경제관리방법을 우리 식으로 개선해 나가기 위한 연구 사업을 진행하도록 하여야 하겠습니다. 지금 일부 일군들은 해당 부문 일군들이 경제관리방법과 관련하여 무엇을 좀 어떻게

---

9) "경애하는 김정은동지께서 주체100(2011)년 12월 28일 당중앙위원회 책임일군들에게 하신 말씀."

해보자고 의견을 제기하는데 대하여 색안경을 끼고 보면서 그것을 문제시하고 자본주의적 경제관리방법을 끌어들인다고 걸각질을 하고 있습니다. 그렇기 때문에 경제부문 일군들과 경제학자들은 경제관리 방법을 개선할 방법에 대하여 생각하고 있는 것도 말하려고 하지 않고 있습니다. 경제 관리를 어떤 방법으로 하면 좋겠는가하는데 대하여 누구나 머리를 쓰고 의견을 하나로 모아야 하겠는데 자꾸 걸각질할 내기를 하다 보니 경제사업에서 아무런 대책도 세워지는 것이 없고 걸린 문제들을 풀지 못하고 있습니다."

김정일·김정은의 추구한 '경제관리개선 조치'는 중국 등 여타 사회주의 체제 변화 과정에서 나타난 '경제개혁' 수준에는 미치지 못한다. 시장경제를 지향한 본질적인, 불가역적인 개혁이 아니라 정치논리와 경제논리의 절충이 심하고 시장과 계획을 왔다 갔다 하는 경제관리 방법의 조정인 경우가 일반적이었다. 그러나 앞에서 살펴본 대로 북한의 경제관리 '개선' 문제는 김일성 시기 생산현장 관리방식 개선 문제에서, 김정일 시기 경제관리 전반의 분권화·시장화 문제로 확대되었으며, 김정은 집권시기에는 '자본주의적 경제 관리 방법'도 검토해야 하는 상황으로 발전했다. 이제 분권화와 시장화는 북한경제에서 거스를 수 없는 추세가 되었다. 따라서 이 책에서는 북한의 '경제관리개선'과 '경제개혁' 개념을 엄격히 구분하지 않으며, 북한이 경제관리개선을 통해 시장경제 요소 도입을 확충해 나감에 따라 양자를 같은 범주의 개념으로 간주하고 있음을 밝혀둔다.

다. 분석의 틀: 앨리슨 모델

하버드대 교수 앨리슨은 그의 저서 '결정의 엣센스'('Essence of Decision: Explaining the Cuban Missile Crisis')에서 '합리적 행위자 모델(rational actor model)', '조직행태 모델(organizational behavior model)', '관료정치 모델(bureaucratic politics model)'이라는 정책결정 모델을 제시한다. 이들은 쿠바 미사일 사태에 대한 미국 정부의 대응 과정을 설명한 모형이다. 1962년 10월 소련이 미국을 공격할 수 있는 미사일을 쿠바에 배치하려 했을 때 케네디 대통령을 비롯한 미국의 최고정책결정자들이 여러 대안을 논의한 끝에 소련에서 출발한 미사일을 실은 배가 쿠바로 입항하지 못하도록 해상봉쇄를 결정한다. 앨리슨은 미국 행정부가 왜 이러한 결정을 하게 되었는지 합리적 행위자모델로 설명해 보았으나 설명되지 않는 부분이 많았고, 다시 조직행태 모델을 적용하였으나 충분한 설명이 되지 않아 관료정치 모델을 적용한다. 이렇게 세 개의 렌즈를 번갈아 쓰고 상황을 보았을 때 비로소 정책결정과정에 대한 만족할 만한 이해에 도달할 수 있었다고 한다.

앨리슨의 정책결정모델의 제1모델은 '합리적 행위자 모델'이다. 이 모델은 정부는 '잘 조직된 유기체'이고, 전 구성원은 최고지도자를 중심으로 모든 국가행위를 일사분란하게 철저한 계산에 따라 가장 효율이 높은 쪽으로, 그리고 합리적으로 기획·결정하고 실행에 옮긴다고 가정한다. 따라서 정책결정과정은 '단일한 행위자로서 정부의 합리적 선택 과정'으로 규정되며, 분석단위는 통일된 목적을 보유한 '단일한 행위자로서 정부'가 된다.[10] 이 모델은 정치체계가 하나의 인격체처럼 결합되어 있다고 전제하며, 개인이 효용 극대화를 추구하듯 정치체계는 국가의 이익 극대화를 추구하여 합리적으로 행동하게 된다고 한다. 여기서 제시된 '합리성'은 '다양한 제약요인이 존재하는 주어진 환경 속에서 일관되고 가치를 극대화하는 선택'을 의미한다.

제2모델은 '조직행태 모델'로서, 정부는 느슨하게 연결된 여러 조직들의 연합체이며, 정책이란 '어느 한 조직이 자체의 목적과 관행에 의해 산출한 결과물'로 규정된다.[11] 이 모델은 정치체계 내부 구성요소

---

10) Allison 외, 『결정의 엣센스』, p. 65.

들 간의 연계가 느슨하고 각 구성요소는 자체 논리에 의해 움직인다고 가정하며, 각 조직들은 고유 임무가 규정된 규범과 조직 내부 문화에 따라 움직이게 된다고 보고, 그 결과 정책결정은 각 조직들의 표준적 행위절차(SOP : Standard Operation Precedure)의 총합으로 규정된다. 정부의 행위는 SOP에 근거한 정부 내부 조직 행위들의 상호작용 결과로 나타나기 때문에 정책결정의 분석단위는 '정부 내부 조직 행위들'이 된다. 합리모델이 바둑에 비유된다면 이 모델은 장기에 비유되는데 바둑과는 달리 장기는, 졸은 졸이 움직이는 규칙에 따르고, 차는 차가 갈수 있는 길로만 가야 한다는 것이다.

제3모델은 '관료정치 모델'로, 일반적으로 앨리슨 모델을 지칭하면 제3모델을 일컫는다.[12] 여기서 정책이란 '경쟁하는 이익구조를 가진 많은 행위자들의 치열한 협상게임의 결과'로 정의되며, 정치체계는 독립적인 개별 행위자들의 집합체로 간주된다.[13] 이 모델에서 정책결정 분석단위는 정부 내 개별행위자들인 관료조직의 수장들이며, 각 조직의 수장들은 각자가 생각하는 국가·조직·개인 이익에 근거하여 다른 조직 수장들과 끊임없는 이합집산을 하며, 그 과정에서 지배적 연합이 형성되면 정책이 생산된다. 최고지도자는 공식적으로는 '최고 결정권자'이나 실제로는 재량권이 제한된 '명목상의 1인자'에 불과하며, 그가

---

11) 위의 책, pp. 217-219.
12) 앨리슨의 '관료정치 모델'은 후에 '정부정치 모델(governmental politics model)'로 명칭이 바뀌는데, 이 책에서는 초판(1971년)대로 '관료정치 모델' 명칭을 사용한다. 그 이유는 앨리슨의 명칭변경 사유인 '조직의 수장으로서가 아닌 개인적 정체성'은 북한체제 특성상 별반 크게 작용하지 않기 때문이다. 앨리슨은 정책게임 참가자들이 조직의 장(長)으로서, 조직의 '대표선수' 입장에서 자신의 견해를 밝힐 뿐 아니라, 개인적인 정체성과 기타 다양한 사회적 정체성이 작용한다는 인식 때문에 '관료정치'라는 표현을 '정부정치'로 대체한다고 한다. 같은 사람이라도 국방부 장관을 맡을 때와 외교부 장관을 맡을 때 정책입장이 다르며, 특히 같은 국방부 장관이라도 사람이 달라지면 정책입장이 달라진다는 이유에서 '정부정치'로 표현을 바꾼다. Allison 외, 『결정의 엣센스』, p. 11.
13) 위의 책, p. 317.

지배연합 형성에 영향을 미칠 경우에 한해 상대적으로 큰 권력행사가 가능하게 된다. 이 모델에 따르면 정책결정 과정에는 타협과 흥정이 이루어지고 정치가 난무하기 마련이며, 정부를 분해하면 할수록 "내부 정치는 엉망"이고 "정치하지 않고 정부에서 일하겠다는 것은 마치 결혼하지 않고 아기를 갖겠다는 것과 같다"[14]고 한다.

이상의 세 가지 모델을 구별하는 중요한 기준은 정책결정 참여자들의 응집성으로, 〈표 1-1〉과 같이 합리적 행위자 모델, 조직행태 모델, 관료정치 모델 순으로 조직통제·목표공유·정책의 일관성 면에서 응집성이 약화된다.

표 1-1 앨리슨의 세 가지 정책결정 모델과 그 특징

구 분	합리적 행위자 모델	조직행태 모델	관료정치 모델
조직관	조정통제가 잘된 유기체	느슨하게 연결된 하위조직들의 연합체	독립적인 개인적 행위자들의 집합체
권력소재	조직의 두뇌인 최고지도자가 보유	반독립적인 하위조직들이 분산소유	개인적 행위자들의 정치적 자원에 의존
행위자 목표	조직전체의 목표	조직+하위조직의 목표	조직+하위조직+개별행위자 목표
목표 공유도	매우 강함	약함	매우 약함
결정 양태	최고지도자가 두뇌와 같이 명령하고 지시	SOP 프로그램 목록에서 대안추출	정치게임 규칙에 따라 타협과 흥정이 지배
결정 일관성	매우 강함, 항상 일관됨	약함, 자주 바뀜	매우 약함, 거의 일치 않음

* 자료: 앨리슨,『결정의 엣센스』; 정정길,『정책학원론』참고.

---

14) 위의 책, pp. 320-321.

북한의 정책결정 과정을 분석하는데 앨리슨 모델의 적용과 관련 여러 논란이 있을 수 있다. 첫째, 북한의 유일지배 특성상 합리적 행위자 모델이 북한 분석에 가장 적합한 모델로 보여 진다는 점이다. 북한체제가 하나의 유기체처럼 전 구성원의 결속을 중시한다는 점, 지도자가 사심 없이 '국가이익'을 위하여 일하는 것으로 묘사된다는 점, 실질적으로 김정일에게 정보와 권력이 집중되었다는 점, 특히 수령의 절대성·무오류성이 강조되고 있다는 점에서 그렇다.

그러나 북한의 '국가이익'에는 독재자의 개인적 이해관계나 편견이 크게 작용하며, 특히 북한의 정책은 이데올로기 종속성이 강하여 합리적 계산에 의하기 보다는 지도자의 충동이나 이데올로기적 정당화의 결과로 나타나, 북한 내 '합리성의 위기'가 지적되기도 한다.[15] 김정일·김정은의 '충분한 정보 보유'가 의심스럽고, 정보가 실제로 충분하더라도 전체주의의 맹점인 과중정보 현상이 발생하며, 신격화된 수령일지라도 중요 정치집단의 이해와 집행조직의 능력을 고려하지 않을 수 없다. 북한의 보도매체나 문헌에 나타난 지도자의 구체적인 지시를 보면 참모들이 그 방대한 정보를 정리하여 제공했다고 보지 않을 수 없다.

둘째, 조직행태 모델의 가설을 무시할 수 있을 정도로 북한의 지도자에게는 권력이 집중되어 있다는 반론이 있을 수 있다. 북한의 지도자가 모든 관료기관의 행동규범을 무시할 수는 있으나 김정일·김정은도 각 기관에서 올라오는 정보에 의존해 판단할 수밖에 없으며, 정보의 수집·처리과정에서 각 조직의 이익이나 편견이 반영되어 왜곡된 정보가 지도자의 정책결정의 기초가 된다. 그리고 정치적으로 민감한 문제나 지도자 자신의 관심분야에 관해서는 그가 관료조직들의 규범

---

15) 포스터-카터(Aidan Foster-Carter), "북한사회를 어떻게 볼 것인가," 민족통일연구원 편, 『북한체제의 변화』(서울: 민족통일연구원, 1991), p. 120.

을 무시할 수 있으나, 상례화 된 업무에 있어서는 조직모델에 따라 처리될 것이라는 점이다. 이 점은 사회주의 국가 관료체제가 경직되어 협조나 조정이 취약한 점을 감안하면 더욱 분명해 진다. 특히, 각 조직은 지도자의 지시만 수행하는 것이 아니라, 조직 자체의 발전과 건강을 우선시하는 '본위주의' 현상과, 자기 조직의 예산·인력·업무영역을 끊임없이 확장하는 '제국주의' 경향을 보인다는 점에서 제2모델의 적용 여지는 충분하다고 본다.

1970년대 말 개혁·개방기 중국의 경제정책결정 과정을 분석한 리버달(Kenneth Lieberthal)은 중국 관료체계가 수직적 위계보다 수평적 연계가 취약한 점에 착안한 '분절화 된 권위주의 모델(fragmented authoritarianism model)'16)이라는 일종의 변형된 제2모델을 통해 중국의 정책결정 과정을 설명한다. 셕(Susan Shirk)의 '제도주의적 접근(institutional approach)'도 중국 관료제도의 분권적 특성과 유연성에 주목하여 원만한 정책협상이 이루어지는 과정을 연구했다.17) 이

---

16) 리버달은 중국의 전체주의 제도가 권위주의 체제로 변화하는 과정에서 분절화된 권위구조는 더욱 이완되고, 정책은 협상과 타협에 의한 합의 형성으로 결정되어 점진적으로 추진되는 모습을 보인다고 하면서, 중국의 경제정책은 "하나의 계통적인 권위에 의해 관리되기 보다는 부처간, 지역간, 그리고 생산 단위간의 협상과 타협으로 점철"되는데, 그 이유는 관련 조직이나 단위는 정책을 온전히 되게 할 수는 없지만 안 되게 할 수는 있기 때문에 정책이 원만히 추진되기 위해서는 흥정과 타협이 필수적이라고 한다. Kenneth Lieberthal and Michel Oksenberg, *Policy Making in China Leaders, Structures, and Processes* (Princeton: Princeton University Press, 1988), pp. 9-10, 22-27.
17) 셕은 중국의 모든 개혁정책은 권위주의적 관료제도라는 통로를 통과해야만 했으나 중국의 관료제도는 소련과는 달리 유연하고 분권화되어 정치개혁 없는 경제개혁을 성공시킬 수 있었다고 분석한다. 그녀는 중국의 1980년대 경제정책은 당 정치국을 대신해 국무원이 주도하며, 국무원과 산하 조직과 지방정부는 위계적인 권위구조를 형성하여 누가 누구와 협상하고 누가 누구에게 명령하는지 정해져 있기 때문에, 이런 서열에 따라 혜택을 나누는 협상을 하여 무리 없이 합의를 이룬다고 한다. Susan Shirk 지음, 최완규 옮김,『중국경제개혁의 정치적 논리』(마산: 경남대학교출판부, 1993), pp. 150-151, p. 463, pp. 482-488.

들의 이론적 기반은 앨리슨의 정책결정 모델과 일치하는 데, 리버달은 자신의 "분절적 권위주의 모델은 앨리슨의 '결정의 엣센스'와 같은 문헌들의 반향(echoes)"이라고 했다.[18]

셋째, 북한 권력층 내 감시체계와 공포 통치는 관료정치 현상의 발현을 제어할 수 있다는 주장이다. 그 주장대로 북한의 지도자는 관료조직 간의 흥정과 타협을 묵살할 수 있고 북한 권력층 내에는 '유일영도체계'를 위반한다거나 '종파주의'로도 오해받을 수 있는 위험한 행위를 극히 경계하는 기류가 조성되어 있다.

그러나 다음과 같은 점에서 관료정치 모델의 유용성을 부정할 수 없다고 본다. 우선, 지도자가 모든 정책을 관리할 수는 없으며, 권력층 내 제반 조직들 간에 이해관계가 일치하지 않는 경우가 비일비재하다. 지도자의 권력이란 자신이 원하는 일이 부하들의 필요와 부합하는 것으로 믿게 만들어 그들을 움직이게 하는 힘이다. 그러나 각 조직은 넓은 의미의 국가이익 개념에는 생각을 같이하나 운영목표에서는 서로 다른 정도가 아니라 경쟁적인 입장에 있게 된다. 지도자를 포함하여 각 조직은 자신의 위치에 따라 문제의 우선순위와 성격 규정을 하는 방식이 다르며, 조직들 간에 지도자도 '모르게' 이권을 흥정할 공간은 충분히 존재한다. 특히 권력승계의 과도기에 새로운 지도자가 문제 상황을 충분히 파악하지 못하고 있을 때, 관료사회 내 새로운 줄서기가 시도되고 있을 때 관료정치의 작동 여지는 증대된다.

관료정치 모델의 적용 여지를 좀 더 제시하면 다음과 같다. 지도자는 항상 바쁜 일정으로 전략적인 문제에 집중하기 보다는 오늘 내일 내려야 할 결정에 초점을 두며, 시한이 임박하거나 사건이 터지면 입

---

18) Kenneth Lieberthal and David Lampton, *Bureaucracy, Politics, and Decision Making in Post-Mao China* (Oxford: University of California Press, 1992), p. 10.

장을 정하게 된다. 지도자는 또한 문제 상황이 발생하면 불확실성이 사라질 때까지 판단을 유보하고, 서로 다른 입장이 대두되면 양쪽을 감싸 안아야 되기 때문에 모호한 입장을 취해야 하는 상황이 자주 대두된다. 문제 상황은 대두 즉시 처리 방향을 잡아갈 수밖에 없으며, 지도자의 유보된 또는 애매한 입장은 부하들이 자신의 입장을 반영할 공간을 제공해 주고, 나중에 내리는 지도자의 '결론'이란 사후 추인의 의미에 불과하게 된다.

다음으로, 북한 권력층 내에서 지도자의 총애를 다투기 위한 은밀하나 치열한 권력 암투가 있을 수 있다. 김정은의 측근들 간에 권력 지분을 확대하기 위한 충성 경쟁과 모함으로 정책이 합리성과 먼 거리에서 결정되거나 집행 과정에서 다른 모습으로 변질될 수가 있게 된다. 북한의 권력구조가 엄격한 수직적 위계질서를 구축하고 있다하더라도, 조직들 간에 이해관계의 상충정도가 조직 발전이나 건강 유지의 정도를 넘어 조직 존립 자체를 위협하는 수준에 이르게 되면 생존을 위한 반발과 타협을 시도할 수밖에 없게 된다. 사회주의 체제 내 조직들 간에는 원만한 합의나 조정기제가 취약하여 갈등이 축적되게 마련이고, 게다가 북한체제처럼 제한된 자원을 놓고 치열한 경쟁이 불가피한 조건이 오랜 기간 지속되면 상층부의 공식적인 일원적 결정 이면이나 집행과정에서 비공식적인 거래가 관행화된다.

한편 앨리슨 모델은 국제정치에서 위기적 사건에 대응하여 소수 참여자들이 급박하게 내린 결정과정이라는 점에서 북한의 경제개혁 결정 과정과는 거리가 멀다는 주장이 있을 수 있다. 그러나, 앨리슨이 밝혔듯이 외교정책을 넘어, 정치체제의 특성과 무관하게 다양한 의사결정에 적용할 수 있다.[19] 북한의 경제개혁 결정 과정은 앨리슨이 분석

---

19) 앨리슨은 자신의 모델이 국내정책은 물론 히틀러 체제 같은 독재국가에도 적용이 가능하다고 한다. 정정길도 앨리슨 모델은 다양한 정책결정과정에 적용된다

한 미국의 쿠바 미사일 사태 대응과정과 비교할 때, 전자는 경제정책이고 장기간의 결정과정을 거친 반면 후자는 외교정책이면서 한 달도 되지 않는 급박한 결정과정을 거친 점에서 다르다. 그러나 위기관리를 위한 선택이라는 점, 소수의 참여자들에 의한 결정이라는 점, 정책결정 참여자 각자가 고유의 조직 이해관계를 보유했다는 점 등 결정 조건 면에서 동질적이며, '결정의 엣센스'는 동일하다.

첫째로, 정책의제의 위기 관리적 성격을 보자. 북한의 경제개혁은 1990년대 경제위기에 대한 생존차원의 대응전략으로 출발했으며, 내각은 자기 조직의 존립위기로 2004년에 시장경제를 추진하였고, 당은 시장경제를 하면 자기들 위상에 치명적 손상을 입게 되어 내각에 반격을 가하는 등 경제개혁 정책 선택과 후퇴과정에 위기 관리적 결정 요소가 내포되어 있다. 김정은이 집권하자마자 경제개혁 의제를 개방한 것도 경제정상화를 위한 '개혁'이 가장 절박한 과제로 대두되었기 때문이다. 김정은은 후계자 시점에 화폐개혁의 후유증에 따른 민심이반을 목격했으며, 권력을 세습하는 순간 지속되는 공급부족과 물가불안의 파급영향을 걱정하지 않을 수 없었다.

둘째로, 정책결정 과정이 소수의 참여자를 중심으로 배타적 결정되었다는 점이다. 7.1조치는 경제정책임에도 사전 공론화 과정을 거치지 않고 '6.3 그루빠'라는 폐쇄적 참여자들을 중심으로 입안되었고, 박봉주 '내각 상무조'의 급진적 경제개혁안도 비밀리에 입안되어 김정일에게 보고되었다. 다만, 김정은은 처음에는 '온 동네에 소문을 내어' 경제개혁 아이디어를 수렴하라고 지시했으나 곧 그 정치적 파장을 알아채고 더 이상의 공론화에 제동을 걸면서, 경제개혁 작업은 노두철 부총리를 중심으로 한 '내각 상무조'로 하여금 대외적으로 소문 없이 추

고 한다. Allison 외, 『결정의 엣센스』, p. 46, 319; 정정길, 『정책학원론』(서울: 대명출판사, 1991), p. 460.

진하도록 한다.

 셋째, 정책결정 이면에는 이해관계의 충돌이 있었다는 점이다. 지도자, 내각, 당이 각기 경제개혁 의제 개방 및 단속, 개혁조치 입안 및 추진, 개혁속도 제동의 주도자가 되는데, 이들은 공통적으로 경제 활성화라는 '국가이익'에 집중하기 보다는 각자의 이해관계를 우선시하면서 자신의 능력과 임무 범위 내에서 대안을 제시한 결과 개혁과정이 우여곡절을 겪는다. 특히 앞에서도 밝혔지만 김정은 집권초기에 지도자의 상황파악 미숙 및 장악력 부족, 권력층 내 새로운 줄서기, 정책 및 이권 조정 등으로 이해관계 충돌이 두드러졌다. 장성택 처형 등 공포통치를 계기로 외관상 갈등의 노출은 다소 줄었으나 수령제 이면에서 조직행태와 관료정치는 지속되고 있다고 본다.

 앨리슨의 조직행태 모델과 관료정치 모델은 폐쇄경제 체제에다가 경제제재의 가중으로 생산단위별 자력갱생과 자체조달이 강조되는 북한 경제의 현실로 볼 때 적실성을 더한다. 북한 경제는 1990년대 위기 이래 계획의 일원화·세부화 원칙, 자재·자원의 중앙 집중적 관리가 붕괴되고, 공장·기업소와 각 지방은 자체로 알아서 살아가는, 사실상 중앙정부로부터 방치된 상태였다. 중앙 차원에서도 지도자에게는 국가경제 관리 문제가 골칫거리였고, 당도 열악한 경제여건으로 경제관리 문제는 내각의 전문적 관리를 존중해 주는 분위기가 형성되었다. 권력기관이 자원을 선점하고 생산의 우선순위에 압력을 가할 여지는 여전히 존재하나, 과거보다 생산단위·내각 부처·당·정·군 간에 흥정과 거래의 여지가 증대되었다.

 이 책에서는 앨리슨 모델을 다음과 같이 수정하여, 제한적으로 적용한다. 첫째, 이 책은 북한의 수령제가 갖는 규정력의 한계 즉, 정책결정의 실질적인 '주도자'를 규명하는데 초점을 두기 때문에 정책결정의 '합리성'은 크게 고려하지 않는다. 마찬가지로 지도자가 추구하는 이익과 북한의 '국가이익' 간의 차이도 연구대상에서 제외된다. 이런 전제하에서 '합리적 행위자 모델'을 '수령제 모델' 개념으로 대체한다. 둘째, 앨리슨의 '정부정치모델'은 다시 초판(1971년)대로 '관료정치 모델' 명칭을 사용하고자 함은 앞에서 밝혔다. 셋째, 북한의 정책결정과정에 어떤 모델이 가장 큰 지배력을 발휘하고 있는지는 결론을 내리지는 않는다. 김정일에 이은 김정은 체제에서도 수령제의 규정력은 외관상 여전히 막강한 것으로 추론된다. 그러나 부분적 현상을 일반화하는 오류를 경계하듯이 '마오쩌둥 총사론'(毛澤東 總司論)'의 한계가 그의 사후 확인된 것처럼 외관상 관찰된 것 이상으로 북한 '내부 정치가 엉망'일 수도 있음에 유의한다. 이글에서는 북한의 정책결정 과정에서 지도자의 결정이 아닌, 조직행태와 관료정치 현상이 충분히 존재함을 분별해 내는 작업에 국한하고자 한다.

2장

김일성 시대 경제개혁 의제 설정의 역사적 경험

북한의 경제개혁과 관료정치

제2장 김일성 시대 경제개혁 의제 설정의 역사적 경험

　과거 북한의 지도자가 어떤 목적과 논리로 경제개혁 의제를 개방 또는 단속했고, 북한 간부들은 지도자의 행태로부터 어떤 행동 논리를 익히게 되었을까. 이를 예비적으로 고찰할 필요가 있어 2000년대 이전 김일성 시기 북한의 경제개혁 의제 설정 과정을 먼저 살펴본다.

　역사적으로 볼 때, 북한에서 상품·화폐관계, 가치법칙 등 시장경제 요소 도입과 관련된 경제개혁 의제는 국제 사회주의권의 변화 여파와 맞물리면서 정치적으로 항상 민감한 논쟁거리였다. 국제 사회주의권에서는 크게 세 차례의 경제개혁 움직임이 있었다. ①탈(脫) 스탈린주의 흐름에 따른 1950-1960년대 경제개혁, ②1970년대 후반 이후 중국의 경제개혁, ③1980년대 중반 소련의 페레스트로이카 이래 구소련·동구권의 경제개혁이 그것이다.

　이 단원에서는 국제 사회주의권의 경제개혁 조류에 대한 북한 지도부의 전략적인 대응 과정을 검토한다.[1] 여기서는 대응 전략의 공과(功過) 평가 보다는, 북한의 지도자 또는 경제 간부들 차원에서 그 때의 대응경험이 2000년 이후 경제개혁 선택 과정에서 어떻게 적용될 것인지, 정책결정과정에 주는 시사점 도출에 초점을 두고 살펴본다.

---

1) 북한은 국제 사회주의권의 경제개혁을 총괄적으로 '현대적 수정주의'라고 성격 규정하고 이에 대해 비판적 입장을 보인다. 고정웅 편, 『조선로동당의 반수정주의 투쟁경험』(평양: 조선로동당출판사, 1995), pp. 5-6.

| 01 | 1950-60년대 탈(脫)스탈린주의 조류에 대한 대응

제2차 세계대전이후 사회주의권의 경제개혁 움직임은 1950년대 중반부터 개인숭배 비판과 평화공존론 등 탈스탈린주의 물결과 함께 시작되었다. 소련에서는 흐루시초프의 분권화 정책과 리베르만의 이윤도입 방식에 기초한 코시킨의 개혁정책으로 나타났고, 동유럽에서는 '사회주의 시장제도'를 중심 개념으로 하는 신경제정책으로 가시화되었다. 당시 소련·동유럽 사회주의 국가들이 새로 도입한 경제개혁 정책은 공장·기업소 등 기층 생산현장 노동자들의 물질적 인센티브를 제고하기 위해 이윤·가격 공간을 이용하거나, 주민들의 생활 향상을 목적으로 경공업에 보다 많은 자원을 투입하는 정책이었다.

1950-60년대 사회주의권을 휩쓴 이 같은 탈스탈린주의 개혁 파도는 곧바로 신생 사회주의 국가인 북한에도 밀려왔다. 북한 지도부는 경제개혁 의제를 포함한 탈스탈린주의 조류를 '수정주의의 침습'이라고 규정하고, 체제위협 요인으로 간주하여 이에 대한 전략적 대응에 착수했다.[2] 당시 김일성의 대응 입장은 1955년 12월 28일 당 선전선

---

[2] "일부 작가들속에서 (문학예술에 대한 당의 영도를 거부하는) 자유주의 수정주의적 경향이 나타나는 것은 반당종파 분자들이 다른 나라에서 밀수입해온 자본주의, 수정주의의 영향때문입니다." 김일성, "현실을 반영하는 문학예술 작품을 많이 창작하자"(1956.12.25), 『김일성저작집 10권』(평양: 조선로동당출판사, 1980), p. 460; 또한 "지금 수정주의자들은 사회주의 건설에서 맑스-레닌주의의 일반적 원칙을 거부하고 있습니다. 그러므로 수정주의를 반대하는 투쟁도 강하게 벌려야 합니다." 김일성, "조국통일문제와 인민군대 앞에 나서는 몇가지 과업"(1957.11.27), 『김일성저작집 11권』(평양: 조선로동당출판사, 1981), p. 390; "최근년간 사회주의 진영과 각국 당들은 심각한 시련을 겪었습니다. 제국주의자들의 반쏘반공의 각종 도발적 책동에 발맞추어 수정주의자들은 프로레타리아 국제주의를 훼방하고 쏘련을 비방하며 사회주의 국가들과 형제당들의 단결을 파괴하려고 갖은 책동을 다하였습니다." 김일성, "사회주의 진영의 통일과 국제공산주의 운동의 새로운 단계"(1957.12.5), 『김일성저작집 11권』, pp. 409-410; 그리고 '경제관리분야에서의 수정주의'에 대한 비판은 국사편찬위원회, 『위대한 수령 김일성동지의 불멸의 혁명업적 15권: 사회주의 경제관리문제의 빛나는 해결』(평양: 조선

동 부문 간부들에게 "사상사업에서 교조주의와 형식주의를 퇴치하고 주체를 확립할 데 대하여"라는 제목의 연설에서 드러났다.[3] 김일성의 대응전략은 한마디로 '주체의 확립·강화 전략'이라고 할 수 있는데 북한 내부의 정치적 통일·단결 강화를 강조하면서, 민족적 독자성을 집중적으로 부각하는 방식이었다.[4]

김일성이 추진한 정치적 통일 단결 전략은 북한 지도부를 계파별 연합체제에서 김일성파 단일 권력블럭(1956-1961)으로, 다시 김일성파 단일 권력블럭에서 김일성 유일지배체제(1967-1969)로 전환시킴으로써 권력을 김일성에게 집중시키고 그 응집력을 강화하는데 목적을 두었다.[5] 그리고 북한 주민들을 대상으로는 공산주의·집단주의 교양과 김일성 항일 혁명전통을 주입하여 사상적 통일을 도모하면서, 모든 주민들을 청년동맹·농근맹·직맹·여맹 등의 근로단체 조직에 빠짐없이 가입하게 하고 이들 근로단체들을 노동당에 완전히 종속시킴으로써 김일성의 전 사회에 대한 장악력을 높여 나갔다. 그리하여 북한의 정치·사회를 김일성-노동당-근로단체-주민의 체계로 조직적 전일화가

로동당출판사, 1999), pp. 176-190.
[3] 김일성, "사상사업에서 교조주의와 형식주의를 퇴치하고 주체를 확립할데 대하여"(1955.12.28), 『김일성저작집 18권』(평양: 조선로동당출판사, 1982), pp. 467-495. 이 연설에서 김일성은 당내 소련식과 중국식 정치사업 도입 행태를 모두 비판하였다. 그리고 북한의 당사상사업의 주체는 바로 '조선혁명'이라고 강조하면서 '우리식' 정치사업 방법을 창조하기 위해 주체를 확립할 것을 촉구하였다. 김일성은 이 같은 주체확립의 방법으로 '혁명의 일반원리와 선진 경험'을 '혁명적 원칙'과 북한의 실정에 맞게 구체적이고 창조적으로 적용할 것을 제시하였다. 이를 위해서 '당원과 근로자들이 조선의 역사·지리·풍속, 조선의 혁명투쟁 역사를 잘 알고 로동당의 정책과 로선으로 튼튼히 무장해야 한다'고 주장하였다.
[4] 이태섭, 『북한의 집단주의적 발전 전략과 수령체계의 확립』(서울대 박사학위논문, 2001), pp. 309-310; 서동만, "1950년대 북한의 정치 갈등과 이데올로기 상황," 역사문제연구소 편, 『1950년대 남북한의 선택과 굴절』(서울: 역사비평사, 1998), pp. 321-324.
[5] 이종석, 『조선로동당연구』(서울: 역사비평사, 1995), p. 284, pp. 315-323; 서동만, 『북조선 사회주의체제 성립사』(서울: 선인, 2005), pp. 765-800.

완성된 이른바 '조직사회'로 변모시켜 나갔다.6)

이와 같은 김일성의 정치적 통일단결 전략 추진 상황에서 경제개혁 의제가 대두되었으며, 개혁논란은 북한에서 가장 중대한 정치적 권력투쟁 및 숙청 사건과 맞물리게 된다. 1956년 '8월 종파사건'과 1967년의 '갑산파 숙청사건'이 그것이다. '8월 종파사건'에서는, 중공업 우선노선을 주장한 김일성파는 인민생활향상·경공업 우선노선을 주장한 박창옥 등의 소련파와 최창익 등의 연안파를 '현대 수정주의의 영향을 받은 반혁명분자'로 비판해 숙청했다.7) 그리고 '갑산파 숙청사건'에서는 소련의 리베르만·코시킨 개혁정책 추진 와중에서 상품·화폐 관계 및 가치법칙을 적극적으로 활용하고자 '가(假)화폐' 도입을 시도한 박금철·김도만 등 갑산파를 '수정주의자의 이론의 영향을 받아 자본주의 기업관리 방법을 퍼뜨리려한 부르조아 분자'로 몰아 숙청했다.8) 특히 김정일은 1967년의 갑산파 숙청을 주도하며,9) 경제분권화

---

6) 김정일은 북한의 통일 단결에 대해 1950-60년대에는 '조직적 단결'을 달성하였고, 1970년대에는 '사상적 단결'을, 1980년대에는 도덕·의리 등 윤리적·심리적 단결 즉, '일심단결'이 추구되었다고 주장하였다. 김정일, "조선로동당은 영광스러운 'ㅌㄷ'의 전통을 계승한 주체형의 혁명적 당이다"(1982.10.17),『김정일선집 7권』(평양: 조선로동당출판사, 1996), pp. 252-284; 김정일, "일심단결의 기치를 높이들고 나가자"(1985.1.26), 『김정일선집 8권』(평양: 조선로동당출판사, 1998), pp. 165-169; 한편 사회주의 국가체제의 본질을 '조직사회'로 이해하는 주장은 T. Rigby, "Traditional Market and Organizational Societies and USSR," *World Politics*, Vol. XVI, No.4 (July 1964) 참고.

7) "박창옥을 비롯한 일부 종파분자들(과) … 최창익 종파도당은 여러 종파의 잔여분자들이 결탁한 련합도당이였으며 외부세력을 등에 업은 사대주의자들, 국제수정주의에 호응하여 나선 수정주의 분자들의 집단이였다 … 8월 전원회의를 계기로 폭로분쇄된 반당반혁명 종파분자들은 모두가 외세를 등에 업은 사대주의자, 교조주의들이였으며 현대 수정주의를 밀수입한 수정주의자들이였다." 사회과학원 력사연구소,『조선전사 28권』(평양: 과학백과사전출판사, 1981), pp. 290-295; "종파분자들은 수정주의자들을 등에 업고 그들이 들고 나온 수정주의 이론을 가지고 당과 혁명에 반대하고 나섰다 … 종파분자들은 … 인민생활이 어려운데 중공업에 치우친다느니, 기계에서 밥이 나오지 않는다느니 하면서 우리 당의 독창적인 경제건설의 기본 노선과 생산관계의 사회주의적 개조방침을 비방하고 시비하였다." 고정웅 편,『조선로동당의 반수정주의 투쟁경험』, pp. 70-73.

와 가치법칙, 그리고 물질적 이윤동기를 경제관리에 적극적으로 활용해야 한다는 주장을 '사회주의 혁명에 반하는 자본주의 경제관리 방법'으로 규정했다. 이는 1967년 갑산파 숙청직후 김정일이 당중앙위원회 간부들에게 한 담화에서 확인된다.[10]

 로임을 올리고 상금을 주는 것과 같은 방법으로 생산의 끊임없는 장성을 이룩할 수 있다고 생각한다면 큰 잘못입니다. 사회주의사회에서 돈으로 사람을 움직이려하는 것은 … 인민대중에 대한 모독입니다 … 한 때 우리나라에서도 수정주의에 물젖은 경제일군들이 가치법칙을 이용한다고 하면서 황해제철소에 나가 가화폐를 만들어가지고 로동자들이 일한 결과를 매일 돈으로 평가하는 놀음을 벌린 일이 있습니다. 그때 황해제철소 로동계급들은 우리는 돈을 위해서 일하는 것이 아니라 조국과 인민을 위해 일한다. 가치법칙이고 까마귀 법칙이고 다 집어치우고 당장 돌아가라고 하였습니다. 사람들을 돈에 얽매여 일을 하게 하는 것은 자본주의 방법이며 그렇게 하여가지고서는 절대로 사회주의, 공산주의를 건설할 수 없습니다.[11]

 반당반혁명분자들은 자본주의에 대한 환상을 가지고 경제관리에 자본주의적 방법을 받아들이려고 획책하였습니다. 반당반혁명분자들은 평안북도의 어느 한 공장에 내려가 생산은 사회주의적으로 하고, 관리

---

8) 위의 책, pp. 76-79; 조선로동당출판사, 『조선로동당력사』(평양: 조선로동당출판사, 2004), pp. 346-349.
9) 정영철, 『김정일 체제 형성의 정치사회적 기원 1967-1982』(서울대 박사학위논문, 2001), pp. 104-109.
10) 그 당시 김정일 주변 상황과 김정일의 인식 배경에 대해서는 권정웅, 『불멸의 향도: 전환』(평양: 문학예술종합출판사, 1999)을 보면 많은 시사점을 얻을 수 있다. 1965-1969년간의 김정일의 정치활동을 담은 이 책속에서는 당시 김정일이 "소련이 브레즈네프 등장이후에도 흐루시초프 시기의 정책을 비난하고 있지만 본질적으로 수정주의 정책을 계속하고 있음"을 비난하였다. 또한 소련에서 추진되고 있는 리베르만 방식의 정책에 영향을 받은 북한내 가화폐 도입을 통한 경제관리 방식 대신 '대안의 사업체계'의 강화를 강조하였다.
11) 김정일, "정치도덕적 자극과 물질적 자극에 대한 올바른 리해를 가질데 대하여" (1967.6.13), 『김정일선집 1권』(평양: 조선로동당출판사, 1992), p. 224.

는 자본주의적으로 하여야 한다고 떠벌렸는가 하면 황해제철소에 나가서는 가치법칙을 운운하면서 가화폐라는 것을 만들어 가지고 물질적자극으로 로동자들을 우롱하려하였습니다. 지어 그들은 자본주의 나라의 신문에도 본받을 것이 있다고 하면서 그것을 가지고 방식상학을 하는 놀음까지도 벌렸습니다. 이러한 행위들은 자본주의를 끌어들이고 우리 혁명을 다른 길로 이끌어 가려는 반혁명적 책동인 것입니다.[12]

이와 같이 1950-1960년대 북한 내에서 물질적 자극·가치법칙 도입 문제 등을 둘러싼 경제개혁 논란은 국제 사회주의의 움직임과 관련된 정책 논쟁이나 계파 갈등과 연관되었으며, 특히 경제개혁 의제가 '8월 종파사건' 및 '갑산파 숙청사건'과 같은 권력투쟁을 거쳐 특정 정치세력의 몰락을 초래한 역사적 경험으로 남아있다는 사실이 중요하다. 이러한 역사적 경험은 김정일을 비롯한 북한 간부들에게, 경제개혁 의제의 성격을 단순한 정책 실무적인 사안으로 간주하거나 자유로운 토론 대상으로 인식하기보다는 정치적으로 극히 민감한 '폭발적 성격'을 가진 의제인 것으로 각인시켰다. 이로 인해 경제개혁 의제는 최고 지도자가 적극적으로 의제 설정을 하지 않는 한, 간부들이 주도적으로 의제설정을 하지 못하게 되었으며, 결과적으로 '8월 종파사건' 및 '갑산파 숙청사건'은 향후 북한 내부에서 경제개혁 문제를 정책의제로 상정하는 것을 극히 어렵게 만든 일종의 '잠금효과'(locked effect)를 발휘했다.[13]

나아가, 1950-60년대에 외부로부터 변화의 압박이 가해지자 이에 대응하여 북한 당국이 추구한 '주체의 전략'은 경제개혁 의제를 '통일

---

12) 김정일, "반당반혁명분자들의 사상여독을 뿌리빼고 당의 유일사상체계를 세울데 대하여"(1967.6.15), 『김정일선집 1권』, p. 235.
13) 이영훈, "경제발전 전략," 세종연구소 북한연구센터 엮음, 『북한의 국가전략』(서울: 한울, 2003), pp. 290-291.

단결'이라는 정치적 의제에 종속시키는 계기가 되었다. 이후 북한은 외부의 개혁 압력에 대해, 주체역량 강화를 우선 강조함으로써 경제개혁 의제를 정치적 단결에 종속된 부차적인 의제로 간주하게 되었다. 다음의 김정일 주장에서처럼 북한 지도부는 어떤 상황에서든 '주체의 강화'를 기본전략의 문제로 강조하였고, 위기상황이 조성되어도 정책을 조정하여 변화에 적응하기 보다는 '주체의 역량 강화'를 우선하게 되었다.

> 사회주의 경제관리방법을 개선해 나가는 것도 중요하지만 보다 더 중요한 것은 혁명의 주체를 강화하는 것입니다. 경제와 기술을 발전시키는 것도 중요하지만 사회주의 제도를 관리운영하는 것도 사람인만큼 혁명의 주체를 강화하지 않고서는 사회주의 제도의 우월성을 발양시킬수 없습니다.[14]
> 우리는 정세가 복잡하고 경제건설에서 애로와 난관이 겹쌓일수록 혁명의 주체를 강화하기 위한 사업에 큰 힘을 넣어 조성된 난관을 타개하고 혁명과 건설을 힘있게 전진시켜야 합니다 … 수령님께서는 당에서 경제사업에 말려들지 말고 당사업에 계속 큰 힘을 넣어야 한다고 교시하시였습니다.[15]

북한이 추구한 '주체의 강화전략'의 다른 하나는 외부의 수정주의 침습에 대해 '민족적 독자성'을 부각하여 외부 조류와 북한의 독자성을 절충하는 '창조적 변형' 방식이었다. 주로 사회주의 건설노선에서 드러나는데, 앞서 거론된 김일성의 1955년 12월 연설에서처럼 사회

---

14) 김정일, "반제투쟁의 기치를 더욱 높이 들고 사회주의, 공산주의 길로 힘차게 나아가자" (1987.9.25), 『김정일선집 9권』(평양: 조선로동당출판사, 1997), pp. 41-42.
15) 김정일, "당사업을 강화하여 사회주의 건설을 힘있게 다그치자,"(1991.1.5), 『김정일선집 11권』(평양: 조선로동당출판사, 1998), pp. 2-3.

주의 건설노선에서 북한은 스탈린주의적 사회주의 건설노선을 도입하되, 북한의 실정에 맞게 '창조적'으로 변형시키는 문제를 강조했다. 예컨대, 스탈린의 중공업 우선발전 노선과 탈스탈린 시기의 소비재 생산 우선 노선을 절충한 '중공업우선 발전하 경공업·농업 동시 발전 노선'의 확립,[16] 광범위한 소농체제하에서도 다른 사회주의 나라에서 보다 빠른 속도로 완료된(4년 6개월 소요) 농업협동화 정책,[17] 물질적 자극 보다 정치도덕적 자극을 중시한 사회주의 건설 총노선으로서의 천리마 운동, 당위원회의 집체적 지도를 강조한 대안의 사업체계, 사회주의 국제분업체제로의 편입을 제한한 자립적 민족경제건설노선,[18] 쿠바의 미사일 위기 등 대외정세 악화를 고려한 국방·경제 병진노선,[19]

---

16) 6.25전쟁 직후 1953년 8월 5일-9일간 당중앙위원회 제6차 전원회의에서 전후 인민경제 복구를 위해 '중공업 우선' 대(對) '경공업·인민생활 우선' 논쟁이 벌어졌다. 이 논쟁 결과 김일성의 중공업 우선 노선이 승리함에도 공식적인 정책은 사회주의 경제건설 추진을 위해 '중공업 우선 발전을 보장하면서도 경공업·농업을 동시에 발전시킨다'는 절충주의적인 것으로 결론났다. 이 같은 절충적 정책노선이 확정된 후에도 실제 경제정책 추진과정에서 반발과 갈등이 지속되자 김일성은 1955년 4월 1일 당전원회의에서 다시 한번 정책노선을 "중공업의 우선적 발전에 기초한 급속한 공업화 정책과 (이를 지원·보장하려는) 농업협동화 등 생산관계의 사회주의적 개조로 명백히 규정하였다." 이태섭,『북한의 집단주의적 발전 전략과 수령체계의 확립』, pp. 38-39; 김연철, "북한 산업화 과정의 정치경제," 북한연구학회 편,『북한경제』(서울: 경인문화사, 2006), p. 60; 김성보, "1950년대 북한의 사회주의 이행논의의 귀결: 경제학계를 중심으로," 역사문제연구소 편,『1950년대 남북한의 선택과 굴절』, pp. 351-386;『조선로동당력사』(2004), pp. 248-251.
17) "농촌에서 낡은 생산관계를 사회주의적으로 개조하는데 있어 우리는 기성리론에 구애되지 않고 우리나라 실정에 맞게 했습니다. 기성리론에는 나라의 공업화를 한 다음에 농촌에서 개인농경리를 사회주의적으로 개조하는 것이 움직일 수 없는 법칙으로 되어있습니다." 김일성, "조국의 사회주의 건설 형편에 대하여"(1975.9.26),『김일성저작집 30권』(평양: 조선로동당출판사, 1985), p. 485.
18) 김근식,『북한 발전전략의 형성과 변화에 관한 연구: 1950년대와 1990년대를 중심으로』(서울대 박사학위 논문, 1999), pp. 84-103.
19) "경제건설과 국방건설을 병진시킬데 대한 우리 당의 방침은 국내외 정세를 과학적으로 분석한데 기초하여 내놓은 독창적인 방침이며 군사를 강화하여 미제의 침략책동을 철저히 짓부시고 사회주의를 성과적으로 건설해 나갈수 있게 하는

계획의 일원화·세부화 원칙[20] 등은 북한 당국의 이른바 '창조적 변형'에 따른 조치들이다. 이 같은 '민족적 독자성'을 내세우는 전략이 제도화되어 형성된 사회주의제도를 김정일은 '우리식 사회주의'라고 규정하면서 그 다양한 독자성을 과시하곤 하였다.[21]

이상에서 살펴본 대로 북한이 정책을 적용하는 방식의 특징은 그 때 그 때마다의 대응 과정에서 '중공업 우선 하 경공업·농업 동시 발전' 등의 방식으로 절충성이 현저하다는 점이다. 이러한 절충주의로 동일 노선하에서도 실제 정책이 추진되는 양상은 시기 또는 정세별로 북한 지도부의 결심에 따라 양단을 왔다 갔다 하는 모습을 띠게 된다.[22]

북한 지도부는 정치적으로 명백히 비판 받은 분권화·시장화 등의 경제개혁 의제를 완전히 거부하지는 않았다. 권력투쟁이 마무리 된 후 시간이 지남에 따라 경제운영에 도움이 되는 합리적인 요소는 '뒷문을 통해' 받아 들였다. 권력적 변수가 개입되지 않는 한 실무정책 수준에서도 절충주의를 보인 것이다. 김일성은 1960년대 초반에 "가치법칙이 지나치게 강조되고 물질적 자극문제가 많이" 언급된 공장 경영관리에 대한 서적을 집단주의 정신 함양의 관점으로 개편할 것을 주문하면

혁명적인 방침이었다."『조선로동당력사』(2004), p. 320.
20) "국가계획위원회 일부 일군들은 비폰드 물자는 어느 나라에서 계획화하는 데가 없다고 하는데 다른 나라에서 하지 않는다고 하여 우리도 하지 말아야 할 까닭이 없다고 생각합니다. 우리는 혁명과 건설에서 나서는 모든 문제를 우리의 실정에 맞게 우리 혁명의 리익에맞게 풀어나가야 하며 이 원칙은 계획화에서도 지켜 나가야 합니다." 김일성, "인민경제 계획의 일원화, 세부화의 위대한 생활력을 남김없이 발휘하기 위하여"(1965.9.23),『김일성저작집 19권』(평양: 조선로동당출판사, 1982), p. 464.
21) 김정일, "우리나라 사회주의는 주체사상을 구현한 우리식 사회주의이다"(1990.12.27),『김정일선집 10권』(평양: 조선로동당출판사, 1997), pp. 471-510.
22) 앞의 이태섭은, 북한은 같은 노선하에서도 1950년대에는 중공업을 위한 경공업·농업 정책을 추진하다가, 소비재 생산부족과 인민생활의 질적 저하에 따라 1961년부터 시작된 7개년 계획에서는 농업과 경공업을 위한 중공업 정책으로 전환된다고 한다. 이태섭, "북한의 집단주의적 발전 전략과 수령체계의 확립," pp. 162-164.

서도[23] 가치법칙의 이용에 대해 연구·검토할 필요성을 제기하였다.[24] 그는 "사회주의 사회에서도 상품생산이 있어 가치법칙이 작용하며, 따라서 돈이 있고 돈을 가져야 상품을 살 수 있다"[25]는 관점을 제시하기도 하였다. 그러다가, 1967년 5월 갑산파 사건이후 김일성은 다시 앞서 살펴본 김정일 입장처럼 가치법칙을 "까마귀 법칙"으로 폄하했다.

오늘 우리나라 절대다수의 노동계급은 돈을 위하여 일을 하지 않으며 그 어떤 물질적 자극도 요구하지 않습니다 … 한때 일부 지도일군들이 사회주의 사회에서 가치법칙을 옳게 리용할데 대한 문제를 똑똑히 깨닫지 못하고 황해제철소에 나가 잘못 적용하려다가 과오를 범한 일이 있습니다. 그 때 지도일군들이 가치법칙 문제를 망탕(되는대로 마구) 이러쿵 저러쿵하자 용해공들은 가치법칙이고 까마귀법칙이고 다 걷어치우라, 우리에게는 물질적자극이 필요없다, 생활이 보장되는 한 조국과 인민을 위하여 몸바쳐 일할테니 여기와서 시시하게 굴지 말고 가라고 하였습니다.[26]

갑산파 숙청이 종료되고 일정 시점이 지나자 김일성의 입장은 또 다시 바뀌었다. 김일성은 1969년 3월 일부 학자들과 경제 지도일군들이 가치법칙의 의의를 지나치게 평가하는 '우경주의'에 있다거나, 상품생산과 가치법칙의 역할을 전혀 인정하지 않는 극단적 '좌경 오류'를 범하고 있다고 비판하면서, "이 문제에 대해 일률적으로 보아서는 안된

---

23) 김일성, "중심군당위원회 과업에 대하여"(1963.4.27), 『김일성저작집 17권』(평양: 조선로동당출판사, 1982), p. 268.
24) 김일성, "당사업을 강화하며 나라의 살림살이를 알뜰하게 꾸릴데 대하여"(1965.11.15-17), 『김일성저작집 20권』(평양: 조선로동당출판사, 1982), p. 107.
25) 김일성, "농촌에 여러 가지 상품을 더 많이 보내주기 위하여"(1967.1.11), 『김일성저작집 21권』(평양: 조선로동당출판사, 1983), p. 30.
26) 김일성, "로동행정사업에 대한 몇가지 문제"(1968.11.16), 『김일성저작집 23권』(평양: 조선로동당출판사, 1983), pp. 207-208.

다"고 주장하였다. 그는 공산주의로 가는 과도기에 해당하는 사회주의 사회의 성격을 감안하여 '가치법칙의 형태적' 활용은 충분히 가능하고 또 활용해야 한다고 절충적 입장을 취했다.[27] 이처럼 북한의 경제개혁 의제는 정치상황이 안정되고 '창조적 변형'에 필요한 시간이 흐른 후에 북한 지도부에 의해 부분적으로 받아들여지곤 했다. 북한의 정책결정과정에는 경제개혁 의제의 뒤늦은 수용이라는 '지각효과(지체효과)'가 나타나고 있음을 보여준다.

다음은 북한의 정책선택 과정에서 경제개혁 의제의 '잠금효과'와 '지각효과'가 결합될 때 나타나는 양상을 살펴보고자 한다. 북한의 경제 실무자들은 독립채산제, 임금, 가격, 재정 등 김일성의 '가치법칙의 형태적 이용'이라는 주문을, 북한 현실에 발을 붙이고 구체적인 조치로 실천해야 하는 입장에 있다. 그러나 김일성의 다음과 같은 언급 내용을 보면 그들은 지도자의 절충주의적 요구가 어떻게 하라는 것인지 이해를 하지 못하고 있거나, 지도자의 요구를 선뜻 받아들이지 않고 있음을 시사한다.

> 지난 기간 적지 않은 경제지도 일군들이 가치법칙을 이용하는데서 이러저러한 편향을 나타내였습니다. 경제지도 일군들이 한때에는 사회주의 사회에서 가치법칙의 작용을 무시하고 그것을 리용하지 않았으며 당에서 이것을 비판하자 그 다음에는 가치법칙을 망탕 적용하여 경제관리운영에서 도리여 나쁜 결과를 가져왔습니다. 경제지도 일군들이 가치법칙을 망탕 적용하자 황해제철소의 로동계급들은 가치법칙이고 까마귀 법칙이고 다 걷어치우라 우리는 먹여만 주면 국가와 인민을 위하여 얼마든지 일하겠다고 하였습니다. 경제지도 일군들이 가치법칙을 잘못 적용한데 대하여 당에서 비판하였더니 그 다음부터는 또다시 가

---

[27] 김일성, "사회주의 경제의 몇가지 리론적문제에 대하여"(1969.3.1), 『김일성 전집 43권』(평양: 조선로동당출판사, 2002), pp. 10-22.

치법칙을 리용하지 않는 방향으로 나갔습니다. 그 결과 공장·기업소들에서 독립채산제가 잘 실시되지 않고 있으며 로동에 대한 물질적 자극이 거의 없어졌습니다.

경제지도 일군들이 좌우경적 편향을 범하면서 가치법칙을 옳게 리용하지 못하기 때문에 우리는 1969년 3월에 발표한 논문 "사회주의 경제의 몇가지 리론적 문제에 대하여"에서 사회주의 사회에서의 생산수단의 상품적 형태와 가치법칙의 리용에 대한 문제들을 중요하게 취급했습니다 … 그런데 일군들은 … 론문에서 제시된 문제들을 실천에 옮기기 위한 노력도 적극적으로 하지 않고 있습니다 … 론문이 발표된 지 4년이 되지만 오늘까지 그에 따르는 실제적인 조치가 취해진 것이 거의 없습니다. 그러다 보니 경제관리에서 걸리고 있는 문제들이 여전히 풀리지 않고 있습니다.[28]

이와 같은 김일성의 언급을, 지도자와 정책 실무자들간의 역학관계에 접목시켜 해석하면, 결국 실무자들은 '가치법칙'의 정치적 민감성을 간파하고 있음을 말해준다. 이들은 문제가 잘못될 경우 정치적 숙청의 사유가 된다는 개혁의제의 위험성을 알고 있기 때문에, 지도부의 분위기를 십분 살펴보면서 지도자의 주동적인 정책의제 설정에 편승할 뿐 적극적으로 대응할 수 없는 입장에 있는 것이다. 반면 김일성의 입장은 경제개혁 의제가 권력투쟁 문제와 연계되었을 때에는 철저히 반대하였지만, 권력이 공고화되고 정치적으로 안정된 상황에서는 '가치법칙을 옳게, 적당히 리용하라'는 것이었다. 북한 지도부는 경제건설을 위해 끊임없이 가치법칙을 '적당히 이용할 것'을 요구해도, '엄청난 경험'을 한 실무자들은 좀처럼 움직이지 않게 되었다.[29]

---

28) 김일성, "사회주의 경제관리를 개선하기 위한 몇가지 문제에 대하여"(1973.2.1), 『김일성저작집 28권』(평양: 조선로동당출판사, 1984), pp. 120-121.
29) 경제개혁에 대한 이 같은 정치적·경제정책적 입장의 비대칭성과 절충성으로 북한 지도부 내에서는 경제정책에 대한 '현물동학적 입장'(계획경제 강조)과 '가격동학적 입장'(경제개혁 의제상정)이 교대하여 나타난다. 이러한 교차 출현에 대

이상의 논의를 종합해 볼 때, 1950-1960년대 외부로부터의 경제개혁 압력에 대해 북한 지도부가 통일단결 및 민족적 독자성을 우선 강조하는 '주체의 전략'으로 대응해 온 결과 북한의 경제개혁 선택 문제에는 다음과 같은 특징을 띠게 만들었다. 첫째, 북한간부들에게는 경제개혁 의제는 정치적 의제에 종속된 것으로 각인되었다. 둘째, 경제개혁 의제에는 북한의 지도자가 적극 개방해 주어야 논의가 가능한 '잠금 효과'가 반영된 결과를 초래했다. 셋째, 북한이 경제정책을 결정하는 경우에도 정치적 고려를 우선하는 행태로 '절충주의' 선택이 빈발하게 되었다. 넷째, 북한의 경제정책 결정과정에는 경제개혁 의제를 받아들이더라도 뒤늦게 뒷문으로 수용하는 '지각효과'를 보이게 되었다. 이러한 북한의 대응경험은 1970년대 중국의 개혁·개방이나 1990년대 사회주의 체제변화 와중에 북한 당국이 변화의 압력에 대응하는 전범(典範)으로 활용되었다.

|02| 1970년대 후반 중국의 개혁·개방에 대한 대응

1970년대 후반이후 중국의 개혁·개방에 대한 북한의 대응도 '주체의 전략'의 연장선상에 이해될 수 있다. 김정일은 1978년 12월 중국공산당 제 11기 3중전회의 '개혁·개방' 정책결정30) 직후 "국제공산주의 형편이 복잡하다"면서31) "우리식대로 살아나가자"고 주장하였다.

해서 이정철, 『사회주의 북한의 경제동학과 정치체제 : 현물동학과 가격동학의 긴장이 정치체제에 미치는 영향을 중심으로』(서울대 박사학위 논문, 2002) 참고.
30) 1978년 12월18일 중국공산당 11기 3중 전회에서는 '경제발전을 위한 사회주의 현대화 노선'을 채택했다. 덩샤오핑은 "빈곤은 곧 사회주의가 아니다"라며 '사상해방'과 '실사구시'를 바탕으로 한 개혁·개방 만이 살길이라고 외쳤다. 미국은 중국의 변화를 반기며 국교회복으로 화답했다. 1980년 광동성 선전 등 동남부 연안도시 4곳에 첫 경제특구를 설립을 시작으로 개혁개방을 확대한지 40년이 지난 결과 G2로 성장하는 성취를 거뒀다.

오늘 조성된 정세는 매우 복잡하며 우리 앞에는 여러 가지 난관과 시련이 가로 놓여 있습니다 … 국제공산주의운동의 내부 형편도 매우 복잡합니다. 조성된 정세는 … 혁명과 건설의 모든 분야에서 그 어느 때 보다도 주체를 튼튼히 세우고 우리식대로 살아나갈 것을 절실히 요구하고 있습니다. '우리식대로 살아나가자' 바로 이것이 오늘 우리 당이 중요하게 내세우고 있는 전략적 구호입니다. 우리식대로 살아나간다는 것은 주체사상의 요구대로 제 정신을 가지고 사고하고 행동하며 모든 것을 우리 혁명과 우리 인민의 리익에 맞게 자체의 힘으로 풀어나간다는 것을 말합니다. 우리는 지난 시기에도 남의 본을 따고 남의 뒤를 따르거나 남의 덕에 살아 온 것이 아니라 우리식대로 살아왔습니다 … 우리는 앞으로도 남이야 어떻든 우리식대로 살아 나가야 합니다.[32]

이와 같이 북한은 '우리식대로 살자'는 주체의 전략하에 복잡한 외부의 정세에 대응하기 위해 '정치적 통일단결'을 최우선 순위로 강조하였다. 당시의 통일단결 전략의 중심에는 김정일 후계체제를 내부적으로 공고화하고 대외적으로도 가시화하는 과제가 놓여 있었다. 북한은 노동당 지도 간부들을 김정일 후계체제에 '충실한 일군'으로 교체하는 '당의 기초 축성사업 완성'(1974.3-1984.3)에 매진하고 있는 상황이었다. 김정일은 1980년 10월 제 6차 당대회를 통해 당 정치국 위원 및 정치국 상무위원, 당비서 및 당중앙군사위원회 위원에 선임됨으로써 대내외적으로 김일성의 후계자임을 과시했다.

---

31) "국제공산주의 내부형편도 복잡하였다. 기회주의자들이 비굴한 대미 추종정책과 민족이기주의적인 책동으로 하여 국제적인 계급적 련대성은 심히 약화되고 있었다. 이런 정세속에서 주체를 튼튼히 세우지 못하면 사회주의에 대한 신심을 잃고 동요하는 현상과 남의 장단에 춤을 추는 현상이 나타나 수정주의가 침습할수 있었다." 고정웅 편, 앞의 책, p. 68.
32) 김정일, "당의 전투력을 높여 사회주의 건설에서 새로운 전환을 일으키자" (1978.12.25), 『김정일선집 6권』(평양: 조선로동당출판사, 1995), pp. 203-204.

이후 김정일은 "주체사상에 대하여"(1982.3.31)를 발표하는 등 이념 해석권을 장악하고 군권장악도 당적 지도 방식에서 직접적 장악 방식으로 전환하는 등 후계체제 공고화에 주력했다. 당시 김정일은 당내 "종파·분파는 없다"고 했지만,[33] 경제개혁 의제에 대한 '잠금효과'가 발휘되고 있을 뿐이었다. 이 점은 1985년 중국식 가족도급제와 농가 책임생산제 도입을 주장하다 비판받고 숙청된 농업연구사 '박철 사건'에서 드러났다. 당시 박철의 주장을 제때에 저지하지 못했다는 이유로 당 경제담당 비서였던 김환은 정무원 부장으로 강등되었고, 비슷한 견해를 보인 당 선전선동부 부부장도 비판을 받고 전보조치 되었다.[34] 이 사건에 대해 북한 문헌은 박철 등의 도급제 도입 주장을 일부 사회주의 나라의 "개혁·개편에 동조한 현상"으로 해석하고 있다.

> 1980년대 중엽 일부 사회주의나라들에서는 … 경제분야에서부터 개혁·개편하는 길로 나갔다. 농촌경리부분에서는 가족을 단위로 하여 생산수단을 나누어 주고 세대도급제를 실시(하였다) … 우리의 일부 일군들속에서도 다른 나라에서 실시하는 경제개혁에 대한 올바른 견해를 세우지 못하고 그에 동조하는 현상이 나타나고 있었다. 주체의 사회주의 경제관리방법을 옹호관철하는 문제는 단순한 경제실무적 문제가 아니라 사회주의제도를 고수하는가(하는) … 심각한 정치적 문제였다. 김정일 동지께서는 1986년 7월 15일 당중앙위원회 책임일군들과 하신 력사적인 담화에서 … 가족단위로 생산수단을 나누어 주고 도급

---

33) 김정일은 1985년 1월 1일 당간부들과의 담화에서 "종전에는 우리 당의 통일단결을 론할 때 주로 종파가 없는 당, 분파가 없는 당, 다시말하여 조직적 전일체로서의 면모를 갖추는 문제에 대해서 강조되었다. 지금 우리 당에는 종파도 분파도 없다. 우리는 앞으로 조직적 전일체로서의 면모를 완전무결하게 갖춘 우리 당을 하나의 사상으로 숨쉬고 하나의 사상으로 움직이는 사상적 전일체로서의 면모를 갖추도록 하며 나아가서 혁명대오의 일심단결을 실현하려 한다"고 언급한다. 조선로동당출판사, 『백두산의 아들 3권』(평양: 조선로동당출판사, 2005), pp. 182-183.
34) 황장엽, 『나는 역사의 진리를 보았다』(서울: 한울, 1999), p. 232.

제를 실시하게 되면 그것이 자본주의적 요소를 낳게되리라는 것은 의심할 바 없다고 확언하시였다 … 농촌기술혁명이 진척되여 농업생산력이 높아진 우리나라에서 가족을 단위로 도급제를 실시하려는 것은 … 봉건말기의 분산적인 소농경리에로 되돌아 가게 하려는 것과 다름 없다고 하시며 우리는 사회주의적 농업협동경리로부터 소규모적인 개인경리로 뒷걸음 칠 것이 아니라 농촌경리를 집단주의적 경리에로 전진시켜 나가야 한다고 강조하시였다.[35]

위 인용문은 당시 경제개혁 의제가 단순히 효율성과 생산성 등 경제 실무적 수준에서만 검토할 수 없는 정치적 문제임을 시사하며, 사회주의를 고수하기 위해 중국 발(發) 경제개혁 의제가 여전히 정치적 통일·단결의제에 종속되었음을 의미한다. 그러나 다른 한편으로 볼 때, 중국 발 경제개혁 의제에 대한 '우리식대로 살자'는 주체의 대응전략은 이전과 유사하게, 발전노선과 경제정책 측면에서 다음과 같은 '절충주의'와 '지각효과'를 보였다. 먼저 발전노선 측면에서의 절충주의는 1977년 말부터 제기된 '인민경제의 주체화·현대화·과학화'[36]에서, 자립적 민족경제 건설이라는 경제의 '주체화'와 외부로부터의 기술·설비 도입을 통한 경제의 '현대화·과학화' 간에 절충이 있었다. 그리고 또 다른 절충은 중공업 부문의 성과 거양에 중심을 둔 1980년대 10대 전망목표[37] 달성과 경공업·인민생활 향상에 더 많은 노력을 기울여야 한다는 주장 사이에서 발생했다.

1950-1960년대를 거쳐 경제의 외연적 성장을 달성한 북한은

---

35) 조선로동당출판사, 『김정일동지 전기 2권』(평양: 조선로동당출판사, 2003), pp. 468-469.
36) 김일성, "인민정권을 더욱 강화하자"(1977.12.15), 『김일성저작집 32권』(평양: 조선로동당출판사, 1986), p. 542.
37) 조선로동당출판사, 『조선로동당경제정책 해설』(평양: 조선로동당출판사, 1981), pp. 7-13.

1970년대 초 서방으로부터 설비·자재를 도입하여 경제의 내포적 성장을 달성하고자 했지만 세계 경제의 오일쇼크, 이에 따른 서방채무 불이행으로 성과를 거두지 못했다. 북한은 재차 경제의 내포적 성장을 위해 '인민경제의 주체화·현대화·과학화' 기치아래 제2차 7개년계획(1978-1984)을 추진했다. 그러나 주체화에 더 많은 강조점을 두고 '자력갱생의 원칙을 더 철저히 관철하자'는 원칙에서 추진된 동 계획은 처음부터 2년의 조정기를 두는 등 한계를 드러냈다. 이에 북한은 서방국가들로부터 '경제의 현대화·과학화'를 위해 기술·설비를 들여오는 다른 방법으로 1984년 9월 합영법 제정을 통해 외국과의 교류를 모색했다. 이 같은 자립적 민족경제 건설(주체화)과 외부로부터의 현대적 기술 설비도입(현대화, 과학화)의 절충은 다음과 같은 김일성 언급에서 확인된다.

> 자력갱생, 간고분투 원칙에서 사회주의를 건설한다는 것은 결코 국제적 교류와 협조를 배제하고 필요한 모든 것을 다 자체로 해결한다는 것을 의미하는 것은 아닙니다. 어느 나라도 필요한 모든 것을 다 자체로 소유하고 있는 나라는 없습니다. 우리나라의 경우도 마찬가지입니다 … 그런데도 일부 일군들은 다른 나라에서 물자를 사들여 오거나 앞선 기술을 받아들이면 주체성이 없고 자력갱생, 간고분투 정신이 없는 것으로 생각하고 있습니다. 우리가 우리나라에 없거나 적은 원료를 다른 나라에서 제때에 사들여 오지 않으며 다른 나라의 앞선 과학기술을 받아들이지 않고 자체로 연구한다고 하면서 시간을 끌면 사회주의 경제건설의 과업들을 성과적으로 수행할 수 없습니다. 우리는 자체의 자원과 기술로 경제를 건설하고 발전시키는 것을 기본으로 하면서 우리 나라에 없거나 적은 물건, 뒤떨어진 기술은 다른 나라들과의 경제 기술적 교류와 협조를 통하여 해결하여야 합니다.[38]

---

[38] 김일성, "자력갱생의 혁명정신을 높이 발휘하여 사회주의 경제건설을 다그치자"(1987.1.3), 『김일성저작집 40권』(평양: 조선로동당출판사, 1994). 임수호에

당시 북한이 절충과 동요를 보인 또 다른 문제는 1980년대 10대 전망목표 달성과 인민생활 향상간의 문제, 다시 말하면 중공업에 대한 경공업의 균형을 회복하는 문제였다. 1980년대 북한은 국방·경제 병진노선 하에 중공업 우선 정책으로 전반적인 공급 부족의 문제를 드러냈다. 이에 김일성은 1982년 4월 당 중앙위원회·최고인민회의 합동회의에서 먹는 문제 해결과 인민소비품 생산증대를 지시했고,[39] 김정일도 1984년 2월 "인민생활을 높일데 대하여"에서 "배고픈 것과는 타협할 수 없다"며 '의식주'를 '식의주' 문제로 강조하면서 농업생산 확대를 강조하는 동시에 "인민생활을 높이기 위한 경공업 혁명"을 주창했다. 김정일은 이를 위해 1984년 8월 3일 '8.3 인민소비품생산 운동'을 발기하였고, 1989년 6월에는 '경공업 발전 3개년 계획'을 추진하였다. 이 같은 대응은 1993-1996년 '경공업·농업·무역 3대 제일주의' 정책을 추진할 때까지 계속되었다. 다음은 김일성이 '경공업 혁명'을 강조하는 내용이다.

> 최근에 사회주의 경제건설의 10대 전망목표를 실현하는데 힘을 집중하겠는가, 경공업 혁명을 수행하는데 힘을 집중하겠는가 하는 문제를 여러모로 생각해 보았는데 10대 전망목표를 실현하는데만 힘을 넣어서는 안될 것 같습니다 … 경공업 혁명에 힘을 넣지 않으면 … 근로자들이 생산의욕도 높일수 없습니다 … 중공업이 발전하여도 인민소비품이 많지 못하면 인민들이 중공업이 얼마나 발전하였는가 하는 것을 잘 알수 없습니다 … 제3차 7개년 계획의 첫 3년 동안은 사회주

따르면, 북한의 이러한 절충과 양면성은 1970년대 초 1차 개방화 조치가 실패한 이후 지속되면서도 개방의 가능성을 확대하는 방향으로 나갔다. 임수호, "북한의 경제개혁과 당국가체제의 쇠퇴 - 1980년대 이후 시기를 중심으로"(서울대 석사학위논문, 2001), p. 18.
39) 조선로동당력사연구소, 『조선로동당력사』(평양: 조선로동당출판사, 1991), pp. 578-579.

경제건설의 10대 전망 목표에 제시된 주요 고지를 점령하는데 치우치지 말고 경공업 혁명에 선차적으로 힘을 넣어야 하겠습니다.[40]

중국 발 경제개혁에 대해 '우리식으로 살자'는 주체적 대응 이후 북한은 경제정책 면에서 종래 사회주의 국가들의 분권화 조치와 가치법칙 활용·물질적 자극 강화 등의 경험을 뒤늦게 도입하는 '지각효과'를 보였다.[41] 대표적 사례가 1985년 2중 독립채산제에 입각한 연합기업소 체제의 도입이었다. 소련에서 1970년대 초에 입안되고 1975년에 이르러 전면적으로 실시된 연합기업소 체제를 북한은 1985년부터 주요한 경제지도 관리체제로 전면 도입하였다. 김일성은 1984년 11월 정무원 상무회의에서, '경제규모가 큰 조건에서 지도단위가 너무 많아' 공장·기업소들에 대한 현실적인 지도가 곤란하다는 이유로 지역적·부문별로 다수의 공장·기업소들을 관리국과 연합기업소로 재조직한다는 방침을 결정하였고, 1985년 11월 정무원 결정으로 동 사업을 본격화하여 1986년에는 120여개의 연합기업소가 운영되었다.[42]

연합기업소는 경영상의 독자성 부여 의미보다, 원가계산·가격합리

---

40) 김일성, "연합기업소를 조직하며 정무원의 사업체계와 방법을 개선할데 대하여"(1985. 11.19), 김일성, 『사회주의 경제관리문제에 대하여 7권』(평양: 조선로동당출판사, 1997), pp. 458-459.
41) "이(1984-1986년, 필자) 시기는 1960년대 개혁사회주의 논의에 뒤이은 브레즈네프의 안정과 정체기를 거친 후, 이웃한 중국의 1978년 개혁을 필두로 시장사회주의 논의가 전 사회주의 체제로 확산되었던 시기였다. 북한은 우리식 구호에서 알 수 있듯이 이 같은 국제 사회주의 진영의 흐름을 추종한 것은 아니었지만, 그 같은 대세로부터 완전히 고립된 것은 아니었다. 북한에서는 여타 사회주의 진영에서 처럼 시장과 개혁론이 표면화되지 않았으며 또 개혁분파가 형성되거나 그에 대한 자유로운 논의가 허용되지도 않았다. 그렇지만 실제 1984-1986년은 인민소비품 생산에 대한 강조, 합영법 채택, 연합기업소 체제의 전면 도입, 2년간 경제조정기 선포 등 북한체제의 경제운영의 형식상 변화 즉, 경제분권화 개념의 도입이 가시화되어 나타나는 시기였다." 이정철, 『사회주의 북한의 경제동학과 정치체제』, p. 133, pp. 139-140.
42) 이 당시 조직된 연합기업소의 종류에 대해서는 위의 논문, pp. 142-143.

화 등 가치법칙의 활용을 주요 내용으로 하는 '독립채산제를 바로 실시하는' 수단으로서 자리매긴 데 의미가 있다.43) 김일성은 1984년 11월 정무원 상무회의에서 공장·기업소 단위의 독립채산제와 함께 공장·기업소를 묶은 연합기업소 수준의 독립채산제도 도입하는 '2중 독립채산제'를 실시할 것을 지시하였다. 그는 2중 독립채산제를 통해 생산적 연계를 강화하고, 정무원 간부들에게 독립채산제에 대해 흥미를 갖도록 하면서, 가격·화폐거래 수단을 활용하는 정책의 도입을 '사회주의 과도적 특성론'으로 정당화하였다. 그런데 2중 독립채산제와 연합기업소 체제로의 재편과정에서도 경제개혁 의제에 대한 '잠금효과'와 '지각효과' 간에 나타난 상충성으로 인해 일부 북한 경제 실무자들은 지도자의 의도와 어긋난 행태를 보여, '잠금효과'를 풀어준 지도자의 경제개혁에 대한 의지를 다음과 같이 과도하게 해석하기도 하였다.

인민경제 여러 부문에서 련합기업소를 내오는 문제가 일정에 오르고 그 준비사업이 다그쳐 지고 있을 때 일부 경제일군들 속에서는 대안의 사업체계와 련합기업소체계를 별개의 것으로 보는 견해가 나타났다. 특히 련합기업소가 다른 기업소와 계약을 맺고 그에 따라 자재를 보장받게 되는 문제와 관련하여 일부 사람들은 사회주의 경제관리에서 무엇이 좀 달라지는 것처럼 생각하였다. 김정일동지께서는 이러한 때인 1985년 10월 당 중앙위원회 책임일군들에게 우리나라에서 련합기업소를 새로 조직하는 것은 다른나라에서 하는 것처럼 지배인 유일관리제나 지배인 책임제로 넘어가는 것도 아니고 대안의 사업체계를 부정하는 것도 아니며 그것을 더 잘 관철하는 것이라는데 대해 일깨워주며 … 대안의 사업체계에서 기본은 당위원회의 집체적 지도를 보장하는 것이라고 … 가르쳤다.44)

---

43) 김일성, "연합기업소를 조직하며 정무원의 사업체계와 방법을 개선할 데 대하여" (1985.11.19), 『사회주의 경제관리문제에 대하여 7권』, p. 426.
44) 『김정일동지 전기 2권』, pp. 471-472.

북한 문헌에 따르면 이 같은 편향을 범한 일부 일꾼들은 "혁명의 시련을 겪어보지 못하여 사회주의 신념이 투철하지 못하고 주체의 경제관리 이론으로 무장하지 못한 새 세대 일군들" 속에서 나타났으며, 이들 사이에는 "자본주의적 경제관리 방법을 끌어들이고 있는 다른 사회주의 나라들을 넘겨다보는 현상"이 있었다.[45] 이들 '편향된' 경제일꾼들은 '가치법칙을 이용하는 문제가 중요하나, 전적으로 적용해서는 안된다"는 취지의 김일성의 가치법칙 방정식에 대한 '해법'을 습득하는데 실패했다. 경제 실무자들 입장에서는 가치법칙을 '옳게 적당히 리용'하라는 김일성의 절충주의를 현장에 적용하기란 매우 난해했다. 이처럼 1970년대 후반 중국의 개혁·개방 여파에 대한 북한의 대응과정에서도, 1950-60년대 사회주의 경제개혁에 대한 태도와 마찬가지로 정도의 차이는 있으나 경제개혁 의제에 대한 정치적 제약, '잠금효과'와 '지각효과', 경제정책의 절충주의적 특성이 나타났다.

| 03 | 1980년대 후반 구소련·동구 사회주의 변화에 대한 대응

북한이 1980년대 초·중반부터 지체된 경제개혁을 '절충적'으로 추진하고 있을 무렵에 소련과 동유럽 정세가 급변함으로써 북한은 정권수립 이후 3번째로 경제개혁 의제 수용 여부의 갈림길에 서게 되었다. 그러나 북한은 이번에도 개혁·개방을 거부하는 '주체의 전략'을 고수하며 경제개혁 의제를 정치적 주체강화 전략에 종속시키는 태도를 보였다. 북한의 지도자는 소련의 페레스트로이카에 대응해서 사회주의 노선 고수를 강조하면서 노동계급과 농민의 계급적 차이를 소멸시킨다는 '사회주의 완전승리' 테제를 발표(1986.3 김일성)하였다. 동유

---

[45] 『조선로동당력사』(1991), pp. 283-284, pp. 286-287.

럽·소련의 붕괴에 직면해서는 북한식 사회주의의 독자성과 우월성을 부각하는 '우리식 사회주의' 테제(1990.12 김정일)로 대응하고자 하였다.

  수령님께서는 1986년 3월 최고인민회의 제8기 1차회의가 소집되기 전날 일군들에게 이번 회의에서는 사회주의 완전승리를 위한 강령을 내놓으려 한다고 하시면서 지금 사회주의 나라들 가운데 사회주의의 길로 끝까지 나가지 않고 중도에서 개량주의로 나가는 나라들이 적지 않은데 사회주의 원칙과 근본적으로 배치되게 나가는 현상들은 다 수정주의, 개량주의라고 말하였다 … 김일성 동지는 최고인민회의 제8기 1차회의에서 한 시정연설 '사회주의의 완전한 승리를 위하여'에서 주체의 혁명적 기치를 높이 들고 나갈데 대한 원칙과 방도를 엄숙히 천명하시였다.⁴⁶⁾
  지금 각양각색의 기회주의사조에 의하여 사회주의 리념이 외곡되고 있는 것 만큼 사회주의의 우월성에 대한 선전은 일반적으로 하지 말고 우리나라 사회주의의 구체적 현실을 가지고하여야 합니다 … 우리는 당원들과 근로자들에게 우리식 사회주의의 본질적 특성과 우월성을 깊이 있게 인식시킴으로써 그들이 사회주의에 대한 확고한 신념을 가지(도록) … 하여야 합니다.⁴⁷⁾

  당시 북한 지도자의 '주체의 전략'은 주민들의 동요를 방지하고 정치적 통일·단결을 유지하는데 목표를 두었다. 1980년대 중반 이래 1990년대 초반의 위기 정세에서 북한이 내부의 통일·단결을 유지하는 핵심적인 방법은 '전 사회적인 사상무장'이었다. 주민들에 대한 사상 무장은 '혁명적 당풍확립을 위한 사상전'(1987.9-1988.5), 외부 자유사조 유입 차단을 위한 모기장론(1989.6), '조선민족제일주의' 고

---

46) 조선로동당력사연구소, 『위대한 수령 김일성동지혁명력사』(평양: 김일성종합대학출판사, 2006), p. 678.
47) 김정일, "우리나라 사회주의는 주체사상을 구현한 우리식 사회주의이다" (1990.12.27), 『김정일선집 10권』(평양: 조선로동당출판사, 1997), p. 472.

취(1989.12), 김정일의 '우리식 사회주의 우월성' 노작 발표와 잇단 주민학습 및 사상통제(1990-1994)로 추진되었다.[48] 페레스트로이카의 진척에 직면한 이래 북한의 지도자들은 외부의 사상조류에 대한 추종을 '사대주의'로 비판하면서, 종래 '당내 종파도, 분파도 없다'는 호언장담에서 후퇴하여 '경제종파의 등장과 정치종파로의 변질' 가능성을 경계했다. 이런 상황에서 북한은 '주체의 강화 전략' 하에서 새로운 경제개혁 의제가 부상하지 못하도록 잠금장치를 유지할 수밖에 없었다.

> 우리내부에 사상조류로서 사대주의는 없지만 우리 일군들속에 사대주의의 경향성은 남아 있습니다. 일군들이 사대주의에 물젖으면 큰 나라, 발전된 나라만 쳐다보면서 우리 당이 내놓은 로선과 정책을 믿지 않고 잘 집행하려 하지 않습니다.[49]
> 이러한 시기에 대오 안에서 동요분자, 패배주의자도 나올수 있고 반당분자, 종파분자도 나올수 있다는 것을 잊지 말아야 합니다. 수령님께서는 정세가 복잡하고 경제사업이 잘되지 않을 때 경제일군들 속에서 종파가 나올수 있다고 하시면서 경제종파가 정치종파로 된다고 하시였습니다. 우리당의 반종파투쟁 경험을 놓고 보아도 지금과 같은 시기에 종파가 나올수 있습니다. 일군들은 경각성을 높여야 하며 높은 혁명성을 가지고 사업을 책임적으로 하여야 합니다.[50]

한편, 북한은 소·동구의 개혁을 비판하면서도 1980년대 초반에 보였던 발전노선과 경제정책 측면에서의 절충주의를 지속하였다. 발전노

---

48) 한기범, "사회주의 체제변화에 대한 북한의 인식 및 대응방식 연구"(고려대 석사학위 논문, 1994) 참고.
49) 김일성, "자력갱생의 혁명정신을 높이 발양하여 사회주의 경제건설을 다그치자"(1987.1.3), 『김일성저작집 40권』(평양: 조선로동당출판사, 1994), pp. 257-258.
50) 김정일, "일군들은 혁명성을 발휘하여 일을 책임적으로 하여야 합니다"(1988.10.10), 『김정일선집 9권』(평양: 조선로동당출판사, 1997), p. 284.

선과 관련해서는 1980년대 중반이후 김일성이 자립적 민족노선과 기술교류·해외 합영·합작을 절충한 점진적이고 제한적인 개방정책을 추진했는데, 외부의 개혁·개방 사조가 유입되지 못하도록 '모기장'을 튼튼히 치면서 나진·선봉 자유무역지대를 설치(1991.12)했다. 경제정책면에서 북한은 중공업에 대한 경공업·농업의 균형적 발전을 도모할 목적으로 농업·경공업·무역 제일주의를 주장했다. 무역제일주의는 사회주의 시장이 붕괴되어 경화 결제에 직면하게 되자 제시한 자구책이었다. 북한은 1992년부터 '새로운 무역체계'를 시행하는데, 종래 무역부로 일원화되었던 무역권한을 정무원 다른 부처와 지방 행정기관에도 일부 이관했다. 개별 기관들이 독자적으로 수출 원천을 개발하여 교역을 함으로써 필요한 자재와 원료를 자체로 조달하도록 했다.

경제관리 문제와 관련하여, 북한은 1990년대 들어서부터 가격·화폐개혁을 통해 가치법칙을 경제관리 수단으로 적극 이용하려는 움직임도 보였다. 1990년 1월 '사회주의 재산 총실사 사업'을 실시하고, 같은 해 4월에는 경제학과 경영학을 전공한 간부들을 모아 경제관리 개선문제에 대한 논의도 있었다.[51] 1990년 9월 김정일은 "재정은행사업을 개선 강화할 데 대하여"란 서한에서 "원가, 가격, 수익성과 같은 경제적 공간을 옳게 이용"할 것을 강조함으로써 가격·화폐 기능을 강화할 것임을 시사했다. 이어 임금인상(1992.3.1)과 대폭적인 물가인상(1992.3.20), 화폐교환(1992.7.14)이 뒤 따랐다. 일부 경제관리 개선 조치도 이어졌는데, 소비재뿐 아니라 생산수단 거래에도 거래수익금을 부과하여 생산수단 생산에도 가치법칙을 활용하는 방향으로 도매가격 체계를 개편(1994) 했다.[52]

---

51) 김일성, "사회주의경제의 본성에 맞게 경제관리를 잘할데 대하여"(1990.4.4)『김일성저작집 42권』(평양: 조선로동당출판사, 1995), pp. 276-292.
52) 이정철, 『사회주의 북한의 경제동학과 정치체제』, pp. 170-176.

북한의 이런 모습은 1985년 페레스트로이카가 불러온 여파와 구 사회주의권 시장의 붕괴로 경제관리 방법을 달리해야 한다는 위기감에서 비롯된 조치였다. 그러나 이런 위기 대응도 정치적 통일·단결 전략을 추진하고 나서, 그리고 다음과 같은 몇 가지 대내외 조치가 있고 난 뒤에 경제개혁 의제를 설정했다는 점에서 과거와 마찬가지로 지각 효과를 보였다. 먼저 북한은 페레스트로이카에 반대하면서 1987년 1월부터는 노력동원을 강화하여 경제건설을 도모하였으며, 1988-1989년에는 당면한 경제건설과 평양학생 축전을 빌미로 '200일 전투'를 두 차례나 전개했다. 북한은 전형적인 대중동원적 경제정책 수단을 모두 소진하고 나서야 경제사업 토의를 종래 당정치국에서 중앙인민위원회 경제정책위원회로 이관했다.[53] 1990년 들어 김일성은 재차 '자력갱생의 혁명 대고조'를 강조하면서도 같은 해 4월에는 앞에서 언급한 경제·경영 일군들을 모아 새로운 경제정책수단을 모색하기도 하였다. 이처럼 전통적인 정책수단을 다 소진하고 경제성과가 미흡하다는 판단이 들 때까지 경제개혁 의제 설정이 지체되는 매우 완고한 모습을 보였다.

이상에서, 북한 정권 수립 이래 2000년대 직전까지 사회주의 체제의 변화 물결이 북한 체제에 미치는 과정에서 적어도 3번의 경제개혁의 계기가 있었음을 살펴보았다. 그 3번의 계기마다 사회주의 체제의 개혁·개방 내지는 변혁에 대한 북한 지도부의 대응전략을 중점 검토하였는데, 북한 당국이 경제개혁 정책을 선택하는 조건 탐색에 초점을 두고 북한 내부에서 제기된 경제개혁 의제의 대두과정 및 개혁의제의 위상 변화를 살펴보았다.

---

53) 김일성, "인민생활을 높이기 위한 경제과업들을 관철할데 대하여"(1989.5.11,13), 『김일성저작집 41권』(평양: 조선로동당출판사, 1995), p. 408.

북한은 경제개혁의 계기를 맞았을 때 '주체의 강화전략'이라는 유사한 행동논리를 보이면서, 경제개혁도 이에 종속되는 모습을 보였다. 이 과정에서 경제개혁은 지도자의 통일·단결 및 독자성 고수라는 정치적 의제에 갇히게 되고(잠금효과), 뒤늦게 절충되거나 지체되는 양상으로 나타났다(절충주의, 지체효과). 북한 지도부가 경제개혁의 계기마다 유사한 행동논리를 보인 점은 이후 경제개혁 계기 시에도 같은 논리를 답습하는 일종의 관행화된 제도 수준으로 정착되었음을 시사한다. 아래 [그림 2-1]은 김일성시대 경제개혁 의제 설정 경험의 특징을 정리할 것이다.

【그림 2-1】김일성 시대 경제개혁 의제설정 경험의 4가지 특징

▲ 국제 사회주의 체제의 변화에 대한 김일성의 대응전략

- 1960년대 탈(脫)스탈린 조류
- 1970년대 말 중국 개혁·개방
- 1980년대 말 구소련·동유럽의 사회주의 체제 전환

공통적 대응전략

- 특징1 **잠금효과**: 우선 '주체의 강화(통일·단결·독자성 고수) 강조로 변화물결 차단
- 특징2 **지체효과**: 뒤늦게 경제개혁 의제 상정
- 특징3 **절충주의**: 철저하지 못한 경제개혁 추진, 정치논리와 경제논리의 혼재

▲ 최초의 경제개혁 제기 : 1960년대 갑산파의 '가(假)화폐' 사용 주장 → 김일성, 갑산파 숙청

- 정치적 반대파가 최초 경제개혁 주장
→
- 특징4 경제개혁 문제는 북한 경제 간부들에게 **정치적으로 민감한 의제**로 각인됨

*필자가 정리

3장

김정일의 경제개혁과 후퇴
(2000-2009)

북한의 경제개혁과 관료정치

제3장 김정일의 경제개혁과 후퇴(2000-2009)

제1절 개혁모색: '주체'에서 '실용'으로(1998-2000)

|01| 김정일의 권력승계와 경제관리에 대한 부담

지금처럼 정세가 복잡한 때에 내가 경제실무사업까지 맡아보면서 걸린 문제들을 다 풀어줄수는 없습니다. 내가 혼자서 당과 군대를 비롯한 중요부문을 틀어쥐여야지 경제실무사업까지 맡아보면 혁명과 건설에서 돌이킬 수 없는 후과를 미칠수 있습니다. 수령님께서는 생전에 나에게 절대로 경제사업에 말려들어가서는 안된다고 하시면서 경제사업에 말려들면 당사업도 못하고 군대사업도 할 수 없다고 여러 번 당부하시였습니다.[1] 오늘의 복잡한 정세속에서는 군대를 강화하는 것이 무엇보다도 중요하기 때문에 나는 자주 인민군 군부대를 현지지도하고있습니다. 경제사업은 당일군들과 행정경제일군들이 책임지고 하여야 합니다.[2]

---

1) 김일성은 1972년 헌법을 개정하여 정무원을 신설하면서 자신이 당 총비서와 내각수상을 겸임하면서 경제 사업에 치중하다 보니 '불건전한 자'들이 당 안에 '잡사상'을 끌어들여 이제 경제실무는 전적으로 정무원 총리에게 위임한다고 하였다. 김일성, "정무원사업을 개선하며 경제사업에서 5대과업을 틀어쥐고 나갈데 대하여" (1988.1.1), 『김일성저작집 41』(평양: 조선로동당출판사, 1995), p. 16.
2) 김정일 담화자료, "친애하는 지도자 김정일동지께서 1996년 12월 7일 당중앙위원회 책임일군들에게 하신 말씀"(1996.12.7).

이상은 1996년 12월 김정일이 김일성 대학을 방문하여 당 간부들 앞에서 한 말이다. 김정일은 자신이 경제문제에 적극 매달릴 수 없는 이유로, "복잡한 정세에 당사업과 군대사업을 우선해야 되기 때문"이라고 해명하고 있다. 김정일의 관심사와 역량 면에서 경제 문제는 후순위라는 평가가 일반적이며,[3] 당시 극심한 경제난을 극복할 뾰족한 방법이 없어 경제문제를 직접 관장하고 싶지 않았을 것이다. 그는 당시 '복잡한 정세'의 사례로 당 조직이 무기력하여 "노쇠당, 송장당"이 되었고, 어디를 가나 식량을 구하러 다니는 사람들로 "무정부 상태"가 조성된 점을 들면서, 이런 난관으로 "동요분자가 나올 수 있고, 불평분자가 나올 수 있으며 … 신의주학생사건과 같은 사건이 다시 일어나지 않는다고 담보할 수 없다"고 했다.[4]

김정일은 이른바 '3년상'을 마치고 1997년 10월 당 총비서와 당 중앙군사위원장에 추대되었다. 그는 이듬해 9월에는 국방위원장에 취임하는데, 그 이전에 국가 주권체계 개편을 위한 헌법 개정 문제로 권력층 내부에서 논란이 있었다.[5] 김정일은 김일성 장례식 당일(1994.7.19) 당시 최고인민회의 의장 양형섭의 '주석직 승계' 권유에 '김일성을 영원한 주석으로 모신다'는 명분으로 반대하고 국방위원장 승계를 고집하였다고 한다. 이듬해 헌법 개정 문제가 다시 논의되었을 때 (1998.5.15) 양형섭은 국방위원장의 권한에 '국가주권에 대한 대표권'

---

3) 김정일은 후계자 시기 문화예술 부문, 당무(黨務), 군(軍) 사업 순으로 업무를 맡아왔다. 탈북 북한 간부는 "김정일은 다른 분야에 비해 경제문제에 대한 지식과 이해가 부족한 편이며, 경제문제를 소홀히 하고 내각에 떠 맡기려 해왔다"고 증언하였다.
4) "친애하는 지도자 김정일동지께서 1996년 12월 7일 당중앙위원회 책임일군들에게 하신 말씀"(1996.12.7).
5) 양형섭 연속실담, "공화국의 영원한 주석으로 높이 모시어," 『조선중앙방송』, 2003.9.1-2, 9.4-6; "김일성헌법을 가진 민족의 긍지와 영광," 『로동신문』, 2003.12.27.

과 '인민정권에 대한 전반적 지도권'을 추가할 것을 권유하였다. 김정일은 다시 이에 반대하면서, "우리는 앞으로 군대를 가지고 혁명을 해야 한다 … 국가기구에서 국가방위와 국가관리 기능을 가르되 국방을 최우선시 해야 한다"[6]고 대응하였다. 김정일은 부(父)에 대한 효심과 '국방 전념'을 명분으로 민생경제에 대한 책임을 피해 나간 셈이다.

그러나 다른 한편으로 김정일은 1997년 1월 "우리에게서 가장 중요하고 절박한 문제는 경제건설과 인민생활에서 전환을 일으키는 것"임을 강조한다.[7] 1999년 6월에는 당 경제정책검열부에 "경제문제를 내각 책임제, 중심제로 관리할 것이니, 내각이 경제를 통일적으로 장악하는데 따른 제반 문제점을 파악·보고하라"는 지시도 하였다.[8] 뒤에서 상술하겠지만, 이 지시가 7.1경제관리개선 조치 연구의 발단이 되었다. 김정일은 주민들에게 자신이 '직접 경제문제를 책임지는 자리에 있지 않다'는 인식을 심어주거나, 누군가에 경제문제를 떠맡기려는 태도도 취하기도 했지만, 당 총비서는 모든 정책을 총괄하는 자리이고, 국방위원장은 사실상 '국사 전반을 다루는'[9] 자리이다. 김정일은 공식 권력승계를 함으로써 승계 전인 1990년대 중반 때처럼 경제를 방치해 놓을 수는 없는 입장이 된다.

---

6) 양형섭은 "그이께서는 '국방위원회는 국가주권의 최고지도기관이다'에 '전반적 국방관리기관'이라는 내용을 보충하시어 '일체 무력에 대한 지휘 통솔권'뿐 아니라 '군수공업을 비롯한 나라의 방위사업 전반에 대한 조직 지도권'까지 행사하도록 규정하심으로써 그(국방위원회) 법적 지위를 더욱 높이시였다"고 한다. 연속실담, 『조선중앙방송』, 2003.9.6.
7) 김정일, "올해를 사회주의경제건설에서 혁명적 전환의 해로 되게하자"(전당 당일군회의 참가자들에게 보낸 서한, 1997.1.24), 『김정일선집 14권』(평양: 조선로동당출판사, 2000), p. 277.
8) 북한은 1998년 9월 개정된 헌법에 '내각책임제, 중심제'를 명문화한다. 그러나 내각에 권한과 책임을 부여하는 구체적인 방법론은 표현되어 있지 않다.
9) "국방위원장은 정치·군사·경제를 지휘하는 국가의 최고 직위," 최고인민회의 제10기 1차 회의에서 최고인민회의 상임위원장 김영남의 김정일 국방위원장 추대연설, 1998.9.5.

공식적으로 최고지도자가 된 김정일의 급선무는 내부체제를 정비하는 일이었다. 김일성 때처럼 다시 전 사회를 일원적으로 지배하여 자신의 권위를 세우는 일이 시급했다. 김정일은 권력층의 기강을 잡는 일부터 서둘러, '근신'(3년상)을 이유로 미루어 왔던 '혁명성이 약화된 간부들'[10]을 대상으로 한 숙정 작업에 착수했다.[11] 그리고 각자 제 살길을 찾아 헤매며 '당국의 지시를 귀담아 듣지 않는 주민들'을 지배기구에 다시 복속시키는 일을 진행한다.[12] 지난 9년(1990년 → 1998년) 사이에 1/3 가량 줄어든 국가 재정을 확충하는 일도 시급한 과제였다.[13] 북한의 어느 경제학자는 고난의 행군, 강행군 시기(1995-2000)에 북한의 경제적 손실은 "옹근 한 개의 전쟁을 치른 것보다 더 큰 것"이었다고 실토하기도 했다.[14] 1990년대가 끝날 무렵 북한은 국

---

10) 김정일은 1996년 12월 당간부들에게 "내가 지금 일군들이 어떻게 일하는가 하는 것을 검열해 보고 있는데 식량문제를 비롯하여 우리앞에 조성된 난관을 뚫고 나가기 위하여 애써 일하는 일군들이 많지 못합니다. 그렇다고 하여 수령님 3년상도 치르기전에 간부들을 뗐다 붙였다하기도 곤란합니다. 그러나 오늘처럼 엄혹한 시련의 시기에 애써 일하지 않고 팔장만 끼고 앉아있는 일군들은 앞으로 계산하여야 합니다"라고 했다. 김정일, 앞의 담화(1996.12.7).
11) 당시 권력층에 대한 숙정 작업은 ①이른바 '3년상' 기간 중의 정책과오에 대한 책임규명, ②각종 비리 자행 및 외부세계와의 연계 혐의 조사, 그리고 광범위하게는 ③'6.25 당시 행적조사'를 명분으로 한 '혁명성 점검' 차원에서, 1997년 10월 김정일의 당총비서 추대전 6개월, 1998년 9월 국방위원장 취임후 6개월간 두 차례 진행되었다.
12) 북한은 1998년 초 '공민증 교체 사업'을 통한 유동인구 통제, 1999년 2월 '장마당 폐쇄와 직장복귀 명령' 하달 등 사회 통제를 강화하였다.
13) 북한 예산(북한발표)은 1998년 202억원으로 1990년(356억원)과 비교할 때 43.2% 감소하였다.(1995-1997년간은 예산 미발표). 한국은행이 추계한 북한 GDP는 1990-1998년간 마이너스 성장(연평균 -3.8%)으로, 1998년 (126억달러)은 1990년(231억달러) 대비 45.5% 감소한다. 참고로 1970년대 연평균 성장률은 7%, 1980년대는 2.5%였다.
14) "고난의 행군, 강행군 시기 우리의 경제적손실은 옹근 한 개의 전쟁을 치른것보다 더 큰것이였으며 그것을 전면적으로 계산하기는 어렵다. 손실정도를 국가예산실태를 통하여 일정하게 가늠할수 있다. 고난의 행군이 시작되기 전해인 1994년 국가예산은 415억 2519천만원(당시 화폐가치로)이였는데, 마지막 해인 2000년 국가예산은 204억 0532천만원으로서 6년전에 비해 절반도 안되는 형

제사회의 지원으로 최악의 식량난을 넘겼고,[15] 체제외적 위협도 줄어들었다. 김정일은 여건이 다소 좋아졌다고 판단한 듯하였다.[16] 그는 1998년에 '개혁·개방은 망국의 길'[17]이라고 강조하고, '자립적 민족경제 건설노선'[18]을 표방하면서, 전통적인 방식대로 '자력갱생, 내부 예비 최대 동원'을 촉구하면서 '사회주의 강행군'을 선언하였다.[19]

김정일은 자신의 정권을 공식 출범시키면서 혁신적인 정책을 도입하지 못하고 전통적인 노선을 답습할 수밖에 없었다. 그 이유는 다음과 같다. 첫째, 세습정권이라는 태생적 한계가 작용했다. '유훈통치'를 강조해온 마당에 탈상(脫喪)했다고 해서 바로 '간판'을 바꿀 수는 없었다.[20] 둘째, 앞에서 거론된 '복잡한 정세'가 해소되지 않았다고 인식했

편이었다." 사회과학원 경제연구소 실장 리기성, "사회주의경제강국건설목표와 전략적원칙"(2005).
15) 미국과는 1994년 제네바 합의에 이어 1997년 금창리 위기를 넘겼고, 한국에는 1998년에 김대중 정부가 들어섰다. 북한이 1995년 '구걸외교'를 시작한 이래 우리와 국제사회로부터 대규모의 식량을 지원 받았다.
16) 김정일은 1998년 5월에 "최고인민회의 대의원 선거는 인민들의 정서상태를 보고나서 시기를 정해야 하는데, 그 동안은 인민들이 식량사정으로 곤란을 겪고 있어 선거를 할 수 없었으나, 지금은 전반적인 분위기가 좋아져 선거일을 5월 21일에 공포하여, 7월 26일에 하면 좋다"고 대의원 선거 일자를 정해주었다. 북한방송, 2002.9.
17) 김정일은 "어떤 바람이 불어오든 우리 당과 인민은 결코 ≪개혁≫≪개방≫의 길로 나아가지 않을 것이다"라고 하거나(1998.5), "≪개혁≫≪개방≫은 망국의 길이므로 절대 허용할 수 없으며 우리의 강성대국은 자력갱생의 강성대국이다"라고 언급(1999.1)하였다.
18) "자립적 민족경제건설 로선을 끝까지 견지하자," 『로동신문』·『근로자』공동논설, 1998.9.17.
19) 북한은 1998년을 '사회주의 강행군의 해'로 정했다. "최후의 승리를 위한 강행군 앞으로,"『로동신문』, 1998.1.8; 북한은 경제가 어려웠던 시기를 "≪고난의 행군≫, 강행군 시기"로 표현하는데, 그 기간은 1994-1997년 고난의 행군 시기와 1998-2000년간 강행군 시기를 포괄하며, 2000년 10월 당창건 55돌 열병식 연설을 통해 공식 종료를 선언하였다.
20) 북한은 당시 김일성 시대를 마무리하는 의미에서, 사회주의 헌법을 '김일성 헌법'으로 명명하고 김일성 출생연도(1912년)를 기준으로 '주체 연호'를 사용하는 등 김일성에 대한 우상화 사업을 강화했다.

을 것이다. 변화를 도모하기에는 내부 여건이 열악하다고 판단했을 것이다. 셋째로, 체제를 다잡는 것이 급선무인 그로서는 내부 정치·사상적 통제에 집중하지 않을 수 없었다. 황장엽(1997.2 망명) 같은 고위인물들의 추가 망명이 이어질 수도 있었다. 내부에 경종을 울리기 위해 전임 수령이 아끼던 김정우와 김달현도 숙청했다.[21] 김정일로서도 전통적인 경제관리 방식의 성과에 대해 내심 '회의적' 이었으나,[22] 자신으로서는 경제(민생경제)는 후순위였다. 열심히 일하는 모습을 보여주고, 주민들의 형편이 나아지면 되었다. 1990년대 후반 김정일의 권력세습 초기에는, 위기 때마다 강조되며 체제결속을 중시하는 '주체의 강화' 전략에 의해서 경제개혁 의제에는 여전히 잠금장치가 채워졌다.

| 02 | 경제재건의 한계와 새로운 회생전략 모색

김정일의 산업현장 방문 빈도(공개)가 1997년에는 단 한 차례에 불과했으나, 1998년에는 9회로 늘어났다. 그는 북부 지역의 기계·제강 기업소, 중소형 발전소, 협동농장 등 가장 어려운 지역 혹은 중요한 단위에 '모범'을 창조함으로써 전반적인 생산 정상화를 유도하는 방법을 구사했다. '자강도의 모범 따라 배우기'(1998.1), '성강의 봉화'와 '강계 정신' 강조(1998.3), '제2의 천리마 대진군 운동'(1998.11) 등 노력

---

21) 김정일은 1998년 9월 국방위원장 취임 직전에 김일성 시대에 대외경협과 무역을 주도한 간부들을 숙청하였다. 무역성 부상 김문성, 나선특구 개발을 관장한 대외경제협력추진위원장 김정우, 국제무역촉진위원장 이성록 등을 뇌물수수 혐의로 숙청하였다. 한편 부총리 김달현은 2000년 3월 '개혁·개방 주장' 혐의로 숙청되었다.
22) 김정일은 1992년 4월에 '실력 있는 사람들로 합리적인 경제관리 방법의 연구' 필요성을, 2000년 들어서는 '실리·실적·근본적 변화'등 혁신적 담론을 제기했다. 2000년 6월 정주영 면담시는 "사회주의는 일을 적극적으로 하지 않는 것이 약점"이라고 속내를 드러냈다.

동원 슬로건을 잇달아 제기하여 증산을 독려하였다. '고난의 행군'은 끝났고 '강성대국 건설'23)을 선언하는 등 주민들에게 잘살 수 있다는 비전도 제시하였다.

1998년부터 2000년 기간 중에 북한의 경제재건의 방향은 ①계획기제 복원을 통한 중앙 당국의 경제장악 능력 회복, ②회생 가능성을 기준으로 한 공장·기업소의 구조조정, ③기간산업 중점 투자를 통한 공장 가동률 제고였다. 이를테면 선택과 집중을 통한 경제 정상화 전략이다. 계획경제 체제 재건을 위해 내각의 권한 강화(1998.9), 인민경제계획법 채택(1999.4), 나선지역의 토지 임대권 및 기업설립 승인권의 중앙이관(1999.2) 조치가 있었고, 농민시장의 불법거래 단속을 강화했다.24)

산업 구조조정은 중·소규모 공장 4,700여개 중에서 설비노후 또는 중복 투자된 1,800여개의 공장을 정리하고, 무역상사는 400여개 중 부실한 상사 80여개가 정리 대상이 되었다. 110여개의 연합기업소도 개별 공장·기업소로 해체(1999.12)하였다가 필수 부문 30여개만 다시 복원하였다(2000.9). 기간 중에 전력·금속·기계공업 부문에 대한 우선투자와 함께 고속도로 건설·토지정리·수로공사도 전개하였다.25) 농업부문은 감자농사 및 2모작 확대, 경지정리와 물길공사, 비료와 영농 기자재·기술 도입 노력을 강화하였다. 이 같은 집중적인 경제재건 노력의 결과 일정한 성과가 나타났다. 공장 가동률이 증가하고,26) 무

---

23) "강성대국," 『로동신문』, 1998.8.22; "위대한 당의 령도따라 사회주의 강성대국을 건설해 나가자," 『로동신문』, 1998.9.9.
24) 장마당에서 공산품, 기업소 유출상품, 외부 원조상품의 유통을 집중 단속하면서, 대규모 상거래의 전주(錢主)와 축재자들을 공개 처형하였다.
25) 1998-2000년중 중요 산업시설 재건으로는, 태천·안변청년(금강산) 발전소 확충, 동평양화력 보수, 승리정유공장·김책제철소·승리자동차공장·희천공작기계공장 설비투자가 있었고, 평양-남포간 제2고속도로(청년영웅도로) 건설, 강원·평북·황남 토지정리 사업, 개천-태성호 물길공사 등이 있었다.

역은 14.4억불에서 22.7억불, 예산은 92억불 규모에서 98억불, 곡물 생산은 389만톤에서 395만톤으로 늘어났다. 그 결과 경제성장률은 1990-1998년간 마이너스 성장에서 1999년부터 플러스 성장으로 전환되었다.

그러나 김정일이 '개미가 뼈다귀를 뜯어먹는 방식'[27]으로의 경제 활성화를 강조해도 경제형편은 쉽게 개선되지 않았다. 식량배급은 평양지역과 간부·군인들을 중심으로만 정상적으로 이루어질 뿐, 아동들의 60%가 영양부족이었고,[28] 지방에서는 '인육 취식설'이 퍼졌으며,[29] 특권계층에만 배급하는 '양정사업소를 폐지하라'는 항의사건(1998.11)

---

26) 홍성남 총리는 1999년 9월 베트남 공산당 기관지와의 인터뷰에서 "금년(1999) 상반기 산업생산이 전년 동기 보다 20% 증가하였고, 4,000여개의 공장들이 조업을 재개하였다"고 밝혔다. 북한 내부 학습제강(2000.6)도 "지난 시기 일시 멎었던 공장, 기업소들이 활성화되기 시작해서 주체88년에 이르러서는 전국적으로 돌아가고 있는 공장, 기업소가 수천 개에 달했다"고 설명했다. 학습제강(당원 및 근로자용), "나라의 경제사정에 대한 인식을 바로 가지고 부닥치는 애로와 난관을 자체의 힘으로 뚫고 나갈데 대하여"(2000.6).
27) "장군님께서는 자강도에 대한 력사적인 현지지도에서 개미가 뼈다귀를 야금야금 뜯어먹는 전술로 우리 경제를 활성화할데 대하여 가르쳐 주시였다. 개미가 뼈다귀를 뜯어먹는 전술이란 중심고리를 옳게 설정하고 방대하고 어려운 과제를 하나씩하나씩 착실하게 해결해 나가는 전술이다. 이 전술이야말로 무에서 유를 창조하는 자력갱생의 전법, 섬멸전의 방법이다." 『로동신문』, 1998.5.19; '개미가 뼈다귀를 뜯어먹는 전술'은 "자립적 민족경제 건설로선을 끝까지 견지하자," 『로동신문』, 1998.9.17; "위대한 장군님의 혁명적 사업방법을 철저히 구현하자," 『로동신문』, 1999.6.5.
28) UNICEF는 "1998년 9월부터 10월간 북한 아동들의 영향실태 조사결과 60%의 아동들이 심각한 영양부족이고, 16%가 극심한 영양실조 상태"라고 발표했다 (1998.12).
29) 한 탈북민은 1998년 8월 "함북 온성군에서 탄광노동자가 1년 동안 마을 아이 6명을 잡아 먹었다가 사회안전부에 체포되었다는 소문이 있다"고 증언하였다. 황장엽도 1990년대 중반 북한내 '인육취식' 사례에 대해 언급하였다. "지방에서는 예사고, 평양의 시장에서도 사람고기를 파는 일이 적발되었다. 병원에 근무하는 한 의사가 평양의 시장에서 돼지갈비를 사 왔는데, 고기가 이상하여 자세히 살펴보았더니 틀림없는 사람 갈비여서 다음날 사회안전원을 데리고 나가 범인을 붙잡았다고 한다," 황장엽, 『나는 역사의 진리를 보았다』, p. 292.

이 발생하는 등 악성 유언비어가 나돌고 민심은 진정되지 않았다. '군(軍)을 투입하여 열차여행 질서를 확립하라'는 김정일 지시(1997.5)에도 불구하고 이듬해(1998년)에도 유랑인구가 20여만 명 수준으로서, 크게 줄어들지 않았다. 주민들 사이에 김정일의 리더십에 대한 부정적인 인식도 확산되었다.[30]

2000년 6월 당 창건 55돌(2000.10)을 앞둔 시점에 김정일은 '경제사정이 전후(戰後)시기와 같이 여전히 어려운 배경'을 전 주민들에게 학습시킬 것을 지시하였다. 아래 인용문은 이에 따른 북한 당국의 경제난 배경에 대한 설명문을 발췌한 것이다. 핵심 논리는 ①"사회주의 시장이 없어져서", ②"미제와 반동세력들의 고립 압살책동이 악랄해져서", ③"최근 몇 해 동안 자연재해를 계속 입게 되어서" 경제가 어려워졌다는 주장으로, 주로 외부 요인 때문이라는 논리를 전개했다.[31] 김정일은 일단 주민들에게 경제가 어려운 전후 사정을 설명하여 민심을 수습하려고 했으나 보다 적극적인 경제희생 방법을 찾아야 했다. 마냥 '고난의 행군, 강행군'을 요구할 수만은 없어, 2000년 10월 당 창건 55돌을 계기로 고난의 강행군이 '끝났다'고 선언하였다.

> 위대한 장군님께서는 최근 여러차례에 걸쳐 모든 사람들이 나라의 경제사정을 똑바로 인식할데 대해 강조하시였다 … 우리 나라의 경제건설의 전 력사에서 오늘처럼 형편이 간고한 때는 일찍이 없었다. 그러면 왜 우리가 오늘과 같은 엄혹한 경제적 곤란을 겪게 됐는가
> ① 여러 나라에서 사회주의가 무너지고 사회주의 시장이 없어졌기 때문이다 … 우리나라에 없거나 부족한 원유, 콕스탄, 면솜과 같은 중

---

30) 김정일이 공식 권력승계를 한 직후 북한 사회 분위기에 대해 많은 탈북민들은 "김일성 시대에는 당장은 못 살아도 내일은 잘 살수 있다는 희망이 있었는데, 김정일 시대에는 이런 희망도 없다"는 증언을 했다.
31) 학습제강(당원 및 근로자용), "나라의 경제사정에 대한 인식을 바로 가지고 부닥치는 애로와 난관을 자체의 힘으로 뚫고 나갈데 대하여"(2000.6).

요 전략물자들을 (90년대 이전에는) 사회주의시장을 통해서 물물교환의 방법으로, 그것도 국제시장 가격보다 눅은 값으로 들여다 썼다. 특히 중국과 같은 나라들로부터는 로세대 지도간부들 사이의 동지적 우의가 깊었기 때문에 이런 중요 전략물자들을 매우 눅은 우의(友誼)가격으로 받았다. 그래서 자립적 민족경제를 건설하고 관리하는데 그닥 애로를 느끼지 않았고 인민소비품도 많이 생산할수 있었다. 중국으로부터 우의가격으로 원유와 콕스탄, 솜, 소금, 콩 같은 전략물자들을 한 20년동안 받아 썼는데 해마다 콩은 4만-5만톤, 솜은 2만-3만톤씩 들여왔다. 수입한 솜으로는 천을 4억-5억 메터씩 짰고 콩으로는 먹는 기름도 짜고 집짐승 먹이로도 리용해서 고기와 알을 많이 생산했다.

그러나 정세는 변하고 우리 나라의 경제사정도 많이 달라졌다 … 우리나라에 없는 중요 전략물자들을 경제제재를 당하게 될수도 있는 자본주의 시장을 대상으로 해결하지 않으면 안되었고 … 딸라나 파운드 같은 전환성 화폐를 주고 사들여야 했으며 … 지난시기의 사회주의 시장가격보다 엄청나게 비싼 값으로 사오고 … 중국이나 쏘련과 같은 가까운 나라에서가 아니라 멀리 이 나라, 저 나라에서 숱한 수송비를 물며 실어오지 않으면 안됐다 … 70년대에는 마그네샤크링카 1톤을 주고 원유 3톤을 사회주의시장에서 들여왔다면 지금은 자본주의시장에서 마그네샤크링카 2톤을 판 돈으로 원유 1톤을 사올 수 있다. 결국 원유를 사는데 지난 시기보다 6배나 되는 돈을 주어야 한다.

② 우리 공화국에 대한 미제와 반동세력들의 고립압살책동이 날로 악랄해지고 있기 때문이다 … 우리는 국가와 혁명의 최고리익으로부터 출발하여 경제건설과 인민생활을 희생하면서라도 나라의 국방력을 강화하지 않으면 안됐다. 인민군대를 강화하고 국방공업에 큰 힘을 넣어야 했다. 이것은 경제적으로 우리에게 큰 부담으로 되지 않을수 없었다.

③ 최근 몇해동안 자연재해를 계속 입게 됐기 때문이다 … 알곡생산량이 줄어들었고 알곡을 사오는데만도 많은 외화를 들이지 않을 수 없었다. 전력사정도 마찬가지로 긴장해졌다. 장마로 해서 탄광의 갱들에 물이 차 석탄을 제대로 생산하지 못해 화력발전소들을 만부하로 돌릴

수 없게 됐다. 지난해와 같이 가물이 들어 수력발전소의 저수지들이 물이 말라 전력생산이 줄어들게 되었다.
 그런데 지금 일부 사람들은 나라의 이런 경제사정은 알지 못하고 아무 말이나 망탕하고 있다. 어떤 사람들은 그래도 한때는 상품이 많았는데 지금은 그렇지 못하다느니, 뭐니 하면서 당정책에 무슨 문제가 있는듯이 말하고 있다 … 일부 사람들은 오늘의 난관을 놓고 쫴 뚫고 나갈수 있겠는가, 어떻겠는가 하고 마음속으로 저울질 하거나 막연하게 생각하며 비판하고 있다. … 또 어떤 사람들은 쩍하면 우는소리를 하고 조건타발을 하는가 하면 어디서 도와주지 않겠는가 하고 남만 쳐다보고 있다 … 우리는 높은 정치적자각을 가지고 패배주의 경향을 철저히 배격해야 한다. (2000.6)

| 03 | 실리·실적 강조와 경제개혁 분위기 조성

 2000년 들어 김정일은 경제희생을 위해 보다 적극적인 방법을 모색하기 시작했다. 그는 아래 인용문처럼 '경제 사업에서 실리주의'[32]를 강조하면서 ①경제구조 개선, ②투자 효과성 증대, ③기업경영 개선과 품질향상, ④기계설비와 생산 공정 갱신을 촉구하였다. 동시에 산업 전반에 걸친 '개건사업'에 착수하였다.[33] 1998년 이래의 경제재건 방법이 부실 공장·기업소들을 통합하고 노후화된 설비를 재활용하는 수준이었다면, 2000년에 시작된 '산업 개건사업'은 산업시설을 철거대

---

32) 김정일의 '실리'에 대한 언급은 1999년에도 있었다. 『로동신문』, 1999.6.14; 그러나 2000년에는 보다 많은 경제 사업에서 '실리'가 중시되고, 2001년에는 모든 경제활동의 기준이 되었다.
33) 2000년에 노후 산업설비 철거로 시작된 개건사업은, 2001년 국가계획위 주관으로 전 공장·기업소 실태조사, 재정성의 예산 뒷받침(2001.4.5 최고인민회의, 재정상 문일봉 언급)으로 본격화되어, 핵심산업·IT산업은 물론 식료·축산·생필품 공장으로 확대되었다. 북한 사회과학원 사회주의경제관리연구소 공업경영연구실장 민경춘은 개건사업에 대해 "지난시기의 답습이 아니라 완전한 기술 갱신"이라고 주장했다. 『조선신보』, 2001.1.24.

상, 개보수 대상, 신축대상으로 구분하여 '현대화'를 도모한다는 것이다. 2001년에는 '경제관리방식의 개선'을 강조하는데, 이후 '개건과 개선'은 북한 사회의 경제회생을 위한 새로운 슬로건이 된다.[34]

김정일 동지께서는 다음과 같이 지적하시였다. '우리는 경제사업에서 실리주의로 나가야 합니다'. 경제사업에서 실리주의란 우리의 경제건설의 궁극적목적을 실현하는데 가장 리롭게 경제를 합리적으로 조직하고 효율적으로 관리운영해 나가는 관점과 태도를 말한다 … 다시 말해서 최소한의 지출로 최대한의 경제적효과를 내도록 하는 것이다 … 그러면 현 시기 경제사업에서 실리를 철저히 보장해 나가는데서 중요한 문제들은 무엇인가. ①나라의 경제구조를 고치는 것이다 … 공업부문은 절실한 부문을 우선강화하는 방향에서, 자체의 원료와 자재를 쓰고 전기를 적게쓰는 방향에서 구조를 고치는 것이다. 다음으로 생산을 전문화하는 것이다. 농업구조는 부침땅면적이 제한된 조건에서 지대조건에 맞게 자강도는 잠업도, 함북도는 약초도, 량강도는 감자도 등 다양한 구조를 갖추는 것이다. ②투자의 경제적효과성을 높이는 것이다 … 가장 중요하고 긴요한 대상에 력량을 집중하여 하나씩 경제를 활성화해야 한다. 다음으로 리익이 가장 많이 날수 있는 부문과 대상에 투자해야한다. ③경영활동을 깐지게 짜고 들며 제품의 질을 높이는 것이다… 원가와 소비기준을 낮추고, 원에 의한 통제를 강화하며, 제품의 질을 높이는 것이다. ④기계설비와 생산공정을 하루 빨리 갱신하는것이다 … 실리를 보장할 수 없는 낡고 뒤떨어진 기계설비와 불비한 생산공정을 대담하게 갱신해 나가야한다. 이 과정에서 과학기술적성과들을 적극 받아들여야 한다.[35]

---

34) 정영철,『북한의 개혁·개방, 이중전략과 실리사회주의』, pp. 73-85.
35) 간부, 당원 및 근로자 학습강연자료, "실리를 보장할데 대한 당의 방침에 대하여"(조선로동당출판사, 2000).

2001년에는 김정일의 '체제 혁신'에 대한 공개적인 언술이 크게 증가하였다.[36] 그는 연초부터 "사고방식, 업무자세, 생활기풍에서 낡은 관념을 탈피하고, 새로운 관점에서 근본적으로 혁신할 것"을 촉구하였다.[37] 김정일은 2001년 1월 상해를 방문하고 돌아와서 '종자론', '신(新)자력갱생론', '단번 도약론' 등 변화를 독려하는 개념을 잇달아 개발하고, 적극적인 선진 과학·기술의 습득을 강조하였다.

특히 관료조직에 대한 쇄신을 도모하여 2000년 중반 '경제 사업에서의 실리'와 함께 '간부사업에서의 실력 중시' 방침을 제시한데 이어,[38] 2001년에는 내각을 중심으로 전문관료의 등용을 대폭 확대하였다.[39] 2002년에는 30대 수재들을 적극 육성하는 '새형의 간부들 양성 사업'을 추진하면서[40] 중앙 및 지방 당·정 간부들을 대거 동원하여 모범 산업현장 참관학습을 시켰다.[41] 이 같은 조치들은 전 사회적으로 일하는 분위기를 바꿔 보겠다는 계산으로, 김정일은 당시 "현 시기 경제건설이 잘 진척되지 못하는 것은 간부들의 실력이 낮고, 변화·발전

---

36) 우리와는 달리 북한은 2001년 1월 1일을 새 밀레니엄의 시작이라고 주장하였다.
37) 『로동신문』, 2001.1.9.
38) "마음으로 아무리 충성해도 실적이 없으면 당의 기대에 부응할 수 없다," 『민주조선』, 2000.6; 김정일은 2000년부터 수시로 '실적이 충성심을 검증하는 척도'임을 강조하였고, 관료충원·조직정비 과정에도 전문성과 효율성을 기준으로 함으로써 평양 내 실용기술·전문지식을 익히려는 분위기가 조성되기 시작하였다.
39) 북한은 2001년에 내각 책임자들을 경공업상 이주오, 농업상 김창식, 무역상 부상 이용남 등과 같은 40-50대 인물로 교체하고, 이어 국·과장급들도 전문성 있는 젊은 층으로 대폭 교체하였다.
40) 북한은 2002년부터 출신배경과 사상, 지적 능력이 좋은 30대 초반의 수재들을 전국에서 추천받아 김일성간부대학, 당중앙간부대학, 인민경제대학에서 매년 60여 명씩 양성하는 계획을 세웠다. 선발된 수재들은 1-2년의 교육과정을 거쳐 일부는 외국 유학을 보내고 일부는 생산단위의 부지배인, 군 인민위 부위원장, 군 당 조직비서로 배치되어 간부 단련을 받게 함으로써 새 시대의 주력군으로 양성한다는 것이다.
41) 2002년 6월부터 11월 사이에 북한 당국은 간부들을 지방 당 간부, 공장·기업소 간부, 중앙 간부들로 구분하여 경공업 공장·감자농장·식료공장 등 모범 생산단위에 집결시켜 7회에 걸쳐 '참관 학습'을 시켰다.

하는 현실을 따라 잡지 못하기 때문"이라고 지적하였다.

이처럼 1990년대 중반과 2000년대 초반을 비교해 볼 때 김정일의 사고방식과 관점은 크게 바뀌었다. '나에게 그 어떤 변화를 기대하지 마라'42)는 김정일의 입장은 2000년에는 조심스럽게, 2001년에는 명확하게 바뀌게 되었다. 김정일은 간부들에게도 주변정세 변화와 현실적 조건에 맞추어 문제 상황을 보는 관점, 일하는 방식을 바꾸라고 독려하였다. 관점과 사업방식의 변화는 정책 수단의 변화를, 나아가 정책목표의 조정을 가져올 수 있다는 점에서 의미가 있었다.

2000년대 들어 북한의 대내외 정책의 많은 변화가 이를 실증해 주고 있다. 김정일이 변화를 촉구함으로써 경제개혁 정책이 잉태될 분위기가 조성되었다. 이어 '새로운 경제 전략을 짜라', '내각 책임제 강화방안을 마련하라'는 김정일 지시가 뒤따랐다. 1990년대 북한 경제의 대실패를 경험한 김정일은 옛날 방식으로 '오물쪼물' 해보려다가, 공식 권력승계이후 2년여 지나서야 '주체' 강조에서 '실용' 중시 전략으로 생각을 바꾸게 된 셈이다.43)

---

42) 이런 취지의 김정일 언급으로는 "나에게서 변화를 기대하지 마라"(1994.10), "나에게서 그 어떤 변화를 바라지 말라는 것은 나의 확고한 결심이다"(1997.7), "수령의 사고와 정책을 0.001mm 틀림없이 계승할 것이다"(1998.8) 등이 있다.
43) 김정일은 2001년 7월 7일 토지 정리가 완료된 황남 재령군 재천협동농장을 현지지도 하여 "내일은 수령님이 돌아가신 7돌이 되는 날이다. 세상 사람들은 우리가 다 굶어죽는다고 하였지만 7년 동안 뻗치고 견디어 냈다. 앞으로 한 3년 기초를 더 쌓아서 경제발전과 인민생활에 전환을 가져오자"고 언급하였다. 『조선중앙방송』, 2003.1.13.

제2절 개혁시동: 7.1조치와 시장장려(2000-2003)

| 01 | 7.1조치 결정과 시행이전 내부논란

가. '6.3 그루빠'의 개혁입안과 김정일의 관여

김정일은 1999년 6월 당 경제정책검열부에 "내각 책임제·중심제 시행을 위한 문제점 파악을 하고, 내각이 경제를 통일적으로 장악할 수 있도록 '구체적인 방법론'을 강구할 것"을 지시한다. 이 지시에는 김정일이 경제관리방법의 개선방향을 심층적으로 연구·시행하고,[44] '내각책임제·중심제'를 철저히 구현함으로써 경제 사업에서 큰 실리를 내오도록 해야겠다는 평소 생각이 반영된 것으로 보인다.

김정일의 의중을 반영한 북한 경제 간부들의 주장도 이를 뒷받침한다.[45] 김정일의 '내각 중심의 경제관리방식 개선' 지시를 이행하기 위해 1999년 6월에 신설된 연구조직이 '6.3 그루빠'이다. '6.3 그루빠'의 활동과 관련한 여러 증언 및 자료들을 종합해 보면 다음과 같다.

---

[44] 김정일은 1992년에도 전문적인 경제관리운영방법의 연구 필요성을 강조하였다. "지금 중앙인민위원회에 경제정책위원회가 있지만 대부분 나이 많은 사람들로 꾸려지다보니 거기에서 경제관리운영사업을 개선하기 위한 안을 내놓는 것이 얼마 없습니다 ⋯ 경제문제를 전문적으로 연구하는 경제연구소를 내오고 실력 있는 사람들로 잘 꾸리며 거기에서 합리적인 경제관리운영방법을 연구하여 경제관리운영에서 나서는 문제들을 풀어나가도록 해야 합니다." 김정일, "경공업을 발전시키며 경제관리연구사업을 잘할데 대하여"(1992.4.4), 『김정일선집 13권』(평양: 조선로동당출판사: 1998), pp. 17-26.

[45] 북한의 경제학자는 "우리 당은 말 잘하는 일군보다 일 잘하는 일군, 실적을 올리는 일군을 요구합니다"라고 말하였다. 리민철, "위대한 당의 부름에 따라 사회주의 경제건설에서 새로운 진격로를 열어나가는 실적있는 일군이 되자,"『경제연구』, 1998년 2호, p. 10; 곽범기, "내각책임제, 내각중심제를 강화하는 것은 강성대국 건설의 필수적 요구,"『근로자』, 2000년 2호, pp. 52-53.

중앙당 경제정책검열부는 김정일의 "경제문제의 내각 책임제, 중심제 시행을 위한 제반 문제점을 종합 보고하라"는 지시를 이행하기 위해 관련분야에 전문성이 있고 실질적인 영향력이 있는 경제 간부 및 학자들로 1999년 6월 '김정일 친필지시 이행을 위한 상무조'를 구성한다. 이 조직은 내각 총리 홍성남을 형식상 책임자로 하고 중앙당 및 내각의 연관 부처 간부들로서 2개조로 구성된다. 1개조는 중앙당 경제정책검열부 대외경제정책과장을 조장으로 중앙당 지도원 2명, 무역성 간부 등 12명으로 구성되어 주로 자료조사를 담당하고, 다른 1개조는 중앙당 경제정책검열부 검열과장을 조장으로 하여 당 지도원 2명, 국가계획위원회 부위원장, 재정상[46], 농업성·무역성 및 내각 사무국 간부, 김일성대 경제학부 교수 등 13~18명으로 구성되어 구체적인 대책안을 연구한다. 이 조직은 김정일의 지시 날짜에 근거하여 '6.3 그루빠'라는 상무조로 명명되었다.

6.3 그루빠는 2년 6개월 동안 전국의 협동농장, 공장·기업소, 농민시장 실태 조사와 함께 경제관리개선 방향을 연구하면서 중국·베트남 등의 개혁·개방 정책도 검토하였다. 상무조는 2001년 12월 김정일에게 대책안을 종합 보고하는데,[47] 핵심내용은 다음 5개항이다. ①내각 책임제 경제를 운영하기 위해 특수부문을 줄이고, 내각이 경제전반을 직접 통제한다. ②가격 현실화 정책을 실시하여 이중 가격제를 없애고, 임금과 물가를 현실화한다. ③협동농장에 분조제를 도입하여 운영한다. ④전략물자와 관련된 계획만 국가계획위원회에서 수립하고, 일반 기업소의 생산계획은 자체 수립한 후에 국가계획위원회의 비준을 받아 집행한다. ⑤모든 생산 활동을 정상화하기 위해 기업소별 폰드에 상관없이 무역을 허용한다. 김정일은 이 대책 안에 대해 '특수부문 축소'에 대해서만 거부[48]하고 비준해준다. 김정일의 비준에 따라 앞의

---

46) 그중 재정상이 직접 참여한 것은 '가격 결정' 문제가 중요하기 때문이라고 한다.
47) 대책 안은 서기실 팩스를 통하여 김정일이 수시 검토하는데, 김정일은 검토과정에서 정리된 의견을 토대로 "강성대국건설의 요구에 맞게 사회주의경제관리를 개선강화할데 대하여"제하 담화(2001.10.3)를 발표한다.
48) 김정일은 "우리가 그나마 유지되는 것은 당·군 등 특수조직의 역할 덕분"이라

'정책 상무조'는 2001년 12월에 해산되고, 국가계획위원회와 내각 사무국을 중심으로 각 성·위원회 간부들로 '실무 상무조'가 구성되어 2002년 6월까지 구체적인 시행계획을 수립한다.

이와 같은 증언으로 볼 때 '6.3 그루빠'의 7.1조치 입안과정은 1999년 6월부터 '정책 상무조'의 개혁방향 연구, 2001년 12월 김정일에 종합보고, 2001년 12월부터 '실무 상무조'의 시행계획 수립, 2002년 6월경 김정일에 집행계획(물가·임금 현실화 계획) 보고, 2002년 7월1일부 시행이라는 37개월간의 입안과정을 거쳤다.

【그림 3-1】'6.3 그루빠'의 7.1조치 입안과정

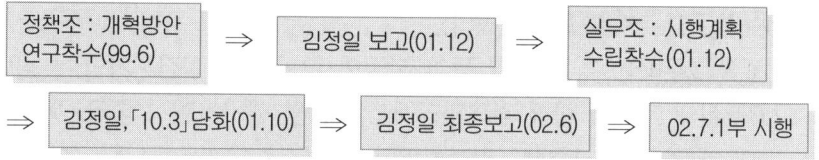

'6.3 그루빠'는 당 경제정책검열부[49]가 주관했으나, 당·군의 간섭으로부터 내각의 경제관할권의 외연을 확대해 주는 역할을 제외하고는 당 간부들보다는 내각 간부들과 경제학자들, 특히 국가계획위원회가 사실상 주도적 역할을 하였다. 북한의 경제사정과 경제관리 체계에 정통해야 하고 개혁 작업 자체가 전문성이 요구되는 작업이기 때문이다. 당시 국가계획위원장 박남기는[50] 경제계획·예산 전문가로서 한

며 특수부문 구조조정을 비준에서 제외시켜, 당초 '내각책임제·중심제 시행의 문제점 검토'를 지시(99.6)하면서 최대 걸림돌인 특수부문의 축소도 수용할 듯한 태도에서 후퇴한다.

49) 당시 당 경제비서 겸 경제정책검열부장은 한성룡이다. 그러나 연로한 한성룡보다 김희택 경제정책검열부 부부장이 사실상 책임자이다. 그는 2001년에 1부부장으로 승진하였다.

50) 박남기(1934.2 생)는 1970년대부터 1980년대까지는 국가계획위원회 부위원장, 당 경공업비서, 국가계획위원장, 당 경제비서를 역임하다가, 다시 1998년 9월부

때 김정일로부터 질책을 받기도 하였으나,[51] '6.3 그루빠'의 실무상무조 운영책임과 7·1조치 확정이후 1년여 간 집행 책임을 맡게 된다.

다음은 김정일이 7.1조치 입안에 관여한 정도를 알아보고자 한다. 북한 당국은 7.1조치 확정 9개월 후(2003.4) 간부들에게 그 내용을 전파하면서, 김정일이 당시 '강력한 력량'으로 연구 상무조를 구성해 주고, 수시 '강령적 말씀'을 전달했다고 다음과 같이 설명하고 있다.[52]

> 장군님께서는 최근년간에 나라의 경제관리를 개선할데 대하여 무려 수십여 차례의 강령적인 말씀을 주시었다. 그리고 우리식의 독특한 경제관리방법을 하루 빨리 연구 완성할 수 있도록 강력한 력량을 몸소 무어 주시고 필요한 사업 조건을 다 마련해 주시었다 … 그리고 그와 관련한 대책 안들을 하나하나 다 보아 주시었다. 이처럼 새로운 경제적 조치들은 위대한 장군님의 세심한 지도와 정력적인 령도 밑에 마련되었다.

7.1조치 입안과정에서 김정일의 역할은 우선, '6.3 그루빠'가, 경제개혁 의제의 정치적 성격을 의식하여 주저하거나 눈치를 보지 않고, 발상의 전환을 할 수 있도록 연구 여건을 보장해 주는 일이었다. 앞에서 살펴본 대로 김정일은 이미 2000-2001년 사이에 관료사회에 실리주의, 실적주의를 강조하고, 전사회적으로 '낡은 관념탈피, 근본적 혁신'을 주장하여 개혁 분위기는 적극 조성해 주었다. 그러나 그것으로 과거 경제개혁 의제 논쟁과정에서 많은 선배들이 숙청당한 사실을 보

터 2003년 9월까지 국가계획위원장, 2003년 9월 최고인민회의 예산위원장, 2005년 7월에 당 계획재정부장에 임명되었고, 2010년 3월 화폐개혁 실패책임으로 처형되었다.

51) 김정일은 "국가계획기관들에서 기술 경제적 지표계획, 돈 계산과 재정계획을 심히 홀시하고 있다"고 하였다. 김정일, 앞의 담화자료(2001.10.3).

52) 간부 강연자료, "새로운 경제적 조치의 요구에 맞게 경제관리에서 결정적 전환을 일으키자"(2003.4).

아온 이들을 움직이기에는 충분하지 않았다. 김정일은 '사회주의 원칙' 중시에서 후퇴하여, '사회주의 과도적 성격'이 북한의 현실적 조건임을 인정함으로써 이들에게 사상적 잠금장치를 풀어주었다. 그리고 전문성과 실적에 의한 인사상 우대를 약속하여 이들의 발상의 전환을 유인하였다.

다음은, 위 인용문에서 '강령적 말씀'과 '세심한 지도'라고 표현된 김정일의 활동 내용이 무엇인지 알아본다. 김정일은 경제개혁에 대한 자신의 입장을 ①'6.3 그루빠'와의 대화(서면 추정), ②방북 자본주의권 인사들 면담, ③두 차례의 방중(訪中) 경험(2000.5, 2001.1), ④수많은 '경제정책, 시장경제, 과학기술' 연구조직의 보고 문건을 통해 정리해 나갔으며, 그 결과 그의 최종 입장은 2001년 10월 3일 '담화문건'으로 나타났다. 김정일은 2000년부터 외부인사 접견 빈도가 증가하는데, 전(前)현대회장 정주영 면담시(2000.6) '현대의 경영기법'에,53) 미국 국무장관 올브라이트 접견시(2000.10) '스웨덴식 경제모델'54)에 관심을 보이는 등 한때는 '사회주의와 자본주의 접목 가능성'을 탐색하는 듯했다.

특히 두 차례(2000.5, 2001.1)에 걸친 중국 개혁·개방 현장 방문은 김정일이 경제개혁과 특구개방을 결심하게 된 결정적 계기가 된 것으로 판단된다. 김정일이 중국의 개혁·개방을 매우 긍정적으로 평가한 사실에서,55) 그는 '지도자의 영도와 권위를 훼손하지 않으면서, 경제

---

53) 김정일은 정주영에게 "사회주의는 일을 적극적으로 하지 않는 것이 약점이며 자본주의 방식과 현대의 경영기법을 배우고 싶다"고 언급하였다.
54) 김정일은 올브라이트 면담시(2000.10.23-24) "경제개방 얘기를 많이 하는데 그 정의가 무엇이냐"고 물었고, 올브라이트는 "국가의 정체성을 지키면서 세계화하는 것이다"고 설명하였다. 김정일이 다시 스웨덴식 경제개방을 거론하자 올브라이트는 "스웨덴식은 선진경제를 바탕으로 하는 것으로 북한에는 문제가 있을 것이다"고 대응하였다.
55) 김정일은 2000년 5월 방중시에는 북경의 실리콘 배리인 중관촌 등을 시찰하고

발전과 인민생활 향상이 가능'함을 깨달은 것으로 보였다. 2001년 1월의 상해방문은 탐색 수준을 넘어서, 김정일이 개혁 선택을 굳힌 상태에서 권력층과 실무관료들에 공감대를 조성할 목적으로 이루어졌다. 김정일은 상해방문에 핵심간부들은 물론 경제실무 관료들을 대거 대동하였고,56) 일선 간부들을 대상으로 '상해의 비약적 발전 경험'을 강연하도록 하였으며, 주민들에게도 방중 결과를 적극 홍보하였다. '6.3 그루빠'에 대한 김정일의 '강령적 말씀'과 '세심한 지도'도 2001년 1월 이후에 집중되었을 가능성이 높다. 이후 김정일은 7.1조치의 입안을 서둘러 완성할 것을 독려했다는 증언도 있다.57)

한편, 2000-2001년 기간 중에 북한의 각급기관에 '경제정책연구실',58) '자본주의제도 연구원',59) '과학기술정책연구실'과 '교육개선추진위원회' 등 실체가 명확하지는 않으나 경제정책·시장경제·과학교

강택민에게, "중국은 개혁·개방으로 국력이 증대되었다. 덩샤오핑의 노선이 옳았다"고 하였고, 2001년 1월(1.17-20)에는 주용기 총리에게 상해(포동지구 증권거래소, 정보통신, 기간 산업시설)참관 소감으로 '천지개벽, 상상초월'을 거론하면서(1.17), 강택민에게는 "중국의 엄청난 변화는 중국 공산당이 실행한 개혁·개방정책이 옳았다는 것을 증명해준다"는 취지의 언급을 하였다. 2001년 1월 김정일이 강택민에게 언급한 내용은 신화사통신만 보도하였다.
56) 2000년 5월 김정일의 방중시에는 소규모 인원이 김정일을 수행한 반면, 2001년 1월 방중시에는 수십명의 간부들과 20여명의 경제실무 간부들까지 대동한 것으로 알려졌다.
57) 김정일은 2001년 1월 중국에 이어 8월에는 러시아를 방문하는데, 그 직후 박남기에게 "중국, 러시아를 돌아보니 우리 민족만큼 못사는 데가 없다. 경제개혁 조치를 빠른 시일 내에 시행할 수 있도록 비밀리에 준비하라"고 지시했다는 증언도 있다.
58) 2002년 10월 북한의 경제시찰단의 일원으로 방한한 조선보험총회사 부총사장 박순철은 "내각 직속으로 박사·행정인원들 50여명으로 경제정책연구실이 설립되어 남측의 KDI처럼 경제정책 자문 또는 경제개발계획 수립에 대한 연구를 한다"고 언급하였다.
59) 2001년경 "자본주의 생존방식과 대기업의 관리능력을 습득할 필요가 있다"는 김정일 지시에 따라 내각 무역성 산하에 '자본주의제도 연구원'이라는 기구를 신설, 자본주의 및 시장경제에 대한 정보수집과 접목방안을 연구한 것으로 알려졌다. 정영철, 『북한의 개혁·개방, 이중전략과 실리사회주의』, p. 76.

육과 관련된 다양한 연구조직이 만들어지고, 이와 관련한 정보수집 활동도 활발해진다.60) 이들 연구조직의 동시 다발적 증설은 '실리, 실적, 쇄신' 등 김정일의 주문에 의한 당시 관료사회의 변화 모습을 보여주며, 이들의 연구결과가 '6.3 그루빠'의 활동에도 영향을 미쳤을 것이며, 신의주 등 특구개방 추진(2002.9), 내부 시장경제 교육 및 자본주의 연수확대 등을 촉진시켰다.

김정일은 2001년 10월 3일 중앙당과 내각 간부들을 모아 놓고, '6.3 그루빠'의 경제개혁안을 기초자료로 한 "강성대국건설의 요구에 맞게 사회주의경제관리를 개선 강화할 데 대하여"라는 주제로 이른바 '10.3 담화'를 발표한다. '6.3 그루빠'의 중간보고에 대한 개혁 방향제시와 간부 사회에 개혁 공감대를 조성하기 위함이었다. 담화 내용은 사회주의 원칙 고수 하에 최대한 실리확보, 계획권한 분산, 원가에 의한 생산관리 통제, '사회주의 물자교류 시장' 운영, 과학기술의 생산현장 접목, 가격 현실화 및 임금 조정으로 요약된다. 요컨대 '계획사업을 웃기관과 아랫단위 사이에 분담하라', '생산관리를 원가·번수입에 의해 통제하라', '로동규율에서 남는 로력·건달풍을 없애라', '로동 보수에서 평균주의·공짜를 없애라'는 것이다.

아래 인용문은 그 담화를 발췌한 것이다. 이 담화는 경제관리 방식에 대한 김정일의 정책결정이며, 집행지침이 된다. 그러나 지도자의 결정은 지도자의 의도대로 충실히 집행되지 않는다. 그의 '결론'은 행동으로 나가는 길목의 한 정거장에 불과하며, 결정이 내려진 후 행동에 옮겨가는 과정에서 정책변형이라는 누수(漏水)가 나타난다.61)

---

60) 북한의 해외 근무자들은 중국의 농업·국영기업 개혁·개방관련 자료를 활발히 수집하고, 북한 내부에는 유학 경험자들로 '방혁팀'(개방개혁팀)이 구성되어 중국모델을 연구했다고 한다. 김정일도 2002년 9월 러시아 극동방문시 대통령 전권대표 풀리콥스키에게 "조선 내에는 특별히 중국의 개혁정책을 연구하는 전문가 집단이 있다"고 언급하였다.

우리 일군들은 변화 발전하는 현실의 요구에 맞게 경제관리에서 고칠 것은 대담하게 고치고 새롭게 창조할 것은 적극적으로 창조하여 사회주의 경제관리 방법을 우리식으로 독특하게 개척해 나가야 합니다 … 가장 큰 실리를 보장하는 것을 기본으로 틀어쥐고 모든 문제를 풀어가야 합니다.

지금 나라의 경제가 좀처럼 추서지 못하고 랑비가 많은 것은 내각과 국가계획위원회가 계획사업을 바로 못하는 것과 관련되어 있습니다 … 집행하지 못하는 계획은 빈 종이장이나 다름없습니다 …· 억지로 수자를 맞추어 놓거나 없는 것도 있는 것처럼 문건으로 꾸며대는 놀음을 절대로 하지 말아야 합니다 … 계획지표들을 중앙과 지방, 웃기관과 아랫단위사이에 합리적으로 분담하도록 하여야 합니다. 계획경제라 하여 모든 부문, 모든 단위의 생산경영활동을 다 중앙에서 계획화하여야 한다는 법은 없습니다.

경제부문 일군들은 로력, 물자, 자금을 랑비하든 말든 상관하지 않고 생산과 건설만 하면된다는 식으로 경제관리를 하는 것이 최대 결함인데 … 원가, 리윤, 재정계획을 현실성있게 바로 세우고 그 집행에 대한 총화평가사업을 엄격히 하여 경제적 효과성을 높여야 합니다.

많은 공장, 기업소들이 제대로 돌아가지 못하여 생산은 얼마 하지도 못하면서 로력은 그대로 틀어쥐고 있으니 (일감이 없는) 일부 종업원들이 직장을 리탈하여 장사를 하는 현상이 없어지지 않고 있습니다. 남는 로력을 다른 작업에 동원하여 … 건달을 부리고 놀고 먹는 사람이 없도록 해야 합니다.

사회주의분배원칙을 실시하는데서 평균주의를 없애는 것이 중요합니다 … 일한 것만큼, 번 것만큼 차례지게 하여야 합니다. 무상공급이요, 국가보상이요 공짜가 많은데 이런 것도 정리해야 합니다 … 앞으로 식량과 소비상품문제가 풀리면 근로자들이 자기 수입으로 제 값으로 사먹도록 하여야 합니다 …· 그렇게 하자면 상품가격과 생활비를

---

61) G. Allison and P. Zelikow 지음, 김태현 역, 『결정의 엣센스: 쿠바 미사일 사태와 세계핵전쟁의 위기』(서울: 모음북스, 2005), pp. 372-373.

전반적으로 고쳐 정하여야합니다.62)

나. 경제관리개선 조치 내용 및 하달과정

앞에서 언급한 대로, '6.3 그루빠'의 정책상무조는 2001년 12월 김정일의 '특수부문 구조조정 제외'라는 수정 비준안을 내각에 넘기고 해체되었다. 이어 내각은 세부 시행계획을 마련하기 위해 내각 사무국 지도아래 국가계획위원회, 재정성, 로동성, 농업성, 무역성 등 관련 부처별로 '실무 상무조'를 구성하였다. 내각 각 부처는 물가 및 생활비 조정 문제, 번 수입에 의한 기업관리 문제, 계획지표 조정문제 등 세부 시행계획을 마련하고, 내각 사무국이 이들을 취합하여 총리에게 보고하였으며, 2002년 6월 김정일의 최종 재가를 받음으로써 '경제관리개선 조치'가 완성되었다.

북한이 2002년 들어 확정 시행한 '새로운 경제적 조치'는 ①상품가격과 생활비의 현실화 및 그 대신 식량·생필품 저가 배급제 폐지, ②전략지표 외 국가계획 수립 권한 이관, ③기업 자율권 확대 및 번 수입에 의한 기업 독립채산제 평가, ④협동농장의 분조단위 축소 및 개인경작지 확대로 요약된다. 그 중 주민들에게 파급효과가 미치는 가장 중요한 조치는 '상품가격과 생활비 조정'이다. 이 조치만 7월 1일 부로 시행될 뿐 다른 조치들은 중앙과 지방기관 또는 생산단위 간 업무조정으로 처리될 수 있는 사안이라서 7월 1일 이전에 사안별로 시행되었다.

7.1조치의 하달과정을 보면, 먼저 노동성은 김정일의 "로동보수에서 평균주의·공짜를 없애라"는 지시에 따라, 2002년 2월 '로동보수 규정'을 개정했다.63) 종전 중앙 당국의 산업·직종·기능별 '유일생활

---

62) 김정일, "강성대국건설의 요구에 맞게 사회주의경제관리를 개선강화할데 대하여"(2001.10.3).
63) 로동성 지시 제9호(2002.2.20), "근로자들의 로동보수를 정확히 계산지불할데 대하여." 이 지시는 내각결정 제12호(2002.2.18) "사회적로동을 합리적으로 조

비등급제'(670여개) 대신, 큰 기준만 정해 주고 개별 공장·기업소의 생활비 조정 권한을 확대하고, 같은 직종·기능이라도 일의 난이도에 따라, 실제 해당 직종의 종사여부에 따라 차등을 두었다.[64] 김정일의 "로동규율에서 남는 로력·건달풍을 없애라"는 지시와 관련해서는 이미 2002년 1월에 지방 노동부에 "공장·기업소 출근율을 98% 이상 높일 것, 졸업생·제대군인들이 배치지에 가지 않는 현상을 료해 장악할 것, 작업량 수행결과와 생활비 지불이 적절한지 조사할 것"을 지시하고,[65] 2월에는 '로력배치규정세칙'을 개정[66]하여 '로력보충조절계획'을 엄격히 하였다.[67]

김정일의 "계획사업을 웃기관과 아랫 단위 사이에 분담하라"는 지시에 따라 국가계획위원회는 '새로운 계획지표 분담체계'를 내놓았다. 그 시점은 2002년 1월경으로 추정된다.[68] 계획지표는 국가계획위원

정하고 근로자들속에서 사회주의로동생활기풍을 확립할데 대하여"에 근거하여 하달되었다. 『로동성 강습제강』(2002.2).
64) 로동성은 같은 기능급수의 전공이더라도 힘들게 전주대를 세우는 전공과 사무실에서 전기시설을 담당하는 전공은 생활비를 달리할 것, 기술·자격급수를 받는 전문가들이 일반 사무원으로 일하는 경우에는 사무원 생활비를 줄 것을 예를 들고 있다.
65) 이 지시는 내각통보 "로동행정규율을 강화할데 대한 당의 방침관철에서 나타난 결함에서 교훈을 찾고 빨리 고칠데 대하여"에 근거한다. 이에 따라 노동성은 '로동규율규정집행정형판정사업'을 더욱 강화하였다.
66) 로동성지시 제11호, "≪로력배치규정세칙≫의 일부 내용을 고침에 대하여"(2002.2.22).
67) 고급인력은 중앙에서 저급인력은 시·군에서 배치하는 식이다. 예컨대 제대군인의 경우 만기제대·생활제대군인은 도에서, 감정제대·개별제대·녀성제대자는 시·군에서 배치하였다. 이외에 시군 배치인력은 집에서 놀고 있는 가정부인, 사회보장 및 경로동 직장회복자, 다른 나라에서 일하다 돌아온 사람, 교화소 및 로동교양소출소자, 무직 방랑자들이다. 한편 노동성은 2002년 2월 종합강의 자료 "사회주의로동생활기풍을 확립하는데서 제기되는 몇가지 문제에 대하여"를 통하여 해당부문 일꾼들을 대상으로 집중적인 강습회를 조직하였다.
68) 국가계획위원회의 '새로운 계획지표분담체계'에 따라, 노동성은 '로동정량등록승인체계'를 변경해야 되는데, 노동성 지시 "새로운 계획지표분담체계에 맞게 로동정량등록승인체계를 바로 세울데 대하여"는 2002년 2월에 하달되었다.

회지표, 성·중앙기관(관리국)·연합기업소·도 지표, 시·군·개별 기업소 계획지표로 구분된다.[69] "생산관리를 원가·번수입에 의거 통제하라"는 지시도 마찬가지다. 재정성은 각 성과 시도에 '독립채산제 운영강화'와 '장려금 지급확대'를 내용으로 하는 재정규정을 하달하였다.

한편 가장 사회적 파급영향이 큰 '물가·생활비 현실화' 조치는 가장 늦게 시행되었다. 내각은 6월 14일 "전반적 가격과 생활비 개정사업을 정확히 실시할데 대하여"(내각결정 제36호)를 각급 성·위원회에 하달하였다. 노동성은 이어 6월 28일 중앙기관 노동행정부서와 지방 노동행정기관들에 "근로자들에게 개정된 로동보수를 정확히 계산지불할데 대하여"(로동성지시 제27호)를 전파하였다.[70] 마찬가지로 국가가격제정국의 '새 가격제정' 지시가 하달되었다.[71]

---

[69] 예컨대, 석탄생산량을 계획화하는데서 국가계획위원회는 유연탄 및 무연탄 총생산량(칼로리별)만 계획화하여 성·중앙기관·연합기업소에 시달하고, 연합기업소·도 농촌경리위원회는 주민용 구멍탄·착화탄·땔나무 생산계획을 자체로 계획화하는 방식이다.

[70] 구체적으로는, '로동보수규정집'을 하달하면서 기관·기업소들로 하여금 업종·직종별, 작업내용별로 생활비 지급기준을 정할 것, 자체실정에 맞는 '내부세칙'을 구체적으로 만들어 개별 종업원들의 로동 보수를 7.1부터 계산해 줄 것, 달라진 생활비에 맞게 로동 도급단가를 새로 정할 것, 행정기관들은 7월중으로 기관·기업소 일군들을 대상으로 실무강습을 진행할 것 등이다.

[71] 가격제정업무는 '국가계획위원회 가격제정국'에서 담당하다가 가격조정 업무의 폭주로 가격제정국은 2001년 10월 '국가가격제정국'이라는 중앙기관으로 독립되면서 인원도 40여명에서 150-200명 수준으로 증원되었다. 국가가격제정국은 2002년 10월 시·군 가격일군대상 강습회를 뒤 늦게 개최하는데, 이는 7.1조치 시행 준비가 충분하지 못했음을 시사한다. 한편 국가가격제정국은 2004년 '국가가격제정위원회' → 2005년 다시 국가가격제정국으로 축소·환원 → 2011년 1월 국가가격제정위원회로 확대 → 2013년 3월 국가가격위원회로 변경되었다. '가격'에 대한 북한당국의 인식변화를 보여준다.

【그림 3-2】물가·임금 개정 및 하달 과정

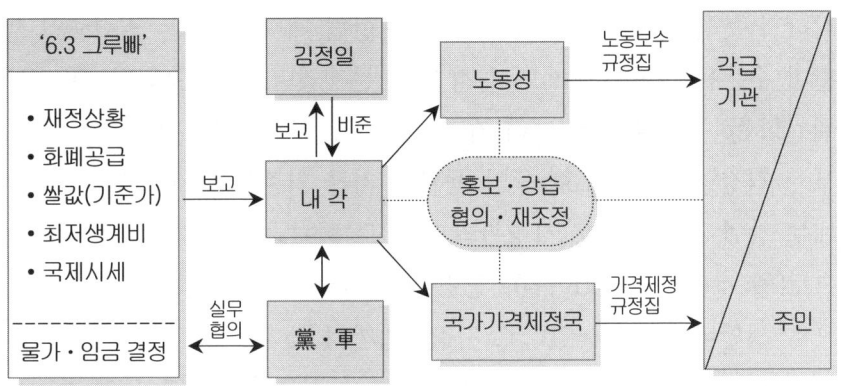

* 자료: '6.3 그루빠' 내부 논의, 내각 지시 문건.

다. 시행이전 내부논란 및 졸속시행 징후

물가·생활비 현실화 조치가, 시행을 서두르려는 김정일 입장에서 볼 때, 늦게 시행된 배경은 전체 주민들에게 미치는 파급영향을 고려한 신중한 추진 이외에, ①상품가격 결정의 기준(시초가격) 문제, ②권력기관 간부들의 생활비 지급수준 결정 문제, ③화폐유통량 평가 및 화폐교환 추진여부 문제, ④시행시점 선택 문제로 인한 논란 때문인 것으로 보인다. 김정일은 "식량가격문제, 상품가격문제, 생활비문제는 인민생활에 직접 영향을 주는 심중한 문제이므로 경제생활의 전반적인 련관속에서 면밀하게 분석하고 타산하여 옳게 풀어나가야 한다"는 지침을 주었다.[72]

상품가격 결정 기준 문제와 관련해서 '6.3 그루빠' 내부에서는 쉽게 합의를 보지 못하였다. 결국은 김정일이 "쌀 값을 가격제정의 출발점으로 할 데 대한" 지침을 주자 진척되는데, 당국자들은 7.1조치 홍보

---

[72] 김정일, "강성대국건설의 요구에 맞게 사회주의경제관리를 개선강화할데 대하여"(2001.10.3).

과정에서 김정일의 아이디어를 "현명한 가르치심", "일군들도 미처 생각하지 못한 문제"라고 선전하였다.[73] 한편 내각으로서는 권력층의 생활비 수준을 정하는 문제도 쉽지 않은 문제였다. 당을 포함한 제2경제위원회 등 특수 부문은 여러 가지 방식으로 우대하였고,[74] 군(軍) 지휘부는 김정일에게 별도로 군인 생활비 지급 기준을 재가 받았다.[75] 군 내부 강연 자료는 '최고사령관의 배려'로 좌관급은 내각 상(相)급 수준으로(월 4,000-5,000여원), 장령급은 내각 총리수준(월, 6,000여원)으로 생활비를 올려놓았다고 자랑하기까지 했다.

'6.3 그루빠'는 한 때 화폐교환을 적극 검토하였다.[76] 북한 주민들이 외화나 현물을 선호하는 화폐대체 현상이 일반적임에도 불구하고, 당시에 화폐량은 부족한 실정이었다. 특히 신흥 재력가나 화교 등 전

---

[73] "지난 시기 가격사업에서 남의 본을 따다니니 주로 석탄과 전력가격 같은 시초원료를 가격제정의 출발점으로 삼았다. 최고사령관동지께서는 사람들의 물질생활에서 가장 선차적이며 필수적인 것이 식량인 것 만큼 그 가격부터 바로 정하고 그것을 모든 가격제정의 출발점으로 삼을데 대한 현명한 가르치심을 주시였다. 이것은 지금까지 가격사업을 전문한다고 하는 일군들도 미처 생각하지 못한 문제였다." 군(軍) 강연자료, "가격과 생활비를 전반적으로 다시 제정한 국가적 조치에 대한 리해를 바로 가질데 대하여"(2002.7).

[74] "특수기관과 제2경제위원회를 비롯한 특수부문 기업소의 사회보험과 사회보장사업비 예산은 따로 정한다." 재정성 지시, "국가사회보험 및 사회보장에 관한 세칙"(2002.6.23).

[75] 軍 강연자료는 "최고사령관의 크나큰 배려에 의하여 군사복무에 대한 영예감을 높여 주기 위해 군사칭호비를 새로 제정 실시하게 되었다. 그리고 지난 기간 군관복무년한가급금으로 3-30% 주던것을 군사복무년한가급금으로 1년당 40원씩 최고 40년까지 주는 것으로 하였다. 이렇게 새로 개정한 군인생활비는 평균총액(직무생활비, 군사복무년한가급금,군사칭호비)이 소위 2,970원, 중위 3,240원, 상위 3,510원, 대위 3,780원, 소좌 4,130원, 중좌 4,610원, 상좌 5,270원, 대좌 5,830원, 소장 6,670원"이라고 했다. 군 강연자료, "가격과 생활비를 전반적으로 다시 제정한 국가적조치에 대한 리해를 바로 가질데 대하여" (2002.7)

[76] 북한은 당시까지 1959년 2월 화폐개혁(100:1) 한 차례, 화폐교환은 1979년 4월과 1992년 7월에 2차례 있었다. 북한의 화폐는 1992년 7월 화폐교환이후 지폐 5종류(1,5,10,50,100원)와 주화 5종(1,5,10,50전,1원) 등 10종이 유통되다가, 1998년 초부터 500원권 지폐를 발행하였다. 2002년 9월 이후에는 5,000원, 1,000원, 200원, 2,000원권 지폐와 100원짜리 주화를 추가 발행하였다.

주(錢主)들이 북한 원화마저 대량 보유하여 화폐유통 속도가 느렸다. 이런 이유로 화폐교환을 적극 검토하였으나, 국가신용의 악화와 7.1조치 자체의 실효성을 떨어뜨릴 수 있다는 판단으로 보류되었다.[77] 실제로 7.1조치가 발표되자 화폐교환설이 널리 퍼졌고, 달러나 위안화를 사재기하는 현상이 나타났다. 주민들의 환전수요가 늘어남에 따라 달러의 경우 7.1조치 당시 공식 환율을 그 이전 1달러당 북한화 2.2원(암시장 가격은 220원)에서 153원으로 70배나 인상했음에도 암시장 환율은 320원으로 급등했다.

7.1조치가 '졸속'으로 시행된 징후도 있었다. 시행시점 선택문제와 관련 '6.3 그루빠' 내부적으로는 서둘러 추진하기보다는 식량과 생활필수품 등 물자공급 상황, 직장 출근율 증가와 공장·기업소 정상화, 화폐유통 상황과 인민공채 발행문제 검토[78] 등 좀 더 시간 여유를 두고 시행하자는 의견이 우세했다. 그럼에도 불구하고 서둘러 시행된 증거는 다음과 같다. 첫째, 당초 '6.3 그루빠' 정책상무조의 안은 "식량과 소비상품 문제가 풀리면,"[79] 다시 말해 '쌀과 생필품 부족현상이 어느 정도 풀린 이후에' 물가와 임금을 현실화한다는 것이었다. 둘째, 노동성은 2002년 2월에 인상되지 않은 '로동보수규정집'을 내보냈다가[80] 4개월 만에 전면 개정된 보수규정을 하달하였다.

---

77) 북한이 2002년에 화폐교환을 준비하였다가 보류한 사실은 2009년 11월 30일 다시 화폐교환을 하면서 '2002년'으로 인쇄된 새 화폐를 사용한 점에서도 확인되었다. "北 새 돈, 알고 보니 7년전 것,"『조선일보』, 2009.12.5.
78) 북한은 7.1조치로 인플레이션 현상이 심화되자 2003년 3월 내각 결정으로 "조선민주주의 인민공화국 인민생활공채를 발행함에 대하여"를 발표하였다. 『로동신문』, 2003.3.29. 인민생활공채는 2003년 5월 1일부터 2013년 4월 말까지를 유효기간으로 정하고 500원권, 1,000원권, 5,000원권을 발행하였다.
79) 김정일, "강성대국건설의 요구에 맞게 사회주의경제관리를 개선강화할데 대하여"(2001.10.3).
80) 로동성 지시 제9호, "근로자들의 로동보수를 정확히 계산지불할데 대하여"(2002.2.20).

셋째, 모든 주민들의 이해관계가 걸린 문제인 만큼 각급 기관·기업소에서 중앙당국에 생활비 적용문제와 관련 빗발치는 질문이 제기되고 '제멋대로' 지급해 주는 현상도 대두되었으며, 사전 정책홍보가 부족했다. 넷째, 물가는 7월 1일부로 인상된 반면 '번 것만큼'의 새로운 규정에 의한 임금은 7월 말 내지 8월 중에 지급되는 점을 고려하지 못하는 시행착오[81]도 겪었다. 그리고 후술하겠지만, 7.1조치 시행과 더불어 일부 경제 간부들이 '물자 부족에 따른 정책의 실효성'을 집중 비판한 점도 7.1조치가 서둘러 추진된 사실을 반증해 주고 있다. 서둘러 시행된 데에는 지도자의 입장이 반영되었다.

| 02 | 집행초기 시행착오 및 내부 반발

가. 7.1조치에 대한 내부반응

북한 당국의 정책 집행과정은 '선 시행, 후 설득·보완'이 특징이다. 시행에 앞선 철저한 문제점 점검과 주민들에 대한 홍보·이해 당사자들에 대한 설득 노력이 부족하다. 7.1조치도 예외는 아니었다. 북한 당국은 2002년 7월부터 2003년 4월까지 10개월 동안 간부들·군(軍) 내부·주민들을 대상으로 한 설명회, 실무 관료들에 대한 강습회, 정책집행 모범 단위에 대한 현장 참관학습 등 7.1조치 정착을 위한 활동을 전개하였다.

---

[81] 북한 당국도 이를 인정하였다. "일군들이 방법론을 옳게 세워가지고 집행하지 못해서 초기에 로동자, 사무원들에게 불편을 주었다. 7월 생활비를 8월에 가서야 받게된다는 것을 고려하지 않고 7월부터 모든 상품가격을 올렸기 때문에 돈이 없어 상품을 살수 없게 만든 것이 그 하나의 실례다." 군중 강연자료, "가격과 생활비를 개정한 국가적 조치를 잘 알고 더 큰 은이 나게하자"(2002.9).

그러나 대외홍보에는 그다지 적극적이지 않았다. 북한은 로동신문 등 보도매체를 통하여 7.1조치의 구체적인 내용을 소개하지 않은 반면 평양체류 외교단,[82] 방북 해외인사들에게 이따금 설명하고, 김용술 무역성 부상의 일본 방문 중의 설명회,[83] 조선신보 등을 통해 일부 성과를 전파하는 정도였다. 7.1조치 대외홍보에 소극적인 것은 '개혁·개방'에 대한 북한 지도자의 부정적 관념과 그들이 자랑하는 '고르럽게(평등하게) 사는 사회'에서 불가피하게 궤도수정을 하기 때문인 것으로 보여 진다.

다음은 7.1조치 발표에 따른 북한내부 반응이다.[84] 7.1조치와 관련된 북한 내부 문건들이 밝히고 있는 '편향된 사례들'을 종합해 볼 때, 집행 초기에 대두된 주요 문제점들은 ①간부들의 비판적 태도와 실무관료들의 소극적 자세, ②주민들의 물가와 생활비 적정성에 대한 불만 제기, ③지속적 물가불안에 따른 가격결정 기준에 관한 논쟁으로 요약된다. 먼저 북한 간부들의 '반신반의하는 현상들'을 살펴본다.

---

82) 북한 외무성은 2002년 7월 25일 평양주재 외교관들에게 7.1조치 내용을 설명하였다.
83) 김용술은 2002년 8월 방일(8.24-9.3)하여, 9월 2일 일본 내 기업인 50명을 대상으로 7.1조치 설명회를 30분간 가졌다. 설명회 내용은 『KDI 북한경제리뷰』, 2002.10 참고.
84) '가격·생활비 조정'에 대한 북 내부 설명 자료로는 다음과 같은 것들이 있다. ①강연 및 해설담화자료, "가격과 생활비를 전반적으로 개정한 국가적조치를 잘 알고 강성대국건설을 힘있게 다그치자"(2002.7), ②군(軍) 강연자료, "가격과 생활비를 전반적으로 다시 제정한 국가적조치에 대한 리해를 바로 가질데 대하여"(2002.7), ③군중강연자료, "가격과 생활비를 개정한 국가적 조치를 잘 알고 더 큰 은이 나게하자"(2002.9), ④학습제강(당원 및 근로자용), "전반적 가격과 생활비를 새로 제정한 국가적 조치에 대한 옳은 인식을 가지고 그에 맞게 일하며 생활할데 대하여"(2002.10), ⑤간부 및 군중강연자료, "상품가격과 생활비를 개정한 국가적조치에 맞게 경제관리와 생산에서 혁신을 일으키자"(2002.12), ⑥간부 강연자료, "새로운 경제적조치의 요구에 맞게 경제관리에서 결정적 전환을 일으키자"(2003.4).

지금 일부 사람들속에서 새로운 국가적조치에 대해 제멋대로 해석하고 좋지 못한 여론을 돌리는 현상들이 나타나고 있다 … 식량도 부족하고 상품도 없는데 물건값과 생활비를 높인다고 경제문제가 풀리는가, 국가에서 값을 올리면 시장가격이 더 올라간다고 하면서 반신반의하고 있다.(이상 내부자료①)

지어 금액본위요, 무슨 〈자본주의〉방법이요하는 현상까지 나타나고 있다 … 자기 인민의 힘을 믿고 인민의 힘을 발동하여 경제문제를 풀어 나가자는 것이 그 어떤 〈개혁〉, 〈개방〉이나, 자본주의적인 방법으로 될수는 없다.(내부자료②)

새로운 국가적조치가 바로 집행되자면 일군들부터 그것을 사상적으로 옳게 접수하고 받아들여야 한다. 그런데 새로운 조치들이 실시되여 해를 넘긴 오늘날까지도 그것을 대하는 우리 일군들의 자세와 립장은 매우 저조하다. 거기에 담겨진 당과 국가의 의도조차 제대로 알지 못하는 일군들이 적지 않다 … 다 아는바와 같이 번 수입에 의한 독립채산제에서는 돈을 실리 기준으로 틀어쥐고 기업관리를 해나가게 되어 있다. 그런데 적지않은 일군들은 이에 대해 몹시 경계하고 소심하게 대하고 있다 … 장군님께서는 최근에 우리 일군들이 무슨 일이나, 책임지려 하지 않고 일을 대담하게 통이크게 내밀지 않기 때문에 나라의 경제형편과 인민생활이 좀처럼 펴이지 못하고 있다고 엄하게 지적하시였다.(내부자료⑥)

위에서 보듯이, 북한 내부적으로 공급 부족문제를 고려하지 않고 가격을 일방적으로 조정한데 대한 현실적인 문제점 제기가 있었고, 금액본위·물질적 자극에 치우친 경제 관리는 '자본주의 식'이라는 노골적인 정치적 비판도 있었다. 북한 관료사회 내에서 기존 관행에 익숙한데 따른 7.1조치에 소극적인 태도와 새로운 경쟁에 참여해야 한다는 부담감이 표출되었음을 보여준다. 북한 당국은 당시 이 같은 비판과 저항에 쐐기를 박았다. "모든 대책 안들은 다 위대한 장군님(김정일)의 세심한 지도와 정력적인 령도 밑에 마련되었다"는 점을 강조하면서, "어떤 경우에도 이 력사적인 로정에서 물러설 수 없으며 과거에로 되돌아 갈수는 더욱 없다. 이것은 위대한 장군님의 확고한 의지이고 결심이다"라고 선언하였다.[85] 힘이 약한 내각이 정책을 추진하기 위해서는 '장군님의 결심'임을 적극적으로 차용하지 않을 수 없었다.

내각은 7.1조치를 추진하게 된 배경이 김정일의 의지에 있음을 강조했다. 북한 정책 당국은 '강성대국'을 건설하기 위해서는 국가에 돈이 있어야 한다는 논리도 전개했다. 다음은 '시장의 돈을 빼앗아 오고, 국가도 적극적으로 돈벌이를 해야 한다'는 취지의 내각 주장이다.

> 지금 국가가격이 농민시장 가격보다 눅은데로부터 장사행위가 성행하여 국가에는 상품이 부족하나 개인들에게는 상품이 쌓여 있는 현상이 초래되고 있다. 농민시장에 가보면 쌀을 비롯한 식료품으로부터 공업품 … 지어 차 부속품과 국가적인 주요 원자재들까지 많이 거래되고 있다. 그 대부분이 눅은 가격공간을 리용하여 국가물자들을 뭉텅이로 빼내여 비싸게 팔고 있는 것들이다. 생산은 국가가 하는데 상품이나 돈은 거의 다 개인들의 손에 들어간다. 개인들이 국가 돈주머니를 털어 낼수 있는 공간이 조성되였다. 솔직히 말해 지금 국가에는 돈이 없지만 개인들에게는 국가의 2년분 예산액이 넘는 돈이 깔려있다.(내부자료②)
>
> 돈문제만 놓고 보자. … 원래 경제사업에서 모든 생산물과 상품의 가치를 표시해 주는 자막대기라고 말할수 있다. 어떤 사업이든지 오직 돈에 의해서만 그 결과를 질량적으로 가장 정확히 계산하고 평가할 수 있다. 문제는 누구를 위해 돈을 중시하고 마련하며 쓰는가에 있다 … 개인의 향락과 치부를 위해 돈을 긁어 모은 것은 나쁘지만 나라의 부강발전과 인민들의 복리증진을 위해 돈을 중시하고 마련하여 쓰는 것은 사회주의원칙에 맞는다. 이것은 나라와 민족의 자주권을 지키는 총

---

[85] 위의 강연자료⑥(2003.4).

대는 정의의 보검으로 되지만 침략과 략탈을 목적으로 하는 총대는 살인 흉기로 되는것과 같은 리치이다.(내부자료⑥)

북한 당국으로서는 상품가격 및 생활비의 적정성에 대한 주민들의 불만을 무마하는 것도 중요한 과제였다. 종전과 다른 기준에 의한 상품가격과 생활비의 차별적 인상은 북한 주민전체가 동요할 만큼 충격적인 조치였다. 과거 1992년 가격정책의 실패[86]를 경험한 북한 당국으로서는 당연히 이 부분에 가장 큰 비중을 두고 설득 작업을 전개하였고, 주민들의 반응을 보아가며 발 빠른 대응도 하였다.[87]

일례로 일부 생필품과 어린이용 식료품 가격이 높다는 의견을 참작하여 유치원에 공급되는 빵·우유, 소학교에 공급되는 과자 가격을 낮추고, 스프링·운동화 등 생필품 가격도 낮게 다시 조정하였다. 감자와 콩 가격이 높다는 의견에 대해서는 이들 가격을 낮추면 대홍단군 감자 생산 농장의 생산비를 보장하지 못하고, 농민들이 콩을 많이 생산하는 것과 이해관계가 있으니 그대로 둔다고 해명하였다. 토지사용료

---

[86] 북한은 1992년 3월 1일을 기해 노동자, 기술자, 사무원들의 생활비는 평균 43.4%, 사회보장연금은 평균 50.7%를 높이고, 벼 26.2% 등 농산물에 대한 국가수매가격을 인상하는 소득정책을 발표하였다. 이어 3월 20일 계란 1개 값을 1원에서 3원 50전, 식빵은 1원에서 2원, 철도요금은 2배 인상하는 등 쌀을 제외한 농·공산품의 가격을 300-400% 인상하는 가격정책을 단행하였다. 그러나 당시의 임금·가격 현실화 조치는 시장시스템에 익숙하지 않던 주민들의 저항을 초래하였고, 곧 이은 중국의 원조 중단으로 참담한 실패로 끝났다. 홍익표·동용승·이정철, 『최근 북한의 가격·유통체제 변화 및 향후 개혁과제-중국과의 비교연구』(서울: 대외경제정책연구원, 2004), p. 70; 황의각·함택영 외, 『북한 사회주의경제의 침체와 대응』(서울: 경남대극동문제연구소, 1995), p. 24.

[87] "인민대중의 리익을 우선시하는 원칙에서 개정된 상품가격이 현실조건에 맞지 않는것을 정확히 장악하고 바로 잡고 있다 … 개정된 생활비를 적용하는데서 나타난 불합리한 점들도 바로잡고 있다 … 앞으로 생산이 늘어 나 나라의 재부가 많아지면 근로자들의 생활비를 올려 주는 조치를 취하게 될것이다." 간부 및 군중강연자료, "상품가격과 생활비를 개정한 국가적조치에 맞게 경제관리와 생산에서 혁신을 일으키자"(2002.12).

가 높다는 일부 농장의 의견에 대해서는 곡물수매가를 대폭 인상한 조건에서 이치에 맞지 않다고 반박하고, 부업지를 가지고 있는 기관·기업소들이 토지사용료를 면제해 달라는 요구에는 "국가적 조치에 흥정한다"고 비판하였다.[88]

나. 7.1조치의 시행착오와 성과

북한당국은 7.1조치 시행 초기에 "일군들이 방법론을 잘못 적용하여 인민들의 생활에 불편을 준" 시행착오도 있었음을 인정하였다.[89] 예컨대, "근로자들이 7월 생활비를 8월에 가서야 받게 된다는 것을 고려하지 않고, 7월부터 모든 상품가격을 올렸기 때문에 돈이 없어 상품을 살 수 없게 만들었다"든가, "국가기준으로 정한 해당 상품의 질은 고려하지 않고 높은 가격으로 파는 현상"이 나타났으며, "번만큼 생활비를 준다고 하니까, 생산액을 늘리기 위해 필요한 물자들을 국가기준가격보다 망탕 비싸게 거래하여 장사행위를 조장"시키기도 했다. "새로 제정한 '번 수입규정'에 의하면 공장·기업소가 번 수입금은 국가납부금을 규정대로 먼저 바친 다음 그 나머지로 분배해야 하는데 이를 어기고 망탕 나누어 먹은"[90] 현상도 발생했다.

한편 북한 당국은 "일부 사람들은 쥐꼬리만한 지식을 가지고 이번 국가적 조치에 대해 이러쿵저러쿵 시비하거나 의문시하고 있으며, 국가의 형편은 안중에 두지 않고 가격이 높소, 생활비가 낮소 하면서 리해관계만 따지고 못마땅해 하고 있다"거나, "다시 이전의 상태로 돌아

---

88) 위의 간부 및 군중 강연자료⑤(2002.12).
89) 이하 '시행착오' 사례들과 북한 내 분위기는 앞의 군중 강연자료③(2002.9)을 참고하였다.
90) "어느 한 탄광에서는 7월에 석탄을 많이 생산하여 수입을 크게 늘렸는데, 그중 국가에는 계획에 비해 불과 9.4%만 들여놓고 나머지는 다 생활비로 주었다. 그래서 한달 생활비로 무려 7만여원을 받은 사람도 있다"고 지적하였다. 앞의 군중 강연자료③(2002.9).

간다는 유언비어도 돌았다"고 시중의 '잘못된 인식'을 지적하기도 하였다.

북한 당국이 7.1조치 시행 초기 단계부터 가장 우려한 문제는 물가안정이었다. 일부 간부들이 '만성적인 공급부족 상황에서의 상품 가격 인상은 인플레이션만을 유발한다'는 지적은 현실로 드러났다. 북한 당국이 기대한 가격·임금 현실화 → 유효수요 억제와 인센티브제고 및 증산유도 → 가격안정의 선순환은 작동하지 않았다. 당시 국가가 정한 쌀 판매 값은 550배 인상한 44원(1kg)이었으나, 곧 바로 농민시장에서는 60원(2002년 2/4분기) → 68원(3/4분기) → 90원(4/4분기) → 120원(2003년 1/4분기)으로 급등하였다. 달러의 국정 환율도[91] 70배 올린 153원(종전에는 1$ 당 2.2원)이었으나, 암시장에서는 260원(2002년 2/4분기) → 320원 → 370원 → 600원(2003년 1/4분기)으로 폭등하였다. 북한의 쌀값은 모든 상품가격 결정의 기준으로, 화폐나 다름없었다. 그러나 7.1조치 시행 당시와 비교해 볼 때, 1년 지난 시점에서 북한 상품의 실질적인 가격은 더욱 올라 예컨대 쌀값(kg)/환율(1$) 비율이 60원/260원에서 120/600원으로 변화했다.

물가폭등에 대한 북한 당국의 대응은 국정가격 엄수조치와 암시장의 이중가격 단속, 국영공급망의 활성화 유도, 국영상점 상품 유출 및 사재기 단속, 적극적인 상품 및 곡물의 증산 독려였다. 아래 인용문은 2개의 시점을 달리하는 북한 내부 강연 자료로서, 북한 당국이 처음에는 7.1조치로 증산의욕에 기대를 걸고 생산독려에 무게를 두다가, 기대와는 달리 물가가 지속 오르자 이를 우려하면서 가격 단속에 집중하고 있음을 보여준다.

---

91) 북한 당국의 가격 안정화의 기준은 외화에 집중되어 있다. 군수품·산업설비·김정일 소요물자 수입을 위해서달러 가치의 안정은 매우 중요했다. 한편 쌀값과 환율은 제반 자료를 종합한 평균치이다.

경제조직사업을 짜고 들어 식량과 상품생산을 늘이기 위한 투쟁을 힘있게 벌려야 한다. 가격과 생활비를 개정한 국가적 조치는 상품과 식량이 많아서 취한 조치가 아니다. 생산열의를 불러 일으켜 생산을 늘리며 부족되는 상품과 식량문제를 풀자는데 주되는 목적이 있다. 그 누구도 우리가 잘 살라고 식량과 상품을 거저 가져다주지 않는다. 오직 자기 힘과 기술로 상품생산도 늘이고 식량문제도 풀어야 잘 살수 있다 … 국가에서는 어떻게 하나 제 땅에서 생산한 알곡으로 나라의 식량문제를 풀기 위해 수매가격도 높이 정하고 농민들을 우대하도록 했다 … 이제 탈곡도 끝났다. 귀중한 낟알을 한알도 허실하지 말고 농장원들은 여유 량곡을 철저히 국가에 수매하여 나라의 쌀독을 채우는 데 이바지해야 한다.(내부자료⑤, 2002.12)

전반적으로 놓고 볼 때 나라의 경제사업이 새로운 조치의 요구에 맞게 원만히 진행되지 못하고 있다. 그것은 지금 사회적으로 물건 값이 계속 오르고 있는데서 집중적으로 나타나고 있다 … 당면해서는 인민생활에 절실히 필요한 식량과 소비품문제부터 먼저 풀어야 물가를 하루빨리 안정시켜 인민들이 신심을 가지고 생산과 건설에 적극 떨쳐나서게 할 수 있다.(내부자료⑥, 2003.4)

물론 7.1조치 시행에 따른 성과도 있었다. 북한 당국의 7.1조치에 대한 평가를 보면, 3개월 경과시점에는 주민들의 '생활향상에 대한 기대감이 고조'되는 것으로 소개하면서, 직장 복귀율과 함께 생산성이 높아지고 원자재를 절약하는 분위기가 조성되고 있다며 고무적인 평가를 하였다. 6개월 경과시점에는, 공장·기업소·협동농장들의 내부예비 적극동원, 생산노력 적극 활용, 원자재 절약 사례 등을 소개하면서 "일본새(일하는 모양새)에 커다란 전환"이 일어났다며 여전히 생산 활성화에 기대를 가졌다. 그러나 10개월이 경과되는 시점에 가서는 일정한 경제적 성과를 거론하면서도 "전반적으로 나라의 경제 사업이 새로운 조치의 요구에 맞게 원만히 진행되지 못하고 있다"고 평가하면서, 실무관료들의 소극성을 비판하는 가운데 기업관리 전반을 '혁명적으로 짜고 들 것'을 촉구하였다. 다음은 이 같은 북한 당국의 구체적인 언급내용이다.

(7.1조치 시행 3개월 경과, 2002.9) 이번 국가적 조치로 누구나 잘 살 수 있게 되었다고 일치되게 말하고 있다. 특히 농민들은 이번 조치는 토지개혁과 같은 력사적 의의를 가지는 혁명적 사변이며 농장포전을 실지로 나의 포전으로 가꿀 수 있게 하는 가장 정당한 조치라고 말하고 있다 … 비록 길지 않은 기간이지만 이번 조치로 사회경제생활 전반에 말 그대로 획기적인 전환을 가져왔다고 볼 수 있다. … 우선 사람들 속에서 생산을 많이 해야겠다는 의욕이 비상히 높아지고 있다. … 개인부업, 장사하던 사람들이 탄광, 발전소, 방직공장과 같은 곳으로 돌아오고 있다. … 어느 공장, 기업소, 협동농장에 가보니 7월이전에 비해 출근율이 훨씬 높아졌다. 보통 93% 이상 높아지고 있다. … 7월중 로동 생산능률이 6월에 비해 1.2-1.5배 높아지고, 8월에는 더 높아졌다. … 제품의 질을 높이며 절약하는 기풍이 높이 발휘되고 있다. … 얼마 전까지만 해도 국가물자나 소비품가격이 너무 눅다보니 원료나 자재를 망탕 써버리는 현상이 많았다. 그러나 이제는 값이 높아지고 모든 것을 돈으로 엄격히 계산하기 때문에 적은 원료, 자재로 더 질 좋게 만들기 위해 애쓰고 있다. 상품을 사가는 사람들도 이제는 꼭 필요한 량만큼 사가고 있다. (이상 내부자료③)

(6개월 경과, 2002.12) 이번 조치가 취해진 후 나라의 경제생활과 사람들의 일본새에 말 그대로 커다란 전환이 일어났다. … 대동강축전지공장에서는 파연 정제방법을 기술적으로 완성하여 지난 시기 수명이 다돼서 버리던 축전지들에서 연을 모두 회수리용하는 방법으로 연료문제를 풀었다. … 농업부문에서는 농장마다 분조관리제를 강화하고 분배방법을 개선하기 위한 대책을 바로 세움으로써 몇 달사이에 전국적으로 농장관리 및 비생산부문로력을 대폭 줄여 생산부문으로 돌렸다. … 북창화력발전련합기업소에서는 올해 상반년기간까지만 해

도 매달 중유를 수백t정도 초과 소비하던것이 7월부터는 이런 현상이 없어졌을뿐 아니라 오히려 많은 자금을 절약했다.(이상 내부자료⑤)

(10개월 경과, 2003.4) 새로운 경제적 조치들이 취해 진 이후 나라의 경제사업에서 그 정당성과 생활력이 적지않게 나타나고 있다. 지난해 하반년에 공업총생산액이 그 전해 같은 기간에 비해 11%나 늘어났다. … 농업부문에서도 적지 않은 협동농장들이 알곡생산계획을 넘쳐 수행했다. 근로자들이 생활비를 한달에 4,000-5,000원이상 받는데가 많으며 1만원이상 받는 로동자들도 있다. 협동농장들에서도 농장원 한사람당 8만-10만원이상 분배받은 단위들이 적지않다. … 하지만 전반적으로 놓고 볼때 나라의 경제사업이 새로운 조치의 요구에 맞게 원만히 진행되지 못하고 있다. 그것은 지금 사회적으로 물건 값이 계속 오르고 있는데서 집중적으로 나타난다. … 새로운 경제적 조치들이 제대로 은을 내지 못하고 있는 기본책임은 우리 일군들이 이 조치에 맞게 기업관리 전반을 혁명적으로 짜고들지 못하고 있는데 있다.(이상 내부자료⑥)

다. 7.1조치의 경제적 평가

북한의 7.1조치는 국가 계획경제의 테두리 안에서 실리보장의 원칙을 접목시키자는 것으로, 그 원칙은 세 가지 방향에서 적용되고 있다. 첫째, 모든 생산물을 '제 가치대로 계산'해야 실리를 보장할 수 있다는 전제하에 상품가격과 생활비(임금)를 현실화 하였다. 둘째, 공장·기업소들에서 시행하고 있는 독립채산제에 대한 평가를 '번 수입에 의한 평가'라는 실적 위주의 방식으로 전환하는 것이었다. 셋째, 분배에 있어서는 '일한 만큼, 번 것만큼 분배'한다는 성과분배의 원칙을 적용하는 것이었다.

이런 원칙 하에서 시행되는 경제관리 개선조치는 국영부문과 사경제 부문 간의 가격격차를 줄여 암시장으로의 자원, 재화 및 노동력의 유출을 막는데 일차적인 목적을 두었다. 새로운 경제적 조치를 통하여 내부적으로 퇴장되어 있는 자본을 공식부문으로 동원하는 한편, 노동 인센티브를 강화하여 노동력의 추가적인 동원효과를 얻는 것이다. 결국 7.1조치는 계획경제 시스템의 정상화를 최종목적으로 하고 있으며, 중간과정에서 제한적으로 시장경제를 도입하여 경제체제의 체질개선을 통해 계획경제의 비효율성을 제거하는 데 역점을 두었다.

북한이 의도한 계획경제 복원이라는 최종 목적을 차치한다면, 가격 현실화를 통한 암시장의 공적 흡수, 배급제의 축소와 기업의 책임 경영제 실시, 성과급 제도의 도입, 농업 분조제의 확대 조치 등은 분명히 기존의 경제관리 방식과 구별되는 차별적인 조치들이었다. 그 자체만으로도 충실히 시행되었다면 당국의 의도를 넘어 계획경제의 근간을 흔들 수 있는 요소들을 담고 있다고 볼 수 있다.

7.1조치의 핵심은 가격개혁에 있다. 생산자의 이윤동기 강조로 생산의 효율성을 높여 국가보조금 등 재정 부담을 줄이자는 것이었다.[92] 7.1조치는 또한 비고용 노동종사자 및 암시장 종사자들을 적대시하는 정책이다. 공장·기업소에 정상 출근하는 노동자들의 임금을 물가수준에 맞춰 동시에 인상함으로써 불법시장 종사자들보다 유리한 생활조건을 만들자는 것이었다. 결국 7.1조치는 북한 당국의 시장청산(market clearing) 프로그램이었다. 만성적인 공급부족 상황에서 가격과 임금인상, 즉 대규모 인플레이션을 유발하여 구매력을 줄이려는

---

[92] 북한은 과거 가격정책의 문제점을 다음과 같이 설명하였다. "전에는 소비자만 보고 상품가격을 눅은 가격으로 정하다 보니 생산을 추동하는게 아니라 오히려 억제하는 제동기적 역할을 했다. 가격에 국가보상이 너무 많아 그 돈만해도 한 해에에 무려 수십억원이나 되었다. 농민들은 농산물값(쌀수매값 82전)이 눅으니 농장일보다 개인부업이나 장사에 더 신경을 썼다. 석탄도 국가적으로 중요한 전략물자이지만 1t값이 발열량이 제일 높은 경우라야 34원정도에 불과했다. 청량음료 값보다 더 눅었다. 탄부들이 깊은 갱속에서 아무리 힘들게 탄을 캐내도 그 덕을 별로 볼수 없게 되어있다." 앞의 군중강연자료(2002.9).

전략이며, 수요측면을 적극 고려하여 부족의 경제 해결보다는 낭비의 문제 해결에 주안을 둔 접근법이다.[93]

정책을 집행하는 북한 내각의 입장에서는 이 같은 전략이 유효하려면 가격기제가 제대로 작동해야 했다. 수요와 공급, 물질적 자극을 강조하지 않을 수 없었다. 내각으로서는, 시장 공격기제가 '통제'가 아닌 '가격'이라는 경제적 수단을 동원한 마당에, 생산과 분배에도 '물질적 자극'이라는 경제논리를 보강할 수밖에 없었다. 내각은 다음 인용문과 같이 과거 정책당국이 노동평가 방법에서 "물질적평가와 정치적평가를 인위적으로 대치시켰다"고 정치논리를 적극적으로 비판하였다. 김정일이 경제개혁 의제의 잠금장치를 풀어준 기대 이상의 '효과'가 나타나고 있었다.

> 생산자대중이 발동되자면 사상사업을 앞세우는것과 함께 사회와 집단을 위해 일을 많이 한 사람에게 정치적평가도 잘해주고 물질적보수도 더 많이 차례지게 해야 한다. … 사람들에게 자기가 일한것만큼, 번 것만큼 보수가 차례지게 하는것을 단순히 물질적관심성을 높이는것으로만 보아서는 안된다. 지난시기 우리는 사회주의분배원칙에 대한 인식이 바로 서 있지 못한데로부터 물질적평가문제를 정치적평가문제와 인위적으로 대치시켜놓고 그것을 사회주의사회의 본성적요구에 맞게 옳게 구현하지 못했다.(내부자료 ①과 ②, 2002.7)

---

[93] 홍익표 외, 『최근 북한의 가격·유통체제 변화 및 향후 개혁과제』, pp. 90-97.

표 3-1 북한의 시장 쌀가격 및 환율 변화(2000-2009)

연도별, 분기	쌀값(원/kg)	환율(원/$)	연도별, 분기	쌀값(원/kg)	환율(원/$)
2000, 1/4	53	208	2005, 1/4	700	2,430
2/4	62	210	2/4	800	2,600
3/4	43	220	3/4	810 ①	2,500
4/4	54	190	4/4	830	2,550
2001, 1/4	57	200	2006, 1/4	850	2,950
2/4	53	220	2/4	880	3,300
3/4	55	220	3/4	850	2,800
4/4	53	225	4/4	930 ②	3,150
2002, 1/4	57	220	2007, 1/4	800	2,900
2/4	60	260	2/4	790	2,840
3/4	68	320	3/4	1,200 ③	3,100
4/4	90	370	4/4	1,250	3,200
2003, 1/4	120	600	2008, 1/4	1,530	3,200
2/4	230 ④	850	2/4	2,450 ⑥	3,200
3/4	210 ⑤	960	3/4	2,500	3,190
4/4	220	970	4/4	2,100	3,400
2004, 1/4	220	1,200	2009, 1/4	1,900	3,620
2/4	310 ⑦	1,200	2/4	1,950	3,850
3/4	640	1,600	3/4	2,200	3,840⑩
4/4	690 ⑧	2,000 ⑨			

* 출처: 대북지원 NGO, 탈북민 진술 등을 종합하여 분기별로 평균한 가격.
  ① 7.1조치이후 통화증발 효과소멸, 우리 쌀 50만톤 지원, 양곡전매제로 안정세를 유지하였다.
  ② 핵실험이후 대북지원 감소, 비축미 확대, 사재기 현상으로 급등하였다. 외화유입도 준다.
  ③ 2007년 8월 수해로 급등했다가, 9월이후 우리와 국제사회 지원으로 상승세가 약화되었다.
  ④ 7.1조치 초기 인플레 통제가 한계를 보이면서 물가인상에 따른 통화증발, 임금인상에 따른 가계 명목소득 증가, 시장장려(2003.3)이후 상거래 증가로 이후 2년간 지속 급등하였다.
  ⑤ 2003년 7월 우리의 대북 쌀 40만톤 지원으로 쌀값 폭등이 둔화되었다.
  ⑥ 전년 작황부진, 춘궁기, 국제곡가 급등, 대북지원 감소 등이 복합작용 사상 최고로 급등하였다. 미국의 대북지원 발표(50만톤, 5.17)와 추곡생산으로 다시 안정세로 돌아서게 되었다.

⑦ 인플레 기대심리로 인한 사재기 현상이 발생, 2004년 2/4분기 직후 인플레가 가중되었다.
　⑧ 2004년 3/4분기 직후 우리의 쌀 40만톤 지원으로 가격 폭등이 둔화되었다.
　⑨ 2004년 7월이후 화폐교환설, 국정환율 인상, 고액권 신규발행 등 소문으로 불안해졌다.
　⑩ 2009년 환율은 남북경협 위축·대북제재 강화에 따른 외화사정 악화 및 달러 사재기로 2/4분기에 최고치, 쌀값은 핵실험 불구 전년 작황호조와 국제곡물가 하락으로 안정적이었다.

| 03 | 종합시장 장려와 시장물가 통제 실패

가. 시장 장려와 시장의 유통망 독점

　김정일은 2003년 3월 '시장 장려'조치를 취하였다. 김정일의 농민시장에 대한 인식은 한마디로 적대적이었다. 김정일은 1996년 12월 "식량문제로 무정부 상태가 조성되고 … 농민시장과 장사꾼만 번성"한다고 언급하기도 했다.[94] 김정일은 1999년 2월 "장마당 단속" 명령을 내려 시장을 '묵인'에서 다시 '통제' 대상으로 바꾸었다.[95] 김정일은 그해 4월 '흥성거리는 장마당 통제미흡'을 이유로 사회안전상을 호되게 질책했다.[96] 다만 김일성이 과거 '농민시장 존재의 불가피성'을 거론한[97] 점을 의식(이른바 '유훈교시')해서인지 공식 법령으로 폐쇄조

---

[94] "친애하는 지도자 김정일동지께서 1996년 12월 7일 당중앙위원회 책임일군들에게 하신 말씀"(1996.12.7).
[95] 북한은 1999년 2월 '장마당 폐쇄와 직장복귀 명령'을 하달하였다.
[96] 김정일은 1999년 4월 백학림 사회안전상에게 "자본주의가 판을 치고 있는데 사법·안전기관들이 전혀 맥을 추지못하고 있다. … 장마당과 개인장사가 흥성거리고 있다는 것은 사회안전성의 존재 자체를 연구해 보아야 할 문제이다"라고 언급했다.
[97] 김일성은 "사회주의 사회에서는 협동경리와 개인 부업생산이 존재하므로 농민시장이 존재할 수밖에 없다. 부업생산물까지 국가가 수매하여 계획적으로 공급해야 한다는 생각은 잘못된 것이다. 우리가 아직도 인민생활에 필요한 모든 물건들을 국가에서 넉넉히 공급하지 못하는 조건에서 그것들을 개인들이 부업을 통해 생산하여 시장에 파는 것이 무엇이 나쁘겠는가. 그럼에도 불구하고 법령으로

치를 하지는 않았다.

북한 당국의 7.1조치 실시 배경에 대한 설명에서도 적대적인 시장관이 드러난다. 7.1조치는 시장의 '비사회주의 현상을 없애기 위한 것'이라며, 시장이 "이제 더는 가격공간을 리용하여 롱간질을 하면서 국가물자를 가지고 돈벌이를 할 수 없게"하여, "건달꾼, 거간꾼, 장사꾼들이 더 잘 살게 되는 비정상적인 현상"을 없애는데 목적이 있다고 주장했다.[98] 북한 당국은 물가와 생활비를 현실화하고 국영 유통망이 활성화되면, 농민시장은 자연스럽게 위축될 것으로 예측했다.

북한 당국의 종합시장 공인 과정은 2003년 3월 김정일의 "시장 장려"허용 → 5월 내각의 '국가적 조치' 전파 및 관련규정 제정 → 7월 시장관리·이용 강습회 개최 → 종합시장 건립 순으로 진행되었다. 김정일은 2003년 3월 "농민시장을 장려하여 잘 관리 운영하도록 하여야 하겠습니다" 또는 "농민시장을 인민들의 생활과 사회주의경제관리에 도움을 주는 시장으로 리용하도록 하여야 하겠습니다"라는 지시를 내렸다. 이는 '시장장려조치'를 해설하는 북한 내부문건에서 인용한 내용이다.[99] 이어 김정일은 평양 통일거리에 시범적으로 시장을 꾸려보라고 지시했다.[100]

농민시장을 없앤다면 장마당은 없어지지만 암시장은 의연히 남아있게 될 것이다. 따라서 농민시장을 강제로 없애서 해결될 것은 아무것도 없으며 오히려 인민생활에 불편을 주고 숱한 사람들을 쓸데없이 죄인으로 만들 수 있다"고 하였다. 김일성, "사회주의 경제의 몇 가지 이론 문제에 대하여"(1969.3.1).

98) 강연 및 해설담화 자료 "전반적 가격과 생활비를 새로 제정한 국가적조치에 대한 옳은 인식을 가지고 그에 맞게 일하며 생활할데 대하여"(2002.10).

99) 강연 및 해설담화자료, "국가적조치의 요구에 맞게 시장관리운영과 리용을 잘해 나가자"(2003.7).

100) "장군님께서는 우리 일군들이 농민시장이라고 하면 농민들이 자기 집에서 생산한 농산물을 광주리에 담아가지고 와서 먼지가 풀석풀석 나는 땅바닥에 쭈구리고 앉아 파는 것으로만 생각하는데 그것은 잘못된 생각이라고 가르쳐주시고 나라의 형편이 가장 어려웠던 시기에 통일거리에 시범적으로 시장을 꾸리도록 하시였다." 조선로동당 중앙위원회 군중강연자료, "시장에 대한 올바른 인식을 가

김정일의 이와 같은 지시는 그의 적극적인 발상에서 비롯되기 보다는 내각의 건의를 마지못해 수용했을 가능성이 높다. 평소 그의 시장에 대한 부정적인 인식[101], 시장장려 조치에 대한 김정일 언급 내용이 간결하다는 점, '시장장려' 방침인용 빈도 등 선전활동이 활발하지 않다는 점은[102] 김정일의 '소극적인 수용' 가능성을 뒷받침해 준다. 만약 김정일이 적극적으로 '장려'했다면 북한 당국의 홍보방법이 달라졌을 것이고, 종합시장의 건립(건물형태로는 대부분 2004년 이후 건립되었다)도 늦어지지 않고 2003년 중에 일제히 훌륭한 건물로 건립되었을 것이다.

내각이 시장 공인을 건의한 배경은, 국영 유통망은 활성화되지 않고 시장가격과의 가격 격차는 심화됨에 따라 "지금 시장 신세를 지지 않는 주민세대는 거의 없다"[103]는 현실을 고려하여, 농민시장을 공식화함으로써 '경제관리에 도움'되도록 이용하자고 건의한 것으로 판단된다. 어쨌든 김정일의 '시장 장려' 방침에 따라, 내각은 다음과 같은 '국가적 조치'를 전파하였다.

　　모든 시, 군, 구역들에서 자기 지방의 특성에 맞게 시장위치와 규모를 바로 정하고 현대적으로 잘 꾸리며 개별적 주민들뿐만 아니라 공장, 기업소, 협동농장들에서도 자기 단위에서 생산한 상품들을 시장에

　　지고 인민의 리익을 침해하는 비사회주의적인 행위를 하지 말자"(2007.10).
101) 김정일의 시장에 대한 긍정적 인식은 2003년 3월 '시장장려'를 언급했을 때 뿐 다른 시기에는 찾아보기 어렵다. 그의 '10.3 담화' 문건에도 거론되지 않았으며, 시장 장려조치이후 300개나 되는 종합시장 어느 곳을 방문했다는 공식적인 기록도 없다. 반면, '시장물가 통제'(2004) 또는 '무질서, 비사회주의 온상' (2007) 등 부정적인 태도는 빈번히 확인되었다.
102) 7.1조치에 대한 해설담화자료는 6회에 걸쳐 장황하게(15면 분량) 설명하고 있는 반면, 시장장려 조치는 1회에 한해 간단하게(5면) 해설하고 있다.
103) 강연 및 해설담화자료, "국가적조치의 요구에 맞게 시장관리운영과 리용을 잘해 나가자"(2003.7).

내놓고 봉사활동을 하게 했다. 또한 시장에서 농토산물은 물론 인민생활에 필요한 식료품과 공업품들을 다 내놓고 팔게하고 시장에서 거래되는 상품종류와 리용 대상범위가 달라지는데 맞게 시장명칭도 해당 지방의 이름을 붙여 부르게 했다. 그리고 근로자들이 퇴근 후에도 장을 볼 수 있게 저녁에도 일정한 시간 시장운영을 계속하게 하였다.[104]

내각은 이어 2003년 5월 5일자 내각결정 27호에 의해 '시장관리운영규정'을 하달하였다. 시장의 설치와 폐지는 상업성이 승인하고, 시장 관리책임은 도·시·군 인민위원회가 담당하며, 한도가격을 설정해 그 범위 내에서 거래하고 점포면적·위치에 따라 시장이용료를 국가에 납부할 것을 규정하였다. 이어 상업성은 '시장관리운영규정세칙'을 하달(2003.5.12)하여,[105] 지방 마다 지정된 시장 내에서만 팔고 그 밖에서는 일체 물건거래를 하지 못하도록 할 것, 시장 안에서도 국가통제품,[106] 거래나 폭리를 목적으로 하는 상품, 무더기 거래 및 한도가격 이상의 거래를 금지할 것, 식료품은 방역기관의 검역확인을 받고 판매할 것, 공장·기업소와 협동농장은 자체 생산한 상품들 중에서 계획초과분과 생산 정상화 몫[107]으로 규정된 양에 국한하여 판매할 것을 지

---

104) 위의 강연 및 해설담화자료(2003.7).
105) 북한은 '시장관리운영규정세칙'을 여러 차례 개정하였다. 당시 '세칙'은 기존의 '농민시장관리운영세칙'을 개정한 것으로 그 내용은 통제규정이 주류를 이루는 것으로 확인되었다.
106) 거래 금지품목으로 "1. 군품과 연유, 생고무, 귀금속, 유색금속, 화공품, 비료, 2. 기계설비를 비롯한 생산수단, 자재, 부속품, 공구(가정생활과 직접관련된 것은 제외), 3. 각종 출판물, 4. 록음, 록화물을 편집한 전자매체, 주파수를 고정시키지 않은 반도체라지오가 달린 일용품, 5. 각종의약품, 인삼, 다른 나라에서 들여온 껌, 6. 훈장과 메달, 7. 다른 나라에서 중고품으로 들여온 옷, 8. 우리 인민의 기호와 사상 감정에 맞지 않거나 부정적 영향을 줄 수 있는 상표와 그림을 붙인 상품(남조선상표가 붙은 상품포함), 9. 국제기구에서 들여온 협조물자"를 열거하였다. 상업성 지시, "시장관리운영규정세칙"(2004.8.12).
107) 북한은 국영기업소와 협동단체들이 국가계획생산과정에서 나오는 부산물로 생필품을 만들어 그중 30%를 시장에 직접 내다 팔게 했다. 이 30%는 기업 자체의

시하였다. 재정성도 재정성 지시(2003.5.17)로 '시장관리소재정관리세칙'을 시·군 인민위원회에 내려 보내 시장관리소의 독립채산제 운영, 시장사용료와 국가납부금 징수절차와 방법, 집금소와 시장관리소에 대한 재정적 지도통제 강화 등과 관련한 실무적 지침을 전파하였다.

【그림 3-3】 북한의 종합시장 제도화 과정(2003.3-5)

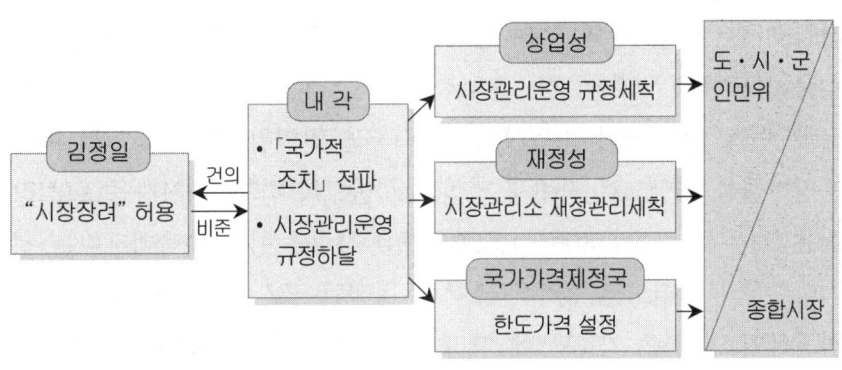

* 자료: 내각의 각종 지시 문건.

북한 당국이 '시장장려 조치'의 구체적 목적에 대해 주민들에게 설명하는 논리는 ①지속 상승하고 있는 상품가격의 조속한 안정, ②공장·기업소 및 협동농장의 기업관리 지원, ③지방예산수입 확충을 거론하고 있다.[108]

"지금 시장신세를 지지 않는 주민세대가 거의 없다"고 현실을 인정하면서, 시장에 많은 상품이 거래되게 함으로써 물가를 안정시키겠다는 것이 첫 번째 목적이다. 7.1조치에 의한 물가·임금 인상 등 수요측면을 고려한 가격안정화 정책이 성과를 거두지 못함에 따라 농민시

생산유지비 명목으로 국가납부에서 제외되었다. "검증되는 개선조치의 생활력," 『조선신보』, 2003.12.22.
108) 강연 및 해설담화자료, "국가적조치의 요구에 맞게 시장관리운영과 리용을 잘해 나가자"(2003.7).

장을 제도화하여 공급측면을 관리함으로써 물가를 안정시키겠다는 것이다.

두 번째 목적인 기업관리 지원측면은, 기업의 시장 직거래를 허용함으로써 기업이 수요자의 입장을 고려하게 되어 상품의 품질개선이나 가격의 합리적 제정에 이바지할 뿐 아니라 경영 자금도 확보할 수 있다는 계산이다. 물론 간접적으로는 판매 수량을 초과 계획분 또는 부산물로 만든 생필품의 30% 등으로 제한함으로써 국가계획의 초과달성을 유도하고 있다.

세 번째, 지방예산 수입 확충은 시·군 인민위원회가 정해서 매대 운영자들을 대상으로 자릿세 명목으로 받도록 하는 '시장사용료'(시장 허용 초기에는 대략 50원-1,500원/일) 징수를 통해 확충하겠다는 것이다. 이와는 별도로 일종의 소득세 형태인 국가납부금이 있는데, 중앙당국이 정해 준 기준[109]에 따라 시, 군별로 정하도록 하고 있다. 국가납부금은 매대를 운영하는 개인들이 소득에 따라 내는 국가납부금(600원-6,000원/월)과 시장관리소의 총수입[110] 비율[111]에 따라 관리소 자체가 내는 국가기업리득금 납부 몫이 있다. 사실상 지방수입 보다는 국가수입에 대해 엄격한 재정 통제로 국가 납부 몫 확대를 도모하였다.

---

109) 2004년 6월 1일부터 적용한 개정 '시장관리소재정관리세칙'에 의하면, 매대당 판매 품목별로 하루에 흰쌀, 밀가루, 식료품, 수산물 등은 각각 80원, 내의류, 피복직물, 가정용품, 화장품은 각각 100원, 전자제품, 고기류 등은 120원씩 납부토록 하고 있다. 같은 품목도 수입상품에 대해서는 2배를 징수토록 하는데, 가죽구두의 경우 국내산은 100원, 수입산은 200원으로 정했다.
110) 시장관리소의 총수입은 시장사용료 수입, 시장관리소 직영식당, 야외봉사매대 등 자체 보충봉사시설 운영을 통해 더 번 수입, 시장질서위반행위에 대해 더 받은 사용료의 20% 등을 엄격히 포함시키도록 하고 있다. 위의 '시장관리소재정관리세칙' 제 31조.
111) 평양시 중심구역과 도소재지안의 시장관리소는 번수입의 85%, 평양시 주변구역과 시·군의 시장관리소는 번수입의 76%가 국가기업리득금 납부비율이었다.

시장을 장려하는 것은 주민들이 많이 리용하고 있는 시장에 상품원천을 최대한 많이 조성해서 사회적으로 물건 값을 하루빨리 안정시키며 공장, 기업소와 협동농장들에서 새로운 경제적조치의 요구에 맞게 기업관리를 바로하도록 일정하게 도움을 주자는데 그 목적이 있다.

또한 공장, 기업소와 협동농장들에서 시장을 통해 상품들을 판매하는 과정에 기업관리를 실리가 나게 적극 짜고 들 수 있다. 지난 시기에는 공장, 기업소와 협동농장들에서 생산한 상품들은 직매점을 비롯한 상업봉사기관들을 통해서만 판매하게 되어 있었다. 때문에 생산되는 상품들이 주민들의 수요와 기호에 잘 맞지 않은 것도 있고 가격제정과 판매에서 불합리한 점들도 있었다. 그래서 상점들에 상품이 몇 달씩 팔리지 않고 그냥 체화되는 경우가 적지 않았다.

그러나 이제부터는 상품생산자와 구매자가 시장에서 직접 마주 서기 때문에 이런 편향을 극복할 수 있다. 또 공장, 기업소와 협동농장들에서 시장을 통하여 상품거래를 하는 과정에서 경영활동에 필요한 자금도 적지 않게 마련할 수 있다. 이밖에도 시장을 장려하면 지방예산수입도 지금보다 훨씬 늘여 시, 군, 구역들에서 지방건설과 주민생활에 필요한 자금을 더 많이 보충할 수 있다.[112]

북한 당국이 종래 농민시장 통제에서 시장장려 조치로 전환한 근본적인 배경은 물가·임금 동시 인상이라는 가격정책과 소득정책(7.1조치)으로 농민시장의 역할을 위축시킨다는 전략이 실패한데 따른 것으로 보인다. 북한은 1999년 한때 장마당 통제를 시도했으나 물리적 통제로는 단속에 한계가 있었다. 국영 유통망에 공급량을 확대함으로써 농민시장을 흡수하는 방법이 있으나 만성적인 공급부족 상태에 놓여 있어 불가능했다.

북한의 7.1조치는 수요측면을 겨냥하여 가격정책과 소득정책을 동

---

112) 강연 및 해설담화자료, "국가적조치의 요구에 맞게 시장관리운영과 리용을 잘 해 나가자"(2003.7).

시에 구사한 인플레이션 전략으로 사적영역을 공적영역으로 흡수하자는 것이었다. 국정가격을 암시장 가격에 근접시키면 전체 주민들의 구매력에 변화가 생겨 2개의 가격격차가 줄어들게 되고, 다시 가격이나 소득을 적절히 조절하여 일정한 소비수준을 유지한다는 것이다. 그러면 국영유통망이 살아나고, 동시에 인상시킨 생활비를 받지 못하는 비고용 노동자, 암시장 장사꾼들이 직장으로 복귀하여 장마당만 흥성하는 무정부성을 극복할 것이라고 계산했다.[113]

그러나 초기부터 당국이 의도한 가격안정 효과는 나타나지 않았다. 쌀값(1kg)의 경우, 2002년 7.1조치 시행 당시 농민시장 가격 60원을 고려하여 국정가격을 44원으로 정했으나 이후 암시장 가격은 68원(3/4분기) → 90원(4/4분기) → 120원(2003년 1/4분기) 순으로 2배나 폭등하였다. 같은 무렵(2003.4) 북한 당국도 7.1조치 시행과정에서 가장 심각한 문제점이 "물건 값이 계속 오르면서 국정가격과 시장가격의 차이가 좁혀지고 있지 않다"는 점임을 인정했다.[114]

북한 주민들의 국정 가격 시스템에 대한 불신, 화폐개혁을 단행할 것이라는 소문, 가격인상(18배)에 따른 통화증발 및 임금인상(25배)에 의한 가계 명목소득의 증가가 복합적으로 작용하여 가격 안정화 효과는 나타나지 않았다. 북한 당국의 끊임없는 규정가격 엄수와 사재기 금지 계도, 암시장 유출 방지를 위한 국영상점 재고 조사 등 가격 안정을 위한 노력에도 불구하고 성과를 거두지 못하였다.

---

113) 홍익표 외, 『최근 북한의 가격·유통체제 변화 및 향후 개혁과제』, pp. 84-118.
114) "전반적으로 볼 때 나라의 경제사업이 새로운 조치의 요구에 맞게 원만히 진행되지 못하고 있다. 그것은 지금 사회적으로 물건 값이 계속 오르고 있는데서 집중적으로 나타나고 있다. 한마디로 사회적으로 또 다시 국정가격과 시장가격의 차이가 적지 않게 생기고 있다." 간부 강연자료, "새로운 경제적조치의 요구에 맞게 경제관리에서 결정적 전환을 일으키자"(2003.4).

결국, 절대수요에 못 미치는 공급부족 상황에서 수요만을 고려한 농민시장 공략은 한계가 있었다. 북한이 공급을 활성화하는 방법은 세 가지가 있을 수 있다. 노동 인센티브를 대폭 높여 자체 생산을 늘리는 방법, 외부로 부터의 대규모 자본 유입을 통한 설비투자 확대 또는 무역을 통한 상품공급 확대, 사회 총생산 자체를 늘리는 방법은 아니나 국가가 모든 유통망을 독점적으로 장악하여 사경제로 흘러나가지 못하도록 함으로써 사실상 공급증대 효과를 거두는 방법이 있을 수 있다. 북한은 이 세 번째 방법인 농민시장을 국가의 공식유통망으로 흡수, 조절·통제하겠다는 공급측면의 전략을 선택한 것이다.

북한은 1990년대 식량난으로 국가배급망을 통한 배급이 중단되자, 개별 기관·기업소별 자력갱생 또는 주민들 각자 제 살길을 찾는 방식으로 생존을 허용하는 것이 불가피해졌다. 그리하여 농민시장은 기본적인 생존공간으로 등장하고, 그동안 불법으로 치부되던 각종 거래가 반합법적으로 묵인되었다. 경제위기가 다소 완화되자 시장 확장을 막으려는 당국과 시장교환에 맛들인 주민들 간에 밀고 당기기가 지속되었다. 그러나 불법적 경제활동 공간이지만 이를 통해 전체 주민들이 생존을 영위하는 상황에서 과거 농민시장 허용과 관련한 김일성의 말대로 주민들을 범죄자로 단죄할 수는 없는 일이었다.[115] 당국이 시장과 타협하게 된 또 다른 배경이었다.[116]

나. 종합시장 이용 확산 및 가격안정화 실패

북한은 2003년 봄부터 노천에 있던 기존의 농민시장[117]에 벽을 쌓

---

115) 김일성, "사회주의 경제의 몇 가지 이론 문제에 대하여"(1969.3.1).
116) 홍익표 외, 『최근 북한의 가격·유통체제 변화 및 향후 개혁과제』, p. 80.
117) 과거 농민시장은 평양에 구역별로 1개, 시단위에 3-5개, 군단위에 2-3개 개설되어 전국 170여개 시군에 400-600여개 있었던 것으로 추산된다.

고 매대(賣臺)[118]를 설치하며, 지붕을 덮는 등 종합시장 증·개축 작업을 진행하였다. 종합시장은 다시 통제를 하기 시작한 2007년 말까지 지속 증가하여 많을 때는 300개쯤 개설되었다. 당시 종합시장에서 합법적으로 장사하는 인원은 수천에서 수만 명에 이르나,[119] 시장 입구나 인근 아파트 뒷골목 등 이른바 '메뚜기 시장' 등[120]을 포함하면 수십만 명에 이르며, 주민들의 생필품에 대한 시장 의존도는 80%를 넘는 것으로 알려졌다.[121] 대표적인 종합시장으로는 김정일의 지시에 의해 '본보기 시장'으로 꾸려진 평양의 통일거리 시장이 있고,[122] 최대 규모의 시장은 신의주·나선과 평양이 연결되는 점에 위치하여 주로 도매 시장으로 이용되는 평남의 평성 종합시장으로 많을 때는 하루에 10여만 명이 이용했다.

---

[118] 매대 수는 시, 군, 구역의 인구수와 면적으로 고려하여 시장마다 대략 600-2,000석 규모였다.

[119] "시장에 나와 장사를 하겠다는 주민들은 많고 매대는 제한되어 있으므로 2-3일에 한번 교대하면서 자리를 차지하고 장사를 하므로 시장을 리용하여 합법적으로 장사 하는 주민이 수만여명에 달한다." 군중강연자료, "시장에 대한 올바른 인식을 가지고 인민의 리익을 침해하는 비사회주의적인 행위를 하지 말자" (2007.10).

[120] '시장관리운영규정세칙'(2004.8.12)에 의하면, 시장에서 물건을 고정적으로 팔려는 주민들은 해당 지역 시장관리소의 판매 승인 → 시·군 인민위원회 등록 → 시장판매 표식 발급 → 상품 부류별 판매 매대 지정의 절차를 거쳐야 하나, 매대 수의 제한과 판매물품의 중복으로 매대를 배정받는 사람들은 제한적이다. 메뚜기시장이란, 당국의 승인 없이 시장입구, 인근 아파트 건물 등에 형성된 시장을 말한다. 단속하면 튄다는 의미에서 '메뚜기 시장'이다.

[121] 증언(2007.5)에 의하면, 북한 주민들은 한 가구당 1명 정도는 장사를 하고 있고, 주민들의 80-90%가 생필품을 시장에서 구입하는 것으로 파악되었다.

[122] 평양 통일거리 시장의 경우, 짐 보관실, 판매도구 대여실, 식당(점심시간에는 판매원들이 밀차로 상인들에게 식사를 판매)이 있고, 1,500여명의 여성들이 판매원(상인)으로 종사한다. 가격은 판매자와 구매자 간에 자유로운 합의가격에 의하여 결정되나 신발·비누·식용유 등에는 한도가격이 정해져 있다. 1500개의 매대 중에 공장·기업소 직판매대는 80개(5%) 정도였다. "통일거리시장을 찾아서,"『조선신보』, 2004.10.19; "현재 통일거리시장을 찾는 시민은 하루 10만-15만명이다."『조선신보』, 2004.9.7.

종합시장이 늘어나고 시장거래가 활성화되는 과정에서, 북한 당국이 중점적으로 관리한 것은 시장 상품가격 안정화 문제와 시장의 무질서한 확장을 막는 문제였다. 북한 당국은 시장허용 직후 '시장 밖에서 거래하는 현상', '폭리 목적으로 상품을 무더기로 거래하는 현상', '시장 한도가격 이상으로 비싸게 파는 현상'을 단속하였으나,[123] 전반적인 분위기는 김정일의 "시장 장려"(2003.3)는 방침에 따른 각종 시장 규제조치 철폐 기대로 단속은 제대로 지켜지지 않았다. 그리고 당시 시장 상황과 비교하여 국영 유통망 상품 가격의 경직성으로 '국가 돈주머니'가 시장으로 빠져나갈 공간은 여전히 열려 있었다.

김정일은 한 동안 종합시장 운영 상황을 방관하다가, 2004년 상반기에 '시장 상품가격을 안정시키라'는 지시를 3회에 걸쳐 반복하였다. 그 때마다 가격제정당국이 발 빠른 대응을 하였으나 물가는 잡히지 않았다.[124] 아래 〈표 3-2〉에서 보듯 김정일의 지시에서 주목되는 점은, 처음에는 물가 안정화의 방법으로 '국영상업망 활성화'를 강조하다가, 나중에는 '시장가격 통제'로, 6월에는 "계획경제를 시장가격에 접근시키라"는 애매한 지시를 한다. 김정일의 6월 지시를 내각은 가격제정에서 신축성을 부여하라는 지시로 해석하고 보다 과감한 개혁을 구상한다. 반면 김정일은 이듬해 내각이 '오해'했다고 해명하는 등 논란의 계기가 된다.

---

123) 국가가격제정국은 '시장 한도가격 통제' 지시(2003.5.7)로, 상업성은 '시장관리운영규정세칙'(2003.5.12) 하달을 통해 그 같은 단속을 강조하였다.
124) 당시 쌀값(kg당) 추세를 보면, 2003년 3/4분기 210원→ 4/4분기 220원 → 2004년 1/4분기 220원 → 2/4분기 310원 → 3/4분기 640원 → 4/4분기 690원으로 지속 상승하였다.

표 3-2 김정일의 '시장 상품가격 안정화' 지시(2004)

지시 일자	지시 내용
2004.1.7	상품 생산을 늘리고 국영상업망들을 활성화하여 시장관리 운영을 개선하며 시장상품가격을 안정시키기 위한 대책을 세울 것" → 2004.1.26 국가가격제정국, 시장가격 통제
2004.3.10	시장가격을 안정시킬 것 → 2004.4.1 국가가격제정국, 시장가격 통제
2004.6.1	계획경제를 시장가격에 접근시킬 것 (가격제정에서 신축성 보장 문제)

　다음으로 북한 당국은 시장 한도가격 설정을 통해 물가 통제를 시도하나, 2004년경부터 사실상 자유가격으로 거래하는 동향이 확인되었고, 2005년경부터 시장물가는 사실상 통제 불능의 상태에 이르게 된다. 단속 당국이 시장 상인들로부터 뇌물을 받으려는 '불순한 의도'로 가끔 한도 가격이 문제시 될 뿐이었다. 어쨌든 시장 활성화 초기에 국가가격제정국은 도·시·군 인민위원회에 다음 〈표 3-4〉와 같은 '시장 한도가격 기준표'를 정해 주고,[125] "자체실정에 맞게 시장 한도가격을 10%까지의 범위에서 조절하여 10일에 한 번씩 제정·공시하고 그 적용에 대하여 장악 통제할 것"을 요구하였다.[126] 시장한도가격을 위반하여 판매하였을 경우에는 시장 사용료의 2배 부과, 판매물건 압수, 시장판매 권한 박탈 등의 규제조치도 마련했다(〈표 3-3〉).[127] 그러다가 2005년경부터 '시장한도가격 기준표'가 시장 입구에 제대로 붙어 있는 경우가 드물고, 한도가격의 주기적인 제정도 유명무실해졌다.

---

[125] 2004년 4월 1일 국가가격제정국이 하달한 '기준 시장한도가격'에 의하면, 흰쌀(1kg) 250원, 닭알(1개) 30원, 돼지고기(1kg) 700원, 국내산 세수비누(1개) 70원 등이다.
[126] 국가가격제정국 지시(2004.4.1).
[127] 상업성·국가가격제정국 등 공동지시, '시장관리운영규정세칙'(2004.8.12), 제43조 2항.

표 3-3 '시장관리운영규정세칙'의 한도가격 규정(2004.8.12)

제13조. 시장에서는 가격제정기관이 정해주는 중요지표들에 대하여 제정된 한도가격 범위에서만 팔아야 한다.

1. 시장 한도가격은 시, 군(구역) 인민위원회 상업부서와 시장관리소가 안을 제기하는데 따라 가격부서에서 검토하고 비상설가격제정위원회의 승인을 받아 시세에 맞게 정하여야 한다.
2. 시장 한도가격은 국가가격제정국에서 정해주는 시장한도가격에 준하여 10%까지 범위에서 시, 군들의 실정에 맞게 높이거나 낮추어 제정하며 시장가격 변동에 따라 신축성있게 조절하여 시장가격을 안정시켜야한다.
3. 한도가격은 시장입구를 비롯한 편리한 장소에 정상적으로 공시하여야 한다.
4. 시장에서 물건을 파는 사람들은 시, 군 인민위원회 상업부서와 가격부서가 합의하여 정해주는 중요 지표들에 한하여 가격표를 써 붙이고 팔아야 한다.

제43조 2. 시장관리소는 시장판매원들이 한도가격을 어기고 물건을 비싸게 팔며 상품가격을 지나치게 올렸을 때에는 사용료를 2배이상 받거나 엄중할 때는 물건을 회수하며 위반행위가 여러 차례 반복될 때는 시장 판매권한을 박탈한다.

표 3-4 국가가격제정국 제정 시장 한도가격(2004.4.1)

지표	한도가격	지표	한도가격	지표	한도가격
흰쌀(kg)	250원	닭고기	650원	운동화(컬레)	450원
강냉이	120원	닭알(개)	30원	수입운동화	500원
콩	250원	명태(kg)	900원	치약 55g	25원
밀가루	260원	사탕가루	280원	학습장	15원
감자	50원	콩기름(봉지)	950원	연필	5원
고구마	70원	빨래비누(개)	50원	수입스프링	300원
돼지고기	600원	세수비누	120원	세수수건	200원

* 국가가격제정국 지시(2004.4.1)

다음으로 물가안정을 위하여, 국영백화점·시군 도매소 및 상업관리소에 시장보다 낮은 가격으로 상품 공급을 늘려 국영상업망을 활성화하는 방법을 강구하였다. 상업성은 국영 도·소매소에 신발·치약·비누 등 13가지 기초 소비품을 '필수상품 공급' 대상으로 정하여 집중 확보할 것, 놀고 있거나 상품이 없는 전문상점(수산물상점, 남새상점, 가정용품 상점 등)은 허가를 받아 무역회사 또는 유관 기관·기업소에 이관할 것, 신의주 중앙출하도매소는 중국 보따리상의 상품을 적극 구매하여 도·소매점에 공급할 것을 지시하였다.[128] 이어 국영 수매상점[129]과 도매시장[130]을 활성화할 것, 종합시장 내 시장관리소가 직영하는 수매매대(일종의 도매반)를 설치하여 싼 값에 상품을 공급할 것, 무역회사들이 개인장사꾼들에게 상품을 팔지 않도록 할 것[131]을 연이어 지시하였다. 그러나 공급부족 상태에서 인위적으로 시장가격의 흐름을 제어할 수는 없었다.

---

128) 상업성 지시, "위대한 령도자 김정일동지께서 시장상품가격을 안정시키기 위한 대책을 세울데 대하여 주신 방침(2004.1.7)을 철저히 관철할데 대한 내각지시(2004.2.2)를 정확히 집행할데 대하여"(2004.2.12).
129) 상업성 지시, "수매상점관리운영규정을 내려보냄에 대하여"(004.3.16). 이 지시에 의하면, 시장 인근 건물에 공업용품수매상점, 식료품수매상점, 수산물수매상점 등을 개설하여 주민들이 생산한 각종 상품을 수매하여 되거래하거나 위탁판매하도록 하였다. 동시에 주민 생산품을 수매 받으면서 신분을 확인하지 말 것과 인민보안기관에서 몰수한 물건도 판매할 수 있도록 하였다.
130) '시장관리운영규정세칙'(2004.4.19)은 "도매시장은 국영기업소, 협동단체에서 생산하여 시장에 내보내는 상품, 무역회사들의 수입상품, 개인들이 만들었거나 여유로 가지고 있던 상품, 외국사사(私事) 려행자들이 들여온 상품을 직접 현금 또는 무현금표를 주고 넘겨받아 소매상업망에 팔아주어야 한다"고 하나(21조), 도매시장 활성화 여부는 확인되지 않는다.
131) 국가가격제정국 지시, "위대한 령도자 김정일동지께서 2005년 4월 20일 무역회사들이 수입상품을 모두 국영상점에 넣고 국가가격기관에서 정한 가격으로 팔아줄데 대하여 주신 지시를 철저히 관철할데 대하여"(2005.7.30).

한편 시장이 활성화되면서 주민들에게 시장이 주요 돈벌이 장소가 됨은 물론 각 기관·기업소들에게도 중요한 수입원천으로 부상하게 되자, 시장 참여 및 관리 문제를 둘러싸고 실무 관리·감독 기관들 간에 많은 논란이 있었다. '시장관리운영규정세칙'은 2003년 5월부터 2004년 8월 사이에 4차례 개정된 것이 확인되는데, 처음 3번은 상업성이 단독으로 제정하였다가(2003.5.12 전면 개정, 2004.2.6과 2004. 4.19에는 부분개정), 2004년 8월 12일에는 상업성, 국가계획위원회, 재정성, 로동성, 국가가격제정국, 중앙통계국, 중앙은행 등 7개 부처의 공동지시 형태로 다시 개정되어 9월1일부터 뒤늦게 시행되었다.

'공동세칙'(2004.8) 내용이 상업성 세칙(2004.4)과 다른 점을 보면, '시장관리소의 재정처리'를 별도의 장으로 편성하여 시장사용료와 국가납부금 규정절차를 강화하고, 분시장 개설 및 야간 매대 설치 조항을 추가하였으며, 노동 적령기 남자·직장이탈자·학생들의 판매활동을 금지하였다. 영예군인·공상자들과 협동 농장원들에 대해서는 쉬는 날(10일에 한번)에 한해 매대를 우선 보장해 주고, 화공품·비료를 판매통제품에 추가하였으며, 상업성 외에 다른 기관들이 '제멋대로 거래제한품목을 정하지 말 것'을 규정하였다.

한편 국가가격제정국은 상업성과는 별도로 '시장 한도가격 위반 현상에 대한 통제' 지시를 수시로(2003.5.7, 2004.1.26, 2004.4.1) 내려 보냈다. 이런 점들은, 시장사용료와 국가납부금 징수문제, 시장 판매대 우선 보장 문제, 시장 판매상품 통제 및 가격 조절 문제 등으로 기관들 간에 상당한 이해관계 다툼이 있었고, 시장관리 문제를 놓고 기관들 간에 원활한 협조가 이루어지지 않고 있음을 시사해 준다.

다. 시장의 범람과 불법거래의 확산

다음은 시장 범람 문제를 살펴본다. 북한 당국의 시장에 대한 문제 인식은 가격통제 문제 → 무질서한 시장 난립 문제 → 시장 내 비사회주의 현상 문제로 변모해갔다. 이를테면 경제문제에서, 사회문제로 다시 정치문제로 발전했다. 첫 번째는 내각의 문제 인식이고, 후자 2개의 문제는 당이 제기하여 후에 시장통제 논리로 활용한 문제 인식이었다.

2007년경 북한 내 종합시장은 300여개 개설된 것으로 추정된다. 시·군·구역 단위로 "한 개 또는 그 이상, 필요에 따라 분(分) 시장"을 설치하고,132) 종합시장이 설치되지 않은 지역에는 종래의 장마당을 이용할 수 있게 하였다. 북한 당국은 시장의 물리적 공간을 제한하여 "웃 쓸미를 씌우고, 바닥을 포장하여, 그 공간 내에 설치한 매대들"에서만 판매를 원칙으로 하였다.

다만 예외적으로 "집짐승과 가구류, 부피가 큰 상품"과 "냄새가 나는 식료품들을 파는 매대"는 시장 밖에 따로 꾸릴 수 있게 하였다. 그리고 "시장관리소가 운영하는 식당과 야외 봉사 매대"에 한하여 시장 주변에 설치할 수 있고, 개별 주민들은 시장안과 주변에서 국수, 국밥, 불고기 등의 요리를 팔 수 없도록 규제하였다.133) 일종의 '금란전권'(禁亂廛權)인 셈이다. 아래 〈표 3-5〉는 2007년 경 북한의 대표적인 종합시장을 정리한 것이다.

---

132) '시장관리운영규정세칙'(2004.8.12) 제4조는 "시장은 시, 군(구역) 인민위원회의 승인 밑에 시, 군(구역)의 주민수와 지역적 특성을 고려하여 주민들이 리용하기 편리한 곳에 한 개 또는 그 이상 내오며 필요에 따라 분시장을 내올 수 있다"고 되어있다.

133) '시장관리운영규정세칙'(2004.8.12) 제6조, 제7조, 제18조.

표 3-5 북한의 대표적인 종합시장(2007년 기준)

시장명칭	위치 및 개설시기	특징 및 규모
통일거리시장	평양 낙랑구역 2003년 8월	o 본보기 시장으로 개설, 북한의 대표적 시장 o 규모 : 길이 1000여m, 너비 60여m, 건평 2,100여평, 매대동수 3개(매대 1,400여개), 주차장 150-200대, 1일 방문인원 1-2만명
중앙시장	평양 중구역 2004년	o 평양 제2의 종합시장 o 건물면적 1,000여평(돔형 단일건물)
덕산시장 (평성시장)	평남 평성시 덕산동 2005년	o 나선·신의주·원산 등지의 물류가 집결하는 북한 최대의 도·소매시장 o 건물면적 7,000-8,000평, 매대동수 50-60개, 유동인구 1일 5-10만명.
강서시장	평남 강서군 강서읍 2004년	o 강서군은 북한내 개인수공업이 발달한 지역 o 규모: 건물면적 2,000여평
청남시장 (수남시장)	함북 청진 수남구역 2004년	o 물자·자금 유통이 원활하여 상인들이 선호 o 규모 : 부지면적 4,000여평 o 07.12 관리소장과 도간부들 결탁, 場稅횡령 o 08.3 시장통제에 대해 1만여명 주민 항의설
사리원시장	황북 사리원 구천동 2004년	o 03.3부터 급격히 확대, 곡물·식료품·의류 대량 유통 o 시장 건물면적 : 1,500여평
산성시장 (해주시장)	황남 해주 산성동 2004년	o 08.10 공산품·수입상품 등 판매금지 포고문 부착 o 건물규모 2,000여평
채하시장 (신의주시장)	평북 신의주 채하동 2006년	o 주로 수입상품이 도매로 거래 o 건물규모 1,000여평
회령시장 (국제시장)	함북 회령 두만강변 2005년	o 재원확보와 수입상품 거래 제한 목적으로 설립, 중국 상인들에게도 매대 운영 허용 o 규모 : 길이 90m, 넓이 45m, 매대동수 6개 (매대 총 300여개)

그러나 규제와는 달리 매대를 확보하지 못한 일반 주민들이 장사에 참여하는 형태는 매우 다양했다. 북한 당국의 지적에 의하면,[134] 앞에

---

134) 군중강연자료, "시장에 대한 올바른 인식을 가지고 인민의 리익을 침해하는 비

서 거론한 '메뚜기장' 외에, 물건을 날라 시장에 넘겨주는 '뜀뛰기군' 또는 '달리기군', 이들을 아파트 뒷골목의 '벌이뻐스'에 연결해 주는 '몰이군', 무역회사와 짜고 수입상품을 통째로 들여와 파는 '차판 장사군'이 있었다. 이들을 매대와 연결해주거나 흥정판을 벌리는 '거간군'과 '흥정군', 시장앞 살림집에서 통제품을 파는 '살림집 밀매군'이 있으며, 시장앞 아파트 단지 내에 기성양복을 전문으로 만들어 파는 지역인 '옷촌,' 가방을 만들어 파는 '가방촌,' 그리고 '술촌,' '담배촌'이 형성되었다. 시장 주변의 살림집들에서는 장사꾼들의 상품을 보관해주고 식당을 차려놓거나 음식을 만들어 시장에 내다 팔았고, 심지어 기관·기업소에서도 각종 주문제작소를 만들어 놓고 공개적으로 돈벌이를 하였다.

북한은 시장허용 초기에는 "로력 적령자로서 일할수 있는 나이의 남자들과 직장리탈자, 학생들, 질병을 가진 환자들은 시장에서 물건을 파는 일을 할 수가 없다"고 정해 놓았다.[135] 시장이 번성하면서 "일할 녀성들의 대부분이 시장에 나와서 장사를 하고 있는" 현상이 발생하자, 2006년 말 또는 2007년 초에 노동적령기 여성들은 시장에서 장사할 수 없도록 시장관리규정을 개정했다.[136] 그러나 여전히 "당의 배려로 대학을 졸업하고 교원, 의사 등을 하다가 살림이 어렵다고 하여 퇴직하고 장사를 하는" 현상이 지속되자 당국은 "당의 혜택을 받아 고등교육까지 받은 녀성들이 자기 초소를 버리고 장사행위를 하는 것은 초보적인 량심과 의리가 없는 행위"라고 비판했다.[137]

2007년경 들어 북한 당국은 시장 내에서 한도가격이 지켜지지 않는 현상보다 시장 안팎에서 벌어지는 '불법거래' 현상을 지적하기 시작했

사회주의적인 행위를 하지 말자"(2007.10).
135) '시장관리운영규정세칙'(2004.8.12) 제15조 4항.
136) "얼마전 국가에서는 로동할 나이에 있는 녀성들은 시장에 나와 장사할 수 없다는 규정을 내려보내였다." 앞의 군중강연자료(2007.10).
137) 앞의 강연자료(2007.10).

다. 당과 시장 감독기관은 자본주의식 흥정판, 돈주들이 대규모 공장·기업소 생산품 구입을 통해 시세차익을 노리는 현상, 무역회사가 수입상품을 통째로 받아 되거래하는 현상, 가짜상품 거래나 외제상표를 위조해 붙여 거래하는 현상이 증가하고 있음을 제기하였다. 그리고 국가규정에 따라 '60여종의 상품'[138]은 거래하지 못하도록 되어 있음에도, "돈만 있으면 아무것이나 다 살 수 있게" 되어 있고, 장사꾼들은 "눈썹 하나 까닥하지 않고 팔고" 있으며, 통제품은 오히려 비싸게 팔리고 있다고 비판하였다. 북한 당국자들은 시장에서 "폭리를 얻기 위해 수단과 방법을 가리지 않고 있다. 국가의 법질서를 위반하는 행위를 서슴없이 하고 있다"면서 다음과 같이 주민들을 설득하였다.[139]

사회가 무질서하고 규률이 없으면 어떤 도깨비가 나올지 모른다. 지금 《메뚜기장》에서는 사람들은 술에 만취되여 집에도 가지 못하고 잔디밭이나 버스정류소 주변에 엎어져 죽었는지 살았는지 볼품없이 놀고 있다. 술을 먹으면 별의별 말을 다하다가 나중에는 싸움질까지 하여 사회적 물의를 일으킨다. 적들은 바로 이런것들을 노리고 우리를 헐뜯는 악선전에 리용한다.
주민들은 자본주의사회에서처럼 등치고 간빼는 식으로 사람들을 속이지 말아야 한다. … 지금 장사군들은 공업품 한 개에 5-6천원 더 불구어 파는 것도 성차지 않아 적어도 만단위 이상으로 팔아야 시원해 한다. 이런 그릇된 사고방식은 버려야 한다. 나라에서는 돈을 써야 할데가 많다. 나라의 경제형편이 어려운 조건에서 애국자들이 많이 나와야 되지 않겠는가.

---

138) 거래 통제품으로 "남조선 상표가 붙은 상품과 군품, 전략물자, 생산수단, 자재, 부속품, 공구, 지구, 각종 출판물, 의약품, 국제기구의 협조물자, 다른 나라에서 들여온 중고품 옷, 전열제품, 수입가구, 꽃류, 수입산 과일, 우리나라에서 생산하는 일부 경공업상품" 등을 열거하였다. 앞의 강연자료(2007.10).
139) 앞의 강연자료(2007.10).

| 04 | 7.1조치와 '선군경제건설로선'의 병행

가. 김정일의 '선군경제건설로선' 표방

김정일은 2002년 9월 5일 "국방공업을 우선 발전시키면서 경공업과 농업을 동시에 발전시키라"는 지침을 제시했다. 이 지침은 점차 이른바 '선군시대 경제건설 로선'으로 이론적으로 정립되어갔으며,[140] 1년만인 2003년 김정일의 '8.28 담화'[141]로 이론화 작업이 완성되었다. 김정일의 2003년 '8.28 담화'는, 다음달 9월 김정일 2기 정권의 출범을 앞두고 일종의 '시정연설' 성격으로 발표한 담화였다. 아래 인용문은 그 담화 중에서 '선군노선'과 관련된 언급을 발췌한 것이다.

> 우리 시대, 우리 혁명에서는 군사가 첫째이고 국방공업이 선차이며, 국방공업을 강화발전시키는것은 우리에게 사활적인 문제로 나섭니다 … 사탕이 없이는 살수 있어도 총알이 없이는 살수 없는것이 오늘의 우리 현실입니다 … 우리는 어떤 대가를 치르더라도 나라의 군사력을 강화하며 국방공업을 발전시켜야 합니다 … 최근에 미제는 또다시 핵소동을 벌리면서 조선반도와 그 주변에 침략을 증강하고 우리나라의 정세를 전쟁접경에로 몰아가고 있습니다 … 이 조건에서 군사력을 강화하며 국방공업을 더욱 발전시키는 것은 혁명과 건설에서 제1차적인 전략적 과업으로 나섭니다 … 전당, 전국, 전민이 국방공업을 강력히 지원하여야 합니다 … 어느 부문에서나 군수생산에 필요한 것이라면

---

[140] 2002년 9월이라는 발표 시점은 『조선신보』(2003.4.11) 등을 통해 확인되었다. 이 노선이 이론적으로 정립되어 가는 과정은 "국방공업에 선차적 힘을 넣을 것," 『로동신문』『청년동맹』『조선인민군』신년 공동사설, 2003.1.1; "국방공업 우선, 경공업·농업 동시발전은 선군시대 사회주의경제건설의 중요한 요구," 『로동신문』, 2003.2.5; 리기성, "위대한 령도자 김정일동지께서 새롭게 정립하신 선군시대 사회주의경제건설로선," 『경제연구』, 2003 2호 참고.

[141] 김정일, "당이 제시한 선군시대의 경제건설로선을 철저히 관철하자"(당, 국가, 경제기관 책임일군들과 한 담화, 2003.8.23).

무엇이든지 아낌없이 대주는 원칙을 지켜야 하며 국가적으로 국방공업부문에 기계설비와 자재, 연료와 동력을 무조건 최우선적으로 보장해 주는 강한 규률을 세워야 합니다.[142]

2004년 이후 북한의 경제부문 공간자료들은 '국방공업 우선적 투자'의 필요성을 집중적으로 강조하였다. 그 이전의 '실리, 타산, 과학기술적 방법, 경제관리 개선' 등 개혁적 담론들은 '국방공업 우선' 주장에 압도되었다. 북한의 '경제연구'에 나타난 '국방공업 우선' 주장의 주요 논리를 보면 다음과 같다.[143]

첫째, 선군경제건설노선이 제시됨으로써 북한의 경제구조는 "국방공업이 중요한 자리를 차지하고, 련관부문들이 국방공업에 우선 복무하는 특수한 구조"의 특징을 가지게 된다면서, 경제활동의 목적도 "인민생활을 높이는데 필요한 물질적 수요 보다, 조국보위를 위한 물질적 수요를 선차적으로 충족시켜야 하며 … 생산수단생산을 소비재생산보다 우선적으로 발전시켜야한다"고 주장하였다.[144]

둘째, 계획·예산·재정 관리에서도 '군수우선'을 강조하여, "선군의 원칙은 계획지표선정에서 군수생산지표와 민수생산지표를 구분하고

---

142) 위의 김정일 담화(2003.8.28).
143) 박명혁, "사회주의기본경제법칙과 선군시대경제건설에서의 구현,"『경제연구』, 2003년 3호; 길춘호, "선군시대 사회주의경제발전의 원동력,"『경제연구』, 2003년 4호; 박홍규, "선군시대 경제건설로선의 정당성,"『경제연구』, 2004년 1호; 김재서, "선군원칙을 구현한 사회주의경제관리,"『경제연구』, 2004년 1호; 심은심, "선군시대 재생산의 몇가지 리론문제,"『경제연구』, 2004년 2호; 김형석, "위대한 령도자 김정일동지께서 밝혀주신 선군시대 경제건설로선의 독창성,"『경제연구』, 2004년 4호; 한성기, "위대한 령도자 김정일동지께서 밝혀주신 우리 식 경제구조와 그 위대한 생활력,"『경제연구』, 2005년 1호; 조웅주, "선군시대 경제건설로선을 철저히 관철하는 것은 우리 식 사회주의를 고수하기 위한 확고한 담보,"『경제연구』, 2005년 1호; 김원국, "선군시대 경제건설로선을 철저히 관철하는것은 인민생활향상의 확고한 담보,"『경제연구』, 2005년 3호 등 참고.
144) 박명혁, "사회주의기본경제법칙과 선군시대경제건설에서의 구현"(2003).

군수생산지표를 중시할 것을 요구한다. 국가예산지출에서 나라의 방위력을 강화하기 위한 예산지출에 선차적 의의를 부여하면서 … 재정은행부문에서는 자금공급과 은행대부를 제공하는데서 국방력강화에 최우선권을 부여하는 원칙을 관철해야 한다"고 강조하였다.[145]

셋째, 특히 '축적'의 개념을 새롭게 정립할 것을 주장하는 등 '축적과 소비' 논쟁이 재연되는 조짐도 보였다. "지금까지 축적은 인민들의 장래행복을 위하여 국민소득을 리용하는 형태로, 소비는 당면한 수요충족을 위하여 국민소득을 리용하는 형태로 보아왔다"면서, 이제는 축적을 "나라의 방위력을 강화하고 인민들의 장래행복을 위하여 국민소득을 리용하는 형태로 그 개념을 새롭게 정의"하고 군수품을 "축적의 현물형태"로 포함시키자고 했다. 그리고 "지난기간 우리 당은 국민소득가운데서 약 1/4을 축적 몫으로, 약 3/4을 소비 몫으로 돌렸으나 … 국방공업의 우선적 장성을 보장하기 위해 … 더 높은 축적률을 보장"할 것을 강조하였다.[146]

이들은 국방공업 발전을 '사활적 문제'라면서 국방공업 우선 투자의 필요성을 "미제의 핵소동", "전쟁접경의 조선반도 정세", "제국주의자들과의 가장 치렬한 힘의 대결전을 벌이고 있는 우리나라의 조건"과 연계하여 강조하였다. 7.1조치 추진으로 제한적이나마 '경제개혁'에 발동이 걸린 상황에서 느닷없이 대외정세를 이유로 국방공업 우선을 공식로선으로 선언한 배경이 당시로서는 명확하게 드러나지 않았다. 물론 이전에도 김정일이 국방공업, 군수산업의 우선 발전을 강조하여,[147] 1990년대 경제사정이 최악의 상황인 때에도 민수공장은 멈추

---

145) 김재서, "선군원칙을 구현한 사회주의경제관리"(2004).
146) 심은심, "선군시대 재생산의 몇가지 리론문제"(2004).
147) 김정일은 1994년에 "나라의 경제형편이 아무리 어려워도 군수생산을 소홀히 하지 말아야한다"고 했다. 김정일, "당사업을 잘하여 사회주의혁명진지를 더욱 튼튼히 다지자"(당중앙위 책임일군들과의 담화, 1994.1.1), 『김정일선집 13권』

없어도 군수공장에는 원자재를 최우선으로 공급해 주었다.[148] 그러나 '공식노선'으로까지 선언한 이면에는 어떤 배경 요인이 있었다. 5년여 기간이 지난 후 북한은 이런 결정을 하였을 당시 '김정일의 심정'을 다음과 같이 묘사했다.

> 어느 해인가 장군님께서는 국방력강화를 위해 중대한 결심을 내리셔야 했던 일이 있었다 … 어려운 시련속에서도 장군님을 믿고 사회주의 본태를 지켜 굴함 없이 싸우는 인민들을 위해서라면 무엇이든 아낌없이 돌려주고 싶으신 것이 우리 장군님의 심정이였다. 하지만 조국의 무궁한 번영과 인민의 영원한 행복을 위해서는 무엇보다 국방력부터 강화해야 하였고 여기에 선차적 힘을 넣어야 하였기에 위대한 장군님께서는 단호한 결심을 내리시여 문건에 수표를 하시였다 … 오늘에 와서야 우리 인민은 그때 위대한 장군님께서 왜 그리도 갈리신 음성으로 '인민들이 매우 어려운 형편에 있는 때에 이런 결심을 내리자니 정말 가슴이 아파 견딜 수 없다'고 하시였는지, '이제 우리가 승리의 통장훈을 부르게 될 때에는 인민들이 왜 허리띠를 조이지 않으면 안되였는지를 리해하게 될것이다'라고 하신 말씀의 뜻을 똑똑히 알게되였다.[149]

(평양: 조선로동당출판사, 1998), pp. 295-396; "나라의 형편이 아무리 어렵다 해도 국방력을 강화하는데서 추호의 양보도 있어서는 안된다는 것이 김정일의 의지," 『로동신문』, 1998.9.9; 김정일은 2001년 정초에도 "군수공업 중심의 경제근간 유지"를 강조하였다.

148) 한 연구에 의하면, 1990년대 10년의 경제위기를 거치면서 북한경제 전체의 규모는 45% 수준으로 감축된 반면, 궁정부문과 군사경제 등 우선부문의 경제규모는 약 74%수준으로 밖에 하락하지 않았고, 이 중 군사경제는 36%가 감소한 64% 수준을 유지했다고 한다. 성채기, "군비증강 능력측면에서 본 북한 경제위기 10년," 『국방정책연구』, 2003년 가을, p. 195.

149) 강습제강(간부, 당원 및 근로자), "경애하는 김정일동지는 독창적인 선군정치로 공화국의 존엄과 위력을 온 세상에 높이 떨쳐주신 위대한 령도자이시다" (2008.3).

2002년에는 김정일이 '군사를 중시'하는 움직임이 두드러졌다. 노농적위대 열병식 등 '창군' 70돌(4.25)행사와 원군(援軍) 분위기 재강조,[150] 당 중앙군사위원회의 '전민군사복무제' 발표(5.8),[151] 중국·러시아 등으로부터 군용트럭·전차엔진 대량 도입[152] 등이 있었다. '선군경제건설 노선'을 표방한 2002년 9월 이전 북한의 대외정세도 김정일이 과거부터 가졌던 '피(被) 포위' 인식[153]을 새삼 절감케 하는 사건들이 이어졌다. 부시 미국 행정부의 '북한 = 악의 축' 규정(1.29), 미국과 IAEA의 대북 조기 핵사찰 압박(과거 핵이력 규명 요구), 한·미 정상회담(2.20 서울)에서의 대북 공조, 한·미 전시증원연습(RSOI)과 독수리연습(FE)의 통합훈련 시작(3월말), 제2차 연평해전(6.29) 등이 있었다.

결론부터 말하자면, 김정일의 2002년 9월 '국방공업 우선' 주장은 '핵개발에 박차를 가하겠다'는 의지의 표현이었다. 김정일은 김일성 사망 이래 수시로 '군사를 틀어쥐고 정치를 하겠다'고 했다. 군대를 잘 통제하고 체제관리에 활용하겠다는 의미와 함께 '적대적인 외부세계의 도전에 적극 대응 하겠다'는 의미로 해석되었다. 김정일은 클린턴에

---

150) 2002년에 평양시 고등중학교 졸업생들의 '입대탄원모임'(3.10)과 최초 '전국원군미풍 열성자대회'(11.5-6)가 있었고, 해외 주재원들은 원군 물품·생활비 기부 운동을 전개하였다.
151) 전민군사복무제란 "선군정치의 요구에 따라 이 땅에 사는 공민이라면 누구나 다 반드시 인민군대에 복무하는 것을 법적의무로 여기고 무조건 집행하도록 제도화한다"는 것으로, 2003년 1월 1일부터 시행되었다. "전민군사복무제 강연자료"(2002.6).
152) 2001년 9월 국방부가 국회에 제출한 국감자료에 의하면, 북한은 2001년에 중·러·카자흐스탄 등으로부터 MIG기 부품·장갑차 등을 전년 보다 늘려 도입하였다.
153) "우리는 여러 나라들에서 사회주의가 좌절된 것으로 하여 더욱 오만무례해진 세계제국주의자들의 이중 삼중의 포위속에서 누구의 도움도 없이 사회주의를 건설하지 않으면 안되게 되었다." 김정일, "우리식 사회주의를 견결히 옹호보위하는 참다운 사회안전일군들을 키워내자"(1992.11.20), 『김정일선집 제13권』(평양: 조선로동당출판사, 1998), p. 241.

이어 집권한 부시 미국 행정부의 대북정책을 1년여 지켜보다가 핵 개발에 보다 박차를 가하기로 결론을 내린 것으로 보여진다. 2002년 10월 켈리 미국 특사 방북(10.3-5) 때 강석주가 "핵무기는 물론 그보다 더한 것도 가지게 되어 있다"고 대응한 것도 이미 '핵개발 박차' 방침이 확정된데 따른 내부 분위기가 작용했을 것이다.

북한 당국은 핵능력을 제고한 이후 국방공업 우선의 궁극적 목적이 핵개발에 있었음을 숨기지 않았다. 북한이 2006년 미사일 발사와 핵실험을 전후하여 "핵무기 제조 등 강위력한 국방공업으로 발전하였다"고 주장하였고,[154] "장군님의 선군 장정의 배경을 똑똑히 알게 되었다"고 하였으며,[155] "이제야 우리가 승리의 통장훈을 부르며 왜 허리띠를 조이지 않으면 안되었는지를 이해하게 되었다"고 했다.[156] 실현 여부를 떠나서 1차 핵실험(2006.10) 직후 북한 내부에서 '강성대국의 여명이 밝아온다'면서 '민생투자 확대' 문제가 거론되기도 했다.

---

154) "국방공업의 발전을 혁명과 건설에서 제1차적인 전략적 과업으로 내세우고 실현함으로써 오늘 우리의 국방공업은 핵무기를 포함한 현대적인 공격수단과 방어수단, 우리 식의 위력한 군사장비와 전투기술기재들을 마음먹은대로 만들어 내는 강위력한 국방공업으로 발전하였다." 리기성, "사회주의경제강국건설목표와 전략적 원칙"(2005).
155) 북한은 김정일이 선군시대 경제건설노선을 제시하여 "허리띠를 졸라매는 시련 속에서도 전당, 전국, 전민이 국방공업에 필요한 모든 것을 최우선적으로 보장하도록 하시였다"고 하면서, "우리 인민은 인공지구위성 ≪광명성1호≫발사와 미싸일발사, 핵시험이 성과적으로 진행되여 강력한 전쟁억지력을 가지려는 우리 민족의 세기적숙망이 실현되였을 때에야 비로소 어이하여 장군님께서 공장과 농촌길보다 먼저 선군장정의 길에 오르시였는지를 눈시울을 적시며 똑똑히 알게되였다"고 하였다. 학습제강(당원 및 근로자), "사회주의에 대한 신념을 확고히 간직할데 대하여"(2008.2).
156) 강습제강(간부, 당원 및 근로자), "경애하는 김정일동지는 독창적인 선군정치로 공화국의 존엄과 위력을 온 세상에 높이 떨쳐주신 위대한 령도자이시다"(2008.3).

나. 선군노선과 7.1조치의 관계: 분절경제의 심화

선군경제건설노선은 2002년 9월에 선언되었다. 7.1경제개혁이 시행된 지 2개월 뒤의 일이었다. 김정일은 적극적인 경제관리개선을 주장한 2001년 '10.3 담화'에서도 내각에 "경제건설에 선후차와 경중을 옳게 가릴 것"을 강조하면서 "군수공업을 선차로 내세울 것"을 요구했다. 김정일은 '국방공업 우선'과 민수부문의 '경제관리 개선'을 동시에 묶어서 구상했다고 볼 수 있다. 개혁적인 정책과 보수적인 정책이 혼재된 구상이었다.

이 두 개의 정책 병행에는 다음과 같은 의도가 있는 것으로 해석된다. 첫째, 경제의 2원적 관리이다. 군수는 계획에 의해 김정일 자신이 철저히 관리하고, 민수는 내각에 맡기되 부분적인 시장 요소 채택을 허용해 주는 것이다. 둘째, 국방공업의 최단기간 내 발전을 추구하는 것이다. 기존노선인 '중공업 우선' 범주에서 국방공업을 분리해 선차성(先次性)을 부여하는 것이다. 그 결과 국방공업발전, 경제토대축성, 인민생활향상이라는 북한의 경제발전 목표에서 경공업·농업은 투자 우선순위에서 더욱 멀어지는 결과를 초래하였다.

셋째, 민수부문 잉여를 적극적으로 군수부문으로 전환한다는 계산이 있었을 것이다. 김정일은 군수부문에 '아낌없이 대주는 원칙'을 내각에 강조했다. 반면 '국가경제'(민수)는 자력갱생하도록 한다는 복안으로, 국가경제 관리에는 당(김정일)의 권위를 훼손하지 않는 범위 내에서 어느 정도 자율권을 주면서, "국가 재정을 축내지 마라, 다른 곳에 쓸데가 많다. 앞으로는 거꾸로 최대한 시장의 돈주머니를 털어서 국가재정에 보태라"라는 주문이 김정일의 복안이었을 것이다.

표 3-6 '선군경제건설로선'과 자원배분 우선순위 변화

경제건설노선	1958년, 중공업우선 발전노선	2002년, 국방공업우선 발전노선
투자우선순위	1. 선행부문(전력·석탄·금속·수송) → 2. 여타 중공업 부문(기계·화학) → 3. 경공업·농업	1. 국방공업 → 2. 선행부문 → 3. 여타 중공업 부문 → 4. 첨단산업 → 5. 경공업·농업

북한 내각 입장에서는 선군경제건설노선은 경제개혁 추진에 걸림돌이다. 국방공업 우선으로 민수부문의 재투자가 제약을 받아 공급부족 문제해결이 더욱 어려워지기 때문이다. 이로 인해 북한 경제 간부들뿐 아니라 일반 주민들 사이에는 지나친 군수우선 정책에 대한 불만이 누적되었다. 한 때 이러한 불만을 완화해 보려는 시도가 있었다. 2006년 10월 핵실험 직후 북한당국의 그 '성공' 사실에 대한 대주민 강연[157] 또는 방북 인사들의 증언을 보면[158] 북한 당국이 "민수에 투자확대, 민생향상에 집중" 또는 "재래식 무기감축, 군수공장의 민수전환"[159] 등을 선전 차원이나마 거론한 점이 확인된다.

---

[157] 북한은 핵실험 직후 대대적인 군중강연을 통해, '핵시험이 가지는 의의'로 "첫째, 김일성조선, 김일성민족의 무궁번영을 위한 강위력한 무기를 마련한 민족적사변이라는데 있다. 둘째로, 핵시험은 강성대국의 려명을 불러오는 민족번영의 일대 사변이다. 셋째로, 핵 시험은 조선반도주변과 세계평화와 안전을 도모하고 세계자주화위업을 힘있게 고무추동한 인류사적사변이다"라고 선전하였다. 그리고 한때 북한 사람들 사이에 "가장 큰 화제거리가 되었던 강성대국의 려명은 어디서 오는가"는 '원유가 터진다'도 아니고 '지하자원 문제'도 아니라 '핵섬광에서 밝아온다'는 게 답이라면서, 그간 '생존위협'을 막기위해 '막대한 인적, 물적, 지적자원이 집중'되었으나, 이제 생존위협을 제거함으로써 "경제발전과 국민생활향상에 총력을 기울이겠다"는 주장을 하였다. 간부 및 군중강연자료, "우리나라에서의 핵시험성공은 반만년민족사와 세계 정치사에 특기할 사변이다"(2006.10).

[158] 이찬복 판문점대표부 대표는 방북(2006.10.31-11.4)한 프리차드 미 한미경제연구소(KEI) 소장에게 "그동안 핵개발에 많은 투자를 했으나 이제 핵무기가 있으니 재래식 병력을 감소시켜도 될 것이다"라고 언급했다; 조선신보는 북한 내에서 "핵실험 후 경제부흥에 매진할 수 있는 환경과 여건이 조성되었다는 기운이 높아가고 있"다고 보도했다. 『조선신보』, 2006.12.5.

그러나 핵실험 이후에도 여전히 군수산업 비중의 완화 여부는 확인되지 않는다. 오히려 2007년 중반부터 방직공업·발전소·탄광·시멘트·제철제강 등 군수산업과 연관된 주요 공장·기업소에 나이가 든 대좌급 군 간부들을 감독으로 파견하여 군수용으로의 공급여부를 감시하기 시작함에 따라 현장 지배인과 충돌을 빚기도 한다는 주장과, 2009년부터는 이를 확대하여 국방위원회가 각도에 책임지도원을 파견하여 군사부문 사업 전반을 지도 감독한다는 주장도 있다.[160]

다. 특구개방과 공급부족 해결의 추진

북한은 2002년 9월 신의주 특별행정구, 10월 금강산관광 특구, 11월 개성공업지구를 잇달아 특구로 지정하였다. 1991년 12월 라진·선봉자유무역지대 설정이후 10년만의 지역개방이었다. 금강산과 개성 개방은 관광수입이나 노동자 임금 또는 토지 임대료 수입 등 외화벌이 차원의 개방이나, 신의주 특별행정 구역 지정은 '국가 속의 국가'를 설정하여 홍콩을 모방한 '개방 실험'으로 볼 수 있다.[161]

---

159) 북한이 군수공장을 민영화하는 경우는 매우 드물다. 새 군수공장을 건립하고 낡은 공장을 일반 기업소에 매각하거나, 외국과의 합영을 위해 군수공장을 명부상으로만 민수로 등록하는 경우가 있다. 그리고 화약공장에서 화학제품을, 무기공장에서 농기계를 생산하는 형태의 민수지원은 가능하나 실행여부는 확인되지 않는다.
160) 탈북민들 증언, 2009.4. 그들에 의하면, 일선에서는 도에 파견된 군(軍) 지도원을 도당 간부급으로 인식하고 있다고 하였다.
161) 2002년 9월 12일 최고인민회의 상임위원회는 신의주를 특별행정구로 지정하는 정령을 발표하였다. "조선민주주의인민공화국 신의주특별행정구를 내온다. 신의주 특별행정구는 평안북도 신의주시(49개의 동들 중에서 43개 동)와 의주군(3개리), 염주군(2개리), 철산군(2개리) 등을 관할한다. 신의주특별행정구는 조선민주주의인민공화국 특수행정단위로서 중앙에 직할시킨다"는 내용이다. 『조선중앙통신』, 2002.9.19; 신의주 특구의 면적은 총 132㎢로서(홍콩의 1/8, 중국 심천특구의 1/3, 나선지대의 1/5 규모) 신의주시 일대와 남서쪽의 염주 철산군 해안 일부를 편입시켜 2개 지구로 분리하여 지정하였다. 염주군 해안을 포함시킨 것은 그곳의 다사항을 특구 전용항구로 개발하려는 목적으로 보였다.

북한이 신의주 특별행정구 설치로 시도했던 제도상의 특징을 보면, 특별행정구에 입법·행정·사법 등 3권을 부여함으로써 독자적인 관리가 이루어 질 수 있게 하였고, 자본주의 시장경제원리에 바탕을 둔 경제 개방구 개발방식을 적용하였다.[162] 북한은 신의주 특구에 50년간의 토지 이용권, 개인의 재산권과 상속권을 보장하고, 특구 내에서는 자체적인 화폐정책을 추진하는 등의 투자촉진을 통해 신의주를 국제적인 금융, 무역, 상공업, 관광지구로 개발하려 했다.

북한이 신의주 특구를 개방하려한 배경에는 이미 시행되고 있는 7.1조치의 연장선상에서, 공급부족의 문제를 해결하기 위한 목적도 있었던 것으로 보인다. 북한 내부적으로 자본조달이 어려운 상황에서, 밖으로부터의 외화 획득을 통하여 상품생산을 증대시킴으로써 공급 부족 상황을 개선한다는 계산이다. 과거 차관 도입이나 합영법 제정, 라진·선봉 경제특구 설정 등의 대외개방 조치를 통하여 외화를 조달하려는 정책이 실패함에 따라 종래와는 질적으로 다른, 보다 과감한 조치를 시도한 셈이다. 북한은 신의주의 지정학적 위치를 활용하여,

---

[162] 북한은 2002년 9월 20일 총 6장 101조로 구성된 '신의주 특별행정구기본법'을 발표하였다. 기본법에 따르면, 신의주 행정구는 중앙정부 직할의 특수 행정 단위로서, 주권(외교·국방권)은 없으나, 입법·사법·행정 등 자치권을 보유한 홍콩식 일국양제(一國兩制)와 유사하다. 국적, 정견, 신앙에 따른 차별을 금지하는 등 기본권을 보장하고, 행정구의 법률제도를 50년간 변동 없이 유지토록 하며, 50년간 토지 임대 등 외국 투자자들에게 안정감과 신뢰감을 부여하였다. 특구에 독자적인 여권발급 권한을 부여하고, 통관절차를 간소화함으로써 외화와 화물의 자유로운 반출입을 허용하였으며, 행정구 자체로 구기(區旗)와 구장을 사용하고, 통용화폐는 미화 달러화, 공용어는 한국어를 사용하되 영어·중국어도 공문서에 사용하도록 하였다. 행정구의 입법기관으로 입법회의(의원 15명)를 운영하고, 사법기관으로는 구 재판소와 지구 재판소가 있었다. 한편 북한 당국은 특구 운영에 대한 조정 통제를 위한 제도적 장치를 마련하여, 중앙정부가 필요에 따라 군부대를 파견하고 전쟁이나 무장 반란 발생시 선전포고를 하며, 특구 행정장관의 임기 및 해임사유를 규정하지 않음으로써 교체가 가능하고, 특구 입법회의가 채택한 결정에 대해 필요한 경우 최고인민회의가 수정할 수 있도록 규정하였다.

신의주를 중국 단동의 배후 생산기지 및 동북아 물류기지로 개발하고, 외부로부터 기술도입과 외화획득을 도모하면서, 자본주의 시장경제의 훈련장으로 활용한다는 여러 가지 포석이 있었던 것으로 알려졌다.[163]

그러나 신의주 특구는 중국의 비협조로 좌절되었다. 중국은 신의주에 특구가 조성되면 단동과 경쟁관계에 놓이고, 관광지구로 개발될 경우 중국 자본의 북한 유입과 중국인들의 신의주내 오락·도박장 활용 등 부정적인 측면을 우려한 것으로 보인다. 중국 정부는 북한이 초대 행정장관으로 임명한 네덜란드 국적의 중국계 사업가 양빈(楊斌)을 2002년 10월 탈세 혐의로 재산몰수와 함께 구속하였으며, 북한 당국은 2004년 8월 이후 신의주 특구 추진을 중단하였다.

신의주, 금강산, 개성공단이 2002년 하반기에 특구로 지정되는 일종의 '대외개방' 결정과정을 보면, '우연한 계기'로 인한 개별 사업들이 경제난을 타개하기 위한 정책변화 의지와 연결되면서 개방정책으로 확장되고 있음을 보여준다. 금강산 관광 사업과 개성공단 사업은 1998년부터 정주영 전 현대회장의 적극적인 제안, 요시다 신일본산업 회장의 중재, 김용순 아태평화위원회 위원장의 건의, 김정일의 수용 과정으로 진행되었다. 신의주 특구 지정과정에서 제안·중재·건의·결정 역할은, 양빈 '어우야(歐亞)' 그룹 총재, 김용술 무역성 국장, 장성택 당 조직지도부 1부부장, 김정일이 각각 해당한 역할을 했다.

양빈이 신의주 특구 행정장관에 임명된 과정은 다음과 같다. 김일성 사망이후 북한 내 생화(生花) 수요가 급증함에 따라 1997년경 당시 무역성 경제협조국장 김용술은 양빈과 원예사업의 대북 투자 문제를 논의했다. 협의과정에서 대규모 투자 유치 가능성이 보이자 김용술은 이를 장성택에게 보고하여 북한 원예총회사가 설립되었다. 장성택은 이

---

163) 김영윤, 『북한 경제개혁의 실태와 전망에 관한 연구』, p. 113.

후 방북한 양빈을 접촉하는 과정에서 '신의주 개발' 문제를 우연히 거론하였으며, 양빈이 이에 적극적인 태도를 보이자, 장성택이 이를 김정일에게 보고하여 2000년경 '신의주 특구신설 연구를 위한 그루빠'가 구성되었다.164)

신의주 개발 문제는 한 동안 잠잠하다가, 김정일이 2001년 1월 상해 경제특구 현장을 방문하고 나서 7.1조치 추진 문제와 함께 급진전되었다.165) 김정일이 2002년 9월 북·일 정상회담에서 일본인 납치문제와 관련한 '고백외교의 수모'166)에도 불구하고 일본과 적극적인 관계정상화를 추진한 것과 마찬가지로, 신의주 특구개발도 공급문제 해결의 장기적인 포석이었다. 그러나 둘다 사업의 진전을 지나치게 낙관하는 전략적 실수로 실패했다.

---

164) 증언(2002.10)에 의하면, 장성택이 양빈과 만찬시 양빈에게 "신의주를 당신 마음대로 한 번 해봐라, 다 내어줄 수 있다"고 언급하였다. 양빈이 적극적인 태도를 보이자 장성택은 김정일에게 "양빈이 우리가 신의주를 내주면 국제적 경제특구를 만들어 주겠다고 한다"고 보고하였다. 신의주 특구 신설을 위한 '그루빠'는 국가안전보위부·사회안전성 등 통제기관과 무역성 법규국·경제협조관리국과 내각 사무국 등에서 30여명의 인원이 차출되어 구성되었으며, 이들 사이에서는 '돈이 될 것 같다'는 인식이 있었다 한다.
165) 김용순은 2002년 5월 "신의주를 홍콩과 같은 국제도시로 개발하는 문제를 추진하고 있다"고 언급하였다.
166) 김정일은 2002년 9월 17일 고이즈미 일본 총리와의 평양 정상회담에서 행불자 문제와 관련, "일부 망동주의·영웅주의자가 일으킨 일로서 솔직히 사과하며, 이런 사실을 알고 난뒤 책임자를 처벌했으며, 앞으로 절대로 재발하지 않도록 하겠다"고 언급하였다.

제3절 개혁확대: 박봉주 총리의 개혁과 시장경제 모색(2004)

2000년대 김정일 집권 10년 동안 진행한 경제개혁 진퇴 과정에는 여러 가지 정치·경제적 '실험'이 농축되어 있다. 정치적 제약 조건에서 경제개혁을 추진하려다가 결국은 그 한계를 깨닫고 시장경제를 추진하는 경제 간부들의 고민, 경제논리와 정치논리의 충돌과정에서 주도권을 장악하려는 당·정 간의 은밀한 권력암투, 근본적인 경제개혁을 주문해 놓고도 권력의 안정적 유지를 위해 개혁지원을 주저하는 김정일의 우유부단한 리더십, 정책의 우여곡절 속에서 생존의 기회를 포착하려는 민초(民草)들의 몸부림이 담겨져 있다.

여기서는 박봉주가 총리에 취임한 이래 취한 경제개혁 확대 조치들과 시장경제 모색 동향을 살펴본다. 박봉주 내각은 2004년에 가족 영농제, 기업소 부업농제, 기업경영 자율화, 노동행정체계 개혁이라는 추가 개혁조치를 추진한데 이어, 경제관리구조는 물론 상품유통관리·가격관리·금융구조·곡물가격 관리 방식 개혁에 이르는 광범위한 '시장경제' 도입을 시도했다. 김정일이 이를 수용하지는 않았으나 북한 경제 간부들의 '북한경제 현실에 대한 인식과 해법'을 확인할 수 있었다.

|01| 박봉주 총리 등용과 재량권 부여

2003년 9월 김정일은 자신의 2기 정권을 출범시키면서 내각 총리를 박봉주(1939년생)로 교체하였다.[167] 최고인민회의 제11기 제1차

---

167) 전임 홍성남 총리(1929년생)는 "건강 이상" 혹은 "김정일로부터 7.1조치 부진으로 질책"설이 있다. 그는 함남도당 책임비서로 전출(2003.10)되었다가 2009년 3월 31일 사망하였다.

회의에서 총리를 공식 선출하기 직전에, 김정일은 총리로 내정된 박봉주를 비롯한 당·정간부들을 모아 놓고 박봉주에게 "높은 신임과 기대"를 표명하면서, 내각이 경제사령부로서 "나라의 경제를 통일적으로 틀어쥐고 지도 관리할 것"과 "경제관리사업에서 반드시 새로운 전환을 가져 오도록 할 것"을 주문하였다(아래 인용문 참고). 김정일은 특히 박봉주에게 "수시로 제기되는 문제들에만 매달려 (경제사업을) 땜때기식으로 하지 마라"고 주문하였고, 박봉주는 "경제관리 개선을 위한 국가적 조치 적극 이행"을 다짐하였다.[168]

> 이번 최고인민회의에서 내각도 새로 조직되는 것만큼 내각과 위원회, 성, 중앙기관들의 경제관리지도사업에서 반드시 새로운 전환을 가져 오도록 하여야 합니다. 내각은 당의 로선과 정책에 기초하여 경제사업을 주동적으로 작전하고 경제조직사업을 면밀하게 짜고들며 국가적인 경제지도관리체계를 정연하게 세우고 아랫단위들에 대한 장악과 지도통제를 강화하여야 합니다. 경제지도기관들과 경제지도일군들은 수시로 제기되는 문제들에만 매달려 땜때기식으로 일할 것이 아니라 경제사업을 깊은 연구와 구체적인 타산밑에 전망성있게 설계하고 힘있게 전개하여야 합니다 … 내각은 사업을 대담하게 혁신하고 나라의 경제건설에서 혁명적 앙양을 일으키는 것으로 당의 높은 신임과 기대에 보답하여야 합니다.[169]

이상과 같은 김정일의 언급으로 볼 때, 그가 총리를 교체한 배경은 실물 경제에 밝고 추진력 있는 인물을 총리로 발탁해 국가경제를 확고

---

168) 박봉주는 2003년 9월 3일 제11기 최고인민회의 개막식에서 "내각은 사회주의 원칙과 실리보장의 원칙에서 사회주의 경제관리방법을 끊임없이 완성해 나감으로써 경제관리를 개선하기위한 국가적 조치를 적극 이행할 것입니다"라고 선서하였다. 『조선중앙통신』, 2003.9.3.
169) 김정일, "당이 제시한 선군시대의 경제건설로선을 철저히 관철하자"(당, 국가, 경제기관 책임일군들과 한 담화, 2003.8.28).

하게 장악하게 함으로써 경제를 활성화시켜 보겠다는 의도였다. 특히 김정일은 시행 1년이 경과했으나 짜임새 없이 겉돌기만 하는 경제관리개선조치의 확실한 정착을 기대했다. 박봉주는 지방 공장·기업소 책임자로 있다가[170] 1990년대 중앙으로 진출하여, 중앙당 경공업부와 경제정책검열부 부부장을 역임하고, 1998년 9월부터 내각 화학공업상을 맡고 있다가 총리로 등용되었다.

김정일은 박봉주 등용 무렵에 내각이 주도적으로 국가 경제를 관리할 수 있도록 몇 가지 측면지원 조치를 취해주었다. ①각급 기관의 유급당원 등 사무인력 감축, ②당과 군의 경제사업 축소, ③내각의 전문화·연소화, ④총리에게 경제관리 재량권 위임과 함께 경제 간부 인사권 및 경제사업 검열권 부여 조치가 그것이다.

첫째, 2003년의 사무인력 감축이다. 각급 기관의 조직·인력 축소(20-30%)는 북한이 상부 기관, 사무·관리직 인력 비대화 현상에 따라 이른바 '책상놀음, 놀고먹는 로력' 감축차원에서 주기적으로 취하는 전통적인 조치였다. 그러나 2003년의 사무인력 축소 조치에는 생산 활동 노력(勞力) 증대 외에 두 가지 의도가 더 포함되었다. 먼저, '유급 당원의 대대적 감축'에 의미가 있었다.[171] 2002년 7.1조치로 공장 당위원회에 집중되어 있던 기업의 경영권한을 지배인에게 이양한데 이어, 2003년 4월부터 각급 경영단위 및 지방 당[172]에 포진해 있는

---

170) 1980년대 말 북한 중앙TV에서는 "군당 책임비서"라는 영화가 북한 주민들 사이에 인기가 있었다고 한다. 이 영화는 평남 남흥청년화학연합기업소 당책임비서 시절 박봉주의 활동을 소재로 한 것으로 알려졌다.
171) "북한은 중앙 및 지방당 일부 조직의 직급을 하향 조정하고, 유급당원들을 대대적(20-30%)으로 축소하여 산업현장으로 재배치하였다." 통일연구원, 『북한의 경제개혁 동향』(2005.3), p. 12; 이대근, "조선로동당의 조직체계"(2005년도 통일·북한분과위원회 기획 학술회의, 2005.5.27), 한국국제정치학회 엮음, 『북한의 당·국가기구·군대: 지속성과 변화』, p. 59
172) 지방 당인력 감축은 2003년 10월에도 진행중이었다. 김정일은 2003년 10월 "도당의 놀고 먹는 인력을 없애라"고 지시하였다.

유급 당원들을 축소함으로써 당의 '행정대행 현상'을 방지하려했다. 다른 하나는 생활비가 인상되고 생활비 지급체계가 변경된데 따라, 사무인력 축소로 국가 재정 부담을 줄이는 효과도 고려되었다. 당·정 기관의 고정 배급제 인원과 재정으로 관리되는 예산제 기관 인원을 줄이는 대신, 자체로 생활비를 해결하는 독립 채산제 기관·기업소 인원을 늘린다는 계산이었다.[173]

둘째, 2004년의 당과 군의 경제사업 축소 조치다. 이 조치로는 특수기관을 제외한 당·군 외화벌이 사업을 내각 무역성으로 일원화(2004.3)하고,[174] 내각 산하에 민경협을 신설해 남북경협 실무사업을 전담(2004.7)토록 했다.[175] 인민무력부 산하 원유공업총국을 원유공업성으로 격상하여 내각으로 이관(2004.1)하고, 당 산하 가금총국·육류가공공장을 내각 산하로 편입(2004.2)했다. 박봉주는 2004년 3월 당·군의 무역 업무를 무역성으로 일원화하면서 시·군과 공장·기업소에도 무역사업을 할 수 있는 권한을 부여하였다. 김정일의 측면지원에 힘입어 박봉주는 부실 무역회사를 정비하고,[176] 해외 상사원들의 생활비를 인상해주었다. 투자유치를 위해 해외교포가 경제특구 이외 지역에서 기업·은행을 설립하거나 광산개발에 대한 직접투자가 가능

---

173) 2004년 8월 북한은 박봉주의 건의에 따라 '노동행정체계 개편'을 추진하는데, 거기에는 예산제 기관·기업소 일부를 독립채산제 또는 반독립채산제로 넘기는 작업이 포함되었다.
174) 당시 북한의 무역회사는 340여개였다. 내각이 절반을, 당과 군이 각각 50-60여개의 회사를 운영했으나, 당과 군 무역일꾼들의 전문성 부족이 문제가 되었고, 특히 군 무역회사의 경우 외화벌이 생산기지와의 갈등이 빈발해 내각으로 이관되었다. 물론, 내각으로의 무역 일원화 대상에서 39호실 및 38호실 산하 또는 군 제2경제위 산하 기관들의 외화벌이 사업 등 당 자금 마련이나 군수 조달을 위한 무역사업은 제외되었다.
175) 김정일은 2004년 8월 "아태위원회 등 당에서는 북남경협 정책은 제시하되, 경협실무 사업은 내각이 맡도록 하라"고 지시했다.
176) 박봉주는 2004년에 340여개의 무역회사들 중에 60여개의 부실회사 정비를 추진하였다.

하도록 했다. 박봉주는 내수(內需)와 수출에 따른 수익률을 비교하여 무역품목을 통제하였고, 발전소에 공급하기 위해 무연탄 수출을 통제하다가 군과 갈등을 겪기도 하였다.[177)]

셋째, 내각의 연소화는 2000년 이후 '간부사업에서의 전문성 중시'와 같은 맥락의 인사 조치였다. 김정일은 총리를 상대적으로 젊은 인물로 교체한데 이어, 7.1조치의 실무책임을 맡고 있는 국가계획위원장 박남기(1934년생)를[178)] 김광린(1949년생)으로 교체하였다. 경제사령관(총리)과 경제작전국장(국가계획위원장)을 각각 10년, 15년 젊은 사람으로 교체했다.[179)] 김정일은 박봉주 내각 출범 당시 상(相)급 이상 37명중 22명(60%)을 이공계 출신으로 임명했고, 이들의 연령도 40, 50대가 1998년 8월 이전 6명에서 이후 8명으로, 다시 2003년 9월에는 10명으로 증가하는 등 젊은 전문관료의 등용을 확대했다. 박봉주도 내각 사무국장(정문산, 70세)을 측근(김영호 부국장, 53세)으로 교체하는 등 부여된 인사권을 적극 행사했다.

넷째, 김정일은 박봉주에게 내각 기구조정권과 간부인사권, 그리고 경제사업 검열권을 부여했다. 김정일은 '당 비서국 비준 대상'을 제외한 내각 위원회·성·중앙기관 성원들에 대한 인사권을 당에서 내각으로 이관해 주었으며, 비서국 비준 대상에 대해서도 총리의 의견을 적극 반영하라는 지시를 당에 한 것으로 알려졌다. 그리고 총리에게 경

---

177) 박봉주는 2006년 초 평남 순천화력발전소 지배인으로부터 순천석탄연합기업소에서 생산되는 무연탄이 공급되지 않아 발전소를 가동하지 못한다는 보고를 받는다. 점검 결과 그 무연탄은 군이 군복 수입을 위해 중국 수출용으로 돌려졌음을 확인한다. 박봉주는 6개월간 무연탄 수출 중지명령을 내린다. 군이 반발하여 김정일에게 군복수입에 따른 수출 필요성을 보고해도 수출 통제를 철회하지 않는다.
178) 박남기는 2003년 9월 최고인민회의 예산위원장으로 자리를 옮겼다.
179) 김정일은 내각책임제·중심제를 강조하면서 내각을 경제사령부, 국가계획위원회를 작전국으로 호칭하기도 하였다. "인민경제계획법을 철저히 관철하자," 『로동신문』, 1999.4.21.

제정책 결정권을 대폭 위임하면서 유관 기관들에 '경제문제 보고서는 나에게 올리기 전에 총리의 사전 심의를 받도록 하라'고 지시했고, 당·군을 포함한 전반적인 경제 사업을 점검할 수 있도록 했다.

김정일은 2004년 초 박봉주가 "개선책을 너무 많이 내놓아 개혁파로 몰릴 것 같다"고 염려하자 "내가 개혁파의 우두머리이니 나를 믿고 밀어 붙이라"고 고무했고, 박봉주가 다시 당과 권력기관이 국가경제 관리권을 침해하고 있다고 보고하자 "내각에 권한을 주었으면 써먹을 줄 알아야 한다"고 편들어 주어 적극적인 경제 관리권 행사가 가능하도록 해주었다.[180] 이처럼 박봉주는 자신에 부여된 경제관리 책임을 완수하기 위해 김정일이 부여한 재량권을 적극 활용한 결과 적어도 2005년 상반기까지는 '실세 총리'[181]였고, '내각책임제·중심제'도 종전보다는 상당히 내실화되었다.

김정일은 박봉주에게 독대 보고할 기회를 주고 북한의 경제사정에 대한 그의 솔직한 설명을 경청했다. 박봉주의 개혁건의에 대해서 '대담하다'는 생각을 하면서도 대체로 수용한 것으로 알려졌다. 김정일은 2004년 총리에게 전용 열차를 제공하여 생산현장을 직접 점검하도록 했으며, 자신의 현지지도에 총리를 수시로 대동했고,[182] 2005년에는 중국의 발전 경험을 다시 배우고 오도록 했다.[183]

---

180) 김정일이 비슷한 시점에 박봉주에게 "주변의 눈치를 보지 말고 한번 마음대로 경제를 움직여 봐라"는 언급을 했다는 증언도 있다. 탈북민 증언, 2005.6.
181) 박봉주는 한 때 북한의 역대 총리들 중에서 가장 영향력 있는 '실세 총리'였으며, 동시에 헌법개정(1998.9)으로 '총리 임기 5년 보장'규정에도 불구하고 임기를 채우지 못한 총리(3년 7개월 재직)로 기록되었다. 박봉주가 '실질적'으로 총리 권한을 한 것은 2006년 5월까지 2년 9개월에 불과했다.
182) 박봉주는 2004년에는 6회, 2005년 37회, 2006년에는 6회 김정일의 현지지도를 수행하였다.
183) 김정일은 2004년 4월과 2006년 1월 중국을 방문할 때 박봉주를 대동하였다. 박봉주는 2004년 4월 방중시 김정일과는 별도로 베이징 내의 모범 농촌마을인 팡산구 한춘허를 방문했다. 『연합뉴스』, 2005.10.2. 한편 박봉주는 김정일의

김정일의 신임에 부응하여 박봉주도 경제 사업을 적극적으로 장악하면서 경제개혁의 성과를 거두기 위해 최선을 다했다. 전용열차를 타고 무산탄광·김책제철소 등 생산현장을 방문하고, 걸린 문제를 "지도자에게 보고하여 책임지고 해결해주겠다"고 하면서, 당·군에도 적극 협조를 구했다. 김정일처럼 '쪽잠에 줴기밥'도 마다하지 않았다. 총리는 일선 생산 책임자들은 물론 내각 상(相)들에 대해서도 실적이 낮고 소극적인 간부들에 대해서는 엄하게 질책하였다. 일례로, 2004년 2월 수도건설위원장 신일남[184]이 장성택과의 관계를 믿고 총리의 지휘에 소극적인 일종의 항명파동이 발생하자 그를 해임하고 지방으로 추방했다. 내각 간부들은 박봉주의 대담성과 추진력에 '찬사'를 보냈고, 당·군 간부들도 한동안 실세 총리를 무시할 수 없게 되었다.

박봉주는 내각 간부들의 기관 할거주의를 극복하고 전문성을 제고하기 위한 노력도 병행하였다. 그는 국가차원에서 종합적으로 경제관리 실태를 점검한 결과 경제 간부들의 본위주의와 낮은 실무능력에 문제가 있음을 확인하였다. 재정성·로동성·국가가격제정국 등 각급 기관들이 경제관리 문제를 총체적인 연관 속에서 파악하지 않고 각기 본위주의적으로 처리하는 경향이 있음을 지적하였다. 2004년 들어 경제부처와 도 단위에 '경제관리분석국(처)'이 신설되고,[185] 경제관리 문제와 관련한 지시를 '공동 지시문' 형태로 하달하는 빈도가 늘어났다. 같은 해 9월에는 내각 전 부처 간부들을 대상으로 1개월간 새로운 기업

"중국의 발전경험을 배우고 오라"는 지시에 따라 2005년 3월에는 국가계획위원장·농업상·무역상과 함께 상해·심양을 방문하였다.

184) "북한의 권력투쟁 내막-김정일, 2인자 장성택을 가택연금,"『월간조선』, 2004년 7월호.
185) 증언에 의하면, 내각은 경제 간부들의 본위주의적 행태를 극복하기 위해 2004년 2월부터 "종합적 성격을 띠는 성(省), 중앙기관, 도 인민위원회들에 경제실무 능력이 높은 일꾼들로 경제관리 실태를 종합 분석하는 것을 기본 직능으로 하는 국(처) 조직을 내왔다"고 하였다. 탈북민 증언, 2004.7.

경영 방식에 대한 강연회도 개최되었다. 그리고 총리 직속으로 각 부처에서 전문 인력을 차출하여 '시장경제요해 상무조'를 조직해 대두된 현안을 종합적으로 검토하여 대책을 강구하도록 하였다.

|02| 박봉주 내각의 개혁조치: 농업, 기업관리, 노동행정

박봉주는 2004년 들어 김정일이 자신을 총리로 등용할 때 내린 "땜때기 식으로 하지마라, 과감하게 혁신하라"는 지시를 충실히 이행하였다. 2004년에 박봉주의 경제개혁은 크게 2차례 추진되었다. 먼저, 2004년 1월에 '공장·기업소 관리운영방법 개선 대책'[186]을 비준 받아 거시경제 전반을 '실리, 가격, 시장'을 잣대로 개선해 나간 것으로 알려졌다. 그 중에서 농업·기업에 대한 혁신적인 시범 개혁, 기관·기업소의 부업농제 실시, 노무관리권을 대폭 하부로 이관하는 노동행정체계 개혁 작업은 구체적으로 추진되는 움직임이 확인되었다.[187]

다음으로, 이와 같은 단편적인 조치들에도 불구하고 생산 정상화가 이루어지지 않자 추가 개혁을 위해 2004년 6월 '내각 개혁 상무조'를 구성하여 사실상 '시장경제'에 해당하는 과감한 개혁안을 연구하여 2004년 연말경 김정일에게 보고한다. 그러나 결론부터 밝히자면 김정일은 내각의 급진 개혁안을 수용하지 않는다.

---

186) 2004년 1월 '대책안'에는 계획화 방법 개선,재정관리 개선, 로력관리 방법 개선, 자재관리 개선, 은행거래 개선 대책 등이 포함된 것으로 알려졌다.
187) 박봉주 내각은 2004년 1월 경제관리방법 개선대책을 '전반적'으로 보고하고, 개별 개혁안에 대해서는 별도로 김정일의 비준을 받아 시행한다. 농업관리 개선안·기업관리 개선안·부업농제 실시안은 2004년 1월에 비준 받고, 노무관리 개선안은 독립채산제 기업 확대방안과 함께 늦게 2004년 8월에 비준 받는다. 그러나 2005년 들어 이들 일련의 개선조치들은 다시 후퇴한다.

가. 포전담당제 시범 도입

박봉주는 2003년 11월 김정일에게 협동농장과 공장·기업소에 경영 재량권을 대폭 위임하는 개혁안을 건의하였다. 우선, 2004년부터 농업부문에서는 집단영농 방식을 더욱 완화하여, 종래의 분조단위 영농에서 가족단위(2-5가구)로 농사를 짓도록 하자는 가족단위 영농제, 즉 '포전 담당제'를 건의하였다.[188] 동시에 잠업전문농장, 고치생산사업소, 과수전문농장들을 독립채산제로 전환하는 조치도 건의하였다.[189]

이러한 조치들은 농민들에게 '나의 포전'[190]이라는 인식을 강화하여 책임 영농을 도모하려는 목적이었다. 2002년 7.1조치 당시 농업개혁에는 수매가 인상(82전→40원/쌀 1kg), 국가수매량 축소(70-80%→50-60%)[191] 등 '분배 측면'의 개혁과 함께, 90년대 말에 시도했다가 보류한[192] 협동농장의 분조관리제 중심 운영의 제도화,[193] 사경지 확대(종래 텃밭 30평 + 뙈기밭 400평) 등 '생산측면'의 개혁이 병행되었다. 그러나 국가에서 요구하는 생산목표량[194]에 불구하고 농가생

---

[188] 북한의 무역성 부상 김용술도 2004년 12월 "협동농장에 분조를 보다 작게하거나 포전담당제를 조직할 권한을 부여했다"고 언급하였다.
[189] 전문농장에 대한 '독립채산제 규정'(2002.4.20, 내각결정 25호) 적용 건의는 김정일이 2003년 말 쉽게 승인해 준다. 재정성 지시 제7호, "일부 농업부문 기업소들을 독립채산제로 관리 운영할데 대하여," 2004.1.14.
[190] 포전은 "논밭갈이, 씨뿌리기, 물대기, 가을걷이와 같은 농사일을 편리하게 하기 위해 여러 개로 나누어 놓은 논과 밭"을 의미한다.
[191] 토지사용료와 수도·전기·비료·영농자재등 생산비용 명목으로 수확량의 50-60%를 납부한다.
[192] 북한 당국은 1996년 3월에 분조인원을 절반으로 축소, 농경지와 노력·생산도구를 나누어 주고 연말에 결산 분배하는 분조관리제를 일부 도입했었다. 그러나 여전히 국가에서 요구하는 생산목표량이 높아 농민들이 초과생산을 통한 인센티브를 확보할 여력이 없었고, 결과적으로 증산 효과가 없어 보류한 적이 있다.
[193] 북한은 2002년 6월 농업법을 개정하여, 작업반(80-120명) 우대제를 폐지하고 분조관리제 중심의 협동농장 운영으로 전환하였다. 당시 분조인원을 종래 10-25명에서 5-13명으로 축소했다는 주장도 있으나, 특정시점에 분조인원을 일괄 축소했는지는 불분명하다.

산에 큰 변화가 없다는 판단에서, 박봉주 내각은 생산 자체를 개인 영농에 더욱 접근시키는 포전 담당제를 추진하였다.

그러나 김정일은 박봉주의 건의에 대해 '일부 지역에서 시범적으로 실시하고 그 결과를 점검해 보라'는 지시를 하여, 과거 김일성처럼 농업개혁에 신중한 입장을 취했다.[195] 이에 따라 내각은 2004년 3월부터 황해·함경도 일부지역에 30여개의 협동농장을 선정, 분조를 가족 단위로 재편하여 농지를 할당해 주고, 토지사용료·생산비용 등으로 국가에 납부하는 몫을 제외한 수확량은 자율 처분을 허용해 주었다. 포전 담당제는 자본주의식 경쟁 원리를 실험적으로 도입한 '가족청부제'라 할 수 있다.

그 해 가을, 시범단위의 알곡 생산량은 '전년대비 150-200% 증산'이라는 박봉주의 보고에 김정일이 '내년부터 전국으로 확대 실시를 검토하라'는 지시를 한다. 그러나 이듬해(2005년) 전면 확대 실시되는 정황이 확인되지 않는다. 당이 문제 제기를 했다. 당이 별도로 조사한 결과, '증산'의 이면에는 해당 농촌경리지도기관에서 실적을 내기위해 영농자재 등 측면지원이 있었다고 제동을 걸었다. 본질적인 이유는 따로 있었다. 다음에서 거론되는 '기업경영 자율화' 시범조치도 '당의 영도 약화'가 우려되어 마찬가지로 제동이 걸렸다.[196]

---

194) 북한은 90년대부터 국가전체의 연간 곡물생산 목표량을 700-800만톤으로 과도하게 정해 놓았다. 2006년경부터는 연간 600만톤으로 조정되었다.
195) 김일성이 1958년 11월 중국·베트남 방문과정에서 당시 중국이 심경밀식(深耕密植)으로 엄청난 수확을 올린다는 이야기를 듣는데, 귀국후에 이종옥 국가계획위원장 등이 '우리도 중국식 경작을 하자'고 건의한데 대해, "남의 경험을 기계적으로 도입하는 것은 위험한 일이오. 정 해보고 싶으면 중앙당에서부터 시험적으로 해보고 좋은 결과가 나오면 전국에 적용하도록 하는 게 좋을 것 같다"고 했다. 황장엽, 『나는 역사의 진리를 보았다』(서울: 한울, 1999), p. 125.
196) 연합뉴스는 한 대북소식통을 인용하여 "김정일 위원장은 내부 경제개혁 조치에서도 내각이 제시한 방안에 승인을 했다가도 군부 측근들이 체제고수 등을 내세워 반대의견을 올리면 다시 번복하는 경우가 적지 않은 것으로 안다. 이 때문

나. 기업소 부업농 제도 실시

박봉주는 2004년 연초 김정일로부터 '기관·기업소에 부침땅 분담을 통한 식량 자체 해결방안'을 비준(1.12) 받아 시행한다. 이 건의는 김정일의 '1월12 방침'으로 명명되어, 내각결정(1.31) 및 국가계획위·로동성·농업성 등의 공동지시(2.6)로 각급 공장·기업소와 협동농장에 하달된다.[197] 농사를 지을 수 있는 땅을 기관·기업소에 분담해 주어 노동자와 사무원들의 식량을 자체로 해결하라는 것이며, 이를 적극 시행하기 위해 각급 행정단위와 생산단위에 '1월 12일 지휘부'를 구성하였다.

협동농장이 기관·기업소에 제공(계약)하는 땅으로는 두벌농사[198] 경작지 중에서 낮은 수확지, 일손이 모자라 노는 농지 등이며, 기관·기업소는 노동력과 영농자재를 지원한다. 이 밖에 '1월 12일 지휘부'는 농지였다가 유실된 토지, 야산의 개간지, 퇴화된 과수원, 임농 2중 경작지 등 부침 땅을 적극적으로 찾아 기관·기업소에 분담해 주었다. 이후 3-4년 '기관·기업소 자체 식량 조달'을 독려한 점에서 부업농 제도가 수년간 시행된 것으로 보이나, 얼마나 성과가 있었는지는 확인되지 않는다. 부업농 경작자가 '농민도 아니고 노동자도 아니다'라는 반응과 더불어 농지를 제공하는 측도, 제공받는 측도 호응도가 낮다는

에 간부들이 정책 집행에서 혼란스러워 하곤 한다"고 보도하였다.『연합뉴스』, 2006.5.24.
[197] 로동성 등 공동지시, "내각지시 제9호 ≪위대한 령도자 김정일동지께서 부침땅을 효과적으로 리용하여 기관,기업소들의 모자라는 종업원식량을 자체로 해결할데 대하여 주신 방침을 철저히 관철할데 대하여≫를 정확히 집행할데 대하여," 2004.2.6.
[198] 북한의 두벌농사(이모작)는 앞그루 작물로 밀, 보리, 감자, 당콩 등을, 뒷그루 작물로는 벼, 강냉이, 감자, 콩, 고구마, 수수, 조 등을 재배한다. 이 조치로 기관·기업소가 주로 두벌농사의 한 쪽을 맡게 되어, 일부에서는 '1월 12일 방침'을 '6개월 농사' 또는 '6월 농사'(뒷그루 파종시점)로 부르기도 한다.

점에서 유명무실해진 것으로 보인다. 2008년경부터 기업소 대신 군부대가 협동농장의 유휴지를 넘겨받았다는 주장도 있다.

다. 기업 경영자율화 시범 도입

박봉주는 2004년 1월 앞에서 언급한 농업개혁안과 동시에 '공장·기업소 관리운영 개선안'을 김정일에게 건의하여 '1월 21일 방침'으로 비준받았다. 생산계획 수립·임금결정·노무관리 등에 대한 일선 현장의 경영권을 대폭 강화하는 조치였다.[199] 7.1조치에 의거 공장·기업소에 일부 자율권을 보강해 주었음에도 불구하고 당시 생산현장 관리자 입장에서는 다음과 같은 애로사항이 확인되었다.

> 계획분담과 자재교류 문제: "여전히 중앙에서 세부지표까지 숫자로 찍어 주면서 설비와 원료자재들은 맞물려 주지 않는다. 생산된 제품을 국정가격으로 팔라 고 하니 원가도 안 나와 한두 번 생산하고는 주저앉는다. 결국 계획수행율이 적어 생활비도 못 받는다."
> 번 수입에 의한 관리 문제: "말은 그럴 듯하나 많이 벌면 국가 납부금이 많고 적게 벌면 적게 내게 되어있다. 기업소 수입의 많고 적음은 종업원들의 생활비 책정에 별로 영향이 없다. 납부금을 번만큼의 비율이 아니라 절대액으로 낮게 정해주어야 한다."
> 노동보수 문제: "7월 1일 인상된 임금으로 당시에는 그런대로 먹고 살 수 있었다. 1년여 지난 지금은 상품이 부족하여 시장 물가가 4-5배 오른 상태라서 규정대로 임금을 주면 생활이 안된다. 일선 공장·기업소에 근로자 수를 조절하고 임금을 결정하는 권한도 주어야 한다."[200]

---

199) 통일연구원, 『북한의 경제개혁 동향』(2005.3), pp. 24-28.
200) 이상은 기업 개혁안이 실시되기 전(2003년 중·하반기)에 공장·기업소의 경영애로 사항에 대해, 여러 증언·자료 등을 통해 확인된 내용을 종합한 것이다.

이 같은 문제점의 해결방안을 찾기 위해 일부 생산단위를 대상으로 한 기업경영 자율화 조치를 시범 도입한다. 다음 〈표 3-7〉에서처럼, 생산 물자를 구체적으로 지정하는 대신 금액상 지표만 하달하여 경영 융통성을 부여하고, 시장에서의 기업자금 조달을 허용하며, 임금 상한선을 폐지하고 기업이윤에 대한 자체 처분을 허용해 주는 등 기업 경영 자율권을 확대하는 조치를 취하였다.

공장·기업소 관리 개선안은 농업 시범개혁과 마찬가지로 역시 15개 단위들을 대상으로 시범적으로 시행되었다.[201] 내각 내에 '기업관리 시범 지도소조'를 구성하였고, 시범 공장·기업소별로 후원기관을 정해주면서, 매월 기업관리 실태를 보고토록 하였다.[202] 그러나 2005년에 확대 시행된 정황은 보이지 않는데, 그 이유는 유관기관들의 과도한 측면지원으로 인한 '자율관리' 의미의 퇴색을 명분으로 과도한 개혁에 제동을 건 것으로 판단된다. 앞에서 설명한 가족영농제의 확대 실시 중단과 같은 맥락이다.

---

201) 재정성 승인 165호 "2004년도 상반년도 독립채산제 사업방향을 보냄에 대하여"(2004.1.28) 중에 "현실발전의 요구에 맞게 기업관리를 개선하기위해 다음의 단위들을 시범단위로 꾸리고, 그 경험을 전국에 도입하여 일반화할 수 있도록 도와줄 것이다"는 내용과 함께 15개의 시범 단위와 지원기관 리스트가 확인되었다. 시범단위는 북창화력발전연합기업소, 11월8일광산 천리마제강연합기업소, 2.8비날론련합기업소, 평양방직공장, 순천지구탄광련합기업소, 순천세멘트련합기업소, 대안중기계련합기업소, 강계포도술공장, 제남탄광, 3월26일공장, 평양일용품공장, 삭주군 지방공업부 공장들, 평양신발공장, 라선시직매점이다. 지원기관은 북창화력은 전기석탄공업성이 맡는 등 해당 공장·기업소를 관리하는 중앙기관이 주로 지원역할을 맡았다.
202) 재정성 승인 제 1398호, "내각비준에 따라 기업관리운영을 시범적으로 실시하는 단위들의 기업관리 실태월보를 낼데 대하여"(2004.5.27).

표 3-7 2002년과 2004년의 기업경영 자율화 조치 비교

구 분	2002년	2004년
생산관리	중요지표 외에 세부계획의 수립권을 지방·기업에 이관. 계획초과 생산품 및 자체조달 생산품의 시장판매허용	전략·중요지표만 현물계획 하달, 그 외는 금액계획으로 하달해 융통성 부여203) 물자교류시장에서의 기업간 직접 자재거래허용(현금거래)
재무관리	국가납부금 외 감가상각금을 기업에 유보, 재투자 가능	기업수익 납부방식을 기존 정률방식에 정액방식을 병행. 기업 경영자금의 은행대출204) 또는 시장조달 허용. 국가 납부금 외 기업이윤 자체처분 허용.
노무관리	임금을 국가가 정한 상하한선 내에서 기업이 자율 결정	임금 상한선 폐지, 기업수입 범위 내에서 임금 자율 결정.205) 지배인에게 유휴노력 배치권한 부여.

* 필자 작성

라. 노동행정체계 개선과 독립채산제 확대

김정일은 2004년 4월 "'지금 로동행정규률이 문란해져 직장에 출근하지 않고 여기저기 떠돌아다니는 사람들이 많은데 공장, 기업소들과 사회기관에서는 그들이 어디에 가서 무엇을 하며 돌아다니는지 알아보려고도 하지 않고 있다"고 질책하였다.206) 김정일의 질책에 대한 대책으로 박봉주 총리는 2004년 8월 11일 '로동행정사업 개선 대책안'

---

203) 김용술은 2004년 12월 "국가계획위원회는 전략적 물자와 기타 중요한 물자에 대한 생산지표만 주고 이 물자를 생산하지 않는 공장·기업소들에게는 금액상 지표만 준다"고 했다.
204) "빌려온 은행자금에 대해 원금과 이자를 함께 상환해야 하므로 경영능력이 부족하여 적자를 내는 지배인들은 아예 지배인 자리를 내놓고 있다"고 한다. 탈북민 증언, 2004.7.
205) "평양신발공장은 임금을 1만원으로 정했고, 선교편직공장도 4,000원에서 3-5배 인상할 계획," 『조국』, 2004년 6월호.
206) 내부자료, "위대한 령도자 김정일동지께서 로동행정규률을 강하게 세울데 대하여 주신 말씀(2004.4.11)을 철저히 관철할데 대하여"(2004.7).

을 비준받는다. 골자는 ①멎어있는 공장·기업소 노력 활용 방안, ②노동력 관리권 분산화 방안, ③노동보수 지불방법 개선 방안, ④기업소 자체 기능공 양성 방안 등이다. 아래는 그 구체적인 내용이다.

① 공장·기업소의 놀고 있는 생산 잠재력을 동원하여 국가계획 외 수요가 있는 상품을 생산·판매할 수 있도록 한다. 모자라는 원료·자재는 시장에서 구입하고 생산품은 합의가격 또는 시장가격으로 판매한다. 전망이 없는 공장은 다른 업종으로 바꾼다. 멎어있는 공장·기업소들에는 당분간 저리자로 대부해 주거나, 국가납부를 조절해 준다.

② 앞으로 당의 사회적 로력 동원을 없앤다. 로력동원체계는 중요대상은 로동성에서, 지방은 도시군에서 장악·리용한다. 시도에 남는 로력으로 독립채산제 기업소를 조직할 권한을 준다. 기업소가 생산 책임을 지는데 맞게 로력관리 권한도 부여한다. 예산제기업소들에 대해서는 예산몫을 정확히 규정해 주고 그에 맞게 예산을 지출한 다음 절약된 자금원천 범위 안에서 자체 실정에 맞게 번 것만큼 제한 없이 지불하도록 한다. 이와 관련 성·도·시·군급 기관과 시·군의 부문별 예산제 기관·기업소들 가운데 1-2개 단위를 시범 단위로 정하고 방법론을 완성하여 일반화한다. 보건·교육·체육·문화·예술부분의 필요한 단위들만 제외하고 수입이 이루어지는 단위들은 독립채산제, 반독립채산제로 넘기기 위한 대책을 세운다.

③ 현재 생활비 기준(2002.7기준)은 경제타산 지표로 리용하고, (별도로) 기관·기업소들이 조성한 원천 안에서 일한 것만큼 보수가 차려지게 한다. 생활비 지불과 관련한 규정들을 웃기관의 간섭을 줄이는 방향에서 수정한다. 보수 지불은 지금같이 월·년으로만 하지 말고 필요에 따라 일·주·순 또는 즉시 지불하는 방법도 실시한다. 재정 은행기관들은 이에 맞게 현금보장 사업체계를 세운다. 소질이 있으나 일감이 없는 사람들 위해 시군에서 일감 주문·알선 사업을 한다. 사회보장은 국가보장에서 점차 사회보장으로 넘기고 이를 위해 국가보조로 사회보장기금을 설립한다.

④ 지금처럼 중학교 졸업생을 곧장 기능공학교(1-2년)에 추천하는 방법 대신 기업소에서 종업원을 선발하여 기능공학교에 보내고 비용도 기업소가 부담한다. 기관·기업소에 필요한 기술자·전문가를 국가부담으로 양성하는 한편 기업소 자체부담으로 위탁양성도 한다. 이밖에 직업교육을 강화하는 문제를 당 중앙위 과학교육부와 더 협의한다.[207]

위와 같은 내각의 노동행정체계 개선안은 직장배치·보수결정·인력양성면에서 노동 관리권의 대폭적인 하방을 특징으로 한다. 북한이 2002년 초에 '남는 노력, 건달풍'을 없애기 위해 규제강화 위주의 노동정책을 쓴 것과는 달리, 이번에는 발상을 전환하여 노무관리 권한 이관을 통한 자율화에 초점을 두었다. 개별 기업소에 노무관리권·임금결정권 부여, 주급·일급·시급제 도입, 시군에 노무알선 사업 장려는 일선 현장에서의 노동력 수요에 탄력적으로 대응할 수 있도록 하겠다는 것이며, '노동시장'까지 염두에 두었다고 할 수 있다.

특히 주목되는 것은 독립채산제의 광범위한 추진이었다.[208] 지방 경제관리기관에 잉여 노동력을 활용하여 독립채산제 기업을 설립할 수 있는 권한을 부여하고, 예산제 기관도 점진적으로 독립 혹은 반독립채산제 기관으로 전환한다는 것이다.[209] 이는 기업관리 및 기업 설·폐

---

207) 내부자료, "현실발전의 요구에 맞게 로동행정 사업을 개선하기 위한 대책" (2004.8.11).
208) '독립채산제 또는 반독립채산제의 광범위한 도입'은 김정일의 '8.18 방침'에서도 확인된다.
209) 북한은 '예산제 기관'을 "자체로 돈을 벌지 못하고 국가예산에서 자금을 받아쓰기만하는 기관. 국가행정기관을 비롯한 과학, 교육, 문화, 체육, 예술, 보건 등 사무기관들과 그밖의 비생산기관들"이라고 설명하고, '독립채산제 기관'은 "국가의 중앙집중적 지도밑에 경영상 상대적 독자성을 가지고 경영활동을 하면서 자체의 수입으로 지출을 보상하고 국가에 일정한 리익을 주는 원칙에서 계획적으로 관리 운영되는 전인민적 소유의 경영단위"로, '반독립채산제 기관'은 "경영활동에 필요한 자금을 독립채산제 원칙에 따라 충당하고 부족되는 몫은 국가예산에서 받아쓰는 기관으로, 주로 비생산부문을 기본으로 하면서 일정한 수입을 얻을 수 있는 부문들에서 실시"한다고 설명한다. 사회과학원 사회주의경제

의 자율화를 확대하여 기관·기업소에 경쟁 개념을 도입하면서 국가재정 부담을 줄이려는 의도였다. 박봉주 내각은 '8월 11일 방침'이 비준됨에 따라 2004년 9월부터 연말까지 공장·기업소에 대한 실태조사와 노력조정 작업을 진행하고 2005년부터 시행한다는 구상으로 추진하였다.

그러나 김정일의 비준[210])에도 불구하고 노동행정체계 개선 조치가 이듬해 전면적으로 시행되지는 않았다. '사회적 로력 동원 중단'에 대해서는 당이 불만을 제기하고, 독립채산 또는 반독립채산제로 전환되는데 대해서는 일부 예산제 기관·기업소 측이 반발했다. 주급·시급제 도입은 '자본주의식'이라는 비판도 받았다.[211]) 내각의 지속적인 개혁추진 노력에도 불구하고 당국의 통제력을 약화시키는 조치들은 당의 간섭으로 보류되었다.

| 03 | 박봉주 내각의 7.1조치 비판과 급진개혁 모색

앞에서 언급한 대로 김정일은 2004년 6월 1일 "계획경제를 시장가격에 접근시키라"는 지시를 했다. 시장 상품가격을 안정시키기 위한

관리연구소, 『재정금융사전』(평양: 사회과학출판사, 1995), p. 383, 526, 1419.
210) 박봉주 내각은 "최근 내각에서 비준 받은 8월 11일 방침은 로동행정사업에서의 커다란 진전을 보여준 것으로써 많은 일군들과 근로자들속에서 긍정적으로 평가된다"고 하였다. "경제관리방식개혁 연구자료," 『2004.6 내각상무조 개혁안 자료집』(2005).
211) 마이니치 신문(2007.5.13)에 의하면, 박봉주가 2007년 2월 내각 전원회의 확대회의에서 '노동의욕 고취를 위한 주급제·시급제 등의 도입'을 제안했는데, 중앙당 간부로부터 '미국과 같은 자본주의의 제도이며 지출이 늘어 재정을 약화시킬 수 있다'는 혹독한 비판을 200여명의 간부들 앞에서 공개적으로 받았다고 한다. 『연합뉴스』, 2007.5.14 재인용. 그러나 2007년 2월 내각 전원회의는 박봉주가 사실상 '실권'된 상태에서 퇴진 직전에 개최된 회의였으며, 당 간부들은 참석대상도 아니다. 중앙당 간부들의 박봉주에 대한 공개적인 비판(일종의 사상투쟁회의) 시점은 2006년 7월경인 것으로 추정된다.

지시인데, 국영 상품가격을 시장가격 수준으로 인상하라는 것인지, 시장가격처럼 탄력적으로 관리하라는 것인지 애매했다. 내각은 이를 국정가격의 탄력성을 높여 수요와 공급이라는 시장신호를 적극 반영하라는 지시로 해석했다.[212] 일종의 시장 지향적 개혁을 김정일이 허락해 준 것으로 보았다.

내각은 이어서 김정일이 2004년 8월 11일 직장배치·보수결정·인력양성 면에서 노동 관리권의 대폭적인 하부이관을 내용으로 하는 다소 급진적인 노무개혁안을 비준해 준데 대해 크게 고무되었다. 박봉주 내각은 2004년 초 농업·기업 개혁안에 대해서도 김정일이 '시범 실시'나마 수용해주는 등 비교적 급진적인 개혁안 제시에도 불구하고 '과감한 혁신방안'이 받아들여지고 있다고 판단하였다. 뒤에서 상술하나, 이 같은 내각의 판단에 대해 김정일은 2005년 2월부터 '내각이 오해했다. 내각이 사상과 지식의 빈곤에 빠졌다'는 취지로 부정하게 된다.

박봉주는 김정일의 '6월 1일 지시' 이행을 위해 내각 실무 간부들과 경제학자들로 구성된 별도의 경제개혁 연구조직(이하 '내각 상무조'라고 호칭)을 구성했다. 이들은 대략 5개월의 작업 끝에 7.1조치 2년의 문제점에 대한 재검토를 기초로 ①기업관리, ②상업유통, ③재정금융에 걸친 추가 개혁안을 만들고, 곡물 가격을 시장가격에 접근시키기 위한 ④농정 개혁안도 준비했다. 이 개혁안들은 2004년 10월경부터 몇 건으로 나뉘어 김정일에게 보고된다.[213]

---

212) 시장화 개혁의 뇌관에 해당하는 것이 가격 자유화이다. 중국에서도 1984-1986년까지 가격자유화에 따른 통화팽창, 공급부족, 물가폭등의 문제가 집중적으로 나타났다. 이런 현상이 발생했을 때 경제체제 전반의 개혁 조치를 심화하는 정치적 결단을 내릴 수 있는 능력 여부가 경제개혁의 소프트 랜딩을 좌우한다고 볼 수 있다. 吳敬璉, 『當代中國經濟改革』(上海遠東出版社, 2004), pp. 73-75.
213) 김정일이 2005년 이후 현지지도를 하면서 '내각 상무조'의 개혁안에 있는 경제

그러나 2004년 6월에 구성된 '내각 상무조'가 마련한 개혁안은 김정일에 의해 곧바로 비준되지 않는다. 김정일은 2005년 2월 "일부 일군들이 시장을 이용하자는 것을 시장경제로 전환하자는 것으로 오해하고 있다"고 한데 이어,[214] 2006년 6월에는 "내각이 머리에는 사회주의 모자를 쓰고 자본주의 척후병 노릇을 하고 있다"고 비판했다.[215] 내각 상무조'의 개혁내용은 단편적으로 확인된 '2004년 6월 북한의 추가 경제개혁 연구자료'[216]를 종합해 보면 개략적인 윤곽이 확인된다. 그들의 경제개혁은 당과 김정일 표현대로 사실상 '시장경제'[217]를 하자는 것이었다. 이하 이들의 논의 내용을 중심으로 2004년 하반기 박봉주 내각의 급진 개혁구상을 재구성하였다.

가. 내각 상무조의 7.1조치 비판

7.1경제관리개선의 핵심은 계획의 하부단위 이관, 물가·임금 현실화, 화폐유통에 의한 경제관리 및 번 수입에 의한 기업경영으로 요약된다. 7.1조치에 대한 평가는 경제활성화 정도로 그 성과를 판단할 수 있으나 경제활성화는 경제관리개선 조치만의 효과로 보기 어렵기 때

실태의 문제점과 개혁방향을 단편적으로 언급하고 있다는 점에서 그가 보고 내용을 인지하고 있다는 점이 확인된다.
214) 김정일, "당 중앙위원회 책임일군들에게 하신 말씀," 2005.2.26.
215) 김정일, "당 중앙위원회 책임일군들에게 하신 말씀," 2006.6.
216) 2004년 6월 이후 박봉주 내각의 추가 경제개혁 연구 방향은 탈북민 증언·내부 문건 등을 통해 확인되는데 이를 종합한 것이 『2004.6 내각상무조 개혁안 자료집』(2005)이다. 이 자료집은 크게 ① "경제관리방식개혁 연구자료"와 ② "농정개혁 연구자료"로 분류된다. 한편, 북한의 2004년 6월 개혁안의 존재에 대해서는 李英和의 일본『中央公論』기고문에도 소개되었다. 그는 2004년 김정일 방중 직후인 2004년 6월에 북한이 '신경제발전방안'을 책정하는데, 내각의 권한강화, 시장기구 확대, 상업은행의 개설과 외자유치, 노동집약적 산업 중점 육성을 내용으로 하는 매크로 개혁이 등장한다고 소개하였다. 李英和, "金正日は改革開放に舵を切った,"『中央公論』(2007년 5월), pp. 152-159.
217) 『2004.6 내각상무조 개혁안』의 '시장경제' 추진여부는 제5장에서 다시 논증된다.

문에, 7.1조치 자체의 실현정도를 살펴보는 방법으로 평가할 수 있을 것이다. 다음은 7.1조치의 실현정도에 대한 '내각 상무조'의 평가이다.[218]

첫째, 하부 경제단위에 계획 권한 이관을 통한 상대적 독자성 부여와 이로 인한 창발성 제고 효과에 대해서 부정적으로 평가한다. 1990년대 경제위기로 이미 공장·기업소들은 국가계획위원회의 계획과는 무관하게 자체 사정에 맞춰 주관적으로 생산계획을 꾸려 왔으며, 7.1조치는 그것을 합법화해 준 것에 불과하다.[219]

다음으로 자체 계획을 세워 현실화할 수 있는 경우는 원자재 보장부터 생산품 처리까지 전 생산과정의 조건이 구비되었을 때 가능하나, 현실은 그렇지 못하다. 다른 기업과 계약을 맺는 경우 상급기관과 '합의'[220]가 필요하나, 중층의 결재단계와 상급기관의 몰이해로 많은 시간·노력·자금(뇌물)이 소요되며, 결국 경제관리구조의 비대와 복잡성으로 합법적인 계획권 행사는 불가능한 상황이 되었다. 게다가 계획권 독자성의 범위와 한계가 불명확하여, 이전 보다 더 빈번하게 감독기관이 '불순한 목적'으로 검열하는 공간만을 제공한 결과를 초래했다고 평가한다.

둘째, 물가 현실화를 했다고 하나 그것은 물가 재(再) 제정이지 물가 자율화가 아니라고 비판한다. 물가현실화의 목적은, 가격보조금 축소 등 국가 재정적 효과는 별도로 하더라도, 인플레이션 억제와 북한 화

---

218) "경제관리방식개혁 연구자료," 『2004.6 내각상무조 개혁안 자료집』(2005).
219) 우리 학자는, 7.1조치 이전에 이미 계획은 "빈 종이장이나 다름없는" 상황이었고(김정일의 2001.10.3 담화) 7.1조치에 의한 계획지표의 축소역시 현실을 수용한 것에 불과하며, 이러한 사실은 7.1조치라는 '위로부터의' 시장지향적 분권화 개혁이 '아래로부터의' 자생적 시장화에 의해 '강제'된 결과라는 점을 보여 준다고 한다. 임수호, "김정일 정권 10년의 대내 경제정책 평가: '선군(先軍)경제노선'을 중심으로," 『수은 북한경제』, 2009년 여름, p. 32.
220) 내각 상무조는, '웃기관과의 합의'란 사실상 '허가'와 동의어이며, 규정이 없거나 애매할 때 상급기관의 이해관계와 저촉되면 그 어떤 '합의'도 불가능하다. 결국 계획 절차상 간소화된 것은 없다고 비판한다.

폐가치 안정, 이를 통해 일정한 생활비로 주민들의 실질적인 구매력을 보장해 주는데 있다. 가격 현실화의 목적이 달성되었다는 것은 경제활성화라는 7.1조치의 기본목표가 달성되었음을 의미한다.

그러나 7.1조치 직전과 2004년의 시장가격을 기준으로, 북한 원화와 미화달러의 비율은 130원/1달러에서 2000원/1달러로 변화하여 원화의 가치는 더욱 떨어졌다. 평균임금과 쌀값을 비교하면, 130원(1인당 평균임금)/50원(쌀1kg)에서 2000원/750원으로 양자의 비율은 2.6 → 2.66로 큰 변화가 없다.[221] 이는 7.1조치에 따른 임금·물가의 현실화에도 불구하고 구매력은 7.1조치 이전과 다름이 없다는 의미이다. 가격이란 경제현상에서 정치적 상황까지 모든 사회현상에 민감하게 반응한다. 가격을 통제한다는 것은 물가지수를 이용하여 거시적으로 조정할 때에도 어려움이 있다. 내각 상무조는 7.1조치는 본질상 '가격 재(再)제정'이지 가격 현실화가 아니라고 평가한다.[222]

셋째, 현물지표 중심의 경제관리에 화폐유통의 경제관리 방법을 결합한 목적은 계획화의 부담을 줄이고 경영을 보다 현실화하여, 실리를 보장하면서 부실요인을 적극적으로 찾아내자는데 있다. 그러나 계획화의 부담은 다소 줄었으나 실리보장, 부실경영 축소, 화폐 유통의 문제는 개선되지 않았다. 가장 근본적인 원인은 은행의 역할에 변화가 없는데 있다. 화폐유통구조가 개선되지 않아 화폐가 실지로 움직이는 내용상의 변화가 없다. 그리고 화폐도 하나의 상품으로 가치가 변화하는데 계산은 고정된 방식으로 이루어져 그 손실을 국가가 고스란히 부담

---

221) 북한은 물가를 체크하는 한 방법으로 '평균 생활비와 쌀 값의 배리율(비율)'을 사용한다.
222) 이들은 가격 안정을 위해서는 쌀값 등 중요 상품에 대해서는 가격보조금을 축적하여 시장원리에 맞추어 주동적으로 조정하되 다른 상품가격은 시장에 맡겨야 하고, 국가재정에 의해 운영되는 예산제 기관을 축소해 그 예비로 생활비를 인상해야 한다고 주장하였다. 후술하는 "곡물 가격 안정화 대책"에서 다시 논의된다.

하게 되었다. 다음으로, 개별 기업의 보유 자산액에 대한 평가가 고려되지 않고 번 수입을 계산한다는 것은 애당초부터 방법론상의 모순이다.[223] 기초 운영자금이 부족한 기업에 대부를 해주고 비효율적인 설비는 처분할 수 있는 권한을 주는, 실리를 추구하거나 부실을 제거할 수 있는 법적·제도적 장치도 마련되지 않았다.

내각 상무조의 7.1조치에 대한 종합 평가이다. 박봉주 내각은 이상과 같이 7.1조치 자체가 추구한 목표는 달성되지 않았으나, 7.1조치로 경제일꾼들에게 경제관리방식 개선에 큰 관심을 갖도록 하는 충격적 효과가 있었고, 행정명령식 방법으로는 더 이상 아래를 지도할 수 없다는 자극을 주었으며, 전 사회에 공짜가 없다는 인식과 함께 일한 것만큼 번다는 의식을 확산시켰고, 생산단위에는 경제는 주관적 욕망에 의해 움직이지 않고 자기의 고유한 원리에 의해 움직인다는 점을 각성시킨 성과가 있었다고 평가하였다. 요약하면, 이들은 7.1조치로 경제 지도일꾼들이 경제 원리에 대해 각성하는 계기가 되었고, 경제관리 방법상 무엇이 문제인지, 무엇을 더 해결해야 하는지를 찾는 계기가 되었다고 평가하였다. 박봉주 내각은 이상의 비판적 시각에 기초하여 다음과 같이 경제관리 구조, 상품유통 및 가격정책, 화폐유통 구조에서 보다 근본적인 개혁을 모색한다.

---

223) 이들은 기업소의 국가납부금이 국가계획에 따른 노력배정 및 물자공급량에 의해 정해지는데, 설비·재산 등 보유한 모든 인적·물적 자산의 규모에 따라 정해야 한다는 주장을 하였다. 그러나 현실은 공동소유인 국가재산에 대해서는 고려하지 않는다고 한다. 예컨대, 1,000원 자산규모의 기업소가 200원 번 것보다 10,000원 보유 회사가 500원 번 것을 더 평가하는데 후자는 감가상각비를 계산하면 부실기업이나 다름없는 경우도 있다는 것이다. 건물 사용료 계산도 평균주의로 할 것이 아니라, 예산에 포함시키고 기회비용을 고려해야 놀고 있는 건물이 많은데도 힘내기 한다고 건물부터 짓는 현상이 없어진다고 하였다.

나. 경제관리구조 개혁과 시장경제 타진

박봉주 내각은 7.1조치(2002.7)와 시장공인(2003.3)에 의해 개선된 경제관리구조는 다음과 같은 3가지 점에서 불충분한 구조라고 주장하였다. 첫째, 공급과 분배 사이에 명백한 경계선이 없다는 점이다. 사회주의 물자교류시장과 지역시장에서는 현실 가격(시장가격)에 의해 물자가 교류되나, 국가로부터 공급받은 물자는 국가가 유일하게 제정한 가격(국정가격)에 의해 계산된다. 그렇기 때문에 기업소는 상대적 독자성을 이용하여 원자재의 공급은 낮은 가격으로, 생산된 상품의 교환은 자기가 실질적으로 생산한 가치 이상의 높은 가격으로 계산하는, 거래구조상 불균형적인 관계가 형성되었다고 한다.

둘째로, 국가 납부금 책정방법도 시장이 끼어든 조건에서 잘못 정해졌다면서, 모든 형태의 국가납부금은 경제원리에 입각해서 재검토하여 시장원리, 원가보상의 원리에 따라 다시 책정되어야 한다고 주장한다.

셋째, 생산과 소비의 현실화를 위해 지역시장을 허용했으나, 종합시장은 말 그대로 개인들의 물품을 교환하는 장마당이지 시장이 아니라는 인식이다. 개인들과는 달리 기업소에서 생산된 상품은 원칙적으로, 시장에서의 판매가 아닌, 국영망을 통해 분배하도록 규정되어 있었다. 그 가격은 고정가격이라 원가를 회수할 수 없게 되어, 결국은 규정과는 달리 기업소 상품도 장마당에서 유통되고, 때로는 국가가 다시 가격 손해를 보충해야 했다.

이밖에도 이들의 주장을 보면, 7.1조치에는 실질적인 화폐의 흐름을 가능하게 하는 화폐유통구조가 반영되어 있지 않았으며, 특히 가격의 동적인 작동원리를 충분히 고려하지 않고 경제관리구조가 설계되는 치명적인 약점이 있다고 분석하고 있다. 결론적으로 이들은 7.1조치에 의해 설계된 경제관리구조는 계획구조와 '시장이 아닌 시장구조'가 어수룩하게 엉킨, 경제학적으로 설명할 수 없는 구조라고 단정하면서, 아래와 같이 과감한 경제관리구조 개선안을 제시한다.

내각 상무조의 경제관리구조 개선안: 1) 군수공업 관련 지표, 국가전략물자에 한해 국가가 공급한다. 2) 노동력은 기업소의 요구에 따라 공급하며, 남는 노력은 여러 형태의 경영 허가를 내주는 방식으로 일자리를 창출한다. 3) 예산제, 채산제, 은행, 상업, 봉사망 등 모든 형태의 기업에 상대적 독자성을 부여하며, 기업 간 거래는 중앙의 승인 하에 이루어지는 간접거래 방식에서 직접거래로 전환한다. 4) 내각의 성·중앙기관은 투자문제, 하부단위의 분쟁해결, 기업소의 당 정책적 요구의 집행에 대한 감독 업무만 수행한다. 5) 군수공업 관련 회사 외에, 성·중앙기관 직속 무역회사를 없애고 모두 동등한 경영권을 가진 독립회사로 전환한다. 6)개별 기업소도 무역성과 직접 거래하여 대외무역을 할 수 있다. 이 경우 해당 당위원회의 합의와 상급 성의 비준을 거친다. 7) 독립채산제·반독립채산제 규정을 재검토하여 기업소의 자산규모에 따르는 국가납부금 납부방법으로 개정한다. 8) 상업부문을 없애고, 설비구입 등 생산수단 구입은 기업소간 직접거래로, 소비재는 독자 기업인 도매시장을 통해 거래가 이루어지도록 한다. 9) 국가는 각종 도매시장을 통해 공급과 수요를 장악하고 조정을 한다.[224] 10) 기업소는 국가계획하에 기업소 자체 자금으로 확장이 가능하다. 국가납부금을 낸 다음의 기업소 자금은 전적으로 기업소에 처분권한을 준다. 11)기업에 대한 검열은 특별한 경우 외에는 상급기관만이 할 수 있다.[225]

내각은 2004년 8월 김정일의 '8월 11일 방침' 또는 '8월 18일 방침'에 따라 독립채산제와 반독립채산제의 광범위한 도입을 추진하였다. 재정 부담을 줄이고 기업소들의 창발성과 경쟁력을 제고하기 위해

---

[224] 북한은 상품의 원활한 공급을 유도하기 위해 2005년 4월 무역성 산하에 '중앙수출입물자교류시장'을 설립하고, 평양시내에는 물자교류센터를 설치한다.
[225] "경제관리방식개혁 연구자료,"『2004.6 내각상무조 개혁안 자료집』(2005).

서였다. '내각 상무조'는 독립채산제의 확대만으로는 기업의 경쟁력을 높일 수 없고, 기업의 거래비용을 줄이기 위한 대폭적인 기업경영절차 간소화의 필요성을 제기하였다. 위 '개선안'은 내각 상무조가 기업 경쟁력 제고를 위해 구상한 경제관리구조 개선안이다.

이들은 이상의 개선안에 따라 내각부처도 개편되어야 한다고 주장하였다. 첫째, 산업 부문별로 편제된 화학공업성, 금속공업성 등을 공업성으로 통합한다. 부문별 성 조직은 본위주의만 조장하고 연관 산업의 종합적 관리에 장애만 초래할 뿐이다. 실제로 금속공장에서도 화학제품이나 건설물이 만들어진다. 둘째, 내각의 계획 기능을 수행하는 부처를 자문기구로 전환한다. 국가계획위원회를 내각의 경제 전략을 자문해 주는 정책자문기구로 바꾸고, 통계처리, 경제와 정치사회 현상과의 연계 연구 등 내각 옆에 정책 자문기구를 늘린다. 셋째, 독립채산제 기관은 어느 특별한 하나의 성에 소속되는 형태가 아니라, 현실적으로 제기되는 문제의 성격에 따라 해당성이 관여한다. 각성은 소관 업무와 관련된 사항에 한해 개별 기업들을 조사·감독한다.[226]

다. 유통체계 개혁과 시장가격 영역 확대

박봉주 내각의 개혁 상무조는 7.1조치에 의해 상품 가격 현실화가 있었으나 그에 맞게 유통구조는 개선되지 않아 수요와 공급이 부정합 상태에 있으며, 이를 분석할 수 있는 통계자료도 구할 수 없는 실정이라고 비판하였다. 이들은 생산이란 상품의 유통과정이며,[227] 그 과정에서 창조되는 부가가치는 상품의 가격에 의해 측정된다는 일반론에서 출발하여, 상품의 원활한 유통을 보장하면서 국가적 조정도 가능한

---

226) "경제관리방식개혁 연구자료," 『2004.6 내각상무조 개혁안 자료집』(2005).
227) 상품유통 과정은 자재(상품)에 노동력(상품)이 투하되어 생산물(상품)이 만들어지며, 그것이 판매(봉사: 상품적 가치)되어 다시 화폐(상품)로 전환되고 다시 자재(상품)으로 전환되는 순환과정을 말한다.

상품유통구조를 구축할 것과, 가격체계도 가격이 실물경제를 현실적으로 반영하여 실질적인 조정수단으로 활용할 수 있도록 개혁하자는 주장을 하였다.

상품유통구조는 상품이 흐르는 통로를 전망하여, 그 전망치 보다 큰 관(管)을 설치하고 그 관의 요소요소에 밸브와 유량계를 설치한다. 주요지표는 여전히 계획에 의해 관리해야 하는 것이 북한의 현실이므로, 생산요소라는 상품이 유통되는 관으로서 물자교류시장과 소비재가 유통되는 상품도매시장이라는 2개의 유통구조를 설정한다. 교류시장이나 도매시장에서 상품은 생산자가 정한 자유가격으로 흐르게 하되, 통제품은 흐를 수 없게, 덜 중요한 상품은 적게 흐르게 밸브를 설치한다. 밸브란 곧 상품세이다. 상품 유통단계마다 세금이라는 부과금이 붙게 되며, 정부는 이를 다시 재분배한다. 유량계의 역할은 은행이 하는데, 화폐의 흐름을 측정하여 계산한다. 은행은 모든 시장들에 설치되고 화폐라는 상품으로 전환되는 시점에 측정된다. 기업소와 기업소 간 거래되는 유통 길목에도 은행을 설치하여 밸브(대부 규모)와 유량계 역할을 하도록 한다. 은행이 유량계 역할을 제대로 하기 위해서는 전제조건이 있다. 신용관계를 확실히 보장하는 은행제도의 개혁이 필요하고, 기업소도 명목상의 계좌가 아닌, 자기 출자에 의해 자기 책임으로 관리되는 금융제도가 정착되어야 한다. 이상과 같은 유통구조가 확립되어야 정부는 가격정책을 구사할 수 있는 공간을 파악하여 해당한 처방을 할 수 있게 된다.[228]

가격은 모든 경제계산의 기초자료로서 제반 경제 개혁에서 가장 중요한 과제이나, 동시에 가격에 작용하는 인자가 너무 많아 주관적으로 통제할 수 없는 가장 다루기 힘든 것이 가격정책이다. 따라서 이들은

---

228) "경제관리방식개혁 연구자료," 『2004.6 내각상무조 개혁안 자료집』(2005).

가격정책 재조정을 통해 추구해야 할 목표를 명확히 할 필요가 있다고 하면서 다음의 5가지를 그 목표로 설정한다. ①가격체계의 불합리성으로 초래되는 사회경제적 불안과 경제계산의 부정확성을 없앤다. ②정확한 가격으로 최저생계비를 재계산하여 인민들의 합리적인 생활비정책을 실현한다. ③기업소들에 실리경영의 기초를 제공한다. ④정부가 가격정책을 통하여 가격불안 요인을 방지하는 등 거시경제 관리에 활용한다. ⑤불합리한 가격공간으로 인한 부패공간을 없앤다.

이들은 이러한 목표를 달성하기 위해 아래와 같은 가격체계 개혁안을 제시한다. 아래 개혁안도 물가 안정을 도모할 수 있는 초보적인 조치에 불과하며, 확실한 물가안정이나 하락은 생산량 증대나 보충적인 외화구축 없이는 불가능하다고 판단한다.[229]

내각 상무조의 가격관리체계 개선안: 1) 정부가 계획화하는 가격과 시장에 맡기는 가격을 명확히 구분한다(석탄·전기·강철·원유 같은 공업제품, 쌀·물 같은 농업제품, 주민용 석유와 가스 등의 소비제품을 계획화 가격으로 예를 든다). 2) 국정가격으로 정해지는 상품의 거래는 철저히 정부가 통제하여, 이를 통해 시장의 가격을 조정하는 수단으로 삼는다. 3) 주택, 려관 등 부동산 가격을 현실적으로 재평가한다. 4) 기업소들의 보유 재산규모에 따른 기업소 가격을 정하고 은행에 등록한다. 기업의 성장에 따라 가격을 재평가하고 기업경영 성과를 평가한다. 5) 도매시장과 소매시장이라는 상품유통구조를 확립한다. 기업소가 소비시장이나 물자교류시장과 직접 거래하는 조건에서 상업성, 인민위원회 상업부 같은 비효율적이고 사명이 불투명한 기구는 없앤다. 6) 공업물가지수, 식품물가지수, 가정소비물가 지수 등 가격변동을 계량하는 물가지수체계를 도입한다. 7) 경제자문기관은 주요 물가지수 변화와 그에 따르는 경제조정안을 월보로 작성하여 내각에

---

229) "경제관리방식개혁 연구자료," 『2004.6 내각상무조 개혁안 자료집』(2005).

제공한다. 8) 세무부를 신설하여 상품거래에 관세, 상품세 등을 부과한다. 낭비를 없애기 위해 합의제 봉사소에 대한 납부금을 대폭 올린다. 9) 가격정책을 뒷받침할 수 있는 화폐유통구조를 구축한다.(금융개혁)무현금 행표 제도를 폐지하고 현금 거래를 하거나 증권제도를 도입한다. 10) 환율을 현실화하여 2중 환율이 존재하는 경우라도 5%이상의 격차를 두지 않는다. 11) 기업소마다 법인제를 내오고 은행구좌 관리 권한을 전적으로 법인에 부여한다. 12) 대외무역절차를 간소화하여 거래비용을 줄이고, 원자재는 가능한 기업소가 직접 거래하도록 한다. 13) 물가와 생활비 격차로 인민생활 부담을 줄이기 위해 최저생계비를 계산하여 보조금을 주든가, 재정이 허락지 않으면 독립채산제기업에 그 부담을 지운다.[230]

라. 금융구조 개혁 구상

내각 상무조는 북한의 중앙은행이 발권·출납·대부업무를 하고 있으나, 7.1조치 이후 계획화의 범위가 축소되는 대신 시장을 통한 경영이 가능해 지려면, 통화량·환율·이자율 같은 거시 금융정책의 중요성이 증가함에 따라, 중앙은행의 역할을 재검토하고 다양한 은행제도를 정립할 필요가 있다고 보았다. 또한 국가계획에 의한 대규모 투자와 그 효과성을 높이는 사업을 지원하기 위해 산업 부문별 국책은행을, 각 분야의 기업에 발전자금을 대부해주는 상업은행을, 외화는 무역부문에만 사용하는 관례를 감안하고 해외자본 유치를 위해 무역은행 등을 신설할 것을 주장했다. 그리고 은행이 금융기관으로서 제 구실을 할 수 있도록 은행의 독립 및 신용창조 제도 보장, 비밀주의 등이 제도화될 필요가 있음을 제기했다.[231] 이들이 주장한 은행구조 개혁구상과 금융제도 현대화 방안은 아래와 같다.

---

230) "경제관리방식개혁 연구자료," 『2004.6 내각상무조 개혁안 자료집』(2005).
231) "경제관리방식개혁 연구자료," 『2004.6 내각상무조 개혁안 자료집』(2005).

【그림 3-4】 내각 상무조의 은행구조 개혁안

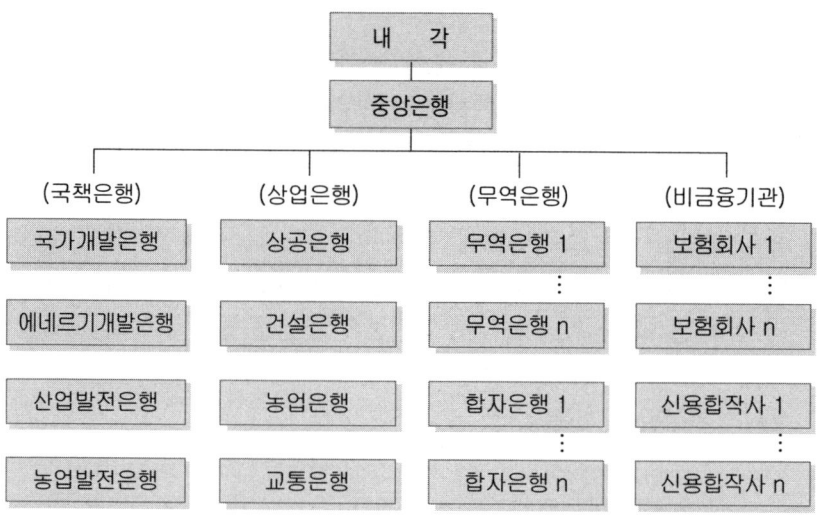

내각 상무조의 금융제도 개선안: 1) 은행계좌 설정에 기업, 개인, 단체별 차등을 폐지하고, 거래 비밀 철저히 보장한다. 2) 기업, 단체 등에 계좌관리를 위한 법인제을 도입하고, 대출 약속이나 대출금 상환 미 이행시 손해보상 장치를 마련한다. 3) 외화로 예금시 그 금액 만큼은 반드시 외화로 출금해 준다. 4) 은행 결제방식을 간소화하고, 무현금돈표제도를 폐지하며, 거액 거래시 증표제를 도입한다. 5) 예금자 사망시 상속인이 출금 가능하도록 제도화한다(재산상속법 제정). 6) 은행을 재정성에서 독립하여 내각 직속화하고, 지점 설립권을 부여한다. 7) 무리한 화폐교환을 지양하며, 이러저러한 행정조치로 금융제도에 대한 불신 조장을 금지한다. 8) 독자 기업 설립시 일정액의 설립금 은행예치를 의무화하고, 예치 금액중 70% 정도는 다시 은행대부가 가능하도록 제도화한다. 9) 기업소가 보유한 국가설비는 은행에 그 재산액을 등록하고 은행에 감가 상각비를 납부하며, 설비를 거래할 때는 은행절차를 활용하도록 한다.

마. 곡물가격 안정화 대책

김정일은 2004년 6월 1일에 "계획경제를 시장가격에 접근시키라"는 지시를 했다. '내각 상무조'는 이를 국정가격 조정이 1차적 과제로 부여된 것으로 판단하였다.[232] 국정가격은 2002년 7.1 인상된 이후 고정된 상태에서 시장가격은 지속 상승하여 상품의 이중가격 격차가 심화됨에 따라 이를 시정하기 위해 국정가격을 시장가격에 근접하게 조정하라는 의미이다.

내각은 지난 2년간 공급측면 해결이 요원한 상황에서 시장가격 통제 위주의 정책을 써왔다. 이제 국정가격 조정으로 전환한 것이다. 정책 전환의 배경은 공식경제가 위축된 데다가 통제 불능의 시장가격, 시장장려(2003.3)로 인한 시장 상거래 급증, 다시 화폐교환설 대두 등 인플레이션 심리 고조에 기인한 것으로 보이며,[233] 7.1조치가 2년 경과한 시점에서 국정가격을 재조정할 시점도 되었고, 다음 해 당창건 60돌(2005.10)을 앞두고 국가적 대주민 시혜 준비가 필요한 상황에서[234] 제 기능을 하지 못하는 국영공급망의 '체면'이 말이 아니라는 판

---

[232] 당시 북한 경제전문가는 다음과 같이 토로하였다. "당면 과제는 일시적으로 현실화(7.1조치)한 국정가격의 탄력성을 높여야 한다. 국정가격이 수요와 공급이라는 시장신호를 반영하지 못하면 다시 소비품 유통의 주도권은 암시장으로 넘어간다. 만성적인 재정적자로 지난 시기처럼 식량과 신발·교복 같은 소비품 가격 안정을 위해 가격보조금 정책을 쓰기도 어렵다. 신축적인 가격정책을 통해 암시장의 상품유통을 공적영역으로 흡수해야 한다." "농정개혁 연구자료," 『2004.6 내각상무조 개혁안 자료집』(2005).

[233] 2004년 9월 시점 시장물가는 2002년 7월 시점 대비 곡물 8-15배, 육류 4-7배, 의류·가전제품은 2-7배 급등하였다. 특히 2004년 중반부터 화폐교환설·국정환율인상설·고액권발행설이 유포되면서, 2004년 2/4분기와 3/4분기 사이에 쌀값은 310원→640원, 환율은 1200원→1600원으로 급등하였다.

[234] 북한은 2005년에 '먹는문제' 해결에 주력하였다. 연초에 "농업이 경제건설의 주공전선"이라면서, 곡물 600만톤(전년 목표 800만톤을 조정) 생산을 목표로 설정하고, 내각 직속으로 국가영농위원회를 구성하여 "영농물자 최우선 보장"을 독려하였다. 김정일은 2005년 7월 "간장 된장 등 기초식품 혁명"을 강조하면서 식품공장 현대화 및 추가 건설을 지원하였다. 남한으로부터는 식량 50만

단도 고려되었다.

박봉주는 2004년 6월 경 김정일이 부여한 핵심과제인 '쌀가격 안정화를 위한 대책'을 '내각 상무조'와 논의했다. 그 결과 내각 내부에서는 시장에서의 양곡 거래를 불허하고 국가가 일괄 수매하고 판매한다는 방향은 정했으나, 다음 〈표 3-8〉에서와 같이 쌀 수매가와 판매가 결정 방법을 놓고 ①수매가만 인상하는 방안, ②수매가와 판매가를 동시 인상하는 방안을 놓고 논란이 전개된다.[235]

표 3-8 2004년 하반기 북한 내부 쌀값 조정안

구 분	쌀 판매가 (1kg당)		쌀 수매가	배급표없이 구매자	문제점
	직장인	비근무자			
1. 수매가인상안	44원	600원	180원	800원	대량 재정적자 발생
2. 동시 인상안	250원	500원	250원	800원	임금인상 불가피

주목되는 점은 내각 상무조의 쌀값 불안 원인과 해법에 대한 급진적 인식이다. 상무조 구성원들 사이에는 단순한 쌀 값 조정 문제를 넘어서 농정개혁 전반에 대해 논란을 벌인다. 이들은 김정일이 한때 강조했던 '과감한 혁신, 근본적인 처방'을 거론했다. 이들의 논의 내용을 정리하면 아래와 같다.

톤을 지원받았고, 남북 간 "유무상통 원칙하에 경공업·지하자원 개발 협력"에 합의(2005.5 경추위)하였다.

235) 박봉주 내각의 쌀값 안정대책은 결론이 나지 않고 해를 넘기며, 2005년 7월 노동당으로 경제지도권이 넘어가고 난 뒤에 ①안대로 시행(2005.10)되었다. 다만, 배급표 없이 구매하는 사람들에 대해서도 일괄적으로 600원으로 판매하는 것으로 정해졌다.

곡물가격 안정화대책: 쌀값이 오르는 것은 절대량이 부족하기 때문이나 그것은 어쩔 수 없다고 하자. 국가가 배급을 못주는 것은 우선 '낭비'가 많아서이다. 농민으로부터 수매가 제대로 안되고 많은 식량이 암시장으로 빠져나가기 때문이다. 농민들은 당국의 증산을 위한 사탕발림을 믿지 않는다. 협동농장 농사는 대충한다. 그러나 거두어 들일 때에는 필사적으로 자기 몫을 지키려고 한다. 군대가 보초서서 감시하게 하면 그것은 군대 몫이 된다. 흘러나가기는 마찬가지다. 배급소로 운반하는데도 돈이 든다. 그 과정에서 유실도 대단하다. 비용을 전부 합치면 장마당 쌀값과 맞먹는다.

다음으로 달러 값이 계속 오르기 때문이다. 곡물 수입을 막지 않는 한 장마당 쌀 값은 국제시세를 크게 뛰어 넘지 못한다. 달러에 비해 북한 돈의 가치는 계속 떨어지고 있다. 7.1조치때 쌀값은 60원이고 달러값은 260원이었다.[236] 당시 60/260의 비율이 2년뒤에는 310/1200이다. 쌀값이 달러 값에 맞춰 계속 올라갔다. 국가가 달러를 풀어 화폐를 안정시켜야 하는데 이것도 어려운 일이다.

국가가 현실적으로 할 수 있는 일은 쌀 낭비를 줄이고 제대로 수매하는 방법이다. 감시·감독이나 오그랑수를 쓰지 말고 경제원리에 따라 점진적으로 해결해야 한다. 첫째, 농민과의 약속을 지켜야 한다. 씨뿌릴 때는 어떻게 한다 해놓고 걷을 때는 나라의 사정이 어쩌니 하면서 국가가 다 거두어 가면 농민들이 마음을 바쳐 농사를 짓지 않는다. 국가는 약속을 지키려 했다면 중간 간부들에게 문제가 있는 것이다. 농업간부들은 농민들이 쌀 처분 권한을 많이 갖고 자기들의 처분 몫이 줄어드는 것을 좋아하지 않는다. 국가는 장마당의 쌀 장사꾼들과 투쟁할 것이 아니라 이들과 투쟁해야 한다.

둘째로, 쌀 공급과 관련된 특수가 너무 많다. 전부 없앨 수 없다면 내각과 합의하에 엄격한 기준을 만들어야 한다. 여러 권력기관들에 의

---

[236] 북한은 7.1조치 당시 국정가격으로 쌀값은 44원, 환율은 153원으로 정했다. 그러나 당시 장마당 또는 암시장 가격은 쌀은 60원, 달러는 260원 정도였다. 국정가격을 현실화한다고 했으나 시장가격의 절반이 조금 넘는 수준에서 정해졌다.

해 그 기준이 흐지부지 되는 일이 없어야 한다. 수매양정성도 없애야 한다. 농업성은 생산만 책임지고 처분은 수매양정성에서 하니 책임도 불분명하고 허위보고가 생긴다.

셋째로 유통관리체계를 바꾸어야 한다. 당분간 현 배급제도를 유지하면서도 수요공급이 맞을 때까지 내각이 통제하는 쌀 도매시장(회사)을 도시 마다 만들어야 한다. 이 회사가 수매도 하고 수입도 하며, 판매도 한다. 이런 회사를 여러 개 만들어 경쟁하게 해야 한다. 영농자재를 파는 시장도 만든다. 이들 시장과 회사에서는 일정한 이득금을 국가에 납부한다. 내각이 엄격히 관리하는 농업은행이나 양곡기금을 만들면 도매회사에 대부해 주거나 식량위기에 대응할 수도 있다.

넷째, 쌀을 눅거리로 배급하는 인원을 줄여야 한다. 이 문제가 가장 힘든 문제다. 도매시장에서는 제대로 된 값으로 거래되나, 배급제 쌀은 지대(地代) 값 명목으로 낮은 가격으로 수매하고 낮은 가격으로 배급하고 있다. 이 배급소의 쌀 가격도 단계적으로 도매시장 가격에 접근시켜야 한다. 배급가격을 시장 쌀값의 50%수준으로 올린다면 생활비도 동시에 올려야 하므로 재정이 텅 빌수 있다. 배급제 인원을 줄일 수 없다면 예산제 기관이라도 대폭 줄여 채산제 기관으로 바꾸어야 한다.[237]

이상에서 살펴본 '내각 상무조'의 경제개혁 구상은 첫째, 경제관리구조·상품유통·가격관리 정책·금융관리 및 농업관리 정책에 이르기까지, 전반적인 경제관리 권한을 하부단위로 이관하여 자율화할 것을 주장한 점이 특징이다. 이들의 주장에는 분권과 자율을 제도화함으로써 경쟁을 도입해야 경제가 활성화될 수 있다는 '급진적인 사고'를 기저에 두고 있다.

두 번째로, 이들은 시장개념의 적극적인 도입을 거론하면서도, 궁극적으로는 국가재정의 확충, 재정 낭비 요소의 감축을 추구하고 있다.

---

[237] "농정개혁 연구자료," 『2004.6 내각상무조 개혁안 자료집』(2005).

이들의 관점의 한계는, 국가와 사회의 관계에서 국가우선의 계급적 관점을 극복하여 민생향상을 지향하기 보다는, 북한의 경제 활성화 나아가 국가재정의 확충을 도모할 수 있는 현실적인 방안으로 '시장경제' 도입의 불가피성을 주장하고 있다.

세 번째로, '내각 상무조'는 공식적으로는 '정치적 조건'은 주어진 것으로 보고, 그 한계 내에서 경제개혁 방향의 논의를 시작하다가도 도처에서 특수기관 또는 권력기관의 영역이나 이해관계를 축소해야 한다는 입장을 드러내놓고 있다. 북한경제의 활성화를 위해서는 경제논리 이상의 정치논리 적용이 필요함을 시사해 주고 있다. 이들은 '국가 돈주머니의 확충'과 '국가경제의 통일적 장악'이라는 김정일 지시에 충실하고 있으며, 다만 장악의 방법으로 '강제·강압' 보다는 '자율·분권'을 활용하려 한 점에 차이가 있다.

표 3-9 박봉주 내각의 경제개혁안(2004) 종합

경제관리구조 개혁안

- 군수공업 관련 지표, 국가전략물자에 한해 국가가 공급한다.
- 노동력은 기업소의 요구에 따라 공급하며, 남는 노력은 여러 형태의 경영 허가를 내주는 방식으로 일자리를 창출한다.
- 예산제, 채산제, 은행, 상업, 봉사망 등 모든 형태의 기업에 상대적 독자 성을 부여하며, 기업간 거래는 중앙의 승인 하에 이루어지는 간접거래 방식에서 직접거래로 전환한다.
- 내각의 성·중앙기관은 투자문제, 하부단위의 분쟁해결, 기업소의 당 정책적 요구의 집행에 대한 감독 업무만 수행한다.
- 군수공업 관련 회사외에, 성·중앙기관 직속 무역회사를 없애고 모두 동등한 경영권을 가진 독립회사로 전환한다.
- 개별 기업소도 무역성과 직접 거래하여 대외무역을 할수 있다. 이 경우 해당 당위원회의 합의와 상급 성의 비준을 거친다.
- 독립채산제·반독립채산제 규정을 재검토하여 기업소의 자산규모에 따르는 국가납부금 납부방법으로 개정한다.
- 상업부문을 없애고, 설비구입 등 생산수단 구입은 기업소간 직접거래로, 소비재는 독자 기업인 도매시장을 통해 거래가 이루어지도록 한다.
- 국가는 각종 도매시장을 통해 공급과 수요를 장악하고 조정을 한다.
- 기업소는 국가계획하에 기업소 자체 자금으로 확장이 가능하다. 국가납부금을 낸 다음의 기업소 자금은 전적으로 기업소에 처분권한을 준다.
- 기업에 대한 검열은 특별한 경우외에는 상급기관만이 할 수 있다.

가격관리체계 개혁안

- 정부가 계획화하는 가격과 시장에 맡기는 가격을 명확히 구분한다.(석탄·전기·강철·원유 같은 공업제품, 쌀·물 같은 농업제품, 주민용 석유와 가스 등의 소비제품을 계획화 가격으로 예를 든다)
- 국정가격으로 정해지는 상품의 거래는 철저히 정부가 통제하여, 이를 통해 시장 가격을 조정하는 수단으로 삼는다.
- 주택, 려관 등 부동산 가격을 현실적으로 재평가한다.
- 기업소들의 보유 재산규모에 따른 기업소 가격을 정하고 은행에 등록한다. 기업의 성장에 따라 가격을 재평가하고 기업경영 성과를 평가한다.
- 도매시장과 소매시장이라는 상품유통구조를 확립한다. 기업소가 소비시장 이나 물자교류시장과 직접거래하는 조건에서 상업성, 인민위원회 상업부 같은 비효율적이고 사명이 불투명한 기구는 없앤다.
- 공업물가지수, 식품물가지수, 가정소비물가 지수 등 가격변동을 계량하는 물가지수체계를 도입한다.
- 경제자문기관은 주요 물가지수 변화와 그에 따르는 경제조정안을 월보로 작성해 내각에 제공한다.

- 세무부를 신설하여 상품거래에 관세, 상품세 등을 부과한다. 낭비를 없애기 위해 합의제 봉사소에 대한 납부금을 대폭 올린다.
- 가격정책을 뒷받침할 수 있는 화폐유통구조를 구축한다.
- (금융개혁)무현금 행표제도를 폐지하고 현금 거래를 하거나 증권제도를 도입한다.
- 환율을 현실화하여 2중환율이 존재하는 경우라도 5%이상의 격차를 두지 않는다.
- 기업소마다 법인제를 내오고 은행구좌관리권한을 전적으로 법인에 부여한다.
- 대외무역절차를 간소화하여 거래비용을 줄이고, 원자재는 가능한 기업소가 직접 거래하도록 한다.
- 물가와 생활비 격차로 인민생활 부담을 줄이기 위해 최저생계비를 계산하여 보조금을 주든가, 재정이 허락지 않으면 독립채산제기업에 그 부담을 지운다.

금융제도 개혁안

- 은행계좌 설정에 기업, 개인, 단체별로 차등을 폐지하고, 거래비밀 철저히 보장한다.
- 기업, 단체 등에 계좌관리를 위한 법인제를 도입하며, 대출 약속이나 대출금 상환 미이행 시 손해보상 장치를 마련한다.
- 외화로 예금시 그 금액만큼은 반드시 외화로 출금해 준다.
- 은행결제방식을 간소화하고, 무현금돈표제도를 폐지하며, 거액 거래시 증표제를 도입한다.
- 예금자 사망시 상속인이 출금 가능하도록 제도화한다(재산상속법 제정).
- 은행기구를 재정성에서 독립하여 내각 직속 기구화하고, 지점 설립권을 부여한다.
- 무리한 화폐교환 지양하며, 이러저러한 행정조치로 금융제도 불신을 조장하지 않는다.
- 독자 기업 설립시 일정액의 설립금에 대한 은행예치를 의무화하며, 예치 금액중 70% 정도는 다시 은행대부가 가능하도록 제도화한다.
- 기업소가 보유한 국가설비는 은행에 그 재산액을 등록하고 은행에 감가 상각비를 납부하고. 설비를 거래할 때는 은행절차를 활용한다.

곡물가격 안정화 대책

- 수매에 대한 농민과의 약속을 철저히 지킨다.
- 수매양정성을 없애고 농업성이 농정을 전체적으로 관리한다.
- 쌀 공급 관련한 특수 부분을 줄이며, 허용된 특수부분은 내각과 합의하에 엄격한 기준을 만든다.
- 쌀 눅거리 배급인원을 축소하고 점차 쌀 배급제도를 폐지한다.
- 배급소의 쌀 가격도 단계적으로 도매 시장가격에 접근시켜야 한다.
- 배급제, 예산제 기관을 점차 줄인다.
- 쌀 도매시장을 신설해서 유통관리체계를 개선한다.
- 영농자재 거래시장을 신설한다.
- 농업은행, 양곡기금을 조성하여 곡물 가격을 관리한다.

제4절 개혁후퇴: 당의 견제와 역(逆)개혁 조치(2005-2009)

2005년 봄부터 북한 권력층 내부에서 이상 징후가 감지되었다. 최고인민회의가 연기되고, 여러 정책회의에서 당·정 간부들 간에 불협화음이 표출되는 가운데 '당의 영도'를 강조하는 보도매체의 논조가 두드러졌다. 내각의 추가 개혁안에 대한 김정일의 비준이 보류되고, 지난해에 도입된 시범적인 개혁조치도 확대 시행되지 않았다. 내각에 대한 당의 대대적인 반격이 시작된 것이다.

박봉주 내각은 김정일의 신임으로부터 점차 멀어지기 시작했다. 김정일은 '내각의 경제 개혁정책에 문제가 많다'는 당의 잇단 보고에 박봉주 총리에 대한 믿음을 예전처럼 가질 수 없게 되었다. 박봉주는 급기야 2006년에 사실상 실권 상태에 처하게 된다. 당의 주장에 의하면 시장은 범람하여 '무질서'와 '무규율'의 온상이 되었고, 김정일은 2007년 8월 시장을 '비사회주의의 서식지'로 규정하기에 이른다. 결국 2008년 6월 김정일은 '사회주의 원칙' 고수와 개혁으로부터의 전면적 후퇴를 선언하였으며 북한 정치체제에서는 다시 정치논리가 압도하게 되었다.

이 단원에서는 당의 경제개혁 속도조절, 나아가 계획경제 복원으로의 후퇴과정을 재구성한다. 북한의 정책은 '결정' 단계에서는 부분적으로 그 실체가 드러나나, 집행단계에 들어서면 후속상황이 어떻게 진행되었는지 잘 확인되지 않는다. 그러나 2005년부터 당과의 갈등으로 경제개혁이 후퇴과정에 돌입했다는 점은 명확히 드러났다. 북한 당국이 2005~2009년 사이에 국가양곡전매제, 부동산조사사업, 개인 소상공업 통제, 종합시장 통제, 화폐교환을 단행한다. '국가'의 '시장'에 대한 대대적인 반격이 시작된 것이다.

|01| 경제개혁과 '당의 영도' 간의 조화 문제 부상

가. 당의 '사회주의 원칙' 강조

북한은 2005년 3월 9일 개최 예정이었던 최고인민회의 제11기 3차회의를 돌연 연기한다고 발표했다가, 한 달쯤 지난 4월11일 개최하였다.[238] 북한 당국이 연기 배경을 공식적으로 밝히지는 않았으나 농촌총동원 문제나 조류독감 확산 문제 때문이 아니라,[239] 경제개혁 확산에 대한 이견 때문인 것으로 알려졌다. 한 내각 간부가 추후 "정책중점 선정과정에서 내부적으로 경제개혁 방향 및 농업예산 배분문제로 의견차이가 있었기 때문"[240]이라고 증언했다. 그해(2005년) 봄 경제문제와 관련한 당정회의에서도 "박봉주 총리가 보수 원로들의 반대 표명으로 회의진행이 어렵게 되자, 회의 도중에 김정일에게 전화를 걸어 더 이상 회의를 진행하지 못하겠다고 간접적으로 불만을 표출"[241]한 사건도 발생하였다. 논란이 된 내용은 구체적으로 확인되지는 않으나, 당이 사회 전반에 '비사회주의 현상 만연'을 지적하면서 경제 관리에서 '사회주의 원칙 고수'를 강조한 것과 연관된 것으로 알려졌다.

내각의 추가 개혁안이 김정일에게 보고된 직후인 2004년 연말 혹은 2005년 연초부터 당은 김정일에게 내각의 경제사업의 문제점과 '사회주의 원칙'의 고수 필요성을 보고하기 시작했다. 내각이 김정일의 신

---

238) 북한은 2005년 2월 17일 "최고인민회의 제11기 3차회의를 3월9일 개최한다"고 공고했다가, 3월 4일에는 다시 "사회주의 건설의 모든 전선에 있는 대의원들의 제의에 의해 최고인민회의를 연기한다"고 발표했다. 4월1일에는 "연기했던 회의를 4월11일 개최한다"고 발표했다.
239) 최고인민회의 연기 배경과 관련, "건설의 모든 전선에 있는" 표현은 농촌 총동원을 연상시키는데 당시가 모내기 철(5-6월)은 아니었으며, 당시 조류독감 발생(2월)에도 불구하고 김일성경기장에서의 북한·이란 축구경기(3월, 10만명)는 예정대로 진행되었다.
240) 내각 사무국 간부 증언, 2005.6.
241) 탈북민 증언, 2006.7.

임을 빌어 당이 관리하는 경제 사업의 지위를 위태롭게 하고, 내각의 경제정책 주도권이 지나치게 증대된 데 대 견제를 시작한 것이다. 초반에는 당의 보고에도 불구하고 김정일은 박봉주를 여전히 신임하면서 당의 입장을 총리에게 알려주기도 했다. 그러나 당의 문제 제기가 지속되자 김정일도 당·정간의 불협화음에 관심을 갖지 않을 수 없게 되었다. 김정일은 다음과 같은 견해를 밝히면서 박봉주가 하는 일을 다시 챙겨보기 시작했다.

> 올해 경제건설과 인민생활에서 획기적인 전환을 일으키는 것이 우리 당의 결심입니다 … (그러나) 경제관리에서 사회주의 원칙을 약화시키는 현상이 나타나지 않도록 각성을 높여야 합니다. 사회주의 경제를 관리 운영하는 데서 국영기업을 기본으로 하고 시장을 보조적인 공간으로 이용하여 공간을 메꾸는 방법으로 국영기업과 시장을 옳게 배합하여야 합니다 … 경제사업에 대한 당적 지도를 잘 해야 합니다.[242)]
> 경제지도 일군들이 경제지도와 관련된 당의 의도를 잘알지 못하고 있는것 같습니다. 일부 일군들은 시장을 나라의 경제를 운영하는 데서 보조적인 공간으로 리용하자는것을 시장경제로 전환한다는 것으로 이해하고 있는것 같습니다. 시장과 시장경제는 성격이 다릅니다. 경제지도 일군들이 시장과 시장경제에 대한 개념을 바로 인식하지 못하고 있는 것을 보면 사상의 빈곤, 지식의 빈곤에 빠져있다는 것을 알수 있습니다. 우리는 시장경제를 받아들이지 말아야 하며 그 무엇을 ≪개혁≫하는 놀음을 하지 말아야 합니다.[243)]

2005년 상반기 중에 북한 권력층 내부에는 경제개혁 속도와 당의 영도 보장 문제를 둘러싸고 이견이 노정되고, 젊은 층과 원로들 간에 내각의 경제개혁 조치에 대한 견해차가 심화되었다. 북한 보도매체들

---

242) 김정일, "당 중앙위·내각 책임일군들과의 담화"(2005.1.9).
243) 김정일, "당 중앙위원회 책임일군들에게 하신 말씀"(2005.2.26).

과 공간자료들의 논조도 변화하여, "당의 령도는 사회주의 경제건설의 생명선," "경제관리에서 사회주의 원칙 고수," "비사회주의 현상 근절" 등을 강조하는 빈도가 증가하였다.[244] 다음은 2005년 3-5월 경제개혁문제에 대한 북한권력층 내부의 주장들이다.

이런 속도로 경제개혁을 지속한다면 당의 령도적 지위가 저락된다는 상층부의 이견이 많다. 소장파들은 노장파들이 물러나야 나라가 발전한다고 공격하고, 노장파들은 개방은 당의 이념을 바탕으로 해야 하는데 지금의 개혁추진은 그 수준을 넘어섰다. 일부에서는 경제개방, 외화벌이로 많은 돈을 벌어 힘이 강해지고 있다. 그러나 일부에서는 돈벌이로 눈이 어두워진 자들이 당과 국가는 안중에도 없이 영악하게 돈만 빼돌리고 있다. 젊은이들과 대학생들은 박봉주 총리에 대해 기대가 큰데, 당과 군 간부들은 총리에 대해 부정적인 생각이 커져가고 있다. 내각 간부들 사이에서 저러다가 박봉주도 김달현처럼 나가떨어질 수 있다고 우려한다.[245]

당은 김정일에 보고하는데 그치지 않고 당의 주도권을 강화하기 위해 직접 행동에 나서기 시작했다. 2005년 4월부터 당 창건 60돌 (2005.10) 행사 직전인 9월까지 업무과오·비리·뇌물수수 여부 등

---

[244] "당의 령도는 사회주의 경제건설을 좌우하는 생명선이며 당정책을 철저히 집행하는 계획경제는 생산의 빠른 발전을 보장하는 실리적인 경제체계," 『로동신문』, 논설, 2005.5.12; "가치법칙의 맹목적 적용을 바탕으로 하는 시장경제와 달리 모든 경제사업에서 당의 령도를 보장하고 국가의 통일적인 계획에 따라 경제사업을 진행해야 한다. 경제관리에서 사회주의원칙을 지키는 문제는 미제가 조선의 경제체계를 허물기 위해 책동하고 경제건설의 객관적 환경이 달라진 오늘의 조건에서 더욱 중요한 문제이다." 『로동신문』, 2005.6.10; 당 내부문건, "당의 혁명사상과 어긋나는 이색적인 사상요소들과 불건전한 현상을 반대하여 비타협적으로 투쟁해야 혁명대오의 조직사상적 순결성을 철저히 보장할 수 있다"(2005.4); 한홍성, "비사회주의 현상을 없애는 것은 우리 혁명의 정치사상적진지를 튼튼히 하기위한 중요한 요구," 『근로자』, 2005년 제3호, pp. 29-31.
[245] 탈북민 증언 및 북한 내부문건, 2005.7.

권력층의 '혁명성'을 내사했다. 2004년 11월부터 인민보안성이 주관하던 사회 저변의 '비사회주의' 현상 단속을, 2005년 4월부터는 당이 직접 주관하면서 평성시장 등 시장 주변의 '무질서한 현상'을 집중적으로 검열하였다.[246] 2005년도의 '농업=주공(主攻)전선' 방침에 따른 5-6월의 '농촌지원 총동원'과 당창건 60돌을 앞두고 진행된 '충성의 100일 전투' 등 두 차례에 걸친 노력동원도 강도 높은 사상투쟁을 병행함으로써 '당의 령도'를 확고히 하는데 활용되었다.[247]

2005년 6월 무렵, 내각은 당의 압박에 눌려 사실상 '항복'한 것이나 다름없게 된다. 내각간부들은 "누구를 위한 경제개혁인데 이렇게 긴장시키는가"고 내심 불만을 토로하면서도 공식적으로는 하나같이 "사회주의 원칙에는 추호의 양보가 없다"는 목소리를 냈다.[248] 경제학자들도 "분권화는 기회주의적 입장, 당의 영도 포기"라고 동조하였다.[249] 그리고 과거 경제개혁 의제에 대한 '잠금장치' 역할을 했던 '혁

---

[246] 당은 2004년 말부터 인민보안성·검찰·보위부 '합동 단속반'를 통해 '비사회주의 현상'을 단속하다가(한국 영상물 시청 단속반인 '109타격대'도 이때 만들어 진다), 2005년 4월부터는 직접 '중앙당 검열 그루빠'를 구성하여 평성·신의주 등 대도시 시장을 검열하였다.

[247] 사회적 노력동원은 당이 주관한다. 증산투쟁이 목표이기는 하나 노동참여 과정에서 사상투쟁이 병행되었다. 2005년의 총동원은 강도 높게 진행되었다. '술풍(금지) 투쟁'이 전개되어 모내기 기간 중에 음주한 간부를 조사하는 과정에서 당간부(정하철 당선전비서, 2005년 6월 중앙방송위원회 직원들과 업무 중 음주사건에 연루)마저 비리가 노출되어 처벌받았다.

[248] "미제의 대조선 압살정책이 노골화되고 있는 시기에 사회주의 원칙고수 문제를 단순히 경제적 테두리 안에서만 논해서는 안된다는 주장이 성, 중앙기관 행정일군, 공장·기업소 경영일군들 속에서 오르고 있다. 조선의 경제일군의 기본자세는 실리를 추구하여도 사회주의 원칙에서는 양보가 없다는 것이며, 집단주의의 원칙을 고수하는데서 가장 중요한 문제가 경제사업에서 당의 령도를 보장하는 것이라고 보고 있다." 『조선신보』, 2005.6.15.

[249] "오늘 사회주의 경제에 대한 국가의 중앙집권적, 통일적지도에 대한 립장과 태도는 혁명적립장과 기회주의적립장, 사회주의와 반사회주의를 가르는 근본척도이다. 력사적 사실이 보여주는바와 같이 국가경제에 대한 중앙집권적지도를 포기하는 것은 곧 경제에 대한 당의 령도를 포기하는것이며 그렇게 되면 사회

명의 주체 강화' 논조가 다시 빈번히 대두되었다.250)

나. 당 계획재정부 신설과 박남기의 등장

김정일은 2005년 7월경 당 계획재정부를 신설하고,251) 최고인민회의 예산위원장인 박남기를 당 계획재정부장에 겸직시켰다. 그 전 2004년 12월에는 당 경제정책검열부와 당 농업정책검열부가 폐지되는데, 거슬러 올라가 당의 경제지도 부서가 계획재정부로 일원화되는 과정을 살펴보면 다음과 같다.

2004년 10월경 김정일은 "당과 내각의 중앙기구를 대폭 축소하고 2005년에 새로 출발하라"는 지시를 내린다. 2003년 4월부터 진행된 기구 및 인력 구조조정 작업이 상부기관을 대상으로는 제대로 시행되지 않았음을 시사하며, 박봉주 내각의 일관된 입장인 '비대한 상부 관리구조의 축소' 의지를 김정일이 수용했음을 의미한다.252) 내각으로서는 당의 간섭을 줄이는 효과도 거둔다. 축소된 2개 당부서의 인력 중

주의경제가 점차 변질되어 자본주의착취제도가 복귀하는 엄중한 결과를 가져오게 된다." 김경일, "국가의 중앙집권적, 통일적지도는 사회주의경제관리의 생명선," 『경제연구』, 2005년 제4호, p. 6.

250) "우리는 혁명이 높은 단계에 올라서고 정세가 복잡할수록 주체확립의 기치를 더 높이들고 나가야 한다. 바로 여기에 혁명의 밝은 전도가 있다." 『로동신문』, 2005.12.28; "김일성은 혁명의 매단계 매시기마다 혁명의 주체를 강화하고 그 위력으로 부닥치는 난관을 이겨냈다." 『로동신문』, 2006.10.17; "혁명과 건설에서 주체를 강화하고 그 역할을 높이는 것이 혁명승리의 근본담보이다." 『로동신문』, 2006.10.21; "조선에서는 수령·당·대중의 통일단결을 사회의 본질적 구조로 확립하고 혁명의 주체를 강화하는 사업을 확고히 앞세웠기 때문에 최근년간의 사나운 세파도 이겨낼수 있었다." 『로동신문』, 2007.6.27.

251) 2009년 12월 기준 당비서국내 경제부서는 계획재정부(부장 박남기), 군수공업부(부장 전병호), 재정경리부(부장 공석), 39호실(실장 김동운) 등 4개이다.

252) 비생산기구·인력축소 지시는 2003년에도 있었다. 당시 중앙기관 인력축소가 제대로 시행되지 않았음을 보여준다. 2004년도의 김정일 지시는 내각의 건의에서 비롯된 것으로 추정된다. 박봉주 '내각 상무조'는 '상부구조의 비대'로 인한 하부단위에 대한 지나친 간섭과 재정 부담을 지적해 왔다.

일부는 내각 등으로 흡수되고, 최소 인력이 남아 새로운 단일 '당 경제부서' 편성 작업을 하게 된다.253) 2005년 초부터 당은 내각에 대한 견제에 착수하는데 마침 이 과정에서 신설되는 당부서의 성격은 계획단계부터 내각을 간섭하는 '계획재정부' 신설로 변질되고, 박봉주는 거꾸로 계획재정부의 공격을 받게 된다.

박남기는 당 계획재정부장에 임명되기 직전에 이미 2005년 5월부터 내각의 급진개혁안을 대체하는 경제관리 방안을 마련하기 위해 당이 주도하는 '5.4 그루빠'를 구성하여 경제개혁 조정 작업에 착수한다.254) 김정일이 '일부 일군들이 시장이용을 시장경제 전환으로 오해하고 있다'는 취지의 발언(2005.2)을 하고난 직후였다. 박남기(1934년생)는 계획·예산 전문가로서, 1970년대 이후 중앙당 및 국가기구에서 번갈아 가며 경제총괄 업무를 맡아왔다. 중앙에서만 30년 이상 근무하면서, 당 비서와 국가계획위원장을 각각 2차례씩이나 역임했다.255) 박남기는 국가계획위원장 시절 김히택 당 경제정책검열부 제1부부장과 함께 2002년 7.1 경제관리개선조치의 '세부시행 계획 입안'

---

253) 이와 관련된 증언으로는 "박봉주 총리가 전 내각에 기구축소 방안을 내놓도록 요구했다", "당경제정책검열부와 농업정책검열부에는 각각 50여명의 인원이 쓸데없이 간섭이나 하며 놀고 먹다가 하루 아침에 당 아파트에서 쫓겨났다"는 주장과 "김책공대와 같이 필요 이상으로 교원이 많은 대학도 함께 축소되었다"는 주장이 있다. 탈북자 증언, 2005.4; 일부는 '국방위원회 경제국'으로 흡수되었다는 주장도 있다.
254) 박남기가 주도하는 '5.4 그루빠'가 '새로운 경제관리 방안'을 2회('5.4 그루빠' 설립 직후인 2005년 5월과 1차 핵실험 무렵인 2006년 9월)에 걸쳐 마련했다는 주장이 있으나 구체적인 경제조정 내용은 확인되지 않는다. 다만, 후술하는 양곡 전매제, 부동산 실사 사업, 개인서비스업 금지 등 실제 추진되는 보수적인 정책을 통해서 단편적으로 확인된다.
255) 박남기는 1972년 3월 금속공업성 부상, 1976년 5월 국가계획위원회 부위원장, 1984년 10월 당 경공업비서, 1986년 12월 국가계획위원장, 1988년 11월 당 경제비서, 1998년 9월 국가계획위원장을 역임하였다. 그는 2003년 9월부터 최고인민회의 예산위원장을 맡으면서, 2005년 7월이래 당 계획재정부장을 맡아오다가 화폐개혁 실패에 대한 책임을 물어 2010년 3월 공개 처형되었다.

에 관여하였고, 2002년 10월 말(10.26-11.3) 북한경제시찰단[256] 단장으로 방한하기도 했다.

박남기는 당 계획재정부장이 된 이래, 내각 경제부처 인사권을 총리로부터 회수하고, 내각 산하 민경협을 검열하여 당 계획재정부 산하로 이관을 추진하였다(뒤늦게 실현된다). 1차 핵실험(2006.10) 직후 김정일이 '인민생활 향상을 위한 제도적 토대를 만들라'는 지시가 있자 박남기는 "내각이 자본주의 환상을 품고 망쳐놓은 것을 다시 고쳐 사회주의 원칙에 의거한 경제관리제도를 확립하겠습니다"고 보고하였다.

그는 재정확충을 위해 암달러상 단속을 강화하고, 각 기업소가 유사시에 대비하여 자체적으로 비축한 외화를 은행을 통해 흡수하기 위해 기업소간 거래시 현금지불을 금지하고 행표거래를 원칙으로 했다. 박남기는 또한 계획에 의한 중앙당국의 통제를 강화하기 위해 공장·기업소들이 계획에 따른 자재·상품 공급보다는 외화를 소지한 장사꾼들에게 우선적으로 파는 현상을 단속하고, 지방 생산단위까지 난립하고 있는 수출기구를 재정비하기 위해 수출입 업무 검열을 주도하였다. 그 동안 박봉주가 추진해왔던 정책과는 상반된 정책을 구사하였다.

2005년도 북한 경제 관리에서는 정책 혼선과 갈등이 두드러진다. 박봉주는 총리로서 내각에서,[257] 박남기는 당계획재정부장으로 당에서 각각 지도를 함에 따라 혼선이 있게 되고, 점차 박남기에게로 주도권이 넘어가는 과정에서 경제 간부들 사이에 정책 갈등 현상도 나타나게 된다. 김정일이 내각에 중요 경제정책은 박남기와 협의하여 보고토록 함으로써 박봉주가 실권하는 2006년 5월까지 경제관리기관은 때로는 박봉주의 의견을, 때로는 박남기의 의견을 선택하는 상황이 발생한다.

---

256) 장성택 조직지도부 1부부장, 이광근 무역상, 박봉주 화학공업상등 18명으로 구성되었다.
257) 박봉주는 2005년 들어 경제 '정책방향'에 관해서는 상부에 의견 개진을 자제하였으나, 일선 생산현장 지도는 더욱 활발히 전개하였다.

박봉주 실권이후에는 간부들 사이에 "이제 사회분위기가 더욱 경직될 것이며, 개인적 신소가 횡행하고 기관끼리 불신풍조가 만연할 것이다", "장사능력에 따른 빈부격차가 다시 직능의 권한에 따른 빈부격차, 좋은 자리에 있는 사람이 돈을 버는 형태로 바뀔 것이다"라는 인식이 확산되었다. 총리가 경질(2007.4)되고 나서는 "무엇인가 하려면 자본주의식이라고 비판하고, 가만히 있으면 무능하다고 자른다", "총리직을 맡는 것은 호박을 뒤집어쓰고 돼지우리에 들어가는 격이다", "북한에는 앞으로 밀고 나가는 기관보다는 뒤로 잡아당기는 기관이 더 많고 힘에 세며, 경제개혁에 앞장섰던 사람들 중에서 잘된 사람은 없기 때문에 이제는 아무도 개혁을 주도하지 않을 것이다"라는 자조적인 인식도 확인된다.[258]

여기서 잠시 박봉주와 박남기의 경력을 비교해 본다. 두 사람은 김일성 가계와의 특별한 연고나 가정배경이 없이 실력과 성실로 경력을 관리해 온 경제전문가라는 점에서 같다. 다른 점은 박봉주는 오랫동안 지방 생산현장 책임자로 근무하다가 뒤늦게(1993.5, 50대 중반나이) 중앙무대에 진출한 실물 경제통인 반면, 박남기는 젊어서부터 당과 내각(정무원)에 번갈아 근무하면서 당비서와 국가계획위원장을 두 차례 역임한 계획전문가라는 점에 차이가 있다. 박봉주는 대기만성형인 반면, 박남기는 고속출세형인 셈이다. 원래 두 사람 모두 솔직하고 직언을 잘하나 박남기는 한 때 좌절을 경험하여 모나지 않게 행동하려고 주의하였다. 박남기는 1990년대 중반에 '북한 경제의 문제점에 대한 직언, 생활 소비품 생산 부진'[259]으로 지방행정 책임자로 좌천되었는

---

258) 이상 탈북민 증언 및 내부문건 자료, 2007.5.
259) 1987년 김일성이 당정치국회의에 국가계획위원장이던 박남기를 특별히 참석시켜 경제에 대한 솔직한 보고를 주문하자, 박남기는 "우리 경제는 인민생활보다 주석폰드와 혁명사적지 건설에 치중하여 문제"라고 보고했다 한다. 이에 김일성은 "그 문제에 대해 3번째 비판을 받는다, 계획업무를 잘하라"고 칭찬하였으

데, 경제에 정통한 지식으로 곧 재기하였다. 물론 뒤에서 거론되지만 박봉주도 숙청당했다가 다시 총리로 등용(2013.4)된 이후 '사람이 바뀌었다'는 평을 받을 정도로 몸조심을 하게 된다.

표 3-10 박봉주와 박남기의 주요 경력비교

비교항목	박봉주(1939년생)	박남기(1934년생)
성장배경	○ 김책 출생, 덕천공업대학졸업 ○ 3,40대(1960-70년대) : 용천식료공장 지배인 등 생산단위 책임자로 근무	○ 해주 출생, 김책공업대학졸업 ○ 프라하공대 기계공학과 유학 ○ 3,40대(1960-70년대) 당,내각 근무 : 당과장, 통계국부국장, 당부부장, 금속공업성 부상, 건설부 부총 국장, 국가계획위 부위원장 등
주요경력	1980.10 당 중앙위 후보위원 1983.7 남흥청년화학연합기업소 당책임비서 (장기근무) 1993.5 당 경공업부 부부장 1998.7 최고인민회의대의원(10-11기) 1998.9 화학공업상 2003.9 내각 총리 2007.4 총리 해임 2007.5 순천비날론연합기업소지배인 2010.7 당 경공업부 제1부부장,재기 2012.4 당 경공업부장 2013.3 당 정치국 위원 2013.4 내각 총리 2016.5 당 정치국 상무위원 겸 당 중앙군사위원(현) 2019.4 총리해임, 당 부위원장겸 국무위원회 부위원장에 임명	1984. 7 당 중앙위원 1984.10 당 경공업 비서 1986.11 최고인민회의 대의원 1986.12 국가계획위원장 1988.11 당 경공업 비서 1990. 5 최고인민회의예산위원장 1993.10 평양시 행정경제위원장 1998. 9 국가계획위원장 2003. 9 최고인민회의예산위원장 2005. 7 당 계획재정부장 2010. 3 화폐개혁 실패 책임을 물어 공개처형

며, 김정일이 문제 삼으려 한 것을 김일성이 만류했다 한다. 1980년대 말 경공업비서 당시 인민생활 문제로 자주 비판을 받았고, 당시 경공업부장인 김경희에게 잘못 보여 고충을 겪었다는 증언도 있다.

다. 박봉주 총리의 실권(失權)

박봉주는 2005년 들어 당의 견제를 받기 시작하였고, 2006년에는 자신과 주변인물에 대한 조사가 이어졌다. 당은 박봉주의 경제간부 인사권과 경제사업 검열권을 회수해갔다. 박봉주는 점차 김정일의 신임에서 멀어져 2006년 6월에는 '경제 관리에 문제가 많다'는 이유로 '40일간의 직무정지' 책벌을 받고 김정일의 현지지도 수행에서 배제되었으며, 박남기 당 계획재정부장이 그 역할을 대신했다.[260]

김정일은 2006년 10월 당간부들에게 "최근 몇해 동안 경제사업이 당의 의도대로 잘되지 않았다. (내각)일군들의 그릇된 사상관점과 일본새에 대하여 단단히 문제를 세워야 한다"고 언급하였다.[261] 박봉주는 사실상 '경제사령관으로서의 역할이 정지'되고 총리로서 의례적인 임무만을 수행하다가, 2007년 4월 임기 5년을 채우지 못하고 해임되어, 다음 달 5월에 순천비날론연합기업소 지배인으로 좌천되었다.

표 3-11 박봉주 총리의 실권(2006.6) 직후 활동

2006년 7월, 김정일과 함께 후진타오 중국 국가주석 방북행사 참석
8월, 이임하는 주북 중국대사 접견
9월, 신임 주북 중국대사 접견
10월, 내각 전원회의 참석
2007년 2월, 내각 전원회의 확대회의 참석 (부총리 곽범기가 의제보고)
4월, 최고인민회의 제11기 5차회의 참석

---

260) 박봉주는 매년 연말에 김정일이 당 부부장·내각 상급 이상들에게 주는 '위대한 영도자 김정일 동지께서 하사하신 선물'도 받지 못하였다. 북한 간부들 사이에는 박남기가 박봉주의 잘못을 고해 바쳤고 박남기가 이러한 자신의 '권세'를 자랑하고 있다는 소문이 돌았다.
261) 김정일, "당 중앙위원회 책임일군들에게 하신 말씀"(2006.10.31).

김정일은 '박봉주의 경제관리에 문제가 있다'는 당의 보고를 2005년 초부터 받았다. 그러나 김정일은 아래 〈표 3-12〉에서처럼 2005년에 박봉주를 자신의 현지지도에 빈번히 대동했다. 당의 보고에도 불구하고 즉시 조치하지 않은 것은 박봉주에 대한 신임과 그간 추진해 온 경제개혁에 대한 미련, '심화조 사건'에서처럼 충직한 간부들을 모함에 의해 처형한 '과거 경험'이 작용했다.[262]

표 3-12 박봉주와 박남기의 김정일 현지지도 수행 빈도

구 분	박봉주 총리	박남기 당계획재정부장
현지지도 수행빈도	04년6회 → 05년37회 → 06년6회, 06.5.9 평양음대 동행이 최종.	05년 11회 → 06년 9회 → 07년31회 → 08년 18회 → 09년135회

당의 견제는 박봉주가 추진했던 여러 개혁정책을 중단시키는 것으로부터 시작되었다. 앞에서 거론한 것처럼 2004년에 시범 도입하여 김정일로부터 긍정 평가 받았던 포전담당제(가족 분조제)와 기업 개혁안(자율권 대폭 확대)은 2005년부터 시행되지 않았다. 포전담당제는 해당 시·군에서 '성공적 영농방법'으로 만들기 위해 경쟁적으로 비료 등 영농자재를 은밀히 지원했다는 이유로, 기업의 경영자율화 조치는 후원기관이 시범 기업소에 대해 과도한 지원을 해 '자율경영의 성과'가 퇴색되었다는 이유로 중단되었다. 2005년 5월에는, 내각의 추가 개혁안은 논의가 중단되고 '내각 상무조'도 해체되었으며, 그 대신 경제관리 개선안은 당 계획재정부가 주도하는 '5.4 그루빠'가 연구하는 것으로 대체되었다.

---

262) 김정일은 "아랫단위에서 무슨 문제가 제기되었다는 보고를 받게되면, 해당 부문 책임일군들을 만나 그 문제에 대해 다시 료해한 후 필요한 대책을 세우곤 한다"고 했다. 김정일, "조선인민군 지휘성원들에게 하신 말씀"(2004.4.3).

박봉주에 대한 당의 조사는 2006년 8월 말부터 9월 중순까지 집중적으로 있었다. 2005년 농업을 '주공전선'으로 정한 해에 "800만 달러 상당의 비료 구입자금을 유류 구입자금으로 전용하였다"는 이유 때문이었다.[263] 당은 사전에 김정일에게 자본주의적 개편놀음, 돈벌이 폐해 조장, 국가재정 확충 실패 등 박봉주의 경제개혁 정책 전반의 문제점을 보고했다. 김정일은 이에 대해 "내각이 머리에는 사회주의 모자를 쓰고 실제는 자본주의의 척후병 노릇을 했다. 총리 부임이후 사람들이 돈 밖에 모르는 인간으로 변했다"는 반응을 보였다.[264]

한편 당은 주변에서 박봉주에게 개혁정책을 자문해 주었던 경제 전문가들을 부정부패 혐의로 지방으로 좌천시키는 방법으로 개혁정책의 정당성을 훼손시켰다. 내각 간부들에 대한 당의 집중 검열도 2006년 내내 진행되었다. 예컨대 주동일 전기석탄공업상은 "전력사정이 좋지 않은데 장군님 초대소에 공급되는 전기를 (공장이나 주택에) 돌려서 사용하는 방안"을 거론한 혐의로 숙청되었다.[265] 2006년 1월부터 2007년 1월 사이에 해임된 내각 상(相)들은 당의 검열로 해임되었을 가능성이 높다.

---

[263] 『연합뉴스』, 2007.4.12; 탈북자의 다른 증언은, 박봉주가 2005년과 2006년 두 차례 중국산 비료 수입과정에서 사기당한 사건 때문에 경질되었다고 한다. 그가 2회에 걸쳐 각각 250만불 상당의 비료 5만톤 도입을 계약하고 중국 판매업자에 200만불 가까이 송금하였으나 계약금만 떼이고 선적되지 않았다는 것이다.
[264] 김정일, "당 중앙위원회 책임일군들에게 하신 말씀," 2006.6. 그 직후 개최된 2006년 7월 내각 전원회의(비공개)는 박봉주를 비롯 '내각 간부들의 자아비판 회의'였을 가능성이 높다.
[265] 『每日新聞』, 2007.1.18; 『The Daily NK』, 2007.1.18에서 재인용.

|02| 당의 경제개혁 속도 조절

박남기가 주도하는 '5.4 그루빠'의 활동내용은 구체적으로 확인되지 않으나, 보수적인 정책기조를 운영했음은 틀림없다. 2004년 6월부터 활동한 박봉주의 '내각 상무조'가 김정일의 '계획경제와 시장가격의 접근'이라는 지시에 따라(혹은 그 지시를 '오해'하여) 시장경제 지향적인 개혁구상을 건의했으나 보류되었고, 당면해서는 당 창건 60돌을 앞두고 '쌀 값 안정' 문제를 다루다가 해체되었다는 점을 고려하면 '5.4 그루빠'는 그 반대로 경제정책 방향을 설정했을 것이라고 짐작할 수 있다.

당이 경제정책 주도권을 회복하고 난 뒤에 북한에서는 '국가 량곡전매제'와 '전국 부동산 실사 사업'이 실시되고, 개인 수공업·서비스업과 시장에 대한 통제가 강화되었다. 양곡전매제와 부동산실사는 재정확충에, 개인 소상공업과 시장 통제는 계획복원에 목표를 두었다.

가. 국가 양곡전매제 실시(2005.8)

'국가 양곡전매제' 실시는 당창건 60돌을 앞두고 식량공급 정상화를 명분으로 2005년 8월에 발표되었고, 김정일은 2005년 9월 29일 "국가 양곡전매제를 강하게 밀고 나갈 것"을 지시하였다. 10월 1일부터 시행을 목표로 한 '국가 량곡전매제'는 곡물 국가배급제의 변형으로 양곡의 시장유통을 금지하고 국가가 직접 수매하여 판매를 전담한다는 것이다. 쌀 수매가를 kg당 40원에서 180원으로 인상하면서, 협동농장은 물론 개인 경작지나 공장·기업소 부업지에서 생산된 곡물 전량을 국가가 수매하는 것으로 정하였다. 판매(분배)는 직장 출근자와 그 부양가족·학생·연로보장자들에게는 44원에, 무직자와 규정량[266]

---

266) 신분별 판매 규정량은 직장출근자는 300-700g, 부양가족 300g, 학생 400-

초과 구입자들에게는 600원에 차등 판매하는 방식을 도입하였다.

북한은 이 조치를 시행하기에 앞서 "당 창건 60돐(2005.10)을 맞으며 몇 해 째 식량문제로 고생하고 있는 우리 인민들에게 식량공급을 정상화하기 위한 중대한 조치를 취하였다"면서, 2005년 8월 20일 내각결정으로 "조선로동당창건 60돐을 맞으며 인민들에게 식량공급을 정상화할데 대하여"를 발표하였다. 내각결정에 따라 국가가격제정국은 2005년 8월 28일 각 곡물별 '수매보조금계산가격표'와 '로동 적령기에 있으면서 직장에 나가지 않는 대상들과 공급기준을 초과하여 세대들에게 팔아주는 식량소매가격표'[267)]를 하달하면서 10월 1일부터 집행할 것임을 알렸다.[268)] 국가가격제정국의 지시에는 국정가격 기준을 어겼을 경우 50배에 해당하는 벌금을 부과하고 해당 곡물은 전량 몰수한다는 내용도 포함되어 있었다. 한편 재정성은 2005년 9월 14일 협동농장, 부침 땅을 경작하는 공장·기업소, 양정기관 등에 재정처리와 회계계산 방법에 대해 알린데 이어, 10월 2일 양곡수매보조금[269)]을 내려 보내면서 재정처리를 엄격히 할 것을 지시하였다.[270)]

북한이 양곡전매제를 전격적으로 도입한 배경에는 우선은 당 창건 60돌에 즈음하여 '경축 분위기'를 조성할 수 있다는 계산에서였다. 당시 시장 쌀값이 800원(kg)이라서 직장에 출근하지 않은 무직자일지라도 600원으로 정하면 큰 불만 없이 수용할 것으로 보았다. 7.1조치

500g, 연로보장자는 300g이다.
267) 곡물별로 가격(직장근무자/무직자, kg당)을 살펴보면, 흰쌀(8분도) 180원/600원, 강냉이 96원/350원, 콩 180원/600원, 감자 41원/146원 등이다.
268) 국가가격제정국 지시, "량곡수매와 공급에서 국가가격규율을 엄격히 지킬데 대하여" (2005.8.28).
269) 7.1조치 이전에는 '식량가격편차보상금' 이었는데 이제 이름만 변경되어 부활한 셈이다.
270) 재정성 지시, "량곡전매제 실시에서 제기되는 재정문제를 바로 잡을데 대하여"(2005.10.2).

이후 국정 쌀값(44원) 대비 시장가격의 지속 상승(800원, 20배 근접)에 따라 곡물에 관한한 국가가 직접 통제함으로써 가격안정을 도모한 점,[271] 직장출근자와 비출근자를 차별함으로써 직장출근율을 높일 수 있다는 점, 막대한 재정적 부담[272]에도 불구하고 수매가를 인상(40원→180원)함으로써 농민의 증산의욕을 고취할 수 있다는 점이 고려되었다.[273] 보다 근본적인 목적은 계획 시스템의 복구에 있었다. 배급제는 계획경제 복원의 첫 걸음이었다.

2005년 가을 북한에서는 '알곡 전량 국가수매'를 위한 농민과 당국 간의 숨박꼭질과 더불어 '곡물 생산량 과장 보고'라는 해프닝이 벌어졌다. 그해 수매당국은 협동농장에서 생산한 곡물은 물론, 개인이 떼기밭에서 경작한 곡물과 기관·기업소가 부침땅(자체 식량조달용)에서 재배한 곡물도 거두어 들였다. 곡물 생산량도 처음에는 '알곡 520만톤이 생산된 대풍년'으로 추산되어 중앙에 보고되었으나, 막상 수매해 보니 과장된 것으로 판명되었다.[274] 2005년에 '농업 = 주공전선'으로 설정하고 어느 때 보다 강도 높게 전주민을 '농촌지원에 총동원'한 마당에, 지방당에서 '장군님께 기쁨을 드린다'는 명분으로 곡물생산량을 과장 보고한 결과였다.

김정일은 2006년 1월 간부들에게 "알곡을 빼돌리지 못하게 량정규

---

[271] 2005년 중반부터 2007년 8월 수해 발생 때 까지 2년간 북한의 쌀값은 790원-880원 사이를 오르내리며 안정세를 유지하였다.(단, 2006. 10 핵실험 직후 그해 겨울에는 930원까지 급등)
[272] 로두철은 최고인민회의 제11기 4차 회의(2006.4.11)에서 "지난해 국가예산에서는 나라의 재정형편이 어려운 속에서도 농업근로자들의 생산열의를 높여 인민들의 먹는 문제를 원만히 풀기 위하여 거액의 량곡수매보조금이 지출되였습니다"라 했다. 『로동신문』, 2006.4.12.
[273] 김정일은 2006년 1월 1일 군(軍) 지휘성원들과의 대화에서 "국가적으로 량곡 전매제를 실시하는 것은 농민들에게 리득을 주고 그들의 열의를 높여 알곡생산을 늘이자는데 중요한 목적의 하나가 있습니다"라고 언급하였다.
[274] 농촌진흥청은 2005년도 북한의 곡물생산량을 454만톤으로 추계하였다.

율을 엄하게 확립할 것"과 "알곡생산량을 사실대로 보고할 것"을 강조하였고, "국가에서 농민들과의 약속은 지켜야 한다"면서 "뙈기밭 생산분을 농민 분배 몫에 포함시킨 것은 잘못"이라며 시정할 것을 지시하였다. 그리고 양곡관리 업무를 수매양정성에서 "농업성으로 넘기는 문제"도 거론하였다. 아래 인용문은 2006년 초 김정일의 언급 내용으로, "군량미 보장" 언급을 제외하고는 앞에서 거론한 '내각 상무조'가 논의한 내용을 인용하고 있다. 그러나 김정일의 이 같은 발언에도 불구하고 이후 농민 분배 몫은 지켜지지 않았을 뿐 아니라 뙈기밭은 협동농장 토지로 회수되었고, 곡물생산과 수매관리 일원화를 위한 수매양정성의 '폐지'는 실현되지 않았다.

> 국가에서 농민들과 약속한 것을 어겨서는 안됩니다. 농민들이 논두렁과 밭뚝에 콩을 심거나 비경지에 곡식을 심어 거두어 들인 것을 그들의 분배 몫에 포함시키는 것은 사실상 수탈행위와 같습니다 … 국가적으로 량곡전매제를 실시하는 것은 농민들에게 리득을 주고 그들의 열의를 높여 알곡생산을 늘이자는데 중요한 목적이 있습니다.[275]
> 량정규율을 엄격히 세워야 알곡을 다른 데로 빼돌리지 못하게 할 수 있으며 농업부문 일군들속에서 허풍을 치는 현상도 없앨 수 있습니다 … 누구도 국가의 알곡을 제마음대로 처리할 권한이 없습니다. 알곡생산에 대해서는 더하지도 덜하지도 말고 사실대로 보고하여야 합니다 … 군량미는 무조건 전량 보장해야 합니다 … 이제는 모든 부침땅(관리업무)을 농업성에 넘겨야 할때가 되었습니다.[276]

양곡 전매제의 '2005년 10월 1일부터 전국적 시행'은 이루어지지 않았다. 그해 가을 양곡이 확보된 일부 지역에서만 식량배급이 이루어

---

275) 김정일, "조선인민군 지휘성원들에게 하신 말씀"(2006.1.1).
276) 김정일, "당・군대・국가책임일군들에게 하신 말씀"(2006.1.28).

졌고, 다시 2006년 1월부터 전국적 시행을 도모하였으나 부양가족에 대한 저가 공급을 중단하는 등 차질을 빚었다.[277] 암거래에 대한 집중적인 단속도 있었으나, 국가 확보량 부족으로 점차 평양을 제외하고는 국가양곡전매제가 무의미해졌다. 곡물 암거래는 묵인될 수밖에 없었고, 이 과정에서 관료들의 이권 개입 여지만 늘어나 가격은 인상되고 주민들 부담은 가중되었다.

나. 전국 부동산 실사 사업(2006.4-8월)

북한은 2006년 4월-8월간 '전국 부동산 실사 사업'을 진행했다.[278] 이와 관련, 김정일은 2005년 10월에 "공장·기업소 부지를 줄이고 땅 리용에 대한 통제를 잘하자면 국가에서 땅 같은 부동산 가격을 바로 정하고 그 사용료도 받아야 한다"고 언급(10.4)했다. 이듬해 1월에는 "합영합작 기업이 리용하는 부지에 대해서도 사용료를 받도록 하는 체계를 세울것"을 지시했다.[279] 그리고 같은 무렵 "나라의 풍부한 지하자원을 합리적으로 개발 리용하자면 지하자원에 대한 전면적인 조사사업을 진행해야 한다"고도 언급했다.

내각은 김정일 지시 이행을 위해 내각 직속으로 '부동산실사위원회 중앙상무'를, 지방에는 '도·시·군 상무'를 조직하고, 그해 3월에는 각급 기관에 "부동산 실사 지도서"를 하달하였다. 당, 무력, 군수, 특

---

277) 청진시의 경우 2005년 10월에 보름치 식량(1일 400g, 총 5.2kg)을 두 차례 배급받았을 뿐 이후 배급은 이루어지지 않았고, 2006년 초 시중에는 "곡물을 600만톤 생산하였다는 허위보고가 있었다"는 소문이 돌았다고 한다. 탈북민 증언, 2006.4.
278) 노두철 부총리는 2006년 4월 11일 최고인민회의에서 "전국가적인 부동산 실사작업을 통해 부동산들을 빠짐없이 장악하고 사용료를 제정·적용할 것임"을 예고하였다.
279) "한 북한 소식통은 (2006년) 1월 19일 하달된 북한 내각결정 제3호 지시문의 제호가 '1월 4일 위대한 김정일동지께서 제시하신 부동산사용료를 제정할데 대한 방침을 철저히 관철하자'는 것이었다고 전했다." 『동아일보』, 2006. 4. 21.

수단위는 자체로 부동산을 조사하여 중앙상무에 제출하도록 하였고, 부동산은 토지, 건물, 자원, 기타(도로, 항만, 공원)로 구분·조사했다.[280] 부동산 실사 직후 부동산 사용료가 부과될 것임을 예고하였다.[281] 부과 목적은 부동산의 효율적 이용과 필요 이상의 과다 토지 보유 방지,[282] 도로·강하천 등 사회간접자본의 운영·보수 자금 마련, 지하자원의 탐사비용 조달에 기여에 있다고 설명하였다. 국가가격제정국은 2007년 3월 19일 '부동산가격과 사용료률'을 정하여 전파하면서 4월 1일부터 시행할 것을 지시하였으나, 실제로는 이듬해 1월부터 징수한 것으로 확인되었다. 2009년 12월에는 '부동산관리법'을 제정하여 부동산의 등록과 실사, 이용, 사용료 납부에서 나서는 문제들을 규정하였다[283].

북한의 부동산 실사는 2002년 7월부터 시작된 주택사용료나 농지사용료(7.31 '토지사용료 납부규정' 제정) 부과와는 달리 사실상 무상으로 제공된 공장·기업소 부지 등에 사용료를 부과하여, 재정수입을 확충하고 토지 이용의 효율성을 제고하기 위한 조치였다. 이 과정에서 일부 기관·기업소의 사용료 부담 경감을 위한 유휴 토지 반납, 주택

---

280) 북한은 부동산 실사 종합자료의 제출 시기를 공장·기업소는 2006년 5월 30일까지 시군상무에, 시군은 7월 15일까지 도상무에, 도상무는 8월 15일까지 중앙상무에 제출하도록 정하였다. 한편 지하자원 조사 일정으로, 4월 한 달은 기관·기업소 자체로 실사하고, 5월중에는 도별로 종합하여, 6월부터 7월 20일까지 중앙상무의 종합 심의를 받도록 하였다.
281) 리동구, "부동산가격과 사용료를 바로 제정·적용하는 것은 부동산의 효과적리용을 보장하기 위한 중요한 요구," 『경제연구』, 2006년 제4호.
282) 『경제연구』(2006년 제4호)는 기관·기업소의 이용기준 초과 부동산, 농경지에서 전용된 건설부지에는 높은 사용료를 부과한다고 설명하였다. 한편 김정일은 2006년 1월 "국가적으로 부침땅을 리용하는 경우에는 철저히 대토복구를 하게 되어있는데 최근에는 대토복구라는 말자체가 없어진것 같다. 부침땅에 건설을 하고 지금까지 대토복구를 하지 않은 대상들을 전반적으로 료해장악하여 무조건 대토복구를 하도록 하겠다"고 언급하였다.
283) 『조선중앙통신』, 2009.12.15.

신축 분양 등 편법적 부동산 개발 통제의 효과도 거두었다. 앞으로 부동산 사용권의 매매·양도를 허용할 것이라는 소문도 있었으나,[284] 중국식 토지사용권 제도로의 발전 징후는 확인되지 않았다.

다. 개인 수공업·서비스업 통제(2007.2)

박봉주 내각(상업성)은 시장 활성화와 더불어 독립채산제 장려와 국가재정확충을 위해 기관·기업소에서 식당 등 서비스업을 경영하는 것을 허용해 주었다. 기관·기업소가 일부 자금력 있는 개인에게 경영을 위탁하는 것도 묵인했다. 이 같은 '합의제 식당'[285] 등 서비스업 운영에 대해 당은 2005년 3월경 이익금이 국가로 환수되지 않고 빈부의 격차를 심화시키는 '자본주의의 싹'이라는 이유로 통제를 시도하였다. 그러나 당의 통제는 크게 실효성을 거두지 못하여, 평양을 비롯한 주요 도심 아파트 1층 건물에 우후죽순처럼 개설되었던 개인 사업체들이 좀처럼 수그러들지 않았다. 개인사업체의 운영자금은 고리대금업자로부터 대부 받은 것이었고 거기에 당 간부들의 출자도 있었기 때문이었다.

2007년 2월 7일 김정일은 중앙당으로부터 '109(비사회주의현상 타파)연합지휘부 사업정형'을 보고 받고는 "각급 당조직과 기관·기업소들이 개인들에게 돈벌이 조건을 쥐어주며 사회적으로 돈 밖에 모르는 나쁜 풍조를 퍼뜨리고 있다. 그 현상을 맹아 단계에서 짓뭉개 버리기 위한 사상투쟁을 강도 높게 벌리도록 하라"고 지시하였다.[286] 이에 따

---

284) 『연합뉴스』, 2006.8.10.
285) 박봉주 내각은 국영식당은 국가가, 합의제식당은 기관·기업소가 경영하는 것이 원칙이나, 자금력 있는 개인도 수익금 제공 조건으로 식당을 인수하여 기업 명의로 운영하는 것을 허용해 주었다. '기업 : 개인'의 이익 분배방식에 따라 '2.8식당' '3.7식당'등으로 불린다.
286) 탈북민 증언, 2007.8.

라 북한 당국은 2007년 초 지방 단위별로 개인 수공업과 개인 서비스업에 대한 일제 실태조사를 실시하였으며,[287] 김정일의 '2월 7일 지시'로 당은 개인 사업에 대해 본격적인 통제를 가하지 않을 수 없게 되었다.

| 03 | 시장에 대한 반격과 역개혁 조치

가. 김정일의 '시장 = 비사회주의 서식장' 규정(2007.8)

1차 핵실험이 있고 난 후인 2006년 말 북한이 새로운 경제개혁 정책을 모색하고 있다는 소문이 여러 경로로 확인된다. 7.1 경제개혁 조치가 시행된 지 4년여 지난 시점에서 경제관리개선 조치 자체의 한계는 물론 간부들의 부패, 빈부격차 심화, 비사회주의 현상 만연 등 정치·사회적 부작용까지 고려한 새로운 개혁구상을 한다는 것이다. 2006년 9월부터 박남기의 '5.4 그루빠' 주도로 많은 경제전문가와 학자들로 새로운 연구팀을 구성하여 경제개혁안을 만들고 있으며, 1년간 시범 실시하고 2008년부터 시행한다는 것이다.

개혁안의 골자는 ① 농업생산 책임제 도입, ② 개인 운영 가내수공업 및 서비스업 양성화, ③ 기업소득세 및 공장·기업소 부동산 사용료 도입, ④ 상업은행 신설 및 은행 저축금리 인상, ⑤ 군(軍)에 대한 자원 분배 축소 등이다. 그러나 경제개혁 재추진 분위기는 1차 핵실험(2006.10) 무렵 일시적으로 대두될 뿐 이후 부동산 사용료 징수 외에 구체적인 추진 상황이 확인되지 않으며, 오히려 비사회주의 현상 단속과 '돈벌이의 폐해'에 대한 선전활동이 강화된다. '당의 영도'와 '혁명

---

[287] 시·군별로 떡·술 등 개인 수공업 29종, 이발·식당 등 14종에 대해 유통규모·국가 및 주민생활에 미치는 영향을 조사하였다.

주체의 강화'가 강조되는 등 북한 내부정세가 변화하면서 정치논리가 경제논리를 완전히 압도한데 따른 것으로 보인다.

2007년 10월, 북한은 그간 시장을 장려(2003.3)하였던 정책을 철회하고 다시 적극 통제하기 시작한다. 4년 7개월 만에 다시 시장은 통제의 대상으로 바뀌었다. 북한당국의 시장에 대한 '공격'은 3단계로 이루어진다. 2007년 10월부터의 불법·무질서 거래 통제 → 2008년 10월부터의 개장일·판매품목 통제 → 2009년 6월부터 시장 공간 자체에 대한 물리적 축소 순서로 진행되었다. 사회주의 경제생활의 보조공간으로서 주민들의 생활편리를 도모한다는 명분으로 장려한 시장이 오히려 '괴물'처럼 커져 국영유통망을 잠식하고, 특히 '비사회주의 현상[288])의 서식장'으로 자리 잡았다는 판단에 따라 뒤늦은 반격이 시작된 것이다.[289]

북한은 2007년 10월 중앙당 차원에서 전 주민들을 대상으로 종합시장의 문제점과 앞으로의 통제방향에 대한 사상 교양사업을 전개하였다. 평성 종합시장을 비롯한 주요 도시들의 시장들에 대한 실태를 조사한 결과 드러난 심각한 문제점으로, ①"무엇보다도 시장들이 번창

---

288) 북한은 비사회주의 현상을 "사회주의 원칙에 어긋나는 온갖 불건전한 것"(『조선말사전』(2004))이라고 규정하면서 "사람들의 건전한 사상의식을 마비시키고 당과 혁명대오의 일심단결을 좀먹는 위험한 요소"(김정일, "당중앙위 책임일군들과의 담화"(2001.1.3))라고 한다. "가장 위험한 비사회주의 현상은 불량행위로 사회질서를 문란시키고 군중들에게 나쁜 영향을 주며 점차 자라나면 사회주의 제도를 위험에 빠뜨린다"(김정일, "전국인민정권기관 일군 강습회에 보낸 서한,"1992.12.21)고 한다. 구체적으로 "자본주의 사상·문화적 침투, 서구 날나리풍·남한풍·미신행위 등 온갖 이색적이고 불건전한 생활풍조, 불순 녹화물·출판물 열람 유포행위는 물론 비법월경 및 밀수밀매 행위"를 포함시킨다.
289) "장군님께서는 지난 8월 26일 지금 시장이 비사회주의의 서식장으로 된데 대하여 심각한 말씀을 주시였다 … '비사회주의적현상에 대하여 절대로 소홀히 대하지 말고 그것을 철저히 뿌리뽑기 위한 집중적인 공세를 들이대야 합니다'라고 지적하시였다." 조선로동당 중앙위원회 군중강연자료, "시장에 대한 올바른 인식을 가지고 인민의 리익을 침해하는 비사회주의적인 행위를 하지 말자"(2007.10).

해지고, 장사가 시장 밖으로 확대되고 있다," ②"일할 나이의 녀성들의 대부분이 시장에 나와 장사를 하고 있다."290) ③"시장에서 장사하는 사람들이 폭리를 얻기 위해 수단과 방법을 가리지 않고 인민의 리익을 침해하고, 국가의 법질서를 위반하는 행위를 서슴없이 하고 있다,"291) ④"특히 엄중한 것은 장사군들이 남조선상품을 통해서 적들에 대한 환상을 류포시키고 있다"는 것이다. 여기서 '적'들에 대한 환상은 '남조선에 대한 환상'뿐 아니라 '자본주의에 대한 환상', 그 결과로 초래한 북한 사회 내 배금풍조·부정부패·빈부의 격차 심화 현상을 아울러 지칭하고 있다. 다음은 "시장의 폐해"에 대한 당의 군중대상 교양자료 (2017.10)요지이다.

> 일부 장사군들은 남조선상품을 팔아먹기 위하여 젊은 청년들이 물건을 사러 오면 "보라, 어디것인가 상표를 보라, 최고야, 다른 장판에는 없어, 후회하지 말고 사라"고 허튼소리를 하면서 그들에게 남조선상품에 대한 환상을 조성시키고 있다. 어떤 청년들은 남조선것이라고 하면 덮어놓고 질이 좋다느니, 어떻다느니 하면서 보기도 흉하고 별로 좋지도 못한 옷을 입고 다니고 있다.
> 지금 일부 사람들이 돈맛을 들인 결과 사회에는 남을 등쳐먹는 현상, 뢰물행위 등 온갖 비사회주의적인 현상들이 나타나고 있으며 부정부패행위가 도수를 넘어 매우 엄중한 단계에 이르고있다. … 처음에(는) 얼음과자장사, 남새장사, 잡화장사와 같은 자그마한 장사로부터

---

290) "특히 가슴 아픈 것은 당의 배려로 대학을 졸업하고 교원, 의사를 하다가 살림이 어렵다고 하여 퇴직하고 장사를 하고 있다는 것이다. 당과 국가의 혜택을 받으며 고등교육까지 받은 녀성들이 자기 초소를 버리고 장사행위를 하는 것은 초보적인 량심과 의리가 없는 행위이다." 위의 군중강연자료.
291) "국가규정에 따라 시장에서는 한도가격대로만 팔게 되어있고 남조선상표가 붙은 상품과 군품, 전략물자, 생산수단 … 등 60여종의 상품들은 팔지 못하게 되어있다. 그러나 어느 시장에나 … 없는 상품이 없으며 돈만 있으면 아무것이나 다 살 수 있게 되어있다. 장사군들은 … 매대 밑에 감추어두고 눈썹하나 까딱하지 않고 팔고있다." 위의 군중강연자료.

시작하였으나 이제는 돈을 벌어 시장에는 나와 앉지 않고 뒤에서 돈덩어리가 큰 상품들을 암거래 하여 돈을 벌어가지고 흥청대고 있다. 그러다 보니 사회에 돈많은 사람과 돈없는 사람이 생겨나고 장사하는 사람과 직장에 출근하는 사람들의 생활수준 차이가 점점 심해지고있다.

 사람들이 돈에 환장이 되면 온갖 비사회주의가 서식되여 사회가 썩고 병들게 되며 나중에는 국가와 사회주의를 위험에 빠뜨릴수 있다. 지금 일부 사람들은 돈이 있어야 한다. 돈만 있으면 대학에도 갈수 있고 병도 고칠수 있으며 승급도 할수 있다고 하면서 정실안면관계도 돈이 작용해야 효력을 볼수 있다고 내놓고 말하고있다 … 우리는 지금 심각한 계급투쟁을 벌리고 있다. 그런것만큼 이런 잡소리에 높은 각성을 가지고 대하여야한다 … 지금 적들은 우리 내부를 와해시키기 위해 별의별 악랄한 수법을 다쓰고 있다. 사회가 무질서하고 규율이 없으면 어떤 도깨비가 나올지 모른다.[292]

 북한 당국은 2007년 말부터 종합시장 건물 외, 이른바 시장입구 골목의 '메뚜기 시장'을 단속하고, 남한상품 등 통제품 거래에 대한 처벌을 강화하면서, '로동할 나이에 있는 녀성들'(50세 미만)[293]을 직장에 복귀시키는 조치를 취하였다. 그러나 시장은 이미 파는 사람이나 사는 사람에게나 생존의 공간으로 고착되어 있었다. 일부 사람들에게는 '기회의 장(場)'이었다. 장사꾼들은 뇌물과 편법을 동원해 다시 시장 공간을 늘려 나갔다. 단속하는 시장관리인들의 '눈 감아 주는 현상'도 크게 줄지 않았다. 국영상점에 상품이 없듯이, 국가가 제공한 일터에는 돈벌이가 되는 일감이 없었다. 김정일이 '노동행정규율에 된바람'을 수

---

[292] 위의 군중강연자료.
[293] 북한 당국은 종합시장을 장려하면서 당초 '로동적령기에 있는 남자'에 한하여 장사를 금지시켰다(2004.8.12 시장관리운영규정세칙). 젊은 여성들의 시장참여가 늘자 40세미만의 상행위를 금지(2007년초 추정)하였다가, 2007년 10월에는 50세 미만 상행위 금지로 확대하였다. '사회주의로동법'은 노동적령기를 남자는 16-60세, 여자는 16-55세로 규정하였다.

차 강조했으나,[294] 당국으로부터 '노력 파견장'을 받은 여성들은 직장으로 복귀하는 대신 다시 시장 주변에서 맴도는 현상이 반복되었다.

나. 김정일의 '경제개혁 후퇴' 선언(2008. 6.18 담화)

2008년 10월 평양에서는 내각 전원회의 확대회의가 개최되었다. 내각 성원들은 물론, 이례적으로 지방 경제기관 간부들 및 중요 공장·기업소 책임자들이 망라하여 참가하였다.[295] 회의에서 김영일 총리는 "김정일 동지의 로작 ≪경제사업에서 사회주의원칙을 고수하며 사회주의경제의 우월성을 높이 발양시킬데 대하여≫(6월 18일 담화)에 제시된 과업을 철저히 관철할데 대한 문제"를 보고하였다. 내각 및 지방 경제간부들은 김정일의 '6월 18일 담화'가 "경제관리에서 나선 제반 문제들에 명백한 해답을 준 백과전서적인 교과서"라고 강조하면서, "모든 경제사업을 정치사업을 앞세워 대중의 정신력을 발동시키며 집단주의의 위력에 의거해 수행해 나갈 것"을 결의했다. 다음은 김정일의 2008년 '6월 18일 담화'의 주요 내용이다.

내가 최근시기 여러 기회에 말하였지만 시장에 대한 인식을 바로 가져야 합니다. 우리가 경제관리에서 시장을 일정하게 리용하도록 하였더니 한때 일부 사람들은 사회주의원칙에서 벗어나 나라의 경제를

---

[294] 김정일은 수시로 "지금 로동행정규율이 문란해져 직장에 출근하지 않고 여기저기 떠돌아다니는 사람들이 많은데 로동성과 공장, 기업소의 로동행정부서들에서는 그들이 어디에 가서 무엇을 하며 돌아다니는지 알아보려고도 하지 않고 있다"고 질책하였다. 북한 내부자료, "위대한 령도자 김정일동지께서 로동행정규률을 강하게 세울데 대하여 주신 말씀(2004.4.11)을 철저히 관철할데 대하여"(2004.7).

[295] 북한은 "회의에는 내각 직속기관과 성의 관리국, 도·시·군 인민위원회, 도 농촌경리위원회, 각 도 지구계획국·생산지도국·재정국·지방공업관리국, 중요 공장·기업소의 책임일군들이 방청으로 참가하였다"고 보도하였다. 『조선중앙통신』, 2008.10.20.

≪개혁≫≪개방≫하며 시장경제로 넘어가는것처럼 리해한것 같은데 이것은 아주 잘못된 생각입니다. 경제지도일군들이 시장과 시장경제에 대한 그릇된 인식을 가지게 되는것은 사상의 빈곤, 지식의 빈곤에 빠져있다는것을 말해줍니다. 누구나 할것없이 경제사업과 관련한 당의 사상과 방침을 정확히, 깊이있게 인식하지 못하면 사회주의경제의 우월성에 대한 신념이 흔들리게 되어 제국주의자들이 떠벌이는 ≪개혁≫≪개방≫에 현혹될 수 있고 자본주의시장경제에 대한 환상에 사로잡힐수 있는 것입니다. 이에 대하여 일군들이 각성을 높여야 합니다.…

시장은 경제분야에서 나타나는 비사회주의적현상, 자본주의적요소의 본거지이며 온상입니다. 시장에 대하여 아무런 국가적대책도 세우지 않고 그대로 내버려두거나 시장을 더욱 조장하고 그 령역을 확대하는 방향으로 나간다면 불피코 나라의 경제가 시장경제로 넘어가게 됩니다. 그러나 현실적조건에 따라 국가적통제밑에 시장을 일정하게 리용하는것이 곧 시장경제로 가는것은 아닙니다. 시장과 시장경제는 같은 개념이 아닙니다. 문제는 시장을 어떻게 보고 대하며 그것을 어떤 원칙과 방향에서 어떻게 리용하는가 하는데 있습니다.296)

'6월 18일 담화'에서 김정일이 시장을 국가의 적극적인 통제 하에 이용하게는 하되 '비사회주의 현상'에 대해서는 특단의 조치를 하라는 지시는 이전 지시(2007.8.26) 내용과 같다. 그러나 이번에는 시장에 우호적인 사고를 가진 간부들을 '사상의 빈곤'에 처해 있다며 간부들의 소극적인 시장통제를 비판한 점이 과거와 차이가 있었다. "시장을 일정하게는 리용하라" 그러나 "지금의 비사회주의 현상은 그대로 두지 마라"는 김정일의 두 논점사이의 절충에서 이제 간부들은 무엇이 해답인지를 확실히 알게 되었다.

---

296) 김정일, "경제사업에서 사회주의원칙을 고수하며 사회주의경제의 우월성을 높이 발양시킬데 대하여"(당, 국가경제기관 책임일군들과 한 담화, 2008. 6.18).

김정일은 시장에 대한 포섭에 실패하자 다시 통제로 전환할 것을 분명히 하였다. 그는 보조적 경제공간으로서 시장의 존재가치에 의미를 부여한 김일성의 '유훈교시'가 없었다면 시장을 완전히 폐지하라고 지시하였을 것이다. 그러나 시장에 대한 성공적인 통제는 북한의 현실에서 생산의 정상화와 국가공급 능력의 확대가 없이는 불가능한 것이었다. 시장의 도입자체가 국가공급 능력 부족에서 출발하였기 때문이다. 북한 당국 입장에서 시장은 어쩌면 '계륵'의 위치에서 출발했으나,[297] 지금은 유일한 경제 활로로 작동하는 존재로 성장했다.

다. 김정일의 '6.18 담화' 이후 역개혁 조치(2009년)

북한 당국의 시장에 대한 공세는 이미 커져버린 시장의 저항으로 후퇴하는 듯하다가 김정일의 '6.18 담화' 직후인 2008년 10월에 보다 강력한 통제조치가 발동되었다. 황해남도 인민위원회 상업관리국이 해주 시장에 붙인 '포고문'에 의하면,[298] 2009년 1월부터 상설 종합시장을 과거 농민시장 형태인 10일장으로 바꾸고, 주민들은 농산품이나 가내 수공업에 의해 자체 생산한 기초 생필품만 팔수 있으며, 공산품과 수입상품은 국영상점에 위탁 판매해야 한다는 것이다. 10일장으로 변경한다는 것은 종합시장 내 고정 판매대를 철거하겠다는 것이며, 전문 장사꾼을 없애겠다는 것이다. 시장 개장일과 판매품목을 전면 통제하여 과거 농민시장으로 복귀시키는 조치는 '경제개혁조치 전반에 걸친 후퇴'를 공식 선언한 김정일의 '6.18 담화'의 이행이었다.

2009년에도 시장을 통제하려는 당국과 반발하는 주민들 간의 줄다리기가 계속되었다. 시장 상인들은 단속이 심해지면 물건을 내놓고 팔

---

[297] 정영철, "북한에서 시장의 활용과 통제: 계륵의 시장,"『현대북한연구』, 제12권 2호(2009), pp. 128-129.
[298] "김정일도 못막는 북한 시장,"『조선일보』, 2009.1.14.

지 못하고 집에 감춰 놓았다가, 시장에 가서 살 사람을 집으로 데리고 와 파는 불편을 겪으면서도 장사를 이어갔다. 주민들의 반발로 보류되는 듯한 시장폐쇄는 2009년 6월부터 다시 재개되어 우선적으로 북한의 최대 시장인 평성시장이 철거되었다.[299]

2009년에는 뙈기밭을 협동농장에 강제로 귀속시키는 조치도 단행되었다. 뙈기밭은 주민들이 개별적으로 야산이나 강하천 인근의 토지를 경작해 먹던 토지로서, 2002년 7.1조치와 더불어 경작면작을 400평까지 공식 허용해준 사적경작지였다. 이미 2004년 3월 토지정리 과정에서 김정일이 "뙈기논들도 깨끗이 정리하라"고 지시[300]함에 따라 많은 뙈기밭이 줄어든 상황에서, 텃밭·뙈기밭 등 개인이 부치는 토지는 부동산 실사과정에서 그 실태가 전면적으로 파악되었다.[301] 북한 당국은 2008년에 개인이 경작하는 뙈기밭을 회수하려다가 반발에 부딪쳐 물러섰다가 2009년 봄부터 다시 협동농장에 강제 귀속시키는데, 뙈기밭 회수 명분으로 협동농장 자체의 생산성 저하 상황에서 농민들의

---

299) 『월스트리트저널』(2009. 9.19)과 『열린 북한통신』제18호(2009.7) 등은 '평성시장' 폐쇄과정을 다음과 같이 전하였다. 6월 10일 중앙당 고위간부가 평성시장을 돌아보면서 "평성시가 돈벌이에만 눈이 어두워 도시꾸미기를 등한시 한다"고 지적하고 시장터는 과거 김일성이 시찰하면서 '유원지로 꾸미라'는 교시를 내린 지역이라면서 폐쇄를 명령하였다. 이어 평남도당은 평성시장을 폐쇄하는 대신 시내 다른 지역에 수개소의 소규모 시장을 건립할 것이라면서 시장 상인들에게 1주일 기간을 주면서 장사를 마무리하라고 지시하고, 6월 말부터는 시장을 폐쇄하고 건물을 뜯기 시작했다. 대신 도시 미관공사를 위해 인도를 파헤치고, 주민들에게는 성인 1인당 10만원씩의 도시미화 지원금 납부를 할당하였다.
300) "우리가 토지정리에 손을 댄바에는 사람들의 눈에 잘 보이지 않는 구석진 곳의 뙈기논들도 다 깨끗이 정리하여야 합니다." 김정일, "알곡생산을 결정적으로 늘여 토지정리의 위대한 생활력을 높이 발양시키자"(평안남도 토지정리사업을 현지지도하면서 일군들과 한 담화, 2004.3.16), 『근로자』, 2005년 제3호, p. 4.
301) 북한은 부동산 실사과정에서 "농업 토지는 지목별로 등록된 관리자별로 농업부문 경리, 기관·기업소 경리, 개인이 부치는 토지로 구분하여 실사"하였고, "개인이 부치는 토지는 농촌주민세대가 부치는 터밭을 포함"하되, "울타리 안의 터밭은 주민지구토지에 포함"시켜 실사하였다. 『부동산실사지도서』(2006.3), 제13조.

영농물자 훔쳐가기와 농업의 자본주의화 현상 방지를 들고 있다. 주민들이 일궈낸 개인 경작지는 이렇게 주기적으로 국가에 의해 환수되었다.

북한 당국은 2009년 11월 30일 화폐개혁을 단행하였다.[302] '지금까지 써 오던 낡은 돈을 100:1의 교환비율로 거주지에 조직된 화폐교환소에서 새 화폐로 교환해주며, 세대당 10만원에 한하여 11.30-12.6(1주일) 기간 동안 바꾸어 준다'고 발표하였다.[303] 북한의 이 조치는 1992년 7월의 화폐교환(교환비율 1:1)이래 17년 만의 교환사업으로서 등가교환이 아니라는 점에서 사실상 화폐개혁에 해당하며, ① 외부에 공표함이 없이 전격 단행한 점,[304] ②100:1로 큰 폭의 액면절하(redenomination) 조치를 취한 점,[305] ③교환한도와 기간을 정해 놓고 미교환 화폐는 무효처리한 점, ④과거 준비한 조치를 뒤늦게 단행한 점이 특징이었다.[306]

2009년 말 화폐개혁 추진과정은 박남기 당 계획재정부장이 경제정책의 주도권을 장악한 이후 2006년부터 구상되어,[307] 김정일이 시장

---

[302] 북한 당국은 화폐교환 사실을 2009년 11월 30일 인민반 조직과 '제3방송'을 통해 고지하고, 12월 1일에는 평양 주재 대사관들에 통보했으며, 12월 4일이 되어서야 조선신보를 통해 우회적으로 외부 세계에 알리는 등 '속옷 빨래'하듯 은밀하게 진행하였다.

[303] 조선신보는 "'새 돈을 발행함에 대하여' 제목의 최고인민회의 상임위원회 정령이 나왔고, 이를 집행하기 위한 내각결정도 있었다"고 보도하였다. 『조선신보』, 2009.12.4.

[304] 북한은 과거 3차례(1959.2.12, 1979.4.6, 1992.7.14) 화폐교환을 내각결정 또는 중앙인민위원회 정령으로 내부에 고지하고, 교환이 시작한 다음날에는 이를 외부에 공개했다.

[305] 북한은 1959년 2월에 100:1의 화폐교환을 단행했으며(교환한도는 미설정), 당시는 6.25 전쟁이후 누적된 인플레이션을 해소하고 새로운 금융토대를 구축하기 위한 조치였다.

[306] 새 화폐(지폐와 동전)의 발행연도가 '주체91(2002)' 또는 '주체97(2008)'로 찍혀져 있었다.『조선일보』, 2009.12.5. 이로써 '6.3 그루빠'가 2002년 7.1조치를 입안하면서 화폐교환도 검토하였으나 국가신용과 경제개혁 자체의 실효성을 고려 보류했다는 증언이 입증되었다.

[307] 이전 박봉주 '내각 상무조'는 '무리한 화폐교환'은 금융제도의 불신을 자초할

을 '비사회주의 서식장'으로 선포함에 따라 2007년 10월의 시장통제 조치 착수에 이어 2008년 '특단의 조치'로 준비되었으나, 김정일 와병(2008년)으로 유예되었다가 2009년 연말에 단행된다. 목적은 시장의 통제와 계획의 복원이었다. 실질적인 물가와 임금을 2002년 7월 수준으로 조정함으로써[308] 근로자의 직장복귀와 국영 유통망 정상화를 도모하고, 시중 자금을 국가재정으로 환수하는 효과를 거두려 했다.

과거 박봉주 내각은 '시장이 빼앗아 간 국가 돈주머니를 환수하라'는 김정일의 지시를 '오그랑수'가 아닌 시장경제 추진의 방법으로 점진적으로 해결하려 했다. 반면 2009년 11월에 북한 경제당국(당 계획재정부)은 일시에 시중자금을 강제 회수하는 '손쉬운' 방법을 선택하였다. 그러나 화폐교환의 효과가 나타나려면 공급부족 문제가 해결되어야 했다. 화폐개혁은 실패로 끝났고 많은 후유증을 남겼다.

|04| 김정일의 경제개혁 실험 10년(2000-2009) 종결

김정일 시기의 '경제개혁 실험 10년'(2000-2009) 과정은 아래 〈표 3-13〉처럼 ①경제개혁 입안(2000-2001), ②경제개혁 추진(2002-2003), ③경제개혁 확대(2004), ④개혁 속도조절(2005-2006), ⑤개혁후퇴(2007-2009) 단계로 구분할 수 있다. 그 과정을 요약하면 다음과 같다.

---

308) 뿐이라며 반대하였으며, 실질적인 신용창조가 가능한 은행개혁을 주장하였다. 북한 중앙은행 책임부원은 조선신보와의 인터뷰에서 "향후 상품가격은 나라가 가격조정 조치를 취한 2002년 7월 수준이 될 것이다"라고 하였다.『조선신보』, 2009.12.5. 그 경우 국정가격과 시장가격 격차는 해소되고, 근로자의 임금도 같은 방식으로 조정된다면 실질 생활비 수준으로 일시적이나마 조정되는 셈이 된다.

표 3-13 김정일의 경제개혁 선택과 후퇴 과정

단계	주요 조치사항
경제개혁 입안 (2000~2001년)	- 1999.06 김정일, "내각중심 경제관리 연구"지시 → '6.3그루빠' 구성 - 2000년 초 김정일, 강성대국 건설 제시 → '실리, 실적, 혁신' 촉구 - 2001.10 김정일 '10.3담화,' 경제관리 개선 조치 공론화
경제개혁 추진 (2002~2003년)	- 2002.07 7.1 경제관리 개선 조치 발표 - 2002.09 신의주 특구 개방 추진 * 9월 선군경제건설로선 표방 - 2003.05 김정일, 종합시장 공인. 2003.09 박봉주를 총리로 등용
경제개혁 확대 (2004년)	- 2004년 초 시범적인 가족영농제와 기업 경영 자율화 도입 - 2004.06 7.1조치 등 기존조치 재평가 위한 '상무조' 구성 - 2004년 말 내각, 준(準) 시장경제 개편안 건의
경제개혁 정체 (2005~2006년)	- 2005년 초 당, '당의 영도 보장과 개혁속도 조화 문제' 제기 - 2005.07 당 계획재정부 신설, 정책 주도권 회수 시작 - 2005.10 국가 양곡전매제 실시(양곡의 시장거래 규제) - 2006.06 박봉주 총리 '직무정지' 책벌(2007.04 총리해임)
경제개혁 후퇴 (2007~2009년)	- 2007.08 김정일, "시장=비사회주의 서식지"규정 → 10월 시장통제 - 2008.06 김정일 '6.18담화' 개혁조치 철회 공식화 - 2009.11 화폐개혁 단행 → 2010.3 박남기 처형

* 필자 작성

김정일은 권력승계(1998)와 동시에 경제개혁을 착수하지 않았다. 김정일로서는 주민에 대한 사상 통제, '혁명열의'가 식은 간부들 숙청, '先軍'으로 자신의 리더십 확립 등 내부체제 정비가 급선무였다. 1990년대 경제 대실패를 경험했음에도 경제는 '개미가 뼈다귀 갉기'식의 노력동원으로 관리됐다. 그러나 전통적인 관리방법으로 경제는 회복되지 않았고, 점차 자신의 리더십을 의심하는 상황에서 주민들에게 마냥 '고난의 행군'을 강요할 수는 없었다. 새로운 길을 모색했다. 2000년 들어 김정일의 '변화'에 대한 언술은 크게 증가했다. '강성대국' 건설을 제시하고 관료들에게 '경제사업에서의 실리', '간부사업에서의 실적'를 강조하면서 '낡은 관념탈피, 근본적 혁신'을 촉구하였다. 주체의 강화 (결속)에서 실리·실용으로 정책목표를 바꾸었다.

김정일은 2000년을 전후하여 경제관리방식의 '대담한 개혁'도 주문하였다. 경제 간부들은 '내각이 경제를 통일적으로 장악하라, 경제관리방식을 바꿔 경제를 활성화하라'는 김정일의 지시를 이행하기 위해 '6.3 그루빠'를 조직하여 개혁방향을 모색했다. 그러나 북한의 간부들은 경제개혁 의제의 '정치적 폭발성'을 익히 잘 알고 있었다. 과거 전임자들이 경제개혁을 추진하다가 숙청당한 사례, 지도자의 실용정책 도입 주문에 순진하게 부응하다가 사상적 의심을 받은 사례, 정세가 나빠지면 다시 정치논리를 강조하는 지도자의 변덕은 주지의 사실이었다. 보수적인 행정문화, 권력구조와 이념적 제약조건(당적지도, 주체·선군사상)으로 경제개혁 의제에는 정치논리에 압도되어 좀처럼 상정되지 않는 '잠금효과'(locked effect)가 내재되어 있었다. 김정일도 이를 간파하고 있었다. 그는 '실적이 충성의 척도'라면서 사회주의 경제관리는 역사가 짧고 경험도 부족하여 개인주의적 요소도 고려해야 한다는 '사회주의 과도기론'을 강조하고 '땜 때우기기 식'이 아닌 과감한 경제개혁을 주문하였다. 그 결과 7.1 경제관리개선 조치가 발표되었다(2002.7.1).

김정일은 '6.3 그루빠'의 경제개혁안 중에 '특수부문(당·군경제) 축소'를 제외하고, 계획 수립권 일부 하부기관 이관, 기업 경영자율 자율권 확대 및 '번 수입'에 의한 기업관리, 물가·임금 현실화 및 노동 인센티브 보강을 요지로 하는 7.1조치를 비준해 주었다. 7.1조치를 시행하는 과정에서 물가·임금 수준의 적정성에 대한 불만, '번 수입'(이윤)에 의한 기업관리는 '자본주의 방식'이라는 비판도 있었고, 새 조치의 실효성에 대한 실무관료들의 소극적인 태도도 나타났다. 집행책임을 진 내각은 7.1조치는 '장군님 지도'로 만들어졌고, 과거 경제관리 방식으로 되돌아 갈수는 없다는 것이 '장군님 의지'라며 내부 불만과 비판을 제압해 나갔다. 그러나 물자 공급의 부족으로 국정가격과 시장가격의 격차는 다시 벌어지기 시작했고 생산 증대효과는 크게 나타나지 않았다. 한편 김정일은 7.1조치와 거의 같은 시점에 '선군경제건설로선'을 표방(2002.9)하여 '국방공업 최우선 투자'를 주문했고, '신의주 특구개방'을 추진(2002.9)하였으나 중국과의 갈등으로 좌절되었다. 결국 지도자는 공급부족 문제를 해결해 주지 못했다. 내각은 지도자가 시장(장마당, 농민시장)에 대해 부정적 관념을 갖고 있음에도 종합시장 장려를 건의했다(20003.3). 내각으로서는 시장을 공식 유통망으로 흡수하여 물자수급을 조절하고 가격안정을 도모할 수밖에 없었다.

  7.1조치의 성과가 부진한 상황에서 김정일은 내각 총리를 박봉주로 교체했다(2003.9). 그는 신임 총리에게 '경제관리사업에서 반드시 새로운 전환을 가져와 경제를 활성화할 것'을 주문했다. 동시에 당·군 생산단위와 무역활동 일부를 내각에 이관해 주고, 총리에게 내각 간부 인사권과 경제 총괄 검토권을 부여하는 등 뒤늦게나마 내각의 역량을 보강해 주었다. 박봉주는 7.1개혁의 '제한성'에 문제가 있다고 보고 2004년 초부터 시범적인 가족영농제와 기업경영 자율화를 도입하면서, 노무관리권 일선 이관, 독립채산제 기업 증설 등 분권화를 확대했다. 그는 경제전문가들로 다시 '내각 상무조'를 구성하고(2004.6), 그동안 취한 제반 개혁조치들을 재평가하였다. 그들은 경제 활성화를 위해서는 통제나 강압과 같은 '오그랑수'로는 불가능하며 대폭적인 분권화와 시장요소 도입으로 만이 가능하다고 결론을 내렸다. 그리고 경제관리구조, 상품유통체계, 금융관리구조, 농정(農政)관리방안에 이르는 개혁안을 강구하여 김정일에게 건의했다(2004년 말). 그들은 내각을 포함한 당·군의 비대한 상부관리구조를 축소해야 재정이 감당할 수 있으며, 경제관

리 부문 전반에 시장경제 요소를 대폭 도입해야 경제회생이 가능하다고 판단했다. 그들은 지도자의 주문을 전부 충족시키기는 불가능하다고 보고, '경제 활성화' 지시 이행을 위해서 경제의 '획일적 장악'을 포기하는 방법을 선택했다. 그것은 '시장경제'의 선택을 의미하며, 지도자의 지시를 절충하고 당(黨)과의 충돌도 감수하겠다는 것을 의미했다.

　당과 군은 경제개혁 초기 7.1조치나 시장장려에 대해 방관자적 입장이었다. 권력기관들로서는 이권개입의 여지가 늘었을 뿐 내각의 조치로 별반 이해관계가 충돌될 것이 없었다. 그러나 박봉주가 총리로 등용되면서 총리에 대한 지도자의 신임이 증대되자 당은 내각의 영향력 확대를 경계하기 시작했다. 급기야 내각이 시장경제를 추진하자 반격에 착수했다(2005). 당은 경제개혁과 당적지도 간의 조화문제를 제기하면서 경제관리에 대한 간섭을 확대하고, 개혁정책의 문제점과 내각 간부들의 비리를 조사하여 김정일에게 보고했다. 김정일은 총리를 신임은 하나 총리의 지나친 개혁속도에 다소 의구심을 가진 상태였다. 당이 내각의 '실정'을 잇달아 보고하자 김정일은 경제개혁 심화확대에 대한 입장이 흔들리기 시작했다. 당은 지도자를 보다 적극적으로 포섭하여 내각의 경제정책 주도권을 회수하고 국가양곡전매제 실시, 개인 소상공업 금지 등 개혁속도를 조절했다. 이어 내각을 집중 검열하여 개혁성향의 간부들을 퇴진시키고 박봉주 총리에 대한 직무정지를 유도해 냈다(2006).

　당은 경제정책 주도권을 회복하고 나서도, 경제개혁에 대한 지도자의 '도박사'와 같은 미련을 떨쳐버리기 위해 '돈벌이의 폐해' 사건들을 부각시켰다.(2007) 당은 중국과의 '눅거리'(값싼) 상품 교역사건, '구호나무' 벌목 밀매사건, 간부들의 시장장세 횡령사건 등을 '비사회주의 사건'으로 규정하고, 사회 전반이 돈벌이에만 급급한 나머지 '국가 이익'은 안중에 없으며, 시장이 자본주의의 서식장이 되고 있다고 지도자에게 보고했다. 김정일은 당의 판단에 동조하여 적극적인 '시장통제'를 지시한데 이어, 경제 간부들이 '사상의 빈곤'에 빠져있다고 비판하면서 경제관리에 '사회주의 원칙'을 철저히 고수할 것을 강조했다(2008. '6.18 담화'). 당은 '돈벌이'를 정치 쟁점화하여 경제개혁 의제를 퇴장시키는데 성공한 셈이다. 2008년 하반기에 북한 경제관료들은 내각으로부터 일선 현장에 이르기까지 '사상투쟁'으로 분주했으며, 김정일의 와병(2008.8)으로 연기된 종합시장 단속, 뙈기밭 회수, 화폐개혁 등의 역개혁 조치들은 2009년에 강행되었다.

경제개혁의 반전 상황을 압축하면 다음과 같다. 북한경제 주도그룹은 급진적인 박봉주 내각에서 박남기 당 계획재정부장을 중심으로 하는 보수 당국으로 교체됐고, 보수당국의 경제해법은 시장통제, 뙈기밭 회수, 화폐개혁 등 좌경적 정책기류로 일관했고 과거의 '땜 때우기 식 경제개혁'을 재현했다. 1999년 '6.3 그루빠'에서, 2004년 6월 박봉주의 '내각 상무조'로, 다시 2005년 박남기의 '5.4 그루빠'를 거치면서 경제개혁은 모색, 확대, 후퇴과정을 거쳤다. 김정일은 2001년 '10.3 담화'를 발표하여 경제개혁 착수를 선포했고, 7년이 경과한 후 2008년 '6.18' 담화를 발표하여 경제개혁 철회를 선언했다. 최종적인 정책의 입구와 출구 열쇠는 지도자가 관리했다. 2000년의 경제개혁 모색, 2009년의 시장통제 조치를 포함하면 김정일 시대 '경제개혁 실험'은 2000년부터 시작하여 2009년에 종결된 셈이다. 북한 역사상 네 번째의 경제개혁 의제 설정의 경험은 다른 사례보다 긴 10년간의 실험 과정을 거치더니 다시 원위치 되었다. '주체의 강화'에 대한 완고성을 보여주었다.

경제개혁이 종결된 2009년 상황은 다음과 같이 요약된다. 단순화하면 경제정책면에서 2009년의 북한 상황은 10년 전인 1999년과 흡사해졌다. 실리·가격·시장은 '사회주의 원칙에서의 탈선'으로 규정되어 경제개혁 의제에 다시 큼직한 잠금장치가 채워졌다. 2009년에 '150

일 전투'(4.20-9.16)를 진행하면서 '개미가 뼈다귀 갉기식'의 노력동원과 자력갱생이 다시 강조되었다.[309] "내각이 사회주의 원칙에서 탈선하는 일이 없도록 특별히 예리한 당적통제"가 내려졌으며,[310] 내각책임제는 허울만 남았다. 경제사업에서의 실리주의는 '본위주의 현상'으로, 아랫단위의 창발성 보장은 '무질서, 무규율 현상'으로 비판받았다. 물질적 자극 강조는 '정치·도덕적 자극 중시'로 복고(復古)되었다. 시장은 다시 통제의 대상이 되었고, 지배당국은 '계획화 사업의 결정적 개선 강화'를 주문하였으며 '화폐와 가격 등의 경제적 공간들은 계산과 통제의 수단'으로 다시 평가 절하되었다.[311]

북한의 경제개혁 실험 10년의 '성적표'는 다음과 같다. 경제 분야별로 자율성이 증대된 결과 산업생산성이 향상된 점,[312] 시장화 수준이 진전된 점, 주민들이나 경제 관료들에게 시장 마인드를 확산시켜 준 점, 특히 전사회적으로 '제대로 된 개혁·개방 추진 필요성'을 확산시켜 놓은 점은 큰 성과였다. 반면 경제개혁 자체가 거시적 구상아래 체계적으로 추진되지 못하고 제한적·단편적 조치가 취해진 점, 사회적으로 빈부격차·부패·무질서 현상이 심화된 점, 경제개혁 정책의 한

---

309) 김정일은 2009년 6월에 발표한 담화에서 "위에서 대주지 않아도 제힘으로 대고조의 불길을 지필 것"을 다시 강조하였다. 김정일, "김일성 민족의 위대한 정신력으로 강성대국 건설의 모든 전선에서 혁명적 대고조의 불길을 세차게 지펴 올리자"(2009.6.25).
310) 학습제강, "위대한 령도자 김정일동지의 로작 ≪경제사업에서 사회주의원칙을 고수하며 사회주의경제의 우월성을 높이 발양시킬데 대하여≫의 기본내용에 대하여"(2008. 6); 한편 노동신문에 "당조직의 행정경제사업에 대한 키잡이 역할" 표현이 2008년도에 20회나 출현하였다(2007년에는 2회 출현). 검증이 필요하나 "2008년 8월부터 중앙당과 각 도당에 농업부와 경제사업부가 신설되었다"는 증언(2009.1)도 있다.
311) 앞의 학습제강(2008. 6).
312) 2002-2006년간 북한의 연평균 경제성장률은 1.6%로, 이전 5년의 성장률(0.66%)보다 호전되었다. 도소매업(11.4%)과 농림어업(2.4%)은 더 높다. 물론 이를 경제개혁조치의 성과로 만 볼 수는 없다.

계와 사회적 모순 현상을 보다 대승적인 정치적 결단으로 해결하지 않고 통제방식으로 회귀한 점은 북한 당국의 한계였다. 개혁후퇴이후 북한 정치는 더욱 경직되면서 '좌경 기회주의'가 팽배했고, 주민들은 '은밀한 시장'에 의존해야 하는 고통의 행군이 다시 시작되었다. 그러나 지난 10년은 북한 경제 간부들에게 경제개혁의 '경험'을 소중히 간직할 수 있는 기회가 되었다. 그들은 '무엇이 북한 경제의 한계였고, 무엇을 고쳐야 하는지' 알게 되었고, 언젠가 상황이 변화하면 그 경험들은 다시 활용되는 소중한 재산으로 남게 되었다.

4장

김정은의 경제개혁과 정치적 절충
(2010-2018)

북한의 경제개혁과 관료정치

제4장 김정은의 경제개혁과 정치적 절충 (2010-2018)

제1절 화폐개혁 후유증과 경제개혁 의제의 부활 (2010-2012)*

|01| 김정은 후계시절 화폐개혁 실패 경험

북한은 2009년 11월 말 화폐개혁을 단행했다. 신구 화폐를 1:100 비율로 교환하며, 가구당 교환 한도를 신권기준으로 1,000원으로 제한하는 것이 핵심이었다. 이에 따라 교환 한도를 초과하는 구권화폐는 몰수되는 결과가 초래되었다. 화폐개혁은 북한이 2000년대 중반 이후 견지해온 시장통제 정책의 연장선상에서 이루어진 조치였다. 인플레이션의 억제, 계획부문의 복원, 재정확충[1]을 목적으로 한 시장통제 정책이 실효를 거두지 못하자 시장을 통제하기 위해[2] 화폐개혁 카드를 꺼

---

* 제4장 중 제1-3절은 한기범, "Ⅳ. 최고지도자의 경제 및 시장화 인식과 대응," 홍민 외, 『북한 변화실태 연구: 시장화 종합 분석』(서울: 통일연구원, 2018), pp. 111-170에 수록된 내용을 보완하였다.
1) 북한 사회과학원 경제연구소 김철준 소장은 2010년 1월 23일자 조선신보와의 인터뷰에서 "화폐교환으로 사회주의 경제관리원칙을 더 잘 구현할 수 있게 됐고 인민생활을 비약적으로 향상시킬 수 있는 재정적 토대가 마련됐다"고 했다.
2) 화폐개혁 직후 시장 거래가 일체 중단된 '경제적 공황상태'를 보였다. 화폐개혁으로 가장 타격을 많이 받은 그룹은 상인계층이라 할 수 있다. 이들은 북한화폐를 받고 물건을 팔고 팔 물건을 구입하기 위해 많은 화폐를 준비하고 있어야 하기 때

내들었다.[3]

화폐개혁은 김정은 등장과도 연관되었으며[4], 정치적 목적은 후계구도 공고화였다. 시장통제로 국가의 사회·경제적 장악력을 높이고, 재정확충으로 '2012년 경제강국 건설' 자금 및 김정은의 민심확보용 시혜 자금을 마련하여 3대 세습체제 기반을 다지려는 의도였다. 북한 당국은 화폐개혁 직후인 12월 중순부터 농민과 광부들에게 '국가 장려금' 명목으로, 인민군 장교들과 일반 가구주에는 '배려금' 명목으로 신권을 살포하여 민심확보를 도모했다.[5]

화폐개혁은 실패로 귀결되었다. 임금의 약탈로 노동자들의 공장 이탈을 초래했고, 극심한 인플레이션을 유발했으며, 이 같은 후유증은 김정은 집권초기에 경제개혁의 필요성을 제기하는 요인이 되었다.[6] 화폐개혁 이후 북한 근로자들의 명목임금은 3,000원/월로 변하지 않

문에 많은 북한 화폐를 보유하고 있다. 북한 상인들은 당국이 공인해준 시장에서 꼬박꼬박 세금을 내고 열심히 일한 결과로 쌓아온 재산을 하루아침에 날리게 된 상황에서 분노와 좌절을 느꼈을 것이다. 화폐교환 상한액이 가구당 구권 10만원에 불과하다는 점도 화폐개혁의 일차적인 목표가 시장 활동에 대한 통제임을 말해준다. 상인들의 자금동원 능력과 주민들의 구매력을 제한함으로써 시장활동을 위축시키는 효과를 기대한 것이다. 임강택, "경제적 관점에서 본 북한의 화폐개혁, 배경과 파급효과," (통일연구원 Online Series CO 09-47, 2009.12.04), pp. 1~2.; 북한 당국도 화폐개혁의 1차적 목적이 "시장 장악"임을 숨기지 않았다. 화폐교환에 관한 내각 결정 431-1호는 '인민생활 안정과 향상을 위하여'이고 423-2호는 '경제관리체계와 질서를 바로잡기 위하여'이다. 2009년 12월 4일자 조선신보에 실린 북한 중앙은행 책임부원의 화폐개혁 배경에 대한 설명은 "지난 시기 국가가 기업소의 생산활동에 필요한 물자를 계획한 만큼 보장해 주지 못해 일부 시장의 이용을 허용했다. (이제) 국가의 능력이 강화됨에 따라 보조적 공간의 기능을 수행하던 시장의 역할이 점차 약화될 것"이라고 했다.

3) 홍제환, 『김정은 정권5년의 북한경제: 경제정책을 중심으로』(서울: 통일연구원, 2017), pp. 55~56.
4) 태영호, "김정은 등장 직후 화폐개혁으로 후계 공고화 시도," 『태영호 증언; 3층 서기실의 암호』(서울: 기파랑, 2018) pp. 280~283.
5) "북 파격적 금전 살포 … 돈 풀어 '민심' 사나," 『NK chosun』, 2009.12.23.
6) 이하 화폐개혁의 파장과 후유증은 이영훈, "북한의 하이퍼인플레이션과 개혁개방 전망," 『북한연구학회보』제16권 제2호(2012), pp. 57~61를 참조하였다.

았다(2012년 9월 기준). 2002년 7.1조치 이후에 물가상승으로 임금 2,000원/월로는 쌀 1kg(2,399원/kg)을 구입할 수 있었다. 화폐개혁 이후에는(2012년 9월 기준) 임금 3,000/원으로 쌀 0.5kg(6,533원/kg)을 구입할 수밖에 없었다. 결국 통화 공급 확대에 따른 화폐구매력의 하락은 임금을 통한 '노동에 따른 분배(물적 인센티브)'의 적용을 어렵게 하여 생산 정상화를 더욱 어렵게 했다.

화폐개혁은 또한 하이퍼인플레이션을 유발했다. 화폐개혁 직후인 2009년 12월 쌀값이 일시적으로 25원/kg, 미 달러환율은 38원/$로 조정되었지만 이후 쌀값과 미 달러환율은 지속적으로 급등하여 2012년 말에는 각각 6,500원/kg, 6,450원/$을 기록했다. 근 3년 동안 쌀값과 달러환율은 각각 260배, 170배 상승한 셈이다. 북한은 화폐개혁 이후 하이퍼인플레이션의 지속으로 거시경제 불안, 계층 간 생활의 양극화, 외화사용 급증 등의 부작용이 나타났다. 김정은 초기 경제개혁의 필요성이 제기된 것은 북한 경제의 문제점이 체제를 위협할 만큼 심각한 측면도 있다.[7]

화폐개혁의 파급영향을 보자. 첫째, 화폐개혁은 북한 주민들의 의식변화에 중대한 계기가 되었다. 북한 당국이 주민들의 의식주를 책임지지 못하는 상황에서 시장은 이들의 생존의 터전이었다. 시장에 대한 당국의 전격적이고 강제적인 개입은 주민들에게 집단적인 좌절감을 불러일으켰다. 화폐개혁의 최대 수혜자인 '국가'에 대한 배신감으로 민심은 급속히 냉각되었으며 지도자에 대한 신뢰감은 약화되었다. 북한주민들이 아무 말도 못하고 그냥 굶어 죽었던 90년대와는 달리 김정일에 대한 불평을 털어 놓았다. 둘째, 화폐개혁은 계층 갈등을 심화시키는 요인이 되었다. '돈주'들은 환거래와 외환보유를 선호해 타격이 제한적이었다. 당 간부 등 비호계층은 화폐개혁을 미리 감지하고

---

[7] 위의 글, pp. 54-55, p. 69.

대응책을 강구할 수 있었다. 특권계층과 시장에 의존하는 일반 주민들 간의 빈부격차는 더욱 커졌다.

셋째, 당국의 조치에 대한 불신감이 팽배해지면서 공권력에 대한 저항 현상이 늘어났다. 화폐개혁으로 인한 물가폭등에 이어, 외화사용 금지 조치[8]로 극심한 공급부족 현상이 발생했다. 2010년 연초 일부 주민들은 생계가 막막해지고 한파까지 겹치자 김정일에 대해 노골적인 불만을 털어놓고 시장 단속에 대해 폭력적으로 저항하는 등 반체제 분위기로 옮겨 붙는 듯 했다.[9]

이에 따른 내부 단속이 강화되었다. 2010년 2월 인민보안성과 국가안전보위부가 이례적으로 연합성명을 내고 '불순세력을 쓸어버리기 위한 보복성전'을 경고했다. 2010년 연말에는 각 도·시·군에 폭동진압을 위한 '특별 기동대'를 신설했고, 이듬해 4월에는 군 작전국장 출신 이명수 대장을 신임 인민보안부장에 발탁했으며, 6월경에는 중국에서 최루탄·헬멧·방패 등 시위 진압 장비를 대량으로 사들였다. 여기에는 중동의 재스민 혁명을 목도한데다가 북한 내에서 화폐개혁 이후 주민들의 생계형 저항이 점차 집단화된데 따른 위기감이 작용했다.

북한이 계획경제 복원을 위해 2009년 말 동시에 추진한 '3대 역(逆)

---

[8] 화폐개혁 직후 북한의 주요 도시와 공장에는 2010년 1월 1일 부터 △모든 기관의 외화 사용 금지 △필요한 외화는 국가은행 이용 △불법 외화사용자 엄벌 △생필품 정찰제 실시 및 위반시 물품회수 등의 인민보안성 포고문이 내걸렸다.

[9] 탈북민 등 북한 소식통이 전하는 북한내부 저항 사례는 다음과 같다. △무산시장에서 수백명의 상인들이 시장세 납부 거부 집단행동 △화폐교환 초기 교환조건에 대한 불만으로 시장상인들이 폭동을 일으키고 주민들도 동조하는 등 도처에서 산발적인 폭동발생 △함남 단천 주민들은 '굶겨 죽일 셈이냐'고 집단 항의 △황해도에서도 주민들의 집단 반발 움직임 △함흥시장 상인들의 폭동은 주동자 12명을 처형할 정도로 대규모 △청진에서는 12월에 시위참가자 2명이 처형되었고 이듬해(2010년) 7월에는 체제 불만 삐라 살포 혐의로 주민 2명 처형 및 3명 무기징역 처벌 △김정일을 비난하거나 존칭 생략하는 현상도 대두 △청진에서 보안원을 칼로 살해하거나 평성과 남포의 보안원집에 협박문 부착 혹은 돌로 유리창 깨는 '악덕 단속원'에 대한 개인 테러 행위 증대 등.

개혁 조치' 즉, 화폐개혁·시장폐쇄·외화사용금지 조치는 시행 두 달여 만에 민심에 백기를 들었다.[10] 급기야 내각 총리 김영일은 2010년 2월 5일 평양시내 인민반장 수천 명을 모아놓고 "이번 화폐개혁에 대해 충분한 사전준비 없이, 전후 사정을 고려하지 않고 무리하게 진행함으로써 인민들에게 큰 고통을 주게 된 점을 진심으로 사과 한다"고 했다. 또 잘못된 조치는 과감하게 해제하겠다며 화폐개혁 이후 금지됐던 외화사용을 허용하고, 한동안 공산품과 식량판매를 금지해 사실상 기능이 마비됐던 일반 시장도 정상화하겠다는 뜻을 밝혔다. 다만 "국정가격 기준은 지켜야 하며, 매점매석은 강력하게 단속하겠다"고 했다. 북한 당국이 군중들 앞에서 공식 사과한 사례는 찾아보기 어려우며 북한 총리의 사과는 '공화국 역사상 큰 사건'이었다.

그해 2월 북한의 경제사정은 민심이 흉흉할 정도로 악화되었다. 3대 역(逆) 개혁조치로 시장과 식당이 문을 닫았고, 국영 기업소는 물론 당 산하 기업소들도 배급이 안 되어 가동이 중단되었으며, 군량미를 풀어 대규모 아사를 막을 정도로 경제사정이 나빠졌다. 민심이 급격히 악화된 상황에서 당 계획재정부 부장 박남기와 부부장 이태일이 공개 총살되었다(3.10).[11] 4월부터는 대규모 간부비리 감찰 및 숙청 활동이 이

---

[10] 2010년 1월 중순 김정일이 '민심요해'를 위해 소집한 도당 책임비서 회의에서 최룡해 황북도당 책임비서가 "화폐개혁으로 인한 사회·경제적 후과로 인민생활이 처참하다"고 바른말을 했고, 1월 중순 '중앙당 대논쟁'에서 화폐개혁을 주도한 박남기 당 계획재정부장이 호되게 비판을 받은 뒤 해임됨으로써 북한 당국은 화폐개혁을 실패로 인정했다. 1월말에는 장성택 당 행정부장이 원산에서 인민경제대학과 원산경제대학 교수진, 김책제철 등 연합기업소 지배인들을 소집하여 비상대책회의를 연 것으로 알려졌다. 『NK chosun』, 2010.02.13.

[11] 이제강 당 조직지도부 1부부장은 김정일 집권시절(1998~2011) 일어난 대표적인 숙청사건들의 내막을 정리한『혁명대오의 순결성을 강화해 나가시는 나날에』를 집필한 것으로 알려졌다. 이 책에는 정하철 전 선전비서, 채문덕 전 사회안전부 정치국장, 리수길 전 양강도당 책임비서 등 고위인사 4명의 숙청비사를 기록했다. 이제강이 집필도중 사망(2010.6)하자 김정일은 유고를 정리해 2011년 '당내 도서'로 출간하게 했으며, 그 책은 2012년 11월 11일 조선중앙TV 기록

어졌으며, 김정일의 실정은 간부들의 부패로 책임이 전가되었다. 6월 7일 긴급 소집된 최고인민회의(12기 3차)에서는 내각 총리를 김영일에서 최영림(당시 81세, 평양시당 책임비서)으로 교체하고, 경제·민생분야 내각 간부들을 대거 경질해[12] 악화된 민심수습을 도모했다.

그러나 북한 당국은 화폐개혁으로 부터 철저한 교훈을 학습하는데도 실패한 듯 보였다. 화폐개혁의 부작용에도 불구하고 후계자를 띄우기 위해 화폐남발은 지속되었다. 2010년 9월 당대표자 대회(9.28) 직후 김정은의 무상 배려금 지급의 명목으로 통화 공급을 확대했다. 2011년 7월 이후 '평양시 10만호 건설' 공사가 본격화되면서 인력 및 자재동원을 위해 재정지출 수요가 증대되었다. 2011년 8월 이례적으로 특수부대인 폭풍군단을 동원한 '비사회의주의 현상 검열'의 결과 '위안화 사용실태가 심각하다'는 보고가 있자 김정은이 '위안화 사용' 단속을 지시했다.

영화 '빛나난 삶의 품' 제25화로도 소개됐다. 그 책에 의하면, 화폐개혁 당시 김정일이 구체적인 지침을 주었는데 박남기가 이를 무시해 혼란이 빚어졌다고 한다. 박남기는 2010년 1월 김정일이 마련한 본부당 대논쟁에서 "남조선식 경제 수용이 자본주의 제도로 복귀할 수 있는 가장 빠른 길이라 여겨 시장경제를 도입하려 했다"고 자백했다고 한다. 이에 김정일은 "그릇된 화폐교환으로 불편을 준 데 대해 인민들에게 사죄하라"고 지시했고, 2월 4일에는 당 간부들에게 "박남기는 혁명대오 안에 기어든 간첩으로 앞으로 총리가 돼 자본주의 경제로 끌고 갈 흉심을 품고 있었다"고 말했다. 국가안전보위부 특별군사재판소는 2010년 3월 "만고역적 박남기를 처형한다"고 선고했고, 선고 직후 박남기는 부하인 리태일 계획재정부 부부장과 함께 강건군관학교에서 총살된 것으로 알려졌다. 김정일은 그해 5월 "박남기의 죄행을 일꾼들이 똑바로 알아야 한다"며 리제강에게 "당 통보서를 작성해 하부 단위에 전달하라"고 지시했다. "'북 화폐개혁 박남기, 남 경제 수용시도' 처형 명목은 간첩," 『NK chosun』, 2012. 11.27.

12) 2010년 4월에 이어 2개월 만에 다시 소집된 6월 최고인민회의에서 총리경질과 함께 부총리 곽범기·오수용·박명선 3명을 해임하고 강능수 당 부장·김락희 황남 도당책임비서·리태남 평남 도당 책임비서·전하철 당 중앙위원 4명을 신임 부총리에 임명했다. 이로써 최영림 신임 총리를 포함해 지방당 책임자 3명이 총리·부총리로 진입했다. 장관들은 경공업상, 식료일용공업상, 체육상을 교체했다. 한편 이 회의에 김정일이 참석하여 직접 장성택의 국방위원회 부위원장 승진을 제의했다.

| 02 | 김정은의 집권과 인민대중제일주의

김정은 정권에게 있어 2012년은 대내적으로 한 가지 목표, 즉 김정은 등장의 정당성 강화와 권력기반 공고화에 집중할 수밖에 없는 한 해였다. 2012년 한 해 동안 줄 곧 김정일의 위대성과 인민생활 향상이 강조되었는데 이 모든 것은 김정은 통치의 정당성 강화로 수렴됐다. 인민생활 향상의 추구는 경제개혁을 추진하게 되는 배경요인이다. 군사중시에서 경제중시로 전환하면서 농업·경공업 등 의식주 향상을 추구하게 됐다. 경제관리 방식 면에서는 생산관리의 효율성을 높이기 위한 분권화·시장화를 강조했다. 김정은도 집권초기에는 인민생활향상과 경제관리방법 개선을 강조했다. 그러나 집권 햇수를 더해가면서 민생향상과 경제개혁 주장은 군사·핵 중시로 변질되어 갔다.

김정은의 입장에서 2012년에 가장 의미 있는 행사는 제4차 당대표자회의(4.11)와 최고인민회의 제12기 제5차 회의(4.13)였다. 북한은 이 회의에서 당 규약과 헌법을 수정하고 김정은을 '노동당 제1비서'와 '국방위원회 제1위원장'에 추대했다. 김정은은 4월 15일 최고지도자로 추대된 직후에 개최된 김일성 탄생 100돌 경축 열병식에서 최초로 공개 연설을 통해 "세상에서 제일 좋은 우리 인민, 만난 시련을 이겨내며 당을 충직하게 받들어온 우리 인민이 다시는 허리띠를 조이지 않게 하며 사회주의 부귀영화를 마음껏 누리게 하자는 것이 우리 당의 확고한 결심입니다"라고 선언했다.[13] 북한은 김정은이 제4차 당대표자회를 앞두고 중앙당 책임일꾼들과 한 '4월 6일 담화'를 뒤 늦게 4월 19일에 공개했다.[14] 김정은은 '4.6 담화'에서 "인민생활향상과 경제강

---

[13] "김일성대원수님 탄생 100돐경축 열병식에서 하신 김정은동지의 연설," 『조선중앙통신』, 2012.04.15.
[14] "위대한 김정일동지를 우리 당의 영원한 총비서로 높이 모시고 주체혁명위업을

국 건설에서 결정적 전환을 일으켜야한다"면서 먹는 문제를 비롯해 인민소비품 문제, 살림집 문제, 먹는 물 문제, 땔감 문제 등 "인민생활에서 제기되는 절실한 문제들을 해결하는데 선차적인 관심을 돌려 인민들이 불편이 없도록 해야 한다"고 했다.

김정은 집권초기 북한 선전매체들이 의도한 최고지도자에 대한 상징조작은 크게 3가지 형태로 나타났다. 첫째는 김정은이 '유일 영도자'임을 부각하는 것이다. 그가 김일성과의 유사한 이미지를 보유하고 있음을 선전함으로써 '백두혈통'임을 신뢰하게 하고, 원로들을 비롯한 권력층 인물들이 김정은에게 극히 순응하는 태도를 보여줌으로써 그의 장악력이 확고함을 선전하는 것이다. 둘째는 김정은의 '군사적 영도력'을 부각하는 것이다. 이를 위해 김정은이 서해안과 휴전선의 최전방 섬과 초소를 방문하거나 직접 탱크와 비행기를 몰면서, 군사훈련을 지휘하고 군 비상회의를 주재하는 모습이 자주 보도되었으며 김정은은 '탁월한 담력과 영군술'을 겸비한 지도자로 선전되었다.

셋째는 '애민(愛民) 지도자'임을 선전하는 것이다. 김정은의 애민정치는 "인민생활 향상"을 강조하는 연설을 하거나 애육원·보육원을 빈번히 방문하여 친인민적 스킨십을 수시 보도하는 방식으로 연출되었다. 주민들의 위락시설이나 살림집 건설에 사업 비중을 두는 방식으로도 나타났다. 전체적으로 볼 때 집권 7년(2012-2018) 동안 북한 내부에서 김정은에 대한 상징조작은 '유일 영도자'로 부각하는 선전활동을 기본으로 하면서 '애민 지도자'에서 '군사 영도자'로, 2018년 들어서는 '국제적 지도자'임이 부각되었다. 그를 '유일 영도자'로 부각하는

빛나게 완성해 나가자," 『조선중앙통신』, 2012.04.19; 이 '담화'는 1994년 10월 16일 김정일이 김일성 사망 100일에 즈음하여 김일성의 혁명위업 계승·완성을 촉구한 이른바 '김정일의 10.16담화'와 비교되는 글이다. 김정은의 "담화" 시점은 김정일 사망 100일 째 되는 날인 3월 26일보다 늦어졌고, 발표는 다시 13일 지체되었다.

활동은 내내 지속되었으나 선전방법 면에서 초기에는 사상적·논리적 강조에서 점차 공포통치 등 물리력 과시로 바뀌었다. 2018년 들어 김정은의 외교적 리더십 선전과 함께 외관상은 다시 경제우선을 표방하면서 '친인민성'을 부각하는 모습을 보이고 있다.

김정은의 '인민대중제일주의' 표방 문제로 다시 돌아가서 그의 "민생향상" 주장 과정을 살펴본다. 김정은은 앞에서 언급한 것처럼 2012년 4월 최초의 공개연설에서 "우리 인민이 다시는 허리띠를 조이지 않게 하겠다"고 선언했고, 두 번째 공개 대중연설인[15] 2015년 10월 당 창건 70돌 열병식 연설에서는 "인민은 하늘이자 스승이다. 전체 당원들은 인민을 위해 멸사(滅私) 복무해야한다"고 촉구하면서 '인민'이라는 단어를 수십 차례 반복하여 강조했다. 김정은은 큰 정치행사를 앞두고는 생산현장 현지지도를 통해 경제문제에 많은 관심이 있음을 과시했다. 2012년 4월 김일성 생일 100돌 및 공식권력승계 행사 전후, 2015년 당 창건 70돌(10.10) 행사이전 수개월, 2018년 미·북 정상회담(6.12)이후 정권창건 70돌(9.9)을 앞둔 6-8월에 김정은의 생산현장 시찰이 빈번했다.

그중 2015년 당 창건 70돌 행사를 앞두고 김정은이 취한 '민생향상 노력'을 살펴본다. 김정은은 2015년 2월 10일 당 정치국 회의[16]를 개최한지 8일 만인 2월 18일 다시 당 정치국 확대회의를 소집하여 '지난 3년간 김정일 유훈 관철 사업정형 총화'를 하고 "인민들에게 유족하고 행복한 생활을 마련해 주는 것은 장군님의 유훈중의 유훈"이라면

---

[15] 김정은은 2012년 6월 조선소년단 연합단체대회에서도 연설했지만 당시는 청중이 제한된 경우였다.

[16] 북한은 2월 10일 당 정치국 회의에서 "로동당 창건 일흔 돌과 조국해방 일흔 돌을 위대한 당의 영도 따라 강성 번영하는 선군조선의 혁명적 대경사로 맞이할 데 대하여"라는 결정서를 채택하고 무장장비 추가 개발, 자주통일의 대통로 열기, 농업생산 총집중, 평양국제비행장 청사 등 중요 건설사업 완공을 독려했다. 『조선중앙통신』, 2015.02.13.

서 "식량문제 해결을 위한 전민 총 공격전"을 독려했다.17) 이후 수개월 동안 김정은은 민생행보를 늘리면서 경제 간부들의 사업부진을 집중적으로 질책했다.

구체적으로 보면 김정은은 식료공장, 신발·구두공장, 버섯공장 등 경공업 시설들을 중점 방문하면서 2월 정치국 회의에서 "내각의 민생향상 노력 '중도반단'(중간에 흐지부지 함)"을 비판하였고,18) 같은 달 평양화장품 공장을 찾아서는 "하품 한 번에 너구리 눈"이 되는 마스카라의 조악한 품질을 지적했으며,19) 5월 대동강자라공장 방문 때에는 새끼 자라가 죽어있는 것을 보고 공장 지배인에게 격노했다.20) 6월에는 "당 정책을 놓고 시기성을 논하면서 흥정하는 현상, 이런 저런 구실을 대며 시급히 집행에 착수하지 않거나 '중도반단'하는 현상, 위에 밀고 아래에 밀면서 책임을 회피하는 현상"은 있을 수 없다며, "전기문제, 물 문제, 설비문제요 뭐요 하면서 생산을 정상화하지 못하고 있다는 넋두리는 추호도 허용될 수 없다. 앉아서 조건타발, 우는 소리나 하는 패배주의 한숨소리에 종지부를 찍으라"고 주문했다.21) 다른 한편으로 김정은은 2015년 2월 23일에는 당 중앙군사위원회 확대회의를 소집하여 "싸움준비를 완성하기 위한 총돌격전을 벌여 군력강화에서 최전성기를 열어나가야 한다"고 촉구했다.22)

---

17) 『노동신문』, 2015.02.21.
18) 2015년 3월 긴급히 소집된 내각 전원회의에서는 당정치국 회의(2.18)에서의 '결론'에 대한 집행방안을 토의했다. 박봉주 총리는 "지난 3년 동안 주민생활향상에서 진전도 있었지만 끝장을 볼 때까지 일관성 있게 내밀지 못하고 중도반단한 문제도 있었다"고 자아 비판함으로써 2월 정치국 회의에서 '내각의 민생향상 중도반단'에 대한 지적이 있었음을 시사했다. 『조선중앙통신』, 2015.03.14.
19) 평양화장품 공장 방문에는 김여정이 수행했다. 『조선중앙통신』, 2015.02.03; 『조선신보』, 2015.03.17.
20) 『조선중앙통신』, 2015.05.19.
21) 『노동신문』, 2015.06.10.
22) 2015년 2월 23일 김정은은 당 중앙군사위원회 확대회의에서 "앞으로 미제와 반

김정은은 2016년 5월 제7차 당 대회 '사업총화 보고'에서 "(국가경제발전) 5개년 전략수행기간에 병진노선을 틀어쥐고 에네르기 문제를 해결하면서 인민경제 선행부문, 기초공업부문을 정상궤도로 올려 세우고 농업과 경공업생산을 늘여 인민생활을 결정적으로 향상시켜야 한다"고 했다. 또한 당 사업에서는 "인민대중제일주의 구현"을 주문하면서 "인민을 존중하고 인민들의 운명을 지켜주며 인민들의 리익과 편의를 최우선, 절대시하는 것을 원칙으로 삼아야"한다고 했다.[23] 2017년 1월 신년사에서는 "인민생활 향상"을 직접 거론하지는 않았다. 대신 신년사 말미에서 "인민들을 어떻게 더 높이 떠받들 수 있겠는가 하는 근심으로 마음이 무겁다"면서 "언제나 늘 마음 뿐이였고 능력이 따라서지 못하는 안타까움과 자책 속에 지난 한해를 보냈는데 올해에는 더욱 분발하고 전심전력"하겠다고 했다.[24]

2018년 4월 당 전원회의에서 김정은은 '새로운 전략노선'을 발표하면서 당면목표로 "국가경제발전 5개년 전략 수행기간(2016-2020)에 모든 공장, 기업소들에서 생산정상화의 동음이 세차게 울리게 하고,

---

드시 치르게 될 전쟁수행 방식과 그에 따르는 작전 전술적 문제들을 제시하고, 적들이 강요하는 그 어떤 전쟁 방식에도 다 대응할 수 있도록 만단의 전투동원태세를 갖추고 있어야 한다"면서 "인민군대의 정치, 군사, 후방, 보위사업을 비롯한 모든 사업을 전시환경에 접근시켜 진행해야 한다"고 "역사적인 연설"을 했다. 『조선중앙통신』, 2015.02.23.
23) "제7차대회에서 한 당중앙위원회 사업총화보고," 『노동신문』, 2016.05.08.
24) 2017년 4월 11일 개최된 최고인민회의 제13기 5차 회의에서 박봉주 총리를 비롯한 내각 간부들은 김정은을 본받아 자책성 발언을 했다. 박봉주는 과거와는 달리 지난해 경제 분야에서 이룩한 성과와 함께 결함도 거론했으며, 기광호 재정상은 "지난해 국가예산집행에서 나타난 결함들을 돌이켜보면서 저를 비롯한 재정부문 일군들은 당의 재정정책집행과 나라살림살이를 당과 국가 앞에 전적으로 책임졌다는 높은 책임감과 자각이 없었다"고 발언했다. 또 김승두 교육위원회 위원장 겸 보통교육상은 "전반적 12년제 의무교육이 실시되었지만, 교원들의 자질과 책임성을 높이기 위한 사업을 바로 하지 못하여 교육의 질이 떨어지고 있다"고 하는 등 장혁 철도상과 리종국 기계공업상 등 14명의 연설자들은 자기 분야에서 나타난 결함들을 지적했다.

전야마다 풍요한 가을을 마련하여 인민들의 웃음소리가 울려 퍼지게 하는 것"이라고 했다. 김정은 2019년 4월 12일 시정연설을 통해 "인민대중제일주의는 인민대중을 혁명과 건설의 주인으로 보고 인민대중에 의거하며 인민을 위하여 멸사복무할데 대한 정치이념"이라면서 "인민대중제일주의를 철저히 구현할 것"을 촉구하였다.[25]

실제 산업정책 면에서 볼 때 김정은은 집권초기에 농업·경공업 활성화를 강조하는 등 김정일 때와 같은 정책 기조를 유지하면서,[26] 자원배분에서도 인민생활 향상과 직결된 경공업 부문에 큰 관심을 쏟고 농업부문에도 투자가 증대되었다는 평가도 있다.[27] 그러나 분명한 것은 김정은의 민생향상에 대한 관심과 노력은 해가 갈수록 뒷전으로 밀렸고, 경제부진 책임은 내각이나 생산현장으로 전가되었다. 김정은은 집권초기에 '먹는 문제 해결로 노동당 만세 소리를 듣고 싶다'고 했으나 얼마 안가서 '핵·미사일 개발 완성'을 통해 '만세'소리를 듣는 것으로 방침이 바뀌었다.[28] 내각에 주문한 경제관리 개선의 궁극적인 목적도 김정일 시대처럼 국가경제의 잉여를 최대한 창출하여 당·군 경제에 보태라는 것이었다.

---

[25] 최고인민회의 제14기 제1차회의 김정은 시정연설 "현단계에서 사회주의 건설과 공화국정부의 대내외정책에 대하여", 「연합뉴스」, 2019.4.13.
[26] 북한은 화폐개혁 직후인 2010년 공동사설에서 '인민생활향상'을 가장 중요한 정치적 과업으로 제시한 이래 2011년, 2012년, 2013년까지 강조되었다. 2011년 공동사설 제목을 "올해에 다시 한 번 경공업에 박차를 가하여 인민생활향상과 강성대국건설에서 결정적 전환을 일으키자"로 정했다. 2012년 공동사설에서는 농업과 경공업을 "강성국가건설의 주공전선"으로 정했고, 2013년 김정은의 신년사에도 농업과 경공업이 경제의 주공전선으로 지목되었다.
[27] 홍제환, 『김정은 정권5년의 북한경제: 경제정책을 중심으로』, pp. 42~43.
[28] 노동신문은 "화성-15형 로켓 발사에 성공"한 2017년 11월 29일이 "국가핵무력 완성의 대업이 이룩된 민족적 대경사의 날"이라면서 "만세 만세 만만세!" 제목의 정론을 게재했다. 『노동신문』, 2017.11.30.

| 03 | 김정은의 '12.28 담화'와 개혁의제 개방

　북한은 2011년 12월 19일 '김정일이 12월 17일 사망했다'고 밝혔다. '중대보도'로 김정일 사망 사실을 알린지 열흘째 되는 12월 28일에는 영결식이 진행되었다. 김정은은 영결식을 끝낸 당일 당 간부들과 환담 시간을 갖고 영결행사에 대한 소회와 앞으로 북한체제 관리 문제에 대한 자신의 생각을 밝혔다.[29] 김정은은 '12.28 담화'에서 영결식 행사와 관련해서 "자신이 직접 영구차를 호위할 당 정치국 간부들의 위치와 행사의 흐름을 정해 영결행사가 잘 진행되었다"면서 "평양 시민들이 영구차 행렬을 가로 막으며 목 놓아 울 정도로 단결력을 보여주었다"고 평가하면서, 김정일 사망 100일 추모행사 문제, 금수산기념궁전 내 김정일 영생 홀 건립 문제 등에 대해 언급했다. 김정은은 이어 인민생활문제, 경제관리개선 문제, 김일성 생일 100돌 계기 완공 대상 건설 문제, 문수 물놀이장 건설 문제, 평양국제비행장 개건 문제, 인민군협주단극장 건설 문제, 신년공동사설 학습기간 단축 문제[30] 등을 거론했다.

　'12.28 담화'에서 김정은은 경제문제, 특히 경제관리개선 문제 강조에 가장 많은 비중을 두었다. 인민생활향상이 가장 시급한 문제이며, 경제문제를 해결하기 위해서는 경제관리개선이 급선무라고 했다. 김정은은 경제를 빨리 추켜세우기 위해서는 "경제 관리를 결정적으로 개선하도록 하여야 하겠습니다. 지금 경제 분야에서 제일 걸린 문제의 하

---

[29] "경애하는 김정은동지께서 주체100(2011)년 12월 28일 당중앙위원회 책임일군들에게 하신 말씀." 이하에서는 '12.28 담화'로 약칭한다.
[30] 김정은은 여러 단위에서 20일간 진행되는 공동사설 학습기간을 줄여달라는 의견을 제기해 왔다면서 "연초에 새해 사업총화 생산전투로 긴장한데 일군들이 학습한다고 아랫단위에 내려가 보지도 않고 20일 동안 사무실에 앉아있게 해서는 안된다"며 앞으로 학습기간을 1주일로 정해 집중적으로 학습하라고 지시했다.

나는 나라의 경제를 어떤 방법으로 관리 운영하는 것이 가장 합리적이고 실리적이겠는가 하는 똑똑한 방법론이 없이 관리 운영하고 있는 것입니다"라고 했다. 그리고 경제관리 개선을 위해서는 경제계산을 엄격히 하여 공짜놀음을 없애고, 수요와 균형을 맞추기 위해 공급을 늘려야 하며, 경제관리방법을 개선하기 위한 연구 사업을 진행할 필요가 있음을 강조하였다. 특히 그는 "경제관리방법 문제에 대해 어떤 의견이 나오든 색안경을 끼고 자본주의 방법이라고 시비 걸거나 걸각질[31] 하지 말라"고도 했다. 아래 인용문은 김정은의 '12.28 담화'에서 경제관리개선 문제에 대해 언급한 내용을 발췌한 것이다.

    사회주의 사회가 발전할수록 경제계산을 엄격히, 정확히 할 데 대한 요구는 더욱 높아질 것입니다. 그런데 우리 사람들은 구체적인 계산도 없이 경제사업에 필요하다고 하면서 물자를 제 마음대로 가져다 쓰고 공짜로 가져다 먹는 것이 사회주의 사회인 것처럼 잘못 생각하고 있습니다. 어떤 사람들은 계산을 정확히 하자고 하면 그렇게 하는 것은 자본주의적 방법이라고 시비하고 있습니다. 계산을 바로하지 않고서는 사회주의 분배원칙의 요구도 제대로 지킬 수 없습니다. 결국 그렇게 되면 근로자들의 생산의욕을 높일 수 없는 것은 물론 사회적으로 랑비현상과 공짜놀음을 근절할 수 없습니다. 경제관리는 철저히 구체적인 계산에 기초하여 과학적으로 해나가야 합니다.
    수요와 공급 간의 균형을 맞추지 못하고 있는 것도 문제입니다. 지금 보면 수요와 공급 간의 균형이 심히 파괴되었습니다. 수요에 비해 공급이 따라서지 못하다나니 올해에는 전략예비물자까지 꺼내 쓰지 않으면 안되게 되었습니다. 화폐교환을 한 다음 우리 돈의 가치가 계속 떨어지고 있는 것도 수요에 비하여 공급이 따라서지 못하고 있는 것과 많이 관련되여 있습니다. 우리는 어떻게 하나 생산을 결정적으로 늘려 수요와 공급 간의 균형을 맞추어 나가야 합니다.

---
31) '걸각질'은 "걸고 넘어지다", "훼방을 놓다"는 의미의 함경도 방언이다.

경제관리방법을 우리 식으로 개선해 나가기 위한 연구 사업을 진행하도록 하여야 하겠습니다. 지금 일부 일군들은 해당 부문 일군들이 경제관리방법과 관련하여 무엇을 좀 어떻게 해보자고 의견을 제기하는데 대하여 색안경을 끼고 보면서 그것을 문제시하고 자본주의적 경제관리방법을 끌어들인다고 걸각질을 하고 있습니다. 그렇기 때문에 경제부문 일군들과 경제학자들은 경제관리 방법을 개선할 방법에 대하여 생각하고 있는 것도 말하려고 하지 않고 있습니다. 경제 관리를 어떤 방법으로 하면 좋겠는가하는데 대하여 누구나 머리를 쓰고 의견을 하나로 모아야 하겠는데 자꾸 걸각질할 내기를 하다 보니 경제사업에서 아무런 대책도 세워지는 것이 없고 걸린 문제들을 풀지 못하고 있습니다.

우리식의 사회주의 경제관리방법을 연구 완성할 데 대하여서는 수령님께서 이미 오래전에 교시를 주시였습니다. 장군님께서도 우리 식의 사회주의 경제관리방법을 연구 완성할 데 대하여 늘 말씀하시였습니다. 그런 것만큼 우리는 어떻게 하나 우리 식의 사회주의 경제관리방법을 기어이 연구 완성하여야 합니다. 우리나라에서는 이미 생산수단에 대한 국가적, 협동적 소유를 확고히 실현하였기 때문에 경제제도는 공고합니다. 우리 당과 군대도 강합니다. 그러므로 우리는 얼마든지 사회주의 원칙을 확고히 고수해 나가면서 경제관리방법을 우리 실정에 맞게 우리 식대로 개선해 나갈 수 있습니다.

문제는 주체사상을 구현한 우리 식 경제관리방법을 빨리 찾아내는 것입니다. 물론 그것은 쉬운 일이 아닙니다. 그렇다고 하여 그것을 너무 어렵게 생각할 필요는 없습니다. 경제관리에서 주체사상의 요구를 철저히 구현하고 정치 도덕적 자극과 물질적 자극을 잘 배합해 나가자면 어떻게 해야 하며 생산을 끊임없이 늘여나가도록 하자면 어떻게 하여야 하겠는가, 특히 공장, 기업소 로동자들과 국영농장이나 협동농장 농장원들이 주인다운 립장과 태도를 가지고 일해 나가도록 하자면 어떻게 하여야 하겠는가 하는 방법을 찾아내면 됩니다. 공장에서는 로동자들이 생산설비를 자기 기대(機臺)로 여기고 농장에서는 농장원들이 농장포전을 자기 포전처럼 생각하면서 주인답게 일해 나가도록 하기 위한 방법론을 찾아내면 되는 것입니다.

생산수단에 대한 사회적 소유에 기초한 사회주의 경제제도를 더욱 공고히 하면서 주체사상의 요구대로 생산자 대중이 생산 활동에서 주인으로서의 책임과 역할을 다할 수 있게 하는 방법이 바로 주체사상을 구현한 우리식 경제관리방법이라고 할 수 있습니다. 우리가 경제 관리에서 주체사상을 철저히 구현하고 우리 식의 독특한 경제관리방법을 창조하여 적용하면 다른 나라들에서 하고 있는 개혁이라는 말 자체를 할 필요가 없습니다. 우리식의 사회주의경제관리 방법을 실력이 높고 파악이 있는 경제일군들과 경제학자들을 선발하여 연구완성하게 하면 될 것입니다.[32]

김정은은 사실상 권력을 이양 받은 순간에 공식적으로는 '경제관리개선 문제'를 제일 먼저 정책의제로 꺼낸 셈이다. 젊은 지도자로서 권력을 물려받으면서 주민들의 생활향상 문제에 대한 책임감을 느꼈고, 그간의 구태의연한 방법으로는 경제 활성화가 요원하다는 생각을 했을 수가 있다. 한 달 뒤인 2012년 1월 28일에 김정은은 민생향상 문제를 다시 거론했다. 그는 "공장·기업소들이 제대로 돌아가지 못하고 인민소비품을 원만히 보장하지 못하여 인민들의 생활에 불편을 주고 있다"고 했다. "알곡생산을 늘이지 못하고 국가알곡수매계획을 미달하다보니 식량사정이 긴장하며, 머지않아 장군님 탄생 70돐을 맞이하게 되는데 인민들에게 공급할 명절물자도 제대로 준비되어 있지 못하다"면서 "빨리 나라의 경제를 추켜세우고 인민생활문제를 결정적으로 풀어야한다"고 조바심을 표출했다.[33]

---

32) 김정은, 앞의 '12.28 담화.'
33) "경애하는 김정은동지께서 주체101(2012)년 1월 28일 당중앙위원회 책임일군들에게 하신 말씀."; 마이니치 신문은 2012년 4월 김정은 당 제1비서의 1월 28일자 '발언록'에 관해 거론하면서 김정은이 당 간부들에게 "자본주의적 방식을 포함한 경제개혁의 논의를 촉구했다"고 보도했다. 『마이니치』, 2012.04.16.

김정은이 집권하자마자 경제관리 개선을 통한 경제 활성화에 관심을 가지게 된 배경은 '경제강국 건설'이 김정일의 미완(未完)의 유훈인 데다가, 주민들의 의식주 향상 문제는 곧 다가올 김일성 생일 100돌 경축 분위기 조성과 연관되어 있으며, 자신이 후계자 시절 화폐개혁 실패에 따른 민심이반을 목격한 점이 작용했을 것이다. 김정은이 2012년 '4.15 열병식 연설'에서 "우리 인민이 다시는 허리띠를 조이지 않게 하겠다"고 한 것도 같은 맥락이다.

'12.28 담화'의 경제관리개선 문제 거론에서 특히 주목되는 점은 김정은이 경제개혁 의제를 다시 부활시키면서도 매우 개방적인 자세를 보였다는 점이다. 경제개혁 문제는 2008년 6월 김정일의 '6.18담화'로 공식적으로 폐기된 의제였다.[34] 그런데 김정은은 3년 6개월이 지난 뒤에 김정일이 채워놓은 경제개혁 의제의 잠금장치를 풀어놓았다. 그는 '12.28 담화'에서 "당의 령도를 철저히 보장하면서 세상에 제일 좋은 것이라고 소문을 내고 있는 경제관리방법들을 다 참고하여 우리 식의 경제관리방법을 창조해야 한다"고 했다. 그는 심지어 "일부 일군들은 해당 일군들이 경제관리방법과 관련하여 무엇을 좀 어떻게 해보자고 의견을 제기하면 색안경을 끼고 보면서 그것을 문제시하고 자본주의적 방법을 끌어들인다고 걸각질을 한다. 그래서 경제 일군들과 학자들은 경제관리개선 방법에 대하여 생각하고 있는 것이 있어도 말하지 않는다"고 '사상해방'에 준하는 발언도 했다. 그는 한 달 뒤 2012년 '1.28 담화'에서 경제개혁 문제 논의에 대한 "걸각질", "색안경", '자본주의 방법 운운하며 딴죽 걸기'를 재차 비판했다.[35]

---

[34] 김정일, "경제사업에서 사회주의원칙을 고수하며 사회주의경제의 우월성을 높이 발양시킬데 대하여"(당, 국가경제기관 책임일군들과 한 담화, 2008. 6.18).

[35] "지금 우리 일군들은 경제관리방법 문제에 대해서는 거의나 외면하고 있으며 다른 사람들이 그와 관련하여 제기하는 의견에 대하여 시비 걸거나 걸각질만 하고 있습니다. 경제부분 일군들과 경제학자들이 경제관리를 이런 방법으로 하면 어떻겠는가 하는 의견을 제기하면 색안경을 끼고 보면서 자본주의적 경제관리방법

【그림 4-1】 김정은의 경제개혁 의제 개방

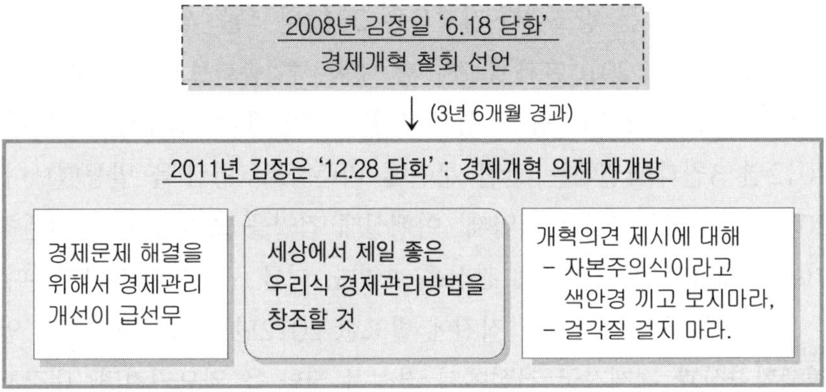

```
┌─────────────────────────────┐
│  2008년 김정일 '6.18 담화'    │
│     경제개혁 철회 선언        │
└─────────────────────────────┘
              ↓  (3년 6개월 경과)
┌──────────────────────────────────────────────────┐
│  2011년 김정은 '12.28 담화' : 경제개혁 의제 재개방   │
│  ┌──────────┐  ┌──────────┐  ┌──────────────┐   │
│  │경제문제 해결│  │세상에서 제일│  │개혁의견 제시에 │   │
│  │을 위해서   │  │좋은 우리식 │  │대해          │   │
│  │경제관리    │  │경제관리방법│  │- 자본주의식이라│   │
│  │개선이 급선무│  │을 창조할 것│  │  고 색안경 끼고│   │
│  │           │  │           │  │  보지마라,    │   │
│  │           │  │           │  │- 걸각질 걸지  │   │
│  │           │  │           │  │  마라.       │   │
│  └──────────┘  └──────────┘  └──────────────┘   │
└──────────────────────────────────────────────────┘
```

| 04 | 김정은의 내각책임제·중심제 강조

　북한 당국이 이따금 강조하는 경제사업의 '내각책임제·중심제'란 '내각이 경제를 책임진 경제사령부로서 내각이 중심이 되어 경제사업 전반을 통일적으로 장악하고 풀어가라는 것'이다. 경제관리가 전문화됨에 따라 당의 '행정대행' 현상을 극복하고 분절경제에 따른 기관 본위주의의 폐해를 시정하기 위해 내각 밖의 단위 즉, 당·군·특수 부문도 경제 사업은 내각의 지휘를 받으라는 것이 핵심이다. 물론 '내각 책임제·중심제'는 경제부진 책임을 내각에 전가하는 논리로도 활용된다.

　경제를 활성화하기 위해서는 경제관리 방법을 개선하고 경제관리 주체의 권한을 강화할 필요가 있기 때문에 과거 김정일은 '7.1조치'를

을 끌어들이려고 한다고 걸각질을 하기 때문에 그들은 경제관리와 관련한 방법론적 문제에 대하여 생각하고 있으면서도 그에 대하여 말을 하려고 하지 않습니다. … 우리는 경제관리방법을 개선하기 위한 사업에서 나타나고 있는 이러한 편향을 바로잡고 우리 식의 주체적인 경제관리방법을 반드시 찾아내야 합니다." 이상 "경애하는 김정은동지께서 주체101(2012)년 1월 28일 당중앙위원회 책임일군들에게 하신 말씀."

취하면서 '내각책임제·중심제'를 강조했다. 김정은도 여러 차례 '내각책임제·중심제'를 강조했다. 김정은은 2012년 4월 '4.6 담화,' 2014년 '5.30 담화', 2016년 5월 7차 당 대회 사업총화보고, 2018년 4월 당전원회의 의정보고 등을 통해 '내각 책임제'를 강조했다. 특히, 2012년 3월과 4월에는 관련 문건에 비준하고 '명령'을 발동했으며, 2013년 4월에는 '내각 책임제' 이행실태 검열을 조직하는 등 집권초기에는 내각의 권한 강화에 관심을 보였다. 이를 구체적으로 살펴본다.

우선, 제4차 당대표자회 직전에 발표한 2012년 '4.6 담화'에서 "인민생활향상과 경제강국 건설에서 결정적 전환"을 일으키려면 '내각책임제·중심제'를 강화해야 한다며 아래와 같이 주장했다.

> 인민생활향상과 경제강국건설에서 혁명적 전환을 가져오기 위하여서는 경제사업에서 제기되는 모든 문제들을 내각에 집중시키고 내각의 통일적인 지휘에 따라 풀어가는 규률과 질서를 철저히 세워야 합니다. 내각은 나라의 경제를 책임진 경제사령부로서 경제발전목표와 전략을 과학적으로 현실성있게, 전망성있게 세우며 경제사업 전반을 통일적으로 장악하고 지도관리하기 위한 사업을 주동적으로 밀고 나가야 합니다. 모든 부문, 모든 단위들에서는 경제사업에 관련한 문제들을 철저히 내각과 합의하여 풀어나가며 당의 경제정책관철을 위한 내각의 결정, 지시를 어김없이 집행하여야 합니다. 각급 당위원회들은 내각책임제, 내각중심제를 강화하는데 지장을 주는 현상들과 투쟁을 벌리며 내각과 각급 행정경제기관들이 경제사업의 담당자, 주인으로서 자기의 임무와 역할을 원만히 수행하도록 내세워주고 적극 떠밀어 주어야 합니다.[36]

---

36) "위대한 김정일동지를 우리 당의 영원한 총비서로 높이 모시고 주체혁명위업을 빛나게 완성해 나가자(김정은의 '4.6 담화')," 『조선중앙통신』, 2012.04.19.

김정은은 2012년 3월 '경제사업에서 내각책임제, 내각중심제를 강화하는 데서 제기되는 문제들을 협의한 정형과 대책적 의견'을 보고받고 이를 비준한다. 이어 2012년 4월 국방위원회 제1위원장에 추대된 직후에는 그 직함 명의로 '국방위원회 제1위원장 명령 제001호《경제사업에서 내각책임제, 내각중심제를 강화하기 위한 혁명적 대책을 세울데 대하여》'를 하달한다. 김정은의 2012년 3월 '비준 문건'과 4월 '명령 제001호'의 구체적인 내용은 확인되지 않으나 권력층 내 외화벌이 사업 분산 실태, 국가경제 활성화를 위한 내각으로의 이권사업 이전 필요성이 담긴 것으로 추정된다. 그 근거로 '비준 문건'에는 "일부 당·군 산하기관 이권사업을 내각으로 이전하는 조치"가 포함되어 있다는 증언이 있었고, 김정은이 2012년 7월 자신의 군권(軍權) 공고화에 걸림돌인 총참모장 리영호를 숙청하는데 그 숙청 사유의 하나로 '군대의 무질서한 경제활동'을 통제하려는 김정은의 방침에 리영호가 비판적인 입장을 보인 정황이 확인되었다.

  따라서 2012년 4월 전후로 한 시기는 '내각 책임제' 이행을 위한 김정은의 의지가 비교적 강했던 것으로 확인된다. 이점은 당시 김정은의 강한 경제개혁 추진 의지(후술)와 맥락을 같이한다. 그러나 2013년 들어 김정은은 '내각책임제·중심제'를 크게 강조하지는 않으나 2013년 4월 이후 연말까지 검찰소 등을 동원하여 각급 경제 지도기관과 생산현장을 광범위하게 검열하는 등 '내각책임제 이행을 위한 법적통제'를 강화한다.[37] 검열배경은 '국방위원회 제1위원장 명령 제001호' 발

---

37) 검열항목은 크게 볼 때 5가지로, ①내각 특히 국가계획위원회가 경제사령부로서의 역할을 제대로 수행했는지 ②모든 단위들이 내각의 통일적 지휘에 복종하고 있는지 ③모든 단위들이 국가계획(특히 재정, 수매)을 잘 이행하고 자체 계획도 적절히 수립·시행하고 있는지 ④대외경제사업이 일원적으로 관리되고 있는지 ⑤내각이 경제전반을 관장하면서도 군수 등과 관련한 비밀보장대책 수립·이행 여부 등이다.

동 1년 경과시점에 '명령' 이행을 담보하면서, 검열착수 시점이 박봉주 총리 등용 시기와 일치한다는 점에서 박봉주 내각의 장악력 제고를 위한 배려도 작용한 것으로 여겨지며, 1년 전부터 불거진 각급기관 간 이권암투(후술)와도 연관된 것으로 추정된다.

김정은은 이 밖에도 2014년 5월 '우리식 경제관리방법'을 발표한 '5.30 담화'에서도 "내각책임제, 내각중심제를 강화하여 전반적 경제사업을 내각에 집중시키고 내각이 주관하여 풀어나가는 규률을 철저히 세울 것"을 주장했고,[38] 2016년 5월 제7차 당 대회 김정은의 '사업총화보고'에서도 위와 같은 내용의 "내각책임제, 내각중심제"가 강조되었다.[39] 2018년 4월 당 전원회의에서 김정은이 '새로운 전략노선'을 발표하면서 "내각을 비롯한 경제지도기관들은 급속한 경제발전을 이루기 위한 작전과 지휘를 치밀하게 짜고, 모든 부문은 당의 경제정책을 관철하기 위한 내각의 통일적인 지휘에 무조건 복종해야한다"고 주장했다.[40]

내각책임제·중심제 강조는 경제관리방법 개선 문제와 함께 지도자의 경제개혁 문제에 대한 관심의 근거가 된다. 김정은도 2013년까지는 내각책임제·중심제의 실질적인 구현에 관심을 보였다. 그러나 점차 정치를 익힐수록 그의 '내각책임제' 강조는 내각의 '국가 경제관리활동을 독려'하거나 내각에 '경제부진 책임을 전가'한다는 의미로 드러났다. 요컨대, 김정은의 내각책임제·중심제 주장 강도가 점차 약해진데다가 일시적인 법적통제의 제한성, 박봉주 총리에 대한 실질적인

---

[38] "경애하는 김정은동지의 로작《현실발전의 요구에 맞게 우리식경제관리방법을 확립할데 대하여》(당, 국가, 군대기관 책임일군들과 한 담화);" "김정은 '5.30담화'와 내각 상무조,"『통일뉴스』, 2015.01.06.
[39] 김정은, "제7차대회에서 한 당중앙위원회 사업총화보고,"『노동신문』, 2016.05.08.
[40]『조선중앙통신』, 2018.04.21.

통제권한 미부여, 김정은의 당 중심 경제지도 행태로 김정은 집권이후에도 내각 책임제의 실효성은 극히 제한적일 수밖에 없었다.

원인은, 첫째 법적 통제의 제한성이다. 내각 중심의 경제관리를 위해 당·군 산하 경제단위에 대한 법적 통제 강화는 2013년 4월 시행 초기에는 일정한 효과가 나타났다. 그러나 열악한 여건에다가 내각이 처한 권력구조 상의 한계, 법적 감시 자체의 허다한 예외 조항으로 실효성은 점차 떨어져갔다. 당 39호실 등은 정치적 이유로, 제2경제위원회 등은 비밀 보장 의무로 내각관리 밖의 영역에 위치한다. 그리고 많은 단위들이 개별적으로 지도자의 허가를 받은 《특수》간판을 내걸고 규정 밖에 있어 내각이 당·군 산하단위들을 실효적으로 장악하기란 불가능하다. 또한 법적통제 상위에 당적통제가 있어 내각이 당·군 경제 단위들의 협조 의무를 강제하기 위한 방법도 제한적이었다.[41]

둘째, 총리에 경제 장악권이 부여되지 않은 점이다. 앞에서 살펴보았지만, 10년 전 김정일이 박봉주를 총리로 등용(2003.9) 했을 때에는 당내 경제부서를 없애고 박봉주에게 경제간부 인사권과 경제사업 검열권을 부여하면서, 당·군도 경제문제에 관한한 총리에게 보고하고 지휘를 받도록 했다. 김정은은 박봉주를 다시 총리로 기용(2013.4)하면서 '내각책임제'를 강조하고 공식적인 '현지요해' 권한을 부여하였으며, 후에는 정치국 상무위원으로 중용했다. 그러나 김정은은 김정일 때 박봉주 내각의 '과도한 행태'를 알아챘는지 인사권 및 검열권을 부여하지는 않았다. 한번 숙청을 경험한 박봉주도 정치를 할 줄 알게 되어 경제논리에만 매몰되지는 않았으며 적당히 타협할 줄도 알게 되었다. 박봉주의 '변절'과 모나지 않는 행태를 두고 북한 관료사회에서는 '돼지는 살찌는 것을 두려워하고 사람은 이름이 나는 것을 두려워한

---

41) 특수단위의 경제활동과 관련한 내각책임제의 한계 문제는 뒤의 '5.30 담화' 부분에서 다시 설명된다.

다'고 비유했다.

셋째, 김정은의 당 중심 경제운영이다. 김정은은 처음에는 경제 관리의 내각 책임제를 강조하다가 2014년 5월을 기점으로 당의 경제정책 관여가 확대된다. 집권초기 국가경제 관리를 내각의 자율성에 맡긴 근거로는 2012년 연초 내각 상무조를 중심으로 한 경제개혁 추진, 공식 권력승계 시점의 '민생경제 활성화 및 내각책임제·중심제' 강조(2012.4), 내각총리로 박봉주 재등용(2013.4) 등을 들 수 있다. 그러나 김정은은 집권기간이 더해 갈수록 관심사가 변화하면서 내각의 경제관리 보다는 당의 정치적 역할이 중요함을 깨닫는다. 병진노선 선포(2013.3), 2015년 당 창건 70돌 및 2016년 당대회 등 '당의 영도' 강조, 박봉주·노두철 등 내각 경제 간부들의 당직 직위중복 임명 등으로 내각의 자율성은 약화되어 간다. 특히 2014년 5월 김정은은 '5.30 담화'로 경제개혁 방향 논의를 매듭짓는데, 기업책임관리제 실시와 함께 '당의 영도'를 강조하면서 "경제사업에 제기되는 중요 문제들을 당에 보고하고 그 결론에 따를 것"을 주문한다.[42] 그는 생산현장을 시찰하면서 주로 당 간부들을 대동했고, 당 경제부서의 '내각 지도'를 강조했다.[43] 다음 [그림 4-2]는 김정은의 내각책임제·중심제 강조와 당적 지도 강조의 변화를 그린 것이다.

---

[42] "경애하는 김정은동지의 로작《현실발전의 요구에 맞게 우리식경제관리방법을 확립할데 대하여》(2014.5.30 당, 국가, 군대기관 책임일군들과 한 담화).

[43] 김정은은 2018년 7월 어랑촌 발전소 건설 현장을 방문해서 "내각을 비롯한 경제지도기관 책임일꾼들도 덜 돼 먹었지만 당 중앙위원회 경제부와 조직지도부의 해당과들도 문제가 있다"고 질책했다.『노동신문』, 2018.07.17.

【그림 4-2】 김정은의 경제관리에서 '내각책임제/당적지도' 강조점 변화

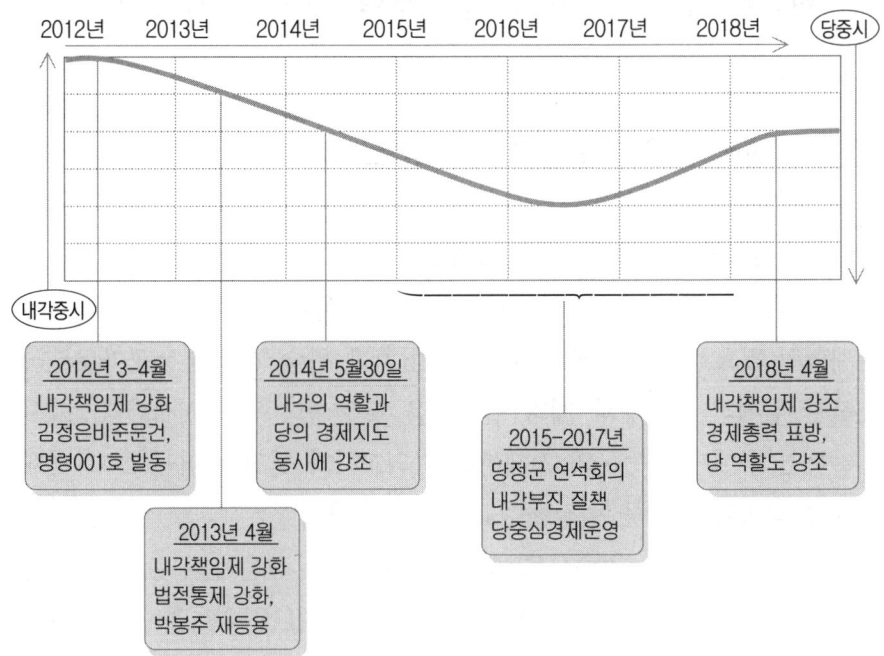

제2절 김정은 시기 경제개혁 재시동(2012-2013)

|01| 개혁 상무조 구성과 개혁 추진(2012.1)

가. 김정은 집권초기 경제 간부들

김정은은 2011년 12월 28일 구체적인 문제점을 지적하면서 경제 개혁의 필요성을 제기했다. 이는 그가 후계 학습 기간에 누군가로부터 북한 경제의 문제점과 개혁 필요성을 자문 받았음을 시사한다. 다시 말하면 후계자 김정은의 경제부문 과외교사가 김정은 집권 초기 경제개혁 방향과 수준을 설정했다고 볼 수 있다.

2011년 연말을 기준으로 북한 경제 간부 진용에는 총리 최영림(1930년생), 부총리 겸 국가계획위원장 로두철(1950년생), 당 경공업부 제1부부장 박봉주(1939년생)가 있었다. 최영림은 화폐개혁 부작용으로 평양시내 인민반장들에게 사과(2010.2)한 김영일 총리의 후임으로 2010년 6월 총리에 등용되었다. 그는 2013년 4월 최고인민회의 명예위원장으로 은퇴했으며, 후임 총리가 박봉주다. 로두철은 2009년 4월에 부총리 겸 국가계획위원장에 임명되어 장기간 그 직을 유지하고 있으며, 7차 당대회(2016.5)를 계기로 당 정치국 위원으로도 보임되었다. 박봉주는 지방으로 좌천되었다가 2010년 8월 당 경공업부 제1부부장으로 전격 복권되었고,[44] 김정은이 공식 권력승계를 한 2012년 4월 당 대표자회의에서 당 경공업부장으로 승진했다. 그는 2013년 4월에는 다시 총리가 되었으며, 2016년 5월에 당 정치국 상무위원 겸

---

44) 당 경공업부장인 김경희의 추천에 의해 당 경공업부 1부부장에 복권되었다는 주장이 있다.

당 중앙군사위원으로도 중용되었다.

한편 당비서 겸 계획재정부장은 박남기 후임으로 홍석형이 맡았다가 2011년 6월 숙청설[45]이 있으며, 2011년 연말에는 공석이었다. 이후 2012년 4월 곽범기(1939년생) 함남도당 책임비서[46]가 당 경제비서 겸 계획재 정부(→ 당 경제부[47]) 부장을 맡았으며, 2014년 4월경부터 오수용(1947년생)이 당 부위원장 겸 경제부장을 맡고 있다. 오수용은 김정일 사망 당시 함북도당 책임비서였다.[48]

20011년 말 당시 직책이나 이후 승진 정황으로 볼 때 로두철 부총리겸 국가계획위원상이나 박봉주 당 경공업부 1부부장이 김정은의 경제 과외교사 역할을 했을 가능성이 높다. 특히 노두철은 국가계획위원장으로서, 북한 경제사정에 정통하고, 박봉주보다 나이가 많지 않다는 점에서 김정은 후계수업 기간에 경제자문 역할을 맡았을 것으로 추정

---

45) 김정일의 방중 결과를 듣기위해 2011년 6월 6일 소집된 당 정치국 확대회의에서 홍석형은 "직무조정"을 이유로 해임된다. '당정책을 비판'해서 혹은 '중국식 발전모델을 건의'해서 숙청되었다는 설이 있다.
46) 곽범기(1939년생)는 희천기계공장 지배인 및 내각 기계공업부장 출신으로 11년을 넘게 부총리를 역임(1998.9~2010.6)했다가 함남도당 책임비서(2010.6~2012.4), 당 계획재정부장(2012.4~2014.4), 최고인민회의 예산위원장(2012.9~2014.4), 경제담당 당 부위원장(2016.5)을 역임했다.
47) 당 계획재정부가 경제부로 바뀐 시점과 관련 '2016년 5월 7차 당 대회 직후' 설이 있다. 김정은이 2016년 "노동당 7차 대회에서 내각이 경제부문을 맡도록 힘을 실어주었지만, 내각의 행정지시가 지방경제 부문까지 제대로 먹히지 않자 당 중심의 중앙집권적 관리 형태로 방향을 바꾸"면서 명칭이 경제부로 바뀌었다는 것이다.『연합뉴스』, 2017.02.06; 박영자,『김정은 시대 조선노동당의 조직과 기능; 정권 안정화 전략을 중심으로』(서울: 통일연구원, 2017), p. 184에서 재인용. 그러나 '내각 상무조'가 2013년 8월 제의한 "사회급양, 편의봉사부문 관리운영 방법 개선안"(이와 관련 후술)을 보면 말미에 "당 중앙위원회 경제부, 경공업부와 합의하였다"라고 되어 있어 훨씬 이전인 '2012년 4월 김정은 권력승계 직후' 변경되었을 가능성이 높다.
48) 오수용(1947년생)은 전자공업상(1999.12~2009.4) 출신으로, 부총리(2009.4~2010.6), 함북도당 책임비서(2010.7~2014.4)를 역임하고, 2014.4이후 당 경제 부위원장(전 비서) 겸 경제부장(전 계획재정부)을 맡았다.

된다. 김정은 집권이후 경제관리 개선 방법에 대한 연구가 진행되는 상황에서는 박봉주가 당 부장으로서 뒷받침해 주거나 내각 총리로서 실제 적용을 총괄했을 것이다. 과거 2003년 9월 박봉주가 김정일의 신임으로 총리로 등용되었을 때 부총리는 곽범기, 로두철, 전승훈이었다. 이들 '경제개혁 주도 4인방'[49]이 2002년 7.1조치이후 개혁확대 방안을 연구한 테크노크라트였다. 전승훈(1951년생)도 2012년 1월 금속공업상에 임명되고 2012년 8월에는 부총리로 승진함으로써 2013년 4월 박봉주가 다시 총리로 등용된 시점이면 총리를 중심으로 개혁성향의 인물들이 다시 모이게 되었다.

나. 개혁팀 '내각 상무조' 구성

2011년 12월 28일 "경제 관리를 결정적으로 개선하는 방법론을 개발하라"는 김정은의 지시에 따라 내각은 2012년 연초에 경제관리방법 개편을 위한 '내각 상무조'를 구성한다. 그 책임자(위원장)는 국가계획위원장 겸 부총리 로두철인 것으로 추정되며, 상무조 하부기구로 기업·가격·재정·노동·화폐유통·상업유통·통계·농업 등 부분별 '분과'가 확인된다는 점에서 국가계획위원회·국가가격위원회·재정성·중앙은행·중앙통계국 등 내각 참모부처와 농업성·무역성 등 일부 생산부문 부처의 핵심 간부들이 참여하였고, 경제연구기관의 학자들도 동원된 것으로 보인다.

'내각 상무조'가 연구한 1차 개혁 시안(試案)은 2012년 9월에 완성되는데, 이를 시범 적용하기위해 각 성(省)과 시안을 적용하는 공장·기업소에 경제관리 개선 '집행 상무'가 이때 조직되어 시행상의 '편향들'(문제점)을 파악하여 시안을 보완하는 과정을 거쳤다. 한편 2012년 6월경에는 중앙당에도 '경제관리 개선 연구 전문기구'가 신설되어 내

---

49) "북 경제개혁 주도 4인방, 김정은 체제서 부활," 『조선일보』, 2012.08.20.

각 상무조의 경제관리 개선사업에 대한 당적 지도 업무를 관장하면서, 때로는 김정은의 경제개혁 문제에 대한 '연구·검토' 지시에 부응했다. '내각 상무조'는 각 부문별 개편 시안(試案) 연구, '당 전문기구'와의 합의, 김정은에게 '제의서' 형태로 보고, 비준이후 분야별 강습회 조직 및 내부 홍보[50], '집행상무' 조직이 보고한 문제점 보완 등의 활동을 전개했다. 이들 '상무(T/F)' 조직의 활동기간은 2014년 5월 김정은의 '5.30 담화' 발표 직후까지 2년여 기간인 것으로 추정된다.

다. 경제개혁 과정 개관

김정은 집권 시기 경제개혁 추진과정을 개관하면 다음과 같다. 2012년 연초에 내각이 김정은의 '12.28 담화'를 이행하기 위해 '내각 상무조'를 구성한 이래 그 조직의 활동은 △개편시안 마련(2012.9) △확대시행(2013.3월, 8월) △경제개혁안 확정(2014년 '5.30 담화') 의 3단계로 추진됐다.

1단계는 2012년 9월 농업·기업 관리 등 각 부문별 '개편 시안'을 마련하여 강습활동을 조직하고 10월부터 적용했다. 그 중 농업부문의 '현물 분배'안은 곧바로 시행되고 기업·상업 등 여타 부문은 제한된

---

50) 김정은의 경제개혁은 10년 전 김정일의 7.1조치 때 보다 대외홍보에 더 소극적 이었다. 7.1조치 때는 외무성이 평양주재 외교관들을 대상으로, 김용술이 방일하여 일본기업인들을 대상으로 설명회를 가졌다. 김정은의 경제관리개편에 대해서는 북한 경제연구소 등이 방북 조총련 기업인 등에 설명해 주는 정도였다. 북한은 '개혁·개방'에 대한 거부심리로 이전에도 경제관리개선 조치들을 관영매체를 통해 선전하지 않았다. 김정은 시기의 경제개혁이 더욱 확대·심화된 조치임에도 불구하고 대외홍보에 소극적인 이유는 △시장을 통해 변화된 현실을 수용한 경제개혁 조치의 피동성, △개혁조치에는 북한 당국 입장에서 볼 때 유·불리한 점이 혼재되었다는 점, △개편시안 마련→시범적용→보완 등 신중한 절차를 거쳐야 하고 변경의 여지가 있다는 점, △특히 북한 경제 간부들이 수년 전 경제개혁의 시도와 좌절을 통해 경제개혁 조치의 정치적 성격을 익히 알고 있다는 점을 들 수 있다. 그러나 내부 회의와 강습활동은 실효성 제고를 위해 활발히 전개되었다.

경제단위에서 시범적으로 적용됐다. 2단계로 상무조는 문제점을 보완한 일부 시안을 2013년 3월에 확대 적용하고, 그해 8월에는 급양·봉사부문 개혁안을 추가 시행했다. 이 무렵 '당 전문기구'도 농업·기업 개혁안에 대한 연구 결과를 내놓는다. 이를 종합하여 3단계로 2014년 5월 김정은이 "현실발전의 요구에 맞게 우리식경제관리방법을 확립할 데 대하여"라는 제목의 담화(5.30 담화)를 발표하여 경제개혁 방향의 큰 틀을 확정짓는다.

한편 내각이 2012년 연초에 '내각 상무조'를 편성하고 9월에 '개편시안'을 내놓고 시행에 들어가기까지의 과정을 추적해 보면, 처음 5개월 동안은 경제개혁 상무조를 구성하고 각종 아이디어를 수집하는 한편 앞에서 언급한 '내각책임제·중심제 강화 방안' 건의 등 내각 자체의 경제 관리권을 보강하는데 역점을 두었다. 상무조는 경제개혁 아이디어 수렴은 물론 당 차원의 문제 제기를 의식하여 개혁안의 적절성 검증에도 집중했다. 내각 전원회의 확대회의를 소집(1.22)[51] 해 방침을 전달하면서 토론과 결의도 다졌다. 경제지도 일꾼들과 경제학자들의 의견을 수렴하고, 수시로 김정은의 방침도 접수했다.[52] 상무조는 공장·기업소·무역회사·협동농장 등 모든 하부단위에도 아이디어를 제출토록하며, 외국의 참고자료 다수를 수집하는 등 다각적인 검토과정을 거쳤다.

2012년 6월 이후 4개월 동안은 각 부문별로 개편시안에 대한 기초연구가 끝남에 따라 '당 전문기구'와의 협의, 김정은의 방침 접수[53]

---

51) 당시 내각 전원회의에서는 "모든 경제지도일꾼들이 경제관리에서 사회주의 원칙을 고수하고 실리를 보장하며 경제관리운영을 구체적인 계산에 기초하여 과학적으로 진행하고, 성·중앙기관들과 공장·기업소들에서 계획규률, 재정규률, 로동행정규률을 철저히 확립할데 대하여 지적하였다." 『조선중앙통신』, 2012.01.22.
52) 2012년 9월 개편시안 강습자료에 따르면, 김정은은 2011.12.28, 2012.1.28, 2.25. 5.26/27, 7.19를 비롯하여 "수십 차례에 걸쳐 경제관리방법 연구·완성을 주문했다"고 한다.

【그림 4-3】 김정은의 경제개혁 추진 과정

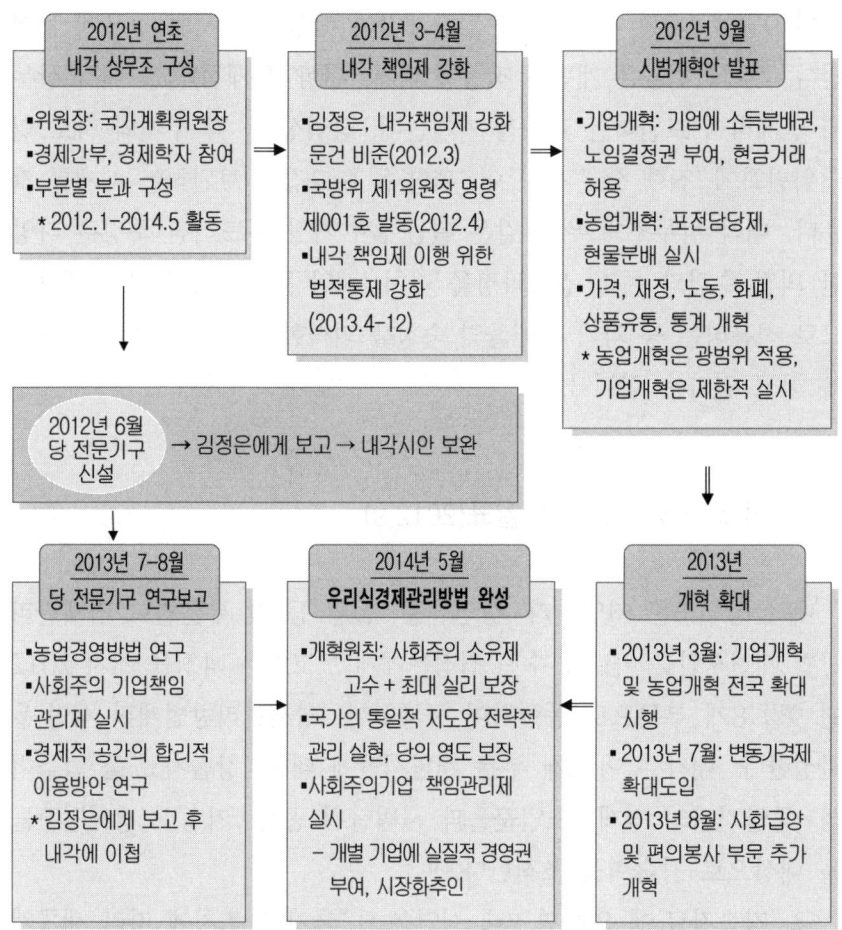

---

53) 그 사례로 △내각의 "농업부문 경제관리방법을 개선하는데 제기되는 문제와 대책적 의견"(6월) △ "고정불변적인 가격방식으로부터 가변적인 기준가격방식으로 전환하기 위한 사업을 시험적으로 진행해 볼데 대하여"(6월) △"공장, 기업소의 수입분배를 지금의 순소득분배방법으로부터 소득분배방법으로 고쳐 적용하며, 그에 맞게 국가납부방법도 판매수입에 따르는 합리적인 국가납부율을 정해주고 판매수입이 이루어질 때마다 국가납부몫을 바치게 하며 공장, 기업소들이 쓸 몫에 대하여서는 자체의 결심에 따라 능동적으로 쓸 수 있게 권한을 줄데 대하여"(6월) △내각의 "소비품들을 국영상업망에 넣어 유통시키는데서 제기되는 문제와 대책적 의견"(7월) △내각의 "화폐를 합리적으로 동원 이용하는데서 당면하게 제기되는 문제와 대책적 의견"(8월)등이 있다.

과정을 거쳐 김정은에게 보고(제의서 형태)된다. 이를 다시 보완·종합하여 9월에 '개편 시안'과 그 강습제강이 작성되어 시범 적용에 들어간다. 시범단위들은 개편안 적용에 따른 '편향'(문제점)들을 내각 상무와 연계하여 보완하는 과정을 거치는데, 상업성 등 각 부처와 각도 인민위원회에 '집행 상무'를 두어 '편향'을 바로잡고 보완하는 체계를 갖춘다. 내각 상무조의 위와 같은 활동에서 가장 두드러진 특징은 다양한 의견 수렴과 여러 검증과정을 거쳐 '시안'을 만들었음에도 제한적으로 적용하는 등 과거 선배들의 숙청을 의식한 듯 극히 '신중한 접근'을 하고 있다는 점이다.

| 02 | 8대 시범 개혁안 발표(2012.9)

내각 상무조는 기업관리·상업유통·농업 등 각 부문별로 경제관리방법 개편시안을 마련해 수시 김정은에게 보고하는 과정을 거쳐 2012년 9월 8개 부문으로 종합하여 구체화한 '경제관리방법개편 시안'을 완성한다. 내각은 이 8개 부문 개편시안에 대한 '강습자료'를 만들어 성·중앙기관의 경제지도일꾼들과 시범단위 공장·기업소 경제일꾼들을 대상으로 강습회를 조직한다.[54]

그 '강습자료'에 의하면 8대 시안은 ①"국가적 조치에 따라 새롭게 달라진 기업소의 권한에 대하여" ②"시범단위 공장·기업소들에서 고정적인 기준가격방식으로부터 가변적인 기준가격방식으로 전환할데 대하여(가격)" ③"시범단위 공장·기업소의 재정수입분배를 소득분배 방법으로 전환할데 대하여(재정)" ④"시범단위 공장·기업소들의 노동보수 계산 및 지불 방법에 대하여(노동)" ⑤"시범단위 공장·기업소들

---

54) 내각 상무조, "경제관리방법개편 시안 강습자료"(2012.9).

에서 현금돈자리와 외화돈자리 개설 및 이용방법에 대하여(화폐유통)" ⑥"소비품들을 국영상업망들에 넣어 유통시키기 위한 방법에 대하여(상업유통)" ⑦"시범단위 공장·기업소들의 계획실행평가방법에 대하여(통계)" ⑧"새로운 농업부문 경제관리방법을 정확히 구현할데 대하여(농업)"로 되어있다. 다음은 '8대 시안'의 구체적인 내용이다.

가. 기업관리 및 가격·재정·노동 부문

① **기업소 권한 확대**: 첫째, 기업소에 수입(번 돈) 분배권을 부여 한다. 종래 국가가 수입 분배 내역을 세부적으로 정해주는 방식(순소득 분배방식)에서, 기업소의 판매수입에서 원가와 국가납부금을 제외한 나머지를 종업원 생활비 혹은 기업 자체 충당금에 활용할 수 있도록 기업에 재량권을 부여한다(소득분배방식). 둘째, 기업소에 노동보수 결정권을 부여한다. 과거에는 국가가 노동보수 지불 기준을 구체적으로 정해주었으나, 이제는 기업에 수입 범위 내에서 노동보수 인상지급 권한을 부여함으로써 일한 것만큼 분배가 가능하도록 한다. 셋째, 기업의 현금 돈자리 개설을 합법화한다. 기업이 필요한 원료·자재를 보장 받지 못하는 현실에서 종래 국가계획에 맞물려 기업소들은 불가피하게 시장을 통해 현금(내화, 외화)을 거래해 왔다. 앞으로 기업소가 은행에 현금돈자리와 외화돈자리 개설할 수 있도록 허용함으로써 독자적인 금융 거래를 양성화한다. 넷째, 기업소가 생산한 소비품의 현금 거래를 허용한다. 종래 기업소 간 국정가격에 따른 무현금 결제 원칙을 완화하여 시장가격을 적용한 현금결제를 부분적으로 허용함으로써 상품 유통 활성화를 도모한다.

② **(가격)상품가격의 '고정기준가격 → 변동기준가격'으로 전환**: 변동 기준가격은 생산물과 봉사가격을 오랫동안 고정시키지 않고 생산요소의

시세변동을 고려하여 필요한 시기에 자동적으로 조절하고 경제계산에 적용하는 것이다. 김정은이 2012년 6월 13일 "고정불변적인 가격방식에서 가변적인 기준가격방식으로 전환하기 위한 사업을 시범적으로 진행해 보라"는 지시에 따른 것이다. 가격결정 방식의 전환은 기업 생산품에 대해 시장가격 수준의 이익을 보장함으로써 생산 정상화를 도모하려는 것으로, 고정가격 하에서는 현실과 괴리된 저가의 국정가격 유지로 생산요소의 시장유출이 극심해진다. 변동가격제 적용은 통화팽창에 따른 물가상승을 우려하여 우선 은파광산의 아연정광, 평양자동화기구공장의 배전반 등 10개미만의 생산수단 생산 기업소들을 대상으로 시범 적용한다.

③ (재정)국가납부금 책정 기준을 소득(이윤)에서 판매수입(매출액)으로 변경: 국가납부몫 계산을 지난시기처럼 소득의 일정비율로 정하지 않고 판매수입의 일정비율로 변경하며, 납부방식도 각 항목을 통합한 방식으로 일괄 납부한다(국가납부금 = 거래수입금 + 기업이익금 + 지방유지금 + 사회보험료). 이로써 '소득' 기준 국가납부금 책정시 사전에 원가·소득 등 세부계획을 미리 예측해야 하는 불합리한 점과 기업이 원가를 부풀려 국가납부금을 축소하는 행태를 방지할 수 있다. 기업의 국가납부금 책정 기준이 되는 수입총액에 상품판매 수입과 기타 경제활동 수입은 물론 계획 외 생산으로 번 현금·외화 수입도 합산함으로써 재정수입 확대를 도모했다.

④ (노동)기업에 이윤범위 내에서 근로자의 임금결정 권한을 부여: 기업소가 노동보수 원천을 자체 조성하고, 근로자의 생활비는 국가가 정한 지급 기준을 기초로 하면서도 어렵고 힘든 부문의 근로자를 우대하고 상금·장려금도 기업소 실정에 맞게 정한 세칙에 따라 지불할 수 있게 했다. 기업이 근로자의 업무 난이도·성과에 따라 임금을 차등 지불할

수 있도록 권한을 부여하여 인센티브제 확대를 도모했다.

나. 화폐유통·상업유통·통계·농업부문

⑤ **(화폐유통)기업에 기본돈자리 외에 내화현금계좌 및 외화계좌 개설 허용**: 기관·기업소들이 생산과 경영활동 과정에서 이루어지는 내화현금과 외화를 거래 은행에 입금시키고 이용할 수 있는 보조적돈자리로서 현재의 기본돈자리 외에 현금돈자리와 외화돈자리를 개설할 수 있게 하였다. 외화돈자리에서는 기업소들의 요구에 따라 환치결재를 해주거나 협동 환율에 따라 외화를 내화현금으로 교환할 수 있도록 한다(외화인출은 금지). 다만 1개도에서 먼저 시범 실시하고, 방법론이 완성되는 대로 전역에 도입한다. 북한 당국의 기대효과는 그간 관행화된 내·외화 현금거래를 은행을 통한 계좌거래로 전환하도록 함으로써 기업의 자금사용 융통성을 제고[55]하는 한편 통화량 흡수[56]와 기업에 대한 재정통제 강화를 도모했다. 또한 외화계좌개설과 은행을 통한 외화유통을 허용함으로써 북한 내 만연한 외화현금 사용을 억제하고 시중 유통외화 환수를 노렸다.[57]

---

55) 강습회에서 당국의 설명은 다음과 같다. "최근 시장가격이 급격히 높아지고 무현금가치가 떨어짐으로써 생산된 제품과 수입상품이 대부분 시장으로 흘러들고 있으며, 국가자금으로 운영되던 상업, 급양, 편의 봉사 단위들이 대부분 개인자금을 투자하여 시장으로 변화되었다. 그러나 현금과 외화돈자리를 개설·이용하여 생산단위와 봉사단위에 주고받는 물자와 상품대금에 대한 화폐의 현물담보성이 확고히 보장되면 점차 생산되는 물자와 상품을 기업소자금, 국가자금으로 사들여 국영봉사망을 통한 판매, 봉사활동이 활발해질 수 있다."
56) 강습회의 설명은 다음과 같다. "현재 경제관리 특히 은행사업에서 제일 걸리고 있는 문제는 우리 돈과 외화가 은행 밖에서 무질서하게 유통되면서 이미 내보낸 현금이 되돌아오지 않아 기관, 기업소들의 현금지출 수요를 보장하지 못하고 새로운 화폐를 계속 남발시켜 통화가 팽창되는 것이다."
57) 강습회에서는 "국내에서 주민들이 가지고 있는 외화가 제한되어 있고 외화를 중앙은행이 발행할 수 없는 조건에서 앞으로 주민들속에서 무질서하게 유통되던 외화가 점차 모든 은행들의 외화돈자리를 통하여 입금·이용되게 되면 주민들속

⑥ **(상업유통)국영상점에 상품조달 및 가격결정권을 부여**: 모든 소비품들을 도매 상업기업소를 통해서만 공급[58]받던 것을 소매 상업기업소(소매소＝국영상점)들도 생산단위로부터 직접 구입할 수 있게 한다. 국영상점망은 일부 소비품을 현금으로 거래할 수 있으며 그 소비품의 가격을 능동적으로 조절할 수 있게 한다. 종래 개인들이 기관명의를 이용하여 국영상점을 운영하는 현상이 확산된 현실을 인정하여 개인들의 국영상점 투자를 양성화한다. 상업성에 도매상업중심(센터)를 설치하여 수입상품의 국영상점 공급을 관리한다. 북한 당국의 상업유통 개선의 기대효과를 보면 국영유통망의 활성화와 함께 주민들의 시장이용 억제를 도모하며, 그간 관행화된 국영 유통망에 대한 개인투자를 허용함으로써 국영상점의 투재 재원 확대를 꾀했다. 그러나 당국의 물자공급 능력이 확충되지 않을 경우 국영상점이 시장과 유사해지는 '국영상점의 시장화' 가능성도 있는 것으로 평가된다.

⑦ **(통계)기업소 계획실행 평가기준을 액상지표에서 '현물지표＋액상지표'로 변경**: 첫째, 기업소의 계획실행 여부를 지방 통계국의 관리·통제 하에 둔다. 기업소는 상부로부터 받은 경제계획과 자체 현물지표들의 생산계획·예산납부계획을 해당 통계기관에 등록하고, 매달 실행통계를 정해진 날짜 안에 통계기관에 내고 평가를 받아야 한다. 둘째, 계획실행 평가기준은 기존 액상지표(생산액)에서 현물지표(생산량)를 더한 방식으로 변경한다. 이는 금액지표(국정가격)로만 평가할 경우 생산품을 시장에 판매함으로써 계획달성으로 평가되는 것을 방지하고 실제로 계획에 따른 실물 생산을 달성토록하기 위함이다. 셋째, 기업소 자체 소비 몫 생산, 중점산업 이외의 물자공급, 국영망을 통하지 않는 상

에서 외화유통이 줄어들게된다"고 설명한다.
58) 국영유통망 물자공급은 중앙도매소, 각 도·지구 도매소, 각 시군 상업관리소, 소매소를 통해 이루어진다.

품유통은 계획실행 평가에서 제외시킴으로써 비공식부문에 대한 자원 유출 및 시장 활성화를 차단하려 했다.

⑧ (농업)새로운 농업관리방법: 첫째, 종래의 현금위주 분배를 현물위주 분배 방식으로 변경한다. 둘째, 현물로 분배된 곡물을 당국이 추가로 회수해 가지 않으며, 분배된 곡물의 시장 판매를 금지한다. 셋째, 분조관리제를 유지하면서도 영농공정에 따라 도급제·포전담당제·유상유벌제를 적절히 실시한다. 넷째, 공장·기업소에 저수확지 경작을 위탁하여 종업원 자체 식량조달을 도모한다. 다섯째, 농장원들의 역우(役牛, 부림소) 사용을 허용한다. 여섯째, 공업부문처럼 농업부문에서도 농장원들의 기능 급수를 제정해 농민들의 기술기능 수준을 높인다.

한편 분배방법과 함께 수매방법도 개선하였다. 지금까지는 생산실적에 무관하게 연초에 시달된 국가알곡생산계획에 따라 수매하던 방식에서, 국가로부터 받아 쓴 것만큼(토지, 관개사용료, 국가지원 영농물자)의 알곡과 농장의 공동기금 조성 몫에 해당한 알곡을 의무 수매하는 방식으로 변경하였다. 북한 당국은 이로써 "농민들 사이에 영농물자 보장 정도와 무관하게 국가에 알곡을 바친다는 관점을 완전히 없앨 수 있게 되었다"고 선전하였다. 농업개혁안은 다음에서 좀 더 살펴본다.

다. 시범 개혁안 평가

북한이 2012년 9월에 내놓은 경제개혁 '시안'에 대한 평가이다. 첫째, 전체적으로 볼 때 생산 활성화에 목표를 두었다. 기업·상업·농업 등 각 부문의 경영자율권과 인센티브를 제고함으로써 생산성을 증대 도모하였는데, 내각은 '시안' 강습회 첫머리에서 "우리는 어떻게 하나 생산을 결정적으로 늘려 수요와 공급 간의 균형을 맞추어 나가야한다"

는 김정은의 언급(12.28 담화)을 인용하곤 했다.

둘째, 내용면에서는 그간 시장화 진전에 따라 변화된 현실을 수용했다. '개편 시안'을 7.1조치와 비교해 볼 때 변동기준 가격 도입, 기업 현금계좌 운용 허용[59], 포전담당제 확대, 개인투자 허용 등 상당히 진전된 내용이 포함되었다. 그런데 상당수의 개혁조치들은 현실과의 괴리 극복을 위한 불가피한 도입이었다. 예컨대, 변동가격 도입 배경으로 "고정가격 하에서는 현실과 괴리된 저가의 국정가격 유지로 생산요소의 시장유출이 극심해진다"는 것이다.

셋째, 시장 확산 저지를 겨냥한 통제조치가 혼재되었다. 이미 현실화된 시장경제 요소를 불가피하게 공식적인 경제 관리에 도입하면서도 국영유통망 활성화·외화거래 규제 및 농민분배 식량 시장유통 통제 등 국가경제와 시장경제를 대치 관계로 파악하면서 시장억제 조치를 도입했다. 과거 김정일이 7.1조치로 '시장의 돈주머니'만 불려주었다는 주장과 같은 맥락의 인식이 깔려있어 절충주의적 해법을 추구했다.

넷째, 절차적으로 극히 신중한 접근을 하고 있다는 점이다. 김정은의 경제개혁 의제 개방에도 불구하고 의견수렴과 동시에 다양한 검증과정을 거치면서, 그 적용도 시범적·제한적 시행으로 집행결과에 대한 책임 부담을 최소화하고 있다. 내각은 또한 당의 의견은 수렴하면서 당·군 특수단위의 기득권 축소에 대해 그다지 강한 입장을 밝히지 않고 있어 경제문제가 정치문제로 비화되지 않도록 유의하고 있음을 시사한다. 내각 상무조들은 과거 김정일 시대의 경험을 통하여 경제개혁 의제의 정치적 성격을 체득하고 있었다. 경제 간부들은 김정일처럼 김정은의 생각이 바뀔 가능성이 있음을 예견한 듯 했다.

---

[59] "2012년 8월 공장·기업소 재정회계일꾼 회의에서 행표(무현금)결제제도를 폐지하고 현금결제제도를 도입했으며, 2013년 9월에는 공장·기업소·단체에 외화계좌 보유를 허용했다"고 한다. 탈북민 증언, 2017.12.

| 03 | 농업개혁: 포전담당제 및 현물분배 실시(2012.10)

가. 김정은의 '식량해결' 강조와 '6.13방침'

북한은 2012년 7월 각급 농업지도기관과 협동농장 실무자들을 대상으로 '새로운 농업부분 경제관리 방식'을 소개하는 실무 강습을 진행한다.[60] 그 강습제강을 보면, 김정은은 2012년 6월 13일 내각의 농업관리개선 제의서를 비준해 주면서 "현실발전의 요구와 농장원들의 리해관계에 맞게 분배방법과 수매방법을 비롯한 농업부문 경제관리방법을 개선함으로써 분조관리제를 강화하고 농민들의 생산의욕을 더욱 높여 나라의 알곡을 최대로 높일 수 있게 한 방침"을 하달했다. 기업·상업 등 다른 부문의 개편 '시안'들에 대해서는 9월에 강습회를 개최하고 10월부터 일부 단위에 시범 실시되는데 비해, 농업개혁 구상은 비교적 많은 협동농장들에 서둘러 적용한다. 농업개혁의 조속한 적용은 김정은이 '12.28 담화'에서 아래와 같이 식량문제 해결을 특히 강조했기 때문인 것으로 여겨진다.

> 장군님께서는 이미 우리 조국을 정치사상강국 군사강국의 지위에 올려 세워 주시였습니다. 그런 것만큼 이제는 우리 조국을 경제 강국의 지위에 올려 세우기 위한 투쟁에 모든 힘을 집중하여야 합니다. 우리가 경제문제 특히 먹는 문제만 풀면 세상에 부러울 것이 없습니다. 지금 우리나라에 남조선상표가 붙은 쌀 마대가 돌아가고 있는데 인민들은 그 쌀 마대의 쌀을 먹으면서도 로동당 만세를 부르고 있습니다. 우리는 인민들이 남조선상표가 붙은 쌀 마대의 쌀을 먹으면서 로동당 만세를 부르게 할 것이 아니라 농업생산을 늘이고 식량을 자급자족할 수 있게 하여 우리가 생산한 쌀을 먹으면서 로동당 만세를 부르게 하여

---

60) "각급 농업지도기관 일군들과 농장초급일군들을 위한 실무강습제강: 새로운 농업부분 경제관리방법을 정확히 구현할데 대하여"(2012.7).

야 합니다. 인민들의 식량문제만 풀면 장군님의 강성국가건설구상을 얼마든지 빨리 실현할 수 있습니다."[61]

김정은의 농업관리방식에 대한 개혁 방침은 2가지다. 하나는 "협동농장에서 분조관리제를 옳게 실시하는데 기본을 두고 농업부문 경제관리방법을 개선하는 것"이며, 다른 하나는 "현물분배방법을 기본으로 하면서 현금분배 방법을 배합하는 방법으로 분배방법을 개선하는 것"이다.[62] 포전담당제 실시와 현물분배방법 도입을 핵심 내용으로 하는 '6.13 방침'은 7월 농업·농장 초급간부들 대상 실무 강습을 거쳐, 특정 협동농장에 시범 적용한 후 점진적으로 확대 적용된다.

현물분배방법은 협동농장의 매 분조 단위로 "알곡생산에 투하되는 지출과 토지사용료, 관개사용료, 알곡부문에서 조성할 공동 기금 몫을 현물로 계산하여 국가에 의무적으로 수매하고 나머지 몫을 농장원들의 가동 일수와 번 로력 일에 따라 현금이 아니라 알곡현물로 계산하여 분배"한다는 것이다.[63] 북한 농업당국자는 현물분배방법을 적용하면 "국가에 의무적으로 내놓아야 할 알곡을 수매한 조건에서는 현물수

---

61) "경애하는 김정은동지께서 주체100(2011)년 12월 28일 당중앙위원회 책임일군들에게 하신 말씀."
62) 구체적으로 보면 "농장원들의 주인다운 자각과 생산열의를 최대로 높일수 있도록 분조의 형태와 규모를 해당 지역과 농장의 특성에 맞게 합리적으로 정하며, 분조관리제 안에서 영농공정에 따라 여러 가지 형태의 도급제와 포전담당제, 유상유벌제를 바로 실시하고 분조별, 포전별로 수매계획을 정확히 주며, 연말에는 투자실적에 해당한 알곡을 의무수매하고 종자, 집짐승먹이 등 공동 이용몫을 제외한 나머지는 농장원들에게 현물로 분배하도록 하는 것과 같은 농장원들의 요구와 이해관계에 맞는 방법들을 받아들이도록 하라"는 것이다.
63) 앞의 '강습제강'은 "북한이 농업협동조합이 조직된 첫 시기부터 1971년까지 현물분베를 기본 분배방법으로 적용하여 오다가, 1972년부터 협동농장원들도 국영경리의 로동자, 사무원들과 같이 농민인구 1인당 연간 260kg 기준에 따라 필수식량을 공급받고 나머지는 로동보수에 해당한 현금분배를 받았다"고 하면서 이번에 김정은의 방침에 따라 다시 현물분배를 기본으로 적용하게 되었다고 설명한다.

량과 관계없이 일한 것만큼, 번 것만큼 알곡현물로 분배받게 되어 있다"면서 분배방법 전환 배경을 다음과 같이 "농민들의 생활 보장"에 있다고 설명한다.

　　지금까지 협동농장들에서는 수매계획이 너무 높아 그것을 수행하고 나면 농장원들에게 필수식량으로 분배할 식량원천이 조성되지 못하게 되어있다. 농장원들이 1년 동안 애써 일하여 알곡생산계획을 수행하는 경우에도 시장을 통하여 생활에 필요한 상품을 구입하기 때문에 분배받은 돈을 가지고서는 생활을 유지하기 힘들게 되어 있다. 지금 국가 수매가격은 쌀 1kg 당 40원, 벼는 29원, 강냉이는 20원이다. 결국 벼 1톤을 수매하여도 2만 9천원 밖에 안되며, 농장원들이 1년 동안 농사를 하고도 차례지는 분배 몫은 보통 2~3만 원 정도밖에 안된다. 이것은 농촌상품이 보장되지 못하는 조건에서 농장원들이 알곡을 국가수매 가격으로 수매하고 현금분배를 받았댔자 그 돈을 가지고는 도저히 생활을 유지할 수 없다는 것을 보여준다.[64]

한편 국가 수매량와 관련하여 2012년 7월 실무 강습에서 북한 농업당국은 이번 조치 이후 "농장원들에게 일단 현물로 분배한 다음에는 2호검열을 비롯한 각종 명목의 량곡검열을 통하여 농장원들이 분배받은 알곡을 회수해가는 현상이 절대로 나타나지 않도록 한다는 것을 명백히 했다"고 한다. 또한 "분조에서 생산한 알곡은 그 누구도 이래라 저래라 내리 먹이지 말고 국가규정과 농장원 총회 결정에 따라 분조에서 식량을 타먹는 엄한 제도와 질서를 세워 분조원들 속에서 분조농사는 나의 농사라는 자각과 책임을 높여야한다"면서 "농사를 잘한 분조에서는 밥을 배불리 먹고 농사를 잘하지 못한 분조에서는 죽을 먹도록 해야한다"며 농업 실무 간부들에게 "분조 상호간 알곡 증산경쟁 열의

---

64) 앞의 농업 실무강습제강. 2012.7.

를 높이도록 해야한다"고 주문했다.

나. 농업개혁 '성과'에 대한 내부 선전

북한은 농업개혁조치 중에 '포전담당제'를 "김정은 시대 농업시책"의 성공으로 중점적으로 선전했다. 포전담당제 도입 이후 전반적으로 농업생산량이 증대되어 "로동당 만세"소리가 울려 퍼지고 있다면서 그 장점으로 현지 실정에 맞게 영농계획을 수립할 수 있다는 점, "내 포전"이라는 주인의식으로 농민들의 생산 열의가 높아졌다는 점, 각자가 맡은 포전의 실태를 잘 파악할 수 있어 과학영농 도입·이모작 등 농장관리가 효율적이라는 점을 들고 있다. 그 결과 높아진 생산 열의로 노력 가동률이 증대되고, 모내기 등 영농작업 시간이 단축되었으며, 농민 각자에 분배 몫이 증대되었다고 한다. 다음은 이와 관련한 북한의 주장이다.

> 2012년 11월에는 각지의 농장 분조에서 '시범적인 분배방식 상학'에 진행되었는데 황해남도 안악군 오국협동농장의 어느 분조에서는 분조관리제를 옳게 실시하여 국가의무수매계획과 자체 조성곡, 비생산부문 식량, 비로력자 식량, 생산 정상화 몫을 다 제외하고도 분조 로력자 모두에게 1인당 평균 2.4톤, 최고 5톤 118kg의 식량이 차례졌다. 남포시 강서구역 청산협동농장을 비롯한 많은 농장들의 분조에서 분배가 진행되었는데 어디서나 로동당 만세소리가 높이 울려나오고 있으며 자기들의 1년분 식량만 내놓고 많은 량을 애국미로 나라에 바치겠다고 청원하고 있다.[65]
>
> 2014년에는 모내기·낟알 털기 등 농사 일정을 예정보다 빨리 끝냈다. 생산량과 수매계획을 적절히 세운 것은 포전담당제를 확대한 결과이다. 우리 식의 경영관리방법인 포전담당 책임제는 모두가 땅의 주

---

65) 북한 간부교육자료, 2012.11.

인, 생산의 주인이라는 자각을 더욱 높이도록 하는 것이다. 합리적인 포전 배분으로 농민의 생산 열기가 높아졌다. 또 과학영농이 확대 적용돼 생산에서 '비약'을 이뤘다. 무(無) 바이러스 감자 종자 확보, 기상관측장의 협동농장 배치 사례도 있다. 옥수수·감자의 다모작 확대 노력도 늘었다.[66]

조선은 올해(2014년) 극심한 가뭄에도 농업 증산을 달성했다. 이는 포전담당책임제와 같은 김정은 시대 농업시책이 온 나라 협동벌의 현실에 착실히 뿌리내려 거대한 생활력을 발휘하고 있다는 증명자료이다. 김정은 시대의 대표적인 농업개혁 조치인 '포전담당제'의 정착으로 고질적인 식량난 해결의 토대를 마련했다. 김정은 당 제1비서는 올해 2월 전국 농업부문 분조장 대회에 보낸 서한에서 노동당 창건 70주년인 내년에 '더 높은 알곡고지 점령'을 목표로 내걸었는데, 조선의 농민들은 최고영도자의 호소에 화답해 식량문제 해결을 위한 든든한 도약대를 마련해놓았다.[67]

평안북도 용천군 양서협동농장의 2014년 곡물 수확량이 2013년보다 정보당 평균 1t 이상 늘었다. 양서협동농장 분조 규모는 평균 4~5명이며 분조의 규모를 이렇게 정하니 농업 근로자들 모두가 자기가 담당한 포전의 실태를 지난 시기보다 잘 알게 됐다. 포전담당책임제 실시야말로 땅의 주인, 알곡 생산의 주인이라는 자각을 더욱 높여주는 우리식의 경영관리방법이다.[68]

지영수 북한 농업과학원 농업경영연구소 실장은 통일신보와 인터뷰에서 "지난 시기 분조에서 모내기 등에 20~30일 걸리던 것을 지금은 10~15일에 해제끼고, 50여일 걸리던 농사결속(마무리)을 열흘에 끝내고 있다"고 밝혔다. 지 실장은 "농장원들의 높아진 생산 열의는 제도를 실시하기 전에 비해 노력가동률이 95% 이상으로 올라간 것만 보고도 알 수 있다"며 "지난해(2014년) 왕가뭄이 들이닥친 불리한 기후 조

---

66) "당의 농업정책과 주체농법의 정당성을 힘있게 과시한 의의 깊은 한해," 『노동신문』, 2014.12.27.
67) "북한, 포전담당제로 식량난 해결 발판 마련," 『조선신보』, 2014.12.29.
68) "은을 낸 포전담당책임제," 『노동신문』, 2015.02.06.

건에서도 알곡증산을 이룩했다"고 자랑했다. 그는 "제도 실시로 협동농장에서 사회주의 분배 원칙과 인연 없는 평균주의가 퇴치되고 분배 몫과 국가수매량도 늘었다"며 "이러한 경험에 토대해 올해 전국 모든 협동농장에서 제도를 실정에 맞게 더욱 심화해나가고 있다"고 강조했다.[69]

포전단위의 농기계류 관리 및 사용의 비효율성도 드러났다. 2015년 7월 『노동신문』은 "포전담당제가 실시되는 현실은 제한된 기술 역량만으로는 농작물 가꾸기를 할 수 없다"며 '농약치기'를 예를 들어 문제점을 지적했다. 농민들이 분무기를 제대로 못 다뤄 농약을 허비하거나 벼에 피해를 줬다고 지적했다.[70]

다. 농업개혁의 한계

김정은의 '6.13 방침'에 따른 농업개혁 조치는 분조의 세분화(포전담당제)와 그 책임과 권한의 강화, 현물분배를 통한 영농의욕 고취, 유휴지 이용 제고 등을 통해 농업생산량 증대를 도모하고 있음이 특징이다. 전반적으로 볼 때 포전담당제 실시로 농민들에게 "땅의 주인, 생산의 주인"이라는 자각을 심어주고 국가 납부 몫을 제외한 알곡 현물분배로 증산의욕을 고취시킴으로써 원칙대로 시행된다면 식량증산에 일정한 기여가 기대되었다.

그러나 농업개혁은 다음과 같은 문제점과 한계를 안고 있다. 첫째, 국가 납부 몫을 제외한 전량 농민 현물분배 약속이 지켜질 것인지가 관건이었다. 농민들은 과거에도 "농업성과 수매양정성의 입장이 다르다"거나 당국의 주장이 "씨 뿌릴 때와 거둘 때가 다르다"고 하여 양정당국에 대한 불신이 상당했었다. 이번에 "농장원들에게 일단 현물로 분배한 나음에는 2호 검열을 비롯한 각종 명목의 량곡 검열을 통하여

---

69) "북한, 포전담당제 성과 실증…왕가뭄에도 알곡증산," 『통일신보』, 2015.06.28.
70) 『노동신문』, 2015.07.10.

농장원들이 분배받은 알곡을 회수해가는 현상은 절대 없다"는 선언은 과거에도 있었다. 농민들에게서 잉여양곡을 군량미·정치행사 혹은 자연재해 지원을 위한 사회적 과제 명목으로 회수해갔다는 소식도 있다.[71]

둘째로, 농민이 자가소비를 하고 남을 정도의 식량을 분배받았다 해도 잉여알곡에 대한 처분권이 제한되고 있다는 점이다. 강습제강을 보면, 협동농장 관리위원회의 임무로 "농장원들에게 분배된 현물 분배몫 등 소비기준을 초과하는 여유 알곡을 관리위원회가 책임지고 국가가 농민들의 의사와 리해관계에 맞게 따로 정한 가격으로 량정기관에 수매하거나 상업기관에 상품과 교환수매하도록 조직하여 주어 시장이나 개인들에게 빠져나가지 않도록 하여야 한다"고 하여 시장판매를 통제하였다. 북한의 한 경제학자는 "국가가 아직 곡물이 부족하므로 농촌에 상품을 많이 공급하여 농민들이 받은 여유 생산 몫을 국가 상품하고 바꾸도록 하고 있다"고 증언한다.

셋째, 국가가 영농물자 가격을 현실화하여 인상할 경우 농민 분배몫은 줄어드는 대신 의무수매량이 대폭 증가되어 영농의욕을 반감시킬 수도 있다. 농민들의 국가 납부 몫을 제한하기 위해 "토지, 관개수로 용수, 전력이용에 해당하는 국가 알곡수매몫을 바로 정하고 일정기간 고착시킨다"[72]고 하지만, 비료·연료·농기계 부품 가격이 현실화되면 농민들의 부담도 증가한다.

전반적으로 볼 때 김정은 집권 초기 식량사정은 다소 개선되었다. 곡물생산량이 2015년을 제외하고 매년 470만톤 수준으로 직전 같은 기간의 김정일 시대보다 수십만 톤 증가했다. 곡물생산량의 견인은 가

---

71) 2016년 10월 양강도의 한 북한소식통은 RFA에 "올해 감자농사 (수확치)는 1정보(9천917㎡)당 평균 28~30t으로 국가알곡생산 계획량(1정보당 26t)을 초과한 수준"이라며 "그러나 농민들에게 더 차례진(배당된) 몫은 없다"고 밝혔다. 『자유아시아방송』, 2016.10.06.
72) 당 전문기구의 "농업경영방법 연구"(2013.07).

움 극복을 위한 대규모 인력투입, 비료 등 영농자재 투입 증가에 기인하며 포전담당제 등 농업개혁 조치도 일정한 기여를 했을 것이다.

| 04 | 내각 상무조의 경제개혁 확대(2013년 3, 8월)

가. 기업에 수입분배권·보수결정권 부여(2013.3)

'내각 상무조'는 지난해 시범 적용한 8대 개혁 시안(2012.9)중 첫 번째 시안인 '기업소 권한 확대' 안을 김정은의 비준을 받아 2013년 3월초 전국에 확대 시행한다. 확대되는 기업소 권한은 △공장·기업소의 수입 분배를 소득분배방법(매출액 기준)으로 전환 △기업소에 현금 및 외화 돈자리 개설 허용 △기업소에 노동보수 결정권한 부여 등 3개 권한이다. 확대시행 안은 시범 적용과정에서 나타난 '편향(문제점)'들을 관련 부처의 의견을 수렴하여 보완한 것으로, 내각은 김정은 비준 즉시 전국의 공장·기업소에 확대시행 안을 하달하고, 강습회를 거쳐서 시행에 들어간다. 3개 권한의 요지는 다음과 같다.

첫째, 기업소에 수입(번 돈) 분배권을 부여 한다. 종래 국가가 수입분배 내역을 세부적으로 정해주는 방식(순소득분배방식)에서, 기업소의 판매수입에서 원가와 국가납부금을 제외한 나머지를 종업원 생활비 혹은 기업 자체 충당금에 활용할 수 있도록 기업에 재량권을 부여한다(소득분배방식). 둘째, 기업소에 노동보수 결정권을 부여한다. 과거에는 국가가 노동보수 지불 기준을 구체적으로 정해주었으나, 이제는 기업에 수입 범위 내에서 노동보수 인상지급 권한을 부여함으로써 일한 것만큼 분배가 가능하도록 한다. 셋째, 기업의 현금 돈자리 개설을 합법화한다. 기업이 필요한 원료·자재를 보장받지 못하는 현실에서 종래 국가계획에 맞물려 기업소들은 불가피하게 시장을 통해 현금

(내화, 외화)을 거래해 왔다. 앞으로 기업소가 은행에 현금 '돈자리(계좌)'와 외화 '돈자리'를 개설할 수 있도록 허용함으로써 독자적인 금융거래를 양성화한다.

2012년 9월 '시안' 가운데 ①계획화 방법으로 각 공장·기업소가 실정에 맞게 새로운 업종과 지표를 개발하여 생산하는 문제와 추가적인 수요에 대해서는 지표분담에 무관하게 계약을 맺고 집행하는 문제, ②새로운 가격 제정방법 적용문제 등 2개안은 유보되었다. 내각 상무조는 계획 및 가격 체계라는 계획경제의 근간을 건드리는 안의 확대 적용에는 신중을 기함으로써 혹시 있을 수 있는 부작용 책임이나 당의 비판을 모면하려 했다. ②는 2013년 8월 시행되었고, ①은 당의 검토를 거쳐 2014년 5월 김정은의 '5.30 담화'에 의해 수용됐다.

나. 변동가격제 실시 및 급양·편의부문 개혁(2013.8)

내각은 2013년 7월 국가가격위원회 지시 "김정은 동지께서 공장, 기업소들에 가격제정권한을 줄데 대하여 주신 지시를 철저히 관철할데 대하여"(8.1부 시행)를 하달하고, 같은 해 8월에는 "사회급양, 편의봉사부문의 관리운영 방법을 개선하는데서 제기되는 문제와 대책적 의견"을 하달한다.

먼저 생산단위에 가격제정권한을 부여하는 문제를 살펴보자. 김정은은 2012년 6월 "고정불변적인 가격방식에서 가변적인 기준가격방식으로 전환하기 위한 사업을 시범적으로 진행해 보라"는 지시를 내린다. 변동 기준가격은 생산물과 봉사가격을 오랫동안 고정시키지 않고 생산요소의 시세변동을 고려하여 필요한 시기에 자동적으로 조절하고 경제계산에 적용하는 것이다. 변동가격제로의 전환은 기업 생산품에 대해 시장가격 수준의 이익을 보장함으로써 생산 정상화를 도모하는 효과가 있으나 통화팽창에 따른 물가상승이 우려되는 조치였다. 북한

가격당국은 2012년 9월 '개편 시안'을 시행하면서도 변동가격제도는 평양자동화기구공장 배전반 등 10개미만의 극히 적은 생산 현장에만 적용했으며, 2013년 3월 확대 시행에서도 제외시키는 등 신중을 기했다. 그러다가 7월에 국가가격위원회의 "공장·기업소에 가격제정권 부여" 방침 하달로 8월 1일부로 변동가격제가 우회 적용된다.

변동 가격제의 주요 내용은 다음과 같다. 공장·기업소가 자체로 혹은 수요자와 합의하여 가격을 정할 수 있는 지표(대상 상품)는 ①교류몫 ②국가가 보장해주지 못하여 공장·기업소가 자체로 원료원천을 찾아 생산한 상품 ③주문과 계약에 따르는 임가공제품 ④생필제품 ⑤인민생활조 수입상품을 비롯하여 협동화폐소환률로 역교환하게 되어있는 지표 ⑥일부 기호품의 가격을 대상으로 한다. 이를 제외한 국가계획위원회 계획화 지표들은 국가유일도매가격을 적용하며, 국가계획으로 공급된 자재·화공품·귀금속 등 국가통제품도 합의가격으로 정할 수 없도록 했다. 공장·기업소가 제정한 가격은 국가가격기관에 등록하고 적용하는데, 가격은 "원가를 보상하고 확대재생산을 실현할 수 있게 하면서도 수요와 공급관계를 고려하여 시장보다 낮게 정하는 것을 원칙으로 한다"고 하여 국영 생산단위의 생산 정상화를 도모하면서도 시장에 편입 가능성을 경계했다.[73]

다음은 사회급양·편의봉사 부문 관리운영 방법 개선이다. 2013년 8월 '내각 상무조'는 식당 등 사회급양 부문과 목욕탕·이발·수리·가공 등 편의봉사 부문의 문제점을 검토한다. 그 결과 국가가 필요한 물자들을 보장해 주지 못하고, 지역마다 봉사 조건이나 수요가 다른데 봉사가격을 일률적으로 정해준 점이 문제라면서, 자체로 봉사활동을

---

[73] 국가가격위원회 지시, "경애하는 김정은동지께서 공장, 기업소들에 가격제정권한을 줄데 대하여 주신 지시를 철저히 관철할데 대하여"(주체 102(2013)년 7월).

하도록 권장하고 국가가 관여하지 말자고 한다. '내각 상무조'는 알곡·고기·땔감 등의 원자재와 화장비누·땔감·천 등 편의 봉사용 자재들을 자체로 확보하게 하고, 가격도 편의봉사 부문 기업소들이 자체로 제정하여 가격기관에 등록하고 적용하도록 한다. 다만 다중을 대상으로 하는 대중 이발·미용·목욕은 지방 인민위원회가 땔감·연유를 보장해주는 조건으로 국정가격으로 봉사하도록 하자고 건의한다.

| 05 | 당 전문기구의 경제개혁 연구(2013.8)

경제관리개선 연구를 위해 신설된 '중앙당 전문기구'는 2013년 7-8월 중에 '농업경영방법 연구'(2013.7), '사회주의기업책임관리제 연구'(2013.8), '경제적 공간의 합리적 이용 방안 연구'(2013.8)를 잇달아 보고한다. 보고 배경은 김정은이 미상 시기에 위 3가지 주제들을 '근본 문제'라며 당의 견해를 물은 데 따른 것이다. 김정은의 문제 제기가 구체적이라는 점에서 서기실 내 경제 전문가의 도움을 받은 것으로 추정되며, 발제 시점은 2012년 6월 경제개혁 연구를 위한 '당 전문기구' 설치 이후 과제를 준 것으로 추정된다. 김정은은 내각의 개혁안에 이러한 당의 의견도 반영하여 '5.30 담화'를 발표한다. 다음은 당 전문기구의 '3개 연구자료'를 축약한 것이다.

가. 농업경영방법 연구

'농업경영방법 연구'는 "1. 분조관리제안에서 농장원들에게 포전담당제를 실시하는 문제", "2. 농업부문에서 농장책임관리제를 실시하는 문제", "3. 농촌경리에 대한 지도관리방법을 개선할데 대한 문제", "4. 실무적으로 제기되는 문제"의 4항목에 대한 "대책적의견"을 제시하는

형태로 구성되었다.[74]

　포전담당제 실시 문제와 관련한 내용은 다음과 같다. 첫째, 포전을 개별 농장원이나 작업조에게 일정한 기간 고정 분담시켜 책임지고 관리하게 한다. 둘째, 각 포전의 책임한계를 명확히 하여 연초에 농업생산과제를 국가에 바칠몫, 농장에 바칠몫, 개별 농장원들의 분배몫으로 갈라 정확히 규정해주고 영농공정수행에서도 포전이 분담해야할 작업을 정확히 규정하여 국가적인 보장에만 의존하려는 현상을 없앤다. 셋째, 생산물 분배와 처리권은 국가에 바칠 몫을 우선 보장한 나머지는 전량 농장원들에게 현물을 기본으로 분배하고, 농장원들의 여유 알곡은 그들의 의사에 따라 합의가격으로 국가가 수매하거나 생활용품과 교환하도록 한다. 넷째, 국가가 포전담당제 실시 방법에 간섭하지 말고, 분조가 책임지고 사정에 맞게 포전분담을 조직하도록 한다.

　다음은 농장책임관리제 관련 내용이다. 첫째, 개별 농장들에 농업생산 계획권과 생산조직권을 주어 자체 실정에 맞게 관리하도록 한다. 중앙지표로 시달된 농업생산계획을 수행하는 조건에서 농장지표는 자체로 작물을 선택하고 부업생산단위도 조직할 수 있도록 한다. 둘째, 개별농장이 영농물자를 자체로 구입할수 있도록 국가에 바칠몫을 제외한 농산물을 기관·기업소와 교류하거나 판매할 수 있도록 한다. 셋째, 농장에 관리기구와 로력조절권을 주어 관리기구를 대폭 줄이거나 비생산부문 노력을 조절할 수 있도록 한다. 넷째, 개별 농장이 자율적으로 자금관리할 수 있도록 군협동농장경영위원회의 종합 '돈자리'를 없애고 개별 농장에 '돈자리'를 개설해주고, 주민들의 여유자금도 동원할 수 있도록 한다. 농장에서 농장지표로 생산한 농산물은 자체로 가격을 정해 판매하도록 한다.

---

74) "농업경영방법 연구"(2013.7).

다음은 농업지도관리방법 개선문제이다. 첫째, 농업성이 농토를 가진 모든 단위들의 농업생산계획·국가알곡의무수매계획·영농물자공급계획 등 농업생산 관리를 하나의 기준과 규정에 따라 규율할 수 있게 한다. 둘째, 농장의 창발성이 발양되도록 농업지도기관들의 사업체계를 개선하여 군협동농경영위원회는 농장의 영농사업지도를, 도농촌경리위원회는 종자생산과 자재공급·기술지도를, 농업성은 농업발전 전망, 전국적인 농사작전, 자재보장, 과학기술도입, 기술양성사업을 맡아보는 체계를 세우고 농업지도기관이 농촌에 층층이 내려와 농사지도를 일률적으로 하는 현상을 없앤다. 셋째, 영농물자공급체계를 개선해 비료·연료·농기계부속품 등 영농물자들을 국가적인 계획공급과 함께 농장들의 주문에 따라 계획화하고 판매하는 방법도 도입한다. 넷째, 토지·관개수로 용수·전력이용에 해당한 알곡수매몫을 바로 정하고 일정기간 고착시킨다. 다섯째, 국가의 영농물자공급 책임과 농장의 알곡의무수매 책임을 명맥히 하여 국가가 계획된 영농물자를 제대로 보장하지 못하면 그에 해당하는 알곡수매를 조절하고, 농장이 알곡의무수매계획에 미달했을 경우에는 다음해로 이월시켜 이행하도록 한다.

당은 포전담당책임제와 농장관리책임제를 실시하기 위해 국가가 해결해야 할 과제로 ①국가알곡수매몫을 지난 기간 알곡생산실적의 30%정도로 규정하고 5년간 고착시키는 문제 ②영농물자와 알곡과의 교환비율을 바로 정하는 문제 ③자연재해에 따른 피해상황을 국가가 확증해주고 의무수매계획을 조절해 주는 문제 ④농사에 부족한 로력을 기관·기업소들과 계약의 방법으로 보장받는 체계를 세우는 문제 ⑤농장의 농산물을 양정기관에 수매하거나 판매할 때 자금을 즉시 결제하는 체계를 세우는 문제 ⑥국가적으로 식량문제가 해결될 때까지 당분간 비알곡 재배면적을 줄이는 문제 등을 제기하면서, 내각에 해당한 대책을 주문한다.

나. 사회주의기업책임관리제 연구

'사회주의기업책임관리제 연구'는 김정은이 "사회주의기업책임관리제와 관련한 몇 가지 근본문제를 연구 보고할 것"을 지시한데 따른 연구결과이다. 여기서 '사회주의기업책임관리제'란 "공장·기업소·협동단체들이 생산수단에 대한 사회주의 소유에 기초하여 실제적인 경영권을 행사하면서 당과 국가 앞에 지닌 자기의 사명과 임무에 맞게 경영활동을 완전히 책임지고 독자적으로, 주동적으로 하며 근로자들이 생산과 관리에서 주인으로서의 책임과 역할을 다하게 하는 사회주의 기업관리 방법"으로 규정된다.[75]

김정은은 각 생산단위들이 "실제적인 경영권"을 행사할 수 있도록 사회주의기업책임관리제를 실시하는데서 나서는 근본문제들을 8개 항목으로 나누어 문제를 제기하였다. 그 8개 항목은 1. "계획 및 생산조직권을 확대하여 생산을 주동적으로 늘이는 문제", 2. "관리기구와 노력조절권을 행사하여 노력관리를 개선하는 문제", 3. "제품개발 및 품질관리권, 인재관리권을 가지고 지식경제시대의 요구에 맞게 경쟁력을 높이는 문제", 4. "무역 및 합영, 합작권을 가지고 대외경제 활동을 능동적으로 벌리는 문제", 5. "재정관리권을 행사하여 자금의 조성과 분배이용을 주동적으로 실현하는 문제", 6. "생산물의 가격제정 및 판매권을 가지고 생산물 유통을 원활히 보장하는 문제", 7. "근로자들속에 있는 자금, 기술, 지식을 비롯한 생산자원을 적극 동원하는 문제", 8. "직장, 작업반, 분조안에서 근로자들의 담당책임제를 실시하는 문제"

---

[75] "사회주의기업책임관리제를 실시하는데서 나서는 근본문제들에 대한 연구"(2013.8); 조선신보는 2015년 2월 11일 개최된 '광명성절경축 재일본조선사회과학자들의 연구토론회' 소식을 전하면서 "2013년 8월 15일 새로운 경제관리방법이 '사회주의기업책임관리제'로 정식화되고 이를 전면적으로 실시할 데 대한 방침이 제시"되었다고 보도했다. 『조선신보』, 2015.02.11; "북경제관리 개선, 2013년 '8.15조치'로 전면 실시", 『통일뉴스』, 2015.2.11에서 재인용.

이다. 각 문제에 대한 당의 진단은 다음과 같다.[76]

① **생산단위에 계획 및 생산조직권 확대 부여**: 국가가 수천 개의 지표들을 중앙지표로 직접 계획화하면서 기업소는 소소한 지표만 계획화하게 할 뿐 아니라, 가능성도 고려하지 않고 세부지표를 내리먹이니 계획이 제대로 집행되지 않음은 물론 그 책임을 기업소도 국가도 지지 않는다. 공장·기업소·협동단체들은 국가계획 내에서 생산을 할 뿐 자체로 생산을 조직할 권한이 없기 때문에 생산능력이 있고 예비와 가능성이 있어도 실정에 맞게 생산조직을 할 수 없다는 것이다.

대안은 기업소 지표를 대폭 늘리면서 기업소들이 주문과 계약에 기초하여 자체로 계획을 세우고 생산을 조직하게 하자는 것이다. 인민경제계획화에서 기업소 지표를 대폭 늘이며, 중앙지표도 국가가 생산조건을 보장해 주지 못하는 경우 기업소지표와 같이 계획권을 넘겨준다. 기업체들은 기업소지표와 넘겨받은 중앙지표에 대한 계획을 기업들 간 주문과 계약의 방법으로 세워 수행한다. 기업체들이 생산능력 상 여유가 있고 국가가 시달한 지표를 수행한 조건에서는 수요가 있는 지표들을 제한 없이 생산할 수 있다. 기업체들은 지식경제시대의 요구에 맞게 과학기술과 생산을 밀착시켜 다양한 생산조직 형태와 방법을 적극 받아들이게 한다.

② **생산단위에 관리기구 및 노력 조절권 부여**: 공장·기업소·협동단체들이 관리기구와 노동력조절권을 실질적으로 행사하는 것은 생산성을 높이는데서 중요한 문제다. 그러나 지난시기 국가가 생산단위에 수십 건이나 되는 노력관리규정·지도서를 하달하여 노력관리사업을 지나치게 얽어매 놓았다. 따라서 국가가 기업소의 급수에 따른 표준관리기구 및 표준노동정량을 규정해주되, 기업체들이 실정에 맞게 세부 관

---

76) 위 "사회주의기업책임관리제 연구"(2013.8).

리기구나 노동정량을 정할 수 있도록 한다. 또한 생산단위에서 노동력을 입직 또는 퇴직시킬 수 있는 권한을 부여하며, 여러 형태의 겸직제·도급제·책임제를 도입할 수 있도록 한다.

③ **제품개발 및 품질관리권, 인재관리권 부여**: 다른 나라 기업에서는 새 기술, 새 제품을 개발하고 인재관리를 중시하는 것을 기업 발전의 관건적인 고리로 보고 있으나, 북한 기업소들은 품종확대와 제품의 질 제고 사업이 홀시되고 인재관리도 제대로 할 수 없게 되어 있다. 과거 수령의 과업을 받은 단위를 제외하고는 수십 년간 새 제품을 연구개발한 기업체가 별로 없으며, 규격·가격·생산허가 등에 대한 수속절차와 제한조건이 많아 제품개발에 지장을 초래하고, 근본적으로 품질감독 및 인재후비 양성 사업은 국가사업체계로 되어있기 때문에 기업소에서 관심을 두지 않는다.

따라서 국가의 품질감독기능을 강화하면서 기업체들의 신제품 개발 및 품질개선 노력도 강화되도록 품질관리체계를 정립한다. 국가의 규정제정 원칙 및 등록 사업에 융통성을 부여하고, 기업들이 인재후비들을 기술대학에 위탁학업제를 실시할 수 있도록 하며, 상설 또는 비상설 과학기술 자문봉사기구을 운영하여 기업들의 제품개발을 지원한다.

④ **무역 및 합영·합작권 부여**: 북한의 기업소는 대외경제 활동 권한이 없어 부족한 원료·자재를 구입할 수 없으며, 설비 현대화에 지장을 받고 있다. 왜냐하면 북한의 기본 무역단위가 성·중앙기관 및 지방정권 기관의 무역회사이기 때문에 이들은 외화벌이에만 치중할 뿐 현장의 생산 활동을 정상화하고 국제경쟁력을 제고하는 데 별반 도움을 주시 못한다. 또한 합영·합작 사업이 승공업 부문에는 거의 없고 봉사부문이나 소비품 생산 부문에 치우쳐 있다.

따라서 북한당국(당)의 입장은 "우리(북) 내부에 대한 적대세력들의 침습을 철저히 경계하면서" 기업체들이 다른 나라 기업들과 직접 경제 교류를 할 수 있도록 해주자는 것이다. 당 전문기구의 입장은 구체적으로 다음과 같다. 당국이 정한 원칙과 방법론에 기초하여 생산단위들에 무역 및 합영·합작권을 부여하며 독자적인 대외경제 활동이 어려운 기업체들은 해당 상급 단위를 통하여 할 수 있게 한다. 국가적으로는 기업체들이 대외경제 활동을 할 수 있도록 수출입 계약체결, 대표단 파견, 국제통신이용, 대외결제 등의 환경을 마련해 주며 수출입 제품 가격 승인 등 관련 절차를 간소화한다. 또한 국가적으로 기업경쟁력을 높이고 무역의 다각화·다양화가 가능하도록 수출입 무역의 국내 독점 지표를 전반적으로 검토하고 점차 없애는 대신 대외적으로 경쟁력이 있는 기업들에 국가적인 우대조치를 취한다.

⑤ **주동적인 재정 관리권 부여**: 당은 지금 당국이 기업소의 경영수입 분배와 자체의 자금조성 및 이용에 대해 세부 규정으로 얽어놓아 기업체들은 자금관리에서 제 발로 걸어 나가지 못한다면서, 국가적으로 기업의 이익만을 추구하는 경향성을 극복하면서 기업체들에 독자적인 재정관리권을 부여해야 한다고 한다. 그 방법론으로는 기업체들이 국가자금에만 의존하지 않고 유동자금을 비롯한 경영자금을 조성할 수 있도록 재정금융제도 수립, 기업체들의 국가납부계획 수행 후 잉여자금에 대한 활용권 부여를 들고 있다.

⑥ **생산단위에 가격제정 및 판매권 부여**: 이 문제와 관련해서 당은 다음과 같이 평가한다. 생산 원가를 보상하고 확대재생산을 보장하는 문제는 중요한 문제이나, 지금 기업소들은 지령에 따라 판매함으로써 확대재생산은 고사하고 경영손실까지 보고 있다고 한다. 따라서 국가적으로 가격 자유화를 철저히 배격하면서도 다른 나라 기업들처럼 시장수요를 자체로 조사하여 가격을 정하고 판매하는 방법을 북한 실정

에 맞게 받아들여야 한다고 주장한다.

구체적인 대안으로 첫째, 국가적으로 당의 인민적 시책을 실현하고 원가를 보상하는 원칙에서 모든 생산물과 봉사에 대한 기준 가격을 정하여 경제계산과 가격제정의 기초로 이용하자. 둘째, 기업체들이 주문과 계약에 의해 생산한 지표들에 대해서는 자체로 또는 수요자와 합의하여 가격을 정한다. 셋째, 기업들이 자체로 정한 가격으로 생산자와 수요자 사이에 계약을 맺고 거래할 수 있도록 상사 및 도매기관과 소매기관, 시장, 직매점 등 생산물 유통체계를 개선하는 방안을 제시한다.

⑦ **근로자들의 개인적 자금·기술·지식 동원 허용**: 이문제와 관련한 당의 대책적 의견은 다음과 같다. 지금 생산단위에서 개별 주민들의 자금을 직접 동원·이용하는 것은 불법이나, 적지 않은 협동농장들이 부족한 영농자금을 개인자금으로 보충하여 영농물자를 구입하고 가을에 알곡으로 물어주고 있으며, 일부 공장·기업소들에서도 개인과 이익분배에 대한 비법적인 계약을 맺고 그들의 자금을 융통하고 있다. 변화된 환경과 조건에 맞게 개인들의 유휴 자금과 기술·지식 등 생산 잠재력을 동원하는 것은, 개인 이기주의 조장을 경계해서 한다면 생산 활성화에 도움이 된다. 따라서 각 생산단위가 공증기관이 인정하거나 은행이 정한 절차에 따라 주민들의 유휴 자금을 이용하거나, 연로보장자와 사회보장자 등 집에서 놀고 있는 사람들의 기술과 지식을 활용하는 노동계약을 체결할 수 있도록 한다.

⑧ **직장·작업반·분조 내에서 담당책임제 실시**: 근로자들의 담당책임제는 "기계설비와 토지시설물 등 국가 또는 협동적 소유의 재산을 개별 근로자에게 고정적으로 담당시켜 책임지고 관리하게 하는 제도"이다. 지금 일부 단위에서 기대나 설비, 시설물, 나무 등을 담당시켜 관리하고는 있으나 그것을 기업관리 전반에 일반화하지 못하고 그 관리

상황을 장악·평가하는 제도도 없다. 김정은이 '모든 근로자들이 자기 포전과 자기가 사는 지역을 ㎡당으로 책임지고 주인답게 관리할 데 대하여'라고 한 것처럼 공업부문에서는 기대 및 작업장 담당 책임제, 농업부문에서는 포전담당제, 국토부문 혹은 도시경영 부문에서는 구획담당제를 적용한다. 국가적으로는 담당책임제 조직·운영과 관련한 원칙을 규정하고, 기업소에서 자체 실정에 맞게 구체적으로 집행하게 한다.[77]

다. 경제적 공간의 합리적 이용방안 연구

'경제적공간의 합리적 이용 방안 연구'는 "2013년 3월 김정은이 경제관리에서 경제법칙의 요구에 맞게 경제적 공간을 중시하고 합리적으로 이용하는데서 나서는 '근본문제'들을 설정해 준데 따른 연구이다. 김정은은 '근본문제'로 "1. 인민경제의 계획적 균형적 발전법칙의 요구에 맞게 계획공간을 이용하는 문제", "2. 노동에 의한 분배법칙의 요구에 맞게 노동보수 공간을 옳게 이용하는 문제", "3. 가치법칙과 관련된 경제적 공간을 합리적으로 이용하는 문제"를 제시했다.[78]

당의 '대책적 의견'은 다음과 같다. 첫째, 계획화사업과 관련 "최대한 경제적 실리를 보장하는 계획화 사업으로 확고히 전환"하자면서 계획수행에서 국가나 기업소들이 인적·물적 자원 이용의 경제적 효과성을 중시하는 계획화 방법론을 완성하고, 특히 계획지표 분담을 전반적으로 검토하되 주문과 계약에 의한 계획화 사업을 실시할 수 있게 하며, 기업체들의 계획수행 평가는 중앙지표의 현물지표별 계획수행 정형·국가납부 계획수행 정형·실리보장 정형을 기본으로 엄격히 평가할 수

---

[77] 연구 말미에 "내각과 국가계획위원회를 비롯한 해당 단위에 보내주어 집행대책을 세우도록 하려고 합니다"고 했다. 이상 "사회주의기업책임관리제를 실시하는데서 나서는 근본문제들에 대한 연구"(2013.8).

[78] "경제관리에서 경제적 공간을 중시하고 합리적으로 이용하는데서 나서는 근본문제들에 대한 연구"(2013.8).

있도록 한다.

둘째, 일한 것만큼, 번 것만큼 보수를 받을 수 있게 노동보수 공간을 이용하도록 하여 기업체들이 노동보수 원천을 마련한다면 제한 없이 보수를 지불할 수 있게 한다. 국가는 모든 생활비 수준을 정해주는 현재의 방법에서 부문별로 최저 생활비 기준만을 정해주고, 공장·기업소·협동단체들이 보수를 자체로 정하도록 한다. 생산단위들이 생산과 수출을 적극 늘리고 다양한 방법으로 내화와 외화현금 등의 수입을 늘려 노동보수 원천을 마련할 수 있게 하고, 보수를 현물 혹은 신용카드로도 지불할 수 있게 한다. 국가는 선행부문·기초공업 부문의 생활비가 다른 부문보다 떨어지지 않고, 과학자·기술자들에게 추가보수가 지불되도록 한다.

셋째, 원가와 가격, 이윤과 수익성, 화폐와 신용 등 가치법칙과 관련된 경제적 공간을 옳게 이용하여 실리를 보장하고 확대재생산을 실현한다. 구체적으로 보면, 각 기업체들은 국가가 정한 원가항목에 기초하여 생산을 관리하고, 가격은 가치와 수요 공급관계에 기초하여 제정하도록 한다. 공장·기업소·협동단체들에서 이윤과 수익성을 경제적 실리보장과 경영활동 평가의 주요지표로 이용한다. 국가적으로 상품유통량을 늘여 화폐의 회전속도를 높이는 방법으로 북한 돈의 구매력을 높이고 통화안정을 보장할 수 있게 화폐공간을 능동적으로 이용한다. 특히 유휴 화폐자금을 적극 동원하기 위해 다양한 형태의 예금과 전자결제 카드의 이용을 장려하며, 은행신용 회복과 화폐이용의 편리성을 보장할 수 있는 금융방법들을 받아들인다.[79]

---

[79] "연구 정형보고" 말미에 "내각을 비롯한 해당 단위에 보내주어 집행대책을 세우도록 하려고 합니다"고 했다. "경제관리에서 경제적 공간을 중시하고 합리적으로 이용하는데서 나서는 근본문제들에 대한 연구"(2013.8).

제3절 김정은의 '경제개혁' 결론(2014)

| 01 | 김정은의 '우리식경제관리방법' 발표(2014.5.30 담화)

김정은은 2014년 5월 30일 당·국가·경제기관 책임일꾼들과의 담화 형태로 "현실발전의 요구에 맞게 우리식 경제관리 방법을 확립할 데 대하여"를 발표한다. 김정은의 '우리식 경제관리방법'으로 지칭되는 '5.30 담화'는 ①모두(冒頭)의 "사회주의 소유 고수"와 "최대한 실리 보장"이라는 원칙과 기본요구 ②본론의 첫 부분인 경제에 대한 국가의 통일적 지도와 전략적 관리 ③본론의 둘째 부분에 해당하는 사회주의기업책임관리제 실시 ④ '경제 사업에 대한 당의 영도 보장'으로 구성되었다. '5.30 담화'는 김정일의 '10.3 담화'(2001년) "강성대국 건설의 요구에 맞게 사회주의경제관리를 개선 강화할 데 대하여"와 비교되는 문건으로, 김정은이 2011년 12월 '경제관리방법 개선 연구'를 지시한지 2년 5개월 만에 나온 경제개혁 문제에 대한 결론이라고 할 수 있다.

이 담화가 나오기까지의 과정은 다음과 같다. 2011년 '12.28 담화'로 김정은이 "우리식 경제관리 방법을 빨리 찾아 낼 것"을 지시한다. 2012년 연초에 내각 상무조가, 그해 6월에는 '당 전문기구'가 조직되어 개편안 마련에 착수한다. 그 결과 2012년 9월 농업·기업 등 부문별 '개편 시안'을, 2013년 3월에는 '확대 시안'을 마련하고, 그해 8월에는 내각의 추가 개선안 시행 및 당 전문기구의 '농업·기업 책임관리제 연구' 보고를 거쳐 2014년 5월 '5.30 담화'가 발표된다. 이어 7월에는 '5.30 담화' 관철을 위한 '내각 결정'이 하달된다.[80)] '5.30 담화' 발표에 소요된 2년 5개월은 과거 김정일이 경제개혁을 지시하여 '7.1 조치(2002년)'가 발표되기까지의 기간과 비슷했다. 경제개혁 입안은 김정은이 재촉한 과제이고, 경제 간부들이 과거 시행착오를 통해 방법론을 익히 아는 문제임에도 불구하고 긴 시간이 소요된 것은 내각이 개혁과제의 정치적 민감성을 의식했기 때문인 것으로 여겨진다.

가. 경제개혁 원칙 및 기본요구

'5.30 담화'는 모두(冒頭)에서 "현실 발전의 요구에 맞는 우리식 경제관리방법 확립"에서 나서는 원칙과 기본요구를 거론한다. '우리 식 고수'로는 "사회주의 본성에 어긋나는 방법을 끌어들여서는 안 된다", "주체사상의 원리에 맞아야한다", "사회주의적 소유를 고수하고 집단주의 원칙을 구현해야한다"는 주장을 폈다. 반면에 '현실발전의 요구'와 관련해서는 경제관리가 "객관적 경제법칙과 과학적 이치에 맞아야 한다", "기술 집합형 기업으로 전환해야한다", "최대한 실리를 보장해야한다"는 주장을 한다.

이상에서처럼 김정은도 과거 김정일처럼 '우리 식'과 '변화하는 현실' 사이에 절충주의적 화법을 구사하고 있으나, 기본요구의 핵심은 '사회주의 소유제를 건드리지 않는 범위 내에서 최대한 실리를 보장할 수 있는 경제관리방법'을 찾으라는 것으로 해석된다. 즉, 국공유제는 유지하고 '계획경제'는 탄력적 적용이 가능하다는 주장으로, 과거보다 개혁범위를 확대 수용한 진일보한 사고였다. '사회주의 소유 고수 + 최대 실리 보장'이라는 원칙은 본론에 가서 공장·기업소·협동단체들에 '△생산수단의 소유형태는 유지하되 △실제적인 경영권을 주겠다,

---

80) 북한 내각 결정 제43호, "경애하는 김정은동지의 고전적로작 ≪현실발전의 요구에 맞는 우리 식 경제관리방법을 확립할데 대하여≫에 제시된 강령적과업을 철저히 관철할데 대하여"(p. 22), 2014.07.10. 이하 이 글의 '5.30 담화' 내용 분석은 '내각 결정 제43호' 내용을 토대로 이루어진다.

△그 대신 당과 나라 앞에 생산 정상화를 책임지라'는 요구로 구체화 된다.

나. 경제에 대한 국가의 통일적 지도와 전략적 관리

담화는 본론에 들어가서, 경제전반에 대한 "국가의 통일적지도와 전략적관리 실현"을 강조한다. 그 방법론으로 ①중앙집권제원칙에 따른 경제전반의 통일적 지휘체계 수립 ②경제발전에서 국방공업부문의 역할 제고 ③내각책임제·중심제 강화를 제시하고 있다.

①경제전반의 통일적관리 문제와 관련, '내각 결정'(2014.7.10)은 '5.30 담화' 관철을 위해 국가계획위원회 등이 "현재 진행 중에 있는 국가경제발전전략 작성사업을 당창건 70돐까지 끝내고 이와 병행하여 단계별 발전계획을 세울 것"이라고 했고, "나라의 인적, 물적자원을 통일적으로 장악하고 동원리용"하기 위해 "사회주의재산총실사위원회를 조직하고 2014년 12월 31일 시점으로 사회주의재산총실사와 공장·기업소들을 대상으로 한 생산능력평가사업[81])을 진행할 것"이라고 했다. ②국방공업부문 역할 제고와 관련, 내각은 국방공업발전에 필요한 설비·자재·자금·전력과 로력을 최우선 보장하여 국방공업이 첨단과학기술분야를 개척하는데 선도하도록 하고, 국방공업과 민수공업의 경제·기술적 연계가 이루어지도록 해야 한다는 점을 강조했다.

한편 ③내각 책임제·중심제 강화 문제와 관련해서는 많은 비중을 할애해 강조하고 있다. '내각 결정'(2014.7)은 "나라의 전반적 경제부문과 단위들은 내각의 통일적인 작전과 지휘에 따라 움직이는 체계와 질서를 엄격히 세울 것"이라고 주문하면서, 내각 외 당·군 특수 단위

---

81) '내각 결정'(2014.7.10)은 "해마다 기업체들의 경영활동정형을 종합적으로 평가하여 3년간 련속 기업손실을 내거나 계획을 미달하는 경우 급수를 낮추거나 정리하는 제도와 질서를 세울 것"이라고 한다.

들에 "내각의 결정과 지시는 곧 당의 방침을 관철하기 위한 행정적 조치라는 인식을 가질 것"과 그 이행상황에 대한 "법적감시와 감독·통제를 강화할 것"이라고 주장한다.

'내각 결정'은 또한 내각의 책임 이행을 위해 김정은의 방침(2012.4 등)을 빌어 당·군 경제단위에 구체적인 요구를 한다. 첫째, "모든 부문, 모든 단위들은 계획·재정·통계·화폐류통·로동보수·가격·수출입사업·합영·합작기업·해외기술협조단 조직 및 운영·투자유치 활동 등 경제사업과 관련하여 제기되는 문제들을 '국방위원회 제1위원장명령 제001호'[82])에 지적된 대로 집행(내각 해당 부처에 통보·자료제출 혹은 승인)하며 명령과 어긋나게 집행하는 현상들에 대하여서는 책임있는 일군들을 엄하게 처벌하도록 할 것"이라고 강조한다.

둘째, "경제사업과정에서 제기되는 문제들은 내각을 통하여 당에 보고드리거나 내각과 반드시 문건으로 합의하여 보고드리는 규률과 질서를 철저히 지킬 것"을 요구하면서 특히 "전력과 연유·강재·시멘트 등 중요자재, 식량, 자금(외화포함) 보장, 로력보충, 생활비기준, 가격 제정과 관련한 문제들을 당에 보고드릴때에는 사전에 국가계획위원회, 재정성, 중앙은행, 무역은행, 로동성, 국가가격위원회와 토의한 다음 내각 합의에 제기하도록 할 것"을 주문한다.

셋째, "《특수》 간판아래 제각기 기업소들을 만들어 놓고 제각다리로 생산과 경영활동을 벌려나가는 현상을 철저히 없애며 국가의 법과 규정 벗어난 《특수》화된 단위들을 정리하고 앞으로 더 내오지 않도록 할 것이다"라고 내각답지 않은 '강경한' 주문도 내놓는다.

'경제 전반에 대한 국가의 통일적 지도' 부분의 특징은 다음과 같다. 첫째, 경제 사업에 대한 당적 지도도 동시에 강조되고 있다는 점이다.

---

82) 2012년 4월 30일 《경제사업에서 내각책임제, 내각중심제를 강화하기위한 혁명적 대책을 세울데 대하여》.

'경제의 통일적 지도와 전략적 관리'를 위해 내각책임제·중심제 강조에 머물지 않고 당의 경제전반 통일적 지휘, 군의 국방공업역할 제고를 병렬적으로 강조하고 있다.83) '당적 지도'는 결론부분에서 특히 강조되고 있다.84)

둘째, 생산단위의 자율성 제고와 당국의 경제장악력 간 조화를 도모하고 있다. 각론적으로는 '사회주의기업관리책임제'에서 개별 개별 공장·기업소들의 자율성을 확대해 주고 있으나 총론적으로는 당국의 경제 장악력 제고를 주문하고 있다. △국가경제발전전략 작성 △사회주의재산 총실사 △생산능력평가사업의 실시는 개별 경제단위에 대한 '실질적인 경영권과 실리 보장'의 목적이 궁극적으로는 당국의 경제 장악력 제고에 있음을 시사한다.

셋째, 특수단위의 경제활동에 대한 구체적 통제방법을 제시하고 있다는 점이다. 당·군 관할 생산단위라 할지라도 인민경제계획 수립과 집행에 지장을 초래하지 않도록 내각 부처에 규정된 협조의무(통보·자료제출 혹은 승인)를 이행할 것을 주문했다. 특히 내각 경제활동과 관련된 '중요사안'과 관련해 특수기관이 김정은에 보고하여 비준을 받을 때는 사전에 내각과의 합의를 거치도록 했다. 중요사안으로는 "전력과 연유·강재·시멘트 등 중요자재, 식량, 자금(외화포함) 보장, 로력 보충, 생활비 기준, 가격제정과 관련한 문제들"85)을 열거하고 있다.

내각은 이상의 협조 의무를 '국방위원회 제1위원장 명령 001호(2012.4.30)'을 근거로 요구하고 있다는 점에서 특수단위도 다소 규

---

83) 각 항목의 구체적 과제들로 내각과 관련된 과제들만 열거하고 있는데 이는 '내각결정'이라는 문건의 성격상 당이나 군의 구제적인 과제를 포함시키지 않은 것으로 추정된다.
84) '내각책임제의 한계'에 대해서는 앞의 '김정은의 내각 책임제·중심제 강조'에서 기술하였다.
85) 앞의 '내각 결정'(2014.7.10).

제를 받을 것이나 특수단위가 그로인해 활동에 지장을 초래한다거나 나아가 경제활동이 '축소'되는 일은 없었다. 앞에서 언급했지만, '특수단위들의 내각에 대한 협조의무'는 39호실·제2경제위원회 등의 활동은 정치적·보안상의 이유로 예외조항이 허다하고, 특수기관들은 어떤 구실을 대고서라도 지도자의 비준을 받아내는 것이 통례였으며, 권력구조 상 내각이 특수기관의 의무 불이행을 규제할 능력이 없다는 점에서 그 실효성은 극히 제한적이었다.

다. 사회주의기업관리책임제 실시

'사회주의기업책임관리제'는 김정은의 '5.30담화'의 핵심 내용으로 "공장·기업소·협동단체들이 사회주의적 소유는 유지하면서 실제적인 경영권을 갖고 기업 활동을 창발적으로 수행하며 근로자들이 생산과 관리에서 주인으로서의 책임과 역할을 다하게 하는 기업관리방법"이라고 규정된다[86]. 공장·기업소·협동단체들의 경영권을 보장하여 기업을 책임지고 관리할 수 있도록 각 생산단위에 ①계획권·생산조직권을 확대하면서, ②관리기구와 노력조절권, ③제품개발·품질관리·인재관리권, ④무역·합영합작권, ⑤재정관리권, ⑥가격제정권·판매권을 부여하고, ⑦개인적 자금·기술·지식 동원 허용하면서, ⑧농업의 포전담당제처럼 공업에서 기대(기계설비) 담당책임제를 시행한다는 것이다. 생산단위에 이상 8개 항목의 권한 부여는 앞 단원에서 기술한 당 전문기구의 "사회주의기업책임관리제 연구"(2013.8)를 수용한 것으로, 구체적인 내용은 앞의 기술로 대체한다.

'내각결정'(2014.7)은 '사회주의기업책임관리제' 시행을 위해 당의 방침보다 더 구체적인 경영권 보장 방안을 하달한다. 생산단위의 계획

---

86) 위의 '내각 결정'(2014.7.10).

권·생산조직권 확대와 관련 "국가계획기관이 지표분담에 따라 기업체들에 전력과 원료, 자재보장가능성을 고려하지 않고 생산계획을 시달하였거나 제때에 계획화하지 못하여 (기업체가) 계획을 미달하였을 때에는 국가계획기관이 책임지게 한다"고 했다. 그러나 "기업체가 원료·자재를 보장받고도 로력관리·설비관리·기술관리를 제대로 하지 못하여 생산계획을 미달하였을 때에는 기업체가 책임지게 하는 엄격한 제도를 세울 것"이라고 하여 기업체의 생산 정상화 책임을 동시에 강조했다. 공장·기업소들의 생산 책임은 2015년 1월부터 시행되는 '생산능력평가' 사업에 의해 검증할 것임을 시사했다. 내각은 김정은의 '5.30 담화'(2014.5)와 이를 위한 '내각 결정'을 하달(2014.7)한 직후 8월에는 '사회주의기업책임관리제실시를 위한 독립채산제 규정', '기업체관리운영표준세칙' 등 관련한 규정을 만들어 하달했다.

'5.30 담화'의 끝 부분은 "경제사업에 대한 당의 령도 보장"과 경제관리개선 사업의 심화·발전 문제이다. 당의 영도 보장을 위해 경제사업에 제기되는 중요 문제들은 당에 보고하고 그 결론에 따를 것, 각 부문·단위의 경제 관리는 해당 당위원회의 집체적 지도에 의거하되 개별 일꾼의 독단을 허용하지 말 것을 주문했다.

한편 내각은 앞으로도 기업운영 합리화에 실무적으로 제기되는 문제들을 바로 잡아 나갈 것이라고 했다. 이를 위해 경제관리방법 연구사업을 지속하며, 보다 효율적인 연구를 위해 각급 기관 산하 경제관리방법 연구 단위들을 내각 연구소에 2중 소속시킨다고 했다. 내각 연구소는 각급 연구 단위들에 과제를 주고 집행상황을 평가하며, 추가적으로 연구한 대책 안들은 내각 상무회의의 심의를 받아 완성한 다음 당에 보고해 비준을 받은데 따라 집행하는 체계를 세울 것임을 밝혔다.

| 02 | 경제법령 정비와 후속 경제관리(2015-16)

가. 경제법령 정비

경제법령 일제정비도 뒤따랐다.[87] 북한은 2014년 12월과 2015년 6월 '농장법'을 개정하여 포전담당책임제와 현물분배 실시를 규정하고, 2014년 11월과 2015년 5월에는 '기업소법'을 개정하여 기업소의 확대된 권한을 반영했다. 2015년 12월에는 '무역법'도 개정하여 무역회사가 아닌 기관·기업소도 허가를 받으면 직접 교역을 하거나 '와크'[88]를 대여할 수 있게 하였고, 2015년 6월에는 '인민경제계획법'을 개정하여 중앙지표, 지방지표, 기업소지표로 계획지표의 분담을 명확히 했으며, 2015년 9월에는 '자재관리법'을 개정하여 중앙지표에 대한 자재공급계획 작성은 국가계획기관이 수행하나 기타 지표에 대한 자재공급계획 작성은 개별 단위가 작성하는 것으로 바꾸었다.[89]

---

[87] 이 부분은 양문수, "김정은 집권 이후 개정 법령을 통해 본 '우리식경제관리방법'," 『통일정책연구』, 제26권 2호(2017), pp. 84~98을 참고하였다. 양문수는 "북한이 2016년에 발행한 『조선민주주의인민공화국법전(증보판)』이 최근 국내에서 입수된 것은 엄청난 희소식이다. 주목할 만한 것은 북한정부가 2012년부터 2015년까지 관련 법률을 집중적으로 제정 및 개정하면서 '우리식경제관리방법'의 시행을 법제도 차원에서 뒷받침하고 있다"면서 북한의 농장법, 기업소법, 무역법, 인민경제계획법, 자재관리법, 재정법, 중앙은행법, 상업은행법의 바뀐 내용을 중심으로 '우리식경제관리방법'을 분석했다.

[88] 양문수, 위의 글, p. 90. 양문수는 '와크'란 "무역거래 당사자가 무역을 할 수 있는 권한(licence)과 특정 품목의 수출입 수량(quata)를 합한 개념이다. 예컨대 A라는 무역거래 당사자(기관, 기업소)가 B라는 품목을 연간 몇 톤 수출할 수 있는 권리를 가르킨다. 북한에서는 무역거래 당사자가 영업허가 범위 내에서만, 더욱이 사전에 허가를 받은 품목과 수량에 한해서만 수출입을 할 수 있도록 되어 있다. 무역거래 당사자가 무역계획을 기반으로 '무역품반출입신고서'를 작성하고, 이 문서에 '합의단위'의 승인을 받고, 이 문서를 세관에 제출하면 비로서 제품을 통관시킬 수 있는 권리를 부여 받는다. 그리고 이 문서이자 권리는 비공식 용어로 '와크'라고 불린다"고 한다.

[89] 자재공급방식 다양화에 따라 '국가자재공급위원회'가 내각 부처에서 폐지되었다. 한기범, "내각 경제기구의 기능과 구조," 박영자 외 『김정은 시대 북한의 국가기구와 국가성』(서울: 통일연구원,2018), p. 130.

2015년 4월 개정 재정법에서는 중앙과 지방 예산 수입의 원천을 종전 '순소득'에서 '순소득 또는 소득(원가를 제하기 이전의 판매수입)' 기준으로 국가납부금 납부방법을 변경했고, 2015년 7월에는 중앙은행법을 개정하여 중앙은행의 임무로 종전 '기준 이자율 제정'에서 '기준환율 제정과 기준이자율 조정' 임무를 추가하면서 인플레이션 억제 기능을 강화했으며, 같은 시기 상업은행법도 개정하여 상업은행의 신규업무로 은행카드 업무를 도입하였다.

표 4-1 김정은 집권이후 주요 경제법령 개정

농장법 개정 (2012~2015.6등)	기업소법 개정 (2014.11/2015.5)	무역법 개정 (2012.4/2015.12)	자재관리법 개정 (2015.9)	중앙은행법 개정 (2015.7)
- 농장책임관리제 실시 - 분조관리제 內 포전담당제와 유상유벌제실시 - 농장지표 신설; 중앙지표 달성 전제하에 자체계획 가능 - 부업생산단위 자체 조직 가능 - 농장지표 통해 획득자금+농민 자금동원 재정 활용 가능 - 결산: 현물분배 기본으로 하되 현금분배 결합 - 국가수매 이후 남은 물량 농장 자율 처분 가능 - 국가수매량납부 이후 남은 물량 기관기업소(시장 제외) 판매가능. - 농장지표와부업생산물, 농장자체가격 처분 가능	- '기업소 경영권' 개념 도입(기업에 下記권한 부여) - 기업소에 자체 계획권한 부여 (기업소지표) - 다양한 생산조직권 부여 - 관리기구·노력 조절권 부여 - 제품개발·품질관리·인재관리권 부여 - 무역 및 합영·합작권 부여 - 주동적인 재정관리권 부여 - 가격제정권·판매권 부여(기업소지표 제품 등에 국한) - 임금에 대한 기업의 책임 규정 - 기업의 유휴 부동산과 설비 임대가능	- 무역거래 주체; 무역회사→허가 받은기관·기업소 - 무역허가간소화 - 무역가격 결정; 중앙→중앙지표 외 물자는 거래 당사자가 결정 - 무역계획: 국가적전략지표·제한지표는 중앙, 기타 지표는 당사자가 금액상 계획. - 영업허가 철회; 1년→3년 수출 실적 없는 경우	- 자재공급방식; 계획→계획, 사회 주의 물자교류시장, 주문과 계약 - 자재공급계획 작성 주체; 중앙지표 외 자재는 해당단위가 작성 - 계획 외 추가적 자재 수요는 기관기업소간 계약체결로 가능 - 자재대금결제; '무현금 행표로 한다' 규정 삭제	- 중앙은행이사회를 '은행이사회'로 대체 - 중앙은행, 화폐 발행에 앞선 화폐발행계획작성 의무화 - 중앙은행의 '화폐가치 안정' 위한 금융기관과 화폐거래 추가 - 기준 환율 제정과 기준이자율 조정 임무 추가
		인민경제계획법 (2015.6개정)	**재정법 개정** (2015.4)	**상업은행법 개정** (2015.7)
		-계획지표분담; 중앙지표, 지방지표,기업소지표 - 인민경제계획은 기업소지표와 맞물리되 주문계약방법도가능 - 기관·기업소간 계약체결, 계획과 무관해도 가능	- 예산, 기본투자와 인민경제사업에 우선 지출 - 예산수입은 순소득과 '소득'을 원천으로 함 - 기본건설자금과 대보수자금원천; 예산외기업자체예금 충당가능	- 상업은행 신규 업무로 은행카드 업무 도입 - 거래자는 한 은행에 다수계좌 개설 가능 - 부당계좌 개설시 벌금 부과

* 출처: 양문수, "김정은 집권 이후 개정 법령을 통해 본 '우리식경제관리방법'", 『통일정책연구』, 제26권 2호(2017)

나. 우리식경제관리방법 평가

개정 법령에 나타난 '우리식경제관리방법'의 특징과 성격은 다음과 같다.[90] 첫째, 계획화 체계를 개편해 중앙과 기업의 역할을 조정했다. 인민경제계획법에 계획지표를 '중앙지표, 지방지표, 기업소지표로 분담'하였고, 기업소법으로 '기업소에 자체 계획권을 부여'했다. '농장지표'(농장법)라는 개념을 도입하고, 전략지표 혹은 중앙지표 외에는 개별 무역거래 당사자가 수출입금액상으로 자체 계획화가 가능하거나(무역법) 개별 경제단위가 자체로 자재공급계획을 작성(자재관리법)하도록 개정하였다. 이는 개별 생산·무역 단위에 대한 지령성 계획화 즉, 의무적으로 달성해야 하는 현물과제가 축소를 의미한다. 요컨대 사회주의기업책임관리제 실시로 중앙의 계획지표가 축소되는 대신 기업소 지표가 증가함을 의미한다.

둘째, 시장을 계획화체계에 편입하여 시장의 제도화 수준을 제고했다. 과거 7.1조치 때는 기업의 실적을 평가하는 지표로서 '번 수입 지표'를 신규 도입했고, 이를 기업에 대해 '계획 외 생산'과 '계획 외 유통'이라는 명목으로 사실상의 시장경제활동을 인정했는데, 이번에는 시장에 대해 '기업소 지표'와 '농장지표'라는 이름으로 국가계획화 체계 내부로 편입시킴으로써 시장화의 제도화 수준이 종전보다 높아졌다. 기관·기업소 간 주문계약 체결권(인민경제계획법), 기업소에 가격제정권과 판매권 부여(기업소법), 농장에 수매량 납부 이후 남은 물량에 대한 판매권한 부여(농장법), 국가적 전략지표 외 기타 지표의 무역가격은 무역거래 당사자가 결정한다는 규정(무역법) 등도 시장을 활용한 기업·농장의 폭넓은 경영활동을 합법화해 준 것으로 평가된다.[91]

---

90) 이 부분은 양문수, "김정은 집권 이후 개정 법령을 통해 본 '우리식경제관리방법'," 『통일정책연구』), pp. 99~100를 참고하였다.
91) 양문수, 위의 글, pp. 100~101.

셋째, 개별 생산단위의 자율성과 인센티브가 확대되었다. 기업에 계획권·노동력 조절권·가격제정권 및 판매권 등 다양한 권한을 부여하여 실질적인 경영권 행사가 가능하도록 했다. 농장의 경우 국가 수매의 존재로 기업 경영권만큼은 미치지 않으나 자율성이 확대되어, 영농시기와 방법, 부업생산 단위 조직, 농장지표에 의해 생산된 농산물의 가격결정 및 판매, 국가 수매이후 잉여 농산물에 대한 분배·처분방식에 대해 농장의 권한이 확대되었다. 기업·농장의 인센티브도 확대되었다. 기업의 경우 국가납부금을 '순소득'에서 '순소득 및 소득' 기준으로 납부할 수 있도록 함에 따라 소득(판매수입)기준으로 국가납부금을 정하면 원가를 절감함으로써 기업이 처분할 수 있는 기업 소득이 늘어난다. 국가 납부금 이후 기업소득, 즉 가처분 소득의 배분비율에 대해 종래 국가의 간섭을 줄이고 기업이 자율적으로 처분할 수 있도록 하였다. 농장의 경우 현금분배에서 현물분배 방식으로 전환함에 따라 농장원들이 인센티브가 증대되었다. 현금분배를 할 경우에는 수매가격이 시장가격보다 훨씬 낮아 분배의 의미가 크지 않았다.[92]

위와 같은 '우리식경제관리방법'의 특징에 필자가 하나를 더 보태면, 북한당국이 국가경제와 시장경제를 대치관계로 보는 인식에는 변함이 없으며 국영 생산단위가 시장을 활용하면서도 시장에 편입될 가능성을 경계한 점을 들 수 있다. 개정 법령에 시장 또는 시장가격이란 표현은 전혀 나오지 않듯이 우리식경제관리방법 채택이후에도 북한당국은 시장청산 전략을 포기하지 않은 것으로 여겨진다. 특히 가격체계에서 '시장' 수용에 대한 부정적 입장은 법령 하위 내각규정, 국가계획당국 지시, 실무 강습제강 등을 통해 확인되는데, 법령상 공장·기업소·농장에 자체 가격결정권을 부여했다고 규정했으나 시행령 등에서는 당국의 기준가격 혹은 합의가격를 기초로 할 것을 규정함으로써

---

92) 양문수, 위의 글, pp. 101~103.

시장가격의 적용을 배제했다.

우선, 2012년 9월 '8대 경제관리개편 시안'의 하나인 상품가격 결정방식의 전환(고정 기준가격 → 변동 기준가격) 개혁안을 보면, 북한 당국은 기업소가 생산한 상품의 저가(국정가격) 유지로 시장유출이 극심해지자 시장가격이 아닌 변동가격[93]을 도입하면서도 통화팽창에 따른 물가상승을 우려하여 10개 미만의 기업소들에만 시범 도입하는 신중함을 보였다. 변동 가격제는 2013년 8월 국가가격위원회 지시로 여타 공장·기업소들에 확대 시행되나, 변동가격은 시장가격이 아님을 명확히 밝히면서 국가가격기관에 등록을 의무화했다. 국가가격위원회는 '변동가격'은 기업소 자체 제정가격 혹은 수요자와의 합의가격으로 "원가를 보상하고 확대 재생산을 실현할 수 있도록 하면서도 수요·공급관계를 고려하여 시장보다 낮게 정하는 것을 원칙으로 한다"[94]고 하여 국영 생산단위의 생산 정상화와 함께 독자적인 위상 확보를 도모하였다.

'사회주의기업책임관리제' 도입(2014.5)으로 기업소에 생산물 가격 제정권과 판매권이 부여되어 기업은 수요자와 주문계약을 통해 생산한 제품, 기업소 지표 제품에 대해서는 가격을 자체적으로 정하고 판매할 수 있는 권한을 부여받았다(개정 기업소 법 제39조). 그러나 기업이 자체로 정한 가격이나 주문계약에 의해 수요자와 합의한 가격도 '기준가격'에 의해 규제를 받았다. 당 전문기구의 '사회주의기업책임관리제 연구'(2013.8)와 '우리식경제관리방법 관철을 위한 내각결정(2014.7)'은 "가격자유화를 철저히 배격하면서, 당의 인민적 시책 실현과 원가보상 원칙에서, 시장수요를 자체로 조사하여 모든 생산물과

---

[93] 변동가격은 시장가격을 의미하지 않으며 시세변동을 고려해 필요한 시기에 주기적으로 조정한 가격이다.
[94] 국가가격위원회 지시, "경애하는 김정은동지께서 공장, 기업소들에 가격제정권 한을 줄데 대하여 주신 지시를 철저히 관철할데 대하여"(주체 102(2013)년 7월).

봉사에 대한 기준가격을 정하여 가격제정의 기초로 이용한다"고 했다.

곡물 가격결정 및 판매에 대해서는 당국의 규제는 더 심했다. 2012년 7월 포전담당제와 현물분배를 도입한 농업개혁을 추진하면서도 양정당국은 농민이 분배받은 여유 알곡은 "농장관리위원회가 책임지고 국가가 농민들의 이해관계에 맞게 따로 정한 가격(합의가격)으로 수매하거나 상업기관 상품과 교환수매하도록 조직하여 시장에 빠져 나가지 않도록 해야 한다"고 강조했다.[95] 농장법 개정(2014,2015)을 통해서도 중앙지표로 생산된 농산물의 경우 국가수매 이후 농민에게 분배된 여유 알곡이라 하더라도 여전히 '국가가 농민들의 이해관계에 맞게 따로 정한 가격'으로 기관·기업소에 판매할 수 있을 뿐 시장판매는 규제받았다. 농장이 자체로 생산한 부업생산물(농장지표)에 대해서는 농장 자체에 가격결정과 판매권을 부여했으나 농장지표 생산은 중앙지표 달성을 전제로 허용하고 있음에 유의해야 한다. 또한 만성적인 식량부족으로 국가 수매 비율에 대한 당국의 약속이 이행되지 않은 상황에서 농장지표에 의한 생산물에 대해 임의처분 허용은 큰 의미가 없다.

한편 이번 제도개편의 성격은 현실 변화를 사후적으로 추인한 것으로, 종전에 공식제도 밖에서 진행되고 있는 경제주체들의 경제활동을 상당 부분 공식 제도권 내로 편입시켰다. 즉 과거 경제 단위들의 시장을 활용한 광범위한 불법적 혹은 반합법적 경제활동의 상당부분을 합법화시켜주었다. 제도개편의 기본방향은 정부·기업·가계의 이해관계 절충을 통해 3자의 역할과 권한을 조정하고 국민경제 전체의 생산 확대를 통해 정부의 경제적 목표를 달성하는데 두었다.[96] 전체적으로 볼 때 개혁의 수준, 심도, 범위 면에서 2002년 7.1조치는 물론 2003-

---

95) "각급 농업지도기관 일군들과 농장초급일군들을 위한 실무강습제강: 새로운 농업부분 경제관리방법을 정확히 구현할데 대하여"(2012.7).
96) 양문수, 위의 글, pp. 105~106.

2004년 박봉주의 개혁조치보다 진전된 것으로 평가되며, 특히 기업소법에서 기업의 경영권이라는 새로운 개념을 등장시켜 국영기업에 '실제적인 경영권'을 부여함으로써 생산성 향상을 도모했다.

그러나 공식 제도의 변화가 곧바로 현실에서의 경제운영 방식의 변화를 가져온다는 보장이 없고, 실제로 적용된다 해도 극심한 에너지·원자재·자금 부족상태에서 생산성 향상을 기대하기 어려우며, 개편 내용면에서 시장은 비교적 폭넓게 수용했지만 소유권, 준조세, 특권경제 등의 문제는 건드리지 있은 점이 한계로 지적된다.[97]

【그림 4-4】 '사회주의기업책임관리제'의 특징과 한계

사회주의기업책임관리제 실시		
배경	특징	한계
○ 현실경제의 변화 사후적 추인 - 국영 생산단위의 시장 활용 합법화 ○ 당국·기업/농장·개인 이익의 절충 - 생산성 향상 및 재정확충 도모	지령형 계획화 축소, 분권화·시장화 확대 ○ 기업에 대한 지령형 계획화 축소 - 중앙지표 축소, 기업소지표 설정 ○ 생산단위 자율성·인센티브 확대 - 동시 기업·농장의 자기책임 강화 ○ 시장을 계획화 체계에 편입 - 기업소지표, 농장지표, 주문계약	○ 개혁 불충분 - 특권경제 방치, 소유제 불개혁 - 시장청산 전략 불포기 - 일부 개혁규정 불이행 ○ 경제난에 따른 실행 제약 - 원자재난, 에너지난, 외화난 ○ 정치·군사 우선에 따른 굴절 - 정치논리 우선, 동원체제 심화, 준조세 증가, 경제잉여 핵개발 전용

다. 후속 경제관리

북한은 2015년 들어 전 기관·기업체를 대상으로 고정·유동재산조사 및 생산능력에 대한 조사를 진행하였다. 2016년 5월 제7차 당대회에서 발표된 '국가경제발전 5개년전략'[98]은 이를 기초자료로 작성

---
97) 양문수, 위의 글, pp. 112~113.
98) 김정은, "제7차대회에서 한 당중앙위원회 사업총화보고," 『노동신문』, 2016.05.08.

된 것으로 보인다. 기업경영평가 결과와 관련 "계획에서 보장한 물자가 80%만 공급되었을 경우, 계획을 80%만 수행해도 100% 수행한 것으로 인정"[99]하는 등 가능한 기업의 경영 자율성을 강화해 주는 방향으로 개선해 나갔다. 2014년 '5.30 담화'를 통해 개선된 경제관리방법은 시행 초기 상황에 국한할 때(경제제재 본격화 이전) 농민 현물분배몫과 처분권한 부여, 특수기관에 대한 내각의 통제강화, 3년 연속 계획미달 기업에 대한 구조조정 등을 제외하고는 대부분 시행되었다.

2015년-2016년 사이에는 내각의 경제일꾼들이 '국가의 경제장악력 제고'를 위한 결의대회로서 상업·재정·계획부문 열성자대회를 소집하여 국영유통 활성화, 국가재정 확충, 인민경제계획 정상화를 결의했다. 2015년 5월 '전국 상업부문일꾼회의'를 소집하여 국영망을 통한 "대주민 소비품의 원활한 공급"을 결의했고,[100] 2015년 12월 '제3차 전국 재정은행 일꾼 대회'에서는 김정은이 '서한'을 보내 "믿음직한 재정원천의 마련"을 주문했으며, 2016년 9월 '전국 계획일꾼열성자회의'에서는 "계획기능 복원"을 결의했다. 특히 '재정은행 일꾼대회'에서는 당·정·군 간부들이 참석한 가운데 "방위력에 필요한 자금수요 보장"이 강조됐다.[101]

한편 7차 당대회 이후에는 다음 〈표 4-2〉처럼 경제문제 논의를 위한 '당·국가·경제·무력기관 간부 연석회의'가 매년 1-2 차례 개최되어 국가경제발전5개년전략이나 신년사에서 제시된 경제과업 관철

---

[99] '사회주의기업책임관리제' 시행 관련 내부 학습자료(2015).
[100] 『조선중앙통신』, 2015.05.07.
[101] 『노동신문』, 2015.12.14. 동 대회에는 박봉주 총리, 박영식 인민무력부장, 오수용 노동당 비서, 로두철·리무영·리철만 내각 부총리, 기광호 재정상, 김천균 중앙은행 총재, 김성의 무역은행 총재 등이 참석했다. 로두철 부총리 겸 국가계획위원장은 "1990년에 비해 국가의 예산수입이 3배로 늘고, 방위력과 경제발전에 필요한 자금수요를 보장하고 있다"고 보고했다.

문제를 토의했으며, 2018년 4월 30일 회의에서는 박봉주 총리가 "우리식경제관리방법의 전면적 확립"도 강조했다.

표 4-2 7차 당 대회 이후 '당·국가·경제·무력기관 간부 연석회의' 개최 사례

개최시기	회의 주제	주요 참석자
2016. 5.26-28	7차 당대회에서 제시된 과업 관철 문제 : 경제발전5개년전략 수행위한 200일 전투선포	박봉주 총리, 최태복 의장, 박영식 무력부장, 오수영·곽범기·리만건 당부위원장, 조연준 조직부 1부부장 등
2017. 1.7-8	2017년 신년사 제시 과업 관철 문제	박봉주 총리, 김기남, 최태복, 박영식, 리만건, 오수용, 곽범기, 최부일, 조연준
2017. 12.28	2017년 신년사 제시 과업과 국가경제발전 5개년 전략수행의 2017년 사업 총화 문제	박봉주, 박영식 무력부장, 오수용·안정수·최휘·박태덕·리만건 당 부위원장, 노두철 내각 부총리
2018. 4.30	4월 당 전원회의에 따라 '인적, 물적, 기술적 잠재력을 총동원한 사회주의 경제건설 문제': 총리, '우리식경제관리방법' 전면적확립 강조	최룡해 당 부위원장, 박봉주, 오수용·안정수·박태성·박태덕 당 부위원장, 로두철 부총리, 박영식 인민무력상 등

* 출처: 노동신문·조선중앙통신

다음은 경제개혁 조치의 성과를 개략적으로 살펴본다. 농업 부문에서는 포전담당제 실시로 일부 증산효과가 나타났다. 경작단위를 과거 분조단위(15-20명)에서 3-5명으로 구성된 포전담당제로 바꿈에 따라 영농의욕이 고취되고 작업효율성이 증대된 결과였다.[102] 그러나 달리 일부 회의적인 시각도 표출되었다. 경작단위와 독립채산제 단위가 축소되는[103] 과정에서 농장 관리기구 일꾼들의 이권도 줄어들자 이들의

---

[102] 다만 김정은이 시행 초기에 "포전을 가족단위로 구성하지는 말라"는 지시(2013.3)에 따라 가족단위 경작은 이루어 지지 않는 것으로 알려졌다.

[103] 협동농장도 사회주의기업책임관리제 대상에 포함됨에 따라 과거 군 단위 독립채산제에서 농장별 책임관리제로 전환되었다.

소극적인 태도로 포전담당제의 정착에 지장을 초래하는 등 협동농장 실무 책임자들의 저항이 있었다. 더 큰 문제점은 현물분배와 관련한 농정당국의 거짓말에서 나타났다. 최초의 구상에서 후퇴하여[104] 국가 수매몫과 농민분배몫을 7:3의 비율로 나누었지만 "단 한 번도 약속은 지켜지지 않았다"는 주장도 있으며,[105] 당국이 농민 분배몫 식량의 일부를 다시 군량미로[106] 회수하자 농민들의 절망감이 확산되기도 했다.[107]

공업부문에서는, 공장·기업소의 실질적인 경영권 행사를 명분으로 다양한 권한이 이관됨에 따라 정상적인 생산이 가능한 일부 기업소에서는 증산 효과가 나타났다. 개별 기업소들이 계획물량을 납부한 후 잔여 상품에 대한 시장 판매를 통해 보다 높은 이윤을 창출하고, 이를 근로자 임금에 반영한 결과였다. 제한적이지만 시장거래 상품의 증대로 물가를 억제하는 부수적 효과도 나타났다. 그러나 근로자 임금인상은 임가공·광산 등 일부 양호한 기업에 국한된 효과였다.

대부분의 공장·기업소들은 에너지·원자재·자금 부족으로 경영권 구사 자체가 어려웠다. 생산여건이 불비한 조건에서 무역권한이 부여됨에 따라 개별 생산단위들은 시설투자나 생산 정상화보다 무역을 통한 외화벌이에 주력하는 현상도 나타났다. 결과적으로 일부 수요가 높은 상품 생산에서 경쟁이 과열되고, 소비품 수입에만 치중해 내수 생

---

104) 당 전문기구의 '농업경영방법 연구'(2013.7)에서는 국가 수매몫으로 "지난 기간 알곡생산실적의 30% 정도로 규정하고 5년간 고착시키는 문제의 검토"를 제기했다. 내각이 검토하면서 수용하지 못한 것으로 보인다.
105) 『자유아시아방송』, 2014.09.12; 2014.10.06.
106) 군량미 확보는, 농업성이 매년 8월 예상 알곡 수확량을 인민무력성 후방총국 양식국에 통보 → 국가계획위원회 군수보장부는 최고사령관의 결재를 득한 군수물자 보장계획을 지방 군수보장과와 인민무력성 후방총국에 통보 → 9월 각급 당정군 기관에서 군량미 할당량을 무조건 수행하기 위한 조직사업 분담의 절차로 진행된다.
107) 2018년 9월초 황남 재령의 협동농장 분조장이 식량 40%을 군량미로 바치라는 당국의 지시에 불복해 자살하는 사건이 발생하였다. 『조선일보』, 2018.10.01.

산과의 연계 효과가 미약해졌으며, 근로자들 간 소득 격차가 늘어나는 부작용도 나타났다.

국영 유통·서비스업은 개인 투자를 허용함에 따라 시장경제 형태로 비교적 활성화되는 모습을 보였다. 국영상점에 상품수입 및 가격책정 권한을 부여하고, 주민들의 국영상점에 대한 자금 투자 및 운영을 합법화함에 따라 평양을 중심으로 상업·서비스업·건설업이 활발해졌다. 대형마트·고급식당이 들어서고 아파트 건설 붐이 일었다. 한편 국영상점과 장마당 간이 생필품 유통을 둘러싸고 경쟁을 하자, 당국은 장마당 유통을 억제하기 위한 규제를 강화하고, 다시 골목시장이 번창함에 따라 골목시장마저 단속하여 주민들이 공권력에 불만을 표출하는 등의 연쇄적인 파장도 나타났다. 같은 무렵 김정은은 일선 초급당 간부들에게 "권력으로 인민들을 억누르면 혁명을 망치게 되며 나중에는 당이 자기의 존재를 유지할 수 없게된다"고 했다.[108] 다음은 이와 관련한 북한 내부동향이다.

2015년 연말쯤 주민들이 생계유지를 위해 개별적으로 만들어 판매하는 당과류 식품에 대해 북한당국이 제조·유통을 금지시켰다. 북한 소식통은 당국이 이 같은 조치에 대해 "국가가 운영하는 식품공장에서 나온 당과류 판매에 힘을 실어주겠다는 속내가 엿 보인다"면서 "문제는 국영 식료공장에서 생산되는 당과류의 공급량이 모자라 값도 비싸고 쉽게 구할 수도 없다는 점에 있다"고 했다. 다른 소식통은 "장마당에서 유통되고 있는 당과류는 국영공장 제품보다 개인이 만들어 판매하는 것이 훨씬 많다"면서 "이번 조치는 인민들의 생활형편과 시장현실을 감안하지 않는 대표적인 강압정책"이라 했다.[109]

---

108) 김정은, "초급당을 강화할데 대하여" (2016.12.25 초급 당대회에서 김정은이 내린 "결론"), 『조선중앙통신』, 2016.12.26.
109) 『자유아시아방송』, 2016.01.13.

2016년 7월 함북 소식통은 시장 질서를 유지하기 위해 배치된 "시장 관리원들은 구역 인민위원회에서 선발하는데 대체로 힘 있는 간부의 아내들"이라며 "남편의 권세로 장마당 통제권까지 얻은 이들의 위세와 횡포에 주민들이 분노하고 있다"고 말했다. 소식통은 "중앙에서 골목시장을 없애라고 강력히 지시하지만, 장마당 관리원들의 횡포를 견디다 못한 상인들이 골목시장으로 몰리고 있다"고 덧붙였다.[110]

'외국 관광객이 보면 망신스러우니 골목장을 없애라'는 김정은의 지시에 따라 북한 당국은 2016년 6월부터 12월까지 전국의 일명 '메뚜기'라 불리는 골목 장사꾼들을 집중적으로 단속했다고 한다. 소식통들은 "이들은 제일 취약한 계층으로 하루벌이로 생계를 유지하는데 장마당의 자리를 구할 수 없고 장세를 낼 형편도 되지 않는다"며 "생계를 이어갈 한 가닥 줄마저 잃게 된 하층 주민들의 저항이 심해졌다"고 한다. 2017년 1월 평양의 한 소식통은 "요즘엔 장마당에서 보안원이나 단속원에게 삿대질하며 대드는 아낙네들 모습을 자주 본다. 그럴 때 주변사람들도 합세하여 단속원들을 몰아붙인다. 이런 모습은 몇 년 전만해도 보기 어려웠던 광경"이라고 했다.[111]

---

110) 『연합뉴스』, 2016.07.06.
111) 『자유아시아방송』, 2017.01.24, 01.27.

제4절 김정은의 정치·경제 절충(2012-2018)

정책은 한 번 결정으로 끝나지 않는다. 끊임없는 변형과 우여곡절을 겪는다. 앞 절에서는 김정은 시기의 경제개혁이 개혁의제 부활→ 경제개혁 재시동 → 8대 시범개혁안 발표 → 농업개혁과 기업개혁 확대→ '우리식 경제개혁' 발표 등으로 단계적으로, 순조롭게 추진된 것처럼 기술하였다. 그러나 그 과정에서 지도자의 경제개혁에 대한 입장 및 관심사의 변화가 있었고, 다른 정치적 과제의 대두와 급박한 정세변화로 경제개혁 추진 문제는 그 목표와 우선순위에서 변형이 뒤따랐다.

우선 2012년 9월 김정은은 경제개혁 의제 개방을 철회해 북한 관료사회 내 개혁욕구 확산을 차단한다. 2013년 4월에는 병진노선을 통해 민생향상 문제는 핵개발 후 순위임을 공표한다. 2015년과 2016년에 김정은은 당 창건 70돌 행사와 7차 당 대회로 분주했으며, 2017년에는 핵·미사일 개발에 몰두했다. 그 과정에서 내부적으로 동원 체제 특성이 심화되고 대외적으로 경제제재가 가중되어 경제개혁 추진 여건은 더욱 악화된다. 결국 2018년 '새로운 전략노선' 선포로 다시 '경제건설 총력'으로 회귀를 주장하나 비핵화의 자체로 그 진정성과 실효성이 의심스러워진다. 따라서 김정은 시기 경제개혁 의제 설정 경험의 특징은 10개월도 안 되는 짧은 기간만 의제가 개방되었다는 점, 경제개혁 과제가 정치논리에 의해 절충되는데 그치지 않고 경제문제 자체가 여타 문제에 압도되어 뒷전에 밀렸다는 점을 들 수 있다.

이 절에서는 경제개혁 추진 과정에서의 우여곡절, 경제 문제에 정치 문제가 겹쳐지는데 따른 굴절, 정세 변동에 따른 정책 우선순위의 변화 등 김정은 시기 정치와 경제의 절충 현상에 대해 살펴본다. 요컨대 경제개혁 의제는 [그림 4-5]처럼 김정은의 뒤늦은 개혁과제의 정치적 민감성 각성으로 뒷전으로 밀린데다가 병진노선 선포, 장성택 숙청, 당 정치행사, 핵개발 집중 등의 경제외적 상황으로 굴절된다. 그러나 기왕에 착수된 경제관리 개선 프로그램은 지속 추진된다.

【그림 4-5】 김정은 집권이후 경제개혁 의제의 후퇴와 절충

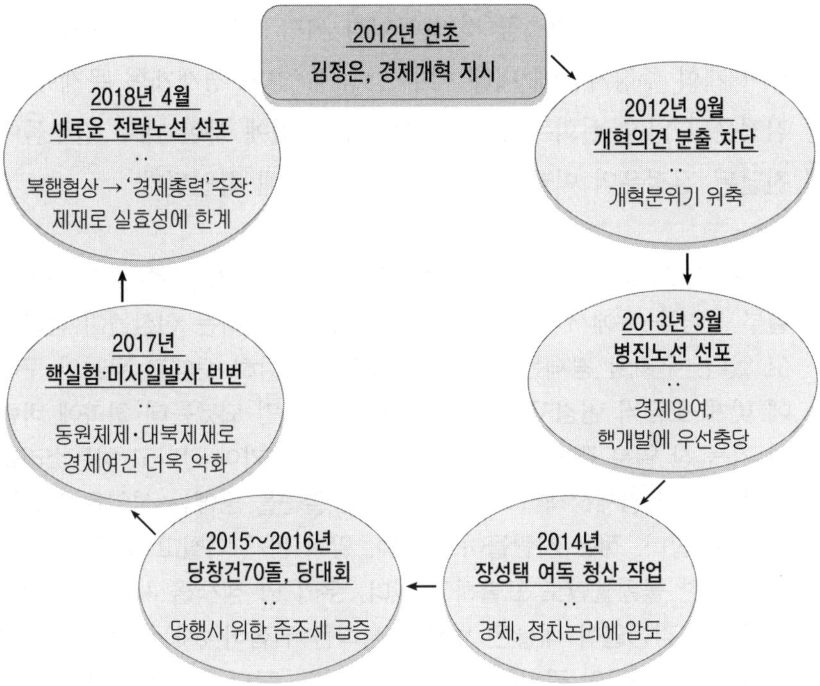

- 2012년 연초: 김정은, 경제개혁 지시
- 2012년 9월: 개혁의견 분출 차단 · 개혁분위기 위축
- 2013년 3월: 병진노선 선포 · 경제잉여, 핵개발에 우선충당
- 2014년: 장성택 여독 청산 작업 · 경제, 정치논리에 압도
- 2015~2016년: 당창건70돌, 당대회 · 당행사 위한 준조세 급증
- 2017년: 핵실험·미사일발사 빈번 · 동원체제·대북제재로 경제여건 더욱 악화
- 2018년 4월: 새로운 전략노선 선포 · 북핵협상 → '경제총력' 주장: 제재로 실효성에 한계

| 01 | 경제개혁 요구분출 통제(2012.9)

가. 김정은의 '개혁의제 개방' 철회

2012년 하반기 들어 김정은의 경제개혁 문제에 대한 입장이 부정적인 관점으로 바뀌었다. 김정은은 연초에 경제개혁 문제에 대해 어떤 의견이라도 제기하라고 했다. 그러다가 경제개혁 문제에 대한 다양한

의견이 개진되자 "일부가 당의 경제정책을 시비한다"고 제동을 걸었다. 과감한 경제개혁 주장에 대해 "중국식으로 가야한다고 허파에 바람이 가득 찬 사람도 있다"거나 "이렇게도 해보고 저렇게도 해보고 소경 문고리 잡는 식으로 하자고 한다"고 비판했다. 당의 노선과 정책은 이미 김일성과 김정일이 다 정해주었다며 김일성과 김정일의 권위에 시비를 거는 자들을 "벌초할 것이 아니라 씨까지 파내어 제거해버려야 한다"며 개혁 주장자들에 대해 매우 강경해 졌다. 경제개혁 문제에 대한 김정은의 입장 선회는 2012년 9월과 10월에 북한 내부 간부들에게 전달된 김정은의 아래와 같은 '방침'을 통해 확인된다.

> 우리 당의 정책은 김일성과 김정일이 이미 다 세워 주었다. 그런데 일부 사람들 속에서 당의 경제정책 자체를 시비하는 현상들이 나타나고 있다. 우리의 경제는 김일성과 김정일이 밝혀 준대로 우리의 구미에 맞게 조금씩 변경시키면서 발전시켜 나가면 되겠는데 허파에 바람이 가득 찬 일부 젊은 사람들은 중국식으로 나가야 한다고 허튼소리를 하면서 당의 경제정책을 시비하고 있다. 일군들 중에는 설익은 사람들이 적지 않다. 젊은 사람들이 문제다. 말이 몹시 거칠고 우리 당의 정책에 대한 불평불만도 표출하고 있다. 우리 당 정책을 시비하는 것은 김일성과 김정일이 내놓은 노선과 정책을 뒤집어엎자는 것이며 결국 김일성과 김정일의 권위를 시비하는 것이다. 당의 노선과 정책을 시비하는 자들은 벌초할 것이 아니라 씨까지 파내어 제거해버려야 한다. 그런 현상들을 절대로 내버려 두거나 용서해서는 안 된다. 사공이 많으면 배가 산으로 올라간다는 말이 있다.[112]

김일성과 김정일은 지난 시기 나라의 경제문제를 풀기 위해 경제관리사상과 이론을 전면적으로 뚜렷하게 밝혀주었다. 새로운 경제관리운영방법을 받아들이는 사업은 나라의 권위와도 관련되는 것이니 만큼 우리의 실정에 맞게 잘 하여야 한다. 새로운 경제관리운영방법을 받아

---

[112] 김정은, "당중앙위원회 책임일군들에게 언급한 내용," 2012.09.29.

들이는 사업을 이렇게도 해보고 저렇게도 해보면서 소경 문고리 잡는 식으로 하여서는 안 된다. 경제관리운영방법을 개선하기 위해 당에서 제시한 방침들이 벌써 은(성과)을 내고 있다고 한다.[113]

2012년 11월에는 노동당 주관으로 경제개혁 문제와 관련해서 간부들 대상 강습과 '사상 총화'가 진행되었다. '총화' 배경은 아래 인용문에서처럼 당시에 "경제관리를 개선하기 위한 사업이 진행되자 불순한 자들이 머리를 쳐들고 잡소리를 줴쳐대기 때문"이라고 했다. 더 이상 '중국식' 혹은 '자본주의식' 경제개혁 운운하지 말라고 제동을 걸면서, '잡소리'를 계속하면 '사상적 변질이나 배신'으로 간주하겠다고 경고했다. 당시 북한 내부 상황에 대한 증언도 "당장이라도 개혁개방을 할 것 같았던 김정은의 입장이 2012년 하반기들어 갑자기 바뀌었다"고 한다. 당의 내부 규율과 간부들에 대한 통제를 강화했고, 김정은은 '산수갑산에서 바늘 떨어지는 소리도 당 중앙이 다 들을 수 있는 보고체계를 세우라'고 했다.

(북한 내부 교육자료) 최근 일군들 속에서 당 정책에 대해 의문시하는 것과 같은 도저히 묵과할 수 없는 유해로운 경향이 나타나고 있다. 이것은 당과 수령의 명령, 지시에 대한 흥정이고 전면 도전이며 사상적으로 변질되고 도덕적 의리도 없는 배은망덕한 짓이다. 당과 동상이몽하고 양봉음위한다는 것이 별다른 것이 아니다. 당 정책을 흥정하면서 이러쿵저러쿵하는 요소가 자라나면 딴마음을 먹게 되고 나중에는 배신과 변절의 길로 떨어지게 된다. 이것은 력사가 보여주는 진리이다. 일군들은 이제부터라도 정신을 똑똑히 차려야하며 잡도리를 든든히 해야 한다 … 그런데 최근 발전하는 현실에 맞게 경제관리를 개선하기 위한 사업이 진행되자 불순한자들이 머리를 쳐들고 잡소리를 줴쳐대고 있다. 우리 일군들 속에서도 신념이 없는 떨떨한 소리들이

---

113) 김정은, "당중앙위원회 책임일군들에게 언급한 내용," 2012.10.28.

흘러나오고 있다 … 최근에 당에서 분조관리제를 철저히 실시하며 농장원들에 대한 분배를 현물로 할데 대한 조치를 취했는데 벌써부터 그 생활력이 나타나고 있다 … 그런데 지금 일부 일군들이 원칙도 없고 신념도 없이 허파에 바람이 들어 어느 나라 식이요, 무슨 식이요 하면서 남의 것을 덮어 놓고 미화하고 무턱대고 받아들이려 하고 있다. 우리가 발전하는 현실에 맞게 완성하고자 하는 경제관리 방법은 주체사상을 구현한 경제관리방법이다. 결코 자본주의 경제관리 방법을 받아들이자는 것이 아니다.[114]

(탈북민의 증언) 사실 북한의 상류계급은 김정은의 등장에 상당한 기대를 품었다. 김정일이 체제유지를 위해 차마 단행하지 못한 개혁개방을 전향적으로 받아들일 수도 있을 것이란 기대가 있었다. 김정은이 유학파다운 열린 마음으로 북한을 현대화시킬 수 있지 않을까. 이런 기대가 처음에는 들어맞는 듯했다. 매주 토요일 오전에 열리는 '방침 전달 시간'이면 김정은이 한 말을 전달 받는다. '조선의 현 경제시스템으로는 힘들다. 다른 나라들의 경제 시스템을 모두 연구해 보자. 좋다는 경제이론도 다 가져다가 공부해 보자. 우리도 한 번 해보자.' 그 무렵 김정은이 한 말을 보면 북한이 당장 개혁개방으로 나가지 않을까 하는 생각이 들 정도였다 …. (그러나) 2012년 하반기 들어 김정은은 당의 내부 규율과 간부들에 대한 통제를 강화했다. 김정은은 '산수갑산에서 바늘 떨어지는 소리도 당 중앙이 다 들을 수 있는 보고체계를 세우라'고 지시했다. 공포통치의 일단을 보여주기 시작한 것도 이 무렵이었다. 집권 초기 김정은의 개혁개방 행보에 대해 리영호 군총참모장이 사석에서 '장군님(김정일)은 개혁개방을 하면 잘 살수 있다는 것을 몰라서 안 했겠느냐'고 말했다는 것인데, 도청에 걸려 처형되었다 …. 김정은이 개혁개방을 하려는 듯한 태도를 버리고 강경하게 돌아선 것은 이 무렵이다.[115]

---

114) 북한 간부교육자료, 2012.11.
115) 태영호, 『3층 서기실의 암호』, pp. 298~299, pp. 308~309, p. 311.

나. 김정은의 입장변화 배경

 이상에서처럼 경제개혁 의제를 개방한지 9개월 만에 다시 제동이 걸렸다. 김정은은 자본주의 방법이라고 "걸각질", "색안경"이란 단어를 동원하여 '경제개혁 문제 논의에 제동을 걸지 말라'고 했다가 1년도 안돼서 입장이 바뀌었다. 경제개혁 문제를 둘러싼 "당의 정책은 김일성·김정일 때 다 정해졌다"면서 정해진 경제관리방식에 "시비질"하는 자들에 대해서는 "벌초" 이상의 조치를 하라고 경고했다. 김정은의 경제개혁 의제 관리의 특징은 1년도 안 되는 짧은 기간에, 과감하게 발제했다가 전격적으로 회수하는 변덕을 보인 점에 있다. 김정일은 개혁 모색과 의제 발동에 신중을 기했고, 당의 사주에 의한 개혁후퇴 과정에서도 도박사와 같은 심정으로 미련을 두었다. 그러나 김정은은 집권 1년차 최고지도자의 정책관리에 미숙성이 드러났다.
 정치적 리더십의 미숙성은 별도로 하고 김정은의 입장이 바뀐 배경을 찾는다면 첫째, 개혁·개방 욕구의 분출이 있었을 것이다. 지도자가 경제개혁 문제에 대한 광범위한 의견을 수렴한다고 하니 젊은 사람들을 중심으로 중국식 개혁·개방 필요성이 제기되었고, 그 과정에서 당의 노선과 정책에 대한 비판이 확산되고 보·혁, 노장청간 갈등이 드러났을 것이다.
 둘째, 김정은이 뒤늦게 '경제개혁 문제의 정치적 성격'을 학습한데다가 공식 집권이후 그의 관심사가 바뀌었기 때문일 것이다. 경제 간부들의 개혁문제에 대한 신중한 접근에도 불구하고 당은 김정은에게 과거 경제개혁의 '폐해'를 일러주었을 것이다. 김정은은 경제관리 일원화를 위한 내각 책임제 시행과정에서 기관 간 이권다툼을 목격하고 2012년 7월 리영호 총참모장 숙청 과정을 거치면서 경제개혁은 독재권력 강화와 충돌하는 요소가 있음을 깨달았을 것이다. 그해 하반기 이후 김정은은 '주체의 강화'(유일영도, 내부결속)를 강조하면서 공포통치를 발동하기 시작했고, 그의 관심사는 전투대비 태세 강화, 포병술 발전 및 핵개발 문제로 전환되었다.

셋째, 경제개혁 방안 연구를 위한 별도의 조직('내각 상무조')이 이미 구성되었고, 1차 경제개혁 시안이 2012년 9월에 완성되어 시행을 앞두고 있기 때문에 공식 제도 밖에서의 더 이상의 논란 확산은 불필요하다는 판단을 했을 것이다. 결과적으로 김정은 집권초기 짧은 기간에 경제개혁 의제의 개방과 후퇴를 동시에 경험함으로써 북한 경제 간부들의 창발성은 또 다시 위축되었다. 요컨대, 북한의 경제개혁 역사는 숙청사와 궤를 같이한다는 점을 익히 잘 알고 있는 경제 간부들은 최고지도자가 개혁담론을 선도하면서 사상해방을 해주더라도 개혁 추진 과정에서 나타나는 변덕의 덫에 걸리지 않도록 신중해졌다.

【그림 4-6】 김정은의 '경제개혁의제 개방' 철회(2012.9)

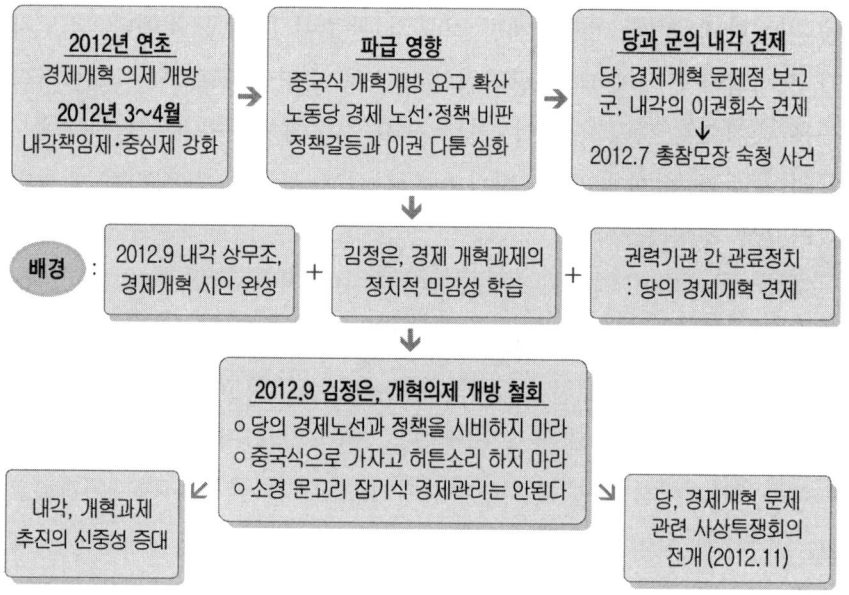

| 02 | 병진노선 선포와 민생유예 정당화(2013.3)

가. 2013년 3월 당 전원회의: "핵개발 집중" 선언

 북한은 2013년 3월 31일 김정은이 처음 주관한 당 중앙위원회 전원회의에서 "경제건설과 핵무력 건설을 병진시킬 데 대한 새로운 전략적 노선"을 채택했다. 김정은은 의정 보고를 통해 경제건설과 핵무력 건설의 병진노선은 "자위적 핵무력을 강화 발전시켜 나라의 방위력을 철벽으로 다지면서 경제건설에 더 큰 힘을 넣어 사회주의 강성국가를 건설하기 위한 가장 혁명적이며 인민적인 노선"이라고 주장했다. 그는 "적들은 우리에게 핵무기를 포기하지 않으면 경제발전을 이룩할 수 없다고 위협 공갈하는 동시에 다른 길을 선택하면 잘 살 수 있게 도와주겠다고 회유하고 있다"면서 "미국이 우리에게 항시적으로 핵위협을 가해오고 있는 조건에서 우리는 핵 보검을 더욱 억세게 틀어쥐고 핵 무력을 질량적으로 억척같이 다져나가지 않을 수 없다"고 했다.116)

 3월 당 전원회의에서는 병진노선을 관철을 위한 12개의 과업과 방도가 제시되었다. 핵·미사일 분야 과제로는 자립적 핵동력 공업 발전, 통신위성 등 발전된 위성 발사, 핵보유 법제화 및 핵무력 질량적 강화, 핵무력 전투준비태세 완비, 핵보유국으로서 핵확산 방지 및 세계 비핵화를 위한 노력을 제시했다. 경제건설 과제로는 농업과 경공업에 역량 집중, 대외무역의 다각화·다양화를 통한 투자 활성화, 경제관리방법의 근본적 개선, 경제개발구 정책 등을 제시했다.117)

 김정은의 경제·핵 병진노선은 1966년 10월 김일성의 경제·국방 병진노선, 2002년 9월 김정일의 선군경제 건설노선을 계승한 것이지

---

116) 『조선중앙통신』, 2013.03.31.
117) "조선로동당 중앙위원회 2013년 3월 전원회의에 관한 보도," 『노동신문』, 2013.04.01.

만, 김일성·김정일의 병진노선과는 다음과 같은 점에서 차이가 있다.[118] 첫째, 과거 노선은 군수공업 분야의 전반적 발전을 도모했으나 이번 병진노선은 재래식 무기 개발에서 핵·미사일 등 비대칭전력 강화에 집중하겠다는 것이다. 2012년 12월 장거리 로켓발사와 2013년 3월 핵실험에 따른 자신감의 발로였다.

둘째, 군수경제와 민수경제의 관계 설정을 달리하고 있다. 과거에는 군수경제가 민수 부문을 추동한다는 논리가 제시된 반면 김정은의 병진노선은 군수부문의 지출이 경제에 부담이 된다는 점을 인정하면서, 핵개발 완성을 통해 군사비를 절감시켜 경제성장에 도움을 줄 수 있다는 논리이다.

셋째, 경제발전을 위해서는 핵개발이 선행되어야 한다는 논리를 내세우고 있다.[119] 김정은은 "경제를 발전시키고 인민생활을 높이기 위한 투쟁은 강력한 군사력, 핵무력에 의해 담보되어야 성과적으로 진행될 수"있으며 "핵 억제력만 든든하면 … 마음 놓고 경제건설에 집중할 수"있음을 강조했다.[120] 요약하자면 병진노선의 논리는 우선 핵개발에 주력하여 억제력을 확보하고 난 뒤에 경제건설에 보다 집중하겠다는 것이다. 따라서 북한은 "경제 건설과 핵무력 건설의 병진노선"이라하나, 핵개발에 집중하겠다는 '핵·경제 병진노선,' 정확히는 '핵개발 우선노선'임을 분명히 했다. 따라서 병진노선은 핵·미사일 개발을 이유

---

118) 홍제환, 『김정은 정권5년의 북한경제』, pp. 38~40.
119) RFA는 북한 소식통을 인용하여 "노동당 강연에서도 지난 3월말 당 전원회의에서 병진노선이 나온 것은 과거처럼 비용이 많이 드는 군수공업을 다 같이 발전시킨다는 소리가 아니라 핵 무력만을 특별히 발전시킨다는 의미라면서 앞으로 인민생활이 좋아질 거라고 안심시켰다"고 보도했다. RFA는 또한 김정은이 현대전에 걸맞게 불필요한 전시예비물자를 대폭 줄이라고 지시했다면서, 봄철인데도 평양시민을 비롯해 군수공장 노동자들과 탄광지구에 2호 창고 식량(군량미)인 현미 쌀이 공급되고 있다고 한다. 『자유아시아방송』, 2013.05.03.
120) "조선로동당 중앙위원회 2013년 3월 전원회의에 관한 보도," 『노동신문』, 2013.04.01.

로 '민생향상의 유예'를 선언한 것이나 다름이 없다.

한편 김정은은 3월 당 전원회의 보고에서 북한의 핵개발이 사실상 3대에 걸쳐 지속적으로 이루어졌음을 확인해 주었다. 김정은은 "위대한 대원수님들께서 한생을 바치시여 마련해주신 강위력한 핵 억제력"으로 나라를 지킬 수 있었고, "우리나라를 핵 보유국으로 세계에 우뚝 내세워진 대원수님들의 업적"은 길이 빛날 것이라고 주장했다. 김정은은 또 "위대한 장군님의 유산인 핵억제력을 항구적으로 틀어쥐고 나가는 문제를 법제화하자"고 했다.[121]

나. 병진노선 선포 이후 핵개발 정당화(2014-2018.3)

2014년 3월 병진노선 채택 1년을 맞아 북한은 "품들여 가졌던 핵무기를 정치적 흥정물이나 경제적 거래물로 삼았다가 파멸의 비참한 운명을 강요당한 중동나라의 교훈을 절대로 잊어서는 안된다"며 선제적인 핵 포기는 없을 것임을 분명히 했다.[122] 2016년에는 두 차례의 핵 실험(1.6, 9.9)을 단행하였고, 5월의 7차 당대회에서 김정은은 '사업총화보고'를 통해 "병진노선은 급변하는 정세에 대처하기 위한 일시적인 대응책이 아니라 우리 혁명의 최고 이익으로부터 항구적으로 틀어쥐고 나가야 할 전략적 노선"이라면서 당 규약을 개정하여 '병진노

---

121) 2013년 4월 1일 최고인민회의는 10개조로 된 "자위적 핵보유국의 지위를 더욱 공고히 할 데 대하여"라는 법령을 채택했다. 〈1조〉 "공화국의 핵무기는 우리 공화국에 대한 미국의 지속적으로 가중되는 적대시 정책과 핵위협에 대처하여 부득이하게 갖추게 된 정당한 방위수단이다." 〈2조〉 "공화국의 핵무력은 세계의 비핵화가 실현될 때까지 우리 공화국에 대한 침략과 공격을 억제·격퇴하고 침략의 본거지들에 대한 섬멸적인 보복타격을 가하는데 복무한다." 〈3조〉 "공화국은 가중되는 적대세력의 침략과 공격위험의 엄중성에 대비하여 핵억제력과 핵보복 타격력을 질량적으로 강화하기 위한 실제적인 대책을 세운다" 등. 전성훈, "김정은 정권의 경제·핵무력 병진노선과 '4.1 핵보유 법령'", (통일연구원, Online Series CO 13-11, 2013.04.08.), p. 3.

122) 『노동신문』, 2014.03.31.

선'에 못을 박았다.[123]

6차 핵실험(9.3) 직후에 소집된 2017년 10월 당 전원회의 7기 2차 회의에서 김정은은 "핵무기가 조선 민족의 자주권과 생존권, 발전권을 담보하는 억제력이자 정의의 보검"이라면서 "우리 당이 경제 건설과 핵 무력 건설의 병진 노선을 틀어쥐고 주체의 사회주의 한 길을 따라 전진해 온 것이 천만번 옳았다"고 했다.[124] 김정은은 2017년 11월 29일 ICBM급 '화성-15형' 미사일 발사 성공을 주장하면서 '국가 핵 무력 완성'을 선언했다.

그러나 병진노선 채택 5주년인 2018년 3월 31일 노동신문은 조용했다. 그전 3월 6일 노동신문 논설에서 "우리의 핵 무력은 정의의 보검"이라고 주장한 이래 핵 증강을 정당화하는 논조는 사라졌다. 2018년 4월 당 전원회의(7기 3차)에서는 "핵무력 완성"에 따른 "경제·핵 병진노선의 승리"를 주장하면서 "사회주의 경제건설에 총력집중"을 새로운 전략노선이라고 선포했다.[125] 이 선언의 대외 메시지는 "경제건설 총력"보다는 '집중적인 핵개발 노력 중단'을 시사했다는 데 있다. '2018년 4월 당 전원회의'에 대해서는 다시 후술한다.

다. 병진노선 선포에 따른 경제적 파급영향

2013년 3월 병진노선의 선포는 경제개혁 추진 분위기를 더욱 위축시켰고, 경제 확대 재창출 구조를 악화시켰으며, 민생향상에 대한 기대를 후퇴시켰다. 첫째, 병진노선 선포는 김정은의 '경제개혁 논의 확

---

[123] 2016년 5월 7차 당대회에서 개정된 당규약에 "노동당은 경제 건설과 핵 무력 건설의 병진로선을 틀어쥐고 과학기술발전을 확고히 앞세우면서 나라의 방위력을 철벽으로 다지고 사회주의 경제강국, 문명국 건설을 다그쳐 나간다"고 적혀 있다.
[124] 『노동신문』, 2017.07.08.
[125] 『조선중앙통신』, 2018.04.21.

산' 차단 발언(2012.9)에 이어 개혁 추진 분위기를 더욱 냉각시켰다. 병진노선은 지도자가 '경제문제는 나중 문제다'라고 한 것이나 다름없기 때문이다.

둘째, 핵·미사일 개발에 따른 자금수요 우선 충당으로 경제 재창출 구조를 악화시켰다. 경제 3주체들(당국·기업·개인)의 이익조화 차원에서 설계된 경제관리개선은 실제 적용에서는 국가재정 확충을 중시할 수밖에 없었다. '사회주의기업관리책임제'로 각 생산단위에 실질적인 경영권을 부여하는 대신 생산 정상화를 통한 국가 기여 몫이 강조되었고, 포전담당제 실시로 곡물생산량이 증대되었어도 국가수매몫 제한 규정은 잘 지켜지지 않았다. 내각에 의한 전문적 경제관리 못지않게 경제잉여의 핵개발 충당을 위한 당적 지도가 중시되었다. '5.30 담화'에서는 '국가경제의 통일적 지도'를 위해 내각책임제·중심제 강조에 머물지 않고 당의 경제전반 지도, 군의 국방 공업역할 제고를 병렬적으로 강조함으로써 내각·당·군의 역할을 아우르는 절충적 입장을 취했다. '전국 계획일꾼열성자회의(2016.9)'에서는 당·정·군 간부들이 참석한 가운데 "방위력에 필요한 자금수요 보장"을 강조했다.[126]

셋째. 병진노선은 민생향상의 유예를 정당화해주는 논리로 기능했다. 김정은은 집권초기 "인민생활 향상," "식량 자급자족"을 강조하면서 "인민들의 허리띠를 더 이상 졸라매지 않도록 하겠다"고 했다. 병진노선의 선포는 주민들에게 핵개발을 위해 당분간 '좀 더 허리띠를 졸라 매라'는 요구였다. 경제제재 가중과 함께 창출된 경제잉여는 핵개발에 우선 충당됨으로써 주민생활은 더욱 악화되었다. 정치행사를 명분으로 한 준조세도 급증했다. 급기야 김정은이 "인민들을 어떻게

---

[126] 『노동신문』, 2015.12.14.

높이 떠받들 수 있겠는가 하는 근심으로 마음이 무겁다. 언제나 늘 마음뿐이었고 능력이 따라서지 못하는 안타까움과 자책"을 표출(2017.1 신년사)하는 지경에 이르렀다.

한편 김정은이 병진노선 추진과 동시에 개혁개방을 도모했다는 분석이 있다.[127] 그 근거로 2013년 3월 당 전원회의에서 제시된 경제건설 과업에서 대외무역의 다각화·다양화, 경제개발구 추진과 더불어 경제관리 방법의 연구·완성이 제기된 점을 들고 있다. 그러나 앞에서 밝혔듯이 2012년 하반기 이후는 김정은이 경제개혁의 정치적 파장을 인식하기 시작하여 더 이상의 개혁담론 확산에 제동을 걸면서 기왕에 시작된 수준의 경제개혁 완성을 주문한 상황이었다. 북한당국이 핵·미사일 개발로 외부세계를 위협하면서 동시에 개혁·개방을 추진한다는 것은 모순이다. '경제개발구법' 제정과 24개 특구·개발구 지정은 김정은이 2012년 공식 권력승계 무렵 "제재국면에서도 '관광'과 개성공단식의 폐쇄형 '특구'가 외화벌이에 유용하다"고 언급[128]한데 따른 부하들의 무비판적 정책 수용인 것으로 보인다.

---

127) 홍제환, 위의 책, p. 39.
128) 김정은은 집권초기 "조선이 발전하려면 외국투자를 받아야 하는데 지금 미국이 제재를 가하는 상황에서 방법이 많지 않다. 현재 외화를 벌수 있는 쉬운 방법은 관광이다. 관광객을 대폭적으로 늘려 관광을 발전시켜야 한다"고 했고, "개성공단이 조선체제에 장기적으로 위협이 되지 않겠느냐고 많은 사람들이 걱정했다. 하지만 얻은 것이 더 많다. 우선 우리에게 절대적으로 필요한 돈을 벌었다. 둘째, 개성 시민들에 대한 자연스러운 통제와 관리가 용이해졌다. 다른 지역은 장마당 때문에 주민통제가 얼마나 힘들어졌나. 개성 시민 5만 명이 매일 한 곳에 모여 일하고 퇴근하는데 따로 무슨 관리가 필요한가. 이런 경제특구를 내륙으로 확대해야 한다. 개성공단 같은 곳을 14개 더 만들라"고 했다는 것이다. 태영호, 『3층 서기실의 암호』, p. 289.

| 03 | 숙청과 당행사 빈번에 따른 정치논리의 지배(2014-2016)

가. 장성택 숙청과 정치논리의 급부상(2014년)

장성택 숙청 사건의 배경·과정 및 파장에 대해서는 뒤에 '김정은 시기 관료정치' 단원에서 구체적으로 기술하고, 여기서는 장성택 숙청이 경제개혁 추진에 미친 파장에 국한해 살펴본다. 북한 내 경제개혁 분위기는 2013년 12월 장성택 숙청 사건으로 결정적으로 냉각된다. 당시 김정은이 '단결과 영도의 중심'에 있음을 강조하는 정치논리가 급부상하고, 2014년 내내 추종자 색출과 '종파여독 제거'를 위한 추가 조사로 조성된 공포 분위기가 북한 관료사회를 지배했다.

장성택 숙청은 김정은이 자신이 지도자임을 입증하기 위한 사건이었다. 장(張) 사건 직후 북한 내부적으로는 '나는 김정은밖에 모른다'는 주장이 집중적으로 강조된다. 노동신문(12.14 정론)은 "나는 김정은 동지밖에 모른다. 나는 김정은 동지만을 위해 숨쉬고 피가 뛰며 김정은 동지만을 위하여 싸우는 전사다"고 강조했고, 조선인민군 장병들의 맹세모임(12.16)에서는 "김정은 동지 밖에는 누구도 모른다는 신념의 노래를 부르며 천만이 총폭탄되어 … 김정은 결사옹위"를 맹세한다. 김정일 사망 2주기 추모사(12.17)에서는 "김정은을 단결의 유일중심, 영도의 유일중심으로 모시고 일편단심 충직하게 받드는 것"이 강조되었다. 2014년에는 김정일 찬양가 마저 사라지고 '우리는 당신밖에 모른다'는 노래가 소개된다.

김정은 지배의 절대성이 강조되고 정책의 경직성이 심화됨에 따라 경제개혁 분위기에 악영향을 미쳤고, 장성택 '죄행'의 반작용으로 경제활동도 위축되었다. 장성택의 죄행으로 "돈벌이 장려, 부정부패와 부화방탕한 생활"이 거론되자 한동안 돈주나 신흥부유층들이 몸을 사리고 외화벌이를 위한 식당과 편의시설이 한산해졌다. 북·중 경제협력을 주도한 장성택의 죄목으로 "나라의 자원을 헐값으로 팔아버린 매국행위"가 거론됨에 따라 황금평 개발사업 중단은 물론 지하자원 개발 투자유치, 북·중 밀무역 등 대외경제와 관광사업이 위축되었다.

그러나 장성택 숙청은 개혁과제의 추진 속도를 지체시켰을 뿐, 기왕에 시작된 경제개혁 프로그램의 진행에는 크게 영향을 미치지 않았다. 장성택이 경제사업 목적으로 '개혁 없는 특구 개방'을 추진했을 뿐 개혁론자로 보기 어렵고, 장성택 숙청사건도 노선투쟁과 무관한 이권 내지 권력다툼 성격이기 때문이었다. 오히려 장성택의 "중요경제부문을 장악해 내각을 무력화"시킨 죄가 거론됨에 따라 제한적이나마 권력기관의 이권개입이 약화되고 내각책임제·중심제를 존중하는 분위기가 조성되었다.[129] 2014년 들어 동평양지구 상업거리 착공식(1.16), '전군 농업부문 분조장 대회' 개최(2.6), 무역성·합영투자위원회·국가경제개발위원회를 대외경제성으로 통합(6.18), 경제개발구 6개 추가설치(7.23)가 있었다. 물론 5월에는 앞에서 보았듯이 김정은이 자신의 이름으로 '우리식 경제관리방법'론을 내놓는다.

나. 당행사 계기 동원체제 심화(2015-2016)

동원이란 한 집단이 수동적인 개별 집합체 상태로부터 공적인 영역으로 참여하게 되는 과정을 의미한다. 집단(정권)이 강제적(무기, 군사력), 공리적(물품, 화폐, 서비스), 규범적(충성심, 의무) 자원에 대한 통제를 확대했을 때 동원체제가 형성됐다고 할 수 있다.[130] 북한체제는

---

129) 조선신보는 장 숙청이후 주민반응을 소개하면서 "나라의 경제발전과 인민생활 향상에서 주요한 몫을 담당한 부문들에서는 내각중심제, 내각책임제 원칙을 위반하면서 현장에 혼란을 조성하던 종파 일당이 숙청돼 경제사업이 본궤도에 들어서게 되었다는 안도감이 번지고 있다"고 했다. 『조선신보』, 2013.12.09.
130) 찰스 틸리 지음, 진덕규 옮김, 『동원에서 혁명으로』(서울: 학문과 사상사, 1995), pp. 120-121.

과거에도 동원체제의 전형을 보여주었지만, 2010년대 중반 들어서도 그 특성이 두드러진다.

우선 장성택 숙청 이후 충성심을 조작하기 위한 활동이 강화되는 가운데 당 창건 70돌 행사, 7차 당 대회를 계기로 최대 동원기구인 당 조직이 더욱 활성화되어 70일 전투 및 200일 전투, 만리마 운동 등 노력동원과 함께 충성자금 강제가 증대되었다. 2016-2017년에는 빈번한 핵실험 및 미사일 시험발사 과정에서 군사적 동원도 빈발했다. 여기서는 2015-2016년 기간 중 노력동원 강화를 중심으로 살펴본다. 2015년 당 창건 70돌(2015.10) 행사 준비와 그해 여름 나진선봉 지역 수해, 2016년 5월 7차 당 대회와 여름 두만강 지역 수해 등 정치행사와 자연재해 반복으로 주민들의 노력동원과 사회적 과제 부과가 반복되었고, 각급 기관과 간부들을 대상으로 한 충성자금 강요가 늘었다.

△2015년 당 창건 70돌 계기: 2015년 2월 10일 당정치국 회의에서는 당 창건과 해방 70돌을 "선군조선의 혁명적 대경사로 맞이할 데 대하여"라는 '결정서'를 채택했다. '결정서'는 "농산과 축산, 수산을 3대축으로 인민의 먹는 문제를 해결하고 경공업 발전에 힘을 넣어 인민생활 향상에서 결정적인 전환을 가져와야 한다"면서 평양국제비행장 2청사, 과학기술전당, 미래과학자 거리, 위성과학자주택지구 2단계 공사, 김일성종합대학 3호 교사, 중앙동물원, 만경대 학생소년궁전 개축 공사 등의 건설 사업을 정해진 날짜까지 끝낼 것을 주문했다.[131]

그해 7-8월 북한의 기관·기업소들은 각종 건설 사업에 소요되는 자금과 물자를 전달하고, 주민들도 열병식 행사를 준비하는 군대와 나선 수해지역 주민들에게 현금이나 된장·간장 등 물자를 지원해야 했

---

131) 『조선중앙통신』, 2015.02.13.

고, 군인·청년·학생들로는 각종 건설 돌격대가 구성되었다. 일단 돌격대가 조직되면 임무가 종료되어도 추가적 과제가 부과되었다. 예컨대, 김정은은 그해 10월 백두산영웅청년발전소 준공식에서 "당중앙은 다음해 청년절까지 백두산영웅청년3호발전소 건설을 무조건 끝낼 것을 명령한다"면서 "청년들이 앞장서서 혜산-삼지연 철길 건설을 다그치고, 양강도 감자농사를 비롯한 경제사업 전반에 본보기를 창조해야 한다"고 추가적 과제를 부과했다.[132] 무리한 동원으로 백두산영웅청년발전소 댐 누수 등 부실공사가 드러났고, 당시 청년동원을 책임진 최룡해 당 근로단체 비서는 함남 덕성군 장흥협동농장에서 '혁명화 교육'(2015. 10월 중순부터 3개월간)을 받는다.[133]

△2016년 7차 당 대회 계기: 김정은은 당 창건 70돌 행사를 치르고 나서 이듬해 다시 제7차 당 대회라는 더 큰 행사를 소집했다. 당 대회를 계기로 노력동원을 강화하기 위해 2016년 봄 '70일 전투'(5월초까지), 당 대회 직후 '만리마 속도전' 촉구,[134] 6월1일부터 김정일 사망일(12.17) 전날까지 다시 '200일 전투' 등 잇달아 속도전 운동을 전개했다. 노동당은 12월 18일 "전체 군대와 인민이 총궐기, 총매진한 200일 전투의 승리적 결속"을 선언하면서 "200일 전투의 승리를 위한 우리 군대와 인민의 투쟁은 결코 평화로운 환경에서 순탄하게 진행되지 않았다"며 "역사에 유례없는 큰물피해를 입은 함북도 북부지역 인민들을 위하여 나라의 인적, 물적, 기술적 잠재력을 총동원, 총집중하는 전대미문의 복구전쟁을 치르고도 200일 전투의 각 방면에서 방

---

132) 『조선중앙통신』, 2015.10.04.
133) 『데일리NK』, 2015.12.15.
134) 북한은 당 대회 직후에 "만리마 속도 창조의 불길 높이 사회주의 완전승리를 향하여 총공격 앞으로" 제하 전체 장병·청년·인민들에게 보내는 당 대회 호소문을 발표했다. 『노동신문』, 2016.05.10. 한편 2018년 4월 27일 남북 정상회담 환담시간에 김정은은 "김여정이 '만리마 속도'를 제안했다"고 소개했다.

대한 전투 목표를 점령한 것은 기적"이라고 자평했다.[135]

△함북 수해복구 사업: 2016년 8월 태풍 '라이언록'의 영향으로 두만강 연안을 중심으로 한 함북지역 주민들이 큰 홍수피해를 입었다. 폭우에 의한 산사태로 토사가 주민 거주 지역을 덮치고, 여러 곳의 저수지 물이 대량으로 방류돼 피해가 커졌다. 북한은 홍수로 9월 중순까지 60명이 사망하고 수십 명이 행방불명됐으며, 수만 세대의 살림집들과 공공건물들이 무너졌고, 철길과 도로를 비롯한 교통망과 농경지가 파괴되거나 침수됐다고 했다. 북한 최대 철광석 노천광산인 무산광산도 1개월 이상 조업이 중단됐다. 당은 "200일 전투의 주 타격방향을 북부피해복구전투에로 전환시키는 중대결단"[136]을 내려 수해복구에 다시 대규모의 군인과 주민들을 동원하였다.

이 밖에 원산갈마해양관광지구 건설에 20만 명, 삼지연군 현대화 사업[137]에 10만 명, 단천발전소 건설 현장에 20만 명 등 군인들과 청년 돌격대원들, 현지 주민들을 대거 동원하고 있다. 북한 당국이 군인들과 젊은이들을 건설장에 대거 투입하는 이유는 노력동원을 통한 국가적 건설 과제를 손쉽게 해결할 수 있다는 점 외에 후방공급이 어려운 병사들과 체제불만이 증대하는 젊은이들을 집단생활을 통해 효율적으로 통제할 수 있기 때문이다.[138]

다. 동원체제 심화와 경제관리의 왜곡

북한 주민들에게 자주 부과되는 사회적 노력동원은 군중운동 차원

---

135) 『조선중앙통신』, 2016.12.19.
136) 『조선중앙통신』, 2016.09.11.
137) 북한은 2016년 삼지연군 개발을 선언하면서 김정은의 고향을 삼지연이라고 밝혔고, 2017년 초에는 삼지연군 건설을 위한 '2.16사단'을 편성하면서 대외적으로도 이를 '사실화'했다(2017.1.18 '우리민족끼리'). 삼지연 개발은 마을 현대화·관광화를 목표로 2019년까지 진행된다.『자유아시아방송』, 2017.02.27.
138) 『자유아시아방송』, 2018.02.01.

에서 당이 주관하며 증산투쟁과 더불어 사상투쟁이 병행된다. 노력동원은 물질적 동기나 경제적 요인을 등한시 한 반면 정치 사업을 우선시 한다. 과거 김정일은 2001년 '10.3 담화'를 통해 아래 인용문에서처럼 사회경제적 손실을 이유로 "노력동원을 망탕(되는대로 마구) 조직하지 말라"고 주장했다. 박봉주 내각은 2004년 8월 "앞으로 당의 사회적 로력 동원을 없앤다"면서 그 대신 노동성 주관 하에 "남는 로력으로 독립채산제 기업소를 조직하여 이용"하는 개선대책을 비준 받는다.139)

    사회적 로력동원을 망탕 조직하는 현상을 철저히 없애야 합니다. 지금 군중적 운동으로 한다고 하면서 공장, 기업소들과 심지어 협동농장들에 사회적 로력동원이나 사회적과제를 무질서하게 망탕 내리먹이는 방법으로 건설을 비롯한 여러 가지 작업들을 조직하는 현상이 많은데 이렇게 히면 로력관리 질서를 세울 수 없을 뿐 아니라 얻는 성과에 비하여 사회경제적으로 많은 손실을 가져오게 됩니다. 지금 조건에서는 공장, 기업소들에서 남는 로력을 조직동원하여 사회적으로 제기되는 작업들을 수행하는 것을 원칙으로 하여야 합니다. 사회적 동원을 조직하는 경우에도 작업조건을 보장하고 로력조직을 짜고 들며 동원로력들에 작업과제를 똑똑히 주고 그 수행정도에 따라 반드시 로동보수를 주도록 하여야 합니다. 무모수로 사회적 동원을 많이 조직하면 근로자들이 생활을 보장할 수 없고 로력관리질서도 세울 수 없습니다. 앞으로는 지방 당, 정권기관, 근로단체조직들에서 제멋대로 공장, 기업소들에 사회적 과제를 내리먹이거나 사회적 동원을 망탕 조직하는 일이 절대로 없도록 하여야 합니다.140)

김정은 집권이후에도 무분별한 노력동원을 규제하는 움직임이 있었다. 김정은은 2014년 2월 "농촌지원을 강화하는 것과 함께 협동농장

---

139) "로동행정사업 개선 대책안(2004.08.11)."
140) 김정일, "강성대국건설의 요구에 맞게 사회주의경제관리를 개선 강화할 데 대하여," 2001.10.3 담화.

들의 노력과 영농설비들을 농사와 관련 없는 다른 일에 동원시키는 현상을 없애야 한다"고 했다.141) 그 며칠 전 노동신문(1.26)은 "과학자, 기술자들을 비생산 노력으로 여기면서 다른 사업에 돌리면 과학연구사업에서 생기는 공간과 불균형을 메울 수 없다"고도 했다. 김정은의 2014년 '5.30 담화' 형태로 발표된 '사회주의기업책임관리제'에서도 "공장·기업소·협동단체들이 노동력 조절권을 실질적으로 행사"하도록 강조했다. 그러나 2014년에 무분별한 노력동원의 시정 노력이 있었던 것과는 상반되게 2015년 들어서는 대중동원이 빈발했다. 당과 근로단체는 남은 노력을 돌격대 형태로 조직하였고, 수해복구를 명분으로 많은 주민 동원이 있었으며, 생산현장 종사자들도 경제가 아닌 정치사업 차원에서 관리하는 현상이 늘었다.

　공장·기업소들을 대상으로 하는 사회적 과제 부과와 외화벌이 종사자들에 대한 충성자금 등 일종의 준조세 강요도 늘어났다. '사회적 과제'란 마식령 스키장 건설, 강원도 세포등판(축산기지) 조성, 삼지연 발전소 건설, 희천 발전소 건설 등과 같은 국가 차원의 대규모 건설, 그리고 두만강 국경지역 살림집 개보수 및 신축, 강원도 사과나무 조성사업, 각종 도로 건설 등 지방 차원의 각종 건설을 위해 상부의 지시에 따라 기업, 농장 등 생산단위들이 부정기적으로 납부해야 하는 자금을 의미하여, 충성자금(또는 혁명자금)은 당 자금으로도 불리는데 각 기관·기업소 소속의 무역회사들이 계획과제와는 별도로 충성의 표시로서 최고지도자에게 상납하는 외화자금으로, 국가계획과는 상관없는 일종의 계획 외 과제로서, 외화벌이를 통해 확보한 외화자금을 최고지도자에게 바치는 것이다.142)

---

141) "사회주의 농촌테제의 기치를 높이 들고 농업생산에서 혁신을 일으키자," 김정은이 '전국농업부문 분조장 대회' 참가자들에게 보낸 서한, 2014.02.06.
142) 양문수, "김정은 집권 이후 개정 법령을 통해 본 '우리식경제관리방법'," 통일정책연구(서울: 통일연구원, 2017), p. 108.

김정은은 사상 및 계급관념이 철저하지 않아 김정일에 비해 상대적으로 시장이나 부유한 계층들에 대해 거부감이 적고 고위간부들의 이권개입, 외화벌이 종사, 은밀한 축재에 관대한 것으로 알려졌다. 그러나 장성택의 자금관리 보좌 역할이 사라진 상황에서 치적사업은 늘고 재정사정은 열악해지자 김정은의 자금강요가 늘기 시작했다.143) 농업개혁을 단행하면서 "농장원들이 분배받은 알곡을 절대로 회수하지 않는다"고 선언했으나 군량미·정치행사 혹은 자연재해 지원을 위한 사회적 과제 명목으로 농민 분배몫 회수는 지속되었다. 이따금 노력동원의 대가로 거의 전 주민들에게 추가 화폐발행을 통한 '특별 상금'이 지급되었으며,144) 이는 추가 물가상승의 요인이 되어 김정은 식 경제개혁의 한계가 드러났다.

권력기관들의 충성자금 상납 경쟁과 충성자금 마련을 위한 외화벌이 사업소 대상 자금강요로 경제 관리는 더욱 왜곡되었다. 첫째, 충성자금 상납규모가 늘어났다. 경제제재가 심화되기 이전인 2010년대 중반의 경우이기는 하나, 김정일 시대 보다 두 배로 늘었고, 과거 예외였던 보위부도 납부하는 등 충성심을 돈으로 사고파는 세상이 되었다.

둘째로, 외화벌이 사업, 무역질서가 문란해졌다. 힘 있는 무역회사

---

143) 증언에 의하면 "김정일은 주민들은 쥐어짰지만 간부들은 심하게 다루지 않고 국가가 보장 못하는 것을 뇌물로 챙기는 것을 어느 정도 용인했다. 그러나 김정은은 간부들도 뇌물로 벌어들인 것을 토해내라고 독촉했다. 간부들에게 과도한 국가적 과제를 주어 어쩔 수 없이 돈을 국가에 바치도록 한다. 예를 들면 각 기관별로 아파트 건설에 필요한 자재와 자금을 할당한다. 각급기관은 이를 밑에 조직에 내리 먹인다. 그래도 바치도록 한 돈을 마련하지 못하면 기관 운영자금이라도 줄여 보태야 한다. 할당 과제를 완수하지 못하면 죽으니까 죽기 살기로 할 수 밖에 없다."고 한다. 탈북민 증언, 2015.09.
144) 조선중앙통신은 2015년 9월 "조선노동당 창건 일흔 돌을 맞으며 전체 인민군 장병과 근로자들, 연금·보조금·장학금을 받는 모든 대상들에게 월 기준 생활비의 100%에 해당하는 특별상금을 수여한다"고 보도했다. 통신은 특별 격려금 지급이 "당에 드리는 충정의 노력적 선물을 마련하기위하여 헌신적으로 투쟁"한데 따른 것이라고 했다. 『조선중앙통신』, 2015.09.25.

들은 돈주들에게 와크를 빌려주고 앉아서 달러벌이를 하고, 연말이 되면 보다 많은 '무역 와크(허가증)' 확보를 위해 무역회사들 간에 충성자금 바치기 경쟁이 벌어진다.[145]

셋째, 빈번한 상납금 인출과 경제제재로 점차 자금원 자체가 타격을 받았다. 상납금 모금은 건설·봉제 등 해외 인력송출 수입이 가장 큰 비중을 차지하고, 해외진출 회사·상사원의 중개무역 혹은 자금운영 수입, 식당영업 등 각종 근로활동 수입, 기타 외교관의 불법행위 등으로 조성된다. 그중 해외 인력송출과 식당수입은 제재로 인해 타격을 받았다. 중개무역은 제재 이전에 건설 및 영농자금 상납요구로 무역자금 원천이 빠져나가 사업 자체가 부실해졌다.

넷째, 해외파견 북한간부들의 체제이탈이 급증했다. 당 창건 70돌을 앞두고 북한당국의 상납금 요구가 빈번해졌고, 이를 충족시키지 못한 해외 파견 상사원들은 조기 귀국 명령을 받았으나 징계가 두려워 이탈하는 경우가 잦았다. 2010년대 중반 들어 장성택 숙청 사건 등 북한체제의 암울한 미래 및 상납금 납부 강요로 북한을 이탈하는 중간간부들이 수십 명 규모로 늘어났다.

| 04 | 핵개발 집중과 경제제재 자초(2016-2017)

가. 김정은의 집중적인 핵·미사일 개발

북한의 핵개발은 1960년대 영변 원자력연구소 설립(1962), 구소련으로부터 연구용 원자로(IRT-2000) 도입(1965)을 통한 핵 기초기술

---

[145] 『데일리NK』, 2015.12.08; 제7차 당대회를 앞두고 김정은을 '애민 지도자'로 치켜세우기 위해 각 도마다 애육원·육아원을 건설하는데, 여기에 소요되는 자금 조달을 위해 도당이 외화벌이 수출원천이 보잘 것 없는 도 인민위원회 무역국마저 당 산하로 흡수했다는 소식도 있다. 『자유아시아방송』, 2015.12.07.

축적으로부터 시작되었다. 1980년대 들어 영변에 핵시설을 건설하는 등 플루토늄에 기반 한 핵무기 개발을 본격화했고, 1990년대 중반부터 제네바 합의(1994.10)에 따라 플루토늄 생산이 어려워지자 농축우라늄 개발을 병행했다.

김일성은 '핵개발 모호성 전략,' 김정일은 '핵 포기 모호성 전략'을 구사한 반면 김정은은 '핵보유국 진입' 전략을 구사했다. 김일성은 핵개발을 은밀히 진행했으며, 김정일은 핵협상에 호응하면서 짐짓 포기할 수도 있는 듯했다. 그러나 김정은의 핵·미사일 개발은 비밀스럽게 추진되기보다는 드러내놓고 진행되었다. 핵협상의 퇴로를 차단하면서 핵·미사일 능력 고도화를 향해 질주했다. 2017년 미국의 트럼프 행정부 출범이후에는 미국 본토를 타격할 수 있는 신뢰도 높은 위협(credible threat) 능력을 구비하는데 집중했다. 김정은의 핵·미사일 질주는 적대적 세계관에 따른 피 포위 의식의 발로에다가 군사적 모험주의와 편집증적 통치 스타일에 기인했다.

김정은의 집권초기 민생중시 입장은 2013년 3월 병진노선 선포와 더불어 핵·미사일 개발 최우선으로 대체되었다. 핵무기와 핵 타격수단 능력 발전을 위해 핵물질을 확충하고 그 파괴력과 미사일 사거리를 늘리기 위해 핵실험과 탄도미사일 시험 발사를 반복했다. 북한의 총 6차례 핵실험 중 김정은 집권이후 4회(2013.2, 2016.1, 2016.9, 2017.9)의 핵실험이 있었으며, 탄도미사일 발사 빈도(발사횟수가 아닌 날짜 기준)는 2013년 8회 → 2014년 18회 → 2015년 18회 → 2016년 21회 → 2017년 15회로 5년간 80회 진행되었다. 시험발사를 거듭할수록 ICBM과 SLBM개발에 집중되었다. 김정은은 2017년 11월 29일 ICBM급(화성-15형) 미사일 발사의 "성공"을 주장하면서 "국가 핵 무력 완성"을 선언했다.

나. 가중되는 UN안보리 대북제재

김정은의 핵·미사일 질주의 반대급부로 북한에 대한 국제사회의 제재·압박이 가중되었다. UN안보리의 대북제재는 2006년 10월 북한의 1차 핵실험에 따른 결의안(1718호)으로 본격화되어 2009년 6월 결의안 1874호(2009.5.25 제2차 핵실험에 따른 제재), 2013년 3월 결의안 2094호(2013.2.12 제3차 핵실험에 따른 제재)로 이어졌지만 제재 3분야(무기, 화물, 경제 제재)중 WMD관련 무기 반출입 통제, 금수품목 적재 의심되는 선박·항공기 검색, WMD관련 금융 거래 통제 등 WMD개발 자체를 규제하기 위한 제한적 제재조치로 효과는 미약했다.[146]

그러나 2016년 북한의 두 차례 핵실험(1.6, 9.9)과 2017년 북한의 ICBM급 탄도미사일 발사(7.4), 6차 핵실험(9.11), ICBM급 탄도미사일(화성 15호) 발사(11.29)에 따라 5차례 강화된 제재 결의안은 전면적인 무기금수, 모든 북한출입 화물 검색 의무화, 특히 북한의 무역활동 등 경제제재를 크게 강화함으로써 북한의 자금줄을 차단해 핵·미사일 개발을 중단시키겠다는 국제사회의 명확한 의지가 반영되었다.

아래 〈표 4-3〉은 2016-2017년 UN안보리의 대북제재의 특징적 내용과 효과를 정리한 것이다. 2016년 3월 UN결의는 재래식 무기 포함 전면적인 무기금수와 전략물자 수출 통제 의무화, 북한 출입 화물검색 의무화, 북한은행 지점·사무소의 신규개설 금지, 북한산 석탄·철광석·희토류 수출입 금지(민생목적 제외), 대북 항공유 판매금지를 담고

---

[146] 북한의 1차 핵실험이후 UN안보리는 1718호(2006년), 1874호(2009년), 2087호·2094호(2013년), 2270호·2321호(2016년), 2356호(6월의 잇단 탄도미사일 발사에 따른 대북 규탄 결의안 성격) ·2371호·2375호·2397호(2017년) 등 총 10차례 대북제재 결의안을 채택했다. 그 중 2006년에는 제한적 무기금수(禁輸), 2009년 WMD관련 금융거래 금지, 2013년 대량현금(bulk-cash) 이전 통제 등이 주요 제재내용이다.

있다. 2016년 11월 결의는 북한과 과학기술 협력 금지, 북한인 여행용 수하물 검색 의무화, 대북 선박·항공기의 대여·등록·보험 서비스 제공 금지, 북한 석탄수출 상한설정(연간 4억불 혹은 750만톤), 모든 UN회원국 금융기관의 북한 내 활동 금지, 북한 노동자 해외파견 외화벌이 착취에 대한 우려 제기 등이다.

표 4-3 2016년 이후 UN안보리 대북제재 결의안 내용

결의시기(배경)	특징적 내용과 효과
2270호 2016.03.02 (1.6 북한 4차 핵실험)	○ 전면적 대북 무기금수 조치 ○ 북한 출입 모든 UN회원국 화물검색 의무화 ○ 민생목적 외 북한산 광물 수출입 차단 등
2321호 2016.11.30 (9.9 북한 5차 핵실험)	○ 북한 석탄수출 상한설정 : 연간 4억불 혹은 750만톤 ○ 모든 UN회원국 금융기관의 북한 내 활동 금지 ○ 대북 선박·항공기의 대여·등록·보험 서비스 제공 금지 ○ 북한 노동자의 외화벌이 착취에 대한 우려 제기 등
2371호 2017.08.05 (7.4 북한 ICBM 발사)	○ 북한산 석탄·철·철광석 수출 전면 차단 ○ 북한산 수산물 수출 금지 ○ 북한 해외노동자 신규 채용 금지 등 ※ 북한 현금수입 10억불(광물8+수산물2) 차단효과
2375호 2017.09.11 (9.3 북한 6차 핵실험)	○ 북한산 섬유제품 수출 전면 차단 ○ 대북 원유수출 동결(현 60만톤=400만배럴 수준) ○ 대북 정유제품 수출규제 강화(450→200만 배럴) ○ 북한 노동자 고용시 안보리의 인가 의무화 ※ 추가 돈줄죄기 효과 (섬유 8억불 + 인력송출 축소에 따른 수입감소), 유류 확보량 30%감축
2397호 2017.12.22 (11.29 ICBM 발사)	○ 대북 유류공급 제한 강화(정유제품 연 50만배럴) ○ 북한 해외근로자 24개월 내 송환 ○ 북한의 기계류, 전자기기, 철강재 등 수입 차단

2017년 들어 3차례 채택된 UN안보리 결의안 내용 중 8월에는 이중용도 물자 금수, 북한산 광물 수출 전면 금지, 북한산 수산물 수출

금지, 북한 해외노동자 신규채용 금지, 대북 합작사업 신규·확대 금지 조치를 취했다. 9월에는 모든 북한 섬유제품 수출 차단, 북한 노동자 고용시 안보리 인가 의무화(기존 계약 갱신 때 안보리 승인 받지 못하면 송환), 대북 원유수출 동결(60만톤 = 400만 배럴), 대북 석유제품 수출 규제 강화(연 450만 → 200만 배럴로 제한)조치, 만수대 회사의 조형작품 수출 규제를, 12월에는 대북 정제유 공급 제한(연 50만배럴), 북한 해외노동자 24개월 내 송환, 기계류와 부품, 전자기기, 철강재, 건축자재 및 철도와 자동차를 포함한 운송수단의 대북 수출을 차단했다.

다. 대북제재에 따른 북한경제 위축

2016년 이후 국제사회의 대북 제재가 강화됨에 따라 섬유제품·석탄 등의 수출통제에 따른 외화수입 급감, 전략물자 수입 규제에 따른 생산활동 차질로 북한경제는 피폐화되어갔다. 먼저 외화벌이 감소효과를 보자. 경제제재 대상을 중심으로 외화수입 감소 규모(2015년 기준)를 살펴보면 대략 광물 수출 8억불, 섬유제품 수출 8억불, 수산물 수출 2억불, 해외 노동력 파견 수입 1억여 만 불, 개성공단 수입 1억불, 불법 무기 수출 1억불 등 총 21억불 규모에 이른다. 철저한 북·중 밀무역 단속을 전제로 하고 해외진출 인력철수 완료시점인 2019년 말을 기준으로 할 때 북한은 연간 21억불 가량의 외화벌이 수입이 감소한다. 21억불은 북한의 최대 외화수입 규모를 연간 40억불로 추산할 때 그 절반이상에 해당하는 금액이며, 수출 규모를 30억불로 추산할 때 70%에 해당한다.

공산품 및 석유제품 도입 차질과 대외경제 활동 규제로 생산 활동이 크게 위축되었다. 우선 전략물자와 이중용도 물자에 이어 기계류와 부품, 전자기기, 철강재, 건축자재 및 철도와 자동차 등 운송수단의 수입이 금지되었다. 중국으로부터 송유관을 통한 원유도입(연간 60만 톤)

은 유지되나 정제유 수입 한도가 연간 450만 배럴에서 200만 배럴로, 다시 50만 배럴로 1/9 규모로 축소됨에 따라 합법적으로 도입 가능한 총 석유량은 450만 배럴로 50%가량 축소되어 에너지난도 가중되었다. 대외 합작사업 금지, 북한 화물검색 강화, 해외 금융거래 규제와 선박·항공기 등 운송수단 규제, 수많은 북한 개인 및 단체에 대한 제재로 대외경제활동도 상당한 차질을 빚었고, 그 파급영향으로 대중 무역의존도는 90%이상으로 지속 증가했다.[147]

UN제재의 직격탄으로 2017년도 북한의 교역규모(남한과의 교역 제외)는 전년(65.5억불) 대비 15.0% 감소한 55.5억 달러였으며, 특히 수출은 17.7억 달러로 전년(28.2억불)보다 37%나 줄었다.[148] 경제성장율은 2017년도 성장률이 -3.5%로 '고난의 행군' 시기였던 1997년 (-6.5%)이후 20년 만에 최악이다. 광업, 중화학공업, 제조업이 각각 11%, 10.4%, 6.9% 감소했다. 대북제재의 강도가 셌고 가뭄까지 덮쳐 산업 각 부문이 역(逆) 성장했다.[149] 2018년에는 고강도 경제제재의 여파로 대중국교역에서 지난해 보다 수입 33%, 수출 87%가 급감했다는 평가가 있다.[150]

포괄적 경제제재로 외화수급이 급격히 악화되었음에도 불구하고 북

---

147) 북한의 대중 무역의존도는 2012년 88.2%→ 2013년 89.1%→ 2014년 90.1% → 2015년 91.3%→ 2016년 92.3%→ 2017년 94.8%로 지속 증가했다. 2010년 56.9%에서 김정은 집권이후 30%이상 늘어났다.
148) KOTRA, "2017년도 북한 대외무역동향," 2018.7.9. 북한의 수입은 1.8%증가한 37.8억불로서, 무역적자는 20.1억불로 125.5% 늘었다. 대중 무역규모는 52.6억불(수출 16.5억불, 수입 36.1억불)로 전년 대비 13.2% 감소했다. 대중무역 비중은 전체의 94.8%로 역대 최고다. 북한의 주력 수출품인 의류, 광물성 연료, 해산물이 각각 18.6%, 65.3%, 16.1% 줄었다. 코트라는 2017년 8월부터 시행된 UN안보리의 규제효과가 크다고 했다.
149) 한국은행, "2017년도 북한 경제성장율 추정 결과"(2018.7.20), 『조선일보』, 2018.7.21.
150) 이석, "2018년 북한경제, 위기인가 버티기인가?", KDI북한경제리뷰(2018년 2월호): 재인용, 『연합뉴스』, 2019.2.27.

한경제는 단기적으로는 예상 밖의 적응력을 보였다. 북한 당국이 긴축정책을 쓰지 않고 내부경제 안정화를 위해 생필품 수입을 늘리고 불법적인 해상 석유·석탄 환적에 나서는 등 거시경제와 주민 생활경제를 공격적으로 운영한 결과였다. 덕분에 장마당 경제가 정상 작동됐고 외환시장과 의식주 생필품 물가는 안정세를 유지했다.[151] 북한 당국의 "제재효과가 없다"는 주장은 이를 배경으로 한 것으로 여겨진다.

그러나 생필품 수입 증대 및 석유밀수 지속은 동시에 경상수지 악화와 외화보유고 축소로 이어져 공세적 경제운용은 지속 가능하지 않으며, 외부로 부터의 투입이 급감하면 시장 확대를 통해 경제제재의 부정적 효과를 방지하는 방식에도 한계가 있다. 한정된 자원을 시장을 통해 재분배하는 것을 촉진하면서 이전에 방치됐던 생산요소들이 시장을 통해 생산시설로 이전하는 내부 순환경제 가속화 효과가 급속히 떨어지기 때문이다. 그 결과 예상보다 빨리 북한경제가 한계상황에 도달할 수가 있다.[152] 대북제재는 북한 당국으로 하여금 평양에 치중된 자원 재분배를 강요해 지역 불균형을 심화시키는 요인이 되기도 했다.

김정은은 2019년 신년사에서 "가혹한 경제봉쇄와 제재" "모든 것이 어려운 속에서"라고 대북제재에 따른 고통을 내비치면서 "우리 국가는 그 어떤 외부적인 지원이나 그 누구의 도움 없이도 얼마든지 우리인민의 억센 힘과 노력으로 우리식 사회주의 발전의 길을 따라 전진해 나갈 수 있다"고 하여 주민들에게 제재 장기화에 따른 고통 감수를 주문했다.

---

151) 데일리 NK에 따르면 2017년 12월부터 2018년 11월까지 북한 원/달러 환율은 8,000원에서 8.150~8.200원으로 2~3% 소폭 상승에 그쳤다. 북한 내 1kg당 쌀값은 2017년 12월 4,800~5,200원에서 2018년 11월에는 5,000~5,200원으로 큰 차이가 없었다. "아산 국제정세 전망 2019," 아산정책연구원(2018년 12월), pp. 44~45에서 재인용.
152) "아산 국제정세 전망 2019," 아산정책연구원(2018년 12월), pp. 42~49.

| 05 | '경제건설 우선'으로의 회귀와 한계(2018년)

가. 2018년 4월 당 전원회의: "경제건설 총력" 표방

북한은 2018년 4월 20일 노동당 중앙위원회 제7기 3차 전원회의를 개최해 경제·핵 병진노선을 폐기하고 "경제건설 총력"을 선언했다. 4월 당 전원회의에서 김정은은 첫째 의정으로 "혁명발전의 새로운 높은 단계의 요구에 맞게 사회주의 건설을 더욱 힘있게 다그치기 위한 우리 당의 과업에 대하여"를 보고했다.[153] 김정은은 보고를 통해 "핵개발의 전 공정과 운반타격수단들의 개발이 진행되어 핵무기 병기화 완결이 검증"됨으로써 "우리 국가와 인민의 안전을 믿음직하게 담보"하게 되었다면서 "경제건설과 핵무력 건설을 병진시킬데 대한 전략적 로선이 내세운 력사적 과업들이 빛나게 수행된 현 단계에서 전당, 전국이 사회주의 경제건설에 총력을 집중하는 것이 당의 전략노선"이라고 주장하였다.[154]

그는 "새로운 전략노선"의 당면목표는 "국가경제발전 5개년 전략 수행기간(2016-2020)에 모든 공장, 기업소들에서 생산정상화의 동음이 세차게 울리게하고, 전야마다 풍요한 가을을 마련하여 온 나라에 인민들의 웃음소리가 높이 울려퍼지게 하는 것"이라며 "당과 국가의 전반사업에서 경제사업을 우선시하고 경제발전에 나라의 인적, 물적, 기술적 잠재력을 총동원할 것"이라고 주장했다. 김정은은 "내각을 비롯한 경제지도기관들은 급속한 경제발전을 이루기 위한 작전과 지휘를 치밀하게 짜고, 모든 부문은 당의 경제정책을 관철하기 위한 내각의 통일적인 지휘에 무조건 복종해야 한다"고도 했다.[155]

---

153) 당 전원회의 둘째의정은 "과학교육 사업에서 혁명적 전환을 일으킬 데 대하여"이다. 셋째 의정은 조직문제로 김정각 당중앙위 정치국 위원 보선 등이 있었다.
154) 『조선중앙통신』, 2018.04.21.
155) 『조선중앙통신』, 2018.04.21.

4월 전원회의에서는 결정서 "경제건설과 핵무력건설 병진노선의 위대한 승리를 선포함에 대해서"를 채택하여 △핵무기 병기화 실현 △2018년 4월 21일부터 핵실험과 대륙간탄도미사일 시험발사 중지 및 북부 핵시험장 폐기 △핵실험 전면중지를 위한 국제적인 지향과 노력에 합세 △핵위협 없는 한 핵무기 불사용 및 핵무기와 핵기술 이전 금지 △경제건설과 인민생활 향상에 집중 △한반도의 평화와 안정을 위해 주변국들과 긴밀한 연계와 대화 추진을 천명했다. 또한 결정서 "혁명발전의 새로운 높은 단계의 요구에 맞게 사회주의경제건설에 총력을 집중할데 대하여"에서는 △당 국가 전반사업을 경제건설에 총집중 △경제건설 총력투쟁에서 당, 근로단체, 정권기관, 법기관, 무력기관들의 역할 제고 △당조직은 당 전원회의 결정 집행정형을 철저히 장악 △최고인민회의 상임위원회와 내각은 당 전원회의 결정 관철을 위한 법적, 행정적, 실무적 조치를 취한다고 결정했다.

김정은 시기의 '새로운 전략노선'은 '핵 개발에 집중'하는 병진노선에서 5년 만에 '경제에 집중'하는 노선으로 바뀌었다. 김정은이 집권 초기 '민생 최우선'을 선언한지 8년 만에 다시 "경제문제 최우선"으로 되돌아 왔다. 북한은 노선전환의 배경으로 두 가지를 거론했다. 하나는 '핵무기 병기화'가 실현되었기 때문이며, 다른 하나는 '평화'로의 전환이 필요하기 때문이다. 북한 선전매체는 북한이 "전략국가"지위에 올라섰다[156], 안전 담보가 가능한 수준의 핵능력이 '확보'되었다며 노선전환을 정당화했다.[157] 사실상의 '핵보유국 선언'이다. 동시에 4월

---

156) 북한은 당 전원회의가 개최되는 당일 노동신문을 통해 "우리 조국이 세계가 공인하는 전략국가의 지위에 당당히 올라서고 사회주의 강국 건설 위업이 새로운 승리봉을 향하여 힘차게 전진"하고 있다고 주장했다. 김정은이 2017년 12월 5차 당 세포위원장 대회 개회사에서부터 사용하기 시작한 '전략국가' 용어는 미국을 위협하는 핵능력 보유를 우회적으로 과시하는 말로 해석되고 있다. 『노동신문』, 2018.04.20.
157) "사회주의 위업 수행에서 중대한 의의를 가지는 역사적인 회의", 『노동신문』,

당 전원회의의 의의를 "우리 혁명에 유리한 국제적 환경을 주동적으로 마련해 나가는 영도력"이라거나 "자주적이고 평화로운 새 세계를 건설하려는 당의 의지"라고 선전했다.[158] 제재·압박 혹은 대미 긴장고조 국면에서의 탈피하겠다는 '평화공세'이다.

4월 당전원회의 결정은 북한주민들에게는 '경제건설 총력'이라는 의미가 있을 것이나, 대외적으로는 집중적인 '핵개발 중단' 의지를 밝힌 데 의의가 있다. 김정은은 2013년 3월 병진노선 선언 직전에 실시한 3차 핵실험(2013.2)을 포함 5년(2013-2017년) 동안에 4차례의 핵실험과 수십 차례 탄도미사일 발사 시험을 실시했다. 2016년과 2017년에 북한이 집중적으로 핵무기와 장거리 미사일 개발을 추진하기는 하였지만, 핵·미사일 능력 "완성"에 이어 병진노선 종결을 주장한 것은 급작스러운 선언이었으며, 북한 내부 발전노선의 변화를 추구한 전략적 조치라기보다는 다분히 외부세계를 의식한 전술적 조치라는 의심을 유발했다.

전술적 조치라는 근거로 첫째, 병진노선은 "항구적으로 틀어쥐고 갈 노선"이라는 김정은의 종래 주장과 배치된다. 7차 당대회에서는 당 규약을 개정해서까지 병진노선을 못 박았다.

둘째, 노선변경의 급조성이다. 2018년 신년사에서 김정은은 "병진노선을 일관하게 틀어쥐고 … 핵탄두들과 탄도 로켓트들을 대량생산하여 실전배치하는 사업에 박차를 가해나가야 … 적들의 핵전쟁 책동에 대처한 즉시적인 핵반격 작전태세를 항상 유지해야 …"운운했다.[159] 앞에서 밝혔듯이 2018년 3월 7일 이후에야 북한 관영매체의 '핵무력 증강 정당화' 논조가 사라졌다.

2018.04.24
158) "사회주의 위업 수행에서 중대한 의의를 가지는 역사적인 회의", 『노동신문』, 2018.04.24.
159) 2018년도 김정은 신년사. 『조선중앙통신』, 2018.01.01

셋째, 대외적으로 '병진노선으로의 복귀'를 위협하고 있다. 북한은 자신들의 선제조치에도 불구하고 미국의 경제제재가 유지되자 병진노선 종결 주장 6개월 여 만에 그 '부활' 가능성을 위협했다. 2018년 11월 노동신문은 "우리가 주동적이고 선의적인 조치로서 미국에 과분할 정도로 줄 것은 다 준 조건에서 이제는 미국이 상응한 화답을 해야 한다 … 우리는 많은 시간을 인내심을 갖고 참고 기다렸지만, 우리만 변했을 뿐 주변 환경은 변한 것이 없다 … 미국이 우리의 거듭되는 요구를 제대로 가려듣지 못하고 그 어떤 태도 변화도 보이지 않으면 지난 4월 우리가 채택한 경제건설총집중 노선에 다른 한 가지가 더 추가돼 '병진'이라는 말이 다시 태어날 수도 있다"고 했다.160) 며칠 후 조선신보는 그 주장이 개인이 아닌 당국의 의중임을 강조했다.

과거 북한의 '병진노선의 항구성' 주장, 2018년 노선변경의 급조성, 이후 과거 노선으로의 복귀위협, 특히 비핵화 조치가 '핵 동결' 수준에도 이르지 못한 채 쪼개기와 버티기로 일관하고 있다는 점에서 북한의 "핵개발 대신 경제 총력" 주장은 신뢰하기가 어렵다. 제재·압박의 가중으로 숨 돌릴 공간 확보가 필요하여 서둘러 '핵개발 노선 변경' 메시지를 발신했다고 본다. 물론, 전술적인 조치나마 고착되어 북한이 실질적인 핵 포기의 길에 들어선다면 바람직한 일임은 두말할 필요가 없다.

나. "새로운 전략노선" 이후 내부 경제관리

2018년 북한 내부정세는 예년의 미사일 시험발사 중단으로 상대적으로 안정되었다. 4월 당 전원회의 이후 관영매체의 "경제총력" 독려 활동이 부쩍 늘고, '새 전략노선' 관철을 위한 회의·궐기대회가 잇달아 개최되었으며, 김정은의 현지지도는 군사부문 대신 생산현장 방문

---
160) 북한 외무성 미국연구소 소장 논평, 『조선중앙통신』, 2018.11.02.

이 증가했다.[161] 주민들의 9.9절 정치행사 동원은 여전했으나 반미집회·군사대피 훈련은 줄어들었다. 4월 당 전원회의의 결정은 '경제총력'보다 '핵개발 중단' 선언에 방점을 찍었지만, 일단은 경제건설에 평화로운 환경이 조성되었다.

우선, 북한 당국은 공개적으로는 '경제건설에 최우선'을 독려했다. 노동신문(4.23, 사설)을 통해 "당과 국가의 전반사업에서 경제사업을 우선하며 경제발전에 나라의 인적, 물적, 기술적 잠재력을 총동원하여야 한다"고 했다.[162] 경제건설에 군과 당의 참여가 늘었다. '새 전략노선' 관철을 위한 당·국가·경제·무력기관 간부 연석회의(4.30)가 개최되었고, 군 총정치국장은 "군인 건설자들이 '조국보위도 사회주의건설도 우리가 다 맡자'는 구호를 높이 들고 건설의 돌파구를 열어 제끼자"고 했으며(6.4),[163] 평양시 당 간부는 "당 사상사업의 성과는 있음을 경제사업에서의 성과에 달려있다"고 주장(11.3)했다.[164] 경제에 집중한 결과 '성과'도 있음을 빈번히 선전했다.

김정은도 싱가포르 회담(6.12)이후 경제행보에 집중했다. 6월말부터 7월 중순사이 평북 신도·신의주 일대, 삼지연, 함북 일대 경제현장을 시찰했다. 그의 잇단 경제행보 공개는 9.9절 70돌을 앞두고 대내외적으로 핵개발 보다는 경제에 관심이 있음을 과시하는 차원도 있었다. 김정은 경제현장에서 공개적인 질책의 목소리를 높여 민생향

---

161) 통일부가 밝힌 2018년 김정은의 공개활동 빈도를 보면 총 98회 중 경제부문 현지지도는 2017년 26회에서 2018년 41회로 증가한 반면 군사부문 지도는 2019년 42회에서 2018년 8회로 감소했다. 『연합뉴스』, 2019.1.4.
162) 『노동신문』, 2018.04.23.
163) 6월 4일 원산에서 "내년 4월 15일까지 원산갈마해안관광지구 건설을 완공하라"는 김정은 지시 관철을 위한 군민 궐기대회가 개최되었다. 『노동신문』, 2018.06.05.
164) 평양시 당 부위원장 김봉석 논설 "경제사업을 떠난 순수한 당 사업이란 없다," 『노동신문』, 2018.11.03.

상을 위해 진력을 다하는 모습을 보였다. 신의주화학섬유공장에서 "공장이 마구간 같다. 공장 책임일꾼들이 주인 구실을 못한다. 내각·화학공업성 책임일꾼들과 도당위원회가 공장을 제대로 지도통제하지 못한다"고 질책했다.165) 함북 어랑천 발전소 건설 현장에서는 건설부진에 "격노"하면서 "내각과 성·중앙기관들의 … 무책임한 사업태도를 엄한 시선으로 주시하고 있고, 당 경제부와 조직지도부 해당과도 문제가 있다"며 생산현장과 상급기관, 내각과 당의 연대책임 추궁이 늘었다.166)

김정은의 개혁·개방에 우호적인 제스처도 있었다. 2018년 3월 방중 때 시진핑에게 "(북한도) 등소평의 개혁·개방의 길을 빨리 따라 걸었어야 했는데…"라고 하거나, 6월 3차 방중(6.19-20) 전후로 중국 개혁·개방 현장에 '노동당 친선 시찰단'(단장 박태성 당 부위원장)을 보내고, 자신이 6월말 신도·신의주 등 북·중 특구일대를 시찰했다. 그러나 개혁·개방으로 가기위한 비핵화에는 진전이 없었고 제재는 유지되었다. 김정은은 공개적으로 "지금 나라사정이 어렵다. 적대세력들이 우리를 굴복시키려고 제재책동에만 광분하고 있다"고 했다(11.1).

박봉주 총리는 2018년 4월 당·국가·경제·무력기관 간부 연석회의(4.30)에서 "우리식 경제관리방법의 전면적 확립"을 강조했다.167) 그러나 경제개혁에 추가 진전사항은 확인되지 않는다. 오히려 농업개혁에 역행하여 농민분배 몫을 회수하는 동향이 나타났다. 2018년 여름 폭염과 가뭄으로 곡물생산 감소가 예상되자 9월초 인민보안성 명의 포고문으로 개인적인 알곡유통을 전면 금지시켰다. 식량거래 단속을 강화하는 상황에서 식량 40%을 군량미로 바치라는 당국의 지시에 황남 재령의 협동농장 분조장이 불복해 자살하는 사건도 발생했다.168)

---

165) 『조선중앙통신』, 2018.07.02.
166) 『노동신문』, 2018.07.17
167) 『노동신문』, 2018.05.01.
168) 『조선일보』, 201810.01.

5장

경제개혁 과정에서의 조직행태와 관료정치

북한의 경제개혁과 관료정치

제5장 경제개혁 과정에서의 조직행태와 관료정치

앞 장까지는 김정일 및 김정은 시기 경제개혁 진퇴과정을 지도자와 그 대리인들(내각, 당)이 취한 조치를 중심으로 시계열별로 재구성하였다. 이 장에서는 북한의 정책결정 상자 안으로 들어가 그 조치들의 실질적인 결정 주체가 누구인가를 검증하는데 주안을 둔다. '수령의 결론이 전일적으로 지배하지 않는다'는 문제의식에서 출발하여 경제개혁 정책 결정 과정을 분석함으로써 과연 그 대리인 즉, 부하들이 수령의 결론과 의중에만 충실한지를 규명한다.

분석의 방법과 순서는, 서론에서 밝힌 앨리슨의 정책결정 모델의 적용 요령에 의거해 먼저 수령제의 규정력이 적극 작동하는 공간과 그렇지 않은 공간을 분별한 후에 ①정책결정 입구와 출구에서의 수령제 모델의 작동여부, ②정책대안 제시 및 집행과정에서는 조직행태 모델 작동 여부, ③정책심화 및 정책전환 과정에서의 관료정치 모델 작동 여부 순서로 검토한다. 다음 〈표 5-1〉은 김정일 시기와 김정은 집권이후로 나누어 각 모델별로 구체적인 분석 포인트들을 정리한 것이다.

표 5-1 북한 경제개혁 정책 결정 과정에서 앨리슨 모델별 분석 포인트

	수령제 모델	조직행태 모델	관료정치 모델
김정일 시기	△ 김정일이 주도한 역할 ㅇ 경제개혁 의제 개방 ㅇ 경제개혁 대행자들에 권한 부여 (총리 등) ㅇ 경제개혁 후퇴 선언 * 지도자 지시·방침의 성격 검증: 부하들의 생각이 지도자의 지시로 포장된 것에 불과한 게 아닌지. 지시의 절충성, 지체여부, 침투성 정도 등	ㅇ 내각책임제의 한계 ㅇ 7.1조치 선택과정 - 과거경험 활용여부 - 개혁내용의 제한성 ㅇ 7.1조치 집행과정 - SOP갱신에 따른 저항 - 조직이익 우선에 따른 개혁의의 굴절 ㅇ 분권과 통제의 조화 ㅇ 상하 본위주의 만연	ㅇ 내각의 권한강화 과정 - 특수부문 축소전략 ㅇ 박봉주의 개혁 확대 - 김정일 신임확보 과정 - 개혁구상 및 건의 과정 - 개혁내용의 성격 ㅇ 당의 내각 반격 과정 - 김정일 '포섭'과정 ㅇ 이권결탁, 분파구조
김정은 시기	△ 김정은이 주도한 부분 ㅇ 경제개혁 의제 개방 - 父의 개혁후퇴 선언을 집권하자마자 뒤집음 ㅇ 경제개혁 담론 후퇴 - 개혁욕구가 분출하자 조기에 통제 조치 ㅇ 이후 김정은의 정치적 절충주의 - '우리식' 경제개혁 - 내각과 당 역할 조화, 총리권한 확대해 주지 않음	ㅇ 개혁상무 구성의 동질성 ㅇ 과거경험과 개혁 선택 ㅇ 선택된 개혁조치 성격 - 현실 변화 추인여부 - 과거 보류안 선택여부 ㅇ 집행과정과 조직이익 ㅇ 개혁 담론 후퇴 과정 - 정치논리 우선 여부 - 각급기관의 이권수호 ㅇ 내각 책임제의 한계 ㅇ 만연된 본위주위 현상	ㅇ 권력 암투와 관료정치 - 권력승계 과정의 암투 - 기관 간 파워게임 - 정책급변과 불협화음 ㅇ 경제개혁과 관료정치 - 당의 개혁확산 통제 - 이권 재조정과정 암투 - 내각의 위상제고 투쟁 ㅇ 공포통치와 관료정치 - 김정은 공포통치 배경 - 장성택 숙청 배경

* '경제개혁 진퇴' 과정에서 분석이 필요한 점들을 필자가 정리.

제1절 지도자 역할과 수령제 작동 밖

| 01 | 경제개혁 추진과정에서 지도자의 역할

가. 지도자의 '주도적 역할' 개관

　북한의 경제개혁 추진과정에서 지도자가 적극 주도한 역할은 개혁정책의 입구와 출구를 관리하는 것이었다. 김정일의 1999년 6월 "내각 중심의 경제관리 방식 개선 강구"지시로 개혁정책 입안이 착수되었고 2000년대 초반 "실리, 실력·실적, 근본적 혁신" 등 지도자의 적극적인 변화담론 제기로 개혁여건이 조성되었다. 김정은 시기의 경제개혁 연구팀도 김정은이 2011년 '12.28 담화'에서 "세상에서 제일 좋은 것이라고 소문을 내고 있는 경제관리방법을 참고하여 우리식 경제관리방법을 창조할 것"을 지시한데 따라 구성되었다. 특히 김정은은 선대(先代) 숙청의 경험에 따른 경제 간부들의 소극성을 우려하여 "일꾼들이 무엇을 어떻게 해보자고 의견을 제기한데 대해 색안경을 끼고 보거나 자본주의 방법을 끌어들인다고 걸각질을 하지 마라"고 사상해방에 준하는 발언까지 했다.

　개혁의 선택과 후퇴 사이의 중간과정은 지도자가 전반적으로 주도했다고 보기 어렵다. 지도자의 '바쁜 일정'으로 중간 중간에 추진 상황을 점검하고, 밑에서 일할 수 있도록 도와주면 될 뿐이었다. 중간과정에서 김정일의 역할은 7.1조치 입안 지도(2001년), 시행초기 독려(2002년), 농민시장 제도화 승인(2003년) 등 내각의 활동을 지원해주는 정도인 것으로 확인된다. 다만, 7.1조치의 성과가 부진한 상황에서 김정일의 총리에 대한 개혁 재량권 부여(2004년)는 추가 개혁 추진에 결정적 역할을 했다. 한편 경제개혁 재시동 이후 김정은의 역할은 경제개혁 연구방법 독려(2012.1-7, "수십 차례"), 농업개혁을 위한 '6.13 방침' 등 내각 상무조의 중간보고에 대한 방침 하달(2012.6-8, 수건 확인), 경제개혁 연구를 위한 당 전문기구 설치 및 과제부여 (2012.6) 등 2012년 1월-8월 사이에 추진상황 점검활동이 확인된다.

개혁후퇴 과정에서 김정일은 당의 건의에 따라 개혁속도를 조절 (2005년)하고, 당의 박봉주 등 내각 간부들 비리 조사(2006년) 결과를 지켜보면서, 당의 '비사회주의 현상 만연'을 보고받았다. 결국 김정일은 '시장 = 비사회주의 서식장' 입장을 표명(2007년)하고 전면적인 시장 통제를 지시한다. 한편 김정은의 개혁의제 출구 관리 기간은 더욱 단축되어 2012년 9월 개혁논의 속도조절에 이어 20개월 경과한 뒤 "5.30 담화"(2014년)로 경제개혁 방향을 결론짓고 그의 관심사는 급격히 다른 문제로 전환된다.

경제개혁 추진과정에서 김정일의 주도적 역할은 ①경제개혁 정책의 제 개방, ②박봉주 총리의 개혁확대 지원, ③개혁조치의 전면적 후퇴 선언이고, 김정은의 결정적 역할은 김정일의 개혁후퇴 선언을 뒤집은 데 있다. 이하에서는 지도자의 역할을 좀 더 구체적으로 파악한다는 차원에서 김정일의 역할을 중심으로 ①개혁의제 개방을 위한 '사회주의 과도기론' 전개 및 전문성에 기초한 간부들 충원기제 마련, ②경제관리 재량권 위임 배경 및 권한위임 내용, ③개혁후퇴를 전면 선언한 '6.18 담화'의 논리구조를 살펴보면서, 이와 대비되는 김정은의 역할을 검토한다.

【그림 5-1】 경제개혁 과정에서 김정일·내각·당의 주도적 역할

연도	주요 조치·관련 사항	주도적 역할
2000	··· 경제 실리주의 ··· 경제개혁 입안착수(6.3 그루빠, 00.10)	김정일
2001	··· 김정일 상해 방문(01.1) ··· 김정일 10.3 담화(01.10)	내각
2002	··· 7.1조치 확정·시행(02.7)	
2003	··· 종합시장 양성화(03.3) ··· 박봉주 총리 등용(03.9)	
2004	··· 농·공업 시범 개혁(04.1) ··· 내각, 주가개혁 연구(04.6)	
2005	··· 黨의 영도 강조(05년초) ··· 黨 계획재정부 신설(박남기, 05.7) ··· 국가양곡전매제 실시(05.10)	黨
2006	··· 黨, 박봉주 조사(06.8)	
2007	··· 박봉주 총리 교체(07.4) ··· 김정일, 비사회주의 단속 지시(07.10)	
2008	··· 김정일, 개혁후퇴 선언(08.6)	
2009	··· 종합시장 통제 재개(09.6)	

나. 경제개혁 의제·방법론 개방

북한 간부들에게서 경제개혁 과제는 정치적 폭발성이 있는 의제였다. 정치논리에 압도되어 개혁 문제를 거론하는데 한계가 있었고, 제

한적인 개혁 방법론으로는 실패를 거듭할 수밖에 없었다. 그러나 1990년대 북한의 경제위기는 대수술이 요구되는 상황이었다. 1998년 권력승계 직후 전통적 방식으로 경제복원을 도모했으나 한계가 있었다. 부분적인 수선이 아니라 파탄된 경제에 대한 새로운 설계도가 필요했다. 한편 김정일은 1990년대 '고난의 행군' 시기에 주민들이 국가의 시혜가 없어도 각자 알아서 생존하면서도 '당의 권위에 그다지 도전하지 않음'을 파악했다.

김정일은 권력승계 후 2년이 지나서 경제개혁 의제를 열어 놓아도 큰 문제가 없을 것으로 판단했던 것으로 보인다. 간부사회에 발상의 전환이 가능하도록 프롤레타리아 독재를 강조했던 김일성의 입장[1]과는 달리 '사회주의 과도적 성격'을 강조하여 사상적 잠금장치를 풀어주고, '실리, 근본적 혁신'이라는 개혁방향을 제시하였다. 여전히 정치적 '후과'를 염려하여 행동을 주저하는 간부들의 속성을 고려하여 추가로 인사상의 전문성 유인장치도 마련하였다.

김정일은 먼저, 사회주의는 '과도적 성격'을 가짐으로 사회주의 경제관리 역시 과도적 성격을 고려해야 한다는 논리를 전개하였다.[2] 그

---

[1] 북한내 '과도기와 프롤레타리아 독재에 관한 이론투쟁'은 김일성의 1967년 이른바 '5.25교시'에 의해 결론이 났다. 이에 대한 황장엽의 설명은 다음과 같다. 이때의 논쟁에서는 계급주의적인 입장에서 독재를 강화하고 개인숭배를 심화시키려는 통치집단의 요구와, 계급투쟁과 프롤레타리아 독재를 약화시키고 민주주의를 확대할 것을 갈망하는 인텔리층 사이에 대립이 있었으며, 김일성이 소련의 우경 수정주의와 중국의 좌경 모험주의를 모두 반대하고 중간입장을 취한다고 했으나, 실제로는 중국의 문화대혁명을 모방하여 인텔리를 반대하고 독재를 강화하여 북한 사회를 특이한 형태의 극좌로 몰아가는 전환점이 되었다고 하였다. 황장엽, 『나는 역사의 진리를 보았다』(서울: 한울, 1999), pp. 148-149.

[2] 중국은 1980년대 경제개혁을 정당화하기 위해 사회주의 초급단계론을 제시하였다. 서진영, 『현대중국정치론: 변화와 개혁의 중국정치』(서울: 나남, 1997), pp. 307-322; 한편, 권영경은 계획경제공간과 시장경제공간의 관계에서, 중국의 초급단계론은 양자의 균형적·내적결합을 도모한 반면, 북한의 과도기론에 의한 7.1조치는 "시장조절적 기능이 계획경제공간의 부수적 관계로 규정되어 있음으로써 개혁의 자기 재생산적 확대논리를 이미 위로부터 제약하는 구도로 설정되어

는 "사회주의경제관리는 사회주의사회의 과도적 성격을 반영한 특징도 가집니다. 사회주의사회의 과도적 성격이 사회주의경제관리의 본질적 특징을 규정할 수는 없지만 그것을 고려하는 것은 경제관리에서 중요한 의의를 가집니다"라고 언급했고,[3] "사회주의는 력사가 짧고 경제관리 경험이 부족하다 보니 사회주의 경제관리방법은 아직 미숙한 점이 많고 완성되였다고 볼 수는 없습니다 … 지난시기의 경제관리체계와 경제관리방법이 그때는 옳고 좋은 것이였다 하더라도 오늘에는 맞지 않을 수 있습니다"라고 했다.[4]

김정일의 과도기론은 경제이론가에 의해 다음과 같이 사회주의 경제관리의 '본질적 특징'과 '과도적 특징'을 대칭시켜 놓고, 현 조건에서는 후자를 적극 고려해야 한다는 논리로 정리된다.[5] 전자를 고려한 경제관리 방식에는 ①당의 영도와 정치적 지도, ②계획적 관리운영, ③생산자 대중의 힘과 지혜를 발동하는 군중노선 관철이 중시되고, 후자에서는 아래 〈표 5-2〉에서 보듯이, ①상대적 독자성을 가진 기업소들의 경영활동이 필수적으로 요구된다는 점, ②노동에 대한 물질적 자극을 경제관리의 수단으로 이용하는 점, ③상품화폐관계와 가치법칙을 경제관리의 수단으로 이용할 필요가 있다는 점을 열거하였다. 이로 볼 때 당시 김정일은 계획경제를 기본 틀로 하면서도, 노동에 의한 분배법칙과 가치법칙, 노동보수제, 원가, 가격, 이윤, 독립채산제 같은 과

있다"고 했다. 권영경, "북한의 최근 경제개혁 진행동향에 대한 분석," 『수은 북한경제』, 2005년 겨울호, p. 7.

3) 김정일, "주체의 사회주의경제관리 리론으로 튼튼히 무장하자"(1991.7.1) 『김정일선집 11권』(평양: 조선로동당출판사, 1998), p. 344.

4) 김정일, "강성대국의 요구에 맞게 사회주의경제관리를 개선강화할데 대하여"(당, 내각 책임일군들과의 담화, 2001.10.3).

5) 최고인민회의 상임위원회 법무부, 사회과학원 법률연구소, 경제연구소, 사회과학출판사 공동편찬, "사회주의경제관리의 기본," 『조선민주주의인민공화국 경제관계법해설』(평양: 법률출판사, 2008), pp. 72-77.

도적 성격을 반영한 경제적 공간을 홀시하면 사회주의 사회의 객관적 현실을 무시하게 된다고 명백히 후자에 '방점'을 찍었다고 볼 수 있다.[6]

표 5-2 사회주의 경제관리의 '과도기적' 특징

과도적 방법	경제현실의 과도적 성격
기업 경영상의 상대적 독자성 보장	○ 근로자들이 국가재산을 자기 것보다 소중히 여기지 않음, 재산관리 및 손익관계를 명확히 할 필요 ○ 공동노동에 대한 주인다운 관점과 태도가 부족, 노동의 지출과 그 결과를 정확히 계산할 필요
물질적 자극의 활용	○ 생산력발전의 미숙, 근로자의 사상의식 및 노동의 차이, 노동의 질과 양에 따른 분배 불가피(사회주의분배법칙) ○ 물질적 관심성 추동으로 증산 및 기업관리개선 효과, 남의 덕에 살아가려는 사상도 억제 가능
상품화폐관계 가치법칙 이용	○ 소유의 분화와 분업으로 상품 또는 상품적형태의 생산과 유통·교환이 있게 되어 그 과정에 가치법칙 작용 ○ 원가, 가격, 이윤, 수익성과 같은 가치범주들로 경제 및 재정관리가 요구

* 자료: "사회주의경제관리의기본," 『조선민주주의인민공화국 경제관계법해설』

다음으로 김정일은 개방담론을 확대하여, 개혁의 방향을 제시하면서 근본적인 변화를 주문하였다. 관료사회에 경제사업에서의 실리주의, 간부사업에서의 실적주의를 강조하고, 경제관리방법의 혁신을 요구하면서, 북한 사회 전반에 '낡은 관념 탈피, 근본적 혁신'을 주문하였다. 그는 사업과 간부 평가 기준으로 사회주의 원칙과 당성·충실성에다가, 실리와 실력·전문성을 추가하였다. 김정일은 경제관리방법의

---

[6] 조총련계 경제학자인 강일천도 북한의 7.1조치는 사회주의원칙을 고수하는 것을 대전제로 하면서도 사회주의의 본질적 성격과 과도적 성격 중에 과도적 성격을 보다 더 활용하는데 중점을 둔 시책이라고 언급하였다. 강일천, "최근 우리나라에서 실시된 경제적 조치에 대한 잠정적 해석(1)," 『KDI 북한경제리뷰』, 2002년 10월호, pp. 41-42.

'종자'로 '사회주의 원칙 준수'와 '가장 큰 실리 보장'을 동시에 강조하면서도 방점은 '실리·실력'에 있음을 수시로 암시하였다.[7]

다음으로, 김정일은 간부 인사에 적극적으로 실력과 전문성을 반영함으로써 자극을 주는 방법을 동원하였다. 예컨대, 2000년 12월 무역상에 종합수출회사 사장 이광근(47세)을, 부상에는 무역성 지도원이던 이용남(41세)를 전격 발탁하였다. 당시 무역성 부상 강정모 휘하의 간부들은 "이제는 물러나 아이들 뒤나 돌보아 주어야한다"며 자조하였고, 외무성 간부들은 "무역성에 인재가 그리 없었더냐"하며 냉소했다고 한다.[8] 북한 간부들은 당성 연마를 통해 점진적으로 접근이 가능했던 핵심보직에 전문성으로 도약하는, 사회주의 체제 인사제도의 일주성(一柱性)이 흔들리는 모습을 본 것이다. 김정일로서는 간부들이 여전히 눈치를 보고 개혁과제 제기와 실천에 망설이고 있음을 고려한 조치였을 것이다. 김정일은 당과 군내 보수성향의 간부들에 대한 의식개혁을 통해 변화 필요성에 대한 공감대를 형성할 목적으로 2001년 1월 중국을 방문할 때 보수 성향 간부들을 대거 대동하기도 하였다.

이상의 논의를 정리하면, 김정일은 2000년부터 2002년까지 사회주의 과도기론 제시, 실리·실적 강조, 간부 전문화 중시 등 경제개혁 의제 개방을 위한 노력을 그 어느 때보다도 집중적으로 했다.

---

[7] "경제지도 일군은 모든 부문·단위에서 실리를 보장하는 원칙에서 경제를 관리운영해 나가야한다. … 당일군들은 실력가가 되어야한다. 높은 충실성에 실력이 안받침되지 않고는 잘해 나갈수 없다. 당일군들은 '실력으로 당을 받들다'라는 구호를 들어야 한다." 김정일, "사회주의강성대국건설에서 결정적 전진을 이룩할데 대하여"(2000.1.1); "일군들은 실력이 있고 타산이 밝으면 손탁이 세야 한다 … 직권이나 열성만을 가지고 일하던 시대는 이미 지나갔다." 김정일, "황남 과일군 현지지도에서 하신 말씀"(2001.5.13).

[8] 탈북민 증언, 2001. 5.

【그림 5-2】김정일의 '개혁의제 개방' 담론 구조

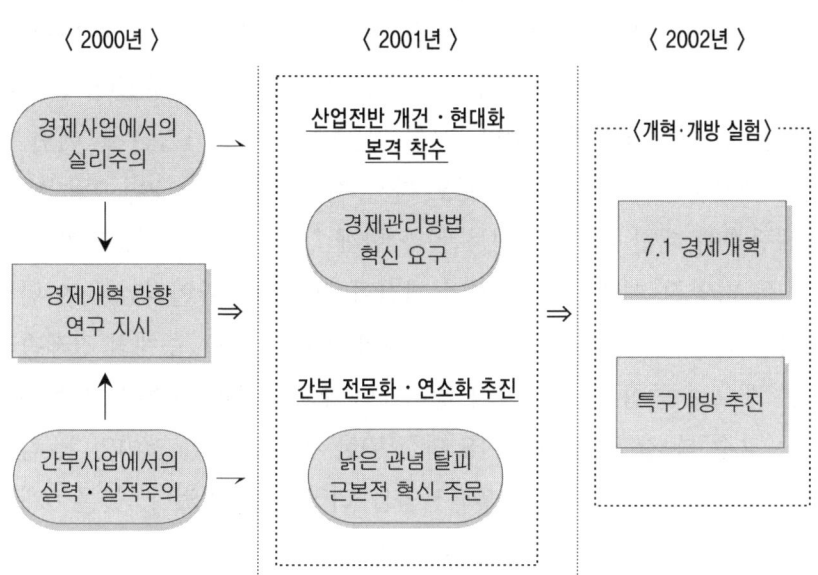

반면, 김정은은 '사회주의 과도기론'을 제기하지 않았으며, 공개적으로 '실리·실용'을 강조하지는 않았다. 김정은은 2011년 '12.28 담화'에서 "세상에서 제일 좋은 것이라고 소문을 내고 있는 경제관리방법을 참고한 우리식 방법 창조"를 지시하면서 "일꾼들이 무엇을 어떻게 해보자고 의견을 제기한데 대해 색안경을 끼고 보고나 자본주의 방법을 끌어들인다고 걸각질하지 말라"고 개혁 방법론의 폭넓은 연구를 허용했다. 그러나 동시에 '담화'의 끝 무렵에 가서 "사회주의 원칙의 확고한 고수"와 "주체사상을 구현한 우리식 사회주의 경제관리 방법 연구"를 주장했다. '우리식 방법'의 개념적 윤곽도 "생산수단에 대한 사회적 소유에 기초한 사회주의 경제제도를 더욱 공고히 하면서 주체사상의 요구대로 생산자 대중이 생산 활동에서 주인으로서의 책임과 역할을 다할 수 있게 하는 방법이 바로 주체사상을 구현한 우리식 경제관리방법"이라고 규정해 주었다.

김정은의 개혁의제 개방 담론도 모순적이고 절충주의 형태를 취하기는 마찬가지였다. "사회주의 원칙·주체사상 구현"이라는 이념적 모자를 씌우면서 "세상에서 제일 좋은 방법론 개발"을 주문했다. 그러나 방점은 방법론 개발에 있었다. 김정은은 한 달 뒤(2012.1)에 "어떤 방법을 개발하던 시비 걸지 말라"고 다시 지시했다.[9] 2012년 9월 "당의 경제정책에 대한 시비·불평불만"과 함께 "중국식", "소경문고리 잡는 식" 등 다양한 개혁·개방의견의 개진이 있었음이 확인되었다. 이념적 모자를 씌운 이유는 김정일 시기 경제개혁 담론들이 "주체의 경제관리이론"[10]으로 종합된 점과 그가 경제개혁 후퇴를 선언하면서 "사회주의 원칙 고수"를 강조(2008. 6.18 담화[11])한 점을 고려한 것이었다. 김정은만이 김정일의 경제개혁 후퇴선언을 뒤집을 수 있었다. 물론 9개월 뒤 결국은 정치논리를 추종한 점이 한계였다.

다. 내각 총리에 경제개혁 권한 위임

앞에서 살펴본 것처럼 경제관리개선 추진 과정에서 지도자의 관심과 역할은 제한적이었다. 김정일의 역할은 입안과정에서 경제 개혁안

---

[9] "지금 우리 일군들은 경제관리방법 문제에 대해서는 거의나 외면하고 있으며 다른 사람들이 그와 관련하여 제기하는 의견에 대하여 시비 걸거나 걸각질만 하고 있습니다. 경제부분 일군들과 경제학자들이 경제관리를 이런 방법으로 하면 어떻겠는가 하는 의견을 제기하면 색안경을 끼고 보면서 자본주의적 경제관리방법을 끌어들이려고 한다고 걸각질을 하기 때문에 그들은 경제관리와 관련한 방법론적 문제에 대하여 생각하고 있으면서도 그에 대하여 말을 하려고 하지 않습니다. … 우리는 경제관리방법을 개선하기 위한 사업에서 나타나고 있는 이러한 편향을 바로잡고 우리 식의 주체적인 경제관리방법을 반드시 찾아내야 합니다." 이상 "경애하는 김정은동지께서 주체101(2012)년 1월 28일 당중앙위원회 책임일군들에게 하신 말씀."

[10] 박선호, "위대한 령도자 김정일동지께서 제시하신 사회주의경제관리개선완성에 관한 독창적리론," 『경제연구』, 2005년 제1호, p. 3.

[11] 김정일 담화, "경제사업에서 사회주의원칙을 고수하며 사회주의경제의 우월성을 높이 발양시킬데 대하여" (2008.6.18).

'수십 차례 검토'와 '10.3 담화'를 통한 권력층내 공감대 조성(2001. 10), 집행초기 '금액지표에 의한 경제관리' 강조(2002.7)와 '경제관리 시범단위 조성' 지시(2002.8) 등 개혁 입안단계와 시행초기에 국한되었다. 2003년도에 그의 경제개혁에 대한 관여는 '시장장려' 조치(2003.3), 박봉주를 등용하면서 "경제관리사업의 적극적 전환"을 주문(2003.8)한 정도였다. 그러나 2004년 들어 김정일의 개혁과제에 대한 관심은 다시 증가했다. 경제개혁 성과의 부진, 종합시장 양성화 이후 물가폭등, 그리고 박봉주의 적극적인 각종 문제점 제기에서 비롯되었다. 통상 국가 지도자가 그러하듯 김정일도 나름대로 바쁜 일정으로 정책의제가 크게 이슈화되지 않는 한 모든 일에 관심을 가질 수 없음을 보여주었다.

김정일은 다시 부상한 경제개혁 이슈들을 박봉주에게 위임하는 형식으로 처리하면서 대리인 내각 총리의 '능력'을 신장시켜 준다. 김정일이 총리에게 많은 권한을 위임한 배경은 우선 경제문제에 전념하게 되면 간부들의 사상 통제 등 체제전반을 관리할 수 없다는 생각, 국방 강화의 필요성으로 군수만은 자신이 직접 챙겨야 된다는 생각, 경제는 기본적으로 전문가가 관리해야 하는 '복잡한 성격'의 문제라는 생각이 작용한 것으로 판단된다. 김정일로서는 부족한 자원 속에서 국가경제를 직접 관장하지 않음으로써 '성공 가능성이 크지 않은' 과제에 대한 부담을 던다는 계산도 있었을 것이다. 이는 국방경제와 일반경제를 구획하여 전략부문에는 계획을 강화하면서 비전략 부문은 시장에 편승하는 이중전략이며, 비전략부문에 대한 '국가적 책임의 방기'[12]와 다름없었다.

김정일의 총리에 대한 권한 위임시점은 경제개혁이 부진해지자 뒤

---

12) 임수호, "김정일 정권 10년의 대내 경제정책 평가: '선군(先軍)경제노선'을 중심으로," 『수은 북한경제』, 2009년 여름호, p. 32.

늦게 이루어진다. 김정일은 1990년대 초부터 '경제 사업은 경제일군들에게 맡기라'고 강조하였다.[13] 그는 당의 행정대행을 경계하면서, 당과 군의 자체 경제사업에 관해서도 '정무원(내각)의 사전 검토를 받으라'는 지시를 주기적으로 하달하였다.[14] 그러나 내각이 주도적으로 일할 수 있도록 구체적인 조치를 취해 주지는 않았다. 일반적으로 지도자는 행정적 실행가능성에 대한 고려를 무시하여 자주 정책 실패를 초래한다.[15] 김정일도 7.1조치가 지지부진하자 내각의 능력을 확장시킬 필요가 있음을 깨달아 뒤늦게 총리에게 대폭적인 권한을 위임한다.

박봉주 내각에 대한 내각책임제 강화는 당·군의 경제 사업을 통제해 내각의 관여 범위를 확대해 주는 종래의 간접적인 방식과는 달리, 내각에 적극적으로 경제사업 주도권을 부여한 점이 특징이다. 김정일은 박봉주 총리에게 경제정책 결정권을 대폭 위임하면서 실질적인 재량권 행사가 가능하도록 지원해 준다. 구체적으로 보면 행정권·인사권·검열권을 부여했다. ①김정일은 총리에게 수시로 보고할 기회를 부여하고 다른 기관에서 보고되는 경제문건은 사전에 총리의 심의를 거치도록 하였고, ②내각 산하 기관·기업소에 대한 조직 개편권 및 간부 인사권에 대해서도 당 조직지도부로 하여금 총리의 의견을 존중하도록 조치하였으며, ③경제사업 실태를 조사·검열할 수 있는 권한

---

13) 김정일, "당사업을 더욱 강화하며 사회주의건설을 힘있게 다그치자"(당중앙위원회, 정무원 책임일군들 앞에서 한 연설, 1991.1.5), 『김정일선집 11』(평양: 조선로동당출판사, 1997), pp. 3-4.
14) 그 사례로 김정일은 1990년 1월 "경제문제는 당조직도 반드시 정무원의 검토를 받아 총리가 직접 보고할 것"을 지시한다. 2004년 11월 "경제사업에 관련해서는 그 어떤 단위 그 누구를 막론하고 내각 총리의 지시를 무조건 받아 물도록 해야 한다"고 강조한다. 2007년 11월에는 김정일이 "군(軍)도 정경분리에 따라 경제사업은 내각의 사전 심사를 받으라"고 지시하는데, 이는 당시 김영일 총리가 '군이 선군을 이유로 지나친 경제개입'을 거론한 데 따른 것으로 알려졌다.
15) G. Allison and P. Zelikow 지음, 김태현 역, 『결정의 엣센스: 쿠바 미사일 사태와 세계핵전쟁의 위기』(서울: 모음북스, 2005), p. 234.

을 부여하였다. 그 밖에 ④(내각이 문제 제기할 경우에 국한한 것으로 보이기는 하나) 일부 당·군 소속의 경제기구와 사업체를 내각 산하로 이관해 주면서, ⑤내각 자체로 경제 연구조직 구성 및 연수 프로그램 구성을 허용해 주었다. 무엇보다도 김정일이 한동안 박봉주를 자신의 '개혁대행자'로 신임하면서 오히려 '부여한 재량권도 쓸 줄 모른다'고 질책할 정도로 힘을 실어주었다. 그 결과 짧은 기간이기는 하나 박봉주는 그 어느 때 보다 실효성 있는 내각 책임제를 운영하였고, 실세 총리 역할을 하였다.

반면 김정은은 경제 문제에서 당과 내각의 역할을 동시에 고려해 '당은 키잡이, 내각은 노 젓는 이'라는 전통적인 당·정관계를 중시했다. 김정은은 박봉주 총리에게 인사권·검열권을 부여하지 않았으며, 경제개혁 연구를 위한 한시조직으로 '내각 상무조'와는 별도로 '당 전문기구'도 병설했다. 생산현장 현지지도에 주로 당료들을 대동했다. 10년 전 박봉주 내각이 '오버'한 것에 대한 반작용이었다. 다음은 지도자들의 총리 활용방식과 박봉주의 행태 변화에 대한 증언이다.

김정일은 2002년 '이런 우리 경제식으로는 안되겠다. 뭔가 확 뜯어고쳐야겠다'고 해가지고 7.1조치를 하고 경희 때문에 당경공업부 하나 남겨두고 중앙당 경제 부서들을 다 없애 버렸다. 박봉주 총리한테 행정권, 인사권, 검열권을 다 주었다. 박봉주는 지금까지 사회주의 경제관리에서 볼 수 없었던 권한을 다 받게 되었다. 국가검열위원회도 다 총리 손으로 만들어 놓았다. 그래서 박봉주가 확 뜨고, 결국은 오버하게 되었다. 그렇게 해 놓고 보니까 당 조직 선을 통해 김정일에게 보고가 올라오는데 '뭐 사람들이 자본주의화 된다. 돈 밖에 모른다. 그간의 사상사업체계가 하루아침에 무너진다'는 거다. 계속 이런게 올라오니까 김정일도 불안해졌다. 이러다간 잘못되겠다 싶어 박남기를 계획재정부장에 앉혀놓고 서리 '야 네가 바로 잡아라'고 했다. 결국은 김정일이 해 놓고 총대는 박남기에게 메라고 한 셈이다. 박남기는 예전의 조치로 되돌려 놓고 화폐개혁을 하니까 사람들이 박남기를 욕하기 시작했다. 김정일이 박남기를 죽인 셈이다.

　지금(김정은 시기) 박봉주가 다시 총리가 되었지만 인사권이나 검열권 등 실권은 주지 않았다. '현지료해'를 하게하고 당 정치국 상무위원으로 올려줬지만, 예전처럼 당 경제부서를 없애고 인사권·검열권을 줘야하는데 그게 없으니 내각 총리가 아예 힘을 쓸 수가 없다. 먼저 번 여명거리 준공식 할 때 박봉주가 김정은한테 노는 거 보세요. 저 사람, 정말 대가 있고 괜찮았는데 그날 보니까 완전히 김정은한테 어쩔줄 몰라서 막 달려가고, 야, 박봉주도 다 됐구나하는 생각이 들더라구요. 물론 박봉주가 과거 지배인으로 떨어지면서 기가 죽었을 테지만. 박봉주에게 '현지요해'라는 걸 준 것은 총리가 뭘 알아서 사업 조직하려면 힘이 없는데, 그렇다고 예전처럼 인사권이나 검열권을 줄 수는 없고, TV에 나오는 걸로 그 사람의 위상을 높여줘서 말을 좀 듣게 해 준거나.[16)]

　김정은이 박봉주 총리를 당 상무위원과 군사위원으로 왜 올려놓았나. 총리가 당의 정책을 모르고 어떻게 경제정책을 하겠는가. 그러니까 너는 당 정책을 무조건 알아야 돼, 당에서 '아'하면 너도 내각에 가서 '아'해야 된다는 거다. 당 군사위원으로 만들어 놓은 것은 군인들이 먹을 쌀이 없어, 기름이 없어 하게 되면 내각에서 나오는 거로 우선 책임지라는 거다. 북한에서는 정책은 당의 정책뿐이다. 당은 김정은을 의미한다. '당의 지도를 철저히 받아라. 경제 관리도 당의 지도를 받을 때에만 올바로 집행될 수 있다'고 말한다. 이거는 당의 의도와 어긋나는 것은 용서하지 않겠다는 거다.[17)]

---

16) "박봉주 총리 위상 및 행태 변화" 탈북민 증언(2017.5), 박영자, 『김정은 시대 조선노동당의 조직과 기능: 정권 안정화 전략을 중심으로』(서울: 통일연구원, 2017), pp. 56-58에서 재인용.
17) "총리의 당정치국 상무위원 겸직 배경," 탈북민 증언(2017.6), 박영자, 위의 책 pp. 56-58에서 재인용.

라. 김정일의 '개혁후퇴' 선언과 김정은의 개혁담론 후퇴

먼저 2008년 6월 '경제개혁 후퇴' 선언이 김정일에 의한 결론이었음을 규명하기 위해 김정일 담화 문건들을 살펴본다. 2000년 이후 경제관리 개선 문제와 연관된 '김정일 명의 문건'은 〈표 5-3〉에서처럼 3건이 확인된다. 문건①은 7.1조치 확정 전에 '6.3그루빠'의 연구결과를 중심으로 김정일이 당·정 간부들 사이에 개혁방향에 대한 공감대 형성을 목적으로 작성한 문건이고, 문건②는 일부 확인된 '절충주의적 언급'으로 볼 때 박봉주의 '내각 상무조'가 급진적인 추가 개혁안을 건의한데 대해 김정일이 당의 의견을 반영하여 하달한 문건으로 보이며, 문건③은 사실상 '경제개혁 조치의 전면적 후퇴'를 선언하는 문건이다.

표 5-3 김정일의 경제관리개선 관련 담화

발표일자, 대상	담화 제목	담화 기조
01.10.3 당, 내각책임일군들과의 담화 ①	강성대국건설의 요구에 맞게 사회주의경제관리를 개선 강화할데 대하여	경제개혁 방침 제시
05.1.9 당, 내각책임일군들과의 담화 ②	"1월9일 로작" 요지: 경제관리에서 사회주의 원칙이 약화되지 않도록 각성, 국영기업을 기본으로 하되 시장을 보조공간으로 활용, 경제사업에 대한 당적지도 강화, 실력전의 시대 강조 등	급진경제 개혁 경계
08.6.18 당, 국가경제기관 책임일군들과의 담화 ③	경제사업에서 사회주의원칙을 고수하며 사회주의 경제의 우월성을 높이 발양시킬데 대하여	경제개혁 전면후퇴선언

김정일의 '6.18 담화'를 7년 전 '10.3 담화'와 비교하면, 그가 '6.18 담화'로써 경제개혁 의제에 '잠금장치'를 설치했다는 점이 명확해진다. 김정일은 2001년 '10.3 담화'에서 '사회주의 력사가 짧고, 경제관리 경험의 부족'함을 이유로 '대담하게 고치고, 새롭게 창조할 것'을 주문한 것과는 달리, 2008년 '6.18 담화'에서는 '사회주의 원칙 고

수'를 강조했다. 그는 7년 전에 '사회주의 과도적 성격'을 거론하여 간접적으로 개혁의제에 대한 사상적 잠금 효과를 풀어준 반면, '6.18 담화'를 통해서는 '사회주의 원칙고수 문제 = 정치적 문제'라고 직설법을 써가며 경제개혁 논의 자체를 차단하면서, 내각간부들이 '사회주의 원칙에서 탈선'하고 '시장경제'[18]로 나가려 한다고 비판하는 등 정반대의 입장을 취했다.

경제개혁의 핵심 개념인 '자율성, 물질적 자극과 실리, 가격' 등에 대한 김정일의 관점도 크게 바뀌었다. 김정일은 "내각이 나라의 어려운 경제형편을 빙자하면서 무엇이나 아래에 밀어 맡기는 식으로 경제사업을 지도하여 다 풀어 놓았다"고 하였고, "경제사업에서 근로자들의 생산의욕을 높인다면서 물질적 자극 일면에 치우쳐 돈벌이 위주로 나갔다"고 하면서, 내각은 "화폐와 가격 등의 경제적 공간들의 기능을 과대평가하여 경제 관리의 기본 수단이 되는 것으로 여긴다"고 비판했다. 결국 실리, 가격, 시장에 대한 김정일의 입장은 다음의 [그림 5-3]처럼 변하여 경제개혁 의제 개방 이전의 논리로 되돌아갔다. 내각은

【그림 5-3】 김정일의 실리·가격·시장에 대한 입장 변화

	2001년 「10.3 담화」		2008년 「6.18 담화」
대중동원 방식	o 물질적 자극		o 정신적 자극
경제관리의 종자	o 가장 큰 실리	⇒	o 사회주의 원칙
가 격	o 화폐·가격 공간 적극 이용		o 계획적 관리의 보조수단
시 장	o 시장 장려, 경제관리에 이용		o 보조적 공간으로 이용 → 점차 통제

* 자료: 김정일, '10.3담화'(2001.10.3); '6.18담화'(2008.6.18).

---

18) 김정일은 '6.18담화'에서 "시장경제"라는 용어를 9차례나 사용하여 내각을 비판하였다.

과거의 경험에서 보듯 김정일의 '개혁담론'을 '적당히 옳게' 이용했어야 하는데 '액면 그대로 받아들인 실수'를 범한 것이다.

한편 김정은의 개혁담론은 9개월 만에 후퇴한다. 앞에서 살펴보았듯이 '2011년 12월 28일 담화'로 과감하게 경제개혁을 발제했다가 2012년 9월(9.29 담화) 전격적으로 회수하는 '변덕'을 부렸다. '12.28 담화'에서 "자본주의 방법이라고 걸각질 마라"는 주장은 '9.29 담화'에서 "중국식으로 가자고 허튼소리 마라"는 주장으로, "어떤 방법으로 개선할 것인지 누구나 머리를 쓰고 의견을 내라"는 주장은 "당의 노선과 정책에 시비하지 말라"는 주장으로, "수령님과 장군님께서는 이미 오래전에 경제관리방법을 연구·완성할 데 대한 교시를 주었다"는 주장은 "이미 김일성과 김정일이 당의 정책을 다 세워주었다"는 입장으로 바뀌면서 그 권위에 시비하는 자들은 "벌초할 것이 아니라 씨까지 파내어 제거하라"고 개혁 주장자들에게 강경해졌다.

김정은의 입장 변화에는 내각 상무조의 1차 개혁 시안이 마련된 상황에서 지나친 개혁요구의 분출을 통제할 필요가 있었기 때문일 것이나, 근본적으로는 김정은이 경제개혁 문제의 정치적 성격을 뒤늦게 학습한 결과가 작용했을 것이다. 물론 이 과정에는 당의 사주가 있었을 것으로 추정되며, 최종적인 경제개혁 후퇴국면은 김정일 때와 마찬가지로 김정은 때도 지도자에 의해 관리됨을 보여준다.

| 02 | 지도자의 '적극적 정책관여 밖'의 공간

가. 지도자 권위 침투의 한계

앞에서는 경제개혁 추진과정에서 김정일이 주도적 역할을 한 공간을 살펴보았다. 이 단원에서는 반대로 '수령의 유일적 영도' 즉, 수령제가 적극적으로 작동하지 않는 공간을 찾아본다. 지도자의 영도력의 한계를 검증하는데, '침투성의 위기'까지는 아니더라도 각 조직들이 자체의 논리로 행동하거나 관료정치가 작동하는 '수령제 밖의 공간'이 존재함을 밝히는데 목표를 둔다.

한 국가의 지도자는 정보·시간·관심사의 제약으로 모든 국사에 관심을 갖고 일일이 처리하기란 불가능하다. '수령의 유일적 영도', '지도자 지시의 전일적 침투'를 강조하는 북한체제도 마찬가지다. 지도자의 지시가 미치지 않는 영역 추적을 위해 특정 정책이 추진되는 상황을 다음 표에서처럼 ①지도자의 방침·지시가 주어진 경우, ②하부 기관에 권한이 위임된 경우, ③방침이나 권한위임이 없는 조건에서 정책이 추진되는 경우로 구분한다. 권한위임 또는 지시 공백의 경우(②와 ③), 정책실무자들에게는 국가목표나 지도자의 의중·이해관계, 또는 과거 지침이나 관례 등이 행동의 기준이 될 것이나, 이를 일탈하여 권한을 남용하거나, 적극적으로 위험을 감수하고 각자의 이익을 추구하는 공간으로 활용하는 경우도 있게 된다. 지도자의 방침이나 지시가 있는 경우(①)도 반드시 지도자 의도대로 관철되었다고 보기 어려운 경우가 비일비재하다. 애매모호한 지도자의 지침을 실무자에게 유리한 쪽으로 해석하고, 자원의 부족을 이유로 무시하기도 한다. 민주적 통제체계가 발달하지 못한 독재국가의 경우는 더욱 그러하다.

여기서 '수령제 밖의 공간'은 다음과 같은 방법으로 추적한다. 먼저, 김정일·김정은의 방침·지시가 있는 경우 그 시점을 분석하여 발생한 문제 상황의 해결과 직접적인 인과관계가 있는지, 아니면 이미 처리가 되고 난 뒤에 '앞으로는 잘하라'는 의미의 사후 수습 혹은 상황정리 차원의 방침은 아닌지를 검토한다. 그리고 다른 행위자가 지도자 방침의 모호성 또는 절충주의적 성격을 활용한 측면은 없는지를 따져 본다.

【그림 5-4】 지도자의 '유일 영도'의 작동 범위

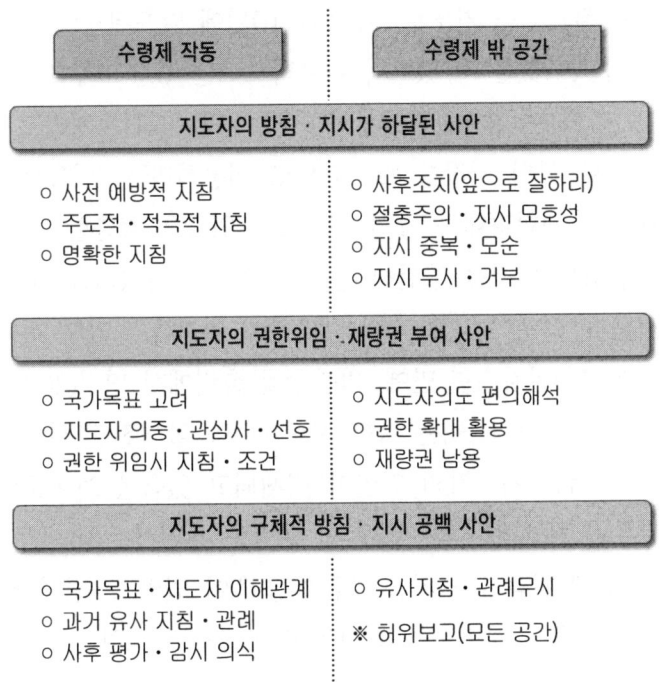

두 번째 방법으로, 정책실무자가 김정일·김정은 지시의 중복 또는 모순 공간을 활용하거나, 지시를 무시한 사례가 있는지를 추적한다. 허위보고는 정책을 왜곡하는 대표적인 사례로 여기에 포함하여 기술한다.

나. 지도자 방침의 절충주의적 성격과 지체현상

① 내각과 당의 입장 절충과 그 지체

먼저 김정일의 경제관리개선 문제와 관련한 '담화'들의 성격을 검토한다. 앞에서 밝힌 것처럼 김정일의 관련 담화는 2001년 10월 3일, 2005년 1월 9일(내용 부분확인), 2008년 6월 18일 등 3회 있었다.

그 중 '10.3담화'는 '6.3그루빠'가 경제개혁 방안을 연구(2000.10-2001.6) 한 결과물을 기초로 2001년 10월에 발표된 것으로, 김정일의 생각이 추가되었을 수 있으나 기본적으로는 '6.3 그루빠'의 의견이었다. '1.9 담화'는 경제관리에서의 '사회주의 원칙을 지키고, 국영기업을 기본으로 하되 시장을 보조적으로 이용하라'는 내용으로, 당시 박봉주 내각의 개혁확대와 당의 속도조절 입장을 절충한 것이다.

김정일이 당의 입장을 완전히 손들어 준 것은 2008년 '6.18 담화'를 통해서였다. 그는 '6.18 담화'를 내각이 추진하고 있던 개혁조치들이 유보(2005년)된지 3년 만에, 박봉주를 총리에서 퇴진(2007년)시킨지 1년 후에 발표한다. 이는 북한 지도부내에 불거진 정책 갈등을 해결해 주어야 하는 지도자의 역할이 지체되고 있음을 보여준다. 그의 명확한 결론이 지연되는 동안에 북한 권력층 내에서는 내각의 '시장경제 지향적 경제 관리를 둘러싼 계급투쟁'[19]이 있었고, 경제학자들 사이에서는 '기회주의적 궤변들의 반동적 본질을 폭로하는 사상투쟁'[20]

---

[19] 탈북민 증언(2007.5)에 의하면, 2006년 7월 경 당 고위간부들이 박봉주를 비판하는 회의가 있었다. 전병호, 최태복 등 10여명의 당 간부들이 연단에 교대로 올라와 '너 이 새끼 말이다'라고 육두문자를 써가며 그간의 박봉주의 실정을 비판했다. 특히 전병호(군수담당 당비서)는 그 해 상반기 철강 생산량이 줄어든 것은 총리가 철강 산업을 망쳐놓았기 때문이라고 지적했다. 그러나 대외 이미지를 고려하여 총리를 즉시 해임하지는 않았다. 2007년 7월 내각 전원회의(비공개)에서도 박봉주 자아비판이 있었던 것으로 알려졌다.

[20] 리기성, "새 세기 우리 식의 사회주의경제리론을 연구하는데서 나서는 중요한 문제,"『경제연구』, 2007년 제2호, pp. 10-13. 이글은 경제이론가들 사이의 논쟁에 종지부를 찍는 듯한 글로서, 그들 내부에 사상투쟁이 있었음을 시사한다. 리기성은 "현시기 경제관리에서 해결하여야 할 절박한 문제의 하나는 사회주의 계획경제를 운영하는데서 가격, 시장, 수익성과 같은 상품화폐적관계와 관련된 경제적 공간들을 어떻게 리용하겠는가 하는것이다. 그것은 계획경제를 기본으로 하면서 상품화폐적관계와 관련된 경제적 공간들을 보조적 공간으로 계획경제의 일시적인 공백을 메꾸는 방향에서 리용하는것이다 … 우리는 특히 사회주의원칙이 생명이라는 확고한 립장을 가지고 경제건설과 경제관리실천에 제국주의자들과 혁명의 배신자들이 떠드는 개혁개방의 사소한 요소라도 스며드는것을 철저히 배격할뿐아니라 사회주의 경제발전을 저해하고 자본주의를 되살리는데 복무하

이 있었다. 김정일은 박봉주의 개혁 지향점이 '시장경제'임을 알고 있었던 2005년에 자신의 입장을 '담화'로 발표하지 않음으로써 결과적으로 당·정간의 불협화음과 논란의 조기 종식을 게을리 했다.[21]

정리하자면, '6.18 담화'는 김정일의 '담화'라고 해서 김정일의 생각이 곧바로 반영된 것이 아니라, 문제 상황의 진전을 거리를 두고 지켜보다가 제3자의 입장을 자신의 견해로 선택해 '담화' 형식으로 담아낼 수 있음을 보여 준다. 김정일은 그의 바쁜 일정으로 매번 경제관리 문제만을 객관적 입장에서 분석하고 있을 수는 없는 노릇이었다. 그는 권력층 안팎을 떠도는 여러 쟁점과 아이디어들 중에서 어느 하나를 선택해야 하는데, 문제의 불확실성이 사라질 때까지는 입장 표명과 행동을 유보하다가, 사건이 터지고 문제가 불거지면 행동하는 모습을 보여 주었다.

② 경제관리 이론의 절충주의

김정일의 경제관리방법 개선과 관련된 단편적 방침과 지시들은 2005년에 '주체의 사회주의경제관리론'으로 정리된다. '주체의 경제관리이론'은 경제관리 과정에서 "①령도적정치조직으로서의 당과 국가경제기관의 호상관계, ②국가와 매개 경제단위의 호상관계, ③생산자대중과 생산지휘자의 호상관계, ④대중동원에서 정치도덕적요구와 물질적요구의 호상관계라는 4개의 결합관계가 제기된다"고 했다. 김정일은 이 결합관계에서 "당의 정치적 지도밑에 국가경제기관이 경제기

는 온갖 부르죠아적 및 기회주의적궤변들의 반동적 본질을 낱낱이 폭로비판하고 경제리론의 모든분야에서 사회주의원칙을 일관성있게 구현해 나가야 한다"고 주장하였다.

21) 이처럼 김정일의 공식적인 입장정리가 뒤늦은 것은, 경제개혁의 성과여부는 차지하고 그 조치가 이미 상당히 진척되어 되돌리기에 많은 기회비용을 부담해야 하고, 2001년 이래 북한 정책 당국자들이 수차 '7.1조치는 되돌릴 수 없는 조치'로 선전해 놓은 것과 모순되며, 김정일의 '개혁에 대한 미련'이 복합적으로 작용한 것으로 보인다.

술적 지도를 실현하며, 국가의 통일적이며 계획적인 지도를 보장하는 기초 우에서 매개 단위의 창발성을 높이며, 민주주의를 보장하는 조건에서 지휘를 유일적으로 하며, 정치도덕적 자극을 위주로 하면서 여기에 물질적 자극을 옳게 결합시키는 것"을 기본원칙이라고 했다.[22]

김정일은 경제개혁의 입구와 출구에서는 명확한 입장을 밝혔지만, 그 추진과정에서는 경제 관리의 여러 측면을 '옳게 결합'하라고 할 뿐 명확한 지침을 자제하였다. '주체의 경제관리이론'에서 당의 정치논리와 내각의 경제논리, 중앙의 집중적지도와 하부단위의 자율성, 생산단위의 경영상 지휘권과 근로대중의 이익, 대중동원 방식에서의 정치적 자극과 물질적 자극의 '조화'를 거론할 뿐 상충될 경우 무엇을 선택하라는 것이지 극히 애매할 뿐이었다.

이 같은 김정일의 절충적 언술은 정치논리와 경제논리를 동시에 고려하고, 불확실한 결과로부터 부담을 덜며, 상황에 따라서는 양극단을 왔다 갔다 하며 융통성을 발휘할 공간을 마련해 주는 편리함이 있었다. 앞에서 김정일이 '사회주의 원칙' 중시와 '사회주의 과도적 성격' 강조 사이를 왔다 갔다 한 사례에서 보았듯이, 확신이 서지 않으면 정책 실무자들에게 알아서 하라고 하고 문제가 발생하면 책임을 씌우면 되는 것이었다.[23] 한편 부하들은 김정일의 애매한 입장으로 혼란스러

---

[22] 박선호, "위대한 령도자 김정일동지께서 제시하신 사회주의경제관리개선완성에 관한 독창적리론,"『경제연구』, 2005년 제1호, p. 3.
[23] 노이스타트(R. Neustadt)는 『대통령의 권력』에서 "권력은 여러 기관이 공유한다. 대통령의 권력은 설득하는 권력이다. 대통령은 장관이나 정치인들에게 마차에 오를 것을 권하는 마부와 같은 역할을 할 뿐이다. 공식적으로 대통령의 권한은 최고이나 그 자리가 보장하는 권한은 서기의 권한일 뿐이다"라고 주장하면서, 대통령이 할일이란 자신의 정치적 자산을 이용하여 다른 이들의 마음속에 한편으로는 탐욕을, 다른 한편으로는 두려움을 불러일으킴으로써 대통령이 원하는 것이 결국은 자신들의 필요와 부합하는 것이라고 믿게 만드는 일이라고 한다. R. E. Neustadt, *Presidential Power and the Mordern Presidents: The Politics of Leadership from Roosevelt to Reagan*, 5th ed. (New York: Free Press, 1990), p. 29.

위하나, 때로는 방침의 절충적 성격을 적극 활용하여 자신의 입장에 유리하게 해석하기도 한다. 그 같은 현상은 다음과 같은 '정치적 자극과 물질적 자극'의 조화 문제에서도 나타났다.

③ 정치적 자극과 물질적 자극의 절충

김정일은 공식 담론에서는 '정치도덕적 자극을 앞세우는 원칙'을 강조하지 않을 수 없었다. 지도자로서 '정치적 자극'은 사회주의의 대원칙이자 집단주의의 근본원칙이라는 점에서 무시할 수 없는 입장에 있다. 김정일은 2001년 '10.3 담화'에서, 먼저 '정치도덕적 자극을 확고히 앞세울 것'을 강조하면서 '돈과 물건으로 사람을 움직이는 것은 자본주의적 방법'임을 명백히 지적하였다.

> 사회주의사회의 본성과 과도적 성격에 맞게 정치도덕적 자극을 확고히 앞세우면서 물질적 자극을 적절히 배합할데 대하여서는 우리 당 문헌에 다 명백히 밝혀져 있습니다. 그런데 최근년간 나라의 경제형편이 어렵게되자 일부 경제지도일군들과 학자들이 물질적자극에 대하여 많이 말하면서 생산의욕을 높이기 위한 방도를 주로 물질적자극을 강화하는데서 찾으려 하는데 그런 방향으로 나간다면 근본문제를 해결할 수 없을 뿐아니라 심중한 후과를 초래할 수 있습니다. 돈과 물건으로 사람을 움직이는 것은 자본주의적 방법입니다. 사회주의사회에서는 물질적자극을 무시하여도 안되지만 어디까지나 정치도덕적 자극을 기본으로 틀어쥐고 나가야 합니다.[24]

그러나 김정일은 이어 '사회주의 분배원칙'을 동시에 강조함으로써 우회적으로 '물질적 자극'을 동원할 것을 주문하였다. '공산주의 분배원칙'은 능력에 따라 일하고 필요에 따라 분배하는 것이고, '사회주의 분배원칙'은 일한 것만큼, 번 것만큼 분배한다는 것이다. 김정일은 "근

---

24) 김정일, 앞의 담화(2001.10.3).

로자들의 로동의 질과 량, 로동의 결과를 그날그날로 어김없이 평가하여 (심지어) 공개하는 것을 철저히 제도화할 것"을 주문하면서, 사회주의 분배원칙이 지켜지도록 '평균주의적 임금' 극복과 '사회적 공짜' 철폐라는 두 가지 원칙을 강조하였다.25) 무임 승차자들(free riders)을 없애겠다는 계산이었다.

김정일은 대중동원방법에서는 '정치적 자극'을 확고히 앞세우라고 한 반면, 분배방법에서는 '물질적 자극'을 적극 동원하라는 모순된 입장을 취하였다. 현실에서 경제개혁을 추진하는 경제 간부들은 이 같은 김정일의 절충주의가 조성한 공간을 최대한 활용하였다. '물질적 자극과 정치적 자극을 인위적으로 대치'시키는 것은 잘못이라면서 '사회주의 원칙'은 원칙일 따름이고 현실에 맞게 창조적으로 구현해야 한다는 점을 강조하여 개혁정책을 정당화하였고, 심지어는 '물질적 자극 = 자본주의 방법'이라고 김정일이 언급한 등식을 비판하기도 하였다.

> 지난 시기 우리는 사회주의분배원칙에 대한 인식이 바로 서 있지못한데로부터 물질적 평가문제를 정치적 평가문제와 인위적으로 대치시켜 놓고 그것을 사회주의의 본성적요구에 맞게 옳게 구현하지 못하였다. 자기 인민의 힘을 믿고 자기 인민의 힘을 발동하여 경제문제를 풀어 나가자는 것이 그 어떤 ≪개혁≫ ≪개방≫이나 자본주의적인 방법으로 될수는 없다.26)
> 사회주의경제관리의 기본원칙은 어디까지나 구체적인 경제관리에서 견지해야 할 일반적이며 보편적인 원칙인만큼 그것은 변화되는 력사적환경과 구체적인 조건에 맞게 창조적으로 구현해야 한다 … 변화되는 환경과 현실적조건에 맞게 낡은 경제관리방식을 개조하거나 새로운 경제관리방식을 창조해야한다.27)

---

25) 위의 담화.
26) 강연 및 해설담화 자료(2002.7); 군(軍) 강연자료(2002.7).
27) 박선호, "위대한 령도자 김정일동지께서 제시하신 사회주의경제관리개선완성에

북한 경제 당국은 물질적 자극을 적용하는 방법으로 ①노동의 결과를 정확히 반영한 분배원칙 적용, ②독립채산제 실시, ③가치법칙의 이용을 들고 있다.28) 내각은 7.1조치를 추진하면서 독립채산제의 확대와 가치법칙 이용에 대한 일부 부정적 인식에 대해서 아래와 같이 적극적으로 항변하였다.

돈문제만 놓고 보자. 다 아는바와 같이 번 수입에 의한 독립채산제에서는 돈을 실리기준으로 틀어 쥐고 기업관리를 해나가게 되어 있다. 그런데 지금 적지 않은 일군들은 이에 대해 몹시 경계하고 소심하게 대하고 있다. 원래 경제사업에서 돈은 모든 생산물과 상품의 가치를 표시해 주는 자막대기라고 말할수 있다. 어떤 사업이든지 오직 돈에 의해서만 그 결과를 질량적으로 가장 정확히 계산하고 평가할수 있다. 문제는 누구를 위해 돈을 중시하고 마련하며 쓰는가에 있다. 개인의 향락과 치부를 위해 돈을 긁어 모은것은 나쁘지만 나라의 부강발전과 인민들의 복리증진을 위해 돈을 중시하고 마련하여 쓰는 것은 사회주의원칙에 맞는다. 이것은 나라와 민족의 자주권을 지키는 총대는 정의의 보검으로 되지만 침략과 략탈을 목적으로 하는 총대는 살인흉기로 되는것과 같은 리치이다.29)

내각은 국가가 설령 '돈벌이'를 한다 해도 그 목적이 '나라의 부강발전과 인민들의 복리증진'에 있다면 '사회주의 원칙'에 맞는 것이 된다는 덩샤오핑식의 설명을 하고 있었다.30) 이들은 경제개혁 작업이 김정

관한 독창적리론," pp. 2-4.
28) 『경제관계법 해설집』(2008), pp. 123-129.
29) 간부 강연자료, "새로운 경제적조치의 요구에 맞게 경제관리에서 결정적 전환을 일으키자"(2003.4).
30) 덩샤오핑은 1987년 2월 "계획과 시장은 모두 하나의 방법으로 사회주의를 위해 쓰면 사회주의적인 것이며, 자본주의를 위해 쓰면 자본주의적인 것이다"라고 언급하였다.

일의 '세심한 지도 밑에 마련'되었고 '대책안 하나 하나 다 보아 주신 것'임을 강조하였고, 나아가 "어떤 경우에도 이 력사적인 로정에서 물러 설수 없으며, 과거에로 되돌아 갈수는 더욱 없다는 것이 장군님의 확고한 의지이고 결심"임을 분명히 하였다.[31] 이처럼 김정일의 '애매한 입장'은 밑으로 가면 '구체적이고 분명한 입장'으로 해석되어 개혁의 정당성과 불가역성 주장에 활용되었다.

이와 같은 내각의 '돈벌이'에 대한 정당화는 5년뒤 김정일의 2008년 '6.18 담화'를 통해서 '물질적 자극 우선'과 함께 비판받는다. 김정일은 "경제사업에서 근로자들의 생산의욕을 높인다고 물질적 자극 일면에 치우치며, 실리를 보장한다면서 돈벌이 위주로 나간다면, 비사회주의의 길로, 시장경제의 길로 떠밀리게 된다"는 주장을 하였다. 물론 그가 '돈벌이'의 문제점을 지적하면서 '물질적 자극의 적절한 배합'을 거론하지 않은 것은 아니나, 김정일의 다음과 같은 발언의 취지로 볼 때 북한 간부들이 '물질적 자극'을 적극 발동시킬 가능성은 이제 없어졌다고 보아야 할 것이다.

> 사회주의경제관리에서 정치사상사업을 앞세우고 집단주의원칙을 견지해야 합니다. 우리 나라 사회주의의 위력은 정치사상적 위력이며 집단주의의 위력입니다 … 경제사업에서 근로자들의 생산의욕을 높인다고하면서 물질적 자극일면에 치우치며 실리를 보장한다고 하면서 돈벌이 위주로 나간다면 경제문제도 인민생활문제도 해결할 수 없을뿐 아니라 우리의 정치사상적위력, 집단주의의 위력을 약화시키고 나라의 경제를 더욱더 비사회주의길로, 시장경제로 떠밀게 됩니다. 경제지도일군들은 당의 일관된 방침대로 경제사업에서 사람들의 사상을 기본으로 틀어쥐고 정치도덕적 자극을 위주로 하면서 여기에 물질적 자극을 적절히 배합해나가야 합니다. 경제지도일군들은 조건이 어려울수록

---

31) 앞의 강연자료(2003.4).

물질적 자극이 아니라 정치사업을 강화하여 대중의 정신력을 높이 발양시키는데 더욱 큰 힘을 넣어야 합니다.[32]

④ 절충주의로 인한 '오해' 사건

김정일의 2004년 6월 1일 "계획경제를 시장가격에 접근시키라"는 지시를 해석하는 문제로 2005년 초부터 김정일과 내각 간에는 '시장 이용과 시장경제 도입 간에 오해' 문제가 대두되었다. 김정일은 2005년 1월에 "국영기업을 기본으로 하고 시장을 보조적인 공간으로 이용하여 공백을 메꾸는 방법으로 국영기업과 시장을 옳게 배합해야 한다"고 하여 종전 지시를 시장을 '보조적 공간'으로 이용하라는 취지로 해명하였다.[33] 그는 2005년 2월에는 당 간부들에게 아래 인용문처럼 "내가 시장을 이용하라 했더니 일부 (내각)일군들이 시장경제로 전환하는 것으로 이해하고 있는 것 같다"고 언급하여 내각의 '오해'를 분명히 하였고, 2008년 '6.18 담화'에서는 이 점을 다시 거론하였다.

> 경제지도 일군들이 당의 의도를 잘알지 못하고 있는것 같습니다. 일부 일군들은 시장을 나라의 경제를 운영하는 데서 보조적인 공간으로 리용하자는것을 시장경제로 전환한다는 것으로 이해하고 있는것 같습니다. 시장과 시장경제는 성격이 다릅니다. 경제지도 일군들이 시장과 시장경제에 대한 개념을 바로 인식하지 못하고 있는 것을 보면 사상의 빈곤, 지식의 빈곤에 빠져있다는 것을 알수 있습니다.[34]
> 내가 최근시기 여러 기회에 말하였지만 시장에 대한 인식을 바로 가져야 합니다. 우리가 경제관리에서 시장을 일정하게 리용하도록 하였더니 한때 일부 사람들은 사회주의원칙에서 벗어나 나라의 경제를 〈개혁〉〈개방〉하며 시장경제로 넘어가는것처럼 리해한것 같은데 이것은

---

32) 김정일, 앞의 담화(2008.6.18).
33) 김정일, "당 중앙위 및 내각책임일군들과의 담화"(2005.1.9).
34) 김정일, "당 중앙위원회 책임일군들에게 하신 말씀"(2005.2.26).

아주 잘못된 생각입니다. 경제지도일군들이 시장과 시장경제에 대한 그릇된 인식을 가지게 되는것은 사상의 빈곤, 지식의 빈곤에 빠져있다는것을 말해줍니다.35)

한편, 내각의 입장은 달랐다. 이들은 김정일로부터 2004년 6월 1일 "계획경제를 시장가격에 접근시키라"는 지시를 받은 직후 추가 개혁방안을 연구하는 몇 몇 자료에서36) 김정일의 지시를 '계획경제와 시장가격의 결합' 혹은 '가격제정에서 신축성을 보장할 데 대한 문제'로 표현하고 있다. 내각은 김정은의 '6.1 지시'를 국정가격의 탄력성을 높이기 위해 수요와 공급이라는 시장신호를 적극 반영하는 개혁을 김정일이 허락해 준 것으로 해석하고, 이를 기초로 '시장경제'에 준하는 추가 개혁방안을 연구했다.

주목되는 점은 김정일이 '6.1 지시'에서는 '시장가격' 용어를 사용했으나, 이후 그의 해명에서는 '가격공간 이용' 표현이 빠지는 대신 '물리적 공간으로서 시장'을 이용하라는 취지로 언급하고 있다는 점이다. 그러나 '내각 상무조'는 김정일 지시를 일관되게 '가격 공간 이용 문제'로 받아들인다.37) 어쨌든 김정일 자신이 "지식의 빈곤"으로 '시장' 개념을 오해했고 이를 나중에 변명한 것이 아니라면, 내각이 김정일 지시의 모호성으로 그 취지를 잘못 받아들이고 "사상의 빈곤"에 빠

---

35) 김정일, 앞의 담화(2008.6.18).
36) "경제관리방식개혁 연구자료," 『2004.6 내각상무조 개혁안 자료집』(2005).
37) 『경제연구』는 총론적으로는 김정일 편을 들면서 쟁점으로는 '가격공간'을 들고 있는 점이 특징이다. "계획경제와 시장의 결합은 계획경제와 시장경제와의 결합과는 근본적으로 다르다. 시장경제는 생산수단에 대한 사적소유에 기초(한다). … 오늘 우리 나라에는 생산수단에 대한 사적소유에 기초(한) … 시장경제가 존재하지(않는다). … 계획경제와 시장을 결합시키는데서 현시기 중요한 문제는 국영기업소의 생산물가격과 시장가격을 결합시키고 … 계획가격을 기본으로 시장가격을 결합시켜나가야 한다." 정명남, "집단주의경제관리의 중요특징과 그 우월성을 높이 발양시키는데서 나서는 기본요구," 『경제연구』, 2006년 제2호, pp. 12-17.

진 셈이 된다. 결과적으로 김정일의 애매모호한 언술로 인한 '오해'는 내각이 시장경제를 모색하고, 당은 이를 빌미로 내각을 공격하면서 권력층이 한 차례 요동치는 사건의 발단이 되었다.

⑤ 김정은의 절충주의: 경제관리 방식 자체에서는 완화

김정은도 경제개혁 추진문제와 관련한 담화(12.28 담화, 5.30 담화 등)에서의 '절충주의적 언술'은 김정일과 유사하나 구체적으로 무엇을 하라는 것인지가 명확한 편이라서 애매모호한 점은 줄어들었다. 예컨대, 김정은이 개혁의제 개방 담론에서 "사회주의 원칙·주체사상 구현"이라는 이념적 모자를 씌우면서 "세상에서 제일 좋은 방법론 개발"을 주문하는 모순적이고 절충적인 언술을 하고 있으나 전후맥락을 통해 방점은 방법론 개발에 있음은 앞에서 기술했다. 그는 '12.28 담화'에서 "정치·도적적 자극과 물질적 자극을 잘 배합할 것"을 주문하면서도 "경제계산을 엄격히 하여 낭비현상과 공짜놀음을 근절할 것"을 강조함으로써 후자를 중시하는 입장임을 명확히 했다.

김정은은 "우리식 경제관리 방법"을 밝히면서도(2014.5.30 담화) "우리 식 고수"와 "현실 발전의 요구"의 절충을 주문했다. "우리 식 고수"로는 "사회주의 본성에 어긋나는 방법을 끌어들여서는 안 된다"거나 "주체사상의 원리에 맞아야한다"는 주장을 한다. 반면에 "현실발전의 요구"와 관련해서는 경제관리가 "객관적 경제법칙과 과학적 이치에 맞아야한다", "기술 집합 형 기업으로 전환해야한다", "최대한 실리를 보장해야한다"고 한다. 김정은도 과거 김정일처럼 '우리 식'과 '변화하는 현실' 사이에 절충주의를 취하고 있으나, 요구의 핵심은 국공유제를 유지하는 대신 계획경제는 보다 탄력적으로 적용하라는 것으로 해석된다.

그는 '5.30 담화'에서 '경제의 통일적 지도와 전략적 관리'를 위해 내각책임제·중심제 강조에 머물지 않고 당의 경제전반에 대한 통일적 지휘, 군의 국방공업역할 제고를 병렬적으로 강조함으로써 내각·당·군의 역할을 아우르는 절충적 입장을 취했다. 그러나 결론에서는 "경제 사업에 제기되는 중요 문제들은 당에 보고하고 그 결론에 따를 것, 각 부문·단위의 경제 관리는 해당 당위원회의 집체적 지도에 의거하되 개별 일꾼의 독단을 허용하지 말 것"을 주문함으로써 '당적 지도'가 특히 강조되었다.

김정은은 김정일처럼 국가와 개별 생산단위의 관계에서도 생산단위의 자율성 제고와 당국의 장악력 간 조화를 도모했다. '사회주의기업관리책임제'의 각론에서는 개별 공장·기업소들의 자율성을 확대해 주고 있으나 총론적으로는 당국의 경제 장악력 제고를 주문했다. 김정은 시기 국가경제발전전략 작성, 사회주의재산 총실사, 생산능력평가사업의 실시는 개별 경제단위에 대한 실질적인 경영권 보장의 목적이 궁극적으로는 당국의 경제 장악력 제고에 있음을 시사한다.

이처럼 김정은 집권이후 경제관리 측면 자체에서는 과거보다 절충주의 현상이 줄어드는데 그 배경은 김정일 시대 관망 과정을 거치면서 무엇이 바람직한 관리방법인지 방향이 정해진데다가, 특히 현실 경제의 급속한 시장화로 국가경제의 관리방향은 시장 편승과 분권화에 있음이 명확해졌기 때문이다. 그러나 김정은 시기 북한 경제의 문제점은 경제관리 자체에서 절충주의가 아니라, 경제개혁 혹은 민생향상을 위한 경제논리가 정치논리에 의해 빈번히 절충되어 경제정상화 여건이 잠식되는데 있음은 앞에서 밝힌 바 있다.

다. 지도자 '말씀' 과잉과 그 무시현상

북한에는 '수령과 지도자 동지의 말씀'이 온 사회에 넘친다. 그들의 '말씀'은 성경 구절처럼 북한 전 주민들을 신자로 만들어 지배하고 있는 것처럼 보인다. '지시 과잉' 현상은 지도자가 북한 사회구조를 '수령의 유일적 결론과 지도' 아래 하나 같이 움직이는 유기체 사회로 만들기 위한 방편이기 때문에 '뇌수'로부터 끊임없이 지령이 전파되어야 한다. 경제적으로는 김정일·김정은 방침 단위에 자원을 우선 배정하기 때문에 지도자의 방침과 지시가 아닌 사업은 그 실효성을 보장할 수 없어 모든 단위에서는 '말씀'을 필요로 한다. 모든 사업 단위들이 지도자 방침을 기다리거나, 지도자에 대한 건의를 통해 '친필지시' 단위로 배정되기를 기대하는 현상은 다시 지도자의 통치행태에 영향을 미쳐 지도자가 지엽적인 문제까지도 관여하는 미시적 관리가 불가피하게 한다.

'말씀'에 의한 정치에는 또 다른 부작용이 수반된다. 지도자 지시의 즉흥성으로 앞 뒤 지시가 맞지 않아 집행하는 입장에서는 '마지막 지시가 진짜 지시'라는 인식을 갖고 기다리는 현상이 발생하고, 지도자 지시의 독단성으로 현실 상황과 조건에 맞지 않아 시행할 수 없는 경우도 생긴다. 그 결과 아래 사례에서처럼 지도자 지시라 할지라도 집행조직의 이해관계로 무시되는 사례가 빈발하고, 지도자의 '결론'도 이해관계가 다른 조직의 건의로 묵살·대체되기도 한다.

2004년 6월(경제개혁) '내각 상무조'는 곡물 수매를 원활히 하기 위해서는 당국이 농민들과의 약속을 지키는 것이 중요하다고 했다. 씨 뿌릴 때는 어떻게 한다 해놓고, 걷을 때는 나라 사정을 거론하며 다 거두어 가면 농민들이 마음을 바쳐 일하지 않는다고 판단했다. 또한 곡물 생산업무와 관리업무가 분리되어 있으면, 책임이 불분명해지고 허위보고가 생기는 점을 고려하여 수매양정성을 없애고 그 업무를 농업성으로 일원화하는 문제를 검토했다.

이와 관련, 김정일은 2006년 1월에 "국가에서 농민들과 약속한 것을 어겨서는 안된다. 농민들이 논두렁에 콩을 심거나 비경지에 곡식을 심어 거두어드린 것을 그들의 분배 몫에 포함시키는 것은 수탈행위와 같다"고 하면서 시정할 것을 지시하였고, "이제는 모든 부침땅(과 관련된 업무를) 업무를 농업성에 넘겨야 할 때가 되었다"고 언급했다. 이 발언은 '내각 상무조'가 내부적으로 논의한 내용과 일치한다는 점에서 내각의 '개혁안'을 김정일이 인지하고 있다는 근거가 된다. 그러나 김정일의 지시에도 불구하고 곡물생산과 수매관리의 일원화를 위한 수매양정성은 폐지되지 않으며, 뙈기밭에서 생산된 곡물은 여전히 1차 수매분에 포함되었을 뿐 아니라, 2008년에 뙈기밭은 협동농장의 토지로 회수되는 지경에 이르렀다.

김정일이 현지지도 과정에서 지시한 내용은 '직능참고 자료' 등의 형태로 해당 기관에 전파되도록 되어있음에도 이행되지 않는 이유는 농업관리기관으로서는 농민과의 약속 이행보다 국가양곡전매제 실시(2005.10)로 "최대한의 수매량 확보"(수매양정성 임무)가 더 중요한 김정일의 지시였기 때문이었을 것이다. 수매양정성 간부들은 책임만 큰 농업성과는 달리 농민들로부터는 '지주'라고 불리나 배급제 기관들로부터는 '끗발 있는' 자리였다. 수매양정성이 이해관계를 같이하는 다른 기관을 동원하여 자기조직에 대한 '폐지론'을 무마하는 일은 어려운 일이 아니었다.

북한의 양정당국은 2005년 곡물 생산량을 처음에는 '알곡 520만톤이 생산된 대풍년'으로 추산하여 중앙에 보고하나, 막상 수매해 보니 과장된 것으로 판명되었다.[38] 2005년에 '농업 = 주공전선'으로 설정하고, 어느 때 보다 강도 높게 전 주민을 "농촌지원에 총동원"한 마당에, 지방 당에서 "장군님께 기쁨을 드린다"는 명분으로 과장 보고한 것으로 확인되었다. 김정일은 2006년 1월 간부들에게 "알곡 생산에 대해서는 더하지도 말고 덜지도 말며, 사실 그대로 보고하여야 한다"고 했다.[39]

김정일은 2004년 봄에 군부대를 방문할 때마다 군인들의 단백질 공급원으로 콩 농사를 장려하였고, 2005년에는 부대별로 '콩 농사 경쟁'

---

38) 농촌진흥청은 2005년도 북한의 곡물생산량을 454만톤으로 추계하였다.
39) 김정일, "당 및 군대, 국가간부들에게 하신 말씀"(2006.1.28).

을 시켰다. 그해 가을에 김정일이 군부대를 현지지도 하게 되면 군 고위간부가 사전에 준비해 둔 콩 자루를 비치하여 콩 농사가 잘된 것처럼 허위보고한 사례도 있었다. 현지지도를 앞둔 단위에 '물건 옮겨놓기'는 이미 김정일이 '요령주의'라고 비판한 행태였다.[40] 지도자가 수시로 간부들에게 '있는 그대로 보고'할 것을 주문하고, 심지어 김정일은 "일부 단위에서 나에게 '심려'를 끼친다며 잘못한 것을 보고하지 않는데 아무리 엄중한 잘못이라도 보고해야 한다"[41]고 했음에도 불구하고 허위보고는 근절되지 않았다.[42]

| 03 | 경제개혁 추진과정에서 지도자 역할과 한계

이상의 논의를 종합하면, 경제개혁 과정에서 지도자의 주도적인 역할은 경제개혁 의제를 설정한 일이었다. 2000년 김정일의 개혁의제 개방의 폭은 김일성 때보다, 김정일이 후계 시절 간헐적으로 거론한 실용주의적 담론보다 대폭적이다. 1990년대 경제실패에 따른 지도자 자신의 '반성'과 과거 경제개혁 의제의 정치적 성격을 경험한 부하들을 움직이게 하려는 노력에서 비롯되었다. 2011년 연말 김정은의 개혁의제 개방은 자본주의 방법이라도 도입할 듯이, 곧 개혁·개방을 할

---

40) 탈북민 증언, 2005년 1월; 김정일은 1996년 12월에도 "나는 요령주의를 조금도 허용하지 않습니다. 나는 인민군군부대들에 갈 때 치약 같은 것도 절대로 새 것을 가져다놓지 못하게 합니다. 내가 동에 번쩍 서에 번쩍 하는 식으로 군부대에 찾아가기 때문에 그들이 새것을 가져다놓자고 하여도 그럴 사이가 없습니다"라고 한 바 있다. 김정일, "친애하는 지도자 김정일동지께서 당중앙위원회 책임일군들에게 하신 말씀"(김일성종합대학창립 55돐 즈음 담화, 1996.12.7), 『월간조선』, 1997년 4월호.
41) 김정일, "조선인민군 지휘성원들에게 하신 말씀"(2006.9).
42) "2009년 4월 김정일이 어느 생산 공장을 시찰했을 때 전시된 제품을 보고 '광명성-2호 발사때 보다 기쁘다'고 칭찬했으나, 후에 암시장에서 구입한 제품을 재포장하여 진열한 것으로 확인되었다. 북한 당간부는 '생산목표를 달성하지 못하면 즉시 퇴출당하는 분위기라 허위보고를 하지 않을 수 없다'고 하소연 하였다." 『産經新聞』, 2009.11.25.

듯이 대답했다. 바로 수년전 개혁론자들 숙청으로 간부들이 움직이지 않을 것이라는 점을 고려했다. 그러나 한계도 있었다. 김정일의 개혁의제 개방은 기왕의 정치논리와 특수부문의 존재를 훼손하지 않는 수준으로 제한되었다. 김정은은 사상해방에 준하는 수준으로 개혁의제를 개방했으나 오래가지 않은 것이 한계였다. 김정일의 경제개혁 의지는 5년 정도 유지되었으나, 김정은의 개혁의지는 9개월로 단명했다.

경제개혁 추진과정에서 지도자가 취한 중요한 역할은 자신의 대리인인 개혁추진 주체의 위상을 높여주고 그들의 활동을 독려하는 일이었다. 김정일은 박봉주 내각에 인사권·검열권을 부여하는 방식으로 내각의 개혁정책 추진 능력을 신장시켜 주었다. 김정일의 만기친람(萬機親覽)식 통치행태로 볼 때 권한위임은 드물게 나타나는 현상으로 개혁과제의 복잡성을 시사했다. 그러나 내각에 대한 능력보강이 경제개혁 초기 '6.3 그루빠' 구성 시기에 이루어지지 않고 지체된데 문제가 있었다. 개혁속도를 놓고 당·정 간 갈등이 고조될 때도 김정일의 조정역할은 지체되었다.

김정은은 집권초기 개혁정책 입안 기구인 '내각 상무조'의 역할 독려, 내각책임제·중심제 강조, 내각에 개혁성향의 전문관료 배치 등 개혁추진 주체로서 내각이 제 구실을 하도록 지원했다. 김정일이 개혁과제에서 당을 거의 배제시킨 것과는 달리 김정은은 내각의 중심적 역할과 당적 지도를 동시에 중시했다. 김정은이 경제문제에 대한 정치적 절충 정도가 더 컸음을 의미한다. 그는 내각에 편중되지 않고 '당 전문기구'의 자문도 활용했고, 박봉주를 다시 총리로 등용하면서 큰 권한위임은 없었다. 김정은은 내각의 전문성·자율성 신장에 대한 배려가 상대적으로 부족했다. 한편 경제개혁 추진의 중간과정에 대해서는 김정일·김정은 모두 적극 관여하지 않는다는 점에서는 공통적이다.

다음으로 지도자의 '결론적 언술'이 과연 지도자의 '의중'에 따른 것인지를 검토하기 위해 경제정책과 관련된 지도자의 담론이나 방침·지시의 성격도 따져보았다. 그 결과 지도자의 언술에는 절충과 추상성·모호성, 결론의 지체로 부하들이 재량행위를 하거나 지도자의 의도를 넘어 행동할 공간이 충분했다. 그리고 지도다가 내린 '결론'에는 여러 대안들 중에서 하나를 선택한 행위이기보다는 이미 주어진 조건에 의해 방향이 설정된 상황을 사후적으로 정리하는 행위인 경우도 많았다. 지도자는 또한 전략적 문제보다는 구체적이고도 작은 사업에 대해 '말씀'이 많았다. 그 작은 '말씀'들을 부하들은 열심히 적어 놓으나 항상 '큰 뜻'을 헤아려 실행할 수는 없었다. 부하들은 자신의 이해관계에 맞는 구절만 선택하여 실천하며, 때로는 다른 지시와의 충돌을 명분으로 '말씀'을 무시하기도 했다.

이상이 '수령의 유일적 결론'에 의해 움직이고 있는 북한의 정책추진 모습이라면, 수령결정론(합리적 결정론)으로는 실질적으로 정책을 규정하는 주체가 누구인지 잘 드러나지 않음을 알 수 있다.

제2절 조직행태: 경험범위 내 개혁과 본위주의

│01│ 과거 개혁경험 활용과 개혁의제 설정의 한계

가. 7.1조치와 과거 경제개혁 경험 응용

1999년 6월에 구성된 '6.3 그루빠'는 김정일로부터 경제개혁안 작성 과제를 부여 받는다. 과제작성 방향은 '경제사업에서 실리를 보장할 것', '내각이 통일적으로 경제를 장악하여 운영할 수 있도록 할 것', '근본적으로 혁신할 것'으로 요약된다. '6.3 그루빠'의 '정책 상무조'는 당 경제정책검열부, 내각, 경제연구기관의 실무 간부급(당 과장, 내각 국장 등)으로 구성되었다. 이들은 소속된 기관은 다르지만 경제지도 기관에서의 근무 경험이 있는 경제전문가라는 점에서 동질적이며, 그로 인해 문제의식과 해결방식이 대체로 유사하다. 형식상 당 정책검열부에 주관 책임이 부여된 것은 '다른 권력기관의 관여로부터 내각의 자율권을

표 5-4 7.1 조치를 입안한 '6.3 그루빠' 구성원

	당 경제정책검열부 간부	내각 간부들
정책상무조 (1999.6 -2001.12)	당검열과장,대외정책과장, 양과 당 지도원 각 2명. (경제비서겸 부장 한성룡, 부부장→1부부장 김히택)	재정상, 국가계획위원회 국장, 내각 사무국 국장, 농업성·무역성 등 실무 간부들, 경제학자 등. (총리 홍성남, 국가계획위원장 박남기, 국가계획위원회 부위원장 김광린)
실무상무조 (2001.12 -2002.6)	국가계획위원장(박남기), 재정상(문일봉), 노동상(이원일), 중앙통계국장(김창수), 중앙은행총재(김완수) 내각 사무국장(정문산), 무역상(이광근), 농업상(김창식), 경공업상(이주오) 등	

* 정책상무조는 '6.3 그루빠'에 참가한 북한(탈북) 경제간부들의 증언을 토대로 작성, 괄호안은 지휘선상의 간부들을 필자가 추가. 실무상무조는 7.1조치와 연관된 내각 부처책임자들을 필자가 기입.

확대해주는 문제'가 초기 개혁과제에 포함되었기 때문이다. 2001년 12월경 '정책상무조'의 개혁안을 넘겨받아 구체적인 시행계획을 짜는 '실무상무조'는 내각 간부들로만 구성되었다. 이로 볼 때 7.1조치는 경험이 동질적인 인물들을 중심으로 성안되었다고 볼 수 있다.

이들은 자신들이 산출한 개혁조치들을 스스로 '새로운 경제적 조치'라고 하였지만 아래 〈표 5-5〉에서 보듯이 각각의 조치들은 과거의 개혁 경험들을 다시 꺼내 놓은 것이었다. 7.1조치가 과거와 다른 점은 일련의 개혁 조치들을 묶어 동시에 시행하였다는 점, 각 조치들의 개혁심도가 과거보다 깊다는 점, 지도부의 실행 의지가 강하다는 점이다. 조직은 상황에 따라 응용의 묘를 발휘하고 극적인 사건으로부터 학습하기도 하나, 기왕의 조직 능력과 절차에서 자유롭지 못하며, 그들이 발전해 온 경로에 의존하는 경향이 있다.[43]

표 5-5 **7.1 조치와 과거 경제개혁 사례**

구 분	7.1 조치	과거 경제개혁 경험
임금·물가·환율 현실화	임금 18배, 물가 25배, 환율 70배 인상.	1992년 3월 임금 43.4% 인상, 곡물 수매가 인상(벼 26.2%, 강냉이 44.8%) → 물가 3-4배 인상.[44]
하부단위 자율권 강화	기업경영 자율권 확대, 영농 분조관리제 실시, 지방예산제 강화 등.	1985년 연합기업소 제도 도입, 1996년 3월경 일부 협동농장 분조인원 절반으로 축소, 1994년 예산수납체계 변경(부문별 → 지역별).

* 자료: 북한의 '과거 경제개혁 경험'은 이정철(2002), 홍익표 외(2004) 논문 참고.

---

43) Allison 외, 『결정의 엣센스』, p. 200.
44) 북한은 1992년에 임금인상(3.1) → 대폭적 물가인상(3.20) → 화폐개혁(7.14)에 이어, 1994년에는 소비재 뿐 아니라 생산수단 거래에도 거래수입금을 부과하여 생산수단 생산에도 가치법칙을 활용하는 방향으로 도매 가격체계를 개편하였다. 이정철, 『사회주의 북한의 경제동학과 정치체제: 현물동학과 가격동학의 긴장이 정치체제에 미치는 영향을 중심으로』(서울대 박사학위 논문, 2002), pp. 170-176.

북한 당국이 그나마 7.1조치라는 친(親)시장 정책을 하나의 묶음으로 내놓을 수 있었던 것은 1990년대 경제 대실패를 경험했기 때문이었다. 큰 변화는 대개 큰일이 터지면 일어난다. 당시 북한의 당과 군 조직이 내각의 개혁추진에 반대하지 않고 소극적이나마 동조하지 않을 수 없었던 것도 1990년대 국가기능의 실패에 대한 뼈저린 경험 공유 때문이었을 것이다.

나. 7.1조치와 '시장이 아닌 시장' 구조론

7.1조치가 시행된 지 1년여 지난 후에 박봉주 내각이 새로 들어섰다. 이들은 전임 내각이 입안한 7.1조치에 대해 매우 혹독하게 평가했다. 이들은, 7.1조치로 하부 경제단위에 계획 권한을 확대해 주었다는 전임자들의 주장에 대해, 1990년대 경제위기로 이미 공장·기업소들은 국가계획위원회의 계획과는 무관하게 자체 사정에 맞춰 주관적으로 생산계획을 꾸려 왔으며, 7.1조치는 그것을 합법화해 준 것에 불과하다고 비판했다. 이들은 7.1조치에 따른 임금·물가의 현실화에도 불구하고 주민들의 구매력은 변화가 없으며, 7.1조치는 본질상 '가격 재(再)제정'이지 '가격 현실화'가 아니며, 가격 조정에 맞게 유통구조가 개선되지 않아 수요와 공급의 부정합 상태가 극심해졌다고 비판했다.[45]

이들은 7.1조치에 의해 설계된 경제관리구조는 계획구조와 '시장이 아닌 시장' 구조가 엉킨, 경제학적으로 설명할 수 없는 구조라고 규정했다. 이들의 논리를 빌리면 7.1조치는 김일성이 언급한 '범벅식 방법'[46]이요, 김정일이 지적한 '땜 때우기식 방법'과 다름이 없었다. 7.1

---

45) 북한 "경제관리방식개혁 연구자료," 『2004.6 내각상무조 개혁안 자료집』(2005).
46) 김일성은 "사회주의경제에서는 제국주의자들이 말하는 〈자유화〉가 허용될수 없습니다. 사회주의경제는 자기의 고유한 법칙에 따라 발전합니다. 사회주의경제는 자본주의적방법으로 관리운영할수 없는 것은 물론이고 사회주의적방법과 자본주의적방법을 뒤섞어놓은 범벅식 방법으로 관리 운영할수도 없습니다"라고 주

조치 입안 당국자들은 조직 행태의 전형을 보여준 것이다. 통상 정책 당국자들은 새로운 상황이 발생해도 완전히 새로운 프로그램을 짜는 일은 거의 없다. 아니 아예 그럴 생각조차 하지 않는다. 미리부터 있는 하위 프로그램을 새로 조합하여 적응할 따름이었다.[47] 7.1조치 입안 당국자들은 기왕의 경험들을 재구성하여 '새로운 경제관리 개선 조치'를 조립한 것에 불과했으며, 그들은 1990년대 경제위기로부터 충분히 학습 했음에도 기왕의 자신들의 능력과 경험, 업무처리 절차에서 자유롭지 못함을 보여주었다.

【그림 5-5】박봉주 내각의 7.1조치 평가

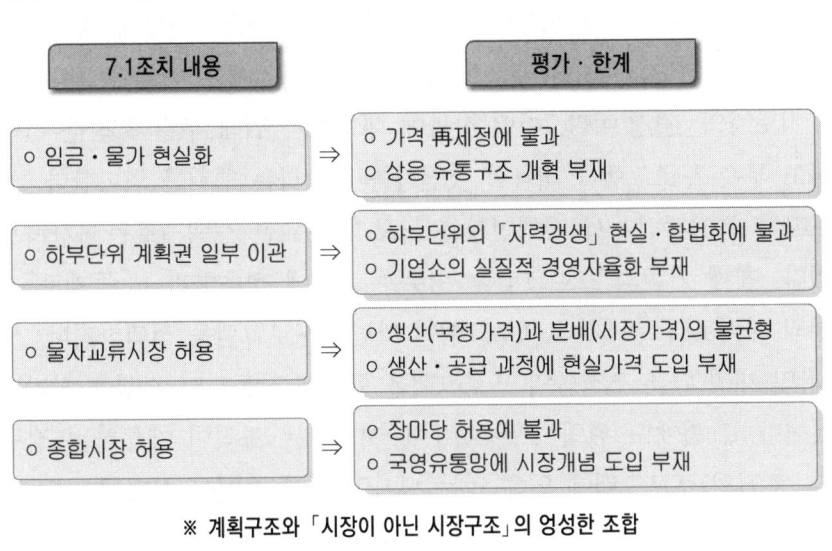

* 자료: 박봉주 '내각 상무조,' "경제관리방식개혁 연구자료."

장하였다. 김일성, 『사회주의경제관리문제에 대하여 제6권』(평양: 조선로동당출판사, 1997), p. 372.
47) Allison 외, 『결정의 엣센스』, p. 196, 204.

다. 지도자의 '정책결정' 행위의 본질

지도자의 정책결정이란 제시된 여러 정책 대안들 중에 하나를 선택하는 일이다. 김정일의 '7.1조치 선택'이 어떤 의미의 행동인지를 알아보기 위해 7.1조치 입안 과정을 정리해보면 다음과 같다. 1990년대의 경제 대실패를 경험한 김정일로서는 실효성 있는 경제개혁으로 일대 수술이 가능하도록 개혁의제를 개방해 주었다. 그러나 내각의 개혁은 기왕의 경험 내에서 짜깁는 방식으로 이루어졌다. 이는 조직의 경직성으로 혁신이나 능력 보강에는 오랜 시일이 필요함을 보여준다. 혁신에 의해 일하는 방법이 바뀐 새로운 조직이 만들어졌어도 그 조직은 당장 쓸 수 있는 게 아니라, 조직 구성원들의 행태가 충분히 바뀌고 난 뒤 미래의 비슷한 상황에 쓸 수 있을 뿐이다.[48] 이렇게 지도자가 특정조직의 목표와 표준행동절차를 바꾸는 작업에는 한계가 있다.

지도자의 '결정'이란, 어떤 상황에 대처하기 위해 무슨 조직을 선택하고 무슨 프로그램을 적용할 것인가를 결정하는 행위를 의미한다. 지도자가 특정시점에서 정책전환을 도모하기 위한 선택지로는 3가지가 있다. 첫째 기존의 프로그램을 새로운 맥락에 적용하거나, 둘째로 기존의 레퍼토리 속에서 A프로그램이 아닌 B프로그램을 선택하거나, 셋째 몇 개의 다른 조직들의 프로그램을 동시에 작동시켜 경쟁을 시키는 것이다. 그럼에도 위의 모든 경우에 지도자는 조직이 제공하는 정보와, 조직의 프로그램에 의해 얻는 평가와 대안 속에서 선택해야 하며, 결과적으로 지도자는 조직에 의존하지 않을 수 없게 된다.[49]

김정일은 첫 번째 방법, 즉 '노력동원에 의한 자력갱생'(A프로그램)을 공식 권력승계 직후 적용해 보았으나 효과가 없었다. 세 번째 방법을 선택하기에는 전문성이나 '혁명열의' 면에서 당 조직에는 능력이

---
[48] 위의 책, p. 218.
[49] 위의 책, pp. 228-229.

없어 보였다.50) 김정일은 불가피하게 내각이 기왕의 개혁경험 내에서 폭 넓게 짜깁기한 경제관리개선(B프로그램)을 선택할 수밖에 없었다. 그리고 '6.3 그루빠'가 제공하는 정보와 프로그램에 기초하여 '10.3 담화'를 발표하였다. 김정일이 조직혁신의 지체 현상과 내각 레퍼토리 자체의 한계를 깨닫는 데는 더 많은 시행착오와 시일이 필요했다. 그는 뒤늦게 박봉주를 총리로 등용하고 재량권을 부여(능력보강)하면서 '땜 때우기 식이 아닌 혁신'을 주문하였다.

라. 김정은 시기 조직행태

다음은 이상의 논의에 기초하여 김정은 집권 시기 경제개혁 의제 설정의 한계를 살펴본다. 첫째, 김정은 집권시기 경제 간부들은 김정일 시기 경제간부들보다 더 출신배경이 동질적이다. 김정은 시기 경제개혁 과제를 주관한 '12.28 상무'는 김정일 시기 '6.3 그루빠'와 마찬가지로 내각 경제 간부들과 경제학자들로 구성되었다. 그러나 이들을 지도·감독하는 고위 경제 간부들의 면모를 보면 김정일 시기 당 혹은 내각 경제 간부들은 당 조직 혹은 내각에서 각기 출세한 간부들로 충원된 반면 김정은 시기에는 당 경제간부들(2012.4 당 경공업부장 박봉주, 당 경제부장 오수용 등)이 대부분 과거 내각 간부출신인데다가 김정일 때 박봉주 총리와 함께 경제개혁을 추진했던 인물들이 당과 내각에 모두 포진하고 있어 동질적이다. 이들은 개혁과제의 정치적 민감성과 개혁론자들의 숙청 사례를 익히 알고 있어 기왕의 경험이 정책추

---

50) 김정일은 1996년 12월에 "지금 나의 사업을 똑똑히 도와주는 일군이 없습니다. 나는 단신으로 일하고 있습니다. 당중앙위원회 책임일군들이 나의 사업을 도와주지 못할 바에는 있으나마나합니다. … 당중앙위원회 책임일군들이 일을 책임적으로 잘하지 못하면 중앙당이 《로인당》, 《송장당》이 될수 있습니다"고 하여 당에 '혁명열의'가 없음을 질책하였다. "친애하는 지도자 김정일동지께서 당중앙위원회 책임일군들에게 하신 말씀"(1996.12.7).

진에 큰 영향을 미쳤다.

 둘째, 김정은 시기 경제개혁 조치의 성격을 살펴보면 새로운 혁신 프로그램의 도입이라기보다는 시장화의 진전에 따른 기업의 현실적인 활동을 합법화해주거나, 과거 2004년 박봉주 내각의 개혁 아이디어 일부를 다시 도입한 것이다. 현실 경제의 사후적 추인에 대해서는 앞에서 살펴보았다. 2004년 박봉주 내각의 '경제개혁안'은 당시에는 당과 김정일에 의해 '시장경제' 추진이라는 비판을 받고 보류되었으나, 김정은 시기 경제개혁 조치를 통해 기업에 각종 경영권 보장, 가격관리·금융체계 개혁 등 2004년 개혁 구상의 많은 부분들이 수용되었다.

 셋째, 정치적으로 민감한 급진개혁안이나 정책 당국의 이익을 해치는 조치들은 제외되었다는 점도 조직행태의 일면을 보여준다. 2004년 개혁안 중에서 쌀 도매시장 신설, 일반 상품 도·소매시장 등 유통 구조 확립과 시장가격 인정 등 시장 활성화 조치들이 채택되지 않았으며, 배급제 축소 등 농정개혁안과 수매양정성·상업성 폐지와 세무부 신설 등 기구 설폐안은 기관 본위주의의 발동으로 수용되지 않았다.

 김정은의 '정책결정'이란 행위의 본질도 대안의 선택이란 점에서 김정일과 같았다. 다만 김정은 "일군들이 무엇인가를 해보려 해도 자본주의식이라며 색안경을 끼고 본다"고 하여 개혁론자들을 보호해 준 점이나, 개혁안 연구를 내각은 물론 당 전문기구에도 경쟁적으로 맡겼다는 점에서 김정일의 대안 선택 방식과 달랐다.

| 02 | 집행과정에서의 정책변형과 본위주의 현상

가. 표준행동절차의 급변과 정책혼선

 조직이 주어진 과제를 안정적으로 수행하기 위해서는 표준행동절차 (SOP: Standard Operation Precedure))가 필요하다. 이 절차는 경험법칙(rules of thumb)에서 나온다. 경험법칙은 간단하고 쉽게 익힐 수 있도록 표준적이어야 한다. 그러나 북한 당국이 7.1조치 시행을 위해 하달한 '로동보수규정'이나 '가격제정규정' 등은 기존 표준행동절차로부터 급격히 변경된 데다가, 서둘러 시행을 하는 과정에서 불완전하고 복잡하게 작성되었으며, 실무 강습도 부족하여 집행과정에서 많은 정책혼선을 야기했다.

내각은 2002년 7월 1일부로 '물가와 생활비 전면 개정' 조치를 시행하였다. 이 조치는 당초 김정일의 "식량과 소비상품문제가 풀리면 … 상품가격과 생활비를 전반적으로 고쳐 정하라"는 방침(2001.10.3)과는 달리, 공급부족 문제가 해결되지 않은 상태에서 예정보다 앞당겨 시행되었다. 이로 인해 개혁 프로그램은 2002년 6월 14일 내각 결정 하달→6월 28일 노동성 지시 하달→각급 기관별 '내부세칙' 준비→7월중 시행 및 실무일군 강습 순서로 한 달 안팎의 짧은 기간에 급박하게 추진되었다.

가장 중요한 SOP는 '로동보수규정'과 '가격제정규정'이었다. 업종·직종·작업 내용별로 과거보다 훨씬 복잡하게 생활비 지급 기준을 정한 '로동보수규정집'은 시행을 목전에 앞둔 6월 말에 각급기관에 하달되었고, '가격제정규정집'은 복잡한 가격조정 업무에도 불구하고 국가가격제정국의 인력 부족 등으로 그해 10월이 되어서야 실무 강습회를 소집할 수 있었다. 북한 관료들은 SOP의 급격한 변화로 많은 혼란을 겪었다. '질좋은 활용품을 값싸게 공급하라'는 것이 과거 '수령님의 교시'임에도 불구하고 어린이용 상품 가격을 높게 정하는 실수를 범했고,[51] 냉면은 질을 개선하지 않은 채 새로 정한 높은 가격으로 팔았으며, 어느 탄광기업소는 힘든 노동자에게 많은 생활비를 주라는 방침에

---

51) 간부 및 군중강연자료, "상품가격과 생활비를 개정한 국가적조치에 맞게 경제관리와 생산에서 혁신을 일으키자"(2002.12).

따라 월 7만원의 생활비를 지불하면서 국가 납부몫을 공제하지 않는 시행착오도 발생하였다.52)

특히 7월부터 '일한 것만큼 분배한다'는 원칙을 적용하려면 그 원칙에 따라 7월 임금을 받은 후에 7월말이나 8월초에 물가를 인상해야 했는데 7월초부터 물가를 인상하는, "일군들이 방법론을 잘못 적용하여 인민생활에 불편을 준 사례"도 있었다.53) 당시 많은 북한 주민들의 불만과 항의, '신소'(申訴) 제기는 새로운 조치의 시행으로 '표준적'이지 않은 상황이 발생하여 집행 당국의 대응이 부적절했기 때문이었다. 새로운 정책의 시행은 지도부 차원에서의 '결정'으로 끝나지 않으며, 새 정책의 취지에 맞게 집행조직의 행태에 충분한 변화를 주지 않으면 정책은 본래의 모습으로부터 변형됨을 보여주었다.

나. 유형동상(類型同狀) 현상: 지도자와의 타협

김정일은 2003년 3월 "농민시장을 사회주의경제관리와 인민생활에 필요한 시장으로 잘 리용하라"는 지시를 했다.54) 그러나 김정일은 시장에 대해 '적대적인 관념'을 가지고 있어, 일종의 '시장과의 타협'은 김정일 자신의 독자적인 발상으로 보기 어렵다. 김정일이 경제개혁 의제를 설정하면서 내각에 책임지고 해결하라고 부여한 과제는 경제를 활성화하라는 것이며, 농민시장이든 암시장이든 '시장의 돈 주머니를 빼앗아 국가 돈주머니(재정)에 채우라'는 것이었다.

7.1조치는 가격정책을 통한 시장청산(market clearing) 전략이었다. 그러나 내각은 국정가격과 암시장 가격 간의 격차가 더욱 커지는

---

52) 군중강연자료, "가격과 생활비를 개정한 국가적 조치를 잘 알고 더 큰 은이 나게 하자"(2002.9).
53) 위의 자료(2002.9).
54) 강연 및 해설 담화자료, "국가적조치의 요구에 맞게 시장관리운영과 리용을 잘 해 나가자"(2003.7).

현실을 내각의 능력만으로는 해결할 수가 없었다. 내각은 만성적인 부족의 경제로 이해 '시장편승'이 불가피했으며, 시장을 '항복'시키는 방법이 아닌 '이용'하는 방법으로 절충하여 김정일에게 건의했다. 내각은 '시장 장려'라는 '국가적 조치'를 주민들에게 설명(2003.7)하면서 "지금 시장 신세를 지지 않는 데가 거의 없다"고 자신의 조치를 정당화했다.55) 그때도 농민시장은 정도의 차이가 있을지언정 '비사회주의 현상'의 온상이기는 마찬가지였다. 그러나 내각으로서는 7.1조치의 성과가 부진하여 돌파구를 찾아야만 하는 상황에서 당의 소관 사항인 '비사회주의' 문제를 크게 고려할 입장이 아니었다.

모든 조직이 주인의 뜻을 받드는 노예처럼 만들어졌더라도 조직은 주인이 모르는 문제에 적응하여야 하고 주어진 환경에서 생존해야 한다. 조직은 항상 주인의 목적만 반영할 수는 없다. 주인의 목적과 조직의 목적이 충돌하면 눈치껏 정책 추진과정에 조직의 필요를 우선 반영하게 된다. 조직을 만든 주인과 그 부하로서의 조직 간에 일종의 타협이 있게 된다.56) 당시 내각은 '국가목표'를 전반적으로 고려하거나, 김정일의 의도에 100% 충실하기 보다는, 내각의 생존을 위하여 자신들에게 주어진 임무의 최소한이나마 해결하는 방법을 선택했다. 김정일의 여러 지시들 가운데 일부를 절충하여 공급부족 문제를 해결하는 한 방편으로 '시장장려'를 선택한 것이다.

조직의 주인인 지도자와 그 부하인 조직 간에 '타협'하는 사례는 흔하게 확인된다. 후에 박봉주 총리가 경제개혁 성과의 부진을 극복하기 위해 '시장경제'를 선택할 수밖에 없었던 것도 내각이 생존을 위해 지도자가 적극적으로 선호하지 않는 정책을 절충하는 정치적 타협으로 해석할 수 있다. 다만 박봉주의 '시장경제' 시도는 주인과의 타협 수준

---

55) 위의 자료(2003.7).
56) Allison 외, 『결정의 엣센스』, p. 200.

이 내각의 권한 밖인 정치논리를 차용했다는 점, 본위주의 등 조직문화 자체를 극복하려는 개혁논리를 도입했다는 점, 김정일을 사이에 두고 당 조직과 한판 대결 불사를 시사했다는 점에서 조직행태를 넘는 관료정치로 진전되었다고 볼 수 있다.

군(軍)이 7.1조치 시행초기 군 간부들의 생활비 인상 폭을 확대하기 위해 국가재정 상황은 고려하지 않고 김정일에게 다른 명목으로 생활비 인상을 건의하여 관철한 것이나, 당이 내각의 개혁확대에 대응하여 김정일에게 개혁조치의 문제점을 지속 보고함으로써 박봉주를 퇴진시키고 우월적 지위를 공고히 한 것도 자기 조직만의 '건강'을 고려한 조직행태에서 비롯된다. 북한 내부에서 작은 거래에서 큰 타협에 이르기까지 조직의 주인과 그 부하들 간에 빈번한 절충이 이루어지는 것은 김정일이 통치 자원을 독점하면서 기관들 간의 수평적 타협을 제도적으로 차단한데에도 영향을 받았다. 이처럼 북한 내 각각의 조직들이 활동하는 분야와 목표가 다름에도 조직의 필요와 생존을 우선 추구하는 점은 동일하여, 북한 관료 조직들의 행태가 비슷하게 보이는 일종의 '유형동상'(類型同狀, isomorphism)이 확인된다.

다. 분권과 조정의 조화에 대한 시각차

계획경제 체제에서는 상부기관과 하부기관 간에 계획이 완벽하게 분화되고 조정되어야만 성공한다. 전체 국가계획을 실현하기 위해 계획의 일원화·세부화 원칙에 따라 목표-수단의 계층제를 만들고, 무수한 하위수준의 계획으로 단순화·전문화하게 된다. 그러나 계획에 의한 완벽한 업무 분화는 이론상으로만 가능한 일로서, 현실적으로는 무수한 요소 분해로 수단이 목표가 되는 기관 본위주의가 발생한다. 또 다른 계획경제의 문제점은 하부조직이 정보를 전달할 때 나름대로 해석하여 요약한 후 결론만 전달하는 불확실성의 흡수(absorption of uncertainity)라는 정보왜곡 현상이 발생한다는 점이다. 중요한 판단과 정보는 조직의 상층부가 아니라 하층부에 집중되어, 길거리 관료(street-level bureaucracy)와 현장학습(field-based learning)에 정보가 있게 된다.[57] 하층부의 문제 상황이 실상 그대로 상층부에 전달되지 않아 다시 세우는 계획이 왜곡되는 악순환을 반복하게 된다.

무엇이 효율적인 경제관리 방법인가를 둘러싸고, 김정일의 입장과 내각의 입장(적어도 7.1조치 추진 당시의 내각과 박봉주 내각에 있어서) 간에 큰 차이점의 하나는 지도자는 '내각의 장악통제'를 강조한 반면 내각은 '하부 생산단위의 자율권'을 강조했다는 점이다. 내각은 김정일의 요구, 즉 '경제의 일원적 장악'과 '시장요소의 부분적 도입을 통한 경제관리개선'이라는 모순된 요구 속에서도 '경제잉여의 중앙 집중'이라는 김정일의 보다 중요한 의도를 간파하고, 하부단위에 자율권을 확대해 주면서도 "국가의 이익을 첫 자리에 놓고 사고하고 행동"할 것과 "생각은 국가적 립장에서 하고, 실천은 생산자 립장에서 하는 애국자와 충신"이 될 것을 요구하였다.[58] 박봉주 총리가 내각 경제부처와 도 단위에 경제관리 상황을 종합적으로 분석·대처하는 기능을 수행하는 '경제관리분석국(처)'을 신설하고, 개별 성(省)단위 지시를 통합하여 '공동 지시문' 형태로 하달하도록 하였으며, 내각 간부들을 대상으로 '새로운 기업경영론'을 주제로 강연회를 개최하여 경제관리 방법론에 대한 인식의 공유를 도모한 것은 산하 기관들의 할거주의를 극복하고 국가차원에서의 원활한 조정을 도모하려는 의도였다.

책임 있는 행동을 위해 권한을 분산할 것인가, 아니면 행동의 조정을 위해 중앙의 통제를 강화할 것인가는 모든 구조조정 논쟁의 핵심사항이며, 어느 조직이나 분권의 필요성과 전반적인 통합·조정의 필

---

57) 위의 책, p. 207.
58) 앞의 간부 및 군중강연자료(2002.12).

요성은 정면으로 충돌한다. 경제개혁 추진 당시 북한의 내각은 우선 분권에 방점을 찍고 나서 전반적인 조정을 부차적인 문제로 간주하였다. 조정문제만 놓고 보면, 7.1조치 초기 내각은 분권화에 따른 조정기제를 제도화하기 보다는 '애국심'의 발동을 주로 강조하였다. 산하 생산단위의 본위주의가 극심해지자 박봉주 내각은 뒤늦게 '애국심'의 발동이 아닌 제도적인 조정의 필요성을 인식하였다. 물론 조정기제의 도입에는 시장화·분권화가 구체적으로 진행되고, 추가로 개혁을 확대해야 한다는 생각도 반영된 것으로 보였다. 왜냐하면 권한의 분산은 칼의 양날과 같아서, 문제를 분해함으로써 중앙에서 볼 수 없는 세부 측면을 밑에서 잘 관리하는 측면이 있으나, 동시에 밑에서 하는 일을 제대로 조정 통제할 수 없는 일이 늘어나기 때문이다.[59] 이처럼 내각이 경제개혁을 추진하는 과정에서 자체의 관리능력을 보완하는 경로가 지그재그 식이었다는 것은 내각 상층부의 개혁 발상이 과거 그들의 경험이나 관행에서 벗어나기 어렵다는 것을 보여주고, 밑에서는 분권화될수록 본위주의 현상이 증가하고 있음을 말해준다.

현장 정보의 왜곡 보고를 방지하기 위한 장치나 노력은 경제개혁 조치를 추진하기 이전부터 있었고, 북한의 지도자가 줄곧 강조한 사항이었다. 김정일의 빈번한 현지지도, 당조직의 통보제도와 정보망을 통한 상황파악, 문제 상황 보고자와 문제야기 당사자의 의견 교차 검증, 왜곡 보고시 당 검열권 동원, 수시 '더하지도 덜지도 말고 있는 그대로 보고하라'는 지시 등은 김정일의 현장 정보 수집 방법이었다. 북한의 지도자는 간부들에게도 당조직을 통한 집체적 지도, 행정식 사업방법 혹은 '책상주의자' 경계, 생산현장에서의 빈번한 '방식상학' 실시 등의 방법으로 현장에 대한 정확한 실태 파악을 요구해 왔다. 박봉주 총리

---

59) Allison 외, 『결정의 엣센스』, p. 200, 226.

도 김정일이 내준 전용열차를 타고 현지에 내려가 애로요인을 타개하고 본위주의를 부리는 간부들을 질책하며, 경제개혁 정책이 제대로 정착되고, 현지의 실상을 정확히 파악하기 위해서 노력하였다.

그러나 지도자와 조직들 간에는 현격한 입장차이가 있었다. 지도자, 그리고 당과 군같은 권력기관은 분권과 조정은 최소한으로 이루어져야 한다는 입장이었고, 내각은 대폭적인 분권과 조정이 필요하다고 주장했다. 현장의 정보를 보는 시각도 정치논리, 선군논리, 경제논리 등으로 문제 상황을 해석하는 방식이 제각기였다. 지도자 차원에서 부진한 경제개혁 상황을 거시적으로 조정하려는 노력은 확인되지 않았다. 따라서 내각은 문제가 불거지기 전까지는 자기 조직의 논리로 경제개혁을 확대해 갔으며, 일단 떠맡은 과제는 개혁부진에 대한 책임으로 적당히 멈출 수도 없었다.

라. 상·하부 본위주의 현상의 고착

김정일은 2008년 '6.18 담화'를 통하여 아래 인용문에서처럼 '일선 생산단위의 본위주의가 도를 넘어 비사회주의적 현상(정치문제)으로 진전되었고, 그 책임은 내각이 돈벌이 위주로 경제관리를 한데서 비롯된다'는 취지의 발언을 하였다. 김정일이 문제시하는 본위주의는 하부단위에 있었다. 그는 '하나는 전체를 위하여, 전체는 하나를 위하여'라는 집단주의 원칙의 입장에서, 국가적·전사회적 이익 보다는 기업이익·개인 이익을 우선시하면 안 된다고 하여 지도자가 생각하는 경제개혁의 '목적' 또는 '실리'의 진정한 의미를 내비치면서, 내각이 '돈 벌이 위주'로 경제관리를 한 결과라고 비판하였다.

개별적부문이나 공장, 기업소들이 본위주의에 사로잡혀 자기 부문, 자기 단위의 리익만 생각하면서 국가적요구에 어긋나게 기업관리를 하여 그 어떤 리득을 얻는다 하더라도 그것은 실리를 보장하는 것으로 될수 없으며 도리여 국가적, 전사회적리익을 침해하고 나라와 인민에게 손실을 주는 것으로 됩니다. 지금 우리 나라 경제생활에서 나타나고 있는 본위주의는 도를 넘어 사회주의경제관리질서를 헝클어뜨리고 사회주의경제제도를 좀먹는 비사회주의적현상으로 되고있으며 나라의 경제건설에 커다란 저해와 손실을 주고있습니다. 물론 이러한 본위주의, 비사회주의는 해당 부문 일군들의 개인주의, 리기주의사상의 표현이지만 경제지도기관과 경제지도일군들이 나라의 경제를 지도관리하는데서 물질적 자극일면에 치우치고 돈벌이 위주로 나가는것과 많이 관련되여있습니다. 우리는 이러한 편향을 반대하여 강한투쟁을 벌리며 철저히 극복하여야 합니다.[60]

2001년 '10.3 담화'에서 김정일은 "중앙집권적 지도를 강화한다고 하면서 쓸데없이 아래를 얽어 매놓아도 안되지만, 아래의 창발성을 높인다고 하면서 무엇이나 아래에 맡겨 자체로 해결하라고 방임하여서는 안된다"고 절충주의적으로 언급하면서도, 내각이 "여러가지 규정으로 아래를 많이 얽어 매놓는 것도 많다 … 지방공업을 발전시키는데서 시, 군의 책임성과 창발성을 높이도록 권한을 주고 풀어줄 것은 풀어주어야 한다 … 공장, 기업소의 책임성과 창발성을 높이는 것은 경제관리의 개선에서 나서는 기본문제의 하나이다"[61]라고 하여 아랫 단위의 '창발성' 보장에 방점을 찍었다. 그러나 '6.18 담화'에서는 내각이 '자력갱생'을 강조하면 잘못이라고 지적하면서, 종전 입장과는 달리 내각이 '적당히 알아서 창발성 보장 수위를 조절하지 못한 점'을 비판하였다. 김정일은 같은 담화 문건에서 하부 단위의 본위주의 행태로 인한 폐해로 '랑비와 손실', '무질서와 무규률'을 지적하였다.

---

60) 김정일의 2008년 6.18 담화.
61) 김정일의 2001년 10.3 담화.

내각을 비롯한 중앙경제지도기관들이 나라의 어려운 경제형편을 빙자하면서 무엇이나 아래에 밀어맡기고 다 자체로 해결하라고 하는 식으로 경제사업을 지도하며 더욱이 아랫단위의 창발성을 높이고 ≪독자성≫과 ≪자립성≫을 강화한다고 하면서 경제관리, 기업관리를 더욱 더 풀어놓는 방향으로 나간다면 이것은 경제사업에 대한 국가의 중앙집권적, 통일적지도를 포기하는 것이나 다름없습니다. 경제지도관리를 이렇게 하면 아랫단위들이 국가의 통일적지도에서 벗어나 뿔뿔이 제멋대로 움직이게 되며 나라의 경제적 잠재력을 효과적으로 동원리용할수 없고 오히려 사회적으로 막대한 랑비와 손실을 가져오는것은 물론 경제분야에서 무질서와 무규률을 조성하고 비사회주의현상을 조장시키게됩니다.[62]

김정일의 지적대로 '본위주의를 조장'한 당사자인 내각의 입장은 반대였다. 내각은 상부 관리구조의 비대한 기구편제 및 관리비용의 과다, 이로 인한 경제관리상의 책임소재 불명확과 비효율성, 그리고 계획에 의존한 경제관리로 인한 막대한 재정부담을 지적하였다. 한마디로 상부구조에 본위주의가 있다는 인식이었다. 2004년 '내각 상무조'의 '본위주의 현상'에 대한 분석을 보면 아래 인용문처럼 요약된다.

현재 상급기관들의 본위주의는 도수를 넘었습니다. 성, 중앙기관들은 도무지 몇 개 안되는 공장기업소들과 하부기관들을 가지고 자기 틀거리를 다 가지고 있으며 그러다 보니 책임질 사람이 너무 많아 누구에게도 책임지우지 못하고 결국은 책임성이 더 미약해지고 있습니다. 책에 밑줄을 다그으면 안그은것이나 같은 것입니다. 모두가 주인이라는 뜻은 모두가 주인답게 일하자는 것이지 모든 사람이 다 책임진다는 뜻은 아닙니다. 권력을 가진 기관들은 가질수 있는것의 기구편제는 다 가지고 있으면서 승벽내기[63]로 만들어 냅니다. 기구는 제기하면 승인

---

62) 김정일의 2008년 6.18 담화.
63) "서로 지지 않으려고 기를 쓰는 일," 『조선말대사전(II)』, (평양: 과학백과사전출

됩니다. 제가 벌어서 제가 소비하는 개인기업이 이렇게 하면 정당하다고 주장할수 있을지 몰라도 국가자금으로 운영되는 기구가 이렇게 밀가루 반죽처럼 늘구는 대로 늘어 난다면 나라는 언제가도 허리를 펴지 못할것입니다. 이것은 국가규정에도 결함이 있다고 봅니다. 기관의 급수와 일군의 권위가 인원에 따라 유급이며 차 편제며 우대가 만들어진다면 누구나 그런 우대를 지향합니다. 오히려 적은 인원을 가지고 능률적으로 일하기 위해서 승용차도 필요하고 전문화하기 위해 유급이라는 징표가 필요합니다.

우리 나라에서는 기업소의 경영효률성 보다도 경제상부관리구조의 효률성이 대단히 낮습니다. 우리 나라 경제전체가 생산하는 물질적부는 일부 세계적 다국적 대기업의 총 생산량보다도 적은 반면, 그가 부담하는 상부구조는 이런 대기업들의 업무지원 로력의 수십배나 됩니다. 결국 밑에서 축적한 자금의 대다수가 상급기관들을 먹여살리고 치부해주고 나면 남는것이 없다는 뚜렷한 실례입니다. 애써서 벌어서 마련한 자기손에 쥐여진 자금이라면 누구도 이런 산물은 만들지 않을 것입니다. 이러한 사정으로 그 어느 나라 보다도 비생산로력을 줄이고 관리구조를 간편하게 하여야 하나, 정 반대로 끊임 없이 비생산로력의 증대를 만들어 왔습니다.[64]

한편, 김정일 시기 박봉주 총리가 지휘하는 '내각 상무조'는 중앙 행정경제 관리기구의 간편화를 위한 강력한 국가적 조치와 아래와 같이 평양시 행정기구의 대대적 감축을 주장하였다. 이들은 내각 자신들의 조직인 행정기구에 국한하여 조심스럽게[65] 사례를 들고 있으나, 효율성·재정부담(생활비 등)을 고려하여 권력기구의 축소 필요성도 간접

판사, 2004), p. 850.
64) 앞의 "경제관리방식개혁 연구자료."
65) '내각 상무조'는 당과 군의 조직비대에 대해서는 공식적으로는 "사람과의 사업을 하는 당일군들은 인원수가 곧 일량이기 때문에 인원이 많다는 지적에서 예외"라고 하거나, "우리 앞에는 국가의 안전과 조국통일을 위하여 군사를 중시함에 따라 군인수를 줄일 수 없는 형편"이라고 하였다.

적으로 제기하였다.

평양시 행정구역은 지도받는 사람보다 지도하는 사람이 더 많습니다. 평양에서 남을 통제하거나 지도할 의무를 지니지 못한 평범한 사람, 직위도 사회적 책임도 지지 않은 사람이 과연 몇 명이나 되는지 누가 계산이나 해 보았습니까. 중국 베이징의 어느 구는 면적이나 인구로 볼때 결코 평양시 보다 작지 않지만 한 개 구역 역할을 합니다. 구 정부청사도 우리 나라의 구역인민위원회 청사만 합니다. 그런데 평양시에는 이런 구역이 20여개나 됩니다. 어떤 구역에는 10개도 안되는 학교를 놓고 필요한 기구는 다 가지고 있습니다. 2만 5천여명의 인구가 있는 구역에 보안서, 검찰소, 도시경영부, 량정사업부 등 관리기관은 다 있습니다. 누가 주인인지 알수 없을 정도입니다. 이 기관들이 모두 자기 임무를 착실히 수행하면 아래에서는 아무 일을 하지 않아도 일이 슬슬 풀려야 하는데 모두가 검열만하고 도와주는 것은 없고 하나같이 문서놀음으로 지원만 요청합니다. 막대한 건물비, 넘쳐나는 사무원들의 생활비 등 경제적 손실액은 막대합니다. 평양시에서는 모든 사람들이 일할 대상으로 하부일군들을 찾으니 아래기관에서는 시중하느라고 자기 일을 관리할 여유도 없는 형편입니다.[66]

'내각 상무조'는 '상부구조의 비대'에서, 김정일은 '하부단위의 무규률'에서 각각 본위주의 현상을 찾아, 북한 내 제반 조직에는 상층부, 하층부를 가릴 것 없이 본위주의가 제도화되어 있는 셈이다. 이상에서 논의된 북한 내 본위주의 현상이 주는 시사점으로 첫째, 북한 내 제반 조직은 위아래를 막론하고 각 조직의 이익을 우선시 한다는 점을 들 수 있다. 정책결정 행태에 관한 조직행태 모델의 기본 개념은 '조직은 일단 생성되면 조직을 만든 주인의 단순한 대리인이 아니라 그이상이 되고, 조직은 전체의 목적 보다는 조직 자체의 필요를 우선 충족한다'

---

66) 내각 상무조, 앞의 "경제관리방식개혁 연구자료."

는 것이다. 둘째로, 김정일의 본위주의에 대한 관점이 변화했다는 점이다. 경제개혁 초기 내지 개혁확대 시기에 그는 '물질적 자극', '창발성'을 중시하면서 '권한의 분산'을 강조했으며, 불필요한 기구·인력의 구조조정을 추진했다. 그러나 2008년 '6.18 담화'에서 김정일은 경제 논리가 아닌 정치논리로 본위주의를 해석하면서 내각이 무질서와 무규율을 조장했다고 비판했다.

셋째, 내각의 상부 본위주의 폐해에 대한 비판은 궁극적으로 권력기관을 향하고 있다는 점이다. '내각 상무조'의 언술에서 당·군에 대한 공세가 아님을 짐짓 가장하고 있으나, '권력기관의 승벽내기' 등 상부 본위주의 현상의 핵심이 무엇인지는 쉽게 알 수 있었다. 마지막으로 본위주의에 대해 당의 '사주'를 받은 지도자의 시각과 내각의 인식이 대칭점에 있다는 사실은 북한 권력층에 조직행태에 따른 갈등 이상의 관료정치 토양이 조성되었음을 시사해 준다. 단순히 조직의 이익을 우선시하는 정도가 아니라 조직의 이익 또는 생존이 심각하게 위협받으면 갈등은 증폭되기 마련이며 그 경우 이를 관리하기 위한 막후 거래와 흥정이 있게 된다.

| 03 | 조직간 이해관계 조정 실패와 개혁후퇴

가. 국가목표와 조직이익 간의 괴리

북한의 권력구조는 지도자를 중심으로 당, 국가기구(내각), 군대로 구성된다. 김정일·김정은이 '주인'이고, 당·정·군은 '부하'들인 셈이다. 부하들 간에도 서열이 있을 수 있으나, 그 서열은 지도자와의 관계에서는 중요하지 않아 보인다. 부하이기는 마찬가지이기 때문이다. 지도자로서는 자신이 설정한 목표가 있고, 이를 부하들에게 분담시키는

데, 부하들이 '주인의 입장'에서 각자의 몫을 충직하게 수행해 준다면 더 이상 바랄 게 없을 것이다.

북한의 지도자가 설정한 '국가목표' 또는 '국가이익'은 다음 〈표 5-6〉과 같은 개념들로 정리될 수 있을 것이다. 체제 내부로부터 김정일이나 김정은의 권력 및 권위에 도전해 올 가능성을 제압하고, 체제 외부의 '위협'으로부터 정권의 안전을 보호하는 과제가 수령제 국가의 최우선 순위라는 판단에는 이론이 없을 것이다.

표 5-6 수령제의 '국가목표 · 국가이익' 추정

- 유일 영도체계 공고화, 권력층 내 도전제압 및 충성유도, 체제 결속.
- 국방력 강화, WMD능력 증강, 핵보유 국가화, '미국의 적대시 정책' 제압
- 확고한 주민통제, 외화벌이, 경제활성화, 민생향상
- 대남 우위 군사력 유지, 남북관계 주도권 확보, '조국통일.'

북한은 '수령의 사상과 영도체계에 따라 하나와 같이 움직이는 사회'임을 강조하고 있다. 전 사회가 '혁명적 수령관'으로 무장된 하나의 유기체처럼 결속되어 있다고 선전하고 있으며, 체제 구성원들에게는 실제로 그 부속 조직이 될 것을 요구한다.[67] 주민들은 '단위세포,' 당은 '신경조직,' 내각은 '인전대,' 군대는 '근육'(주력군)이며, 최고지도자는 이들에게 지령을 하달하는 '뇌수'에 해당한다. 북한의 공식 선전에 따르거나 외부에서 얼핏 보기에도 북한의 제반 조직들은 '철저히 이념과 이익을 공유하면서 지도자를 중심으로 뭉쳐져 철통처럼 견고한 모양'을 이

---

[67] "하고 싶어도 하지 말아야 할 일도 있고 힘들어도 반드시 해야 할 일도 있다. 바로 그 기준, 자막대기가 당의 유일사상체계 확립의 제 원칙이다. 아무리 개인의 리해관계에 맞는다고 해도 이 원칙에 어긋나면 하지 말아야 하고, 비록 자기의 리익에 저촉된다고 해도 이 원칙의 요구에 맞으면 그대로 해야 하였다. 어떤 경우에라도 여기서 탈선하지 말아야 한다." 간부 및 군중강연자료, "당의 유일사상체계를 더욱 철저히 확립하자"(조선로동당출판사, 2004.4).

루고 있으며 지도자가 설정한 국가목표에 충직한 것으로 보여 진다.

그러나 조직행태 모델의 렌즈를 통해 보면, 이들은 일체된 유기체가 아니라 느슨하게 연결된 여러 조직들의 연합체에 불과하다. 각 조직은 넓은 의미의 가치관과 국가이익의 개념에는 지도자와 생각을 같이한다 하더라도 조직의 운영목표에서는 아래 〈표 5-7〉에서 보듯 서로 다른 정도가 아니라 경쟁적인 생각을 가지고 있다. 이들은 일의 우선순위와 문제의 성격을 규정하는 방식이 사뭇 다르다.[68]

표 5-7 당·정·군별 주요 임무

당	정권기관	군대
○ 정치·사상 통제(군관민) ○ 정책노선 수립·지도 ○ 지도자 비자금 확보 ○ 대남사업, 동포관리	○ 국가경제 관리 ○ 행정관리, 질서유지 ○ 외교·교역·경제협력 ○ 사회·문화·교육·보건 시책	○ '수령결사옹위' ○ 국방관리, 치안 지원 ○ 군수산업관리(당 협조) ○ 자체생산활동(때론 지원)

* 자료: 북한 당규약 및 법령, 기관별 실제 기능발휘 양상 등을 토대로 필자 판단.

지도자는 수시로 각 조직들에 각자의 임무를 충실히 수행하지 못한다고 질책한다. 김정일은 당조직에게는 '맥을 추지 못한다'고 하였고, 내각에는 '경제 사업을 제대로 장악·통제하지 못하고 있다'고 하였으며, 군대에는 '싸움준비를 잘할 데 대한' 지시를 수시로 하달하였다. 김정일은 한때 "나의 사업을 똑똑히 도와주는 일군들이 없으며, 나는 단신으로 일하고 있다"고도 하였다.[69] 김정은이 군기를 잡는 방식은 더욱 노골적이다. 고위간부들을 주기적으로 숙청해 자신의 권위에 대한 도전 가능성을 제거하면서, 군 간부들에는 '싸움준비 부실'을 이유로 계급강등을 반복한다. 생산현장을 방문해서는 "자라 새끼를 죽였다",

---

68) Allison 외, 『결정의 엣센스』, p. 219, 320.
69) 김정일, 앞의 담화(1996.12.7).

"공장이 마구간 같다"고 격노하면서 "내각의 무책임한 사업태도를 주시한다"고 경고한다. 김정은은 "아버지(김정일)가 죽기 전에 지도자 생활이 얼마나 힘든지 알게 될 거라고 했는데 이제야 아버지 말씀이 이해가 된다"고도 했다.[70]

각 조직은 자기일 처리하기에 바쁘며, 항상 '주인의 입장'에서 일을 처리한다고 보기 어렵다. 각 조직은 자기 조직이 생존하는 문제가 최우선이며, 환경에 적응해 살아 남기위해 '주인'이 모르는 문제도 처리해야 했다. 아래 [그림 5-6]은 지도자와 당·정·군의 이념 및 이익 공유 정도를 나타낸다.

【그림 5-6】 북한 지도자와 黨·政·軍의 이해관계 중첩정도

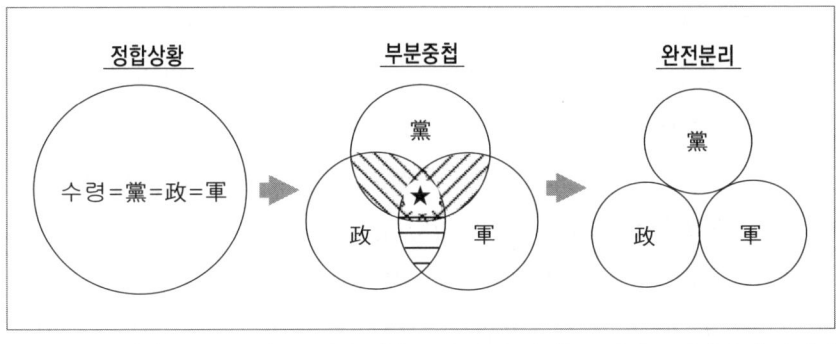

* 필자의 판단을 그림. 단, 중첩정도(빗금 친 부분 넓이)는 의미를 부여하지 않았다.

지도자 차원의 국가목표와 각 조직의 운영목표가 다르다는 점, 현실적으로 각 조직은 자체의 건강과 생존을 우선시 한다는 점, 지배층 내 사회주의에 대한 이념적 신념이나 혁명열의가 현저히 약화되었다는 점에서 주인과 부하들의 이해관계는 '부분중첩 상황'(김정일·김정은은 ★에 위치)에 있다고 볼 수 있다. 그 중첩 부분도 얼마나 견고한 지배세

---

70) "국정원 국감… 北동향 보고," 『조선일보』, 2015.10.21

력 연합 구조인지 관료정치 여부 맥락에서 다시 검증이 필요하며, 앞으로 중첩 정도가 확대될 가능성보다는 점차 엷어지거나, 조직들 간의 전략적 제휴로 다른 변형이 올 수도 있다고 본다.

나. 당·군의 경제개혁 후퇴 유도 과정

경제개혁 추진 문제에 대한 당과 군의 입장은, 지도자의 개혁정책에 대한 의지의 정도, 개혁정책이 자신들의 업무나 이해관계에 미치는 영향에 따라 정해진다. 먼저 김정일 시기 경제개혁 추진 과정에서 당과 군의 입장 변화 과정을 살펴본다. 2002년 7.1조치 추진 초기단계에서 변화를 주도한 것은 지도자였다. 개혁 초기 당·군 간부들은 북한의 열악한 경제현실에 대한 인식, 지도자의 변화 필요성 제기에다가 김정일과 함께 중·러를 방문하면서 경제관리 방식이 바뀌어야 한다는데 공감했다. 7.1조치 내용 자체에도 내각 책임제를 강화하면서 '특수부문 축소' 항목이 제외되는 등 자신들의 이해관계에 별로 영향을 주지 않았다. 개혁의 성공으로 생활이 향상된다면 더 바람직할 게 없어 당과 군은 개혁을 반대할 이유가 없었다.

그러나, 내각의 개혁 작업이 확대되면서 당과 군은 불편해지기 시작했다. 지도자가 내각에 재량권을 부여함에 따라 당은 함부로 내각에 간섭할 수가 없었고, 일부 당 이권사업도 내각으로 이관되었다. 가장 불만스러운 것은 내각 간부들이 경제 논리를 내세워 당의 영도를 '무시'하는 태도였다. 군(軍)도 일부 경제사업을 내각에 빼앗겼고, 외화벌이 사업체계의 일원화로 불편해졌다. 또한 기대와는 달리 대외 안보환경이 크게 개선되지 않은 상황에서 주민들의 사상은 이완되어 내각의 경제논리는 주체의 강화라는 정치논리나 선군논리와 충돌했다. 권력기관 간부들은 이권 개입여지가 늘어난 측면도 있으나, 돈벌이 풍조에 따른 신흥세력 대두와 함께 '무질서, 무규율'이 심화되고 있었으며, 이를 통제하는 것은 공식적으로 자신들의 역할이었다.

당은 김정일이 내각의 추가 개혁건의(2004년 말)에 대해 주저하고 있음을 감지했다. 당은 개혁 부작용과 함께 총리를 비롯한 내각 간부들의 '비리'를 김정일에게 보고했다. 개혁속도를 조절할 필요가 있음을 건의하고 당적 통제를 점차 강화해 나갔다. 마침 돈 벌이를 위해 '구호나무' 마저 벌목하는 "최대 비사회주의 사건"이 발생했으며, 이를 기화로 김정일에게 전면적인 개혁후퇴를 유도해 냈다. 군도 당의 조치를 마다할 이유가 없었다. 선군경제건설노선에 따라 경제가 활성화되면 국방경제에 보탬이 될 것으로 기대했으나 군수조달 문제로 내각과 갈등을 겪거나, 국방에 '우선 자재를 공급해 주는 원칙'도 잘 지켜지지 않는 등 공장·기업소와의 협력도 원활하지 못했다.[71]

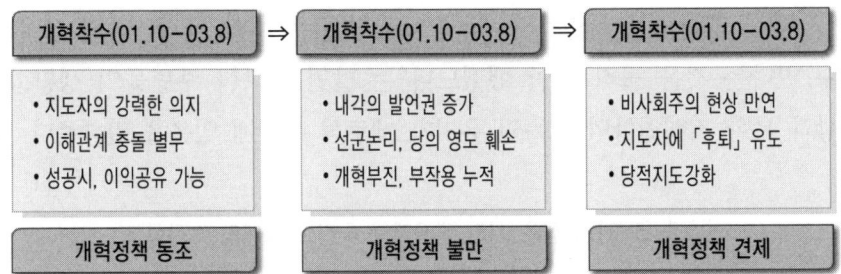

【그림 5-7】경제개혁 추진과정별 당·군의 입장 변화

김정은 시기의 조직행태도 마찬가지였다. 개혁 과제의 시행과정에서 표준행동절차(SOP)가 복잡해서 개혁조치가 일선에서 제대로 시행되지 않는 현상, 개혁 조치의 선택과 집행 과정에서 각급 조직들이 자

---

71) 2006년 초 박봉주 총리는 군이 무연탄을 수출하여 군복을 수입해 왔던 것을 금지하고, 순천화력발전소에 무연탄을 공급하도록 조정하여 군과 갈등을 빚었다. 민수공장이 군 우선 공급을 꺼리는 정황으로는 ①생산품의 시장 판매시 수입증대, ②민수공장에 군간부 파견, ③국방위원회에 '국가기관(내각) 결정·지시 폐지권' 부여(2009.4 헌법개정)가 있다.

신의 필요와 이익을 우선 추구하여 정책이 변형되는 유형동상 현상, 일선 경제단위의 책임 있는 행동을 위해 권한을 분산시켰으나 일선의 본위주의 현상으로 중앙의 조정기제를 강화하는 조치가 왔다 갔다 하는 현상, 개별 경제단위는 각자의 돈벌이에 급급한 반면 중앙 관리기구의 비대화와 과도한 관리비용 문제 역시 개선되지 않는 만연된 본위주의 현상, 그리고 국가목표와 조직이익 간의 괴리 현상은 김정일 시기나 김정은 때나 마찬가지였다.

김정은이 2012년 9월 더 이상의 개혁논란 확산에 제동을 건 조치도 그 이면에는 당의 사주와 각급기관 간의 이권다툼이 있음은 앞에서 살펴보았다. 김정은이 집권과 더불어 경제개혁과 민생향상을 강조함에 따라 당은 경제논리에 정치논리가 훼손되지 않도록 해야 했고, 각급기관들은 경제개혁을 위한 내각책임제 강화과정에서 이권사업이 내각으로 이전되는 것을 방어해야 했다. 이는 전형적인 조직행태의 발로였다. 당시 총참모장 리영호의 "장군님(김정일)은 개혁개방을 하면 잘 살 수 있다는 것을 몰라서 안 했겠느냐"는 발언은 북한 주민들의 생활향상과 북한 지배연합의 기득권 유지가 제로섬 관계에 있음을 말해준다.

【그림 5-8】 김정은 시기 경제개혁 추진 과정에의 조직행태

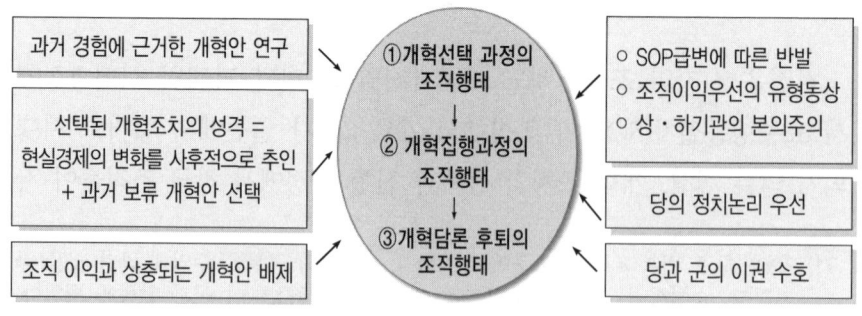

| 04 | 조직행태 모델을 통해 본 경제개혁 과정

 이상에서 조직행태 모델의 기본 개념을 활용해 북한의 경제개혁 추진과정을 살펴본 결과 경제개혁 조치의 구체적인 내용은 '수령의 유일적 지도'에 의해서 결정되기 보다는, 정책을 주관하는 내각의 과거 발전경로와 정책경험에 의한 선택, 조직문화와 표준행동절차에 의한 변형 등 '조직적 결정'의 산출물임이 밝혀진다.
 7.1조치는 내각 간부들로 구성된 '6.3 그루빠'가 과거 그들 선배가 단편적으로 시행한 레파토리에서 몇 몇 개선 조치들을 한 묶음으로 포장해 내놓은 것이었다. 내각은 1990년대 북한 경제의 대실패를 겪었고 지도자가 '근본적인 혁신'을 주문했음에도 불구하고 자신들의 발전경로와 능력의 범위를 벗어나지 못했다. 개혁초기에 내각은 특수부문의 축소나 공급부족의 문제를 해결하기 위한 공세적인 전략을 시도하지 않았다. 자신들의 주어진 역량 범위에 충실하여, 특수부문의 존재나 공급부족 문제는 주어진 조건으로 보고 가격정책을 통한 생산증대를 도모했으나 결국 한계에 봉착하게 된다. 김정은 시기도 마찬가지였다. 내각 상무조의 개혁안은 경제 간부들의 경험 범위나 이미 시장화 진전에 따라 불법적으로 시행되고 있는 조치들을 제도화하는 수준에서 크게 벗어나지 않았다. 다시 총리에 등용된 박봉주는 2004년의 '시장경제' 지향 개혁조치들은 과거 숙청의 경험에서 다시 꺼내지도 않았다.
 조직은 지도자의 뜻을 받들도록 제도화되었더라도 조직 자체의 생존을 위해 주어진 환경에 적응해야했다. 내각은 정책실패에 따른 조직 생존의 위협 가능성을 인식하고 공급부족 문제를 해결하기 위한 한 방편으로 '종합시장 공인'을 김정일에게 건의했다. 시장은 지도자가 혐오하는 대상이었으나 내각은 임무수행을 위한 문제 해결을 명분으로 지도자와 타협을 하여 시장 장려를 허락받았다. 김정일로서도 다른 대안이 없어보였고 이미 경제 활성화 과제를 내각에 맡겨놓은 이상 승인하게 되었다. '시장 장려'라는 정책 프로그램은 농민시장에 가면 널려있는 프로그램이었다. 조직행태 모델에 의하면 정책은 경험법칙에 의해 선택된다고 한다. 개혁 초기에 내각은 '시장'을 물리적으로 옆에 갖다가 붙이려고만 했지 아직 자신들의 경제관리 프로그램에 '기능적'으로 보태는 (시장경제) 발상의 전환은 하지 못했다. 왜냐하면 내각은 아직 조직 생존의 위기를 절감하지 못해 여전히 관행적 프로그램에 의존하는 상황에 있었기 때문이다. 혁신적인 정책을 도입하기에는 좀 더 강한 충격과 시간이 필요했다. 김정은 시기에는 '시장'을 계획화 체제에 편입시켜 경제관리 프로그램에 기능적으로 보태는 등 진일보 했으나 국영 생산단위의 시장편입 가능성을 경계하는 등 시장청산 전략은 포기되지 않았다.

경제개혁 추진과정에서 지도자가 할 수 있는 역할은 스스로 대안을 창출하기 보다는 어떤 조직에 임무를 부여하고, 그 조직의 어떤 프로그램으로 개혁을 할 것인가를 선택하는 일인데, 여기에 하나를 더 보탠다면 정책을 주관하는 조직의 능력을 보강해 주는 역할이다. 1990년대 중반 북한경제의 붕괴는 지도자의 권위를 땅에 떨어 뜨려 놓았고, 공식적인 권력승계 절차도 미루게 만들었다. 1990년대 후반 '구걸외교'로 정권이 다소 안정되자 공식적으로 권력승계 절차를 진행하고 '개미가 뼈다귀를 갉는' 식의 노력 동원으로 경제 희생을 도모하였으나 성과를 거두지 못하였다. 김정일은 경제회생 전략을 바꾸었다. '실리를 위한 근본적 혁신'을 주문하고, '대포로 참새나 잡을 뿐인' 기업들을 하루 빨리 개혁할 것을 요구하면서 개혁을 위한 사상적 잠금장치를 풀어주었다. 당시로서는 지도자가 만사를 제치고 해결해야 할 최우선 과제가 경제위기 탈출이었기 때문이었다.

김정일은 경제개혁 작업을 '노쇠한' 당 대신 내각에 맡겼다. 평소 지론대로 내각의 전문성을 활용해야 한다는 생각에 경제관리의 내각책임제를 강조하였다. 그들에게 경제개혁안 마련을 요구하면서 '세심한 지도'를 마다하지 않았다. 김정일이 했다는 '지도'도 본질적으로는 내각이 제공한 정보와 대안 중에서 판단하고 선택한 것이었다. 정책이 입안되고 난 뒤에 김정일은 권력층 간부들을 모아 놓고 '새로운 경제관리 개선조치가 은(銀)이 나도록 도와줄 것'을 주문하였다. 김정일은 이로써 자신의 역할은 다했다고 생각하고 다른 바쁜 일에 열중했다. 김정일은 7.1조치의 성과와 한계, 즉 '새로운' 정책 프로그램의 성격과 실행 가능성을 합리적으로 따져보는 일을 소홀히 하였다. 내각의 능력을 보강해 주는 노력도 부족하였다. 당과 군의 입장은, '특수부문 축소'가 제외되어 내각이 경제개혁을 한다 해도 이해관계가 충돌할 일이 없었으며, 자신들도 주어진 문제 해결에 바쁜 상황에서, 내각이 개혁에 성과를 거두면 생활비가 오르는 등 좋은 일뿐이어서 개혁을 마다하지 않았다.

내각은 김정일의 재가를 받고 생활비·물가 현실화 등 7.1조치 시행에 들어갔다. 노동보수규정·가격제정규정을 개정하여 일선 기관에 하달하였다. 그러나 표준행동절차(SOP)는 간단하고 쉽게 익힐 수 있도록 표준화되어야 하나 '번 것만큼, 일한 것만큼 준다'는 원칙으로 새로 준비된 SOP는 더욱 복잡했다. 게다가 실무 강습도 생략하고 서둘러 전파되어 적용과정에서 혼선이 초래되고, 새로 정해지는 상품 가격도 지역에 따라 들쑥날쑥 책정되어 주민들의 항의가 빗발쳤다. '번 수입'에 의한 기업 관리도 적당히 일하고 임금을 받는 기존의 관행과 달라 처음에는 일선 생산단위로부터 '자본주의 방법'이라는 저항에 부딪쳤다. 그러나 곧 일선 간부들은 국정가격과 시장가격의 틈새를 활용해 돈 버는 방법을 배웠다. 7.1조치를 시행하면서 내각은 '국가가 돈벌이

하여 인민들 복지를 위해 쓰는데 그것이 자본주의 방법이라고 비판할 수 있는가'라는 논리를 폈다. 일선 기관·기업소들도 자기 조직과 자신의 건강을 위해 '돈벌이'에 열중하여 기관 본위주의는 더욱 팽배해졌다. 내각이 산출한 '7.1조치'라는 경제개혁 정책은 중앙 부처와 일선 생산단위에 이르는 연속적인 집행 경로를 거치면서 그들의 이해관계에 맞추어 적용되어 새로운 모습으로 변형되었다. 조직행태가 정책에 영향을 미치고 있음을 보여주었다.

조직행태 모델로 경제개혁 진퇴 과정을 살펴본 결과, 초기 내각이 선택한 7.1조치의 본질, 시장장려 조치의 배경, 기관 본위주의로 인한 개혁 목적 변질 과정 등이 보다 선명히 드러났고, 경제개혁 결정 및 집행에 있어 지도자와 내각의 역할 및 한계, 경제개혁을 둘러싼 당과 군의 입장과 이해관계가 새로운 각도에서 해석되었다. 그러나 가장 본질적인 문제는 조직행태 모델로도 여전히 명확하게 해석되지 않았다. 김정일 시기 박봉주 내각은 왜 자신의 소관과 능력을 뛰어넘는 시장경제를 선택하는지, 내각이 당과의 갈등을 예견할 수 있었음에도 왜 '무모한' 개혁을 시도하는지, 방관하고 있었던 당은 왜, 어떤 방법으로 내각을 견제하기 시작하는지, 김정일은 내각 총리와 당의 '다툼' 과정에서 조기에 이를 조정하지 않고 뒤늦게 개입하는지가 분명하게 드러나지 않았다.

제3절 김정일 시기 관료정치: 내각의 개혁 확대와 당의 반격

북한의 경제개혁 추진 과정에서 관료정치는 다음 [그림 5-9]에서 처럼 크게 3가지 형태로 나타났으며, 특히 김정일 시기 박봉주 내각이 들어서서 경제개혁을 확대함에 따라 관료정치 현상이 두드러졌다. 동심원 I 은 김정일을 둘러싼 권력층이 각축하는 공간(場)으로, 개혁성공을 위해 내각이 김정일과 제휴하여 당·군을 압박하는 과정(①), 당이 김정일을 회유하여 내각을 공격하고 개혁조치를 후퇴시키는 과정(②)에서 치열한 관료정치가 전개된다. 여기서는 지도자도 관료정치의 한

【그림 5-9】 공세·타협·흥정, 북한의 관료정치 場

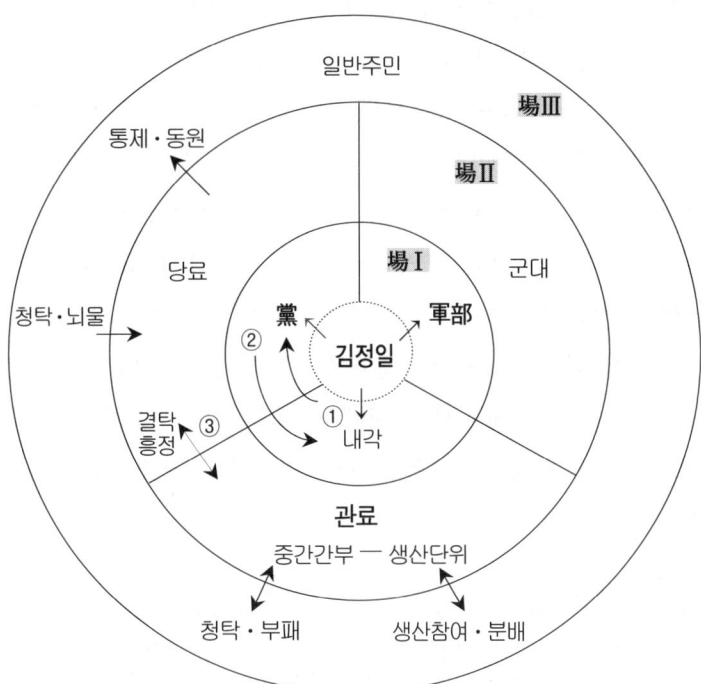

경기자에 불과했다. 그런데 특이한 점은 관료정치의 발현 형태가 조직들 간의 직접적인 '흥정과 타협'으로 나타나기 보다는 지도자를 매개로 한 건의·사주 등의 형태로 나타난다. 이는 수평적 협조기제가 발달하지 않은 북한식 현상이다. 한편, 핵심 각축장 외곽의 동심원 II는 중간 관료들의 이권결탁 또는 흥정 과정(③)으로 동심원 I의 환경을 구성하며, 이들의 과도한 본위주의와 이해관계 다툼으로 개혁은 발목을 잡히고 결과적으로 당에 개혁후퇴의 명분을 제공한다.

| 01 | 내각의 '특수부문 축소'를 위한 초기 정치 실패

가. 내각의 '책임과 권한의 불일치' 극복 노력

당과 내각의 관계는 제도적으로나 실제나 당이 지도·감독하는 상하 관계에 있다. 실제 권한으로 보면, 내각 상(相)일지라도 연관 당 조직 말단 간부에게 굽실거려야 할 정도로 당의 권세는 막강했다.[72] 김정일은 권력승계 직후 1990년대 경제침체 상황을 수습하기 위해 내각에 '국가경제의 통일적 관리' 책임을 부여하였고, 이어 '과감한 경제관리 방식 개선'을 주문하였다. 그러나 김정일은 내각에 책임과 과제에 걸맞는 권한을 처음부터 부여하지는 않았다. 내각은 경제개혁 과제를 제대로 수행하기 위해서, 조직의 생존을 위해서 스스로의 위상을 보강해 갔다. 그 과정은 ①정책추진 과정에서 적극적인 김정일 권위의 차용, ②김정일의 신임 획득이후 당과 군의 경제영역 축소, ③개혁 재량권

---

72) 황장엽은 "행정적 문제는 (내각의) 행정책임자가 결론을 내리도록 되어 있으나, 실제로는 해당 당위원회가 간섭하여 정해지는 경우가 흔하다. (과거) 김영남이 외무상으로 외무성에서 사업하면서 외무성에 있는 당 세포비서한테까지 굽실거렸다. 특히 당조직지도부 지도원의 말이라면, 내각의 부총리로부터 사환에 이르기까지 전부 그의 말을 듣게 되어있다"고 했다. 황장엽 증언, 1999.10.

제도화를 통한 '특수경제부문' 축소의 3단계로 진행된다.

김정일 시기 박봉주 내각은 경제 활성화가 가능한 경제개혁을 성공시키기 위해서는 당과 군의 특수경제 영역을 축소하고, 시장경제를 지향하며 개방하는 길 외에는 없다고 보았다. '6.3 그루빠' 등 김정일 시기 경제개혁 입안 당국은 초기부터 '특수부문 축소' 문제를 제기했으나, 그렇다고 해서 이들이 처음부터 정치투쟁의 장과 연결되어있는 개혁·개방을 전략적 목표로 설정하고 위에서와 같은 단계적 접근을 의도했다고는 보기 어렵다. 내각은 문제가 해결되지 않으면 그때 가서 불가피하게 또 다른 정책 수단을 찾곤 하였다.

경제개혁 초기 북한 내에서는 7.1조치에 대해서 '자본주의적 방법'이라고 비판하거나 그 성과에 반신반의하는 등의 실효성 논란이 있었고, 일선에서는 '번 수입'에 의한 경영평가와 상여금제 등 경쟁 도입에 대해서 소극적인 태도를 보이기도 하였으며, 차별적 물가·임금 인상에 따른 이해관계 당사자의 광범위한 항의가 있었다.

내각은 이 같은 논란과 저항을 차단하기 위해 7.1조치가 '지도자의 구상이며 지시'라는 점을 강조하는 등 김정일의 권위를 적극적으로 차용했다. 정책은 결정되고 나서도 융통성의 여지가 있게 마련이며, 정책 집행을 책임진 측에서는 결정의 의미를 확대하고 그 구체적인 내용을 뛰어 넘으려하는 경향이 있다.[73] 내각은 주민들을 설득하는 과정에서 김정일의 방침과 지시를 차용(借用)하는 가운데, 모호한 방침은 자신들에게 유리한 맥락으로 다시 해석하여 살을 붙이고, 불리한 부분은 '김정일의 언급' 일지라도 무시하였다. 심지어는 아래 [그림 5-10]에서처럼 내각은 김정일의 언술과 상충되는 해설이나, '목적이 사회주의를 위한 것이라면, 수단은 중요하지 않다'는 덩샤오핑식 담론도 동원하였다.

---

73) Allison 외, 『결정의 엣센스』, p. 373.

【그림 5-10】 내각의 '김정일 권위' 차용 사례

〈 7.1조치 초기 논란 〉
- "자본주의식"이라 비판
- 실효성 논란
- 경쟁시스템 도입에 소극적 태도
- 임금·물가 인상폭에 대한 항의

↑

〈 내각의 김정일 권위 차용 〉
- 7.1조치 = "장군님이 수십 차례 검토한 것"
- "어떤 경우도 이 력사적 로정에서 후퇴 불가, 이는 장군님의 확고한 의지이며 결심"
- "최근 장군님께서는 일군들의 소심한 태도를 엄하게 지적함"
- "국가적 조치에 흥정하지 말아야 함"

+

〈 내각의 특이해설 사례 〉
- "사회주의 원칙은 어디까지나 원칙임, 원칙은 변화하는 환경과 구체적 조건에 맞게 적용해야 함"
- 김정일은, "돈과 물건으로 사람을 움직이는 것은 자본주의 방법"이라 언급(10.3담화) → 내각은 "인민의 힘을 발동하자는 것이 자본주의 방법이 될수 없다"고 반박
- "돈벌이 … 개인 치부 목적은 나쁘나, 인민복리 증진을 위한 돈중시는 사회주의 원칙에 맞음"(과거 덩샤오핑이 "계획이든 시장이든 자본주의를 위해 쓰면 자본주의요, 사회주의를 위해 쓰면 사회주의적인 것"이라고 한 논리와 유사)

* 자료: 7.1조치에 대한 북한 강연·해설자료(2002.7, 2002.10 등).

다음으로 내각은 '국가경제의 통일적 장악'을 방해하는 장애물 제거를 도모하였다. 그것은 권력기관이 이권 개입을 위해 경제에 간섭하는 현상을 차단하고, 과거 경제파탄으로 당과 군 등으로 흩어진 내각의 경제 관리권을 회복하는 일이었다. 7.1조치가 시행된 지 6개월 경과한 시점에 내각은 생활비 인상에 따른 국가재정 부담의 증가를 김정일에게 보고하였고, 이에 따라 2003년 4월부터는 '당·정 조직 및 인력 구조조정' 작업이 진행되었다. 이 작업은 과거처럼 비생산부문 인력 축

소를 목표로 하는 단순한 구조조정 차원이 아니며, 당의 이권 개입 내지는 경제 간섭을 줄이려는 내각의 의도도 작용했다. 내각의 건의로 김정일은 "지방당의 놀고먹는 인력(유급당원)을 축소하라"고 강하게 지시했다. 그 결과 내각과 일선 경제 지도기관들은 부분적으로 재정운용의 여지를 늘리고 당의 '행정대행' 현상을 줄이는 성과를 거두었다. 김정일은 2004년에는 무역사업과 남북경협사업의 내각으로 일원화, 당·군에 분산된 일부 경제사업의 내각 이전도 비준해 주었다. 김정일로서는 자신이 발제한 경제개혁이 부진한 상황을 극복하기 위해서는 내각의 입장을 고려해주지 않을 수 없었다.

한편, 김정일에 의해 총리로 발탁(2003.9)된 박봉주는 북한의 경제현실에 대한 솔직한 보고와 적극적인 개혁건의로 김정일의 신임을 확보하는데 성공했다. 박봉주는 내각 인사권, 경제 보고서에 대한 총괄적 검토 권한, 경제사업 검열권을 확보하고, 수시로 김정일에 현안보고 및 현지지도 수행을 통하여 내각의 역량을 확대해 나갔다. 이로써 박봉주는 '실세 총리'가 되고, 임무와 권한이 일치하지 않았던 '내각책임제'는 크게 개선되었으며, 내각은 관료정치 무대에 오를 만큼 위상이 제고되었다. 이제 내각은 3년 전 '6.3 그루빠'가 시도했다가 보류된 미완(未完)의 과제, '특수부문' 축소 문제를 본격적으로 다시 의제화하기 시작했다. 권력기관의 경제관여 배제나 분산된 경제관리권 회복이 내각의 일원적 경제관리를 방해하는 '넝쿨'을 치우는 일이라면, 특수부문 축소는 그 '뿌리'를 캐는 것이었다.

나. 내각의 '특수부문 축소' 필요성 인식과 접근전략

앞에서 밝힌 것처럼, 2001년 6월 '6.3 그루빠'는 내각책임제 강화방향과 경제관리방법 개선 방향을 설정한 개혁안을 김정일에게 보고한다. 그 개혁안의 첫째 항목은 "내각책임제 경제를 운영하기 위해 특수부문을 줄이고, 내각이 경제전반을 직접 통제한다"는 내용이었다. 그러나 김정일은 '특수부문 구조조정'을 제외시키고 '6.3 그루빠'의 개혁안을 비준해주었다. 이는 권한과 책임이 유리된 절름발이 구조 속에서 내각이 경제개혁을 책임지라는 것을 의미했다. 내각이 제대로 경제를 장악하기 위해서는 국가경제에 대한 포괄적 관할권이 보장되어야 하나, 당·군의 경제영역을 아우르는 수평적 외연 확대는 배제된 채 내각 산하 생산단위에 대한 수직적 장악통제 권한만을 부여 받은 셈이었다. 김일성 시대 '정무원 책임제'처럼 '제한된 권한하의 책임제'이기는 마찬가지이나, 그 때는 김일성이 직접 막힌 문제를 풀어주었고, 경제 사업이 그렇게 방만하게 헝클어지지도 않은 상태였다.

당시 김정일의 '특수부문 존치' 입장은 그 이전 김정일의 언술과 어긋났다. 김정일은 "당일꾼들이 경제 사업을 대행하는 것은 백해무익한 행동"이라고 비판(1991.1)했고,[74] 당경제정책검열부에 "경제문제를 내각 책임제, 중심제로 관리할 것이니, 내각이 경제를 통일적으로 장악하는데 따른 제반 문제점을 파악·보고하라"는 지시(1998년 초반)를 한데 이어 "규정상 내각을 중심으로 경제를 운영하게 되어 있는데, 왜 이렇게 당과 군이 자체로 운영하는 단위가 많은가"라는 지적(1998.9 추정)도 했다.[75] 김정일이 '6.3 그루빠'를 묶어 주면서 당 경제정책검열부가 참여하도록 한 것도 '특수부문에 대한 전반적인 조정'을 고려한 것이었다. 2001년 6월 막상 경제관리 개선 방안이 구체화되자 김정일은 입장을 바꿔 '특수단위 역할론'까지 거론했다.[76]

---

74) 김정일, "당사업을 더욱 강화하며 사회주의건설을 힘있게 다그치자"(당, 정무원 책임일군들 앞에서 한 연설, 1991.1.5), 『김정일선집 11』(평양: 조선로동당출판사, 1997), pp. 3-4.
75) 탈북민 증언, 2007.2.
76) 김정일은 2001년경 "우리가 오늘까지 버틸 수 있었던 것은 특수단위들을 많이 만들어 놓았기 때문이다 … 특수단위를 없애겠다고 제기하는데, 사회주의를 고수하고 안전하게 생활할 수 있는 것은 이들 덕분이다"라며 축소론자들을 비판하

통상 정책은 하나의 '완결된' 구상에서 출발하여 시행과정에서는 가감, 변질되기 십상이다. 김정일의 입장이 바뀐 것은 지도자 자신의 가치관[77])에 권력기관의 관료정치가 가세해서 나타난 현상이었다. 김정일의 뇌리에 고착된 경험과 가치관은, 당 자금 조성을 통한 권력 장악 경험, 이후 선군(先軍) 통치행태, '국가방위와 국가관리 기능을 갈라야 한다'는 통치관 등이었다. 이같은 경험과 생각들이 되살아나 경제개혁을 위한 '결단'을 주저하게 했는데, 여기에다 당·군의 사주가 작용했을 것이다.

한편, '6.3 그루빠'가 제기한 '특수부문 축소'의 구체적인 내용은 확인되지 않는다. '특수경제' 또는 '특수부문 경제'는 넓은 의미로는 당·군 관할 경제를 의미하나[78]), 내각이 의도한 축소 대상은 김정일 통치자금 조성사업(당 38호실과 39호실[79)])과 군수공업(제2경제위원회)을 제외한 국가경제 영역 내에서 당과 군의 생산기지 관리 또는 무역 활동을 지칭하며, 여기에 부가적으로 국가재정에 전적으로 의존하여 활동하는 배급제 또는 예산제 기관들이 포함된다. 당과 군대의 경

였다. 탈북민 증언, 2007.2.
77) "김정일은 인민들의 생활에 대해서는 조금도 걱정하지 않았고, 총리를 비롯한 경제전문가들이 경제를 정상적으로 관리하는 것을 오히려 방해했다. 그는 당의 경제와 군대의 경제를 국가경제로부터 분리하여 자신의 개인소유처럼 관리했을 뿐 아니라, 국가경제도 특수 권력기관들의 요구를 우선적으로 보장해 주는 방향에서 관리하도록 간섭했다." 황장엽, 『나는 역사의 진리를 보았다』, pp. 287-289.
78) 북한 당국이 '특수'로 분류하는 대상을 명확히 구분하기란 어렵다. 호위총국 등 특별한 임무를 수행하는 기관을 군사명령 대상으로서의 '특수단위', 중앙당의 기관 분류의 한 항목으로서 '특수기관'라는 용어를 사용하며, '특수사업'은 김정일의 통치자금 조성을 위한 외화벌이 사업 또는 김정일의 지침에 의해 특별히 책정된 사업을 의미한다. 내각은 당·군 등 이른바 힘 센 기관을 '특수기관' '특수단위' 또는 '권력기관'으로 통칭한다.
79) 북한은 2009년 5월 당 38호실(호텔, 식당, 외화벌이 상점 운영)을 39호실(광산운영, 송이버섯 채취 등을 통한 외화벌이)에 통합하여 김정일 통치자금 조성사업을 일원화했다.

제사업은 1990년대 경제붕괴 상황에서 비정상적으로 국가경제 영역에 침투·확장되었다. 당과 군은 자체 재원 확보를 위해 생산기지 운영과 외화벌이 사업에 대거 참여하였으며, 특히 군은 '경제건설에 선도적 역할'을 명분으로 핵심 건설현장에 동원되고 자신들이 건설한 생산단위를 직접 관리하는 사례가 빈번해졌다.[80]

당과 군 산하 외화벌이 사업소가 늘어나고 노른자위 공장·기업소들이 특수부문으로 넘어가는 등 이들의 '로비'에 의한 특수부문의 '문어발식 확장'을 보아 온 내각 간부들은, 지도자가 특수기관을 '편애'[81]할수록 축소 필요성을 절감했다. 당시 '내각 상무조'의 입장은 특수부문이 과도하게 존치되면, 경제사업에 대한 전반적 통제가 곤란하고, 독립채산제를 강조해도 국가경제의 상당부분을 차지하는 특수단위 소속 기업소의 독자 경영으로 정책의 실효성이 떨어지며, '국가 돈주머니를 확충해야'(김정일 지시) 할 마당에 배급제 권력기관의 비대와 높은 생활비 책정으로 재정이 감당할 수 없다고 판단하였다.

결과론적으로 해석한다면, 내각은 경제개혁 입안시 '특수부문의 전반적 구조조정'이라는 총론식 접근 전략이 김정일의 거부로 실패하자,

---

80) 북한은 군대가 "사회주의건설의 주공전선을 담당하고 어렵고 힘든 인민경제의 주요전선에서 돌파구를 열어가는 선도적 역할"을 하는 것으로 선전하였다. 안변청년발전소 건설 등 전력문제, 청년영웅도로 건설, 개천-태성호 물길공사, 토지정리사업 등 기간산업건설은 물론, 닭공장, 양어장, 메기공장, 소목장, 기초식품공장, 광명성제염업공장 건설 등 '인민의 행복 창조자'로서 역할을 다하고 있다면서 이는 "장군님께서 군대를 조국보위력량으로만이 아니라 사회주의건설의 주력군으로 내세워 선도적 역할을 하도록 이끌어 주시었다"고 하였다. 강습제강, "위대한 령장의 슬하에서 자란 우리 인민군대는 주체혁명위업의 주력군, 혁명의 기둥이다"(조선로동당출판사, 2003.4).
81) 김정일은 2004년 4월 군 간부들에게 "지금 사회의 기관, 기업소들과 (인민군이 아닌) 다른 무력기관들에서 저마끔 수산기지와 외화벌이기지를 꾸려놓고 비법적인 장사행위를 하면서 무질서와 혼란을 조성하고 있다고 하는데 인민군대에서 그것을 다 정리하여야 하겠습니다. 없앨 것은 없애고 넘겨받을 것은 넘겨받아 인민군대에 소속시켜 놓아야 합니다"라고 언급하였다. 김정일, "조선인민군 지휘성원들에게 하신 말씀"(2004.4).

개혁을 추진하면서 자신들의 영역과 권한을 보강하는 각론식 우회 전략을 구사한 셈이었다. 처음에는 다른 권력기관과의 영역 다툼은 자제하면서 '김정일의 권위'를 최대한 활용하여 부족한 권력을 보강하다가, 점차 김정일의 신임을 확보하는데 주력하면서 점진적으로 특수부문 영역을 줄여나갔다. 그러나 빈번하게 잦은 '전투'로는 개혁에 성공할 수 없을 뿐 아니라, 당과 군으로부터 상처만 입는다는 사실을 깨달아 정치논리를 단번에 돌파하는 개혁 드라이브를 추진했다. 박봉주는 경제논리의 끝마다 '계획과 특수부문'이라는 장벽에 갇혀있어 어찌해볼 도리가 없음을 확인했다. 과거 김정일이 박봉주에게 총리로 내정된 사실을 발표(2003.8.28)하면서 "군대가 경제 사업을 밀어주고 있을수록 내각은 더 높은 헌신성을 발휘하라"[82]는 말에서, 박봉주는 국가경제관리 책임자로서 '수모'를 느꼈을 것이다.

| 02 | 박봉주의 개혁 확대와 김정일과의 대담한 타협 시도

관료정치 모델에 의하면, 정책은 서로 상이하고 경쟁하는 이익구조(국가이익, 조직이익, 개인이익)를 가진 여러 행위자들이 서로 밀고 당기는 치열한 게임의 결과로 규정된다. 정책 결정과정을 설명하기 위해서는 ①문제가 되는 상황은 무엇인지 그리고 대안은 어떤 성격의 것인지, ②누가 대안의 선택과 실행에 참가하는지, ③그 경기자들 간에는 어떤 협상 자산을 활용하여 밀고 당기기가 진행되는지를 규명해야 한다.[83]

이 같은 관료정치의 분석 틀을 박봉주의 급진적 개혁 과정에 대입하면 다음과 같다. 먼저 문제가 된 상황은 7.1조치와 시장장려의 한계와

---

82) 김정일, "당이 제시한 선군시대의 경제건설로선을 철저히 관철하자"(당, 국가, 경제기관 책임일군들과 한 담화, 2003.8.28).
83) Allison 외, 『결정의 엣센스』, p. 317, 329.

부작용 누적이며, 대안은 이를 극복하고 경제를 활성화하기 위해서는 시장경제를 할 수 밖에 없다는 것이다. 이같은 내각의 문제 제기로부터 관료정치의 본 게임이 시작된다. 주전(主戰) 선수는 내각 간부들을 대표한 박봉주이며, 김정일과 당(黨)이 경기자로 참가한다. 경기는 주로 박봉주가 지도자의 신임을 협상자산으로 하여 김정일을 설득하고 때로는 흥정하여 당을 '공격'하는 양상으로 전개된다. '공격'이라는 표현은 내각의 개혁추진 내용이 당의 경제사업(특수부문)과 특권적 지위, 그리고 당이 금기시한 정책영역(시장경제 선택문제. 이 문제는 정치문제이며 그간 당이 정치적 이유로 논의를 금기시한 문제이다) 침범과 직접 연결되었다는 의미에서 사용한 표현이다.

가. 추가 개혁 의제의 성격: '시장경제' 추진 여부

먼저 박봉주 내각이 시도한 추가 개혁이 후에 당과 김정일이 비판한 대로 과연 '시장경제'를 의미하는지 따져 보고자 한다. 박봉주는 2004년 초부터 협동농장·기업소관리, 노무관리 등에 자율권을 보강해주는 개혁 조치들을 시범적·단편적으로 추진했다. 아래 〈표 5-8〉은 2004년에 시행된 개혁 조치들이다. 농장·기업소에 대한 시범개혁은 성과를 거두었음에도 시범단위의 성공을 위해 유관기관이 '경쟁적으로 지원했고 증산을 조작'했다는 이유로 개혁조치는 2005년에 중단되었고, 노무관리 자율화도 부분적으로만 시행되었다. 그러나 이 조치들은 농민들의 개별영농 욕구와 기업경영 전반의 자율화 분위기를 확산시키는 계기가 되었다.

표 5-8 박봉주의 경제개혁 조치와 특징점

가족단위영농(04.1)	기업경영개선(04.1)	기업 부업농(04.1)	노동행정개선(04.8)
2-5가족단위농사, 30여 농장 1년 시범. 증산 조작으로 중단	대폭 경영자율화, 15기업 독자회계. 1년 시범, 확대미상	기업: 유휴지 농사. 농장에는 자재지원. 성과별무 흐지부지	노무관리권 하방, 일급·시급제 거론, 미 시행
효과와 한계: 농민들, '토지=나의 포전'으로 인식	책임경영제 도입, 연계기업 등 기업 전반 자율화 필요	자력갱생 효과, 직업별 특화필요	탄력적 노무관리의 필요성 인식확산

* 자료: 내각 각급 성 지시 문건. 단, '효과와 한계'는 필자 의견.

'내각 상무조'는 단편적 조치의 한계를 인식하고 2004년 6월부터 경제관리구조 전반에 대한 개혁을 모색하였으며, 연구 결과 개혁안은 ①경제관리구조 개선, ②유통·가격체계 개선, ③금융제도 개선, ④곡물가 안정을 위한 농정개선안들로 나타났다. 이들의 구체적인 개혁안 중에서 당의 이해관계와 충돌하는 부분과 시장경제 지향적 요소들을 정리하면 아래 〈표 5-9〉와 같다.

내각 안(案)대로 경제관리구조를 개혁하게 되면 당의 경제사업에 대한 관여의 여지가 대폭 축소되며, 대부분 국가예산의 지원으로 운영되고 대규모 자산을 보유한 '노른자위' 기업인 당과 군의 특수부문 경제사업(군수제외)은 크게 줄어든다. 게다가 유통·가격체계가 개선되면 결정적으로 권력기관의 이권개입 여지가 줄고, 은행구조의 개선은 당과 군 산하 특수은행들의 특권적 지위를 보장할 수 없는 결과를 초래하게 된다. 농정 개혁안을 통해 '내각 상무조'는 군량미는 어쩔 수 없다 하더라도, 특수기관들에 대한 쌀 우선 배급을 엄격히 제한하고, 궁극적으로는 간부들에 대한 배급제를 없애자고 하였다. 내각 상무조는 "쌀 공급과 관련된 특수가 너무 많은데, 전부 없앨 수 없다면 엄격한 기준을 만들고, 여러 권력기관들에 의해 흐지부지되는 일이 없어야 한

다"고 주장했다.[84]

표 5-9 내각 상무조의 추가 경제개혁안(2004)

개혁 대상	당(黨)과 충돌소지	시장경제 요소
경제관리구조	○ 예산제 기업도 독자성 부여 ○ 자산규모에 따라 국가납부 → 특수부문 특권적지위 축소 ○ 기업 검열권 제한	○ 군수·전략물자만 국가공급 ○ 모든 기업에 독자성 부여 ○ 생산수단·소비재 모두 직거래 ○ 모든 무역회사를 독립회사화
유통·가격체계	○ 권력기관의 이권개입 축소 ○ 간부들 배급제 폐지 우려 ○ 부동산 사용료 부담증가 ○ 무현금거래 활용이권 축소	○ 물자교류·도매 시장 활성화 ○ 일부 통제가격外 가격자율화 ○ 물가지수체계도입 경제관리 ○ 부동산재평가, 무현금돈표 폐지
은행구조	○ 당·군 산하 특수은행들 - 독점적 지위 축소 - 결탁, 뒷돈거래 감소 * 대성은행 등 10여개 은행	○ 국책·상업·무역은행 신설 ○ 은행독립화, 행정간섭 지양 ○ 모든 은행 거래 비밀보장 ○ 모든 기업법인화, 계좌관리
농업정책	○ 특수부문 쌀우선공급 통제 ○ 쌀 녹거리 배급인원 축소 ○ 점진적으로 쌀 배급제 폐지 ○ 배급제·예산제기관 점차축소	○ 쌀 도매시장 신설 ○ 영농자재 거래시장 신설 ○ 농업은행·양곡기금 국가관리 ○ 시장가격으로 곡물 거래

* 자료: 『내각상무조 개혁안 자료집』(2005).

이상을 종합해 볼 때 박봉주 내각이 추구한 경제개혁 지향점은, 군수와 전략물자를 제외한 생산수단·소비재·노동력 등 거래의 자율화, 일부 통제가격을 제외한 가격의 자유화, 다양한 시장제도 창출, 수요와 공급의 원리에 의한 거래질서 정착, 은행의 신용제도 정착 등 '시장경제 질서 정착'이었음이 명확했다. 결국 이들이 설정한 정책의제의 본질은 특수부문의 축소와 시장경제 제도의 도입이며, 이는 당과의 일전불사(一戰不辭)를 각오한 것으로 밖에 볼 수 없었다.

---

[84] "농정개혁 연구자료," 『2004.6 내각상무조 개혁안 자료집』(2005).

나. 정책게임의 경기자들과 내각의 협상자산

7.1경제관리개선 조치는 말 그대로 '개선'에 불과했고, 박봉주 내각이 제기한 새로운 의제의 성격은 '개혁'하자는 것이었다. 박봉주 내각의 돌발적인 개혁의제 설정으로 이제 경제개혁은 단순한 경제논리로 접근할 수만은 없는, '국가이익'과 각 조직의 이익, 개별 간부들의 체제문제에 대한 소신이 중첩되는 정치문제로 변모했다. 박봉주가 새로운 정책의제 설정으로 '판돈'을 키워놓자 김정일, 당 간부 등 방관하던 경기자들이 모여들었다.[85] 김정일은 바쁜 일정으로 총리에게 경제 사업을 맡겨 놓았다가 박봉주가 정작 '대담한 건의'를 하자 의아해 하며 무슨 주장을 하고 있는 것인지 되씹어 보면서 내각을 챙겨야 되겠다고 판단했다. 당은 내각이 하는 일을 관심 밖에 두다가 박봉주가 총리로 임명된 이후 '실세 총리'가 하는 일을 경계하면서 트집 잡을 일이 없는지 관찰하는 중이었다.

박봉주가 가진 협상 자산은 김정일의 신임과 김정일의 경제개혁에 대한 우호적인 입장 및 경제문제에 대한 권한위임, 그리고 박봉주 자신의 지도자에 대한 진솔한 설득력이 전부였다. 가장 큰 협상자산은 의지와 절박성에 있었다. 박봉주에게 경제개혁 과제의 수행 여부는 생존의 문제였다. '대담하게 혁신하라, 반드시 경제관리방법을 전환시켜라'는 김정일의 주문과 그간 지도자의 자신에 대한 전권 위임으로 볼 때, 박봉주는 임무를 완수하지 않으면 자신의 정치적 생명은 끝나는 것이었다. 다른 한편으로, 김정일 주문대로 '땜 때기 식'으로 경제개혁을 하지 않으려면 처음부터 내각의 '무능'을 고백하고 물러서지 않는 한 '힘 센' 당(黨)과의 충돌은 불가피했다.

---

85) Allison 외, 『결정의 엣센스』, p. 367.

다. 박봉주의 대담한 승부수: '시장경제' 건의

박봉주는 일선 생산현장을 점검하면서 내각 간부들을 독려하고 농업·기업 시범개혁 등의 조치도 취해 보았으나, 7.1조치는 잘 정착되지 않고 부작용만 늘었으며 경제 활성화는 요원해 보였다. 7.1조치 2년 경과시점에 내각은 문제 상황을 전반적으로 재점검하였다. 박봉주는 '내각 상무조'와 숙의한 결과 적극적인 개혁 드라이브를 선택하였다. 그들은 현재의 경제구조는 "계획구조와 '시장 아닌 시장구조'의 엉성한 결합"이라는 결론에 기초해서 "통제나 감독 같은 오그랑수로는 성공이 불가능하다. 철저히 경제원리에 따라 문제를 해결해야 한다"는 판단을 하였다.[86] 내각은 뒤늦게나마 그간의 실패를 통해 정치논리와 적당히 타협해서는 경제개혁에 성공할 수 없음을 깨달은 것이다.

마침, 김정일의 개혁에 대한 우호적 입장도 추가 개혁 선택에 긍정적인 작용을 하였다. 김정일은 2004년 6월 1일 '계획경제를 시장가격에 접근시키라'는 지시를 하였고, 내각은 이를 국정가격의 탄력성을 높이기 위해 수요와 공급이라는 시장신호를 적극 반영하는 개혁을 김정일이 허락해 준 것으로 해석하였다. '내각 상무조'는 또한 김정일이 2004년 8월 11일 노동관리권의 하부 이관을 골자로 하는 '로동행정사업 개선안'을 비준해 준데 대해 크게 고무되었다.[87]

이 같은 상황에서 박봉주는 김정일과 대타협을 시도한다. 앞에서 살펴본 것처럼 김정일이 내각에 부여한 방침은 크게 5가지였다. '경제관리 사업에서 반드시 새로운 전환을 가져올 것', '수시 제기되는 문제들만 땜 때기식으로 할 것이 아니라 대담하게 혁신할 것', '나라의 경제

---

86) 앞의 『2004.6 내각상무조 개혁안 자료집』(2005).
87) 당시 내각상무조는 "최근 내각에서 받은 8월 11일 방침은 로동행정사업에서 커다란 전진을 보여준 것으로 많은 일군들과 근로자들속에서 긍정적으로 평가되고 있습니다"라고 고무되었다. 위의 자료.

건설에서 혁명적 앙양을 일으킬 것'과 '국가경제를 통일적으로 장악할 것', '과거 시장이 훔쳐간 국가 돈주머니를 다시 채울 것' 등이었다. 김정일로서는 물가·임금 현실화에 이어 시장까지 장려해 주었는데, 사적 경제는 계속 팽창되는 반면 공식부문의 생산 정상화는 여전히 미흡했고, 시중 자금이 국가재정으로 환수되지 않는 상황에 불만이 있었다. 박봉주와 '내각 상무조'는 김정일의 주문들 중에서 절반만 충족시켜 생산정상화와 재정확충을 도모하되, 대폭적인 시장화와 분권화의 도입을 허락 받는다는 결론을 내렸다. 이전 내각이 '시장 공인'을 위해 김정일과 타협하여 시장을 '적당히 이용'하려한 데 비하면, 박봉주 내각은 개혁 성패에 생존의 문제가 걸려있어 시장을 적당히 이용하는 수준에 머물 수는 없는 입장이었다.

김정일이 시장화와 분권화를 허락한다 해도 내각이 해결해야 할 문제는 또 있었다. 그 하나는 경제간부들의 개혁의식을 함양하고 개혁에 적극 동참시키는 일로서, 일종의 전의(戰意)를 다지는 일이었다. 또 다른 하나는 일선 생산단위와 주민들의 당국에 대한 불신을 극복하고, 물가와 시장의 동시 안착을 통해 경제주체 모두가 실리를 확보할 수 있다는 점을 설득하는 일이었다. 그러나 무엇보다도 더 어려운 과제는 권력기관들과의 관계였다. 그들을 자극할 필요는 없지만, 개혁의 성공을 위해서는 김정일로부터 부여받은 재량권을 최대한 활용하여 권력기관의 간섭과 특권을 줄여야했다.

박봉주와 '내각 상무조'는, 김정일의 자신들에 대한 기대와 그간 경제개혁 추진에 지불한 기회비용을 감안할 때, 과거처럼 '적합성의 논리'(logic of appropriateness)는 통하지 않으며 '결과의 논리'(logic of consequence)에 따라야 한다고 판단했다.[88] 이들은 권력기관의 정치적 비판을 제압하고, 내각 자체의 적당주의·본위주의를 혁파하며,

---

88) Allison 외, 『결정의 엣센스』, p. 197.

김정일로부터 시장요소의 대폭 도입을 허락받아 내는 3중의 싸움을 해야만 했다. '내각 상무조'는 경제개혁의 진퇴 양단을 놓고 집단 사고를 하는 과정에서 자신들의 선택이 정치 쟁점화되어 공격을 받게 되면 절대 열세에 있다는 '불쾌한 감정'도 떠 올렸다. 그러나 곧 박봉주의 과감한 결단으로 불안감을 떨어버리는 방어적 회피 현상이 발동했다.[89]

그러나 김정일은 수개월이 지나 2005년이 들어서도 '내각 상무조'의 추가 개혁안에 대해 선뜻 답을 주지는 않았다. 이번에는 조직의 주인과 부하 간에 타협이 이루어지지 않았다. 당은 이틈을 활용하여 내각에 반격을 가하기 시작했다.

【그림 5-11】 내각 상무조의 집단사고 결과: 시장경제 건의

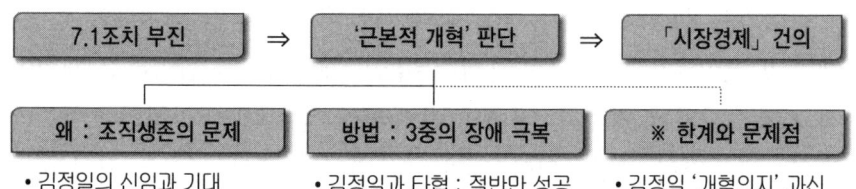

* 필자가 '내각 상무조' 행동논리를 추론하여 정리. '한계와 문제점'은 필자 평가.

| 03 | 내각의 정치화에 대한 당의 반격과 개혁후퇴

가. 관료정치의 정점: 개혁 확대에서 후퇴로의 변곡점

2005년부터 북한의 경제개혁 기조가 후퇴하기 시작했다. 2000년이 경제개혁을 시동 건 출발점이었다면, 2005년은 경제개혁이 후퇴 곡선을 그리기 시작하는 변곡점이었다. 개혁선택으로의 정책전환은 내각이

---
89) 위의 책, p. 350.

주도한 반면 개혁후퇴는 당이 중심 역할을 했다. 중요한 정책의 전환 시기에는 이해관계 당사자들 간에 갈등이 증폭되어 관료정치가 나타난다. 2004년부터 내각이 경제개혁을 금기시 된 영역(시장경제)으로까지 확장하여 정책 주도권의 강화를 도모한 것이 관료정치의 전반전이라면, 2005년부터 당이 내각의 정치화를 차단하기 위해 반격을 가하기 시작한 것은 그 후반전이었다. 후반전의 개요는 다음과 같다.

당은 내각의 시장경제 추진 건의에 대해 김정일이 망설이는 상황을 반전의 기회로 삼는다. 당은 한 동안 김정일의 신임을 배경으로 '날 뛰는' 박봉주의 처사에 못마땅해 하면서도 국가경제를 살리겠다는 명분에 어쩔 수 없어했다. 그러나 이제 내각의 정치적 의도를 간파함에 따라, 당은 시장의 '비사회주의 실태'를 조사하여 김정일에게 보고하면서, 자신들의 선전매체를 통해 '경제개혁과 당의 영도간의 조화' 문제를 집중적으로 제기했다. 당 원로들을 동원하여 "내각의 젊은 친구들이 돈벌이 밖에 모른다"는 등의 여론전도 병행했다. 당은 김정일에게 개혁성과가 부진한 점과 당시(2005년) 핵정세로 내부 결속이 중요하다는 점을 들어 '사회주의 원칙에 맞는 경제관리' 필요성을 건의하였다. 그 결과 박봉주의 '내각 상무조'는 해체(2005.5)되고, 경제정책 주도권은 당으로 넘어가기 시작했다. 당은 경제정책 감독으로 박남기를 내세우고, 당계획재정부를 신설하여 그에게 부장(2005.7) 자리를 내주면서, 사실상 경제개혁 조치의 '철회'를 주문했다.

한편, 김정일은 그간 박봉주 총리를 신뢰했으나, 당의 집중적인 회유로 총리에 대한 믿음이 흔들리기 시작했다. 당 간부들에게는 일단 "내가 시장을 이용하자고 했지, 시장경제로 넘어가자고 하지는 않았다"고 변명을 해 놓고(2005.2), 박봉주를 수시로 지방 현지지도에 대동하면서 속마음을 떠보았다. 김정일은 그 동안 공들였던 경제개혁에 여전히 미련이 있고, 경제를 살리겠다는 박봉주의 충실성에 믿음이 가나, 당면한 '미제와의 핵 대결전' 정세에서 '주체의 강화'와 '일심단결'이 우선이라고 판단했다. 김정일의 경제개혁과 박봉주에 대한 미련을 떨쳐버리기 위해 당은 먼저 내각 간부들의 비리를 파헤쳐 개혁정책의 정당성을 훼손한 후에 박봉주의 '비료도입 자금 전용'을 사건화하여 이를 김정일에게 '2005년 = 농업 주공(主攻)전선의 해' 방침 위반으로 보고했다. 결국 김정일은 당의 손을 들어주고는 "내각이 사회주의 모자를 쓰고 자본주의 척후병 노릇을 했다"고 선언했다(2006.6). 이후부터 박봉주 총리는 김정일의 현지지도 수행대상에서 배제되고, 당의 본격적 조사(2006.8)를 받게 되어 '경제사령관' 직무정지 처분을 받는다. 김정일의 위임으로 박봉주가 '개혁 대행자' 역할을 한지 3년이 안 된 시점이었다.

나. 당의 내각 반격: 경제정책권 회수 → 내각간부 숙청

당의 내각에 대한 반격은 내각을 무력화하여 경제주도권을 회수하는 과정과, 정책과오와 비리를 빌미로 박봉주를 비롯 내각 간부들을 퇴진시키는 과정의 2단계를 거쳤다. 아래 〈표 5-10〉은 그 1단계를 정리한 것이다. 당이 내각을 압박하는 방법을 보면, 내각이 개혁을 확대하는 방식과 마찬가지로 조직논리(내각은 경제논리, 당은 정치논리)에 대한 충실성을 근거로 김정일을 '회유'하는 점은 같으나, 내각은 지도자를 통하여 당을 압박할 수밖에 없는 반면, 당은 검열권 등으로 내각에 대한 직접적인 압력을 가할 수 있다는 점이 다르다. 내각은 2005년 초 일시적으로 당과 갈등을 겪다가 그 해 4-5월 경부터는 종전처럼 '당의 지도'에 끌려 다니게 된다.

표 5-10 당의 반격 1: 당의 '경제주도권' 탈환과정

내각 무력화	당의 주도권 강화
1. 내각, 추가 개혁안 보고 (<u>04년말</u>)	2. 당, 내각 개혁안 인지 (<u>04년말</u>)
4. 추가개혁 및 시범개혁확대 보류(05.1)	3. 당, 경제개혁 문제점 보고(<u>05.1-2</u>)
5. 당·내각간 경제정책 안건 충돌(<u>05.2</u>)	6. '당의 영도강화' 집중강조(05.3-6)
8. 내각, '당의 영도 중요' 동조(05.5)	7. 당, 간부비리·비사회주의 검열 (05.4-)
10. 내각상무조 해산, 인사권회수(05.5)	9. 당 주도 '경제 상무조' 구성 (05.5)
12. 당 주도 '100일전투'에 내각 동원(05.7)	11. 당, 동원방식의 경제관리 재개(05.6)
14. 양곡전매제(05.8준비 → 05.10시행) → 부동산실사(05.10준비, 06.4-8진행) → 개인 소상공업 통제(05.3, 07.2)	13. 당계획재정부 신설 (박남기, 05.7) - 개혁속도 조절: 사경제 활동 통제 및 재정확충에 유리한 정책선별 시행

* 밑줄 친 부분의 시점은 필자가 추정 : '내각 상무조'는 2004년 6월부터 추가개혁 방안을 연구하여 2004년 말경 김정일에게 보고하고 당은 그 직후 이를 인지한 것으로 추정되고, 당의 김정일에 대한 경제개혁 문제점 보고 시점은 김정일이 2005년 1월 당과 내각 간부들에게 "사회주의 원칙이 약화되지 않도록 유의"를 언급했고, 2월에는 당간부들에게만 "내각이 시장이용과 시장경제 도입을 오해"를 거론한데 근거한 것이다. 2005년 2월 당과 내각의 의견충돌은 2월 17일 공고된 '3월 9일 예정 최고인민회의'가 3월4일 돌연 연기된 점과 박봉주가 '당·정 회의 도중에 보수 원로들의 이견에 불만을 표명'한 사례에 근거했다.

2단계로, 당은 총리와 내각간부들의 '사회주의 원칙에서의 탈선'이라는 정책과오와 개인적 비리를 조사하는 방식으로 내각 간부들을 압박하였다. 〈표 5-11〉은 그 과정을 정리한 것이다. 당이 처음부터 (2005년) '비료구입 자금 800만불의 유류구입 전용'을 박봉주의 개인적 실정으로 걸어 총리 퇴진을 유도하지 않은 것은, 김정일의 박봉주에 대한 높은 신임으로 볼 때 무리하게 서두를 경우 자칫 김정일과의 '흥정'에 실패할 가능성을 고려한 것으로 보인다. 단번에 퇴진시키기보다는 김정일로부터 멀어지게 하고, 내각 측근들을 압박함으로써 박봉주를 고립시킨 후 퇴진시키는 전술을 구사하였다. 한편 박봉주가 2006년 6월부터는 사실상 '경제사령관'(총리)으로서 직무정지 상태임에도 해임이 지연된 것은 북한 당국이 총리로서의 대외 이미지를 고려했기 때문인 것으로 보인다. 박봉주는 외부인사 접견과 최고인민회의 등 공식 행사는 퇴임 전까지 참석하였다.

표 5-11 당의 반격 2: 총리와 내각간부들 퇴진유도 과정

① 당 조직지도부, 내각 간부들 정책과오·비리 집중검열(06.1-07.3)
② 당, 김정일에게 내각 실정·비리 종합 보고(06.5) → 相 7명 퇴진(06년)
③ 김정일, 지방 현지지도시 박봉주 대동 중단(06.6월부터)
④ 내각 전원회의(비공개, 자아비판) 및 중앙당 회의(박봉주 비판)(06.7)
⑤ 당 조직지도부, 박봉주 총리 비리 집중조사(06.8월 말-9월)
⑥ 박봉주 총리 해임(07.4) 및 순천비날론연합기업소 지배인으로 좌천(07.5)

다. 내각과 당의 공방 과정에서 김정일의 입장변화

내각의 시장경제 추진 건의에 대한 김정일의 초기 입장은 애매모호했다. 내각이 의도한 개혁안의 본질과 문제점에 대한 당의 보고에도 불구하고 김정일은 '내각이 시장이용을 시장경제 도입으로 오해했다'는 수준에서 마무리하려 했고, 내각에 대해서는 '당의 입장을 고려하라'는 정도로 절충을 권유했다. 그러면서 총리를 현지지도에 빈번히 대동하는 등 박봉주에 대한 신임을 쉽게 끊지 못했다. 그러나 당시 상황을 자세히 관찰해 보면, '내각과 당의 틈새에 끼어 개혁에 대한 미련을 점차 포기해 가는 모습'이 김정일의 입장임을 확인하게 된다. [그림 5-12]는 김정일의 입장 변화과정을 정리한 것이다.

제5장 경제개혁 과정에서의 조직행태와 관료정치

【그림 5-12】 김정일의 '시장개혁 건의' 처리과정

〈 2005년, 보류-진의파악 〉

○ 내각의 개혁확대(시장경제) 건의 접수 (04년 말)
  - 건의 방식의 '진솔함' 불구, 개혁 내용의 '급진성' 고려 주저
○ 박봉주와 대화 지속, 진의파악 및 파급효과 고민
  - 현지지도시 박봉주 37회 대동 (04년은 6회)[90]
  - 당의 입장(사회주의원칙, 당적지도) 전달 및 절충권유
   * 박봉주는 2005년 들어 '정책'보다는 생산지도에 주력
○ 당의 '문제점 보고'를 고려하여 개혁확대 추진 보류
  - 당에 "내각이 오해(시장이용 → 시장경제)" 수준 양해 권유

⇩

〈 06.1-5, 내각의심/개혁미련 교차 〉

○ 내각의 '정책과오'에 대한 당의 보고 지속 → 의심 증대
  - 박봉주 동행빈도 감소, 06.5 평양음대 방문이 최종(총6회)
○ 당의 '경제관리 능력' 의심 불구, '경제개혁 지속' 주문
  - 김정일, '主 계획경제 + 從 시장 → 경제활성화' 요구
  - 당계획재정부, 기존 내각안 선별수용 → 개혁속도 조절

⇩

〈 06.6-07.10, 내각비판/개혁한계 인식 〉

○ 김정일, '내각 = 자본주의 척후병' 비판, 박봉주 직무정지
  - 당의 '내각비리' 종합보고, 핵정세하 체제결속 필요 고려
○ 김정일, 핵실험무렵 '경제개혁' 재론 (06.9 新그루빠 구성설)
  - 당, 비사회주의 현상보고 → 김정일 '개혁지속은 무리' 판단

경제관리방식의 '근본적 혁신'은 애초에 김정일의 요구였다. 내각은 뒤늦게나마 지도자의 주문대로 '대담한 설계도'를 내놓았다. 문제가

---

[90] 김정일이 박봉주를 전적으로 신임한 2004년보다, 당의 문제제기가 있고 난 2005년에 박봉주를 빈번히 대동하는 것은 '대화의 필요성' 때문인 것으로 추정된다. 2004년에는 총리를 대동하기 보다는 열심히 일하도록 내버려 두는 게 김정일이 할 일이었다. 간부들의 김정일 수행빈도와 김정일의 신임도가 반드시 일치하지 않음을 보여준다.

있다면 정치문제를 건드린데 있었다. 김정일로서는 시장경제 수용이 어렵다면 당과 군을 설득하여 '특수부문 일부 축소'라는 차선책을 모색할 수도 있었다. 정책조정은 지도자의 몫이다. 당이 스스로 자신이 앉아 있는 자리에서 벗어나 내각의 입장을 고려해 줄 가능성은 없기 때문이다(Where you stand depends on where you sit).

그러나 김정일의 '통 큰 정치'는 작동하지 않았다. 김정일은 내각의 개혁건의를 좀 더 시간을 두고 따져 보려했다. 지도자는 일반적으로 문제 상황 중에서 특별히 주목되는 부문을 주시하게 마련이다. 그리고 시간이 흘러 불확실성이 사라질 때까지 가급적 유연성을 유지하면서 관련된 여러 위험을 평가하는 경향이 있다. 지도자는 또한 서로 다른 부하들의 입장을 감싸 안아야 하기 때문에 가급적 모호한 태도를 취한다.[91] 김정일이 당의 '회유'에도 불구하고 한 동안 개혁에 대한 미련을 버리지 못하는 것은 판돈이 큰 게임에서 돈을 잃고 있는 도박사와 같은 심정 때문이었다. 지금 그만 두자니 잃은 돈이 아까웠다. 김정일이 더 많이 잃을지도 모르는 위험을 감수하며 그간의 손해를 만회하기 위해 도박을 계속하려 했다면 자신이 직접 나서야 했다.

당은 내각을 무력화한데서 공세의 고삐를 늦추지 않고, 3단계의 '음모'를 준비한다. 내각의 경제주도권을 회수하고(1단계), 박봉주를 비롯 내각간부들을 무력화시킴으로써 개혁속도를 조절하며 당적 지도를 강화한다(2단계). 최종적으로는 개혁의 전면적 후퇴를 기획한다. 당은 마침 때 맞춰 발생한, 어찌 보면 당이 확대 조작한 '최대의 비사회주의 사건'(2007.7 연사군 구호나무 벌목사건)을 계기로 김정일의 개혁 미련을 완전히 떨쳐 버리게 하는데 성공한다.

---

91) Allison 외, 『결정의 엣센스』, pp. 377-378.

| 04 | 권력층내 이권결탁 구조와 분파적 요소

가. '돈벌이의 폐해'를 부각시킨 사건들

2007년에 북한에서는 다음과 같은 몇몇 사건으로 '돈벌이의 폐해'가 사회적으로 크게 부각된다. ①중국과의 무역이 '눅거리' 교역으로 북한에 손해만 초래한다고 김정일이 질책하는 사건이 발생했고(2007.1), ②외화벌이를 위해 '구호나무'까지 벌목하여 밀매한 정치적 사건도 발생했다(2007.7).

이로 인해 '국가의 입장'을 고려하지 않는 돈벌이는 단속의 대상이 되었으며, 그 불똥은 시장으로 튀었다. 김정일이 2007년 8월 26일 "지금 시장이 돈벌이 장소로 되고 있으며 비사회주의의 서식장으로 된다 … 비사회주의적 현상에 대하여 절대로 소홀히 대하지 말고 그것을 철저히 뿌리 뽑기 위한 집중적인 공세를 들이대야 한다"고 선언하기에 이르렀다.[92] 그해 10월부터 북한당국은 종합시장에 대한 통제에 들어가면서 시장과 연계된 간부들의 부패 고리도 묵인해줄 수 없는 상황이 되었다. 그런 차에 ③청진시 수남시장 관리소장이 함북도 간부들과 결탁하여 장세를 횡령한 사건(2007.12)이 드러났다. 극적인 사건은 잠재되어 있는 사회문제를 정책 의제로 부상시키는 점화장치(triggering device)가 된다.

내각이 주어진 조건에서 경제개혁추진에 한계에 봉착하자 정치문제(시장경제)로 확대하여 문제를 풀려고 했던 것처럼 당도 '돈벌이 폐해' 사건들을 활용하여 경제문제를 완벽하게 정치문제로 도치시키는데 성공한다. [그림 5-13]은 당이 경제개혁을 정치 쟁점화하면서 개혁 후퇴로 몰아가는 과정을 정리한 것이다.

---

[92] 군중강연자료, "시장에 대한 올바른 인식을 가지고 인민의 리익을 침해하는 비사회주의적 행위를 하지 말자"(조선로동당 중앙위원회, 2007.10).

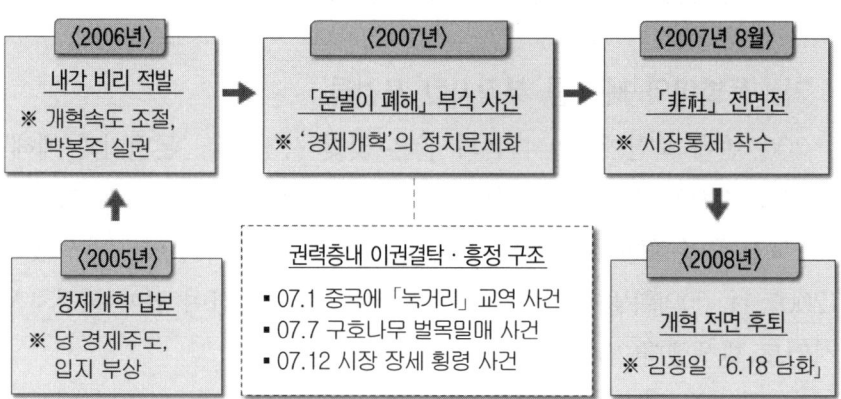

【그림 5-13】'돈벌이 폐해' 부각 사건과 경제개혁 후퇴

* 내각이 '시장경제'로 개혁확대를 시도한 이래, 당이 경제정책 주도권 회수 → 내각 간부들 숙청 → '돈벌이' 자체를 정치 쟁점화하여 경제개혁 의제를 완전히 퇴장시키는 과정을 정리.

① **중국에 원광석 등 '눅거리' 교역 사건**: 2007년 초 김정일은 북한의 원자재가 싼 값(눅거리)으로 중국으로 밀매되는 대신 중국의 '눅거리' 소비품이 대량으로 북한에 유입되어 비싼 값으로 주민들에게 팔리는 현상을 문제 삼았다.[93] 당·정·군을 망라한 이권결탁 구조의 일면이 김정일의 문제 제기로 드러나게 되자 당국자들은 한동안 이를 수습하기 위해 일대 소동을 벌렸다.

우선 원광석 저가 수출이 문제가 되었다. 광석 수출은 저품위 광석에 한하여 수출이 가능하고, 고품위 광석은 북한에서 제련할 수 없는 경우 외에는 가공해서 수출하라는 방침이 지켜지지 않은 것이다. 당시 국제적인 자원 난으로 중국 당국도 자원수출을 극력 통제하였는데, 북한 수출업자의 '국가이익'은 아랑곳하지 않는 태도가 지도자를 분노하게 만든 것이다. 원광석 등 원자재를 가공하지 않은 채 수출하는 현상

---

93) 김정일은 "단둥 사람들을 우리(북한)가 먹여 살리고 있다. (북한의) 무역일꾼들은 국가를 속이고 그들에 이용당하고 있다"고 대노했다고 한다. 탈북민 증언, 2007.5.

을 통제하라는 김정일의 지시가 다시 내려왔고 뒤늦게 (사실상 일시적으로) 북한 당국은 무분별한 광산개발을 통제하고, 원광석을 수출한 단위에 대해서는 채광권을 회수하며, 납·아연의 중국 수출을 금지하는 조치로 소란을 피웠다.[94] 김정일은 수산 당국의 무분별한 어로(漁撈)승인 문제도 제기했다. 수산 당국이 중국 어선의 북한 해역 내에 어로 작업을 승인해주면서 돈벌이에 급급해 어종과 그물망을 제한하지 않거나, 위반해도 벌금을 철저히 부과하지 않는 등 꼼꼼히 규제하지 않고 "그냥 바다를 내주고 있다"고 질책했다.

중국 특히 단동 사람들은 북한으로부터 싼 값으로 광산물과 수산물을 수입해 돈을 벌고 있을 뿐 아니라, 북한에 생필품이나 '가짜상품'을 비싼 가격으로 팔아 폭리를 취하는 점도 제기되었다. 김정일은 북한의 자원은 '눅거리'로 빠져 나가고, 중국의 '눅거리' 상품을 비싸게 들여오고 있다고 한탄하였다. 이 같은 일방적 '눅거리 교역' 문제로 북한당국은 '무역일꾼들이 국가이익은 안중에 없고 돈벌이에 눈이 어두운 현상'에 대한 통제를 강화했다. 당국은 세관검사를 강화하고, 국영상점망의 수입상품을 무더기로 빼내 되거래하는 것을 단속했다. 가짜상품 등 중국 상품의 유통실태를 조사하는 과정에서 시장이 일시 혼란을 겪기도 했다. 수출입 절차가 강화되면서 정상적인 중국과의 교역활동에 지장이 초래되었고, 부패고리에 연결되어 있는 기업소가 원자재 도입이 어려워지자 '눅거리' 교역과 무관한 생산 활동이 차질을 빚기도 했다. 김정일에게는 '돈벌이가 능사는 아니다'라는 인식이 보강되었다.

---

[94] "수출상품을 개선하는데서 중요한 것은 우선 원료를 그대로 팔지말고 될수록 가공하여 파는 것이다 … 눈앞의 뭉텅이돈만을 생각하며 땀흘려 생산한 나라의 귀중한 원료자원을 가공하지 않고 다른나라에 그대로 팔다가는 나라가 독점자본가들의 원료공급지로 될수있다." 김철준, "우리 식으로 대외무역을 확대 발전시킬데 대한 위대한 령도자 김정일 동지의 경제사상," 『경제연구』, 2008년 제1호, pp. 4-5.

② **연사군의 '구호나무' 벌목 밀매사건**: 2007년 7월말에는, 함북도 연사군에서 원목을 중국에 밀매하면서 '구호나무'마저 벌목한 사실이 적발되었다. 함북도 외화벌이 책임자(릉라888 무역회사 함북도 책임자 오문혁)는 공개 총살당했고, 연사군 간부들(인민위원장, 산림경영소 소장, 삼장세관 세관원, 군당책임비서 등) 수명이 무기징역을 선고받거나 출당·철직되는 사건이 발생했다.95) 당 조직지도부는 "혁명전적지의 구호나무까지 마구 잘라 목재로 중국에 팔아넘긴 이 사건을 최대 범죄사건으로 간주해 현지에서 간부들의 사상투쟁회의를 개최하고 사건 연루자들을 공개 처형했다"고 밝혔다.96) 연사군은 울창한 수림지역으로 임업이 주산업이다. 그곳은 김정일 지시로 1980년 초부터 발굴하기 시작했다는 이른바 '구호나무'를 비롯하여 김일성·김정숙의 '항일투쟁 사적물'이 많은 지역이었다.

연사군 공개재판 현장에는 내각과 중앙기관 간부들, 각 도·시·군 당책임비서들, 전국 외화벌이 사업소 간부들 뿐 아니라, 군(軍)의 군종·병종 사령관들과 외화벌이 책임자들 2천여 명이 열차편으로 집결하여 처형 장면을 참관한 것으로 알려졌다. 이 사건은 금지된 원목 밀매97) 및 우상물인 '구호나무' 벌목 외에, 외화벌이 사업에 출당·정

---

95) 같은 무렵 원산시 간부 수명이 불법 전자제품을 판매하여 수만 달러를 사취한 혐의로 공개 총살되었다. 북한 당국은 연사군 현장을 참관했던 간부들 중 일부를 원산의 공개재판 현장에도 참관하게 했다. 『연합뉴스』, 2008.8.10.
96) 이 사건이 발각된 배경은 확인되지 않는다. 그해 2007년 초 '원광석 등 원자재 밀수출 단속' 지시와 연관된 것으로 추정된다. 통제당국은 문제가 사회적으로 이슈화되었으니 지도자에 보고할 '희생양'이 필요했고, 게다가 '구호나무' 벌목 사실도 잡아냈을 것이다.
97) 김정일의 '원목수출 금지' 지시는 이미 2004년 5월에도 있었다. "중국에 나무를 수출하는 문제는 심중한 문제이다. 얼마 안 되는 나무마저 팔아버리면 산들은 완전히 벌거숭이가 되고 만다. 로동신문 종이를 보장하기 위해 나무를 팔아 종이원료를 들여오고 있는 것도 올해까지만 하라. 앞으로 나무를 그대로 수출하지 못하게 단단히 통제해야 겠다." 김정일, "조선인민군 지휘성원들에게 하신 말씀"

직된 자, 평양에서 추방되어 이주된 자, 전과자 등 '사상적으로 변질된 자들'을 사업에 끌어들여 돈벌이를 했다는 점도 문제가 되어 '최대 비사회주의 범죄사건'으로 간주되었다.[98] 이 사건 직후 중앙당과 각급 당조직이 중심이 되어 "맹아 단계부터 비사회주의 현상을 무자비하게 짓뭉개이는 사업"이 진행되었다.[99]

③ **청진 수남시장 장세(場稅) 횡령사건**: 2007년 12월에 청진시 수남시장 관리소장이 부정축재 혐의로 공개 재판을 받고 10년 교화형에 처해졌다. 함북도 보안서가 수남시장 관리소장을 긴급체포하고 가택을 조사하자 집안에서 달러와 유로화가 담긴 트렁크가 발견되었다. 관리소장이 수남시장의 하루 장세 수입 약 700만원 중 매일 50만원씩 착복한 사실이 드러났다. 함북도내 주요간부들 대다수가 수남시장으로부터 뇌물을 받은 사실도 알려져 시장 관리소 인원 전원이 교체되고 함북도당 조직비서, 도인민위원회 간부, 도 보안서 간부들도 해임되었다. 수남시장은 이전에도 청진시 보안서에서 조사를 받았으나 지역내 다른 고위간부의 압력으로 유야무야 되었으나, 이번에는 평양에서 검열요원이 내려와 도 보안서와 공조하여 조사함으로써 꼼짝없이 걸려들게 되었다. 여기에는 시장관리소장과 사이가 나쁜 전 부소장이 연관되어, 그가 중앙에 신소(申訴)한 사실도 알려졌다.

나. '힘 센' 권력기관의 이권흥정 요구 유형

북한 내 시장요소 도입이 확대되자 권력기관을 중심으로 한 이권 결탁과 흥정의 여지도 늘어났다. 첫째, 대표적인 이권 사업은 '눅은' 국정가격과 상대적으로 높은 시장가격 격차를 활용한 거래

(2004.5).
98) 『연합뉴스』, 2007.8.10.
99) 앞의 군중강연자료(2007.10).

였다. 공급은 눅은 공급가격으로 받고 판매는 비싼 시장가격으로 거래함으로써 그 차액만큼 '검은 돈'을 마련하는 공간이 조성된 것이다. 가격 격차를 활용한 이권 사업은 북한의 중간 간부들이 가장 일반적으로 활용하는 수법이었다. 앞에서 살펴 본대로 박봉주의 '내각 상무조'는 이를 국정가격의 비탄력성 등 '엉성한 7.1조치'에서 그 원인을 찾으면서 이권개입 공간을 주로 활용하는 것은 '힘 센' 권력기관이라고 비판했다.

둘째, 기업소간 '무현금 행표' 관행을 활용해 권력기관이 이권흥정을 요구하는 사례가 나타났다. 무현금 행표 제도의 문제점을 보자. 계획화에 의한 결재방식은 화폐기능을 수행하는 무현금 행표로 이루어진다. 모든 기업소가 무현금 행표를 이용하는 경우에는 문제가 되지 않았으나, 경제개혁에 따라 기업소도 점차 시장 거래가 허용됨에 따라 무현금행표 거래와 시장거래의 혼재는 "특권기관들이 부정자금을 만드는 공간으로 리용"되고 있는 것이다.[100] 그 수법은, 특권기관들이 행표를 이용하여 국정가격으로 물품을 구입해 그 물품을 시장에 되팔고, 그 돈으로 다시 시장가격의 절반이하에 불과한 다른 물품의 행표를 구입하는 방식이다. '힘 센' 기관들은 행표로 물자를 구입할 수도, 은행에서 자금으로도 받을 수도 있으나 '힘없는' 기관들은 행표가 있다 해도 물건을 쉽게 구입할 수도, 실제로 은행에는 해당한 돈이 없어 자금으로 되돌려 받을 수도 없다. 힘없는 내각 산하 기업소들은 어쩔 수 없이 무현금 행표를 '눅거리'(30-40% 가격)로 '힘 센' 권력기관에 넘기게 된다.

셋째, 물자 수출입 과정에서 무역회사가 횡포를 부리는 현상도 나타났다. 북한에서의 무역권한은 힘 있는 '회사'들만 가지고 있다. 회사들

---

100) 앞의 "경제관리방식개혁 연구자료."

은 터무니없이 높은 가격으로 원자재와 설비 수입 계약을 기업소들과 체결하려 한다. 계약이 성사되더라도 무역일꾼들이 전문성이 없어 질이 담보되지 않는 '눅거리'를 수입해서 질 높은 제품에 해당하는 가격으로 공급하는 경우가 빈발한다.[101] 그러나 기업소는 수입자재를 직접 구입할 수 있는 권한이 없어, 제값에 필요한 물자를 들여오기 위해서는 또 다른 거래비용이 소요된다. 기업소가 생산기지도 없이 거간이나 하는 무역회사들에 '분노'하지 않으려면 암시장을 활용해야 했다. 때로는 암시장에서 원자재를 구입하는 것이 값도 싸고 편리하다는 것을 배운다. 그러나 대부분의 경우 이들은 권력기관의 검열과 조작으로 다시 힘 센 기관과 결탁하거나 갈등을 빚을 수밖에 없는 상황에 직면한다.

부정축재 공간의 증대는 국가재정에 타격을 줄 뿐 아니라, 특권기관에 인재가 모이는 사회적 손실을 초래한다. '힘없는' 기관의 인재들은 아무리 전문성과 기술이 있다 해도 곧 자신의 능력이 별로 쓸모가 없음을 알게 된다. 지도자가 강조하는 '실력 제일주의'도 말뿐임을 깨닫게 되고, 내각에서 하는 일에 애착을 잃게 된다. 결국 그 인재는 또 다른 '능력'을 발휘하여 전문성이 요구되는 대열에서 사라지고 '힘 센' 기관에서 다시 나타난다. 능력은 전문성·지식의 정도가 아니라, 다시 어느 기관에 속해 있는가가 척도가 된다. 이러한 부작용으로 내각은 무현금 행표를 폐지하는 대신 실질적인 화폐유통으로 거래를 하자고 했다. 개별 기업소도 무역회사가 아닌 무역성과 합의하여 해외거래를 할 수 있도록 개혁할 것을 주장했다.[102] 그러나 실현되지 않았다.

---

101) 이를 방지하기 위해 제도상으로 북한 당국은 해외 무역대표부에 "질이 낮고 기술적으로 뒤떨어진 물자와 설비를 들여오는 현상을 장악 통제할 것"을 요구하고, 해외 주재원들은 북한내 특정 공장·기업소 또는 지방과 연계를 맺어 공장의 생산정상화를 위한 무역사업 또는 시(市)의 수출기지조성과 판로개척을 적극 지원하도록 하고 있다. 무역성 지시, "다른 나라에 나가있는 공화국 무역대표부와 경제실무단의 대외활동규정시행세칙"(시기미상).
102) "장군님께서는 상품을 다른나라에 파는것도 한곳으로 하고 다른 나라에서 사오

시장화 진전에 따라 부패가 구조화되고 '돈벌이의 폐해'가 부각되면서 김정일은 '돈벌이'가 아래로부터 '충성체제'를 와해시키는 요인이 된다고 판단하게 된다. 부패구조로 시장통제 지시가 침투되지 않을 뿐 아니라, 물질적 보상이 시장으로부터 나와 자신에 대한 충성심이 약화되고 체제를 위협하는 요인이 된다는 생각에 이르자, 경제개혁은 점차 뒷전으로 밀리게 된다. 2008년에는 '돈벌이 → 비사회주의 현상 → 사회주의 신념의 동요 요인'으로 진전되었다. 경제개혁의 폐해가 체제 문제로 격상되었고, '개혁은 사회주의로부터의 탈선'으로 규정되었다.[103]

다. 권력층 내 분파적 요소

북한 권력층 내에서는 '종파' 형성은 물론이고, 지도자 이외에 특정 인물을 존경하거나 특정인물이 자기 이름으로 정책을 주도하는 행위를 '소영웅주의' 또는 '소총명주의'로 금기시한다. 그 가능성을 경계하여 지도자에게 순응하는 부하들에게는 출세와 물질적 보상이 주어지고 동상이몽(同床異夢)·면종복배(面從腹背)하는 부하들에 대해서는 끊임없는 숙청이 이어져왔다. 지도자의 능력이란 부하들의 마음속에 한편으로는 탐욕을, 다른 한편으로는 공포를 불러일으킴으로써 자신이 원하는 대로 움직이도록 하는데 있다.[104]

숙청의 공포에도 불구하고 간부들이 여러 가지 연고로 '끼리끼리 모이고, 뭉치는 현상'을 근본적으로 막을 수는 없었다. 때로는 권력 갈등

는것도 한곬으로하는 원칙을 철저히 지켜야 한다고 가르치시였다 … 무역에서 인민경제 여러 부문들과 지방들의 창발성을 발양시킨다고 하면서 매개 단위들에서 제각기 무역활동을 하도록 허용하는 것은 자본주의적 무역방법이다." 김철준, "우리 식으로 대외무역을 확대발전시킬데 대한 위대한 령도자 김정일 동지의 경제사상," 『경제연구』, 2008년 제1호, pp. 4-5.
103) 학습제강(당원 및 근로자), "사회주의에 대한 신념을 확고히 간직할데 대하여"(2008.2).
104) Allison 외, 『결정의 엣센스』, p. 323.

이나 정책 주도권 다툼으로, 때로는 정치적 의도는 없어도 이권야합이나 개인적인 친소관계로 서로 연대하는 집단이 형성되기 마련이다. 이들이 세력화되어 겉으로 드러나면 지도자에 의해서 혹은 반대세력에 의해서 '준 종파'로 몰려 숙청된다.

2000년대 김정일 집권 시기에 확인된 사례로, ①장성택의 종파주의와 권력남용에 따른 장성택 인맥 숙청사건(2004-2005), ②당이 내각의 무력화를 위한 박봉주 등 내각 간부들 숙청 사건(2006)이 있었다. ③남북경협 업무가 내각에 주어졌다가(2004), 당이 회수하고(2006), 대남공작 업무가 군으로 넘어가는(2009) 등 대남사업의 조정 과정에서도 당·정·군 간 주도권 다툼이 있었다.

① **장성택 측근의 총리에 대한 항명 사건**: 2003년 12월 박봉주 총리는 내각회의를 주재하면서 신일남 수도건설위원장에게 '평양시 현대화 사업에 필요한 특정 자재를 우선 공급할 것'을 지시한다. 신일남은 '장성택 조직지도부 1부부장[105]의 승인이 필요하다'며 이를 거부한다. 총리는 수도건설위원회[106]가 내각 산하임에도 신일남이 당의 의견에만 추종하는 사례를 수차 목격하고, 이번에는 김정일에게 이를 보고한다.

---

105) 당시 조직지도부에는 장성택(행정·공안담당), 이제강(중앙당 담당), 이용철(군사 담당) 등 3명의 1부부장이 있었다. 수도건설업무(행정)는 간접적으로 장성택의 감독사항이기도 하지만, 신일남(사회안전부 부상·도로총국장, 인민보안성 부상을 하다가 수도건설위원장에 발탁됨)은 오랜 기간 장성택의 지휘를 받는 연고관계로 측근이 되었다.

106) 수도건설위원회(부총리 신일남이 위원장 겸직)는 2003년 9월 김정일이 "평양 시가지를 멋있게 꾸미라"는 지시에 따라, 내각 산하 수도건설총국을 주축으로 중앙당, 평양시당, 무역성 등 여러 기관 실무자들이 파견되어 구성된 '상무조직'으로, 평양시내 시가지·상가 조성, 주택개량을 추진하였다. 신일남의 항명 사건으로 그 조직은 평양시건설총국(2004.3),평양시건설지도국(2005.5)으로 축소되었다. 장성택의 복권과 더불어 '당 근로단체 및 수도건설부'(2006.1, 1부부장 장성택), '당 행정 및 수도건설부'(2007.10, 부장 장성택)에 부속되었다가, 다시 내각 산하 수도건설부(2008.11)→ 수도건설총국(2010.11) → 수도건설위원회로 개칭되었다.

김정일은, 장성택을 두둔하고 총리는 망신만 당할 것이라는 주변의 예상과는 달리, 수도건설위원회와 관련자들을 대상으로 강도 높은 검열을 지시한다.[107] 김정일은 "내가 군대사업에 주력하고 있는 동안, 장성택이 내 말(김정일은 박봉주에 권한을 위임)을 잘 듣지 않는 파당을 만들어 놓았다"는 취지의 발언을 한 것으로 알려졌다.[108]

2004년 2월 신일남은 지방으로 좌천되고, 장성택은 '종파주의와 권력남용' 혐의로 측근 수십 명과 함께 숙청된다.[109] 장성택의 실각과 더불어 그의 이권사업도 다른 조직으로 이관되었다.[110] 장성택은 2년이 경과한 2006년 1월 '당 근로단체 및 수도건설부 제1부부장'으로 복권되고,[111] 그의 복권을 전후로 신일남이 인민보안성 부상으로 복귀(2005.6)하는 등 측근들 상당수가 다시 보직을 받는다. 장성택을 중심으로 형성된 '종파'는 오랜 기간 업무 또는 이권을 매개로 연고를 맺고, 출세과정에서 서로 후원해 주는 관계로 형성된 사례이다. 김일성의 사위이자, 김정일의 매제라는 '만경대 가계'와의 특별한 연고로 많은 사람들이 장성택의 주변에 모여든 측면도 있었다.

다음은 김정일이 2004년 4월 군 고위간부들을 모아 놓고 한 말이

---

107) 당시 검열은 이제강이 맡았는데, 장성택의 영향력이 작용하지 못하도록 김정일의 지시로 장성택을 중앙당 병원에 강제 입원시켰다는 증언도 있다.
108) "북한의 권력투쟁 내막-김정일, 2인자 장성택을 가택연금," 『월간조선』, 2004년 7월호.
109) 장성택과 박명철 체육지도위원장, 이광근 무역상 등 그의 측근들이 2004년 2월 당조직지도부 박정순 부부장 자녀의 호화 결혼식에 대거 참석한 것도 '종파' 혐의로 추가되었다. 『조선일보』, 2004.6.16.
110) 예컨대, 가금(家禽)총국은 내각 직속으로 변경되고, 낙원무역총회사의 선원 해외송출 사업은 육해운성으로, 대외보험총국의 평양 시내 식당에 대한 합영사업권은 평양시인민봉사총국으로 이관되었다.
111) 장성택은 2006년 1월 국방위원회 주최 음력설 연회에 김정일과 함께 참석하였다. 김정일은 그 해 2월중 장성택을 빈번히(2.5, 2.17, 2.18 등) 현지지도에 대동하였다. 장성택을 달래고, 그의 복권 사실을 북한 사회에 알리려는 목적으로 보인다.

다. 발언 시점과 "반당 반혁명분자들" 거론으로 볼 때 장성택의 '종파주의 사건'을 염두에 두고 군 간부들의 '지도자와 동상이몽'을 경계한 발언이었다.

인민군지휘성원들은 절대로 겉과 속이 다르게 행동하여서는 안됩니다. 겉과 속이 다른 사람들은 앞에서는 당의 로선과 정책을 지지하는척 하지만 속으로는 반대하고 있습니다. 그런 것을 동상이몽 한다고 합니다. 그전에 수령님께서는 《동상이몽》이라는 것은 부부가 같은 잠자리에 누워자면서 서로 딴 꿈을 꾼다는 뜻이라고 하시였습니다 … 지난 시기 반당혁명분자들은 다 동상이몽 하는자들이었습니다. 그자들은 겉으로는 당의 로선과 정책을 지지하는척 하지만 속으로는 반대하였습니다. 수령님께서는 당중앙위원회 제4기 제15차 전원회의를 지도하실 때 반당반혁명분자들을 《도적고양이》라고 하시였는데 정말 신통하게 비유하시였습니다. 그때 반당반혁명분자들은 도적고양이처럼 숨어다니면서 뒤에서 쏠라닥질을 하였습니다. 우리는 당의 로선과 정책을 반대하여 뒤에서 쏠라닥질을 하는자들에 대하여는 그가 누구이든 절대로 타협하지 말고 강한투쟁을 벌려 머리를 들지 못하게 만들어놓아야 합니다.[112]

② **내각 상(相)의 '체제간접비판' 사건**: 2006년 10월 전기석탄공업상 주동일은 당 조직지도부의 조사를 받고 숙청된다. 주동일은 2005년 초 에너지 관련 대책회의에서 "우리 나라 전력사정이 좋지 않은데, 차

---

112) 같은 담화에서 김정일은 "선군정치를 하면서 나는 로동계급이 아니라 인민군대를 우리 혁명의 기둥, 주력군으로 내세웠다 … 《고난의 행군》시기에 혁명의 주력군이라고 하는 로동계급들은 자기 공장 하나 제대로 지켜내지 못하였다. 황해제철련합기업소 로동자들은 기계설비를 다 뜯어내다 팔아먹었다 … 조국이 가장 어려운 시련을 겪고있는 때에 자기 공장하나 제대로 지켜내지 못하는 로동계급을 어떻게 혁명의 주력군이라고 말할수 있는가"라고 하여, 군대의 '충성심'을 추켜세우면서 '반당, 반혁명' 행위에 말려들지 말 것을 당부하였다. 김정일, "조선인민군 지휘성원들에게 하신 말씀"(2004.4).

라리 장군님의 초대소의 전기를 돌려서 사용하면 어떻겠는가"고 한 것이 뒤늦게 문제가 된다.113) 전력난을 일부라도 해소하기 위해 전국 각지에 흩어져있는 김정일 별장에 공급되는 전력을 일반 기업이나 주택에 돌려서 사용하자는 것이었다. 그의 발언은 2006년 초부터 박봉주 총리 압박을 위해 기회를 엿보고 있었던 당 조직지도부에게 내각간부들을 집중 검열하는 구실이 된다.

당시 문화상 김진성도 취임한지 반년밖에 안되어 경질(2006.6)되었다.114) 재정상 문일봉, 원유공업상 고정식, 보건상 김수학, 임업상 석군수 등 6명의 내각 상들이 2006년에 경질되었다. 경질 사유는 뇌물수수나 정책과오 등을 문제 삼았다. 그러나 본질은 전기석탄공업상의 사례에서 보듯 당의 공격 차원에서 제거된 것이다. 특히 문일봉 재정상은 박봉주 총리와 함께 일하면서 다툼도 많았으나 다시 호흡을 맞춰가면서 개혁을 이끌어 간 인물이었다. '돈벌이 폐해', '비사회주의 현상' 단속의 일환으로 간부사회에 대한 기강확립 차원의 비리 조사는 2007년 이후에는 중간간부들을 대상으로 확대되었다. 2007년 중반이후 무역회사, 자금 취급기관, 지방 행정기관 간부들을 대상으로 한 조사에 이어, 2008년에는 신의주 세관과 무역회사들 및 중국 진출 상사에 대한 검열로 이어졌다.

경제개혁을 시작하고 후퇴하는 정책전환 시기에 북한 내부적으로 정책 갈등이 노골화되었음은 앞에서 살펴보았다. 특히 2005년 이후 개혁 속도조절 시기에 김정일의 '입장'이 불확실한 상황에서 시장에 어느 정도 자율권을 허용하며, 배급곡물 등의 가격은 어느 선에서 결정할 것인지, 기관·기업소의 채산제 전환은 어느 수준까지 추진하며, 농촌개혁 방안은 어느 범위까지 확대할 것인지 경제정책을 둘러싸고

---

113) 『The Daily NK』, 2007.1.18.
114) 『NK chosun.com』, 2006.6.14.

권력층 내부에는 박봉주 총리 지지파와 박남기 당부장 지지파로 나뉘었다는 증언이 다수 확인된다. 정책 갈등은 통제에 의해 일시적으로 잠재될 뿐이며 다시 잉태될 씨앗을 품고 있다.

③ **대남사업 주도권 다툼**: 내각 산하로 민경협이 설치되었다가 다시 폐지되는 과정에도 관료정치가 작동하였다. 민경협은 2004년 7월 당 소속 민경련 등 남북 경협조직을 통합하면서 내각 산하에 신설된 조직으로 1년 후에는 성급(省級)기관으로 격상된다. 김정일은 "아태위 등 당에서는 남북경협정책은 제시하되 경협실무 문제는 손을 떼고 내각 총리가 관장할 것"을 지시한다. 남북 경협의 활성화에 대비하여 내각 총리가 경제의 일원적 관리의 필요성을 건의한데 따른 것이었다.

개혁속도 조절과 더불어 당은 남북경협 조직에 대해서도 검열에 착수하였다. 2006년 당 조직지도부는 민경련과 그 상부조직인 민경협을 검열하여, 정운업 민경협 위원장, 허수림 민경련 북경대표, 오광식 단동대표를 금품수수 및 원산지증명 위조 등의 혐의로 조사해 그 다음해 처벌했다.[115] 검열의 배후에는 당 통일전선부의 불만제기에 따른 당 계획재정부장 박남기의 조치가 있었다. 박남기는 당 계획재정부장에 임명(2005.7)된 이래 내각 경제간부들의 인사권을 회수하고 민경련과 경제협조관리국의 당 산하 이관을 도모해 왔었다. 내각의 민경협은 2009년 4월 폐지되고 민경련은 다시 5년만에 당 통전부 산하로 원대복귀된다.[116] 김정일이 남북경협 관리 기관을 조정해 주었음에도 조직간 다툼과정에서 다시 번복됨을 보여준다.

그러나 당 통전부에는 2008년에 다시 숙청의 회오리가 몰아치고 대남업무의 주도권도 군(국방위원회 정책실, 정찰총국)으로 넘어간다.

---

115) 『중앙일보』, 2009.1.12.
116) 『동아일보』, 2009.4.10.

2008년 3월 주동찬 특구개발지도총국장 및 장우영 명승지개발지도총국장의 경질에 이어, '실세'인 최승철 통전부 부부장과 남북장관회담 북측 대표였던 권호웅 내각 참사가 그해 초 사라졌으며 '남조선 정세 판단 실패'에 따른 처형설이 제기되었다.[117] 보위부의 대남일꾼 조사에는 후계자 김정은의 '지도'가 있었다는 증언이 있다.[118]

이후 대남업무는 정찰총국이 주도한다. 2008년 11월에는 현역 군인인 김영철 국방위 정책실장이 총을 차고 개성공단에 나타나 우리 기업인들에게 "나가라"고 협박하는 일이 벌어졌고, 2009년 2월에는 당과 군에 흩어진 대남공작부서들을 통·폐합해 만든 정찰총국에 김영철이 총국장으로 취임했다.[119] 2004년에 남북경협 업무가 내각에 주어졌다가, 2006년 당 통전부로 회수되고, 2008년에는 대남공작 업무가 군 주로로 넘어갔는데, 지도자의 심신이 미약해지면(2008년 8월 김정일 뇌졸중) 부하들 간에 다툼이 벌어져 '힘센' 기관이 주도하게 마련이라는 사실이 확인된다.

라. 김정일 권력승계 이후 숙청 사건들의 특징

김정일 집권시기 북한의 숙청사는 1990년대 후반의 '심화조 사건', 2004년 장성택 인맥의 종파 사건, 2006-2007년의 박봉주 총리 등 경제개혁 간부 숙청 사건, 2008년 최승철 통전부 부부장 등 대남간부

---

117) 북한 당국은 2007년 10월 제2차 남북정상회담이 끝난 직후에 북한 고위간부들을 대상으로 '10.4 선언' 합의 등 노무현 정부와의 정상회담이 '김정일의 주도로 성공'했다고 포장하면서 '남한에 보수정부가 들어선다 해도 합의사항은 크게 후퇴하지 않을 것'이라는 내용의 강습회를 진행했다. 이 강습회로 최승철과 권호웅은 '지도자의 무오류성'에 큰 손상을 입혔다. 다만 김정일의 신임이 두터운 통전부장 김양건은 살아남았다.
118) 2009년 연초부터 1년여 당 통전부와 조평통 서기국 간부들에 대한 보위부의 조사에는 김정은의 '지도'가 있었으며, 김정은이 최승철 등에 대한 처형을 지시함으로써 후계시기 이미 공포통치가 시작되었다는 것이다.
119) 『NK chosun』, 2015.12.30.

숙청 사건으로 정리된다. 1970년대 이래 잠잠했던 숙청 사건들이 1990년대 후반들어 증가한다.

　앞에서 설명되지 않은 '심화조 사건'을 살펴보면 다음과 같다. 김정일은 1997년 10월 당 총비서 취임 무렵 식량난으로 흉흉한 민심을 다른 곳으로 돌리기 위해 사건을 일으킨다. 사회안전부 정치국장 채문덕으로 하여금 '심화조'를 조직하여 중앙 및 지방 간부들을 대상으로 6.25 당시 무슨 일을 했는지, 빈 경력은 없는지 조사하게 한다. 조사 결과 당의 주체농법을 집행하지 않아 식량난을 야기했다며 당 농업비서 서관희를 총살하고, 농업상이었던 김만금의 시신을 부관참시했다. 당 지도부내 대규모 간첩단도 적발하여 본부당 책임비서 문성술, 평양시당 책임비서 서윤석, 개성시당 책임비서 김기선 등을 체포했고, 6.25 때 미군이 조직했다는 '서북청년단' 색출사업도 전국적으로 전개해 수만명을 조사한 결과 2,000여명을 미국과 남한의 첩자로 몰아 처벌한다.

　조사와 처형이 광범위하여 많은 주민들이 연루됨에 따라 사회적 불만이 팽배해진다. 김정일은 2000년경 보위부를 동원하여 채문덕을 비롯한 '심화조'를 거꾸로 조사하게 한다. 그 결과 많은 조작이 있었던 것으로 밝혀졌고 채문덕은 처형된다.[120] 이어 '심화조 여독' 조사와 함께 강습자료 '민족반역자 채문덕의 죄행'(2000.11)을 활용한 사상교양을 전개한다. 김정일은 새 밀레니엄(2001년)을 앞두고 대규모 숙청 회오리를 일으켜 체제결속을 도모한다.

---

120) 2002년 9월 북한 군 강연자료는 "아직은 세상에 널리 알려지지 않았지만 ≪고난의 행군≫, 강행군시기 당내에 잠입했던 반당, 반혁명분자들은 우리 당의 핵심진지를 허물고 혁명대오의 통일단결을 파괴할 목적 밑에 ≪간첩사건≫을 꾸며냈다 … 그때는 정말 누구의 말을 그대로 믿고 누구를 의심할지, 누가 충신이고 누가 간신인지 갈피를 잡을 수 없는 때였다"라고 했다. 강연자료, "경애하는 최고사령관동지는 믿음의 정치로 력사의 온갖 시련을 이겨내고 언제나 승리만을 떨치시는 절세의 위인이시다"(전체 군관, 군인, 종업원, 군인가족들 대상 강연자료, 조선인민군출판사, 2002.9).

김정일 집권 시기 북한 숙청사의 특징을 살펴보자. 첫째, 1990년대 후반 들어 대규모 숙청이 빈발했다는 점이다. 김일성은 1960년대 종파투쟁으로 유일지배체제를 확립한 이후 여러 가지 구실을 붙여 의심스러운 '종양'을 제거하는 방식으로 숙청함으로써 권력층의 기강을 확립했다. 그러나 1990년대 후반이후 숙청은 1997년의 간첩단 사건, 2000년 심화조 사건에서 보듯이 권력층을 넘어선 사회 불안을 다잡기 위해 숙청 규모가 커졌다.

둘째, 많은 경우 처형보다는 '혁명화' 방식으로 숙청하여 재기의 기회를 주었다. 김정일의 경우 대규모 숙청 사건을 제외하고 단발성 숙청의 경우 혁명화 교육을 통해 반성의 기회를 주고 다시 활용하는 밀고 당기기 식의 '말고삐 식 통치' 행태를 보였는데, 이점은 김정은의 공개총살 위주의 공포통치와 차이가 있다.

셋째, 숙청은 일정한 분파적 요소의 생성·소멸 주기와 연관되었다. 대체로 분파적 요소는 권력층 내 온건 또는 실용주의 분위기가 조성되었을 때 형성되기 시작하여, 강·온 정책전환 추진시기에 갈등이 구체적으로 표출되며, 강경기조의 정착과 더불어 제거되는 양상을 보였다. 예컨대 2000년 들어 북한체제의 경직성이 다소 완화된 분위기에서 장성택 '종파'가 커졌으며, 내각의 개혁성향 인물들도 이때 운신의 폭을 넓히다가 보수 세력의 공격을 받았다.

넷째, 알려진 숙청 명분과는 달리 그 이면에는 기관 간 권력 다툼이 자리 잡고 있다. 경제개혁을 둘러싼 당과 내각의 대립이 그러했고, 민경협 간부들의 비리 조사도 당이 내각으로부터 그 조직을 넘겨받으려는 계산아래 시도된 것이며, 지방 간부들에 대한 대대적인 비리 조사도 많은 경우는 이권 지분 확충을 목표로 한 권력기관의 작위적 조치에 의한 경우가 허다했다. 사건은 많은 경우 우연히 발행하기 보다는 필요에 의해 만들어진다.

| 05 | 관료정치 모델을 통해 본 김정일 시기 경제개혁 과정

　이상에서 2000년대 북한의 경제개혁 진퇴과정에서의 관료정치 현상을 살펴보았다. 경제개혁 확대를 추구해 위상제고를 도모한 내각 간부들, 내각의 역할을 무력화하여 종전처럼 자신의 휘하에 두려는 당 간부들, 각종 이권사업 선점을 위한 권력기관들의 암투, 부패 고리로 연계된 중간 간부들, 강·온 정책전환 과정에서 불만을 표출하는 관료들의 대립이 그것이다. 다만, 누가 어떻게 연대를 구성하여 대립하고 흥정하는지 구체적으로 확인되지 않을 뿐이다.

　북한의 정책결정과정에서 관료정치 무대는 다원적 정치체제에 비하면 매우 협소하다. 다양한 정치결사나 이익단체의 부재, 하나와 같이 사고하고 움직일 것을 강요하는 수령제, 기관 간 활발한 업무협의와 토론을 억제하는 수직적 정책결정체계 등 구조적 요인 때문이다. 거기에 본위주의 만연, 정책 건의 기피 등 소극적 행정문화가 작용하여 각 조직들이 정책 불만을 피력하면서 흥정과 타협을 도모하기란 매우 어려운 분위기이다. 그러나 폐쇄적인 조건하에서도 조직의 사활적인 이익이 걸린 정책이 제기되면 적극적으로 정치력을 발휘한다는 사실이 경제개혁 진퇴 과정에서 확인되었으며, 지도자의 의지와는 무관하게 정책이 가감됨을 살펴보았다. 다만 일반적인 관료정치처럼 정책결정 참여자들 간에 직접적인 흥정이나 타협보다는 중간에 있는 지도자를 움직여 정책에 영향력을 행사하는 방식으로 발현된다는 점이 다르다. 그 이유는 수령제가 제약조건으로 작용하기 때문이다.[121]

---

121) '판돈'이 커서 조직들이 서로 양보할 수 없는 정책의 경우는 김정일을 매개로 흥정되나, 작은 단위의 사업이나 이권에서는 조직들 간에 '직접적으로' 무수한 흥정과 타협이 이루어진다.

관료정치 모델로 보면, 김정일이 정책결정권을 독점하지 못한다. 그는 문제 상황에서 주목되는 부분만을 볼 수밖에 없고, 결정이 어려운 상황은 불확실성이 사라질 때까지 기다려야 했으며, 때로는 서로 다른 입장을 감싸기 위해 모호한 태도를 취했다. 지도자가 모르는 부분과 결론을 미룬 사안에 대해서, 지도자가 애매한 태도를 보이는 공간에서 관료정치는 발생했다. 북한의 경제개혁 과정을 재구성하면 경제문제가 정치 문제화된다는 사실이 확인된다. 아래 [그림 5-14]에서 보듯이 김정일의 개혁의제 개방에 따라 내각은 개혁과제를 수행하나, 보다 과감한 개혁이 아니면 성공할 수 없음을 깨닫고 '시장경제'를 추진한다. 그러나 당은 내각이 하려는 것은 정치문제라고 간주하고 이를 공격한다. 당의 영도를 강조하는 가운데 내각간부들의 문제점을 조사하고, '돈벌이의 폐해'를 부각하여, 결국은 김정일로 하여금 개혁후퇴를 선언케 한다. 내각은 경제개혁을 경제논리에서 정치논리로 확대하고, 당은 경제문제를 정치 문제화하는 등 서로 상황을 도치(倒置)시킨 결과 이해관계가 충돌되고 정책은 굴절된다.

【그림 5-14】 내각의 개혁논리와 당의 상황논리의 순환

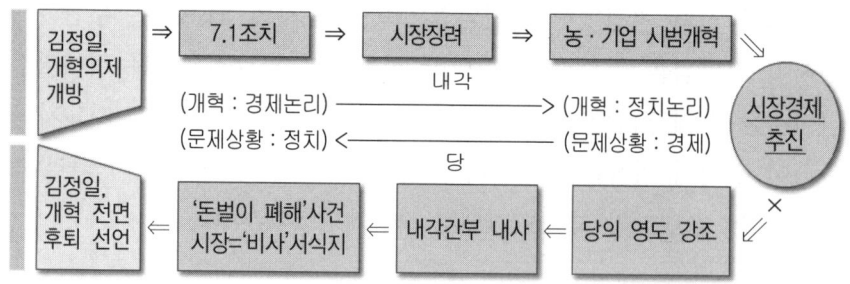

김일성·김정일의 언급을 통해서도 북한 권력층 내 분파적 요소가 잠재해 있다가 "정세가 복잡하고 경제 사업이 잘되지 않을 때" 관료정치

가 횡행함을 알 수 있다. 아래 인용문에서 처럼 북한의 지도자들이 거론한 "경제종파의 대두", "충신과 간신의 대립", "쑬라닥질 하는 현상"들은 관료정치 혹은 파벌정치를 의미한다.

　　김정일은 1985년 1월 당 간부들과의 담화에서 "지금 우리 당에는 종파도 분파도 없다. 우리 당은 조직적 전일체로서의 모습을 완전무결하게 갖추었다"고 단언했다.[122] 3년이 지난 뒤 1988년 10월 사회주의권의 급변 와중에는 "이러한 시기에 (우리)대오 안에서 동요분자, 패배주의자도 나올 수 있고 반당분자, 종파분자도 나올 수 있다. 수령님께서는 정세가 복잡하고 경제사업이 잘되지 않을 때 경제일군들 속에서 종파가 나올 수 있으며, 경제종파가 정치종파가 된다고 하시였다"고 했다.[123]
　　김정일은 또 1990년대 후반의 정세를 "아직은 세상에 널리 알려지지 않았지만 ≪고난의 행군≫, 강행군시기 … 그때는 정말 누구의 말을 그대로 믿고 누구를 의심할지, 누가 충신이고 누가 간신인지 갈피를 잡을 수 없는 때였다"라고 회고하여 총체적 위기 상황에서 권력층 내 불신과 갈등이 광범위했음을 시사했다.[124]
　　장성택 인맥들을 '종파' 혐의로 숙청한 직후 2004년 4월 김정일은 군 간부들에게 "인민군 지휘성원들은 절대로 겉과 속이 다르게 행동하여서는 안 됩니다. 겉과 속이 다른 사람들은 앞에서는 당의 로선과 정책을 지지하는 척 하지만 속으로는 반대하고 있습니다 … 뒤에서 (도적 고양이들처럼) 쑬라닥질을 하는 자들에 대하여는 그가 누구이든 절대로 타협하지 말고 강한투쟁을 벌려야 합니다"라고 했다.

---

122) 조선로동당출판사, 『백두산의 아들 3권』(평양: 조선로동당출판사, 2005), p. 182.
123) 김정일, "일군들은 혁명성을 발휘하여 일을 책임적으로 하여야 합니다," 1988. 10.10.
124) 강연자료, "경애하는 최고사령관동지는 믿음의 정치로 력사의 온갖 시련을 이겨내고 언제나 승리만을 떨치시는 절세의 위인이시다"(전체 군관, 군인, 종업원, 군인가족들 대상 강연자료, 조선인민군출판사, 2002.9).

김정일 시기 경제개혁 과정에서 지도자가 일관되게 '정력적인 영도'와 '세심한 지도'를 하는 모습은 확인되지 않는다. 2000년대 초반 김정일이 비교적 큰 폭으로 경제개혁 의제를 개방해 준 것은 오히려 예외적인 현상이었다. 경제개혁 추진과정에서 김정일의 역할은 경제개혁 의제 설정, 박봉주 내각에 개혁권한 부여, 당의 보고를 토대로 한 개혁 후퇴 선언 정도였다. 경제개혁 의제 설정 초기 김정일의 근본적 혁신 주문 등 지대한 '관심'과는 달리 실제 개혁이 추진되는 과정에서는 별로 흥미를 보이지 않았다.

북한의 정책이 항상 '종합적, 합리적'으로 결정되지 않음이 확인되었다. 북한이 1990년대 경제 대실패를 경험하고 생존을 위해서는 경제관리 방식의 대수술이 필요하다는 판단을 했다면, 좀 더 치밀한 구상과 전략 하에 경제개혁을 추진했어야 하는데 김정일은 능력이 제한된 내각에 맡겨놓고는 방치했다. 개혁성과가 부진하자 총리의 권한을 확장시켜 주기는 했으나, 내각의 능력이나 권한은 태생적인 한계가 있었다. 북한이 신의주 행정특구 개방(2002.9 추진)이나 북·일 정상회담(2002.9)을 먼저 실효성 있게 추진하여 공급부족 문제를 해결할 수 있는 여건을 만들어 놓고 경제개혁을 했다면 상황은 달라졌을 것이다.[125] 그러나 처음부터 이들을 연계해서 구상했다는 증거는 찾아 볼 수 없었다. 지도자도 그랬지만 당·정·군은 각기 자기 할일로 바쁠 뿐이고 전체를 자신의 일처럼 챙기지 않았다.

북한의 정책결정체계가 '수령의 유일적 결론아래 하나 같이 움직이는 전일적 결정체계'가 아님은 조직행태와 관료정치 현상이 확인됨으로써 검증되었다. 7.1조치는 내각이 과거 경험에서 내놓은 개혁안을

---

[125] 북한이 중국과의 갈등 가능성을 예견하지 못하고 '양빈'을 신의주 행정장관으로 임명한 것이나, 납치문제와 관련 '고백외교'를 하면 일본 국민들이 '용서'할 것이라는 판단도 문제가 있기는 마찬가지였다.

김정일이 선택한 것이었고, 시장의 장려는 공급부족 문제를 해결하기 위한 내각의 건의안이었으며, 집행과정에서 경제개혁안은 조직의 본위주의에 의해 변형되었다.

이처럼 경제개혁 초반에는 '조직행태'가 나타난데 비해 중·후반에는 관료정치 현상이 두드러졌는데 크게 3가지, 박봉주의 개혁 드라이브, 당의 내각에 대한 반격, 그리고 도처에서 확인되는 정책갈등·이권결탁·분파적 요소 등 관료정치의 파편들이 그것이다. 이 같은 관료정치 현상에서의 특징은, 당과 내각 간에 직접적인 절충이나 타협 형식으로 나타나지 않고 주로 갈등현상으로 표출된다는 점이다. 거래는 김정일을 매개로 하여 간접적으로 이루어졌다. 북한식 관료정치의 특성이라고 할 수 있다. 관료정치 무대에서 김정일의 역할이란 한 사람의 경기자에 불과했다. 그가 하는 일이란 내각이나 당이 일을 다 저질로 놓고 난 뒤에 상황을 최종 정리한 것이었다.[126] 김정일 시기 경제개혁 진퇴 과정에서 지도자가 주도한 부분, 조직행태, 관료정치 현상을 종합하면 [그림 5-15]와 같이 정리된다.

---

126) 김정일은 2008년 '6.18 담화'로 뒤늦게 '내각은 사회주의 원칙에서 탈선했으니, 이들에게 특별히 예리한 당적 주목을 돌리라'고 결론을 내렸다.

【그림 5-15】 김정일 시기 경제개혁과 조직행태 및 관료정치

개혁상황	주도적 역할	조직행태 모델	관료정치 모델
【착수】 개혁의제 설정(00) 7.1조치 결정·시행(02) 시장장려(03) 박봉주 내각 출범(03)	김정일 ↓ 내각	과거경험 응용, 개혁입안 SOP 급변으로 시행착오 내각과 김정일간 타협, 시장 공인	특수부문 축소 실패 내각, 김정일 권위 활용 비판 제압 본위주의 심화 이권결탁·흥정
【확대】 개혁확대(04) 시장경제 모색(04) 당의 영도문제 부상(05)	↓ 당	본위주의 심화 <김정일 입장> 개혁의제 개방 뒤늦게 내각능력 보강 내각과 당의입장 절충 뒤늦게 당입장 두둔	<내각의 개혁공세> 김정일과 박봉주 제휴 -권한위임vs개혁확대 당·군의 경제영역 축소 내각, 특수부문 축소추진 -시장경제 연구, 건의 김정일, '급진개혁' 수용주저
【조절】 당, 경제주도 개혁속도 조절(05) 박봉주 조사(06) 비사회주의 만연(07)		당의 경제관리-과거방식 비사회주의 만연	정책갈등 노정 <당의 반격> 내각의 실정보고 →개혁확대 중단 박봉주 실권 유도 돈벌이 폐해 부각사건 발생 -「비사」문제점 보고 김정일, 개혁후퇴 선언
【후퇴】 개혁후퇴 선언(08) 시장단속 재개(09)		※ 경제개혁 실험 종료	개혁세력 숙청

제4절 김정은 시기 관료정치: 정책흥정, 이권갈등, 권력암투

| 01 | 권력암투와 관료정치

가. 권력승계 과정의 권력암투

앨리슨(G. Allison)의 관료정치 모델에 의하면 정책이란 '경쟁하는 이익구조를 가진 많은 행위자들의 치열한 협상게임의 결과'로 정의되며, 정책 결정과정에는 타협과 흥정이 이루어지고 정치가 난무한다. 관료정치 현상은 권력이 분산되거나 정책 급변으로 경쟁하는 이익구조가 충돌하는 경우에 더욱 집중적으로 발현된다.

북한 정치체제에서 관료정치 현상은 김정은 집권초기에도 두드러졌다. 권력이 이전되는 과도기에 권력층 내 새로운 줄서기와 이권 및 정책 조정 가능성이 제기되었기 때문이다. 김정은 집권시기 관료정치의 장(場)은 아래 [그림 5-16]에서 처럼 ①김정은 집권과 직접관련이 있는 불협화음, ②권력구조재편 혹은 정비 과정에서의 갈등, ③정책 급변에 따른 불협화음으로 나누어 볼 수 있다.

먼저 권력승계과정의 권력암투이다. 권력이 김정일에서 김정은에게로 넘어가는 권력승계 과도기는 대략 2009년부터 2013년까지 5년이라고 볼 수 있다. 김정은의 권력 공고화 과정은 2009년 1월 후계자 내정→2010년 9월 28일 당중앙군사위원회 부위원장 선임[127]으로 후계자 공식화→2011년 12월 김정일 사망(12.17) 직후 군 최고사령관 추대(12.30)→2012년 4월 11일 4차 당대표자회서 노동당 제1비서·4월

---

127) 김정은은 9월 27일 김경희(당 경공업부장), 최룡해, 현영철, 최부일(총참모부 부참모장), 김경옥(당 조직지도부 부부장)과 함께 대장칭호를 받고 9월 28일 44년 만에 개최된 3차 당대표자회에서 리영호 총참모장과 함께 신설된 당 중앙군사위원회 '부위원장'에 선임된다.

13일 최고인민회의 12기 5차 회의에서 국방위원회 제1위원장 추대→ 2012년 7월 15일 당 정치국 회의에서 원수칭호[128]→ 2013년 12월 당 행정부장 장성택 숙청을 거쳤다. 이후 2년간 빈번한 공개총살을 통한 공포통치로 권력층 내 도전 가능성을 철저하게 제거한 후 2016년 5월 7차 당대회(6-9일)에서 '노동당 위원장'에, 6월 29일 최고인민회의에서 '국무위원장'[129]으로 추대되어 김정은 1인 지배체제를 굳혔다.

　김정은의 권력이 조기에 안정될 수 있었던 것은 김정일이 장기간 다져놓은 유일지배체제가 작동했고, 후계자를 미리 선정해 그나마 3년이라는 세습 굳히기 기간이 존재했으며, 집권이후 김정은이 공포통치로 도전 가능성을 제압한 점이 주효했다. 세습에 의한 권력이전이 독재자와 권력 엘리트들의 지배연합에서 양측 모두에게 비용과 충격을 가장 최소화하는 공동 프로젝트라고 하지만 권력승계 과도기에 권력암투나 불협화음은 불가피했다. 김정은 권력승계 과정에서의 권력암투 전모가 아직은 파악되지 않으나, 후계 시절인 2010년 6월 '김정남 인맥' 제거[130], 2010년 9월 3차 당대표자회 이전의 권력암투설이 있고,[131]

---

128) 2012년 7월 15일 당 정치국 회의에서 김정은은 대장에서 원수 칭호를 받는다. 이날 이용호 총참모장을 '신병관계'를 사유로 해임했고, 곧이어 현영철 8군단장을 차수로 승진시키면서 후임에 임명한다.
129) 당시 최고인민회의(13기 4차)는 국방위원회를 폐지하는 대신 국무위원회를 신설하고, '인민무력부, 국가안전보위부, 인민보안부' 명칭을 '인민무력성, 국가보위성, 인민보안성'으로 개칭하여 국무위원회에 소속시켰다.
130) 자유아시아방송(RFA)(2017.2.21)에 따르면 김정남(2017.2.13 암살)은 2010년 6월 29일 김정일에게 팩스로 보낸 편지에서 "후계자에 대한 과잉 충성 때문인지, 후계자의 지시인지 모르겠으나 국가안전보위부 것들이 얼마 전 저와 저희 가족과 연관 있는 사람이면 모조리 '살생부'에 올려 잡아갔다 … 저는 빠빠의 아들로 태어났을 뿐 혁명 위업을 계승할 후계자 반열에 서본 적이 없다. 자질 부족과 자유분방하고 방종스러운 생활습관으로 심려 끼쳐드리고 엄청난 사고도 많이 저질렀다"고 썼다. 국정원에 따르면, 김정남은 2012년 암살 미수 사건을 겪은 뒤 김정은에게 "저와 제 가족에 대한 응징 명령을 취소해달라. 저희는 갈 곳도 피할 곳도 없다"는 내용의 편지를 보내기도 했다. 『조선일보』, 2017.02.22.; 필자가 보기에 김정남은 대권에 도전할 의지도 없었으며, 그만한 세력을 구축하지도 못했다.

2012년 7월 리영호 숙청, 2013년 12월 장성택 숙청 사건이 확인된다.

【그림 5-16】 김정은 시기 관료정치의 장

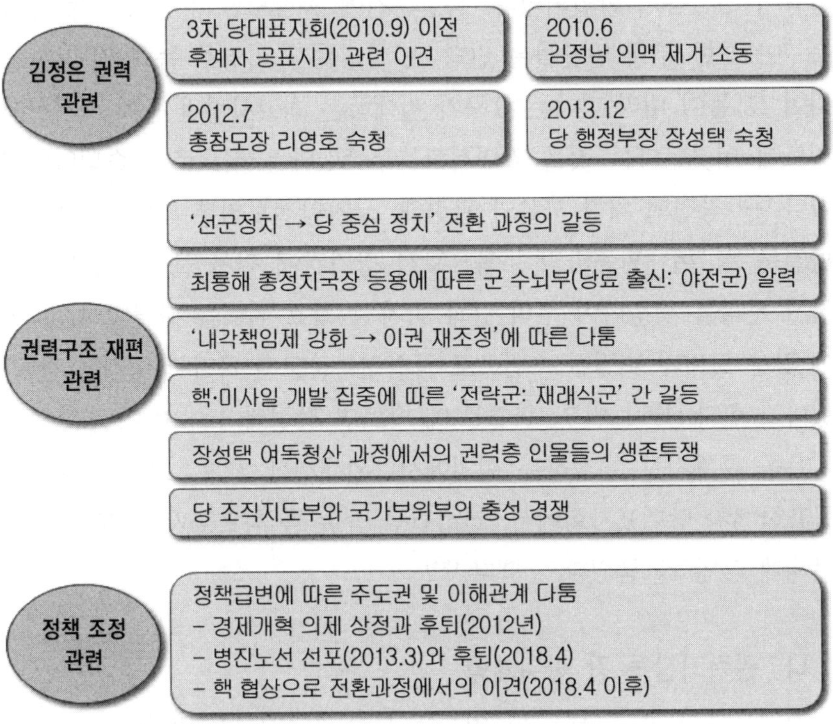

- **김정은 권력 관련**
  - 3차 당대표자회(2010.9) 이전 후계자 공표시기 관련 이견
  - 2010.6 김정남 인맥 제거 소동
  - 2012.7 총참모장 리영호 숙청
  - 2013.12 당 행정부장 장성택 숙청

- **권력구조 재편 관련**
  - '선군정치 → 당 중심 정치' 전환 과정의 갈등
  - 최룡해 총정치국장 등용에 따른 군 수뇌부(당료 출신: 야전군) 알력
  - '내각책임제 강화 → 이권 재조정'에 따른 다툼
  - 핵·미사일 개발 집중에 따른 '전략군: 재래식군' 간 갈등
  - 장성택 여독청산 과정에서의 권력층 인물들의 생존투쟁
  - 당 조직지도부와 국가보위부의 충성 경쟁

- **정책 조정 관련**
  - 정책급변에 따른 주도권 및 이해관계 다툼
    - 경제개혁 의제 상정과 후퇴(2012년)
    - 병진노선 선포(2013.3)와 후퇴(2018.4)
    - 핵 협상으로 전환과정에서의 이견(2018.4 이후)

---

131) 첫째, 노장파와 소장파 간의 대립설이다. 2009년 9월까지 고위층 내 김정은 후계에 대한 적극적인 지지가 형성되지 못해 이제강, 조명록, 김일철 등 노장파(수업파)는 김정은의 후계수업이 충분해야 한다고 주장했고, 장성택 중심의 소장파(건강파)는 김정일의 건강부담을 빨리 덜어줄 것을 주장했으며, 결국은 당 대표자회 이후 소장파의 승진(대장 승진그룹, 리영호, 김영철 등)으로 이어진다는 것이다. 박형중 외, 『통일대비를 위한 북한변화 전략: 향후 5년(2012-2016)간의 정세를 중심으로』(서울; 통일연구원, 2011), p. 26. 둘째, 당 조직지도부와 당 행정부의 암투설이다. 2010년 4월 이용철 당조직지도부 1부부장(군부 담당)의 돌연한 심장마비 사망에 이어 2010년 6월 이제강 1부부장(중앙당 담당)이 의문의 교통사고로 사망한다. 이제강은 2004년 장성택 숙청을 주도하고, 김정은이 후계자로 내정된 사실을 당내에 가장 먼저 전달한 인물이다. 두 사람의 죽음으로 조직지도부는 약화되고 당 행정부의 권한은 강화된다. 그 결과 후계자의 조직 체계 정비가 지연되었다고 한다. 박형중 외, 『통일대비를 위한 대북통일정책 모색』(서울: 통일연구원, 2012.12), pp. 37-38.

그중 리영호 군 총참모장과 장성택 당 행정부장 숙청 사건은 북한 문건에서 '반당·반혁명 종파행위'로 규정해서 지도자와의 관계에서 갈등이 있었음이 확인되었다. 북한문건에 총참모장 리영호 처형 배경을 "어느 한 부대 일꾼들은 반당·반혁명분자 리영호 놈의 직권에 눌리여 그 놈이 내리 먹이는 요구가 경애하는 최고사령관 동지의 사상과 의도에 어긋난다는 것을 알면서도" 추종했다는 식으로 기술되었다고 한다.[132] 장성택 처형 사유와 관련해 '국가안전보위부 특별군사재판소 판결문'은 "현대판종파의 두목으로서 장기간에 걸쳐 불순세력을 규합하고 분파를 형성하여 우리 당과 국가의 최고 권력을 찬탈할 야망 밑에 갖은 모략과 비렬한 수법으로 국가전복음모의 극악한 범죄를 감행"했다고 한다.[133] 보위부 '판결문'에 따르면 장성택이 이미 이전부터 김정은을 후계자로 내정하는 회의에서 "왼새끼를 꼬고" 그를 후계자로 공표한 3차 당대표자회에서 "건성건성 박수"를 침으로써 "영도의 계승문제에 불만"을 품었다고 했다.[134]

나. 권력기관들 간 파워게임

김정은을 직접 겨냥한 권력암투는 드물 수 있으나, 권력승계 과도기에 권력구조 재편 및 정책조정에 따른 당·정·군 간 혹은 고위 간부들 사이의 관료정치 현상은 치열할 수밖에 없었다. 김정은 시기 권력재편에 따른 관료정치의 장(場)이 형성된 사례로는 먼저, 선군정치에서 당 중심 정치로 바뀌는 과정에서 당·군간 갈등 노정, 특히 군부의 불만 증대에 따라 조성되기 시작했다. 김정은 집권초기 최룡해의 군총정치국장 등용으로 당료들이 군 수뇌부를 장악함에 따라 당료 출신과

---

132) 『중앙일보』, 2016.06.08
133) 『조선중앙통신』, 2013.12.13.
134) "천하의 만고역적 장성택에 대한 조선민주주의인민공화국 국가안전보위부 특별 군사재판 진행," 『노동신문』, 2013.12.13.

야전군 출신 군 간부들 간의 알력이 발생했다. 김정은의 핵·미사일 집착에 따라 신설된 전략군이 우대를 받음에 따라 기존 재래식 부대 지휘관들의 불만이 쌓였다. 특히 장성택 당 행정부장 여독 청산 및 현영철 인민무력부장 연계인물 퇴출 과정에서 권력층 인물들의 생존투쟁은 치열했다. 이후 김정은에 대한 충성경쟁으로 간부 감찰권 행사를 둘러싼 보위부와 당 조직지도부의 주도권 다툼이 이어졌다.

그중에서 김정은 집권이후 권력기관들 간의 끊임없는 주도권 다툼의 한 사례로 당 조직지도부가 우월적인 지위를 고수하기 위해 여타 권력기관들과 다투는 과정을 살펴보면 다음과 같다. 당 조직지도부는 인사권·사찰권·통보제도를 통해 '유일영도체계' 확립 업무를 담당하는 최고 권력기관이다. 김정일 시기에는 조직지도부장을 따로 임명하지 않고 김정일 직할 하에 수명의 조직지도부 1부부장들을 두어 각급기관들을 나누어 감찰토록 했다. 김정은 집권이후에도 초기에는 그 관행이 유지되다가 2016년 5월 7차 당 대회 직후 최룡해가 당 조직지도부장에 임명되었다. 김정은 집권이후 당 조직지도부를 중심으로 한 권력 암투는 김정은 집권초기 당 조직지도부가 패권적 지위를 다시 확립해 가는 과정, 최룡해 부장 등용이후 조직지도부가 여타 권력기관에 대해 군기를 잡아가는 과정으로 나뉜다. 아래 [그림 5-17]는 이를 정리한 것이다.

【그림 5-17】 당 조직지도부의 주도권 강화 과정

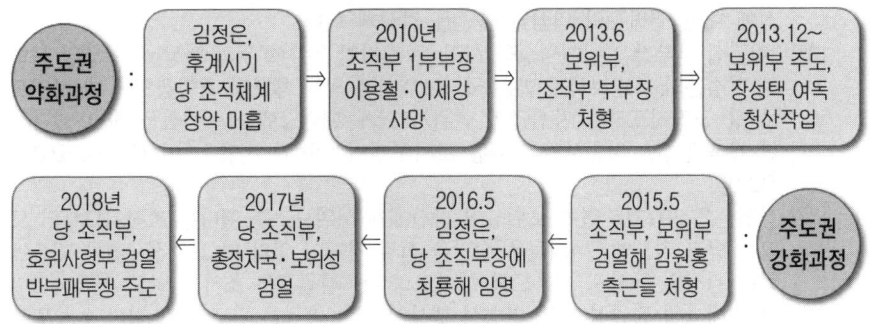

2010년 제1부부장 이용철과 이제강의 연이은 사망으로 당 조직지도부의 장악력이 다소 약화된 상황에서 집권한 김정은은 정책과 자금 관리는 당 행정부장 장성택에게, 권력층 인물 감시는 보위부장 김원홍135)에 의존하는 경향을 보였다. 당 행정부의 월권적 행태는 장성택 숙청 사건을 통해 잘 알려졌다. 보위부는 2013년 6월 간부인사 책임자인 김근섭 당 조직지도부 부부장을 처형했고,136) 2013년 12월에는 장성택과 그의 측근들을 조사함으로써 당 행정부를 무력화시켰다. 김정은은 2014년 8월에 소집된 당 조직일꾼대회(8.16-21)에서 조직지도부가 '행정부 사건'과 같은 종파사건을 사전에 적발하지 못한 점을 질책하기도 했다. 그러나 2015년 5월에는 당 조직지도부가 보위부를 대상으로 고강도 검열을 벌여 김원홍 보위부장의 측근 다수를 처형했다. 이 사건은 김정은이 권력층 감시 역할을 보위부에 의존했다가 당 조직지도부 의존으로 전환했음을 시사한다.

다음은 최룡해가 당 조직지도부장이 되고나서 보위부장 김원홍, 총정치국장 황병서, 호위사령관 등을 순차적으로 군기를 잡아가는 과정이다. 당 조직지도부는 2017년 1월 "당 간부들을 고문하고 김정은에게 허위보고를 한 것이 들통 나" 국가보위성을 조사하여 김원홍(당시 72세) 보위상을 해임하고 부상급 간부 5명을 고사총으로 처형한다.137)

---

135) 김정은은 후계시절 '충성심'이 검증된 총정치국 부국장 김원홍을 오랜 기간 제1부부장 체제로 운영되던 보위부장에 임명(2012.4-2017.1))하여 김정은 리더십에 대한 권력층의 의심과 불만을 감시케 한다.

136) "김근섭 부부장은 남한영상물 시청 등 심각한 '비사회주의 현상'에 연루된 혐의로 김정은의 특별지시를 받은 국가보위성에 의해 체포돼 처형됐으며 이 사건으로 당 조직지도부는 자신들의 권위가 크게 훼손당했다는 인식을 하고 있다고 한다. 곽길섭, "저승사자 김원홍 토사구팽의 의미와 전망," 『연합뉴스』, 2017.02.05.

137) 김정은은 2017년 초 보위상이 자신에게 허위보고를 했다는 조직지도부의 보고를 받고 격노해 "너희들은 수령을 섬길 자격이 없다"며 보위성 건물 내부에 있는 김정일 동상도 치우도록 했다고 한다. 김원홍은 조사를 받고 연금되었다가 그해 4월 김일성 생일 열병식 행사에 대장 계급을 달고 다시 나타나 보위부

2017년 10월에는 당 조직지도부가 20년 만에 총정치국을 3개월간 검열한다. 총정치국 조직부 간부들이 산하 외화벌이 기관에서 뇌물을 받았다가 적발되었으나, 황병서 총정치국장·김원홍 총정치국 부국장이 제 식구 감싸기 차원에서 이를 덮어버린 사실이 당 조직지도부를 통해 김정은에게 보고된 것이 발단이 되었다. 그 결과 황병서(2014.5-2017.10 총정치국장)는 혁명화 교육 후 당 조직지도부 1부부장으로 전보되고, 총정치국 1부국장 김원홍은 해임되었으며, 다수의 간부들이 처형되었다.[138] 한편 당 조직지도부는 2018년에 권력층 내 '세도와 관료주의 타파 투쟁'[139]을 주도하면서, 10월에는 김정은 경호업무를 담당하는 호위사령부를 검열하며 미화 수백만불 소지혐의로 정치부 간부 수명을 숙청하였다.[140]

일련의 숙청과정을 통해 최룡해는 과거 자신의 총정치국장(2012.4-2014.4) 해임 배후설이 제기된 황병서에 대해 분풀이를 하고 정적 김원홍을 제거하는 등 경쟁자들을 무력화시키는 데 성공한다. 지도자의 입장에서는 부하들끼리 치고받으면서 충성 경쟁하는 관계를 지켜보면서 권력층 장악과 체제결속에 활용하면서 될 뿐이었다.

    장 되기 전 직책인 총정치국 부국장으로 복권되었다. 당시 김원홍은 군복이 헐렁할 정도로 수척한 모습이었다. 『조선일보』, 2017.02.27.

138) 황병서는 해임이후 김일성 고급당학교에서 혁명화교육을 받고 그해 6월부터 당 조직지도부 1부부장으로 복권되어 간헐적으로 김정은을 수행한다. 그를 다시 조직지도부 1부부장에 앉힌 것은 김정은의 최룡해 견제용이라는 관측이 있다. 황병서 후임 총정치국장에는 김정각 무력성 제1부상이 임명되었다. 한편 김원홍은 해임과 동시에 출당 처분(농장원으로 숙청설) 받은 것으로 알려졌다. 『조선일보』, 2018.02.05.

139) 노동신문 2018년 12월 10일자 사설은 "우리 당은 이미 세도와 관료주의를 우리의 일심단결을 파괴하고 좀 먹는 위험한 독소로, 적들을 도와주는 이적행위로 보고 그와의 전쟁을 선포했다"고 하여 김정은이 기득권층의 특권의식과 부패 근절을 선언했음을 시사했다. 『연합뉴스』, 2018.12.10.

140) 『조선일보』, 2018.12.12.

다. 정책급변에 따른 불협화음

북한의 대내외 정책이 급변하는 현상은 김정은 집권이후 두드러졌다. 2012년 초 김정은 집권직후 경제개혁 의제가 9개월 지나 갑자기 철회된 점, 2013년 3월 "영구히 유지될 것"이라던 병진노선(핵개발 우선)이 5년 지난 2018년 4월 '새로운 노선'(경제총력)으로 대체된 점, 2017년 대미 일전불사(一戰不辭)의 분위기가 2018년 대화와 협상 국면으로 전환된 점이 대표적인 사례이다. 김정은의 돌변성은 내부정치에서 빈번한 고위간부들 숙청과 군 간부들에 대한 계급 강등과 복권의 반복(roller-coaster식)이라는 인사정책에도 나타난다. 이 같은 정책급변은 김정은 리더십의 유동성(미숙성)과 북한 정책 환경의 엄중성을 시사해 주나 동시에 정책급변 과정에서 이해관계를 달리하는 당사자들 간의 치열한 관료정치가 전개되고 있음을 뜻한다.

우선 2013년 3월 병진노선 선포에 대한 이견 여부를 살펴본다. 김정은이 병진노선을 발표할 때 원고에 없는 말을 보탰다는 증언이 있다.[141] 김정은은 "핵무기를 완성하는 길은 쉽지 않을 것이다. 미국, 중국 등 강국들이 별짓을 다해 막을 것이며, 미국과 다툼이 벌어질 수도 있다. 하지만 미국과의 전쟁에 앞서 우리 내부에서 전쟁이 일어날지 모른다. 내부의 사상과 의지의 대결부터 이겨야 핵무기를 만들 수 있다"는 내용을 추가했다는 것이다. 이 증언이 사실이라면 '북한 내부에서의 대결'은 권력층 일각에서 김정은이 핵개발을 대외적으로 공식화했을 때 그에 따른 국제사회의 제재로 경제가 어려워지고 중국 등 대외관계가 곤란해 질 수 있음을 제기할 가능성을 염두에 둔 발언을 의미한다. 김정은이 그해 3월 당 전원회의에서 "핵 억제력만 든든하면 … (그 이후에는) 마음 놓고 경제건설에 집중할 수" 있음을 강조했다는

---

[141] 태영호,『3층 서기실의 암호』, p. 311.

점,142) 병진노선 선언 직후 노동당 강연을 통해 "병진노선은 과거처럼 비용이 많이 드는 군수공업을 다 같이 발전시킨다는 소리가 아니라 핵무력만을 특별히 발전시킨다는 의미"라고 설득활동이 있었다는 점143)은 내부 이견 혹은 반발이 있었음을 시사한다.

2018년 4월 '새로운 전략노선'을 선포하는 과정에는 거꾸로 강경·보수 세력의 반발이 있을 수 있다. 2018년 들어 남북 간 화해무드가 조성되고, 병진노선의 종결을 선언한데 이어 대미핵 협상을 추진하는 등 일련의 유화책을 구사하는 과정에서 반발이 제기될 수 있다. 구체적인 북한내부 반발은 알 수 없으나 그 정황은 주로 김정은의 발언을 통해 확인된다. 김정은은 2018년 4월 남북정상회담에서 배석한 김영철 당 통전부장을 앞에 두고 "저 사람 밑의 급하고는 얘기가 잘돼서 뭘 좀 추진하려 했는데, 저 사람만 들어오면 그게 잘 안 된다"고 했다고 한다.144) 그해 6월 싱가포르 미·북 정상회담에서는 김정은이 볼턴 미 안보보좌관에게 "우리 둘은 반드시 사진을 찍어야 한다. 나는 그것을 평양에 가지고 가서 강경파들에게 당신이 그렇게 나쁜 사람이 아니라는 것을 보여주고 싶다"고 말했다고 한다(2018.7.1 Fox 뉴스). 2019년 2월 폼페이오 국무장관은 "김정은은 그의 주민들에게 북한의 진로를 바꿀 필요가 있다는 것을 말해왔다. 이는 내가 한 말이 아니라 그(김정은)가 한 말"이라고 하여 김정은이 북한 내부 반발을 무마하면서 비핵화를 추구하는 양 설명했다.145)

2018년 12월 한국정부는 3차 남북정상회담 합의대로 '김정은의 연내 서울 답방' 실현을 위해 노력했으나 무산됐다. 청와대 등 당국의 분

---

142) "조선로동당 중앙위원회 2013년 3월 전원회의에 관한 보도," 『노동신문』, 2013.04.01.
143) 『자유아시아방송』, 2013.05.03.
144) 『조선일보』, 2018.06.20.
145) 『조선일보』, 2019.02.08.

석은 "북한 내부 사정이 복잡하다"면서, 김정은은 서울 답방을 포함해 미·북 협상에 여전히 의지를 가지고 있으나 군부 등 북한정권 내부에서 "제재완화와 체제보장 같은 구체적인 담보 없이 미국에 일방적으로 끌려 다닐 수 있다"는 '대화 회의론'이 제기되었다고 한다. 북한이 중시하는 것은 제재완화와 남북경협인데 김정은의 서울 답방으로 그런 '선물'을 챙기기 어렵다는 목소리가 북한 내부에서 커지고 있다는 것이다. 김정은의 김영철 거론 및 볼턴에 대한 제의나, 북한 내부 '대화 회의론' 등은 협상전술로 부각된 측면이 다분하나, 실제로 김정은이 제어 가능한 정도의 강·온 갈등이 있을 수 있다고 본다.

| 02 | 경제개혁과 관료정치

김정은 집권이후 경제개혁 문제와 관련된 관료정치는 세 가지 형태로 나타난다. 첫째, 경제개혁 의제 개방 과정에서 나타난다. 경제 간부들이 김정은에게 경제개혁 필요성을 제기함에 따라 집권초기 개혁의제가 개방되었으나, 얼마가지 않아서 당 간부들이 개혁 과제의 정치적 민감성을 들어 개혁욕구 확산의 통제를 김정은에게 건의한다. 둘째, 이권조정 과정에서의 당·정·군 간의 암투다. 김정일 시대 선군정치로 군에 치우쳤던 이권사업의 일부가 김정은 집권 초기에 재조정되며, 이 과정에서 이권 사수를 위한 관료정치가 발현된다. 셋째, 내각책임제·중심제 내실화를 위한 내각의 투쟁에서 나타난다. 초기 김정은의 '민생향상과 국가경제 정상화' 강조에 힘입어 내각은 권력기관의 전횡을 통제할 수 있는 경제주도권 확보를 시도한다. 그러나 점차 김정은의 입장이 '당의 영도' 중시로 전환됨에 따라 내각은 특수기관으로부터 최소한의 협조나마 유지할 수 있는 장치 마련 수준으로 후퇴한다.

가. 개혁분위기 확산에 대한 당의 대응

경제개혁 의제를 둘러싼 관료정치 게임의 참여자는 지도자·내각·당이며, 전반전은 내각이 주도하다가 후반전은 당이 주도하고, 지도자의 역할은 경기 시작과 종료 호각을 부는데 국한되었다는 점에서 김정일 시기의 양상과 유사하다. 그러나 김정일 시기 경제개혁의 진퇴에는 거의 10년 소요된 반면, 김정은의 '대담한' 경제개혁 의제 개방은 10개월도 채 되지 않아 급격히 제동이 걸렸다는 점에서 큰 차이가 있다. 김정은 집권 초기 경제개혁 의제의 상정과 제어 과정을 관료정치 시각에서 재해석하면 다음과 같다.

김정은이 권력을 물려받자마자 '경제개혁'을 역설한데 대해 내각 간부와 당 간부의 입장은 달랐다. 경제나 대외부문 간부들은 김정은이 유학파답게 개혁·개방을 전향적으로 수용할 수 있을 것이라고 기대했다. 그러나 당 간부들은 새로 등극한 젊은 지도자의 '순진한' 언동에 긴장하지 않을 수 없었다. 경제개혁 문제는 이미 수년전에 당의 건의에 의해 김정일이 '개혁철회'로 결론을 내린 문제였다. 그러나 새 지도자가 개혁문제를 다시 제기하면서 어떤 방법론을 제기하더라도 '자본주의 방법이라고 색안경을 끼고 보지 말라'며 당의 견제 가능성을 미리 차단하는 발언을 했기 때문에 어떤 대응도 할 수가 없었다. 2012년 상반기에 김정은은 공식 권력승계를 하면서 "인민들의 허리띠를 졸라매지 않도록 하겠다"며 민생향상에 우선순위를 두고, 내각책임제·중심제를 강조하면서 내각에 이권사업을 늘려주는 등 내각의 개혁조치를 적극 지원했다.

권력승계 전후 김정은에게 개혁마인드를 고취하고 이론적 기반을 제공한 것은 노두철 부총리 겸 국가계획위원장을 중심으로 한 내각 경제 간부들이었다. 이들은 김정일 시기 경제개혁 추진자들의 숙청과 이후 화폐개혁 책임자의 처형을 경험해 운신의 여지가 별로 없는 상황에 처해 있었다. 그 와중에 지도자가 바뀌었고 경제 활성화를 위한 개혁 문제가 제기되었다. 내각 간부들은 김정은의 문제 제기를 자신들의 활로를 타개하는 기회로 적극 활용했다. 복고적인 경제 관리로는 물가인상과 공급부족 등의 문제점 개선이 불가능해져 자신들의 지위를 보전하기가 어려워지기 때문이었다. 이들은 김정은이 경제개혁에 우호적인 신호를 보내오자 과감한 개혁 필요성을 제기한 것으로 추정된다.

당시 내각 간부들의 개혁 구상은 적어도 특권경제를 축소하고 시장경제 요소 도입을 주장한 과거 박봉주 내각의 '시장경제 개혁안(2004.6)' 못지않은 수준인 것으로 추정된다. 그 근거로 2012년 주요 경제 간부들이 2004년 개혁론자들로 충원된 점, 2012년 이후 일련의 개혁조치들이 2004년 개혁안과 일치하는 내용이 많다는 점, 김정은이 '12. 28 담화'에서 경제개혁안 연구에 대해 '자본주의식'이라고 비판하지 말라는 취지의 발언을 한 점을 들 수 있다. 그러나 실제로 드러난 내각 간부들의 개혁구상은 신중한 모습이었는데 김정은의 변덕과 과거 숙청의 경험이 작용했을 것이다. 내각은 정치적 비판을 피하기 위해 형식면에서 당 전문기구의 지도 아래 경제개혁안을 마련하면서 시안(試案) 적용을 통해 점진적으로 확대하는 형식을 취하였다. 내용면에서는 전향적인 분권화와 시장 활용 방안을 도입하면서도 외피는 "사회주의 원칙 고수", "주체사상 구현", "우리 식" 경제개혁 추진으로 포장하여 사상적 비판 소지를 최소화하였고, 시장가격 혹은 자율가격 인정 문제나 특수부문 축소 문제는 개혁조치에서 배제하여 최초 개혁구상에서 후퇴함으로써 당의 공격 여지를 줄여나갔다.

당이 경제개혁 문제에 제동을 걸기 시작한 것은 2012년 하반기부터였다. 당은 경제 해결을 위해 무엇인가 해보려는 지도자를 한동안 지켜보다가, 선대의 사례를 들어가며 경제개혁의 문제점을 주입했다. 그러던 차에 당·정·군 간 이권 재조정이 있었고 총참모장 리영호 숙청 사건(2012.7)이 발생했다. 군의 '무질서한 경제활동'을 통제하려는 김정은의 방침에 리영호가 비판적 입장을 보인데다가, 그가 사석에서 "장군님(김정일)은 개혁개방을 하면 잘 살수 있다는 것을 몰라서 안 했겠느냐"는 발언을 한 사실이 적발되었다.[146] 김정은은 경제개혁 문제가

【그림 5-18】 김정은의 경제개혁의제 개방 및 철회 과정의 관료정치

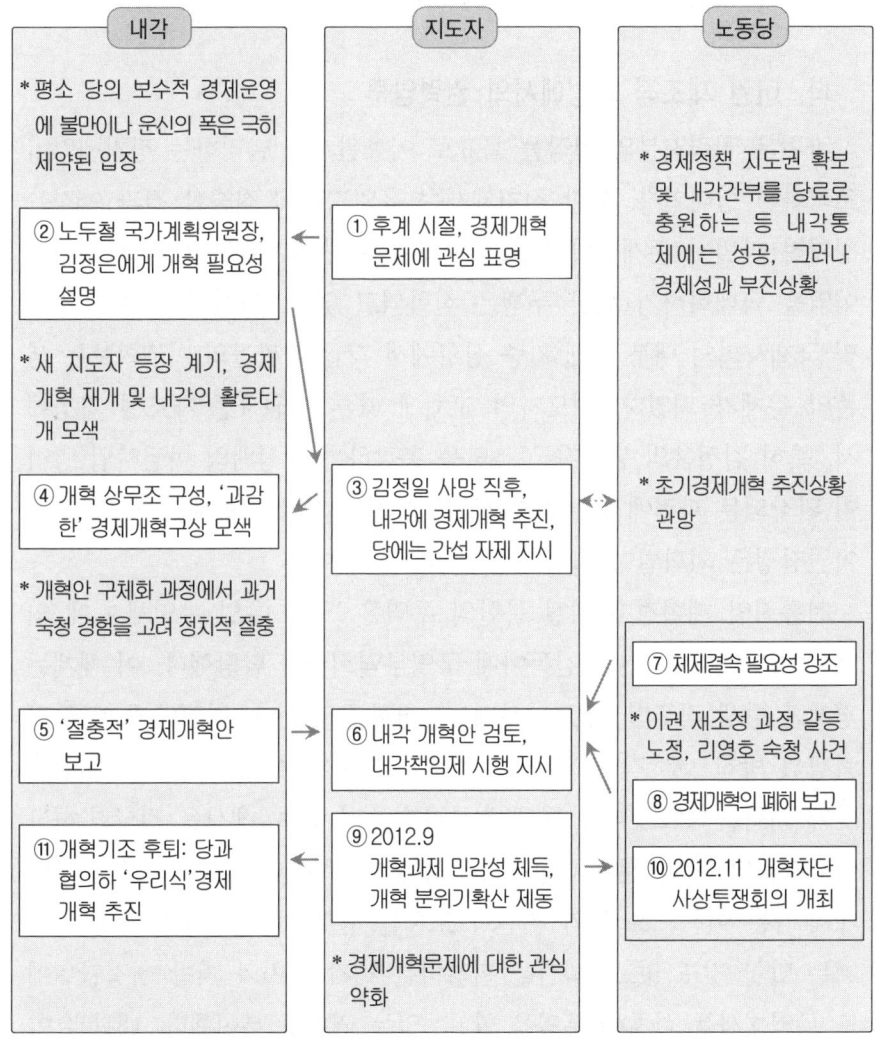

---

146) 태영호, 『3층 서기실의 암호』, pp. 298~299, pp. 308~309, p. 311.

민감한 문제임을 체득하였고, 당은 이 사건을 계기로 내각의 개혁 추진에 적극 대응하기 시작했다. 결국 2012년 9월 김정은은 개혁 분위기 확산에 제동을 걸었으며, 당 조직은 지도자의 동조를 활용하여 전국적인 '사상총화'(11월)를 통해 "더 이상의 개혁요구 확산은 사상적 변질이나 배신으로 간주하겠다"고 경고했다.

나. 이권 재조정 과정에서의 권력암투

파벌은 권력지분의 확장을 목표로 이해관계를 달리하는 정치세력이 조직화된 형태이다. 북한 정치체제는 유일지배에 집중한 결과 아직은 정치적 파벌이 존재한다고 보기 어려우나 권력기관들이 자기 조직의 이익을 극대화하기 위한 투쟁은 심화되고 있다. 경제난의 장기 지속 및 국제사회의 대북 제재 가중 상황에서 각급 기관들의 이권확보는 생존의 문제가 되었다. 지도자의 교체에 따른 이권사업 재조정 과정에서, 특히 김정은의 통치자금 조달을 총괄하는 장성택의 이권사업 영역이 확장되는 과정에서 권력기관들은 이권 문제로 예민해졌다. 가장 큰 이권경쟁은 외화벌이 사업, 무역 권한 다툼이다.

전통적인 계획경제 시절 북한의 무역은 '국가 유일 무역체계'에 의해 수행되었다. 국가의 감독아래 국영무역회사가 담당했다. 이 체계는 경제난 발생 직후인 1991년부터 큰 변화를 겪는다. 경제난에 따른 자력갱생 방침으로 각급 기관·기업소들은 자체의 힘으로 수출 원천을 찾아 외화를 벌고, 이를 통해 원부자재를 수입해 '생산을 정상화'하고 종사자들의 '먹는 문제' 해결을 요구받았다. 북한 당국은 '새로운 무역체계'라는 이름으로 무역 분권화 조치를 단행한다. 무역 담당 주무부처는 말할 것도 없고, 생산을 관장하는 내각 부처와 지방 행정단위에도 무역회사를 설치해 무역을 할 수 있는 권한을 부여했다. 내각뿐 아니라 당·군 특권경제 내에서도 자력갱생·자체해결의 요구로 무역회

사가 빠르게 늘어났다. 이로 인해 무역회사가 난립하면서 혼란과 경쟁이 가중됐다.[147]

1990년대 경제난 이후 무역의 분권화가 진전되고 각종 규제가 완화되면서 무역단위의 자율성이 확대되었음에도 불구하고 각종 규제가 많이 남아있다. 따라서 규제를 초월할 수 있는 권력기관의 무역회사는 확대되고 내각 무역회사는 위축된다. 지도자의 결정이 중요한 나라에서 지도자에게 직접 '제의서'를 올려 '방침'을 받기가 수월한 권력기관 소속 무역회사만 갈수록 커진다. 무역 허가 및 와크 획득 단계에서부터 특권기관 산하 무역회사가 내각 무역회사보다 유리함은 두말할 필요가 없다. 내각 산하 무역회사는 수출입 인허가를 받기 위해 여러 부서를 돌아다녀야 하지만 특권기관 산하 무역회사는 오직 한 부서, 무역 주무부처에 가서 무엇이 얼마 수출되었고, 얼마큼 수입되었다는 통계만 잡아주면 된다. 특히, 수출원천기지를 확보하는데서 특권기관이 절대적으로 유리하다.[148] 다음은 김정일 시대의 사례이다.

> (권력기관의) 가장 큰 특권은 수출기지를 확보하는 데 특권기관 소속 무역회사가 절대적으로 유리하다는 것이다. 탄광, 광산 가운데 높은 수익성을 보장하는 소위 노른자위 기지를 권력이 있는 기관이 약탈하는 경우는 비일비재하다. 사실 원래 내각경제가 가지고 있는 수출원천이었는데 특수단위 쪽으로 넘어간 것들이 부지기수라고 한다. 특수단위들이 잘되는 것들을 자기 쪽으로 돌리는 것이다. 그러니 내각이나 힘없는 단위들 소속의 수출원천들은 점점 힘 있는 단위들 쪽으로 빠져 나간다.[149]

---

147) 임수호 외, 『북한 외화획득사업 운영 메카니즘 분석: 광물부문(무연탄·석탄)을 중심으로』(서울: 대외경제정책연구원, 2017), pp. 25~26.
148) 위 보고서, pp. 42~43.
149) 내각 산하 무역회사 출신 탈북민 인터뷰(2014.7.15, 서울); 위 보고서 p. 43에서 재인용.

함경북도의 어느 탄광들이 중국과 밀수를 하고 있었다. 내각 산하 탄광일 때 시작한 일이다. 판매 루트를 개척하고 중국 측 파트너를 만들어 놓고 조금씩 팔았는데 이것이 돈을 꽤 벌어준다는 소문이 났다. 그러니 군부가 김정일에게 가서 우리가 석탄 캐고 우리가 판매해서 필요한 군수물자 사오겠으니 허가해 달라고 했다. 그래서 그 탄광은 내각에서 군부로 넘어갔다.[150]

간혹 어떨 때는 지도자에게 '우리가 이런 것을 팔아서 군인들의 양말, 군복, 자재를 해결하는 데 쓰려고 합니다. 그러니 지금 내각에서 가지고 있는 00광산을 넘겨받아서 할 수 있도록 배려해주시기 바랍니다'라고 제의서를 올린다. 그러면 지도자가 "내각에서 군으로 옮기라"고 해서 넘어간다. 지도자는 대체로 승인해주는데, 안 해주는 경우도 가끔 있다. 어떨 때는 "왜 남의 것 가져가려고 하나, 너희가 자체로 개발하라"고 한다. 이렇게 되면 부결되는 것이다. 그래서 간부들은 지도자 눈치를 봐가며 기분이 좋을 대 싹 말씀드리거나 문건을 올린다.[151]

위 증언들은 전체 무역계획 총량은 불변인데 기관 간에 무역 계획이 이전되는 사례이다. 보통은 내각에서 당, 군 등 특권기관으로 이전된다. 권력기관에서 '제의서'를 올리고 이를 지도자가 승인해주면 국가계획위원회에서는 계획을 바로 수정해 준다. 내각의 계획은 삭제되고 이를 탈취한 기관에 계획이 추가된다. 지도자에게 전적인 권한이 있기 때문에 해당 기관에서는 승인을 받기 위해 내부 수요증가 등 적당한 이유를 만든다. 수출계획을 가져오고자 할 경우 생산기지의 이전이 전제가 된다.[152]

UN의 제재조치(2016년·2017년)로 금지되기 이전에 광물은 북한의 핵심 수출품이었다. 광물 중 핵심품목은 무연탄, 철광석, 금이다.

---

150) 탄광연합소 출신 탈북민 인터뷰(2017.9.15, 서울); 위 보고서 p. 44에서 재인용.
151) 권력기관 산하 무역회사 출신 탈북민 인터뷰(2017.8.18, 서울); 위 보고서 p. 45 재인용.
152) 위 보고서, p. 44.

북한은 지난 5년간(2012-16) 연평균 무연탄 12.2억불, 철 및 철광석 3.2억불을 수출하였다. 금은 매년 4-5억불 가량 수출한 것으로 추정된다. 이 3가지 품목 수출액 합계는 연간 약 20억 달러로 공식 통계상 북한 전체 수출액의 2/3에 해당된다. 무연탄은 내수용 탄광과 수출용 탄광이 별도로 운영되는데 무연탄 수출은 사실상 군부가 독점한다. 철광석 수출은 내각이 전담하는데, 외화벌이 목적이 아니라 거의 전적으로 제철에 필요한 코크스 수입비용을 충당하기 위해 이루어진다. 금 수출은 김정은의 비자금을 조달하는 당 39호실이 독식한다.[153]

김정일 시대에는 선군정치를 명분으로 군부가 많은 이권사업들을 차지해 왔으며, 2003년 경제개혁을 추진하면서 내각의 권한을 보강할 목적으로, 2008년 김정일 와병이후 장성택의 권한 강화에 따라 간헐적인 이권조정이 있었다. 김정은도 집권초기 부분적인 이권사업 조정에 착수한다. 그는 2012년 4월 '국방위원회 제1위원장 명령 제001호'을 발동해 '내각책임제 시행을 명분으로 군부의 무연탄 수출 권한을 축소한다. 그해 5월에는 외화벌이를 위한 '지하자원의 경쟁적 수출'도 통제한다.[154] 앞에서 밝혔듯이 2012년 7월 리영호 총참모장 숙청은 군 산하 탄광의 내각 이전 등 '군부의 무질서한 경제활동을 정리하라'는 김정은 지시에 대한 리영호의 이견이 발단이 되었다.

2013년 12월 장성택 숙청은 당 행정부와 인민무력부 간의 이권다툼이 김정은 권위에 대한 도전으로 비화된 사건이다. 장성택의 당 행

---

153) 위 보고서, p. 6. p. 16, p. 44. pp. 103~104.
154) "지금 몇 푼의 외화를 벌겠다고 나라의 귀중한 지하자원을 망탕 개발하여 수출하려고 하고 있는데 이것은 멀리 앞을 내다보지 않고 눈앞의 것만 보는 근시안적 태도이며 애국심도 없는 표현입니다 … 나라의 지하자원 개발을 국가자원개발성과 비상설지하자원개발위원회에서 검토 승인하는 체계를 엄격히 세워 지하자원을 망탕 개발하거나 지하자원 개발에 무질서를 조성하는 일이 없도록 해야 합니다." 김정은, "사회주의 강성국가건설의 요구에 맞게 국토관리사업에서 혁명적 전환을 가져올데 대하여,"『조선중앙통신』, 2012.05.

정부는 김정일 사망 전부터 평양 건설 등 각종 치적사업의 재원조달을 떠맡아 다른 기관들의 이권을 흡수해오면서 잠재적 불만의 대상이었다. 예컨대, 2010년경 군부 산하 석탄·해산물 수출 무역회사인 54부를 흡수했고,[155] 2013년경에는 보위부 산하 세관총국을 흡수한다. 2013들어 군부와 당 행정부 간에 석탄수출·어로·염전 사업을 둘러싼 이권 다툼이 첨예화되는데, 군부도 나름대로 식량·부식·군복 등의 군수물자를 자체 해결할 수 있는 외화벌이 원천기지가 필요했기 때문이다. 2013년 11월경 김정은이 군 총참모부의 건의를 받아들여 '부대 인근 54부 소속 양식장의 군(軍) 이관'을 비준하나 장수길 54부 부장(당 행정부 부부장)이 '장성택의 동의 부재'를 이유로 협조하지 않는다. 당 행정부 사건은 외양상 장성택 세력의 김정은 권위 무시가 발단이나, 실질적으로는 권력기관 간 첨예한 이권다툼을 배경으로 한다.

【그림 5-19】김정일·김정은 시기 권력기관들의 이권다툼

이권다툼 배경	1990년대 경제난 심화	각급기관별 자력갱생 방침	무역체계 분권화, 권력기관에 특혜	무역권한 편중 이권 갈등 → 조정
광물수출 권한 배분 사례	무연탄 수출 (연 12.2억불) 군부(군수물자 수입 자금)	금수출 (연 4-5억불) 당 39호실(비자금)	철·철광석 (3.2억불) 내각(코크스 수입자금)	
	무연탄·금·철광석 연간 약 20억불 수출 (2016·2017년 UN제재 이전)			
이권조정 배경	2003년 내각책임제	2008년 장성택 권한강화	2012년 내각책임제	이권다툼 사례 : 2012. 7 리영호 숙청 / 2013.12 장성택 숙청

* 출처: 임수호 외 책자, 이권조정 및 다툼 사례는 필자가 보완.

---

155) 54부는 1980년 출범한 군 산하 외화벌이 기구인 매봉무역총회사 산하 무역기관들 중(51,52,53,54부) 하나였다. 매봉무역회사의 사업중에 석탄 등 광물수출 사업 중심의 외화벌이 기구인 54부가 성과를 내자, 54부는 1990년대 후반경 강성무역총회사로 독립했다. 54부는 2010년 6월 장성택이 국방위원회 부위원장이 되면서 국방위원회 산하로, 다시 당 행정부 산하로 옮겨졌다. 장성택 숙청 이듬해 54부는 해체되고 산하 무역기관들은 군과 내각으로 분산된다.

다. 내각의 '국가경제 통일적 장악' 투쟁

내각 경제 간부들 입장에서 볼 때 경제개혁은 지도자의 결단으로 특권경제의 대폭적인 축소가 있어야 가능한 정치적 과제였다. 김정일 시기 내각 간부들은 당과 군 산하 외화벌이 사업소가 늘어나고 노른자위 공장·기업소들이 이들 권력기관 산하로 넘어가는 등 권력기관의 로비에 의한 특수부문 경제 단위들의 문어발식 확장을 보아왔다. 2004년 박봉주 내각은 특수부문이 과도하게 존치되면 경제 사업에 대한 전반적 통제가 곤란하고, 독립채산제를 강조해도 국가경제의 상당부분을 차지하는 특수단위 소속 기업소의 독자 경영으로 정책의 실효성이 떨어지며, '국가 돈주머니를 확충해야'(김정일 지시) 할 마당에 특수 경제단위의 존재와 배급제 권력기관의 비대, 이들에 대한 높은 생활비 책정으로 국가재정이 감당할 수 없다고 판단하여 시장경제 추진과 특수부문 축소를 모색했다가 좌절했다.

2012년 김정은에 의해 경제개혁 의제와 내각책임제·중심제 의제가 부활했다. 내각 간부들은 정치적 과제에 휘둘리지 않고 적당히 살아가길 원했으나 새로운 지도자의 적극적인 개혁의지를 뒷받침하지 않을 수 없었으며, 차제에 자기 조직도 운신의 폭을 확대할 수 있도록 제도화를 추구했다. 이로써 내각의 '국가경제 통일적 장악' 문제를 둘러싼 관료정치가 지도자를 사이에 두고 당·군을 상대로 다시 전개되었다. 결론부터 말하자면 김정은 시기 내각책임제·중심제는 내각의 자구 노력으로 최소한의 제도화에 성공한다. 김정은의 입장이 초기 내각책임제 강력 추진 입장에서 점차 후퇴했음에도 불구하고 그나마 제도를 보강한 것은 내각의 치열한 관료정치 덕분이었다.

김정은의 내각책임제에 대한 입장 변화에 대해서는 앞 단원에서 살펴보았다. 여기서는 내각의 입장에서, 관료정치 시각에서 내각 책임제의 일부 제도화 과정을 살펴본다. 내각책임제를 둘러싼 관료정치는 3

단계로 진행되는데, 대체로 경제개혁 의제를 둘러싼 관료정치 전개과정과 맥락을 같이한다. 그러나 후자는 명분의 싸움인데 비해 전자는 조직의 직접적인 권한 다툼이라서 전자가 보다 집요하게 전개된다.

1단계는 2012년 상반기의 상황으로, 내각이 경제개혁을 명분으로 김정은의 권위를 빌어 경제관리 주도권을 확보하기 위해 적극적으로 노력하는 시기이다. 내각은 김정은의 개혁의지를 확인하고는, 내각이 민생향상을 위한 역할을 제대로 하기 위해서는 내각이 능력을 발휘할 수 있도록 여건을 조성해 줄 필요가 있음을 건의한다. 김정은은 이를 수용하여 2012년 3월 '내각책임제·중심제 강화 방안'을 비준하고, 4월(4.6 담화)에는 당 조직에 '내각책임제에 지장을 주는 현상들과의 투쟁'을 지시하며, 공식 권력승계 직후에는 최초 명령인 '국방위원회 제1위원장 명령 제001호《경제사업에서 내각책임제, 내각중심제를 강화하기 위한 혁명적 대책을 세울데 대하여》'를 하달한다.[156] 한편 김정은은 내각 및 당 조직 경제 간부들을 개혁성향 인물들로 충원해 정책변화를 고무했다. 이로서 내각 책임제를 둘러싼 관료정치 초반전에서는 내각이 유리한 고지를 점령한다. 내각은 김정은에 건의하여 당·군 소속기관 이권사업의 일부를 이관 받고, 당·군 산하 경제단위를 포함한 경제전반에 대한 지휘권을 확대한다.

내각의 권한확장을 위한 2단계 투쟁이 2013년 4월 이후 재개되나 이때는 김정은의 지원이 둔화되어 예전만큼의 실효성 확보에 실패한다. 당시 김정은이 박봉주를 10년 만에 내각 총리로 다시 등용(2013.4)했으나 과거 김정일 때처럼 경제부문 인사권·검열권을 부여

---

[156] 앞에서 기술했지만, 김정은의 '3월 비준' 문건에는 "일부 당·군 산하기관 이권사업을 내각으로 이전하는 조치"가 포함되어 있고, '4월 명령' 문건에서는 경제사령부로서 국가계획위원회의 역할 보장, 모든 단위들이 내각의 통일적 지휘에 복종, 모든 단위들이 국가계획(특히 재정, 수매) 이행에 참여, 대외경제사업의 일원적 관리 등이 내각책임제 강화를 위한 대책으로 제시되었다.

하지 않는다. 동시에 '국방위원회 제1위원장 명령 001호' 발동 1년을 계기로 '내각책임제 이행 여부에 대한 검열'사업이 조직되나 검열 형태가 당적통제가 아닌 법적통제로 진행되고, 정치(당 39호실)·보안상(제2경제위원회)이유 등 허다한 특수기관들이 빠져나갈 구실을 만들어 검열에서 제외되었다. 또한 김정은이 과거처럼 내각책임제를 적극 옹호하지 않는 등 내각으로서는 맥 빠진 투쟁이었다. 지도자가 민생경제보다 권력층의 지지 확보가 중요함을 알아차렸다.

2013년 12월에는 장성택 숙청 사건이 있었다. 보위부 특별군사재판은 장성택이 "나라의 중요경제부문들을 다 걷어 쥐여 내각을 무력화시"켰고, "내각에서 맡아하던 일체의 기구사업과 관련한 모든 문제들을 손안에 걷어쥐고 좌지우지함으로써 내각이 경제사령부로서의 기능과 역할을 제대로 할 수 없게 하였다"고 판결했다(12.12).[157] 장성택 숙청 사유로 '내각 책임제 위반'이 거론됨으로써 권력기관들 사이에 일시적으로 '내각의 권한 존중'에 경종을 울리는 효과가 있었으나, 이를 계기로 실제로 내각의 권한이 보강된 정황은 확인되지 않는다.

3단계는 2014년 5월 김정은이 경제개혁 방향을 결론짓는 과정에서의 내각책임제 제도화 투쟁이다. 김정은은 '우리식 경제관리방법'을 발표(5.30 담화)하면서 '경제의 통일적 지도와 전략적 관리'를 내각책임제·중심제 강조 차원에 머물지 않고, 당의 경제전반 통일적 지휘, 군의 국방공업역할 제고를 동시에 주장하여 당·정·군에 병렬적으로 책임을 부과했다. 특히 결론부분에서는 "경제 사업에 제기되는 중요 문제들은 당에 보고하고 그 결론에 따를 것, 각 부문·단위의 경제 관리는 해당 당위원회의 집체적 지도에 의거하되 개별 일꾼의 독단을 허용하지 말 것"을 주문하여 '당적 지도'를 강조하였다. 그러나 내각은

---

157) "천하의 만고역적 장성택에 대한 조선민주주의인민공화국 국가안전보위부 특별군사재판 진행," 『노동신문』, 2013.12.13.

'당적 지도'가 강조되는 상황에서도 이를 이행하기 위한 규정 제정 (2014.7)[158] 과정에서 다음과 같은 경제지휘권 확보를 위한 최소한의 조치들을 제도화하는데 성공한다.

첫째, "모든 부문, 모든 단위들은 계획·재정·통계·화폐유통·로동보수·가격·수출입사업·합영·합작기업·해외기술협조단 조직 및 운영·투자유치활동 등 경제사업과 관련하여 제기되는 문제들을 '국방위원회 제1위원장명령 제001호'[159]에 지적된대로 집행(내각 해당 부처에 통보·자료제출 혹은 승인)하며 명령과 어긋나게 집행하는 현상들에 대하여서는 책임있는 일군들을 엄하게 처벌하도록 할 것"이라고 강조한다.

둘째, "경제사업과정에서 제기되는 문제들은 내각을 통하여 당에 보고드리거나 내각과 반드시 문건으로 합의하여 보고드리는 규률과 질서를 철저히 지킬 것"을 요구하면서 특히 "전력과 연유·강재·시멘트 등 중요자재, 식량, 자금(외화포함) 보장, 로력보충, 생활비 기준, 가격제정과 관련한 문제들을 당에 보고드릴때에는 사전에 국가계획위원회, 재정성, 중앙은행, 무역은행, 로동성, 국가가격위원회와 토의한 다음 내각 합의에 제기하도록 할 것"을 주문한다.

셋째, "≪특수≫ 간판아래 제각기 기업소들을 만들어 놓고 제각다리로 생산과 경영활동을 벌려나가는 현상을 철저히 없애며 국가의 법과 규정에 벗어난 ≪특수≫화된 단위들을 정리하고 앞으로 더 내오지 않도록 할 것이다"라고 강경한 주문도 내놓는다.

---

158) 북한 내각 결정 제43호, "경애하는 김정은동지의 고전적로작 ≪현실발전의 요구에 맞는 우리 식 경제관리방법을 확립할데 대하여≫에 제시된 강령적과업을 철저히 관철할데 대하여"(p. 22), 2014.07.10.
159) 2012년 4월 30일 ≪경제사업에서 내각책임제, 내각중심제를 강화하기위한 혁명적 대책을 세울데 대하여≫.

내각은 이상의 협조 의무를 '국방위원회 제1위원장 명령 001호 (2012.4.30)'를 근거로 요구하고 있다는 점에서 특수단위도 일정한 규제를 받을 것이다. 그러나 규제 수준은 내각에 '통보'하는 정도에 머물 것이며, 내각과의 '합의' 사항은 그 규정에도 불구하고 내각이 합의를 거절하기가 어려울 것이며, 더구나 내각이 특수단위들을 정리한다는 것은 불가능에 가까운 문제로 이들 규정 때문에 특수단위들의 활동이 위축되지는 않을 것이다. 아래 〈표 5-12〉는 이를 정리한 것이다.

표 5-12 내각의 '당·군 산하 특수 경제단위 활동 규제' 규정

협조 사항	규제 경제활동	실효성
내각에 통보 혹은 자료 제출 의무	계획·재정·통계·화폐유통·로동보수·가격·수출입사업·합영·합작기업·해외기술협조단 조직 및 운영·투자유치활동 등과 관련하여 제기되는 문제들	이행 가능성 있음
내각 해당 부처와 토의→ 합의 의무	전력과 연유·강재·시멘트 등 중요자재, 식량, 자금(외화포함) 보장, 로력보충, 생활비기준, 가격 제정과 관련한 문제들	이행 가능성 낮음
철폐 대상	'특수' 간판아래 제각기 기업소들을 만들어 놓고 제각다리로 생산과 경영활동을 벌려나가는 현상, 국가의 법과 규정에 벗어난 ≪특수≫ 단위들	이행 가능성 거의 없음

* 출처: 북한 '내각 결정 제43호"(2014.7). '실효성'은 필자의 평가

'특수단위들의 내각에 대한 협조의무'는 정치·보안상의 이유로 예외조항이 허다하고, 특수기관들은 어떤 구실을 대고서라도 지도자의 비준을 받아내는 것이 통례였으며, 권력구조 상 내각이 특수기관의 의무 불이행을 규제할 능력이 없다는 점에서 내각 규정의 실효성은 제한적일 수밖에 없다. 그럼에도 불구하고 내각이 특수단위들의 경제활동을 규제하는 조항을 신설한 것은 경제정책 실패에 대비한 면피용인 측

면도 있으나, 최소한 통보의무를 부과했다는 점에서 진일보했다고 볼 수 있다.

| 03 | 장성택 숙청과 관료정치

가. 김정은의 공포통치 배경

북한의 3대 세습정권은 지도자에 대한 안팎으로부터의 도전 가능성이 제기되면 '주체의 강화'를 강조한다. 도전 가능성이 줄어들고 권력이 안정되면 정치논리 적용을 완화하는 대신 경제개혁 분위기를 조성해 준다. 공포 통치는 '주체의 강화'를 도모하기 위한 가장 극단적인 방법이다. 공포통치가 심화된 상황은 경제개혁에 우호적인 상황과 대척점에 있다. 여기서는 집권초기 김정은의 공포통치를 분석함으로써 간접적으로 경제개혁 추진 여건의 변화를 살펴보고자 한다.

공포 통치는 모든 독재자들의 공통적인 통치기재다. 독재정치의 핵심은 부하들을 전적으로 독재자의 은총에 매달리게 하는 것이다. 누가 자신의 주인인지 스스로 알아서 움직이도록 부하들에게 시혜와 숙청의 방법으로 끊임없이 경외와 공포를 주입하는 것이다. 김정은의 통치는 이념, 개인적 사명, 카리스마적 정당성에 기초하기 보다는 공포와 보상의 방법에 의존했다. 특히 보상보다는 주로 공포에 의존하여 주기적으로 가장 센 부하들을, 가장 잔인한 방법으로 처벌함으로써 권력층 내 도전 가능성을 봉쇄하고 기강을 잡았다.

김정은이 부하들에게 자신을 무섭고 배짱이 있는 존재로 각인시키는 방법을 선호한 것은 젊은 나이에 충분한 준비가 부족한 상황에서 권력을 물려받았기 때문이다. 일종의 '애숭이지도자'라는 핸디캡이 작용했다. 통치재원의 지속적인 감축으로 나눠줄 이권이나 물질적 시혜를 감당할 수 없었다는 점도 한 요인이 되었다. 집권초기에 김정은은 테러에 의존하여 정치적 도전 여지를 제거함으로써 부족한 권위와 카리스마를 극복했고, '존경받기 보다는 두려운 존재가 되라'는 마키아벨리의 충고에 충실했다.

나. 김정은 집권이후 숙청사건

김정은의 권력층 인물 숙청사건들은 아직 전모가 드러나지 않아 분석에 한계가 있다. 그러나 알려진 내용을 중심으로 김정은 집권이후 숙청 사건들의 특징을 살펴보면 다음과 같다. 첫째 고위간부들 중에 주로 군과 당의 '힘센 핵심간부'들을 숙청대상으로 삼았다. 대표적인 표적이 2012년 7월 군 총참모장 리영호,[160] 2013년 12월 당 행정부장 장성택, 2015년 4월 인민무력부장 현영철 처형이다. 둘째, 숙청 사유는 김정은의 권력과 권위에 대한 도전을 명분으로 숙청했다. 많은 간부들이 김정은 지시 불이행을 이유로, 김용진 부총리 등 일부는 김정은이 주재하는 행사에서 김정은 권위 무시를 이유로 숙청되었다. 셋째, 숙청 수위가 총살에 이르고 잔혹한 방법으로 처형하는 등 극단화되었다. 숙청 방법이 2013년 12월 장성택 총살이후 문제 간부들을 일시적으로 권력층 무대에서 퇴장시키는 것이 아니라 고사총으로 총살

---

[160] NHK는 2016년 6월 5일 방송을 통해, 2년 전 前북한 군부대 산하 무역회사 간부로부터 1만2천여 쪽 분량의 당 조직지도부 내부문건을 USB메모리로 입수했으며, 이를 토대로 한 다큐멘터리를 방영하면서 리영호가 "김정은 허가 없이 퍼레이드에 참가한 군부대를 움직여 숙청됐다"면서 문건에 "어느 한 부대 일꾼들은 반당 반혁명분자 리영호 놈의 직권에 눌리여 그 놈이 내리 먹이는 요구가 경애하는 최고사령관 동지의 사상과 의도에 어긋난다는 것을 알면서도…"라고 기술되어 있다고 한다. 문건에는 "인민군대는 머리 위에서 벼락이 떨어지고 발밑에서 폭탄이 터져도 최고사령관의 명령 없이 자기 위치를 이탈할 권리가 없다," "군(軍)내 모든 동향을 최고사령관인 나에게 모을 수 있도록 시스템을 확립하라", 함선을 파손하거나 북한의 인공위성 발사에 의문을 표시한 인사들이 숙청된 내용도 있다고 한다. 『중앙일보』, 2016.06.08.

시키는 방법으로 잔혹해졌다.[161]

　이상의 특징이 동시에 나타난 시기는 2013년 말부터 2014년, 2015년에 이르는 2년여 기간이었다. 이 기간 동안 독재자의 공포통치가 심화되면서 130명가량의 간부들이 처형되었고, '국가전복 음모'에서 지도자 '권위무시'에 이르기까지 광범위한 사유로 처형되었으며, 특히 고모부 장성택 처형을 계기로 김정은의 숙청은 횡포화 되었다. 그 결과 김정은의 권력이 빠르게 굳혀지고, 동시에 공동운명체 의식과 정책의 유연성 역시 빠르게 약화되었다.

　2010년대 중반 연도별 북한간부들의 처형(사형) 규모는 2012년 3명 → 2013년 30명[162] → 2014년 40여명 → 2015년 60여명으로 늘어났다. 2016년 이후에는 주요인물 처형사실이 확인되지 않을 정도로 줄었다. 처형 인원에 일시적 책벌을 포함한 숙청규모는 2012년 5명 → 2013년 30명 → 2014년 100명 → 2015년 130명 → 2016년 30여명으로 변화했다. 김정은은 2015년 4월 현영철 처형 직후 일시적으로 숙청을 자제했다가 2016년에는 30여명 규모로 다시 늘렸다.[163]

---

161) 그 방법에는 출당·제명, 형벌부과(수용소·교화소 수감) 등 재기용 가능성의 희박한 처벌도 있지만, 하방(지방 농장·공장·기업소에서 근신 처분), 직무정지, 당학교에서의 혁명화교육 등의 책벌 부과로 사상을 단련시킨 후 재기용을 염두에 둔 일시적 숙청이 있다.
162) 30명은 전부 2013년 11-12월중 처형된 장성택 인맥으로, 1차로 이용하 행정부 1부부장등 15명, 장수길 행정부 부부장(54부)등 7명, 백영철 보안부 부부장 등 8명이 처형되었다. 연계인물 조사는 2014년 1-4월로 이어져 12명이 숙청되는데 문경덕 평양시당 책임비서 등 7명은 처형에 이르지 않았고, 박춘홍 행정부 부부장 등 5명은 처형되었다. 장성택 인맥 숙청은 친인척, 당 행정부 간부들, 공안기관 등 업무상 연고인물, 외화벌이 사업소 등 이권관계 인물, 지방당 간부들과 그 추종세력 등 수천 명으로 추산된다.
163) 국가전략연구원, "김정은 집권5년 실정백서," 2016.12.

표 5-13 김정은 집권이후 5년간(2012-16년) 간부들 숙청 규모

연도		2012년	2013년	2014년	2015년	2016년	5년 누계
규모	처형	5명	30명	40여명	60여명	미상	130여명
	숙청	5명	30명	100여명	130여명	30여명	260여명
처형인물 (숙청)		1월 김철 무력부부장, 5월 박용무 서기실과장, 7월 리영호 총참모장등	11-12월 장성택, 이용하, 장수길, 백용철 등 30명	박춘홍부부장, 김근섭부부장등 36명 처형. (문경덕 책벌, 변인선 작전, 마원춘설계 등)	조영남국가계획위 부위원장, 현영철, 최영건 부총리, 임종추 보위부, 김옥 서기실 등 (한광상, 원동연)	김용진 부총리 (리영길, 최룡해, 김영철)	*2017년들어 보위부부상 5명 처형. (김원홍, 황병서 숙청)

공포통치의 효과는 곧바로 나타났다. 첫째, 김정은의 리더십에 이의를 제기하는 현상들이 없어졌다. 김정은이 '가장 센 자들을 대상으로 한 가장 잔인한 방법으로의 숙청'은 주효했다. 권력층 내 김정은 권력에 대한 도전은커녕 김정은 지시에 토를 다는 현상들로 사라졌다. 둘째, 김정은을 신성시하는 분위기가 형성되었다. 언제 누가 밀고할지 모르는 상황에서 간부들은 '정책에 실패하면 살아도 의전에 실패하면 죽는다'는 것을 충분히 학습했다. 김정은에 대한 "애송이" 표현(리영호 군 총참모장), "건성건성 박수"(장성택 당 행정부장), 김정은이 주재하는 행사에서 "꾸벅꾸벅 졸기"(현영철 인민무력부장)나 "안경 닦기"(김용진 부총리[164])와 같은 부주의한 행동도 사라졌다. 셋째, 김정은 지시에 대한 절대성·무조건성 현상이 나타났다. 간부들은 김정은 요구대로, 시키는 일에 충실했다. 2014년에는 '우리는 당신밖에 모른다'는 노래가, 2015년에는 황병서가 군대에 보급한 '알았습니다'라는 노래가 유행했

---

164) 김용진 과학기술담당 부총리는 2016년 5월 7차 당대회에서 김정은이 연설하는 동안 안경을 닦는 불경행위(김정은은 이를 '조는 것'으로 착각했다는 설도 있음)에 이어 6월 29일 최고인민회의에서 다시 자세불량을 지적받아 조사받은 뒤 '반당·반혁명 분자'로 7월 25일 처형당했다. 『NK조선』, 2016.09.02.

다. 그 결과 김정은의 장악력은 외관상 급속히 강화되었다.

2015년 연말이후 김정은의 숙청 방식이 다소 변화했다. '힘센 간부'들에 대한 처형대신 혁명화 조치를 취하면서 '좀 더 충성하라'는 경고 수준의 처벌을 하고, 일시적 징계이후 이들을 다시 등용하는 방식으로 온건해졌다. 2015년 이후 최룡해를 필두로 대부분의 고위간부들이 '혁명화 교육'을 받았다. 최룡해 당 근로단체 비서는 발전소 부실공사 책임을 물어 혁명화 처분(2015.10-2016.1)을 받았고, 리영길 총참모장은 세도비리 혐의로 징계(2016.2-5)를,[165] 김영철 통일전선부장은 대남사업 성과 부진으로(2016.7-8),[166] 2017년에는 김원홍 국가안전보위상이 허위보고(당 간부 고문 묵인) 혐의로(2017.1 -4), 황병서 총정치국장도 허위보고(부하 뇌물수수 묵인) 혐의로 처벌(2017.10-2018.6 해임, 혁명화) 받았다. 이처럼 공포통치가 완화된 배경은 잔혹한 숙청으로 살아남은 고위 간부들이 김정은에게 극히 온순한 태도를 취한데다 김정은 입장에서는 인재풀 고갈도 고려되었을 것이다.

다. 장성택 숙청 사건: 배경, 과정 및 파급영향

장성택은 김정은의 고모부로 이른바 '만경대 가문'과 연계를 맺은 인물이다.[167] 그는 2004년에는 종파조성 혐의로 숙청되었다가 2013

---

165) 2016년 2월 10일 국가정보원은 총참모장 리영길이 2월초 軍당전원회의에서 '종파분자 및 세도비리' 혐의로 숙청 가능성을 제기했다. 그해 5월 7차 당대회에서 리영길은 정치국 후보위원 이름이 올랐고, 8월 9일 김정은 행사에 제1부참모장 겸 작전총국장 직책(상장으로 강등)으로 동행한 점에서 '혁명화' 처분을 받은 것으로 보인다.
166) 김영철은 2009년 2월 이후 정찰총국장을 역임하다가 2016년 5월 7차 당대회에서 당 정무국 (대남담당) 부위원장겸 당 통일전선부장으로 등용된다. 승진 직후에 '혁명화 조치'(7-8월) 처분을 받는데 '실적을 내겠다'고 서약했다는 점에서 대남사업 부진으로 처벌받은 것으로 추정된다.
167) 장성택은 1946년 1월 청진에서 태어났고, 그의 부친의 항일운동 경력으로 만경대혁명학원을 졸업했으며, 김일성종합대학 정치경제학과 재학 중 김경희를 만나 1972년 결혼했다. 장성택과 김경희 사이에는 딸 금송(1977년생)이 있었

년 12월에는 '국가전복죄'로 처형된다. 장성택 처형을 계기로 김정은 정권의 잔혹성이 드러났으나 동시에 김정은의 권력은 외관상 더욱 공고해진다. 장성택 처형을 계기로 권력층 내 '숙청의 공포'가 제도화됨으로써 북한체제의 역동성과 효율성이 저하되는 등 자체 치유능력은 크게 잠식된다.

장성택 숙청은 당·군·보위부 등 권력기관들 간의 이권갈등이 누적되고 장성택 측근의 월권적 행태가 반복되는 상황에서, 장성택 측에 의해 김정은의 이권조정 지시가 거부되자 장성택과 그 측근들을 '유일영도 위배'로 처형한 사건이다. 그 사건의 배경요인에는 ①권력기관들 간 이권다툼의 심화, ②장성택 측근들의 월권행위 누적, ③지도자 지시이행을 매개로 한 권력기관들의 충성경쟁이 작용했다.

김정은 집권이후 재정난은 완화되지 않아 한정된 재원 분배를 둘러싼 권력기관 간의 이권다툼이 치열해졌다. 이 과정에서 김정은 치적사업의 재원조달을 떠맡은 장성택의 당 행정부는 지도자를 등에 업고 다른 기관들이 이권을 점점 흡수해갔다. 생존의 위기에 몰린 군·보위부는 장성택측의 월권을 '지도자에 대한 권위도전'으로 김정은에게 보고했다. 이들은 장성택의 반격에 따른 후환이 두려워 장성택을 걸려면 제대로 걸어야 한다고 판단했다. 한편 김정은도 평소에 장성택이 껄끄러웠고 견제 필요성을 염두에 두고 있었다. 장성택은 과거(2004년) 김정일 시기에 당 조직지도부가 '동상이몽'을 지적한 인물이었다. 이번에는 보위부가 '배신 가능성'을 제기해왔다.

장성택 숙청과정에는 전형적인 관료정치가 작동했다. 당 행정부(장성택), 군부, 보위부, 김정은이 행위자로 참여하는 장성택 숙청의 관료

으나 2006년 8월 프랑스 유학중 자살한 것으로 알려졌다. 장성택의 큰 형 장성우 차수는 2009년, 무력부 혁명사적관장을 지낸 둘째 형 장성길은 2006년에 사망했다. 장성택의 조카 장영철(말레이시아 대사, 장성우 차남)과 자형 전영진(쿠바대사)는 2013년 12월초 귀북 명령을 받는다.

정치를 그간 알려진 정황을 근거로 재구성하면 다음과 같다.

2008년 8월 김정일의 뇌졸중 발병으로 장성택은 지도자를 대신해서 충직하게 국정을 관리한다. 김정일 병상을 지키던 김정은·여정 남매도 장성택의 보호를 받았으며 김정은 남매는 고모부의 배려에 안심을 한다. 그해 가을, 김정일은 건강이 회복되고 나서도 장성택에 대한 신임을 유지한다. 이듬해(2009) 김정은이 후계자로 내정되었고 3년도 안돼서 김정일이 사망(2011.12)하는 등 권력이양 일정이 빨리 진전되었으나, 장성택은 '후견' 역할에 충실한다. 권력세습 첫해에 김정은은 어려운 일이 생기면 고모부와 의논했으나 이듬해(2013)부터는 장성택을 견제하기 시작했다.[168] 장성택도 이를 눈치 채고 자중하는 모습을 보였으나 '지도자의 지갑을 채워주는 일'은 김정은의 지시였으며 그 이행을 위해 자신이 관리하는 조직의 돈벌이 사업 확충은 어느 정도 불가피했다.

국방위원회는 2010년에 군(軍) 산하 무역기관인 54부를 흡수한다. 당 행정부장 장성택은 당시 국방위원회 부위원장 겸직을 계기로 54부를 당 행정부 관할 하에 둔다. 54부는 석탄 및 금을 수출하고 어로사업을 관장하는 군(軍)내 최대 외화벌이 조직이었다. 장성택측의 이권사업은 김정은 집권이후에는 확장된다. 2012년 5월 당 행정부 관할 하에 김정은의 통치자금을 조달하는 제3 경제위원회가 신설되었고, 2013년 초 국방위원회 오극렬이 석탄수출권을 군부로 이관할 것을 요구하나 장성택은 당 행정부 권한이라며 대립하였으며, 2013년 9월 보위부의 반발에도 불구하고 보위부 산하 세관총국을 당 행정부로 흡수한다. 2013년 10-11월 들어 금광·염전·어로·석탄 등의 이권사업을 둘러싸고 군과 당 행정부간의 갈등이 심화된다.

2013년 11월초 인민무력부 간부는 54부 간부에게 김정은 비준을 근

---

168) 그 징후로는 2013년 들어 장성택에 대한 다층 감시 강화, 장성택 주변인물(문경덕, 지재룡, 김영재 등) 조사, 김정은 현지지도의 장성택 대동 빈도 급감, 경제문제 외 장성택의 국정관여 제한, 장성택에 대한 일부 비판적 여론("자본주의에 물든 부정축재자") 방치 등을 들 수 있다.

거로 군부대 인근 54부 관할 양식장의 이관을 요구한다. 54부가 이를 거부하자 이영길 총참모장이 직접 나서 장수길 54부장(행정부 부부장 겸직)에게 "군(軍)으로 이관하라"는 최고사령관 명령을 전달한다. 장수길이 "장성택의 지시가 없었다"며 이의를 제기하자 총참모장은 당 행정부측의 반응을 김정은에게 보고한다. 김정은은 54부의 지시 불이행에 격분하고는 '장수길을 체포하고 장성택의 직무를 정지시키라'고 지시한다. 11월 중순 보위부는 당 행정부 부장 장성택, 제1부부장 이용하, 부부장 장수길을 체포·조사하고, 장성택을 제외한 측근들은 전격 공개 처형한다. 처형사실은 전당과 군에 통보되어 경각심을 고취시킨다.[169]

장성택 측근들을 처형한 직후에(11.27) 김정은은 양강도 삼지연에 머물면서 김정일 사망 2돌을 앞둔 구상과 함께 장성택 사건 처리 방향을 고민한다. 12월 초순 평양으로 돌아온 김정은은 당 정치국회의 소집을 지시한다. 12월 8일 개최된 당 정치국 확대회의에서는 장성택을 "반당·반혁명 종파분자로 규정하고 출당·제명시킬 것"을 결정하였고,[170] 다음날 정치국 회의 사실과 장성택이 회의장에서 끌려 나가는 장면을 공개한다(12.9 노동신문). 국가안전보위부는 다시 그를 조사한 후 12월 12일 특별군사재판을 진행해 장성택에게 '국가전복음모죄'를 적용하고 즉시 사형을 집행한다(12.13 재판장면 공개).

이어서 장성택 측근들과 친인척들에 대한 조사와 연계조직 정리 작업이 2013년 12월말까지 1단계,[171] 2014년 1-4월까지 2단계로 진행된

---

169) 국정원은 12월 3일 장성택의 실각 가능성과 측근 이용하·장수길이 처형된 사실을 공개한다. 『NK조선』, 2013.12.03.
170) 당 정치국 회의에서는 장성택에 대해 "동상이몽, 양봉음위 하다가 혁명의 대가 바뀌는 역사적 전환의 시기에 본색을 드러내기 시작했다"고 비판했다. '동상이몽·양봉음위'와 관련 김정은은 2013년 6월 19일 '당의 유일영도체계 확립 10대원칙'을 새로 내놓는데 10대원칙 6조 5항은 "당의 통일단결을 파괴하고 좀 먹는 종파주의, 지방주의, 가족주의를 비롯한 온갖 반당적 요소와 동상이몽, 양봉음위하는 현상을 반대하여 견결히 투쟁해야 한다"고 새로 명시했다.
171) 당 선전선동부는 2013년 12월 15일 각 인민반을 통해 장성택의 얼굴이 찍혀 있는 '1호 사진'을 모두 회수하라는 지시를 하달한다.

다. 김정은은 2014년 8월 당 조직일꾼대회(8.16-21)[172]를 소집하여 당 조직지도부가 '행정부 사건'과 같은 종파사건을 사전에 적발하지 못한 점을 질책하면서 '장성택 여독 청산'을 지시한다. 이로써 공포통치는 장기화된다.

국가안전보위부 특별군사재판소는 2013년 12월 12일 장성택이 "현대판종파의 두목으로서 장기간에 걸쳐 불순세력을 규합하고 분파를 형성하여 우리 당과 국가의 최고 권력을 찬탈할 야망 밑에 갖은 모략과 비렬한 수법으로 국가전복음모의 극악한 범죄를 감행"했다고 한다. 다음은 보위부 판결문이 밝힌 '장성택의 죄행'이다.[173]

첫째, "영도의 계승문제를 방해한 대역죄"다. 김정은을 후계자로 추대할 때 장성택이 "왼새끼를 꼬면서" 방해했고, 2010년 제3차 당 대표자회에서 김정은을 당 중앙군사위원회 부위원장으로 추대할 때 "마지못해 일어서서 건성건성 박수"를 쳤다.

둘째, 자신에 대한 "환상조성 및 불순이색분자 결집으로 소왕국 건설"을 한 죄이다. 장성택은 김정은의 현지지도를 자주 수행하면서 자신을 김정은과 "어깨를 나란히 하는 특별한 존재"라는 환상을 조성했고, "청년사업에 해독을 끼친 변절자들, 종파적 행동을 일삼는 심복졸개들(이용하 당 행정부 제1부부장 등), 2004년 종파사건으로 쫓겨났던 아첨꾼들 등 불순 이색분자들을 규합해서 '소왕국'을 건설하고 신

---

172) 조직일꾼대회에서는 강습회도 개최되어 유일영도체계 확립을 위해 "개별일꾼 우상화에 대해 투쟁하고 혁명연한, 공로, 직급에 구애되지 말고 당과 수령에 대한 충실성을 척도로 사람을 평가하고, 놈들의(장성택 종파) 여독을 청산하기 위한 투쟁을 계속 강도높이 벌여야 하며, 종파와의 투쟁은 밑뿌리까지 들추고 씨까지 파내여 불살라야한다"고 주장한다. 북한 간부 학습제강, "현대판종파사건에서 심각한 교훈을 찾고 당의 유일적령도체계를 더욱 철저히 세워나갈데 대하여", 조선로동당출판사 주체103(2014)년 8월, p. 2.
173) "천하의 만고역적 장성택에 대한 조선민주주의인민공화국 국가안전보위부 특별군사재판 진행," 『노동신문』, 2013.12.13.

성불가침의 존재로 군림"했다.

셋째, 장성택과 추종자들이 "최고사령관 명령과 당의 방침을 불복"한 죄이다. 장성택은 "부하들에게 당에서 내린 결론도 번복할 수 있는 양하고 충성 물자들을 나눠줘 낯내기 하는 방식으로 자신을 특수한 존재로 각인시켜 '1번 동지'로 불리는 등 자신에 대한 우상화를 조장"했다. 장성택은 "대동강타일공장 내 김일성·김정일 모자이크영상작품 설치를 반대했고, 김정은 서한을 새긴 화강석을 내무군 부대 중앙이 아닌 구석에 세우게 했으며" 장성택 추종자들도 최고사령관 명령에 불복하는 행위를 했다.

넷째, "총리가 될 야망으로 중요경제부문을 장악하여 내각을 무력화"시킨 죄이다. "내각소속 검열감독기관을 제놈 밑에 소속시키고 위원회·성·중앙기관과 도시군급 기관을 내오거나 없애는 문제, 무역 및 외화벌이 단위와 재외기구를 조직하는 문제, 생활비 적용 문제를 비롯하여 내각에서 맡아하던 일체 기구 사업과 관련한 모든 문제를 손안에 걷어쥐고 좌지우지함으로써 내각이 경제사령부로서의 기능과 역할을 제대해 할 수 없게 하였다"고 한다.[174] 장성택은 "건설건재기지를 폐허로 만들고, 중요 건설단위들를 부하들의 돈벌이에 넘겼으며", 장성택은 석탄 등 지하자원을 팔아먹도록 하는 과정에서 부하들이 "거간꾼에게 속아 빚을 지고 지난(2013년) 5월 그 빚을 갚는다고 나선지대 토지를 50년 기한으로 외국에 팔아먹는 매국행위"도 했다. 2009년 박남기를 부추겨 "수천억원을 남발하여 엄청난 경제적 혼란을 일어나게 하고 민심을 어지럽히도록 배후조종한 장본인도 장성택"이다.

다섯째, "부정부패와 부화방탕한 생활"을 일삼은 죄이다. 장성택은

---

[174] 학습제강은 이를 "장성택일당은 당이 제시한 내각중심제, 내각책임제원칙을 위반"했다고 표현한다. "현대판종파사건에서 심각한 교훈을 찾고 당의 유일적령도체계를 더욱 철저히 세워나갈데 대하여"(2014.8), p. 4.

정치적 야망 실현에 필요한 자금 확보를 위해 각종 돈벌이를 장려하고 부정부패를 일삼았다고 한다. "귀금속을 사들이고, '자본주의 날라리풍'을 유포시켰으며, 2009년 한해 만해도 비밀 돈창고에서 460여만 €를 꺼내 외국 도박장출입 등으로 탕진했다"고 한다.

여섯째, "군대를 동원해 정변"을 일으키려는 "국가전복음모행위"를 범했다. 장성택은 "경제가 파국인데 김정은 정권에는 대책이 없다는 불만을 확산시킨 후 인맥관계에 있는 군 간부·인민보안기관 및 측근들을 동원해 정변을 일으킨다는 구상"을 했다. "먼저 총리가 돼서 확보한 자금으로 주민들의 생활문제를 풀어주면 정변은 순조롭게 성사될 것이고, 외부세계에서도 자신을 '개혁가'로 인식하여 쉽게 인정해줄 것이라고 계산했다"는 것이다. 판결문은 "이 하늘아래서 김정은의 유일적 영도를 거부하고 그의 절대적 권위에 도전하며 백두의 혈통과 일개인을 대치시키는 자들은 절대로 용서치 않고 징벌할 것"이라고 결론 맺는다.

북한은 장성택 숙청을 '행정부 사건'이라 부르고 '현대판 종파사건'으로 규정한다. 북한은 2013년 12월 당 정치국 확대회의에서 장성택을 숙청한 사건을 그들의 '반종파투쟁력사'에서 △1952년 12월 박헌영·이승엽 등 화요파 계열 청산 △1956년 8월 당 전원회의 및 1958년 3월 1차 당 대표자회 계기 엠엘파 청산 △1967년 5월 당 4기 15차 전원회의 계기 갑산파 숙청 사건과 반열을 같이하는 '특대형 반당반혁명종파분자 숙청' 사건으로 규정한다.[175]

장성택 숙청과 이후 공포통치로 김정은의 물리적 장악력은 급속히 강화되었으나 그 반작용으로 체제의 경직성 역시 심화된다. 김정은에 대한 절대성을 강조한 결과 맹종 분위기가 조성되고 간부들은 문제 상

---

175) 간부 학습제강, "현대판종파사건에서 심각한 교훈을 찾고 당의 유일적령도체계를 더욱 철저히 세워나갈데 대하여"(2014.8), p. 4.

황 보고와 건의를 기피했다. 권력층 내 아첨꾼만 살아남고, 간부들의 무기력과 기회주의로 정책 효율성은 저하되었다. 간부들은 기본적으로 책임지는 자리를 기피하였는데 충성심을 발휘할 가능성보다 힐난을 자초할 가능성이 크기 때문이다. 면종복배·양봉음위 현상도 줄지 않아 지도자와 간부들 간의 불신이 심화되고 공동운명체 의식이 약화되었다.

6장

결론

북한의 경제개혁과 관료정치

제6장 결 론

|01| 북한의 개혁·개방에 대한 완고성

　구소련·동유럽 사회주의 체제가 종언을 고한지 30년, 중국이 개혁·개방을 한지 40년이 지났다. 북한은 정권수립 70돌(2018년)이 지나도록 전 세계에서 가장 완고한 사회주의 체제를 고집하고 있다. 일당독재는 견고해 보이고, 폐쇄체제와 적대적 세계관도 변하지 않았다. 시장경제 요소를 점진적으로 수용하면서도 사회주의 원칙을 여전히 강조하고 있다.

　경제개혁이란 공산당 지배·공식 이데올로기·국공유제와 계획경제 등 사회주의 체제 속성들 중에서 1개 요소 이상의 급격하고도 불가역적인 변화를 의미하며, 개방이란 일정 지역에서 물자·자금·사람·문화의 자유로운 교류의 허용을 의미한다. 북한은 사회주의 체제 속성의 본질적이고 구조적인 변화를 거부하고 있다. '개혁개편 놀음은 환상이며 서방의 평화적 이행전략'이라는 부정적 관념으로, 개방은 북한지역의 '종심이 좁다'는 이유로 중국이나 베트남 식의 개혁·개방을 거부해 왔다. 외부의 북한 관찰자들은 북한 정권이 유일지배체제 유지를 위해 개혁·개방을 선택하지 못하는 것으로 평가한다.[1]

---

　1) 중국과 북한의 개혁·개방 초기조건은 △중국 집단지도체제 및 정권교체 경험 : 북한 1인 독재 및 세습정권 △농업위주(농민 80%) : 공업위주(노동자 50%) △지

정권이 아닌 사회 차원에서 보면 북한의 변화에 대한 완고성은 달라진다. 북한 주민들은 국가배급이 아닌 시장에 의존해 의식주를 해결하는 가운데 사회 저변에서는 시장을 중심으로 한 생활정보 소통이 활발하다. 북한 당국이 민생문제를 해결해주지 못함에 따라 주민들은 노동당이 아닌 장마당에 충성하고 있으며, 물리적 강제력 때문에 겉으로 순응하나 사회 전반에 체제이반 심리가 늘고 있다.

경제는 북한체제의 가장 부실한 분야다. 한동안 1990년대의 경제위기로부터 벗어나기도 했으나 성장은 오랫동안 정체되었다. 그나마 경제회복의 동력이 시장화와 개방이나 자본주의와 자유사조의 확산을 우려해 신중하게 받아들일 수밖에 없는 입장인데다가, 핵·미사일 개발에 따른 국제사회의 제재조치로 경제난의 가중을 자초하고 있다. 그 결과 정권 대(對) 시장, 정치와 경제의 긴장관계가 증대되는 등 체제의 이중성이 심화되고 있다.

북한의 '현실 경제'는 나름대로 상당한 변화모습을 보였다. 정권의 자원동원 능력이 취약해지고 계획경제와 폐쇄체제의 모순이 누적됨에 따라 의도하지 않은 변화들을 받아들인 결과였다. 다음 〈표 6-1〉에서 보듯이 사회주의 경제체제의 변화 과정을 통제경제 → 분권화 → 시장화 → 사유화로 구분한다면 북한경제는 '시장화' 단계에, 명령 경제체제 → 부분 개혁체제 → 사회주의 상품경제체제 → 사회주의 시장경제체제로 나눈다면 '사회주의 상품경제' 단계에 진입했다고 볼 수 있다. 북한 당국이 시장을 인정하고 개별 생산단위에 경영권을 늘려주었으나, 수요·공급의 원리와 사유 재산제에 기초한 시장경제와 기업민영화의 수용에는 이르지 못했다는 점에서 사회주의 시장경제에 진입했다고 보기는 어렵다.

방단위 자급자족 경제구조 : 고도의 중앙집권적 경제 △외부경제로부터의 낮은 충격 : 종심이 좁아 높은 대외개방 충격 △우호적 대외환경 ; 분단 상황과 남북국력 격차 등 비우호적 대외환경으로 비교된다.

표 6-1 사회주의 경제체제 변화 단계

구분	명령경제체제	부분개혁체제(분권화)	사회주의상품경제(시장화)	사회주의 시장경제
특징	세부계획하달. 국가가 모든 경제잉여관리. 50년대 공산권	기업 자율성 확대 연합기업소 설치 채산성(이윤) 중시 80년대초 중국, 베트남	시장인정, 시장사회주의 국가-기업 간 경영분리 계획, 국유기업 존속 80년대 중반 중국, 베트남	시장제도 성숙 기업 민영화 국가, 거시경제관리 92년이후 중국, 베트남

* 명령경제체제의 단계적 분권화와 시장화, 소유권의 상대화에 따른 변화 과정을 정리

북한 경제체제가 그나마 발전한 것은 북한 당국이 계획경제와 현실 경제의 모순을 시정하기 위해 간헐적으로 '경제관리개선조치'를 취한 결과였다. 북한 당국은 자유 시장의 범람에 따른 '돈 벌이의 폐해'를 우려하여 시장화보다 분권화에 초점을 맞추어 경제개선 조치를 취해 왔다. 가장 최근의 경제관리개선조치의 산출물은 김정은이 2014년 5월에 발표한 '사회주의기업책임관리제'이다. 그 제도는 기업·농업을 관리함에 있어 국공유제는 유지하되 경제관리 권한의 상당부분을 일선 생산단위에 이관하여 실질적인 경영권을 행사할 수 있도록 하는 대신 공장·기업소·협동농장에 생산 정상화 책임을 부과하여 부족의 경제를 해결하겠다는 취지이다.

시장 공인·물자교류시장 조성·국영 생산단위의 시장 활용 허용 등 단계적 시장화 수용 조치는 공급부족 문제를 해결하지 못함에 따라 마지못해 취한 선택이었다. 북한 당국은 시장의 존재를 인정해 주면서도 시장이 번창하면 시장이 '자본주의 현상'의 서식지가 되고 자신들의 돈벌이에만 급급해 '국가 돈주머니'를 빼앗아간다는 인식에서 가능한 시장 청산적(market clearing) 개혁을 끊임없이 추구해 왔다. 그러나 결국은 시장편승 혹은 시장 활용이 불가피한 선택이 되었다.

사회주의기업책임관리제 역시 '시장경제' 수용에 대해서는 여전히 완고했다. 북한 당국은 국가 중심주의적 사고에 입각하여 계획·분배

권한이 더 이상 훼손되지 않도록 시장경제 원리 수용에 극히 신중을 기했다. 예컨대, 변동가격제도를 도입하면서도 가격변동에 시장가격 수준의 탄력성을 부여하지 않았으며, 시장과 국영 유통망이 경쟁하는 경우 시장을 통제하여 국영 망이 시장에 흡수되지 않도록 하였고, 농민들에게 분배된 식량의 시장유통을 허용하지 않아 곡물가격은 여전히 당국의 통제 하에 둘 수 있도록 했다. 북한의 개혁성향 간부들은 분권화와 시장화가 불완전하게 얽힌 북한 경제관리 구조를 계획과 '시장이 아닌 시장'이 얽힌, 경제학적으로 설명할 수 없는 '어수룩한 구조'라고 비판한다.

위와 같은 한계가 있고 속도가 더디지만 북한 경제에도 점차 다른 나라 개혁 사회주의체제 경제와의 공통적인 요소들이 늘어났다. 개별 생산단위에 경영 자율권이 확대되고, 기업소 지표 개념이 설정되어 개별 기업소들이 계획 물량을 납부한 후 잔여 상품에 대한 시장 판매가 허용됨으로써 시장이 계획체제에 편입되었다. 당국·기업·가계의 이해관계를 절충하고 변화된 현실경제를 수용하는 방식으로 북한 경제체제의 분권화와 시장화가 진전되었다. 이러한 북한 당국의 '경제관리개선조치'가 엄격한 의미의 경제개혁에는 미치지 못하나 그 조치가 점차 심화·확장되고 있다는 점에서 이 글에서는 광의의 '경제개혁'이라고 간주하고 북한의 경제개혁 의제 설정 및 후퇴 과정의 특징을 살펴보았다.

| 02 | 북한의 경제개혁 의제 설정의 특징

북한의 70년 정책사에서 경제개혁 의제가 상정되었던 사례는 크게 볼 때 다섯 차례 있었다. 그중 김일성 시대의 개혁의제 상정은 3차례였다. 1960년대 탈(脫)스탈린 조류에 따른 북한 갑산파의 가(假)화폐

사용 주장, 1970년대 말 중국의 개혁·개방에 따른 북한 합영법 제정과 연합기업소 제도의 도입, 1980년대 후반 구소련·동유럽 사회주의 체제변화에 따른 북한의 나선특구 설정 및 무역중시 정책의 선택이 그것이다.

김일성 시대 세 차례 경제개혁 의제 설정의 공통적 특징은 4가지로 요약된다. 첫째, 의제설정 초기에 개혁의제가 정치논리에 종속되었다는 점이다. 외부로부터 변화의 파고가 밀려오면 일단 경제개혁 문제는 지도자의 '선(先) 통일·단결 및 독자성 고수' 강조라는 '주체의 강화전략'에 갇히게 된다(잠금 효과). 둘째, 시일이 흘러 정치적 파장이 크지 않다는 판단이 들면 뒤늦게나마 개혁과제를 받아들인다(지체 효과). 셋째, 그러나 때늦은 개혁과제 수용은 정치논리와 경제논리가 뒤섞이고 뒷구멍으로 받아들이는, 철저하지 못한 양상으로 나타난다(절충주의). 이상의 3가지 특징은 김일성 시대 3차례 경제개혁 계기마다 유사한 양상으로 나타났는데, 이점은 이후 개혁의제 상정 시에도 같은 논리를 답습하는 일종의 관행화된 제도 수준으로 정착된다. 네 번째 특징으로 북한의 정책결정체계에 결정적으로 각인된 경험은 개혁과제에 정치적 민감성이 부과되었다는 점이다. 최초의 경제개혁 의제가 집권세력이 아닌 반대파(갑산파)에 의해 상정되었고, 결국은 개혁 주장을 이유로 숙청되었다. 북한의 개혁 정책사의 첫 단추가 잘못 끼워진 셈이며 이후 경제개혁 거론은 극히 예민한 과제로 간주되었다.

김정일 시대에는 한 차례 비교적 장기적인 개혁의제 설정이 있었다. 김정일의 경제개혁 실험(2000~2009)의 개략적인 과정은 다음과 같다. 1990년대 중반 북한경제가 반 토막 나 '고난의 행군'을 하는 과정에도 김정일은 체제단속에만 집중한다. 2000년대의 시작과 더불어 뒤늦게 모색된 경제개혁은 2002년 7.1조치와 2003년 5월 시장장려 조치로 분권화와 시장화가 본격 추진된다. 2003년 9월 들어선 박봉주 내각은 김정일의 "철저한 개혁" 주문에 따라 준(準) 시장경제 개혁을 추진하나, 2005년부터 당의 간섭으로 제동이 걸려 개혁속도가 둔화된다. 결국 당의 잇단 문제 제기로 '시장은 비사회주의 서식장'으로 규정 (2007.8)되고, 김정일은 공식적으로 경제개혁의 '전면 철회'를 선언 (2008.6)한다. 2009년 시장통제와 화폐개혁 단행으로 김정일의 개혁도 종결된다.

김정일의 경제개혁도 김일성 시대 3차례의 개혁의제 설정 사례와 마찬가지로 '주체의 강화(정치적 통일·단결)'에 주력하다가 뒤늦게 '경제개혁 의제 개방'으로 절충하나, 다시 '주체의 강화'로 전환하는 순환과정이 반복된다. 정치논리를 강조하다가 뒤늦게 경제논리를 보강하지만 다시 정치논리에 의해 경제논리가 봉쇄되는 개혁의제의 잠금 및 지체 현상이 반복된다. 이 과정에서 개혁론자들은 숙청당하고, 북한 관료사회에서는 그들을 빗대어 "호박을 뒤집어쓰고 돼지우리에 들어가는 격이다"라고 자조함으로써 개혁과제에 대한 기피 현상은 더욱 심화된다.

김정일 집권시기의 부정적 경험에 의해 잠금 효과가 오래 지속될 것 같았던 경제개혁 의제가 2011년 12월 북한의 지도자 교체로 예상 밖의 전기를 맞이한다. 김정은은 권력세습 직후 "세상에서 제일 좋다고 소문난 경제개혁 방법을 연구하라"고 지시한다. 심지어 "뭔가 해보려는 일꾼들에 대해 색안경을 끼고 보거나, 자본주의 방법이라고 걸각질(다리 걸기)하지마라"고 준(準) 사상해방 발언으로 개혁 분위기를 조성해 준다. 그 결과 2012년 연초 경제개혁 연구를 위한 '내각 상무조'가 구성되어 같은 해 9월 기업·농업 시범 개혁안이 제시되고, 이듬해 확대 실시에 이어 2014년 5월에는 개별 생산단위에 실질적인 경영권을 부여하는 '사회주의기업책임관리제'가 김정은 명의로 발표된다.

그러나 그 과정에서 김정은 시기의 경제정책은 상당한 우여곡절을 겪는다. 우선 김정은이 경제개혁 의제의 정치적 민감성을 뒤늦게 깨닫고는 2012년 9월 "허파에 바람이 가득 찬 사람들이 중국식으로 가자고 허튼소리 한다"며 자신이 조성해 놓은 개혁추진 분위기에 찬물을 끼얹는다. 그가 개혁의제를 상정한지 10개월도 안돼서 다시 정치논리가 강조된다. 이후 병진노선 선포(2013.3), 장성택 숙청(2013.12)과 공포통치(2014), 당 정치행사(2015.10 당 창건 70돌, 2016.5 7차 당대회), 빈번한 핵·미사일 실험(2016-2017) 등으로 경제개혁 문제가 김정은의 관심 밖으로 밀려나면서 다시 보수적인 경제관리 기조가 지배하게 된다.

김정은 시기 경제개혁 의제 설정 경험도 자신의 후계시기 '주체의 강화'를 우선하다가 집권직후 경제개혁을 도모하나 곧 개혁욕구 분출을 통제함으로써 잠금·지체효과와 절충주의를 보였다는 점에서 선대와 같은 유형을 보였다. 다만 김정은 시기의 경험이 과거와 다른 점은 경제개혁 실험이 매우 짧은 기간으로 단축되어 결론이 났고, 경제문제는 절충이 아니라 실종지경에 이르렀으며, 그 반작용으로 당국이 의도하지 않은 시장의 확산이 있었다는 점을 들 수 있다.

이상에서 김일성 시대 3차례의 개혁의제 설정 경험, 김정일 시대 한 차례의 길고 큰 폭의 개혁추진 경험(7.1조치·시장장려 및 박봉주 내각의 급진개혁 시도, 2002-2004), 다시 김정은 집권이후 짧으나 큰 폭의 개혁추진 경험(농업 포전담당제·기업 책임관리제 실시 및 시장화 추인, 2012-2014) 등 북한정권 창건 이래 5차례의 경제개혁 의제 설정 경험을 살펴보았다. 북한 경제 정책사에서 경제개혁 문제는 1950년대 전쟁, 1990년대 '고난의 행군' 시기를 제외하면 아래 [그림 6-1]에서처럼 10년 주기로 대두된 셈이다. 5차계 개혁의제 설정 과정상의 공통적인 특징으로 첫째, '주체의 강화'라는 정치논리와 경제개혁 논리가 순환한다. 둘째, 개혁과제는 '초기 유보 → 지체 후 절충 수용'되는 불완전성을 보인다. 셋째, 그 결과 개혁성과가 부진한 책임으로 경제 간부들이 숙청되는 현상이 반복적으로 식별됨으로써 개혁·개방에 대한 정치적 속박은 북한 3대 세습정권을 관통하는 구조화된 특성임이 확인되었다.

【그림 6-1】'경제개혁과 주체강화' 상호관계 흐름도

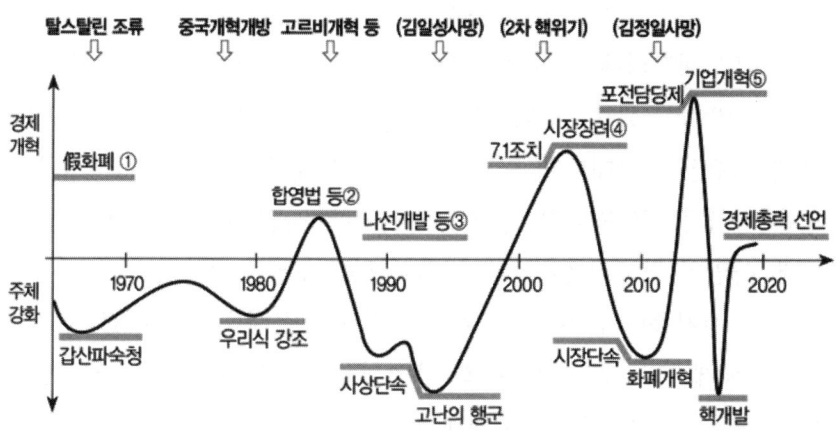

* 북한 당국의 '경제개혁'과 '주체의 강화' 간의 강조점 변화를 필자가 그림.

│03│ 세습 정권별로 변화하는 경제개혁의제 설정의 특징

북한의 3대 세습체제는 권력유지의 필요성으로 경제개혁 문제에 대한 완고한 입장을 크게 완화하지 못하고 있다. 그러나 지도자의 입장과는 달리 변화된 현실 반영은 불가피하여 시장화를 수용하는 쪽으로 개혁방향이 설정되고, 시간이 흐를수록 그 수용의 폭과 깊이가 확대되는 추세를 보인다는 점에 주목할 필요가 있다.

다시 말하자면 북한 당국은 '정치적 잠금 → 경제개혁 지체 → 정치와 경제의 절충' 방식으로 개혁과제의 속도를 조절하고 개혁내용을 절충하려 하나 그 지체와 미진에 따라 공식제도 이면에서는 시장을 활용한 불법 혹은 반합법적 경제활동이 활발해지고, 결국 당국은 의도하지 않은 시장화 혹은 비공식적 경제활동을 추인해 주는 형태로 경제개혁이 이루어지며, 점점 그 추인의 폭이 확대되고 주기가 빨라지고 있다는 것이다. 이는 시장화 진전에 따른 현실경제의 변화가 정치적 잠금효과를 능가하는 수준에서 개혁의제를 규정하고 있음을 의미한다. 이를 구체적으로 살펴보면 다음과 같다.

당국의 개혁의제 설정에 대한 완고성은 3대 세습정권에 공통된 특성임은 앞에서 살펴보았다. 그 배경은 첫째, 북한 역사에서 최초의 경제개혁 주장이 반대파에 의해 제기되었기 때문이다. 그 결과 개혁·개방은 정치적으로 민감한 과제가 되었으며, 김일성은 "정세가 복잡하고 경제 사업이 잘되지 않을 때 경제일군들 속에서 종파가 나오고, 경제종파가 정치종파가 된다"는 유훈으로 경제정책을 경직시켰다. 둘째, 유일지배체제의 세습으로 정책 유연성을 발휘할 구조적 공간 확보가 어려웠다. 중국은 집단지도체제에다 권력교체를 경험했기 때문에 개혁·개방이 가능했다. 북한은 유일지배 확립이후 변화의 파고를 수용하기보다는 차단과 단절이 관행이었으며, 정책변동의 충격을 흡수할 완충장치가 결여되었다. 셋째, 과거 경험 범위 내에서 개혁의제를 다루려는 경제 간부들의 조직행태가 작용했다. 그들은 지도자의 개혁요구가 일시적인 변덕임을 익히 알고 있기 때문에 혁신을 주저하며 '변덕' 이후의 상황에 대비한다. 간혹 경제위기가 도래하면 지도자가 과감한 경제개혁을 요구하나 시간차가 있을 뿐 지도자들의 결론은 '개혁·개방 요구 = 허튼소리'로 귀결됨을 경험했다. 이 같은 과정이 반복되면서 경제개혁에 대한 완고성은 더욱 강화된다.

김일성 시기의 경험과는 달리 김정일·김정은 시기의 경제개혁은 그 발단이 내부요인에 의해 비롯되었고, 개혁과제의 성격도 내부의 변화를 제도화하는 차원이었다. 앞의 [그림 6-1]에서 보듯이 김일성 지배 시기에는 여타 사회주의권의 경제개혁 혹은 사회주의 시장의 붕괴와 같은 외부의 변화 물결이 계기였다. 반면 2000년대 이후의 경제개혁은, 외부의 사회주의 시장이 사라진 측면도 있기는 하나, 새로 권력을 잡은 지도자가 경제관리 모순의 심각성을 인식한데 따른 개혁 시도였다. 또한 개혁과제의 내용이 김일성 때는 여타 사회주의권의 개혁조치를 수용할지 여부가 쟁점인 반면 김정일·김정은 시기에는 북한 현실경제의 시장화 추세를 제도화할 것인가의 여부가 쟁점이었다. 김정일의 7.1 조치는 과거 자력갱생의 결과를 반영한 것이고, 시장장려는 이전의 장마당을 공식경제에 붙여놓은 것이며, 김정은의 기업경영권 확대는 기업의 시장을 활용한 반합법적 활동을 수용한 것이었다.

북한의 경제개혁 정책사에서 김정일 시기와 김정은 시기를 비교하면, 김정은 시기 경제개혁 의제설정의 특징은 집권초기 짧은 기간 동안 집중적으로 설정되었다가 곧 후퇴했고, 그럼에도 불구하고 개혁조치의 내용은 변화된 현실을 대폭 수용한 제도화 조치가 이루어진 점을 들 수 있다. 그러나 개혁조치의 실제 적용 여건은 경제난의 심화와 정치·군사적 요인에 의한 굴절로 과거보다 악화되었다.

먼저 개혁의제 설정기간을 보면 김정은 때의 경제개혁은 집권 초 수개월간 개혁열기가 고조되다가 곧 수그러들었다. 다만 기존 개혁프로그램은 계속되어 2014년 '5.30 담화'로 매듭지어졌으며, 이후 경제개혁 의제는 잠복했다. 김정일의 경제개혁 실험은 과거 중국 마오저뚱 때의 경험처럼 좌 5년, 우 5년 거의 10년 주기를 거친 반면 김정은의 개혁추진은 좌 2년, 우 2년 주기로 단축되었다.[2] 앞의 [그림 6-1]에서

---

[2] 일부 관찰자는 북한의 화폐교환 조치(2009.11)를 보고 "마오저뚱은 '중국은 좌 5년 우 5년'이라고 했지만, 영토 규모가 작은 북한은 '좌 2년 우 2년'이라고 표현해야 맞을 것 같다. 2년마다 정책이 좌에서 우로, 우에서 좌로 달라진다는 것이다"라고 판단했다. 차오위즈(喬禹智, 베이징대 조선경제연구소 주임), "새로운 '개

보듯이 김정은 시대들어 정치논리와 경제논리의 교차 주기는 짧고 가파른 파장을 그리는 것으로 나타났다.

반면 김정은 시기 개혁조치의 수용정도는 대폭적이었다. 기업·농업·무역·가격·재정 등 광범위한 범위에서 상부의 지령을 축소하는 대신 일선 단위의 자율성을 확대했다. 선대(先代)에 금기시되었던 조치들이 큰 논란 없이 받아들여졌으며, 당과 내각의 이견도 크게 드러나지 않았다. 비교적 짧은 기간에 많은 조치들이 받아들여진 것은 문제 상황이 충분히 숙성되었고, 모순을 치유하기 위한 불가피한 선택이 필요했기 때문이었다. 개혁조치의 성격이 이미 일선 경제단위가 행하고 있는, 시장을 활용한 불법적 혹은 반합법적 경제활동을 추인해주는 사후 승인적인 조치였다.

그러나 김정은 시기 개혁조치 실행 여건은 김정일 시기보다 악화되었다. 우선 경제제재의 가중으로 외부수혈이 거의 봉쇄되었다. 그 결과 자체 자원동원을 강제하고 시장 활용도를 늘리는 내부 순환을 가속화시키나 경제난은 심화되고, 원자재·에너지·외화의 부족으로 개혁조치 확대 효과는 마치 새로 도입한 기계에 원료를 대지 못하고 기름을 치지 못하여 거의 쓸모가 없게 된 것과 흡사한 상황이 되었다.

경제 환경의 악화 배경에는 권력변수가 작용했다. 김정은의 관심사는 집권초기 경제문제에서 떠나 군사·정치·핵문제로 급격히 전환되었고, 권력기관이나 권력층 인물들도 초기 경제개혁이 정권교체기 권력층 새 판짜기와 겹쳐짐에 따라 기득권 유지를 위한 변화거부 입장이 강화되어 개혁조치에 비우호적이었으며, 특히 비핵화 지체에 따른 대외환경 악화로 이권사업이 축소됨에 따라 각자도생(各自圖生)을 위한 관료정치는 치열해져갔다.

혁·개방'(?) 앞둔 북한," 『조선일보』, 2009.12.04.

표 6-2 김일성·김정일·김정은 시기의 경제개혁 의제 설정 경험의 특징

경제개혁 의제 설정 사례	김일성·정일·정은 시기 공통적 특징

① 1960년대 탈스탈린 조류에 따른 북한 갑산파의 가화폐 사용 주장
② 1970년대 말 중국의 개혁·개방에 따른 북한 합영법 제정·연합기업소 제도 도입
③ 1980년대 동구사회주의 체제전환에 따른 북한 나선특구 설정 및 무역중시 정책
④ 2000년대 7.1조치, 시장공인, 분권화 확대
⑤ 2010년대 기업에 경영권 부여, 시장화 추인, 포전 담당제 실시
	○ 경제개혁 의제 설정 과정의 패턴화
	  - 先 주체강화(잠금효과)
	  - 後 개혁의제 상정(지체효과)
	  - 정치논리가 개혁논리 제약(절충주의)
	○ 개혁의제에 대한 완고성도 세습
	  - 반대파에 의해 최초 경제개혁론 제기: 개혁의제에 정치적 민감성 부과
	  - 김일성 유훈: "경제종파가 정치종파화"
	  - 경제 관료들, 숙청 경험으로 혁신 주저

김일성 시기의 특징	김정일·김정은 시기의 특징
○ 외부로부터의 개혁조류에 따른 의제설정 ○ 외부의 개혁조치 수용여부가 쟁점 - 경제 관리의 총론이 아닌 각론이 쟁점	○ 정권교체 이후 내부 경제관리 방식 모순의 심각성 인식에 따른 개혁의제 상정 ○ 현실경제의 시장화 추인 여부가 쟁점
김정일 시기의 특징	김정은 시기의 특징
○ 경제개혁 진퇴과정의 장주기(10년) ○ 점진적 개혁조치 채택 → 찬반논란(특히 시장범람 문제로) → 단계적 개혁 후퇴 ○ 개혁추진 과정에는 김정일이 적극 지원	○ 개혁의제 설정 짧음(2012~2014.5) ○ 대폭적 개혁조치 수용, 개혁논란이 별반 표출되지 않음 ○ 그러나 개혁조치 실행여건은 크게 악화

* 필자가 정리

| 04 | 북한 경제개혁 추진 과정에서의 관료정치

　외관상 드러난 북한의 경제개혁 추진 과정은 지도자들이 개혁 필요성이 제기되면 정치적 안정을 우선 도모한 후에 경제개혁을 추진하나, 다시 정치적 원인으로 개혁 동력이 떨어져 후퇴하거나 굴절되는 것으로 나타났다. 경제개혁 진퇴 과정은 지도자의 의도 분석만으로는 충분한 이해가 불가능하여 실질적으로 진퇴를 주도하는 자를 확인하는 작업이 필요하며, 그것은 북한 개혁·개방의 지체 혹은 장애요인 판단의 선행 작업이 된다. 누가 일련의 개혁 또는 반(反)개혁 조치들을 주도하는가, 최종 권한을 보유한 지도자의 결정이 전부가 아니라면 정책 결정 혹은 집행 과정에 관여하는 자는 어떤 방식으로 어느 정도의 영향력을 행사하는 것인가.

단일한 렌즈로 정책결정 과정을 관찰하면 전모가 잘 드러나지 않기 때문에 이 글에서는 앨리슨이 미국의 쿠바 미사일 위기 대응 과정(1962)을 분석하는 데 적용한 3개의 모델을 차용했다(Allison, "Essence of Decision").[3] 첫째, '합리적 행위자 모델'에 의하면 정책은 '단일한 행위자의 이익 극대화를 위한 선택'으로 규정된다. 이 모델의 북한 적용을 '수령제 모델'이라고 부르기로 하는데, 이 책은 '수령결정론의 한계' 검증을 중요한 연구목적의 하나로 설정해 놓고 있다. 둘째, '조직행태 모델'에 따르면 정책이란 '어느 한 조직이 자체의 목적과 관행에 의해 산출한 결과물'로 규정된다. 이 모델은 장기에 비유되는데 졸은 졸이 움직이는 규칙에 따르고, 차는 차가 갈수 있는 길로만 간다는 것이다. 제3모델은 '관료정치 모델'로 정책이란 '경쟁하는 이익구조를 가진 많은 행위자들의 치열한 협상게임의 결과'로 정의되며, 정책결정 과정에는 타협과 흥정이 이루어지고 정치가 난무한다.

북한의 경제개혁 결정 과정과 앨리슨이 분석한 미국의 쿠바 미사일 사태 대응과정을 비교해 볼 때, 전자는 경제정책이면서 장기간의 결정 과정을 거친 반면 후자는 외교정책이면서 한 달도 채 않는 급박한 결

---

[3] 앨리슨은 각 모델은 상호 보완적이며, 서로 다른 렌즈를 통하여 찾아낸 요소들을 종합할 때 설명력이 높아진다면서 다음과 같은 적용순서를 제시한다. 먼저 제1모델의 핵심논리에서 출발하여 분석의 큰 틀을 그리고, 제2 모델에서 문제해결의 대안을 선택하는 특정 조직의 논리와 절차를 그리며, 제3 모델은 의사결정구조 속에 있는 서로 다른 입장을 찾아내고 이들이 최종적으로 종합·선택되는 과정을 묘사한다.

정과정을 거쳤다는 점에서 차이가 있다. 그러나 위기관리를 위한 선택이라는 점, 소수의 참여자들에 의한 결정이라는 점, 정책결정 참여자 각자가 고유의 조직적 이해관계를 보유했다는 점에서 결정 조건이 동질적이라서 '결정의 엣센스'도 같을 것이라는 가정을 전제했다. 분석의 순서는 앨리슨의 제시한 요령에 따라 3개 모델을 단계적으로 적용하여 경제개혁 진퇴 과정을 분석했다. 정책결정의 입구와 출구는 수령제 모델이 작동 한다고 가정하여 경제개혁 결정 과정의 큰 그림을 그리고, 정책대안 제시 및 집행 과정에는 조직행태 모델의 작동 가능성을 탐색하며, 개혁 정책이 심화·확대되면서 판돈이 커지고 참여자가 늘어나 관료정치 모델이 작동한다고 가정한다.

우선 '수령제'가 작동한 부분이다. 북한의 경제개혁 과정을 재구성한 결과 지도자가 모든 정책적 조치들을 규제하지 못한다는 사실이 확인된다. 김정일은 1990년대 경제침체 상황을 극복하기 위해 '과감한 경제개혁'을 주문한 일, 개혁성과가 부진하자 뒤늦게나마 내각에 경제관리 권한을 확대해 준 일, 시장경제 추진 문제로 내각과 당이 갈등을 빚자 처음에는 애매한 태도를 취하다가 결국은 당의 손을 들어준 일이 그가 주도한 역할이었다.

경제개혁 문제에 대한 김정은의 역할은 집권초기 경제 간부들의 트라우마를 의식하여 준(準) 사상해방 방식으로 개혁의제를 부활시켜 준 것이 중요한 역할이었고, 이후 10개월도 안되어 개혁과제의 정치적 민감성을 학습하고는 당의 입장을 받아들여 절충한 일, 이후 경제개혁 문제에 대해 적극적인 관심도 그렇다고 비판적 자세도 아닌 중용적인 입장을 취한 점을 들 수 있다. 결국 지도자의 역할은 정책의 입구와 출구를 관리할 뿐 시간·정보의 제약, 여타 문제에 대한 관심으로 한 가지 정책을 전반적으로 주도하지 못한다는 점이 확인된다.

조직행태 모델에 따르면, 지도자의 정책결정이란 어떤 상황에 대처하기 위해 무슨 조직의 무슨 프로그램을 선택할 것인가를 결정하는 것에 불과한 것으로 해석된다. 김정일의 경제개혁은 주무기관인 내각 프로그램에 의존할 수 밖에 없으며, 구체적인 결정은 내각이 과거 발전경로와 정책경험, 조직문화와 표준행동절차 등에 따른 '조직결정'의 산출물로 확정된다. 예컨대, 내각 '6.3 구루빠'의 7.1조치(2002년)는 과거 개혁 경험들을 모은 종합선물세트에 해당되고, 계획권한 하부 이관은 하부기관의 자력갱생을 '이관'으로 포장했을 뿐이다. 내각이 김정일로부터 종합시장을 공인받은 것도 과거 장마당을 유통공간으로 추가했을 뿐 경제학적 '시장'을 창출하는 발상의 전환에는 이르지 못한다. 집행과정에서는 표준행동절차의 조정에 따른 불만이 표출되고, "국가이익은 안중에 없이 각자 돈벌이에 급급"한 본위주의가 만연된다. 이처럼 정책은 중앙에서 일선에 이르는 연속적인 집행 경로를 거치면서 그들의 이해관계에 맞추어 적용되어 새 모습으로 변형된다.

김정은 시기의 내각도 주인에게만 충실할 수가 없었다. 자기 조직의 이익과 건강을 챙겨야 했고, 권력기관의 눈치를 보아야 했다. 내각은 후계자 김정은에게 경제개혁의 필요성을 사주하는 데 성공했으나 후에 내각이 주도한 개혁프로그램은 시장에서 이미 현실화된 불법 혹은 반합법적 거래 관행을 추인하는 수준에 머문다. 그것도 '우리식'으로 포장하고 전면 도입이 아닌 '시범 도입'하는 신중함을 보였고, 박봉주가 총리로 재 등용되었음에도 '시장경제'는 다시 추진되지 않는다.

과거 개혁경험들을 짜깁기하고, 집행하는 과정에서 SOP의 급조로 혼란을 초래하며, 점증하는 일선의 본위주의를 효율적으로 통제하지 못하기는 과거와 다름이 없었다. 개혁과제의 민감성에다가 북한의 정책 환경에서 '조직 행태'의 발현 가능성을 높이는 조건들에 변화가 없기 때문이다. 이를테면 김정은 집권시기에도 정책 사안별로 소관기관이 명확하고, 소관 분야 외에 업무 간섭을 금기시 하며, 정책입안 과정에서 고도의 창의성 발휘를 통한 성공보다 실수를 피하는데 주안을 두는 조직문화가 일반화되어 있기는 마찬가지였다.

그러나 경제개혁 진퇴 결정 과정에서 가장 본질적인 문제는 조직행태 모델로도 여전히 명확하게 해석되지 않는다. 김정일 시기 박봉주 내각은 왜 자신의 소관과 능력을 뛰어넘는 '시장경제'를 모색하는지, 내각이 당과의 갈등을 예견할 수 있었음에도 왜 무모한 개혁을 시도하는지, 방관하고 있었던 당은 왜 내각을 견제하기 시작하는지, 김정일은 내각과 당의 갈등을 조기에 조정하지 않고 왜 상당기간 방치하는지 분명하게 드러나지 않았다.

김정은 시기의 경우도 마찬가지였다. 김정은은 왜 10개월도 채 안돼서 다시 경제개혁 의제에 잠금장치를 채우는지, 그는 초기 내각책임제 강조에서 왜 당 중심으로 경제관리 방식을 바꾸는지, 권력기관 내 이권다툼과 리영호 혹은 장성택 숙청사건과는 어떤 관계가 있는지. 특히 김정은 집권초기 권력암투, 정책급변에 따르는 불협화음, 숙청사건 때마다 거론되는 면종복배나 양봉음위 현상의 배경이 무엇인지, 극적인 경제개혁 의제 봉쇄과정이나 정치적 암투 현상들은 관료정치 모델의 렌즈를 사용해야 분석이 가능해진다.

관료정치 모델에 따르면 정책은 조직 간 갈등과 대립, 흥정과 타협을 통해 결정된다. 예컨대 2004년 박봉주의 '시장경제' 모색은 자신을 등용하면서 주인(김정일)이 내린 '경제 정상화' 지시가 불가능해지자 취한 선택이었다. 경제 활성화의 실패는 자신의 존립위기를 의미하며 근본적 개혁 외에는 길이 없음을 뒤늦게 깨달은데 따른 선택이었다. 그러나 시장경제로의 개혁은 정치문제였다. 당은 '당적 지도'를 무기로 내각의 영역 침범을 문제 삼는다. 그러나 지도자는 당의 문제 제기에도 불구하고 그간 경제개혁에 투자한 기회비용이 아까워 애매모호한 태도를 취한다. 그러자 당은 지도자의 의중에 남아있는 도박사와 같은 미련을 떨쳐버리기 위해 '돈벌이의 폐해'를 부각한다. 생존경쟁의 원리가 지배하는 관료정치의 장(場)에서는 지도자도 한 사람의 경기자에 불과했다. 내각은 특권경제 축소를 위해, 당은 내각의 정치화를 차단하기 위해 치열한 관료정치가 전개된다.

김정은 집권이후 경제개혁 문제를 둘러 싼 관료정치는 세 가지 형태로 나타났다. 경제개혁 의제 개방을 둘러싼 내각과 당의 공방, 이권조정 과정에서의 당·정·군 간의 암투, 경제 관리의 내각책임제 이행을 둘러싼 내각과 여타 권력기관들 간의 갈등이 그것이다. 김정은 시기 관료정치는 정권교체에 이은 정책급변으로 경쟁하는 이익구조가 빈번히 충돌하는 과정에서도 집중적으로 발현되었고, 집권 초기에 추진한 경제개혁이 권력층 새 판짜기와 어우러지면서 노골적인 이권투쟁 혹은 권력암투로 발전했다.

다만 장성택 숙청을 기점으로 공포통치가 심화되자 노골적인 관료정치가 다소 잠복되는 양상을 보였다. 장성택 숙청은 김정은이 권력을 다잡기 위한 조치이나, 이면에서는 권력기관들이 '지도자 지시'를 명분으로 상대방을 제압하기 위한 치열한 이권다툼의 결과였다. 지도자가 숙청의 명분으로 거론한 '양봉음위'는 자신이 부하들 간의 관료정치 무대에서 한 사람의 경기자로 간주되는데 대한 불쾌감의 표시였으며, 김정은이 공포통치로 이 같은 무시현상을 바로잡자 이제는 당조직지도부·군총정치국·보위성 등 권력기관 간에 충성경쟁이 가열된다.

김정은 집권이후 정책급변 현상이 빈번했다. 집권 초 경제개혁 의제 개방이 10개월도 안돼서 철회되었고, "영구히 유지될 것"이라던 병진노선(2013.3)이 5년 만에 '새로운 노선'으로 대체되었으며, 2017년 대미(對美) 일전불사(一戰不辭)의 태도에서 이듬해 핵협상 국면으로 반전되었다. 김정은의 돌변성은 빈번한 고위간부들 숙청과 군 간부들에 대한 계급강등과 복권의 반복이라는 인사정책에서도 나타났다. 이러한 정책급변 과정에서 정책 주도권 다툼, 이해관계 변동에 따른 강·온 갈등, 지위보존을 위한 생존투쟁이 치열해지고 이같은 유발요인으로 관료정치의 외연은 지속 확장된다.

　북한의 중앙 정치무대에서 관료정치는 기관들 간에 이해관계가 상충되는 정책이 상정되고 이해관계가 충돌하는 기관의 위상이 대등한 관계에 있을 때 노골적으로 드러난다. 상하관계에 있는 조직들 사이에는 특정 정책이 하부 조직의 사활적 이익과 연관되었을 때 나타난다. 이런 관점에서 볼 때 당과 내각의 갈등 못지않게 당과 군 사이에도 광범위한 정책 갈등이 있을 것이나, 잘 드러나지는 않는 측면이 있다. 다만, 북한 내부에 압력단체가 부재하고, 조직들 간 위계질서가 엄격하며, 정책노선에 대한 이견(異見)이 철저히 통제되고 있다는 점에서 다원적 정치체제에서 만큼 관료정치가 활발하다고 보기는 어려울 것이다.

　그렇다고 북한 정치에서 수령결정 이면의 관료정치를 과소평가하면 과거 중국의 정책결정과정에서 마오쩌둥 총사론(毛澤東 總司論)의 한계가 뒤늦게 확인한 것과 같은 전철을 밟게 된다. 동원 가능한 자원의 희소성, 공식적인 업무협조 기구의 미발달, 충원방식의 폐쇄성은 정책 갈등을 증폭시키거나 은밀한 방법으로의 흥정을 유발하는 요인이 되고 있다. 북한 내 각급 조직들에게서 정치이념이나 '국가이익' 같은 명목상의 목표를 벗겨버리면 각자가 추구하는 이익은 다른 정도가 아니라 경쟁적인 관계에 있기 때문에 조직 생존이 최우선이며 정책의 합리성은 그 다음 순서에 놓일 수밖에 없는 구조이다.

|05| 북한의 개혁·개방과 관료정치

　남북분단 100년이 다가오고 있다. 통일은 남과 북의 체제 수렴을 의미하며, 적어도 북한의 개혁·개방이 실현되었을 때 가능성이 높아진다. 남북관계를 남녀관계에 비유하면 통일은 '혼인'에 해당된다. 행복한 결혼 생활은 결혼조건이 비슷하고 진전한 사랑이 있어야 가능하듯이 통일은 남북의 체제가 수렴하고 상호의존성이 증대돼야 가능해진다. 이런 의미에서 북한체제의 개혁·개방은 남북통일을 위한 필수불가결의 조건에 해당된다.

흔히 북한이 개혁·개방을 하는데 있어 가장 큰 장애요인으로 적대적 남북관계라는 대외 요인과 유일지배체제 유지라는 대내 요인이 지적된다. 한때 우리 정부는 북한정권이 흡수통일의 우려로부터 벗어나서 개혁·개방을 도모할 수 있도록 변화 여건을 조성하자는 취지에서 햇볕정책을 구사했다. 이때부터 본격적으로 구애(求愛)하며 자주 만나고 아낌없이 베풀었다. 그러나 북한정권의 속성은 변하지 않았다. 이후 북한과 거리를 두고 변하지 않으면 줄 수 없다며 연계와 압박을 강화했으나 북한정권은 고슴도치처럼 웅크렸다. 우리 정부가 어떤 대북정책을 구사하던 북한정권이 개혁·개방을 회피해 가는 전략(exit strategy)에는 큰 변함이 없었다.

북한 정권이 개혁·개방을 선택하지 못하는 것은 내부 지배구조의 특성에 기인한다. '모기장론'이 말해주듯이 주민들의 의식변화로 1인 지배체제의 동요를 우려하는 정치논리가 가장 큰 장애요인이다. 세습정권이 대물림되면서 지배연합 구조도 큰 변함이 없어 정치논리가 정책 환경을 압도하고 있다. 그나마 내각이 개혁·개방에 우호적이나, 숙청을 우려하면서 관행에 안주하는 조직행태로 혁신은 불가능해졌다. 결국 북한의 개혁·개방 지체는 내부 정책결정체계에서 뭔가 해보려면 끌어내리는 세력이 강하기 때문이며, 그들의 완고한 정치논리가 변화 거부를 뒷받침하고 있다.

그런데 최근 들어 경제개혁의 규정요인이 변화하고 있다. 김정은 집권이후 경제개혁 의제 설정 과정을 살펴보면 정책결정 주체의 완고성에는 큰 변함이 없지만 개혁조치는 시장화 진전에 따른 현실경제의 변화를 대폭 추인하는 방향에서 이루어지고 있다. 주인(김정은)이 다른 일로 바쁠 때 하인(주민)들이 키운 시장을 부하들(내각)이 추인하는 방식이다. 이는 곧 경제관리 방식을 규정하는 현실경제의 영향력이 커지고 있음을 의미한다. 내부 경제와 정치의 모순이 누적되어 경제토대가 상부 정치구조를 흔들기 시작하면서 경제문제가 곧 최대의 정치문제가 되고 있음을 시사한다.

김정은은 2018년 4월 '경제건설에 총력 집중'을 새로운 전략노선으로 선언했다. 김정은의 중점 정책은 집권초기에 민생향상을 위한 경제건설 최우선을 주장했다가, 병진노선·공포통치·당 정치행사·핵미사일 개발 등으로 순환하더니 다시 경제문제로 회귀한 셈이다. 그의 '경제건설 총력' 주장은 대외적으로 병진노선의 후퇴 즉, 핵·미사일 집중 개발 입장에서의 후퇴를 과시하기 위한 선전차원의 조치인 측면도 있으나, 공급부족의 누적 상황에서 경제제재의 가중으로 경제 총동원이 불가피한 처지가 도래했음을 의미하기도 한다.

사회주의 체제에 대한 장기적인 연구(sovietology)에도 불구하고 서구학계는 구소련과 동유럽의 체제전환을 예측하지 못했다. 소련과 동유럽은 이미 사회주의 방식으로 근대화가 진행되었고 자본주의 산업사회와 상이한 계급구조를 지니고 있어 서구학계는 사회주의 체제의 혁명적인 전환을 예상할 수가 없었다. 이를 설명하는 이론으로 이중구조론(二重構造論)이 등장했다. 공식 구조상에서는 확인되지 않는 이중구조의 존재가 체제의 구조적 위기의 산물로서 억압적 국가기구의 통제에 의해 잠재되어 있다가 특정한 상황에서 사회혁명의 요인으로 발현된다는 것이다.[4]

---

4) 박형중 외, 『독재정권의 성격과 정치변동: 북한 관련 시사점』(서울: 통일연구원, 2012), pp. 177-184.

북한의 관료정치 현상도 이중구조론에 대입이 가능하다. 외관상 드러난 수령의 유일적 영도에 따른 정치가 제1정치라면 수령통치의 이면에서 부하들이 자기조직의 이익과 생존을 위한 투쟁과 타협 즉, 관료정치는 제2정치이다. 일반주민들이 겉으로는 '노동당 만세'를 부르지만 실제로는 장마당에 충실하듯이, 간부사회의 선호위장도 보편화되어 면종복배(面從腹背)와 양봉음위(陽奉陰僞)는 김정은 시대의 대표적인 숙청명분이 되었다.

각급 조직들과 권력층 인물들은 공포통치로 겉으로는 순응하나 각자 생존을 위한 투쟁이 치열하게 전개되고 있으며, 지도자의 장악력이 떨어지면 관료정치는 파벌정치로 발전할 것이다. 지도자·권력엘리트·일반주민 등 북한 내 행위자 변수에서 시민사회의 미숙으로 장차 대중정치의 활성화는 요원한 반면 관료정치의 발달 가능성은 확인된 만큼 북한의 정치변동은 엘리트 계층이 주도할 가능성이 높아졌다고 볼 수 있다. 여기에 북한 정책결정체계의 표면적 현상에 집중하여 '수령의 지배'에만 주목하기 보다는 수령제 이면에서 일어나는 관료정치 현상에 유의해야 하는 이유가 있다.

참고문헌

1. 북한 문헌

가. 사전, 정기 간행물

『경제사전 1』(평양; 사회과학출판사, 1970).
『경제연구』(평양: 과학백과사전출판사, 1996~2006).
『로동신문』.
『정치사전』(평양: 사회과학출판사, 1973).
『조선말대사전』(평양: 사회과학출판사, 1992).
『조선신보』.
『조선중앙통신』.
『철학사전』(평양: 사회과학출판사, 1985).

나. 단행본

『김일성저작집』, 제1~47권(평양: 조선로동당출판사, 1979~1997).
『김정일선집』, 제1~15권(평양: 조선로동당출판사, 1992~2007).
고정웅 편, 『조선로동당의 반수정주의 투쟁경험』(평양: 로동당출판사, 1995).
권정웅, 『불멸의 향도: 전환』(평양: 문학예술종합출판사, 1999).
『김정일동지 전기 2권』(평양: 조선로동당출판사, 2003).
김창하, 『불멸의 주체사상』(평양: 사회과학출판사, 1983).
『당경제정책 해설』(평양: 조선로동당출판사, 1981)
『백두산의 아들 3권』(평양: 조선로동당출판사, 2005).
사회과학원 력사연구소, 『조선전사』, 제28권(평양: 과학백과사전출판사, 1981).
사회과학원 사회주의 경제관리연구소, 『재정금융사전』(평양: 사회과학출판사, 1995).
이제강, 『혁명대오의 순결성을 강화해 나가시는 나날에』(평양: 조선로동당출판사, 2011).

『위대한 수령 김일성동지의 불멸의 혁명업적 15권 : 사회주의 경제관리문제의 빛나는 해결』(평양: 조선로동당출판사, 1999).
조선로동당, 『조선로동당경제정책 해설』(평양: 조선로동당출판사, 1981).
『조선로동당역사』(평양: 조선로동당출판사, 2004).
최고인민회의 상임위원회 법무부, 사회과학원 법률연구소, 경제연구소, 사회과학출판사 공동편찬, 『조선민주주의인민공화국 경제관계법해설』(평양: 법률출판사, 2008).

다. 논문

곽범기, "내각책임제, 내각중심제를 강화하는 것은 강성대국 건설의 필수적 요구," 『근로자』, 2000년 2호.
길춘호, "선군시대 사회주의경제발전의 원동력," 『경제연구』, 2003년 4호.
김경일, "국가의 중앙집권적, 통일적지도는 사회주의경제관리의 생명선," 『경제연구』, 2005년 4호.
김원국, "선군시대 경제건설로선을 철저히 관철하는 것은 인민생활향상의 확고한 담보," 『경제연구』, 2005년 3호.
김재서, "선군원칙을 구현한 사회주의경제관리," 『경제연구』, 2004년 1호.
김철준, "우리 식으로 대외무역을 확대발전시킬데 대한 위대한 령도자 김정일동지의 경제사상," 『경제연구』, 2008년 1호.
김형석, "위대한 령도자 김정일동지께서 밝혀주신 선군시대 경제건설로선의 독창성," 『경제연구』, 2004년 4호.
리기성, "새 세기 우리 식의 사회주의경제리론을 연구하는데서 나서는 중요한 문제," 『경제연구』, 2007년 2호.
_____, "사회주의경제강국건설목표와 전략적원칙," 『경제연구』, 2005년 1호.
_____, "위대한 령도자 김정일동지께서 새롭게 정립하신 선군시대 사회주의 경제건설로선," 『경제연구』, 2003년 2호.
리동구, "부동산가격과 사용료를 바로 제정·적용하는 것은 부동산의 효과적 리용을 보장하기 위한 중요한 요구," 『경제연구』, 2006년 4호.
리민철, "위대한 당의 부름에 따라 사회주의 경제건설에서 새로운 진격로를 열어나가는 실적있는 일군이 되자," 『경제연구』, 1998년 2호.
박명혁, "사회주의기본경제법칙과 선군시대경제건설에서의 구현," 『경제연구』, 2003년 3호.

박선호, "위대한 령도자 김정일동지께서 제시하신 사회주의경제관리개선완성에 관한 독창적 리론," 『경제연구』, 2005년 제4호.
박홍규, "선군시대 경제건설로선의 정당성," 『경제연구』, 2004년 1호.
심은심, "선군시대 재생산의 몇가지 리론문제," 『경제연구』, 2004년 2호.
정명남, "집단주의경제관리의 중요특징과 그 우월성을 높이 발양시키는데서 나서는 기본요구," 『경제연구』, 2006년 2호.
조웅주, "선군시대 경제건설로선을 철저히 관철하는 것은 우리 식 사회주의를 고수하기 위한 확고한 담보," 『경제연구』, 2005년 1호.
한성기, "위대한 령도자 김정일동지께서 밝혀주신 우리 식 경제구조와 그 위대한 생활력," 『경제연구』, 2005년 1호.
한홍성, "비사회주의현상을 없애는 것은 우리 혁명의 정치사상진지를 튼튼히 다지기 위한 중요한 요구," 『근로자』, 2005년 3호.

라. 김일성 · 김정일 · 김정은 연설 · 담화 · 서한

김일성, "현실을 반영하는 문학예술 작품을 많이 창작하자"(1956.12.25), 『김일성저작집 10』.
_____, "중심군당위원회의 과업에 대하여"(1963.4.27), 『김일성저작집 17』.
_____, "인민경제 계획의 일원화, 세부화의 위대한 생활력을 남김없이 발휘하기 위하여"(1965.9.23), 『김일성저작집 19』.
_____, "당사업을 강화하며 나라의 살림살이를 알뜰하게 꾸릴데 대하여"(1965.11.15-17), 『김일성 저작집 20』.
_____, "전국기계공업부문일군회의에서 하신 결론"(1967.1.20), 『김일성저작집 21권』
_____, "농촌에 여러 가지 상품을 더 많이 보내주기 위하여"(1967.1.11), 『김일성저작집 21.』
_____, "로동행정사업에 대한 몇가지 문제"(1968.11.16), 『김일성저작집 23』.
_____, "사회주의 경제의 몇가지 리론적 문제에 대하여"(1969.3.1), 『김일성저작집 23』.
_____, "사회주의 경제관리를 개선하기 위한 몇가지 문제에 대하여"(1973.2.1), 『김일성저작집 28』.
_____, "조국의 사회주의 건설에 대하여"(1975.9.26), 『김일성저작집 30』.
_____, "인민정권을 더욱 강화하자"(1977.12.15), 『김일성저작집 32』.

_____, "연합기업소를 조직하며 정무원의 사업체계와 방법을 개선할데 대하여"(1985.11.19), 『사회주의 경제관리문제에 대하여 7』(평양: 조선로동당출판사, 1997).

_____, "자력갱생의 혁명정신을 높이 발양하여 사회주의 경제건설을 다그치자"(1987.1.3), 『김일성 저작집 40』.

_____, "인민생활을 높이기 위한 경제과업들을 관철할데 대하여"(1989.5.11/13), 『사회주의 경제관리문제에 대하여 7』.

_____, "사회주의경제의 본성에 맞게 경제관리를 잘할데 대하여"(1990.4.4), 『사회주의 경제관리문제에 대하여 7』.

_____, "주체의 경제관리 체계와 방법을 철저히 관철하자"(1984.12.5), 『김일성저작집 38』.

김정일, "정치도덕적 자극과 물질적 자극에 대한 올바른 리해를 가질데 대하여"(1967.6.13), 『김정일선집 1』.

_____, "반당반혁명분자들의 사상여독을 뿌리빼고 당의 유일사상체계를 세울데 대하여"(1967.6.15), 『김정일선집 1』.

_____, "전당과 온 사회에 유일사상체계를 더욱 튼튼히 세우자"(중앙당, 국가, 경제기관, 근로단체, 인민무력, 사회안전, 과학, 교육, 문화예술, 출판보도 부문일군들 앞에서 한 연설, 1974.4.14).

_____, 『주체혁명위업의 완성을 위하여 3』(평양: 조선로동당출판사, 1987).

_____, "전당과 온 사회에 유일사상체계를 더욱 튼튼히 세우자"(1974.4.14).

_____, "온 사회를 김일성주의화하기 위한 당 사상사업의 당면한 몇가지 문제에 대하여"(전국 당 선전일군 강습회에서의 연설, 1974.2.19), 『김정일선집 4권』.

_____, "당의 전투력을 높여 사회주의 건설에서 새로운 전환을 일으키자"(1978.12.25), 『김정일선집 6』.

_____, "조선로동당은 영광스러운 'ㅌㄷ'의 전통을 계승한 주체형의 혁명적 당이다"(1982.10.17), 『김정일선집 7권』.

_____, "일심단결의 기치를 높이들고 나가자"(1985.1.26), 『김정일선집 8권』.

_____, "주체사상교양에서 제기되는 몇 가지 문제에 대하여"(1986.7.15), 『김정일선집 8권』.

_____, "반제투쟁의 기치를 더욱 높이 들고 사회주의, 공산주의 길로 힘차게 나아가자"(1987.9.25), 『김정일선집 9』.

_____, "모두 다 영웅적으로 살며 투쟁하자"(1988.5.15), 『김정일선집 9권』.

_____, "일군들은 혁명성을 발휘하여 일을 책임적으로 하여야 합니다" (1988.10.10), 『김정일선집 9』.
_____, "우리나라 사회주의는 주체사상을 구현한 우리식 사회주의이다" (1990.12.27), 『김정일선집 10』.
_____, "당사업을 더욱 강화하며 사회주의건설을 힘있게 다그치자"(1991. 1.5), 『김정일선집 11』.
_____, "당, 국가, 경제사업에서 나서는 몇가지 문제에 대하여"(1992.11. 12), 『김정일선집 13』.
_____, "우리식 사회주의를 견결히 옹호보위하는 참다운 사회안전일군들을 키워내자"(1992.11.20), 『김정일선집 제13권』.
_____, "친애하는 지도자 김정일동지께서 당중앙위원회 책임일군들에게 하신 말씀"(김일성종합대학창립 55돌 즈음 담화, 1996.12.7), 『월간조선』, 1997년 4월호.
_____, "사회주의강성대국건설에서 결정적 전진을 이룩할데 대하여"(2000. 1.1).
_____, "황남 과일군 현지지도 담화"(2001.5.13).
_____, "강성대국건설의 요구에 맞게 사회주의경제관리를 개선강화할데 대하여" (2001.10.3).
_____, "당 책임일군들에게 하신 말씀"(2001.12.3).
_____, "당이 제시한 선군시대의 경제건설로선을 철저히 관철하자,"(당, 국가, 경제기관책임일군들과 한 담화, 2003.8.23).
_____, "알곡생산을 결정적으로 늘여 토지정리의 위대한 생활력을 높이 발양시키자,"(평안남도 토지정리사업을 현지지도하면서 일군들과 하신 담화, 2004.3.16).
_____, "조선인민군 지휘성원들에게 하신 말씀"(2004.4).
_____, "당 중앙위 및 내각책임일군에게 하신 말씀"(2005.1.9).
_____, "당 중앙위원회 책임일군들에게 하신 말씀"(2005.2.26.).
_____, "당 및 군대, 국가간부들에게 하신 말씀"(2006.1.28.).
_____, "당 중앙위원회 책임일군들에게 하신 말씀"(2006.10.31).
_____, "경제사업에서 사회주의원칙을 고수하며 사회주의경제의 우월성을 높이 발양시킬데 대하여"(당, 국가경제기관 책임일군들과 한 담화, 2008. 6.18).
김정은, "당중앙위원회 책임일군들에게 하신 말씀"(2011.12.28).

_____, "경애하는 김정은동지께서 주체101(2012)년 1월 28일 당중앙위원회 책임일군들에게 하신 말씀."
_____, "위대한 김정일동지를 우리 당의 영원한 총비서로 높이 모시고 주체혁명위업을 빛나게 완성해 나가자,(2012.4.6 담화).
_____, "김일성대원수님 탄생 100돐경축 열병식에서 하신 김정은동지의 연설"(2012.4.15).
_____, "국방위원회 제1위원장 명령 제001호 ≪경제사업에서 내각책임제, 내각중심제를 강화하기위한 혁명적 대책을 세울데 대하여≫"(2012.4.30).
_____, "사회주의 강성국가건설의 요구에 맞게 국토관리사업에서 혁명적 전환을 가져올데 대하여" (2012.05).
_____, "당중앙위원회 책임일군들에게 언급한 내용"(2012.09.29).
_____, "당중앙위원회 책임일군들에게 언급한 내용"(2012.10.28).
_____, "경애하는 김정은동지의 로작《현실발전의 요구에 맞게 우리식경제관리방법을 확립할데 대하여》"(당, 국가, 군대기관 책임일군들과 한 담화, 2014.5.30).
_____, "제7차대회에서 한 당중앙위원회 사업총화보고"(『노동신문』, 2016. 05.08).
_____, "초급당을 강화할데 대하여"(2016.12.25 초급 당대회에서 김정은이 내린 "결론").
_____, 2018년도 신년사.

마. 내부 지시 및 강연자료

국가가격위원회 지시, "경애하는 김정은동지께서 공장, 기업소들에 가격제정권한을 줄데 대하여 주신 지시를 철저히 관철할데 대하여"(주체 102 (2013)년 7월).
국가가격제정국 지시(2004.4.1).
국가가격제정국 지시, "량곡수매와 공급에서 국가가격규율을 엄격히 지킬데 대하여"(2005.5.28).
국가가격제정국 지시, "위대한 령도자 김정일동지께서 2005년 4월 20일 무역회사들이 수입상품을 모두 국영상점에 넣고 국가가격기관에서 정한 가격으로 팔아줄데 대하여 주신 지시를 철저히 관철할데 대하여"(2005.7.30).
내각결정 제12호 "사회적로동을 합리적으로 조정하고 근로자들속에서 사회주의로동생활기풍을 확립할데 대하여"(2002.2.18).
내각결정 제43호, "경애하는 김정은동지의 고전적로작 ≪현실발전의 요구에 맞는 우리 식 경제관리방법을 확립할데 대하여≫에 제시된 강령적과업을 철저히 관철할데 대하여"(2014.07.10).
내각상무조. "경제관리방법개편 시안 강습자료"(2012.9)
내각상무조, "경제관리방식개혁 연구자료," 『2004.6 내각상무조 개혁안 자료집』(2005).
내각상무조, "농정개혁 연구자료 자료," 『2004.6 내각상무조 개혁안 자료집』(2005).
로동성 지시, "새로운 계획지표분담체계에 맞게 로동정량등록승인체계를 바로 세울데 대하여"(2002.2).
로동성 지시 제9호, "근로자들의 로동보수를 정확히 계산지불할데 대하여"(2002.2.20).
로동성 지시 제11호, "≪로력배치규정세칙≫의 일부 내용을 고침에 대하여"(2002.2.22).
로동성 지시 제15호, "올해 고등중학교 졸업생 배치사업에 대하여"(2002.3.1).
무역성 지시 제6호, "다른 나라에 나가있는 공화국 무역대표부와 경제실무대표단의 대외경제활동규정시행세칙"(2007.7.2).
상업성·국가가격제정국 등 공동지시, "시장관리운영규정세칙"(2004.8.12).
상업성 지시, "위대한 령도자 김정일동지께서 시장상품가격을 안정시키기 위한 대책을 세울데 대하여 주신 방침(2004.1.7)을 철저히 관철할데 대한 내각지시(2004.2.2)를 정확히 집행할데 대하여"(2004.2.12).
상업성 지시, "수매상점관리운영규정을 내려 보냄에 대하여"(2004.3.16).
재정성 지시 제45호, "국가사회보험 및 사회보장에 관한 세칙"(2002.6.23).
재정성 지시 제7호, "일부 농업부문 기업소들을 독립채산제로 관리 운영할데 대하여,"(2004.1.14).
재정성 승인 165호 "2004년도 상반년도 독립채산제 사업방향을 보냄에 대하여"(2004.1.28).
재정성 지시 제20호, "주체93(2004)년 국가예산을 정확히 집행할데 대하여"(2004.4.4).
재정성 승인 제 1398호, "내각비준에 따라 기업관리운영을 시범적으로 실시하는 단위들의 기업관리 실태월보를 낼데 대하여"(2004.5.27).

재정성 지시, "량곡전매제 실시에서 제기되는 재정문제를 바로 잡을데 대하여"(2005.10.2).
조선로동당 중앙군사위원회 지시 002호, "전시사업세칙"(2004.4.7).
조선로동당 전문기구, "농업경영방법 연구"(2013.7).
_____, "사회주의기업책임관리제를 실시하는데서 나서는 근본문제들에 대한 연구"(2013.8).
_____, "경제관리에서 경제적 공간을 중시하고 합리적으로 이용하는데서 나서는 근본문제들에 대한 연구"(2013.8).
간부 강연자료, "새로운 경제적조치의 요구에 맞게 경제관리에서 결정적 전환을 일으키자"(2003.4).
간부 및 군중강연자료, "상품가격과 생활비를 개정한 국가적조치에 맞게 경제관리와 생산에서 혁신을 일으키자"(2002.12).
간부 및 군중강연자료, "당의 유일사상체계를 더욱 철저히 확립하자"(조선로동당출판사, 2004.4).
간부 및 군중강연자료, "우리 나라에서의 핵시험성공은 반만년민족사와 세계정치사에 특기할 사변이다"(2006.10).
간부용 학습제강, "위대한 장군님식대로 일해 나갈데 대하여"(조선로동당출판사, 2000).
간부 학습제강, "현대판종파사건에서 심각한 교훈을 찾고 당의 유일적령도체계를 더욱 철저히 세워나갈데 대하여," 조선로동당출판사 주체103(2014).8.
간부교육자료(2012.11).
강연 및 해설담화자료, "가격과 생활비를 전반적으로 개정한 국가적조치를 잘 알고 강성대국건설을 힘있게 다그치자"(2002.7).
강연 및 해설담화 자료 "전반적 가격과 생활비를 새로 제정한 국가적조치에 대한 옳은 인식을 가지고 그에 맞게 일하며 생활할데 대하여"(2002.10).
강연 및 해설 담화자료, "국가적조치의 요구에 맞게 시장관리운영과 리용을 잘해 나가자"(2003.7).
강습제강, "위대한 령장의 슬하에서 자란 우리 인민군대는 주체혁명위업의 주력군, 혁명의 기둥이다"(조선로동당출판사, 2003.4).
강습제강, "경애하는 김정일동지는 조국의 부강번영과 인민의 행복을 위해 끝없이 헌신하시는 위대한 령도자이시다"(2007.11).
강습제강(간부, 당원 및 근로자), "경애하는 김정일동지는 독창적인 선군정치로 공화국의 존엄과 위력을 온 세상에 높이 떨쳐주신 위대한 령도자이시다"(2008.3).
강습제강(간부, 당원 및 근로자), "위대한 령도자 김정일동지의 불후의 고전적 로작 ≪조선민주주의인민공화국은 불패의 위력을 지닌 주체의 사회주의 국가이다≫의 기본내용에 대하여"(2008.11).
강습제강(각급 농업지도기관 일군들과 농장초급일군들을 위한 실무강습제강), "새로운 농업부문 경제관리방법을 정확히 구현할데 대하여"(2012.7).
군(軍) 강연자료, "가격과 생활비를 전반적으로 다시 제정한 국가적조치에 대한 리해를 바로 가질데 대하여"(2002.7).
군관·군인·군인가족 강연자료, "경애하는 최고사령관동지는 믿음의 정치로 력사의 온갖 시련을 이겨내고 언제나 승리만을 떨치시는 절세의 위인이시다"(조선인민군출판사, 2002.9).
군중강연자료, "가격과 생활비를 개정한 국가적 조치를 잘 알고 더 큰 은이 나게하자"(2002.9).
군중강연자료, "시장에 대한 올바른 인식을 가지고 인민의 리익을 침해하는 비사회주의적인 행위를 하지 말자"(2007.10), 『産經新聞』, 2007.11.13.
당내 학습제강(간부용), "위대한 장군님식대로 일해 나갈데 대하여"(2000).
당원 강연자료, "≪당의 유일사상체계확립의 10대원칙≫의 요구대로 살며 일해나가자"(2002.9).
로동당 정치국 결정서, "로동당 창건 일흔 돐과 조국해방 일흔 돐을 위대한 당의 영도 따라 강성 번영하는 선군조선의 혁명적 대경사로 맞이할 데 대하여"(2015.2.10).
로동성 종합강의 자료, "사회주의로동생활기풍을 확립하는데서 제기되는 몇가지 문제에 대하여"(2002.2).
학습제강(당원 및 근로자용), "나라의 경제사정에 대한 인식을 바로 가지고 부닥치는 애로와 난관을 자체의 힘으로 뚫고 나갈데 대하여"(2000.6).
학습제강, "위대한 령도자 김정일동지의 로작 ≪경제사업에서 사회주의원칙을 고수하며 사회주의경제의 우월성을 높이 발양시킬데 대하여≫의 기본내용에 대하여"(2008.6).
학습제강(당원 및 근로자), "사회주의에 대한 신념을 확고히 간직할데 대하여"(2008.2).
학습자료, '사회주의기업책임관리제' 시행 관련 내부 학습자료(2015).

2. 국내 문헌

가. 단행본

경남대학교 북한대학원 엮음, 『북한 현대사1』(서울: 한울, 2004).
고려대학교 기초학문연구팀, 『7.1조치와 북한』(서울: 2005, 높이깊이).
김갑식, 『김정일정권의 권력구조』(서울: 한국학술정보, 2005).
김성철, 『북한 관료부패 연구』(서울: 민족통일연구원, 1994).
_____, 『북한 간부정책의 지속과 변화』(서울: 민족통일연구원, 1997).
김영윤, 『북한 경제개혁의 실태와 전망에 관한 연구- 개혁의 부작용을 통해 본 북한 체제전환의 성공과제』(서울: 통일연구원, 2006).
김재철, 『중국의 정치개혁: 지도부, 당의 지도력 그리고 정치체제』(서울: 한울, 2002).
김현식·손광식, 『다큐멘터리 김정일』(서울: 천지미디어, 1997).
김흥규, 『중국의 정책결정과 중앙-지방관계』(서울: 폴리테이아, 2007).
박석삼, 『북한경제의 구조와 변화』(서울: 한국은행 금융경제연구원, 2004).
박영자, 『김정은 시대 조선노동당의 조직과 기능; 정권 안정화 전략을 중심으로』(서울: 통일연구원, 2017).
박형중, 『북한의 정치와 권력』(서울: 백산자료원, 2002).
_____, 『북한의 개혁·개방과 체제변화: 비교사회주의를 통해 본 북한의 현재와 미래』(서울: 해남, 2004).
_____ 외, 『통일대비를 위한 북한변화 전략: 향후 5년(2012-2016)간의 정세를 중심으로』(서울; 통일연구원, 2011).
_____ 외, 『통일대비를 위한 대북통일정책 모색』(서울: 통일연구원, 2012.12).
_____ 외, 『독재정권의 성격과 정치변동: 북한 관련 시사점』(서울: 통일연구원, 2012).
멀 파인소드, 김준화 역, 『소련사』(육성사, 1963).
서대숙, 『현대 북한의 지도자: 김일성과 김정일』(서울: 을유문화사, 2000).
서동만, 『북조선 사회주의체제 성립사』(서울: 선인, 2005).
서재진, 『또 하나의 북한사회』(서울: 나남, 1994).
_____, 『북한 사회의 계급갈등 연구』(서울: 민족통일연구원, 1996).
서진영, 『현대중국정치론: 변화와 개혁의 중국정치』(서울: 나남, 1997).

성채기 외, 『북한경제위기 10년과 군비증강 능력』(서울: 한국국방연구원, 2003).
세종연구소 북한연구 센터 엮음, 『조선로동당의 외곽단체』(서울: 한울, 2005).
손광주, 『김정일리포트』(서울: 바다출판사, 2003).
스즈키 마사유키, 『김정일과 수령제 사회주의』(서울: 중앙일보사, 1994).
안택원, 『新소련 정치론』(서울: 박영사, 1986).
오영환 외 역, 『김정일 최후의 도박』(서울: 중앙일보사, 2007).
와다 하루끼 저, 고세현 역, 『역사로서의 사회주의』(서울: 창작과 비평사, 1995).
이상우, 『북한정치: 신정체제의 진화와 작동원리』(파주: 나남, 2008).
이승훈·홍두승, 『북한의 사회경제적 변화』(서울: 서울대학교출판부, 2007).
이종석, 『새로쓴 현대북한의 이해』(서울: 역사비평사, 2000).
이태섭, 『김일성 리더십연구: 수령체계의 성립배경을 중심으로』(서울: 들녘, 2001).
임동원, 『피스메이커: 남북관계와 북핵문제 20년』(서울: 중앙북스, 2008).
임수호, 『계획과 시장의 공존: 북한의 경제개혁과 체제변화 전망』(서울: 삼성경제연구소, 2008).
_____ 외, 『북한 외화획득사업 운영 메카니즘 분석: 광물부문(무연탄·석탄)을 중심으로』(서울: 대외경제정책연구원, 2017).
자크 루프닉 저, 윤덕희 역, 『오늘의 동유럽- 자유와 평등의 갈림길에서』(서울: 문학과 지성사, 1990).
정영철, 『북한의 개혁·개방, 이중전략과 실리사회주의』(서울: 선인, 2004).
정재호 편, 『중국정치연구론: 영역, 쟁점, 방법 및 교류』(서울: 나남, 2000).
정창현, 『곁에서 본 김정일』(서울: 토지, 1999).
정세진, 『'계획'에서 시장으로: 북한체제변동의 정치경제』(서울: 한울아카데미, 2000).
조영국, 『탈냉전기 북한의 개혁·개방 성격에 관한 연구』(파주: 한국학술정보, 2006).
최수영, 『북한의 제2경제』(서울: 민족통일연구원, 1998).
최완규, 『북한은 어디로: 전환기 '북한적' 정치현상의 재인식』(마산: 경남대출판부, 1996).
태영호, 『태영호 증언; 3층 서기실의 암호』(서울, 기파랑, 2018).
통일연구원, 『북한의 경제개혁 동향』(서울: 통일연구원, 2005.3).

통일연구원, 『김정일연구: 리더쉽과 사상(1)』(서울: 통일연구원, 2001).
허문영, 『북한외교정책의 결정구조와 과정: 김정일 시대와 김일성 시대의 비교』(서울: 통일연구원, 1998).
현성일, 『북한의 국가전략과 파워엘리트: 간부정책을 중심으로』(서울: 선인, 2007).
황장엽, 『나는 역사의 진리를 보았다』(서울: 한울, 1999).
홍익표, 동용승, 이정철, 『최근 북한의 가격·유통체제 변화 및 향후 개혁과제』(서울: 대외경제정책연구원, 2004).
홍제환, 『김정은 정권5년의 북한경제: 경제정책을 중심으로』(서울, 통일연구원, 2017).
황의각·함택영 외, 『북한사회주의경제의 침체와 대응』(서울: 경남대학교극동문제연구소, 1995).
후지모토 겐지, 『김정일의 요리사』(서울: 월간조선사, 2003).
Graham Allison and Philip Zelikow 저, 김태현 역, 『결정의 엣센스: 쿠바 미사일 사태와 세계핵전쟁의 위기』(서울: 모음북스, 2005)[*Essence of Decision: Explaining the Cuban Missile Crisis*, 2nd ed.(New York: Longman, 1999)].
Susan Shirk 저, 최완규 역, 『중국경제개혁의 정치적 논리』(*The Political Logic of Economic Reform in China*) (마산: 경남대학교출판부, 1993).

나. 논문

강일천, "최근 우리나라에서 실시된 경제적 조치에 대한 잠정적 해석(1)," 『KDI 북한경제리뷰』, 2002년 10월호.
고대원, "대북정책의 국내정치적 결정요인: 분석틀과 연구사례," 『한국과 국제정치』, 제19권 4호(2003).
고영환, 『북한 외교정책 결정기구 및 과정에 관한 연구』(경희대 행정대학원 석사학위논문, 1999).
고유환, "북한의 권력구조 개편과 김정일정권의 발전전략," 『국제정치논총』, 제38권 3호(1998).
국가전략연구원, "김정은 집권5년 실정백서"(2016.12).
곽승지, "북한체제 연구의 쟁점," 현대북한연구회 엮음, 『현대북한연구의 쟁점

2』(서울: 한울아카데미, 2007).
권영경, "북한의 최근 경제개혁 진행동향에 대한 분석," 『북한경제』, 2005년 겨울호.
_____, "7.1조치 이후 북한정권의 경제개혁·개방전략과 향후 전망," 『북한연구학회보』, 제12권 1호(2008).
김경웅, 『북한의 정치사회화: 「주체문화」정착을 위한 '사상교육'과 대중운동』(한양대 박사학위논문, 1993).
김광용, 『북한 수령제 정치체제의 구조와 특성에 관한 연구』(한양대 박사학위논문, 1995).
김근식, 『북한 발전전략의 형성과 변화에 관한 연구: 1950년대와 1990년대를 중심으로』(서울대 박사학위 논문, 1999).
_____, "김정일시대 북한 당·정·군 관계변화: 수령제 변화의 함의를 중심으로," 북한연구학회 편, 『북한의 정치 2』(서울: 경인문화사, 2006).
김기정, "한국의 대북정책과 관료정치," 『국가전략』, 제4권 1호(1998).
김도종, "햇볕정책과 국내정치적 역학: 대북포용정책의 정치적 함의," 『국가전략』, 제6권 1호(2000).
김성보, "1950년대 북한의 사회주의 이행논의의 귀결 -경제학계를 중심으로," 역사문제연구소 편, 『1950년대 남북한의 선택과 굴절』(서울: 역사비평사, 1998).
김연철, 『북한의 산업화과정과 공장관리의 정치, 1953-1970』(성균관대 박사학위 논문, 1996).
_____, "북한 산업화 과정의 정치경제," 북한연구학회 편, 『북한경제』(서울: 경인문화사, 2006).
김영수, 『북한의 정치문화: 「주체문화」와 전통정치문화』(서강대 박사학위논문, 1991).
김용호, "남북기본합의서 채택과정과 북한의 정책결정구조," 『사회과학과 정책연구』, 제15권 2호(1993).
김용현, "북한 군사국가화의 기원에 관한 연구," 『한국정치학보』제37집 제1호(2003).
김진호, 『북한 핵 외교정책 결정과정 연구: 엘리슨의 외교정책 이론을 중심으로』(중앙대 박사학위 논문, 2006).
류길재, "'예외국가'의 제도화 : 군사국가화 경향과 군의 역할 확대," 최완규 편, 『북한의 국가성격 변용에 관한 연구』(서울: 한울, 2001).

박형중, "'선군시대' 북한의 경제정책: 2002년 7월 조치이후 9월의 '중공업 우선발전론'의 대두," 『아세아연구』제46권 2호.
_____, "2006년 이래 북한의 보수적 대대정책과 장성택: 2009년의 북한을 바라보며," Online Series co. 08-72 (2008.12.23) www.kinu.or.kr.
배종철, 『북한행정체제의 정책결정에 관한 연구』(경남대 박사학위 논문, 1992).
브루스 커밍스, "북한의 조합주의," 김동춘 엮음,『한국현대사 연구 Ⅰ』(서울: 이성과 현실사, 1998).
서동만, "1950년대 북한의 정치 갈등과 이데올로기 상황," 역사문제연구소 편, 『1950년대 남북한의 선택과 굴절』(서울: 역사비평사, 1998).
서 훈, 『북한의 先軍외교 연구: 약소국의 對美 강압외교 관점에서』(동국대 박사학위 논문, 2008).
성채기, "북한군사력의 경제적기초: 군사경제 실체에 대한 역사적·실체적 분석," 경남대 북한대학원 편, 『북한군사문제의 재조명』(서울, 한울, 2006).
_____, "군비증강 능력측면에서 본 북한 경제위기 10년," 『국방정책연구』, 2003년 가을.
신광민, 『북한 정치사회화 과정에서의 군의 역할』(동국대 박사학위 논문, 2003).
아산정책연구원, "아산 국제정세 전망 2019"(2018년 12월).
안인해, "북한 최고지도층의 정책성향과 정책결정," 『사회과학과 정책연구』, 제15권 2호(1993).
안택원, "소련 경제의 문제점과 개혁운동," 『중소연구』, 제9권 2호(1985).
양문수, "2000년대 북한경제의 구조적 변화," 『KDI 북한경제리뷰』, 2007년 5월호.
_____, "소유제 변화 없는 시장화 정책: 계획과 시장의 관계," 윤대규 편, 『북한 체제전환의 전개과정과 발전조건』(파주: 한울, 2008).
_____, "김정은 집권 이후 개정 법령을 통해 본 '우리식경제관리방법'," 『통일정책연구』, 제26권 2호(2017).
오병훈, 『북한의 대외개방정책에 관한 연구: 위기상황에서 정책변화의 역동성』(숙명여대 박사학위 논문, 1998).
오승렬, 『중국경제의 개혁·개방과 경제구조: 북한경제 변화에 대한 함의』(서울: 통일연구원, 2001).
이대근, "조선로동당의 조직체계," 2005년도 한국국제정치학회 통일·북한 분과위원회 기획학술회의, 『북한의 당·국가기구·군대: 지속성과 변화』

(2005.5.27).
이영훈, "경제발전 전략," 세종연구소 북한연구센터 엮음, 『북한의 국가전략』 (서울: 한울, 2003).
_____, "북한의 하이퍼인플레이션과 개혁개방 전망,"『북한연구학회보』제16권 제2호(2012).
이우정,『노동당 제5차 대회이후의 북한권력구조에 관한 연구: 정치엘리트 변화를 중심으로』(동국대 박사학위 논문, 1986).
이정철,『사회주의 북한의 경제동학과 정치체제 : 현물동학과 가격동학의 긴장이 정치체제에 미치는 영향을 중심으로』(서울대 박사학위 논문, 2002).
이태섭,『북한의 집단주의적 발전 전략과 수령체계의 확립』(서울대 박사학위 논문, 2001).
_____, "1990년대 북한의 경제위기와 군사체제로의 전환에 관한 연구,"『통일부 신진학자 연구논문 모음집』(서울: 통일연구원, 2002).
이홍영, "북한의 정책결정 과정속의 지방과 중앙의 역할,"『사회과학과 정책연구』,제15권 제2호(1993.6).
임강택, "경제적 관점에서 본 북한의 화폐개혁, 배경과 파급효과," (통일연구원 Online Series CO 09-47, 2009.12.04).
임수호,『북한의 경제개혁과 당국가체제의 쇠퇴: 1980년대 이후 시기를 중심으로』(서울대 석사학위논문, 2001).
_____, "김정일 정권 10년의 대내 경제정책 평가: '선군(先軍) 경제노선'을 중심으로,"『수은 북한경제』, 2009년 여름호.
_____,『실존적 억지와 협상을 통한 확산』(서울대 박사학위 논문, 2007).
장달중, "북한의 정책결정구조와 과정,"『사회과학과 정책연구』, 제15권 제2호(1993.6).
장성욱,『북한의 '공격우위 신화'와 선군정치: 탈냉전기 군비태세와 군사전략에 관한 이론적 연구』(고려대 박사학위 논문, 2009.6).
장용석,『북한의 국가계급 균열과 갈등구조: 1990년대 이후 변화를 중심으로』(성균관대 박사학위 논문, 2008).
전성훈, "김정은 정권의 경제·핵무력 병진노선과 '4.1 핵보유 법령'", (통일연구원, Online Series CO 13-11, 2013.04.08.).
전인영, "외교정책 결정구조와 과정 및 개방의 문제: 특정사례 연구,"『사회과학과 정책연구』, 제15권 제2호(1993.6).
전현준, "최근 북한의 권력동향과 정치 변화," 경남대학교 극동문제연구소,

『최근 북한의 정치동향과 향후 권력체계 전망』, 통일전략포럼 보고서 No.42 (2009.4).
전홍택, "북한 제2경제의 성격과 기능," 『월간 통일경제』(1997.2).
정상돈, "대중운동," 세종연구소 북한연구센터 엮음, 『북한의 경제』(서울: 한울, 2005).
정영철, 『김정일 체제 형성의 정치사회적 기원 1967-1982』(서울대 박사학위 논문, 2001).
_____, "북한에서 시장의 활용과 통제: 계륵의 시장," 『현대북한연구』12권 2호.
정우곤, 『북한 사회주의 건설과 수령제의 형성에 관한 연구, 1948-1972』(경희대 박사학위 논문, 1997).
정은미, 『북한의 국가중심적 집단농업과 농민 사경제의 관계에 관한 연구』(서울대 박사학위 논문, 2006).
차문석, "선군시대 경제노선의 형성과 좌표," 『국방정책연구』, 2007년 여름호.
_____, "북한경제의 동학과 잉여의 동선: 특권경제를 중심으로," 『통일문제연구』, 제21권 1호(2009).
차성덕, 『북한 외교정책의 결정요인에 관한 연구: 탈냉전기 대미핵정책변화를 중심으로』(서울대 박사학위 논문, 1998).
최성, 『수령체계의 형성과정과 구조적 작동 메카니즘에 관한 연구』(고려대 박사학위 논문, 1993).
최완규, "북한 국가성격의 이론과 쟁점: 비교사회주의적 관점," 『북한의 국가성격 변용에 관한 연구: '예외국가'의 공고화』(서울: 한울아카데미, 2001).
포스터-카터(Aidan Foster-Carter), "북한사회를 어떻게 볼 것인가," 민족통일연구원 편, 『북한체제의 변화』(서울: 민족통일연구원, 1991).
한기범, 『사회주의 체제변화에 대한 북한의 인식 및 대응방식 연구』(고려대 석사학위 논문, 1994).
_____, "북한 정책결정과정의 조직행태와 관료정치: 경제개혁 확대 및 후퇴를 중심으로(2000-09)" (경남대학교 대학원 박사학위 논문, 2009.12)
_____, "Ⅳ. 최고지도자의 경제 및 시장화 인식과 대응," 홍민 외, 『북한 변화실태 연구: 시장화 종합분석』(서울: 통일연구원, 2018).
_____, "내각 경제기구의 기능과 구조," 박영자 외 『김정은 시대 북한의 국가기구와 국가성』(서울: 통일연구원, 2018).
홍승원, 『북한의 정부관료제에 관한 연구: 정무원의 조직, 엘리트, 정책을 중심으로』(경남대 박사학위 논문, 1992).

다. 기타

국내 북한이탈주민 증언
『동아일보』.
『신동아』.
『연합뉴스』
『오늘의 북한소식』.
『월간조선』.
『월간중앙』.
『자유아시아방송』.
『조선신보』.
『조선일보』.
『중앙일보』.
『Daily NK』.
『NK Chosun』.

3. 외국 문헌

가. 단행본

Alexander L. George and Juliette L. George, *Presidential Personality and Performance* (Boulder, Colo.: Westview Press, 1998).
David Easton, "Categories for the Systems Analysis of Politics," in D. Easton(ed.), *Varieties of Political Theory* (Englewood Cliffs: Prentice Hall, 1966).
George Konrad et al., *The Intellectuals on the Road to Class Power* (New York: The Harvester Press Limited, 1979).
Graham Allison and Philip Zelikow, *Essence of Decision: Explaining the Cuban Missile Crisis,* 2nd ed.(New York: Longman, 1999).
Jan Triska, ed., *Communist Party-State: Comparative and Internatianal Studies* (Indeanapolis: Bobbs-Merrill, 1969).
Janos Kornai, *The Socialist System: the Political Economy of*

Communism (Princeton: Princeton University Press, 1992).

Jerry F. Hough, *The Soviet Union and Social Science Theory* (Cambridge: Harvard University Press, 1977).

John W. Kingdom, *Agendas, Alternatives and Public Policies* (Boston: Little, Brown and Company, 1984).

Kenneth Lieberthal and Michel Oksenberg, *Policy Making in China Leaders, Structures, and Processes* (Princeton: Princeton University Press, 1988).

Kenneth Lieberthal and David Lampton, *Bureaucracy, Politics, and Decision Making in Post-Mao China* (Oxford: University of California Press, 1992).

Lucian W. Pye, *The Dynamics of Chinese Politics* (Cambrige, Mass., 1981).

Richard E. Neustadt, *Presidential Power and the Mordern Presidents: The Politics of Leadership from Roosevelt to Reagan*, 5th ed. (New York: Free Press, 1990).

Ronald Wintrobe, *The Political Economy of Dictatorship* (Cambridge: Cambridge University Press, 1998).

나. 논문

Andrei Lankov, "Pyongyang Strike Back: North Korean Policies of 2002-08 and Attempts to Reverse 'De-Stalinization from Below'," *Asia Policy*, No. 8(July 2009).

Joel T. Schwartz et al., "Group Influuence and the Policy Process in Soviet Union," *The American Political Science Review*, Vol. 62, No. 3.

Mikheev, V, "Reforms of the North Korean Economy: Requirements, Plans and Hopes," *The Korean Journal of Defence Analysis* Vol. V No.1, Summer 1993.

T. Rigby, "Traditional Market and Organizational Societies and USSR," *World Politics*, Vol. XVI, No. 4(July, 1964).

李英和, "金正日は改革開放に舵を切った,"『中央公論』, 2007年 5月號.

찾아보기

ㄱ

가격관리 ······································ 166
가격안정 ································ 102, 116
가격안정화 ································· 117
가격정책 ······················· 100, 115, 165
가격제정 및 판매권 ························· 267
가격 현실화 ················· 83, 106, 160, 364
가족 영농제 ·································· 140
가족청부제 ·································· 149
가치법칙 ························ 48, 50, 60, 270
가화폐 ··· 44
간부 전문화 ································· 334
갑산파 ························ 43, 468, 476
강·온 갈등 ··························· 444, 489
강계 정신 ······································ 73
강성대국 ······················· 99, 133, 206, 271
강성대국 건설 ································ 74
강습회 ···················· 96, 244, 249, 251, 258
개건사업 ······································ 78
개인 소상공업 금지 ·························· 209
개인투자 허용 ································ 250
개혁·개방 ········ 63, 72, 83, 86, 211, 295, 323, 359, 472, 489, 490
개혁개편 놀음 ································ 472
개혁의제 개방 철회 ·························· 296
개혁파 ·· 145
건달풍 ···································· 88, 155
걸각질 ································ 227, 230, 295
결과의 논리 ·································· 405
결정의 엣센스 ······················· 16, 36, 485
경공업 혁명 ··································· 57
경제개발구법 ································ 302
경제개혁 ································ 26, 28
경제개혁 연구자료 ··························· 158
경제개혁 의제 ···· 40, 45, 50, 55, 65, 210, 214, 290, 330, 475
경제건설 총력 ······················· 318, 320, 491
경제관리구조 ······················· 159, 162, 163
경제관리방법 ········· 82, 227, 244, 272, 332, 403
경제적 공간의 합리적 이용 ················· 261, 269
경제정책검열부 ··················· 70, 82, 83, 181
경제종파 ································· 62, 431
경험법칙 ································ 369, 388
계획경제 ········· 105, 106, 119, 191, 259, 332, 372, 448, 472
계획경제 복원 ······················· 176, 217
계획 및 생산조직권 ·························· 265
계획의 일원화·세부화 원칙 ················· 48, 372
계획재정부 ································ 183, 187
계획지표 ···················· 90, 91, 278, 280
고난의 행군 ···················· 76, 316, 427, 431
곡물 가격결정 ································ 283
곡물가격 안정화대책 ························ 171
곡물수매가 ··································· 101
공급부족 ········· 102, 106, 115, 122, 135, 137, 205, 369, 387, 432, 446
공동 프로젝트 ································ 436
공포통치 ································ 436, 458
곽범기 ································ 239, 240
관료정치 ········· 326, 391, 399, 406, 429, 430, 433, 435, 444, 454, 458, 483, 488, 489
관료정치 모델 ······················· 399, 429, 435
구조조정 ···················· 74, 90, 181, 373, 394
구호나무 ································ 413, 416
국가가격제정국 ··················· 92, 120, 123, 190
국가경제발전 5개년 전략 ··················· 224, 318

국가계획위원회 ········83, 84, 164, 260, 273, 364
국가기업리득금 ··114
국가납부금 ··················114, 123, 161, 246, 279
국가 돈주머니 ·············99, 119, 205, 370, 398
국가보조금 ···106
국가알곡수매몫 ··263
국가전복음모죄 ··465
국가 핵 무력 완성 ································300, 312
국무위원장 ···436
국방위원회 제1위원장 명령 제001호 ············451
국영공급망 ··102, 169
국영망 ··162, 248
국영상업망 ·································119, 122, 245
국영상점의 시장화 ··248
국정가격 ···········102, 116, 157, 166, 169, 246, 354, 370, 417
군인 생활비 ··94
권력승계 과도기 ···435
권력투쟁 ··51
금융구조 ··167
급양·편의부문 개혁 ·····································259
급진 개혁 ··158
급진 개혁안 ···147
기업 경영자율화 ···151
기업소법 ··278
기업소 부업농 ··150
기업소지표 ···265, 280
김광린 ··144
김근섭 ··440
김달현 ···73, 179
김영철 ·······································426, 443, 462
김용술 ···97, 138
김용진 ···459, 461
김원홍 ·······································440, 441, 462
김정남 인맥 ···436
김정우 ··73
김정일 와병 ···205, 451
김히택 ··182
까마귀 법칙 ···49

ㄴ

내각 개혁 상무조 ···147
내각 상무조 ·······157, 158, 161, 172, 187, 236, 240, 242, 244, 258, 339, 354, 404, 405
내각의 연소화 ··144
내각책임제 ·················231, 234, 236, 360, 487
노동당 친선 시찰단 ·······································323
노동성 ·······································92, 95, 308, 369
노동행정체계 개혁 ··147
노력 조절권 ···265
농민분배몫 ···287
농민시장 ·································109, 117, 370
농업경영방법 연구 ··261
농업정책검열부 ··181
농업지도관리방법 개선 ·································263
농장법 ···278
농장지표 ·······························262, 280, 281, 283
농장책임관리제 ··262
농정 개혁안 ···157, 401
누수 ··18, 88
눅거리 ·································172, 413, 414

ㄷ

당 계획재정부 ··181
당·국가·경제·무력기관 간부 연석회의 ··285, 322
당의 영도 ············176, 177, 178, 271, 277, 332
당 전문기구 ·················241, 261, 271, 282, 339
당정치국 회의 ··305
당 조직일꾼대회 ···································440, 466
대리인 ·······································326, 337, 379
대외홍보 ···97, 241
도매상업중심(센터) ··248
도매시장 ·································122, 163, 166, 172
도박사 ·······································209, 295, 412, 487
독립채산제 ····51, 58, 59, 105, 148, 153, 277, 351
돈벌이 폐해 ·································188, 413, 424
돈주 ·······································127, 216, 303, 311
동상이몽 ·······································293, 420, 423
땜 때우기 식 ··17
때기밭 회수 ···203

ㄹ

렌즈 ··· 29, 484
로동규율 ·· 88, 91
로동보수규정 ································· 90, 369
로동보수규정집 ···································· 95
로동행정사업 개선 대책안 ····················· 153
로두철 ····································· 238, 239
로력배치규정 ······································ 91
로력보충 ··································· 91, 274
리영길 ··· 462
리영호 ··· 294

ㅁ

마오쩌둥 총사론 ···················· 21, 38, 489
만리마 속도전 ·································· 306
만리마 운동 ···································· 305
먹는 문제 해결 ··························· 57, 225
메뚜기 시장 ······························ 118, 199
면종복배 ································· 420, 469
무상공급 ··· 89
무역법 ··· 278
무현금 행표 ······························ 167, 418
물가불안 ···································· 36, 97
물가폭등 ······················· 102, 217, 337
물자교류시장 ······················ 162, 165, 166
물질적 자극 ····················· 98, 342, 349, 351
민경련 ··· 425
민경협 ···································· 143, 425

ㅂ

박남기 ············ 144, 181, 184, 189, 204, 210, 219
박봉주 ··· 140, 185, 186, 238, 339, 364, 399, 404
반독립채산제 ······························ 155, 163
번 것만큼 분배 ·························· 105, 349
번수입 ·· 88, 92
번 수입규정 ···································· 101
변동가격제도 ······························ 260, 475
변동기준가격 ···································· 245

병진노선 ··· 47, 224, 236, 297, 298, 299, 300, 442
보따리상 ·· 122
본위주의 ····················· 231, 362, 368, 375, 377
부동산 실사 ······························ 189, 193
부동산조사사업 ································· 176
부업지 ····································· 101, 189
부하 ········· 302, 326, 348, 361, 371, 380, 383,
  406, 420, 441
분조관리제 ······················· 148, 251, 261
분조제 ································ 83, 106, 187
불확실성의 흡수 ······························· 372
비밀주의 ···································· 16, 18
비사회주의 ······················ 110, 176, 209, 407
비사회주의 서식장 ················· 196, 205, 477
비서국 비준 ····································· 144
비폰드 ··· 48
뼈다귀 갉기식 ······························ 206, 211

ㅅ

사상의 빈곤 ······················ 201, 353, 354
사상해방 ···························· 52, 230, 296
4.6 담화 ····························· 220, 232, 454
사회주의 강행군 ································ 72
사회주의 과도기론 ······························ 207
사회주의 과도적 성격 ···················· 86, 331
사회주의기업책임관리제 ············ 18, 264, 474
사회주의 상품경제체제 ························ 473
사회주의시장 ····································· 76
사회주의 시장경제체 ··························· 473
사회주의 완전승리 ······························· 60
사회주의 원칙 ········ 176, 177, 183, 334, 342, 472
사회주의재산총실사 ····························· 273
산업현장 참관학습 ······························ 80
3대 역(逆)개혁 조치 ··························· 217
상업은행법 ······································ 279
상품가격 ···························· 93, 119, 245
상품유통관리 ··································· 140
새로운 전략노선 ················ 290, 318, 321, 443
색안경 ································ 18, 227, 295

생계형 저항 ·····················217
생산능력평가 ···········273, 275, 277
생활비 현실화 ················92, 93
선군경제 건설노선 ···············297
성강의 봉화 ·····················73
성과급 ························106
세관총국 ·······················452
세무부 ···················167, 368
소득분배방식 ··············245, 258
소영웅주의 ·····················420
소총명주의 ·····················420
송장당 ····················69, 367
수령결정론 ··········19, 21, 361, 484
수령제 ····19, 20, 326, 328, 344, 429, 484, 485
수매매대 ······················122
수매양정성 ··········172, 192, 256, 358
시장경제 ·····106, 140, 162, 353, 400, 404, 474
시장경제요해 상무조 ··············147
시장관리소 ··············113, 122, 417
시장관리운영규정 ················112
시장 범람 ·····················124
시장사용료 ················114, 123
시장억제 조치 ··················250
시장 의존도 ···················118
시장의 폐해 ···················198
시장이 아닌 시장구조 ······162, 365, 404
시장장세 횡령사건 ···············209
시장 지향적 개혁 ················157
시장청산 ············106, 281, 370, 388
시장통제 ·················201, 214
시장편승 ·················371, 474
시초가격 ·······················93
시행착오 ···············96, 101, 367
신경제정책 ·····················41
신의주 특구개방 ················208
신일남 ··················146, 421, 422
신흥부유층 ····················303
실력 제일주의 ··················419
실리보장 ················105, 270

실무 상무조 ················84, 90
실세 총리 ················145, 403
심화조 ·······················426
10.3 담화 ············88, 134, 308, 341
10일장 ·······················202
12.28 담화 ········18, 226, 227, 230, 250, 251
쌀값 ··············102, 116, 160, 170, 216
쏠라닥질 ················423, 431

ㅇ

암시장 ···············105, 116, 171, 370, 419
앨리슨 ·····20, 25, 28, 35, 326, 327, 435, 484
양곡전매제 ····················189
양봉음위 ···········293, 469, 487, 488, 492
양형섭 ························69
연합기업소 ·················58, 74
예산제 ················143, 156, 163, 397
오극렬 ·······················464
5.30 담화 ················234, 271
5.4 그루빠 ··········182, 187, 189, 196
54부 ····················452, 464
오수용 ···················239, 367
와크 ····················278, 311, 449
외화돈자리 ····················247
외화벌이 사업 ·········143, 233, 384, 398, 448
외화사용금지 ··················218
우리식경제관리방법 ·····242, 271, 280, 281, 286
우리식 방법 ··················335
우리식 사회주의 ·············61, 317
유상유벌제 ····················249
UN안보리 대북제재 ···············313
유통체계 개혁 ·················164
유형동상 ················370, 386
유훈통치 ······················72
6.3 그루빠 ·····82, 84, 346, 362, 387, 395, 397
6.13 방침 ···············252, 256, 329
6.18 담화 ···············202, 346, 375
200일 전투 ············64, 305, 306, 307
이제강 ················218, 422, 440

이중가격 ·····································102, 169
이중 가격제 ····································· 83
이중구조론 ··491
이태일 ··218
인민경제계획법 ·································278
인민대중제일주의 ····················220, 222
인센티브 ······················102, 106, 216, 249, 281
인재관리권 ·······································266
인플레이션 ·····························102, 159, 216
1월 12 방침 ·····································150
1월 12일 지휘부 ·······························150
일주성 ··334

ㅈ

자력갱생 ·················64, 117, 366, 376, 448, 481
자력갱생론 ······································· 80
자유가격 ·····································120, 165
자재관리법 ·······································278
잠금효과 ···························45, 54, 65, 207
장려금 ·····································92, 215, 246
장마당 ··109
장성택 숙청 ·····················303, 451, 458, 462
장수길 ·····································452, 465
재정관리권 ·······································267
재정성 ·····································92, 168, 190
적합성의 논리 ···································405
전략물자 ···································· 77, 163
전문상점 ···122
전승훈 ··240
절충주의 ········48, 55, 62, 272, 336, 345, 347, 353, 355, 356
정거장 ··· 88
정찰총국 ···426
정책결정 과정 ···································· 16
정책결정 입구 ···································326
정책결정체계 ···························21, 22, 429, 432
정책급변 ·····································442, 487
정책변형 ·····································88, 368

정책 상무조 ·································84, 362
정책홍보 ·· 96
정치국 회의 ·································222, 465
정치적평가 ·······································107
제1위원장 명령 제001호 ·····················233
제2경제위원회 ·······························94, 235
제3경제위원회 ···································464
제품개발 및 품질관리권 ·····················266
조직행태 ·································326, 362, 367
조직행태 모델 ···29, 32, 379, 382, 387, 484, 485
종자론 ··· 80
종파 ·······················43, 420, 426, 431, 440, 466
종파여독 제거 ···································303
종파주의 ·····································421, 422
종합시장 ·······························110, 117, 124, 202
좌경 기회주의 ···································212
주급·시급제 도입 ······························156
주체의 강화 ·················46, 207, 210, 408, 477
중앙은행법 ·······································279
지각효과 ·····························50, 52, 58, 59, 64
지체효과 ·····································65, 478
집단 사고 ··406

ㅊ

창조적 변형 ······································ 48
채문덕 ··426
책임과 권한의 불일치 ························392
청진 수남시장 ···································417
총리 김영일 ·····································218
최룡해 ·····································218, 306, 437, 441
충성자금 ·································305, 309, 310
7.1경제관리개선 조치 ··························70
7.1조치 ··82, 96, 101, 105, 156, 158, 240, 362, 364
70일 전투 ·······································305
7차 당 대회 사업총화보고 ···················232

ㅋ

케네디(J. F. Kennedy) ························· 16

ㅌ

탄도미사일 시험 발사 ·····························312
탈스탈린주의 ··41
토지사용료 ·····················100, 149, 194, 252
통일거리 ·······································110, 118
통일전선부 ···425
통일전선부장 ······································462
특별군사재판소 ·······················219, 438, 466
특수부문 ···············83, 90, 360, 397, 399, 453
특수부문 축소 ····83, 384, 389, 392, 393, 395, 446

ㅍ

8대 시범개혁 ·······································290
8대 시안 ··244
8월 종파사건 ··43
편향된 사례들 ······································97
평균주의 ······························88, 89, 256, 350
평성 종합시장 ······························118, 197
평화적 이행전략 ··································472
포고문 ·····································202, 217, 323
포전담당제 ····18, 148, 249, 254, 262, 276, 301
폰드 ···83, 184
표준행동절차 ························366, 368, 385, 389

ㅎ

한도가격 ······························112, 120, 121
할거주의 ··146, 373
합리적 행위자 모델 ············20, 29, 32, 38, 484
합의가격 ····························118, 154, 260, 262, 281
합의제 식당 ·······································195
항명파동 ···146
핵실험 ··················133, 136, 196, 312, 313, 320
행정대행 현상 ···································143
행정명령식 방법 ································161
행정부 사건 ································440, 452, 468
행정식 사업방법 ································374
허위보고 ····················172, 345, 359, 440, 462
혁명적 수령관 ···································381
현대 수정주의 ···································43
현대판종파 ··438
현물분배 ··························251, 252, 256, 287
현영철 ·································436, 439, 459, 460
현장 참관학습 ····································96
현지요해 ·······································235, 340
협상전술 ···444
홍석형 ···239
홍성남 ···83
화폐개혁 ······························116, 204, 214, 216
화폐교환 ···············63, 93, 94, 95, 168, 204, 205
황금평 개발 ·······································304
황병서 ··441, 461
황장엽 ··································73, 75, 331, 392, 397
흥정과 타협 ································392, 487